Государственный Пушкинский Театральный Центр

САНКТ-ПЕТЕРБУРГ

ЭТОЙ КНИГОЙ, ВПЕРВЫЕ ПРЕДЛАГАЮЩЕЙ ВНИМАНИЮ ЧИТАТЕЛЕЙ СВОД ЛИТЕРАТУРНО-КРИТИЧЕСКИХ ОТЗЫВОВ О ПУШКИНЕ, ВЫШЕДШИХ ПРИ ЕГО ЖИЗНИ, ГОСУДАРСТВЕННЫЙ ПУШКИНСКИЙ ТЕАТРАЛЬНЫЙ ЦЕНТР В САНКТ-ПЕТЕРБУРГЕ НАЧИНАЕТ СЕРИЮ

Пушкинская премьера

КАЖДОЕ СЛЕДУЮЩЕЕ ИЗДАНИЕ СЕРИИ БУДЕТ ОТКРЫВАТЬ НОВЫЕ И НЕОЖИДАННЫЕ НАУЧНЫЕ, ИСТОРИЧЕСКИЕ И ХУДОЖЕСТВЕННЫЕ АСПЕКТЫ ПУШКИНСКОГО ТВОРЧЕСТВА — ОТ НОВОГО ПРОЧТЕНИЯ ПУШКИНСКОЙ РУКОПИСИ ДО НОВЫХ ИЛЛЮСТРАЦИЙ К ЕГО ПРОИЗВЕДЕНИЯМ.

ПУШКИНСКАЯ КОМИССИЯ
РОССИЙСКОЙ АКАДЕМИИ НАУК

ГОСУДАРСТВЕННЫЙ ПУШКИНСКИЙ
ТЕАТРАЛЬНЫЙ ЦЕНТР
В САНКТ-ПЕТЕРБУРГЕ

Пушкин
в прижизненной критике
1820–1827

ПОД ОБЩЕЙ РЕДАКЦИЕЙ
В. Э. ВАЦУРО, С. А. ФОМИЧЕВА

САНКТ-ПЕТЕРБУРГ
1996

**Издание осуществлено при поддержке
Комитета РФ по печати**

Вступительная статья

Г. Е. ПОТАПОВОЙ

Составление,
подготовка текстов,
комментарии:

В. Э. ВАЦУРО

Е. А. ВИЛЬК

Е. А. ГУБКО

С. В. ДЕНИСЕНКО

О. Н. ЗОЛОТОВА

Г. М. ИВАНОВА

Т. Е. КИСЕЛЕВА

Е. О. ЛАРИОНОВА

Е. В. ЛУДИЛОВА

Т. М. МИХАЙЛОВА

Г. Е. ПОТАПОВА

А. И. РОГОВА

С. Б. ФЕДОТОВА

А. В. ШАРОНОВА

Редакторы:

И. И. ШЕФАНОВСКАЯ

О. Э. КАРПЕЕВА

ISBN 5-85080-026-3

«В буре споров, в вихре критик...»

Открыв настоящий сборник прижизненных отзывов о Пушкине, читатель с первых же страниц окажется в атмосфере, несколько непривычной для нас, воспринимающих то поистине уникальное место, которое занимает Пушкин в русской литературе и культуре, как нечто само собой разумеющееся. Дело в том, что в русской критике 1820—1830-х гг. литературная репутация Пушкина еще не устоялась, не оформилась — она находится еще в процессе становления, причем становления подчас болезненного. Критические оценки порой удивляют нас своей неожиданностью — или, наоборот, банальностью, — подчас противоречат друг другу... И еще — отличаются редкой пестротой. Размышляя над произведениями Пушкина, критики высказывают свои суждения о самых разных проблемах. «Высокий предмет», «народность», «историзм», «характеры», нравственное и безнравственное в поэзии, «романтизм» и «классицизм», стилистика «новой школы», даже специально книгопродавческие вопросы — все это и многое другое становится предметом их внимания. Поистине, произведения Пушкина становятся своеобразным оселком, на котором опробуются самые разнообразные теории и концепции русских критиков 1820—1830-х гг. Каждая новая поэма Пушкина, по удачному выражению одного так и оставшегося неизвестным автора, участника полемики о «Бахчисарайском фонтане», является на свет «в буре споров, в вихре критик»[1]. Это ошеломляет, и подчас оказывается очень сложно найти доминанту в разнообразии критических суждений.

Что касается критиков 1820-х гг., то доминирующим ощущением их при столкновении с творчеством Пушкина было, пожалуй, ощущение того, что Пушкин постоянно — в каждом новом своем произведении — вносит в русскую литературу что-то такое, чего в ней раньше не было, завоевывает все новые и новые поэтические области. Разнообразие конкретных проблем и конкретных оценок неисчерпаемо, но постоянно в сознании критиков само ощущение роли Пушкина как роли новатора.

В этом восприятии Пушкина как новатора par excellence едины критики разных лагерей и разных поколений. А. Ф. Воейков восклицает по поводу появления «Бахчисарайского фонтана»: «Это уже третья поэма, сочиненная А. С. Пушкиным! В каждой из них новое творение и новые красоты! <...> Чего нельзя ожидать от этого могущественного дарования, которое исполинскими шагами идет к совершенству?» (с. 213). Ему вторит Д. В. Веневитинов в статье о первой главе «Евгения Онегина»:

---

[1] См. с. 192 наст. изд. (статья «Еще несколько слов о "Бахчисарайском фонтане" не в литературном отношении»; подпись: И. П-ъ). В дальнейшем ссылки на тексты, включенные в настоящий том, даются во вступительной статье в скобках после цитаты, с указанием страницы.

«Певец "Руслана и Людмилы", "Кавказского пленника" и проч. имеет неоспоримые права на благодарность своих соотечественников, обогатив русскую словесность красотами, доселе ей неизвестными...» (с. 268). С распространением слухов о завершении Пушкиным «Бориса Годунова» критик «Соревнователя просвещения и благотворения» пишет в 1825 г.: «Остается только пожелать чтобы он <Пушкин> не замедлил представить на суд публики свое сочинение и тем придал бы новое украшение нашей словесности, которое от него преимущественно она привыкла заимствовать» (с. 296). Как о «поэте, с каждым новым гимном похищающем новые лавры, от успеха летящем к успехам и в младых летах готовом, кажется, захватить один высоты Парнаса» (с. 314), говорит о Пушкине в 1827 г. ветеран словесности В. В. Измайлов.

К середине 1820-х гг. представление о неизменно новаторской роли Пушкина в развитии русской поэзии формулируется критиками уже совершенно отчетливо. Но вызревало это представление начиная с полемики о «Руслане и Людмиле», в которой ощущение новаторства Пушкина уже присутствовало, хотя и выражалось по-разному.

А. Г. Глаголев, выступивший в «Вестнике Европы» под маской «Жителя Бутырской слободы» с резко критическим отзывом об отрывках из пушкинской поэмы, увидел в «Руслане и Людмиле» предвестие того, что русской литературе грозит заполнение «громадою сочинений во вкусе Еруслана Лазаревича» (с. 31), и завершил свою статью следующим характерным уподоблением: «...Если бы в Московское благородное собрание как-нибудь втерся (предполагаю невозможное возможным) гость с бородою, в армяке, в лаптях и закричал бы зычным голосом: *здорово ребята!* Неужели стали бы таким проказником любоваться?» (с. 27). Резкую новизну пушкинской поэмы, невозможность приписать ее к какой-либо традиции, уже существовавшей в русской словесности, почувствовали и другие критики, но — в отличие от Глаголева — постарались найти для «Руслана и Людмилы» достойных предков в мировой литературе, указывая и на «Орлеанскую девственницу» Вольтера, и на «Оберона» К.-М. Виланда, и на «Налой» Буало, и даже на «Одиссею», но прежде всего на «Неистового Роланда» Л. Ариосто и «Влюбленного Роланда» М. Боярдо — рыцарские поэмы, обильно включавшие волшебно-сказочные мотивы и насквозь пронизанные отнюдь не средневековой иронией повествователя. Эта традиция воспринималась большинством современников Пушкина как традиция романтическая (в противоположность классической эпопее), таким образом, в заслугу Пушкину было поставлено обогащение русской словесности новым «родом» — романтической (или «романической») поэмой. «Поэма *романическая* есть стихотворное повествование о каком-либо происшествии *рыцарском*, составляющем смесь любви, храбрости, благочестия и основанном на действиях чудесных» (с. 471), — писал Н. Ф. Остолопов, приводя «Руслана и Людмилу» в качестве единственного примера таковой поэмы на русском языке[2].

Оценка «Руслана и Людмилы» как романтической поэмы сегодня воспринимается, конечно, как анахронизм. Но, как бы оправдывая эту авансом присвоенную ему репутацию создателя русской романтической поэмы, Пушкин очень скоро, в «южных поэмах», обращается к теперь уже в самом деле романтической форме — поэме байроновского типа — и тем самым оправдывает надежды критиков, ждавших от него новых свершений в большом жанре.

Конечно, слова о том, что введение в русскую литературу романтической поэмы стало оправданием надежд критиков начала 1820-х гг., в большинстве своем

---

[2] Характеристика «Руслана и Людмилы» как романтической поэмы, впервые данная Н. И. Гречем и А. Ф. Воейковым, была подхвачена также В. Н. Олиным, но вызвала возражения у других современников (см. С. 74, 75–76). Ср.: Томашевский. Т. 1. С. 305 – 306.

придерживавшихся норм классицистической пиитики, звучат как парадокс, но тем не менее такое утверждение вполне справедливо. Действительно, современные Пушкину критики (даже очень далекие от каких бы то ни было романтических веяний) с удивительной, на первый взгляд, легкостью принимают сам жанр «байронической» поэмы. В целом, они принимают «байроническую» поэму гораздо легче, чем «Руслана и Людмилу», хотя там каноны классицистической пиитики нарушались в гораздо меньшей степени, чем в новых творениях Пушкина. Конечно, те или иные особенности нового жанра могли кого-то не устраивать, вызывать недоумение (это относится к фрагментарности повествования, сюжетным неясностям, «избыточности» некоторых описаний и т. д.), но никто не отрицал самого права «нового рода» на существование.

Очевидно, немалую роль в успехе «южных поэм» сыграло то обстоятельство, что Пушкин уже не воспринимался критиками как дебютант, что он уже приобрел литературную известность. Но еще важнее другое. Вторжение романтической поэмы в русскую литературу не вызывает особой тревоги «классиков» потому, что на этот раз (в отличие от «Руслана и Людмилы») Пушкин выступает в жанре вполне определенном, уже получившем права гражданства в современной европейской литературе, хотя для России этот жанр еще нов. «Может быть, прежде немногие решились бы назвать "Бахчисарайский фонтан" поэмой, но когда перо Бейрона освятило подобный род стихотворений и европейский вкус наложил на них печать _моды_, то и "Бахчисарайский фонтан" имеет полное право на имя поэмы как по мнению _романтиков_, так и по мнению _классиков_» (с. 233), — писал Б. М. Федоров в «Благонамеренном». Смелый шаг Пушкина, введшего в русскую литературу «байроническую» поэму, уже популярную в Европе, приветствуется даже наиболее консервативно настроенными критиками, как прежде приветствовались даже консервативнейшим «Жителем Бутырской слободы» «завоевания» Жуковским для русской литературы «_красот_ Шиллера, Грея, Томсона, Биргера» (с. 32).

При этом критики-нормативисты воспринимают появление нового жанра не как нечто грозящее гибелью всей нормативной системе, но как во многом отрадное обогащение этой устоявшейся системы еще одним жанром — жанром новым, а потому несколько своевольным и странным, но тем не менее тоже подчиняющимся своим правилам, — а значит, жанр этот в принципе равноправен со всеми другими жанрами и не нарушает законов нормативной системы в целом. Понимание того, что «байроническая» поэма — это далеко не просто «новый род» в устоявшейся классификационной системе, а знамение нового периода в развитии поэзии вообще, присутствует в те годы, по сути, лишь в статьях Вяземского. У других критиков это ощущение исторического движения, ощущение «духа времени» практически отсутствует.

В нормативистском духе воспринимая появление романтической поэмы как обогащение русской литературы новым «родом», критики в столь же нормативных категориях рассматривают и вопрос о соотношении «южных поэм» Пушкина с «восточными поэмами» Байрона. Здесь нужно ввести одну немаловажную оговорку. В 1825 г. по поводу появления первой главы «Евгения Онегина» Н. Полевой напишет, что критики укоряли Пушкина за то, что "Кавказский пленник" <взят> из "Чайльд-Гарольда", "Бахчисарайский фонтан" из "Гяура", — предчувствуем, что "Онегина" осудят на подражание "Дон-Жуану" и "Беппо" Байрона и "Дню" Парини» (с. 266). Между тем этот упрек Полевого критикам «Кавказского пленника» и «Бахчисарайского фонтана» несправедлив: до 1825 г. таких укоров Пушкину ни один критик не высказывал, и как раз полемика Полевого с Веневитиновым о первой главе «Евгения Онегина» станет первым спором, касающимся вопроса о подражательности или самобытности Пушкина. Но неточность утверждения Полевого легко объяснима: это своеобразная аберрация сознания, возникающая у человека новой, романтической эпохи, с ее требованием непременной самобытности и неприятием подражания, при взгляде на то, как писали о соотношении пушкинских поэм с байроновскими критики-нормативисты. Дело в том, что их суждения строились еще в принципиально иной системе координат. Они исходили из классицистического принципа «подражания образцам», согласно которому сочинитель должен был следовать избранному «изящному образцу», заимствуя и совершенствуя его «красоты». Такое подражание считается в нормативной эстетике достоинством, а отнюдь не недостатком, как в литературном сознании грядущей романтической эпохи. Например, Н. Ф. Остолопов пишет о подражании: «Подражать оратору или поэту — не значит переводить его или рабски списывать; это значит, в тесном смысле, взять мысль его и представить ее с вольностию, *по-своему*; это значит, в смысле обширнейшем, образовать свой ум, язык, учиться оборотам, изображениям, гармонии подлинника и, обогатив память красотами его, исполнив душу его воображением, упражняться в том же самом роде; выбирать не погрешности его, если он имеет их, но то, что у него есть лучшего, изящнейшего в духе и слоге <...> Подражания похвальны; нужно только избрать образец изящный»[3].

В качестве «образца» «южных поэм» рассматривались, естественно, поэмы Байрона. Вопроса о самобытности тут не возникало, так как подражание воспринималось как норма. Причем дело обстояло таким образом не только в статьях закоренелых литературных «староверов», но и, скажем, в рассуждениях П. А. Плетнева, лучше многих других знакомого с современными романтическими веяниями, но достаточно робкого и традиционного в качестве литературного критика. Разбор «Кавказского пленника» Плетнев начинает фразой: «Повесть "Кавказский пленник" написана в роде новейших английских поэм, каковые особенно встречаются у Байрона» (с. 116). Для критика, который писал бы в несколько более позднюю литературную эпоху, такое начало предполагало бы, что далее поэма Пушкина будет рассмотрена в том числе и с точки зрения ее своеобразия по сравнению с байроновскими поэмами, что будет поставлен вопрос о степени самобытности Пушкина. Плетнев же мыслит еще в принципиально иных категориях, и начальная фраза его статьи имеет, если можно так выразиться, чисто классификационное значение: он хочет всего лишь указать тот «род», в котором творит Пушкин и по законам которого его поэму надо разбирать. И далее рассмотрение «Кавказского пленника» идет по старому нормативному канону. Романтизм оказывается практически забытым, а два имеющихся далее упоминания о Байроне лишь подчеркивают нормативность того подхода, который применяет Плетнев, сравнивая Байрона и Пушкина. Один раз Плетнев вспоминает о Байроне, говоря о том, что рассказ о Пленнике недостаточно полон: «Его участь несколько загадочна. Нельзя не пожелать, чтобы он, хотя в другой поэме, явился нам и познакомил нас со своею судьбою. Впрочем, это не было бы новостию: подобные появления встречаются в поэмах Байрона» (с. 117). Здесь Плетнев парадоксальным образом апеллирует к авторитету Байрона, обосновывая свое требование большей «полноты» происшествия и характера — требование глубоко классицистическое. В другой раз Байрон упоминается при разборе «местных описаний» у Пушкина. Приведя описание Кавказа в пушкинской поэме, Плетнев говорит: «Пусть любопытные сравнят эту грозную и вместе пленительную картину, в которой каждый стих блестит новою, приличною ему краскою, с описанием окрестностей Бонниваровой темницы, которое сделал Байрон в своем "Шильонском узнике"; тогда легче можно будет судить, как счастливо, в одинаких обстоятельствах, побеждает наш поэт английского» (с. 118). Здесь как нельзя более ярко проявляется нормативность мышления Плетнева-критика: сопоставление осуществляется с точки зрения классицистического принципа подражания «образцам» и «соревнования» с ними.

В том же духе говорится о «соревновании» Пушкина с Байроном в критических статьях о «Бахчисарайском фонтане». Так, М. М. Карниолин-Пинский замечает: «Бай-

---

[3] *Остолопов Н. Ф.* О подражании // Благ. 1820. № 6. С. 361, 368.

рон служил образцом для нашего поэта; но Пушкин подражал, как обыкновенно подражают великие художники: его поэзия самопримерна. В изображениях британца удивляешься величию характеров; но характеры его ужасны и только по отделке принадлежат миру красоты. Они почти все граждане одного мира. — Характеры русского менее совершенны, но более привлекательны. Они разнообразнее в идеях» (с. 210). В. Н. Олин, приведя рассказ Заремы о днях ее юности, говорит в похвалу Пушкину: «Заметим, что в этом прекрасном рассказе бейронизм мастерски выдержан» (с. 199). Б. М. Федоров по поводу того же отрывка высказывается более критически: «Сие место напоминает Байрона — но не представляет правдоподобия... Можно ли помнить горы, дубравы, законы, море и человека над парусами — а не помнить, кем похищена и как оставила отчизну?» (с. 230). Итак, критики могут по-разному высказываться о разных эпизодах поэм: в чем-то Пушкин «мастерски выдерживает бейронизм», в чем-то уступает своему образцу, в чем-то даже превосходит его, — но все эти оценки даются в рамках одной и той же системы — системы нормативной, рассматривающей художественное произведение с точки зрения его приближения к признанным жанровым образцам. В практически всеобщем удовлетворении критиков тем, что Пушкин обогащает русскую словесность и притом оказывается на уровне признанных европейских авторитетов, сказывается пафос быстро развивающейся молодой литературы, стремящейся усвоить все достижения своих более опытных соседей.

Этот своеобразный пафос экстенсивного развития (развития за счет усвоения все новых и новых форм, новых областей творчества) проявился не только в том, что касается оценки критиками нового жанра, вошедшего в русскую литературу вместе с «южными поэмами» Пушкина, но и в том, как отнеслись современники к одному из существенных компонентов этого нового жанра — к новому, экзотическому материалу, обильно вводившемуся Пушкиным в описательных частях «южных поэм». Характерно, что эти описания имеют в глазах критиков прежде всего познавательную ценность. Особо подчеркивается, во-первых, достоверность пушкинских описаний, связь их с личными впечатлениями поэта, а во-вторых, их информативность с точки зрения знакомства русских читателей с нравами и обычаями племен, населяющих южные окраины России (внимание критиков особенно привлекает описание «набегов и хитростей, образа жизни, нравов и обычаев горцев» (с. 219), «нравов хищных татар» (с. 220), «дикой кочевой жизни племен цыган, простоты их нравов и нужд, шумности их таборов» (с. 316)). Точка зрения критиков глубоко рационалистична — и это вполне объяснимо. Перед русской литературой стояла задача художественно освоить просторы Российской империи, и то знакомство с еще почти неизвестными читателю этнографически пестрыми окраинами России, которое совершалось благодаря «южным поэмам» Пушкина, удовлетворяло этой потребности и легко вписывалось в просветительскую программу. Поэтому «южные поэмы» приветствовались даже критиками, далекими от всякого «романтизма».

Если описательный план «южных поэм» вызывает похвалы даже консервативно настроенных журналистов, воспринимающих пушкинские описания с чисто просветительской точки зрения, то с еще большим энтузиазмом воспринимают «Кавказского пленника» и «Бахчисарайский фонтан» те критики, в сознании которых те же просветительские литературные задачи уже сочетаются с романтической мыслью о необходимости создания самобытной русской поэзии. Так, О. М. Сомов в трактате «О романтической поэзии», обосновывая возможность существования «романтической», то есть самобытной, поэзии в России, выдвигает как один из основных аргументов именно эту географическую и этническую пестроту Российской империи, делающую ее резко непохожей на любую другую страну, и вслед за этим говорит, что черты самобытной русской поэзии, долженствующей объять все эти богатства, наиболее ощутимы именно в творчестве Пушкина: «Прекрасные стихотворения Пушкина то дышат суровым севером и завиваются в седых его туманах, то раскаляются знойным солнцем полуденным и освещаются яркими его лучами. Поэт обнял все пространство родного края и в своенравных играх своей музы показывает его нам то с той, то с другой стороны: является нам на хладных берегах Балтийских — и вдруг потом раскидывает шатер под палящим небом Кавказа или резвится на цветущих долинах киевских» (с. 144).

Итак, «южные поэмы» утверждают за Пушкиным репутацию смелого «нововводителя», расширяющего жанровые и тематические диапазоны русской поэзии. Об укреплении этой репутации свидетельствуют и первые толки в журналах о его новых произведениях — первой главе «Евгения Онегина» и «Борисе Годунове».

«На сих днях вышла из печати новая поэма А. С. Пушкина, под названием "Евгений Онегин". Автор "Руслана и Людмилы", "Кавказского пленника" и "Бахчисарайского фонтана" в каждом своем новом произведении пленяет читателей новыми красотами поэзии. В этой поэме прелесть веселой, острой и благородной сатиры соединена с истинными и резкими описаниями светской жизни» (с. 258), — говорилось, например, в разделе объявлений «Соревнователя» в феврале 1825 г.

Новаторская роль Пушкина в русской словесности подчеркивается также в связи с распространившейся в литературных кругах вестью о написании «Бориса Годунова». «... Автор многих прекрасных поэм А. С. Пушкин окончил романтическую трагедию "Борис Годунов". Можно полагать, что это произведение будет эпохою в истории нашей словесности. У нас трагедия приметно отстала от других родов поэзии. Автор, столько любимый просвещеннейшею публикой, дает право ожидать от нового своего произведения таких же совершенств, какими у него отличались прежние» (с. 296).

Однако в очень скором времени слава Пушкина как «нововводителя» начинает меркнуть. Во многом это связано с переменами в самой русской критике, которая в 1820—1830-х гг. находилась еще в процессе становления и в которой к тому же происходил переход от одной системы ценностных ориентиров к другой — переход, связанный прежде всего с влиянием романтической эстетики. Первостепенно важным для критиков становится теперь то, насколько творчество писателя соответствует духу его времени и его народа, а следовательно, на первый план выдвигаются такие понятия, как самобытность, актуальность, народность, историзм. В частности, в русской критике утверждается мысль о недостаточности простого усвоения для отечественной словесности тех жанров, которые получили развитие в других современных литературах (в чем по инерции продолжали видеть основную заслугу Пушкина), — теперь от поэта требуют создания «самобытных» произведений. Теперь, говоря о «южных поэмах», критики склонны оценивать их «байронический» колорит как существенный недостаток, свидетельство незрелости Пушкина той поры.

Самобытности не находят критики также в «Полтаве» и в «Борисе Годунове». В «Полтаве» они усматривают механическое соединение черт эпопеи и «байронической» поэмы. В «Борисе Годунове» критики отмечают сходство с произведениями романтической драматургии и, с одной стороны, упрекают Пушкина в недостаточной самобытности, с другой — приходят в смущение оттого, что ни в какие жанровые рамки современной драматургии трагедия Пушкина не укладывается. По точному замечанию Г. О. Винокура, романтически настроенным критикам не хватает в «Борисе Годунове» «бесспорных и отчетливых признаков вполне определенного, апробированного типа новаторства»[4].

Таким образом, обогащение русской литературы новой, романтической трагедией, по мнению критиков, не удается Пушкину.

Итак, самобытность становится для критиков конца 1820-х — начала 1830-х гг.

---

[4] *Винокур Г. О.* «Борис Годунов» // Пушкин. Полн. собр. соч. М.; Л., 1935. T. VII. С. 485.

необходимым составляющим моментом литературного новаторства, но само требование от поэта все новых и новых «завоеваний» по-прежнему остается в силе. Критики и в эти годы склонны подчеркивать заслуги Пушкина перед русской литературой 1820-х гг. в деле обогащения ее новыми жанрами и темами. Например, несмотря на свое же недовольство излишней зависимостью Пушкина от Байрона в «южных поэмах», критики подчеркивают своевременность совершенного Пушкиным введения в русскую литературу жанра «байронической» поэмы. В 1835 г. Белинский, характеризуя в статье «О русской повести и повестях г. Гоголя» минувший период развития русской словесности, называет в качестве ведущего жанра того времени «романтическую поэму, поэму *пушкинскую*»[5].

И от Пушкина 1830-х гг. критики тоже хотели бы, чтобы он и впредь открывал для русской литературы новые «поприща», куда вслед за ним могли бы устремиться и другие писатели, как произошло это при появлении «южных поэм». В этих-то своих надеждах они и разочаровываются. Если в «Полтаве» и «Борисе Годунове» (создавая которые сам Пушкин еще осознавал себя новатором) критикам не хватает отчетливости, определенности новаторства, то последующие произведения Пушкина в еще меньшей степени оправдывают их надежды. Принято сетовать на то, что новаторство зрелого Пушкина не было по достоинству оценено его современниками. Но следует учесть, что в чем-то современники были по-своему правы. Пушкин 1830-х гг. действительно не вводит в русскую словесность ни заманчивого нового материала, который могли бы вслед за ним разрабатывать последователи, ни новых форм, которые несли бы на себе печать европейской моды и поддавались бы тиражированию.

В этом смысле чрезвычайно показательными оказываются уже «Повести Белкина», строящиеся на своеобразной «реанимации» во многом архаических для 1830-х гг. сентиментальных и бытописательных жанров[6]. Художественный смысл рождается здесь из «игры» различными традиционными схемами, различными стилистическими тональностями[7].

Не случайно критики, писавшие о «Повестях Белкина», отмечают их подчеркнутую литературность. Они упоминают различные литературные традиции, на которые здесь ориентировался Пушкин. Так, говорится о подражании современным английским и французским писателям в обращении к фигуре подставного автора, вообще о подражании В. Ирвингу. В то же время упоминается и о более старых традициях: в «Северной пчеле» указывается на сходство «Барышни-крестьянки» с французской комедией. Этот жанр, в самом деле учитываемый здесь Пушкиным[8], воспринимается как явление малоактуальное для развития прозы 30-х гг. XIX века и свидетельствующее об уже архаичной в глазах критиков ориентации на французский XVIII век. О «водевильной» «Барышне-крестьянке» говорит и Белинский в статье одиннадцатой цикла «Сочинения Александра Пушкина»[9]. Тут же Белинский указывает и на другую архаичную уже для 1830-х гг. традицию, которой следовал Пушкин в «Повестях Белкина»: «Это что-то вроде повестей Карамзина, с той только разницею, что повести Карамзина имели для своего времени великое значение, а "Повести Белкина" были ниже своего времени»[10]. Это суждение с наглядностью демонстрирует, до какой степени требова-

---

[5] Белинский. Т. I. С. 261.

[6] См.: *Вацуро В. Э.* «Повести Белкина» // Повести покойного Ивана Петровича Белкина, изданные А. П. М., 1981. С. 7–60.)

[7] См.: *Маркович В. М.* «Повести Белкина» и литературный контекст // ПИМ. Т. XIII. С. 63–86.)

[8] См.: *Вольперт Л. И.* Пушкин и французская комедия XVIII в. // ПИМ. Т. IX. С. 168–187.

[9] Белинский. Т. VII. С. 577.

[10] Там же.

ние современности, соответственности со своим временем, пришедшее в эстетическую мысль вместе с романтическим историзмом и подхваченное критикой последующего периода, может приводить к просчетам даже незаурядного критика.

Никаких «открытий», которые могли бы быть замечены современной ему критикой, не делает Пушкин и в последующих своих прозаических произведениях — в «Пиковой даме» и «Капитанской дочке». В «Пиковой даме» он обращается к уже хорошо освоенному русской литературой жанру фантастической повести, и при всем своеобразии тех модификаций, которым подвергаются в повести Пушкина отдельные составляющие этого жанра, Пушкин действует тут предельно осторожно и ненавязчиво, его новации не ломают традицию, а преображают ее изнутри. Неудивительно, что критики, воспринимая «Пиковую даму» в общем благожелательно, не усматривают в ней ничего особо нового и значительного[11]. Они ставят пушкинскую повесть в один ряд с другими фантастическими произведениями русских прозаиков 1830-х гг.: «А. С. Пушкин в прошедшем году, между прочим, подарил нам чудную "Пиковую даму". А после "Пиковой дамы" невольно вспомнишь "Черную женщину", умную, назидательную, хотя слишком таинственную и слишком говорливую»[12].

В «Капитанской дочке» Пушкин выступает перед своими читателями в жанре исторического романа, ставшем для них к тому времени не менее привычным, чем жанр фантастической повести. «По-видимому, узнав в романе отлично знакомые вальтерскоттовские мотивы, современники (за исключением нескольких писателей пушкинского круга) автоматически приняли его за рядовое подражание, за очередной русский исторический роман в "Скоттском духе", которым в середине тридцатых годов уже никого нельзя было удивить»[13].

Сходные тенденции прослеживаются и в восприятии критиками поэтических произведений Пушкина 1830-х гг. Здесь они тоже видят только использование уже готовых и даже устаревших форм. Так, Надеждин, говоря о «Домике в Коломне», предполагает было, что поэт преследовал здесь чисто формальное задание: «Говорят, что Пушкин имел здесь намерение доказать способность русского языка в октаве в сочинениях обширнейшего объема...»[14]. Это, по мнению Надеждина, все равно не искупило бы «внутренней пустоты содержания»[15]. Но кроме того, как утверждает критик, даже в этой чисто формальной стороне дела Пушкин не является новатором в русской поэзии, что могло бы быть хоть каким-то извиняющим обстоятельством. Надеждин ссылается на то, что возможность использовать октаву в русской поэзии уже доказана и без опыта Пушкина: элегическая октава была использована еще в стихотворении Жуковского «На смерть королевы Виртембергской», образец же повествовательной октавы в произведении большого жанра дал незадолго до напечатания «Домика в Коломне» С. П. Шевырев, переведя отрывок

---

[11] Единственная восторженная оценка, данная «Пиковой даме» О. И. Сенковским в его известном письме Пушкину, где говорится, что Пушкин «положил начало новой прозе», тоже касается исключительно стилистической и языковой стороны: «... эти две главы — верх искусства по стилю и хорошему вкусу <...> Именно всеобщего русского языка недоставало нашей прозе, и его-то я нашел в вашей повести» (XV, 322).

[12] *Плаксин В. Т.* Взгляд на последние успехи русской словесности 1833 – 1834 годов // Летопись факультетов на 1835 год, изданная в двух книгах А. Галичем и В. Плаксиным. СПб., 1835. С. 30.

[13] *Долинин А. А.* История, одетая в роман: Вальтер Скотт и его читатели. М., 1988. С. 234.

[14] *Надеждин Н. И.* Литературная критика. Эстетика. М., 1972. С. 341.

[15] Там же.

из «Освобожденного Иерусалима» Т. Тассо. Причем рассуждение Шевырева «О возможности ввести итальянскую октаву в русское стихосложение» характеризуется Надеждиным как «прекрасное»[16]. По-видимому, реформаторский запал Шевырева вызывает у Надеждина гораздо большее сочувствие, чем спокойная ирония Пушкина — автора «Домика в Коломне». То, что для Шевырева — серьезное дело, связанное с задачей обновления русской поэзии, то для Пушкина — опыт чисто индивидуальный, «игра». Пушкин далек от того, чтобы писать теоретические рассуждения об октаве и призывать современных русских поэтов устремиться куда-либо по каким-то новым путям. Итак, отринув предположение даже о формальном новаторстве пушкинской повести в октавах, Надеждин заключает: «Разве поэт не хотел ли снова доказать свое могущество творить из ничего, некогда принесшее ему столько славы в "Нулине"!»[17] Несерьезность отношения к изображаемой действительности, безответственная игра с нею, и с изысканной литературной формой — вот что видится Надеждину в «Домике в Коломне».

Как о «шуточной и остроумной безделке»[18] говорит о «Домике в Коломне» и Белинский в статье 1836 г. «О критике и литературных мнениях "Московского наблюдателя"», опять же соотнося обращение Пушкина к октавам с опытом Шевырева. На сей раз реформаторские устремления Шевырева и сами его октавы оцениваются резко отрицательно, но все же с Шевыревым Белинский полемизирует как с «нововводителем», пусть неудачливым, но пытавшимся открыть для русской поэзии что-то новое. В пушкинской же «повести» он не видит не только никакого вклада в развитие русской поэзии, но даже и претензии на какой-либо вклад.

Игру литературной формой, к тому же неактуальной для современных нужд развития русской литературы, увидели критики также в следующей ставшей известной им пушкинской поэме — «Анджело». Особенно показателен в этом плане отзыв Надеждина в рецензии на вторую часть альманаха «Новоселье». Критик дает неожиданно высокую оценку «Анджело» как «пьесы <...> полной искусства, доведенного до естественности, ума, скрытого в простоте разительной, и, сверх того, неотъемлемо отличающейся истинным признаком зрелости поэта — тем спокойствием, которое мы постигаем в творениях первоклассных писателей»[19]. Но столь высокую оценку Надеждин дает «Анджело» лишь благодаря тому, что на какой-то момент оказывается способным отрешиться от своей жесткой историко-философской системы и посмотреть на поэму Пушкина с точки зрения вневременных требований «вечного искусства» (заметим кстати, что эта способность выйти за рамки собственной системы, проявляющаяся у Надеждина, к сожалению, слишком редко, свидетельствует о потенциях действительно незаурядного критика, которые жили в нем, но реализовались в его критическом наследии лишь в малой степени). Но при ответе на вопрос об актуальности или неактуальности «Анджело» для развития современной русской литературы Надеждин исходит уже из совсем иных критериев — критериев своей историко-философской системы[20].

Справедливо усматривая в «Анджело» признаки итальянской новеллы эпохи Возрождения[21], критик говорит о неактуальности попытки поэта возродить художественную форму, бывшую совершенно органичной на определенном историческом этапе развития европейской культуры, но переставшую быть таковой вместе с за-

---

[16] Там же. С. 342.
[17] Там же.
[18] Белинский. Т. II. С. 147.
[19] *Надеждин Н. И.* Литературная критика. Эстетика. С. 384.
[20] Об историко-философской системе Надеждина см.: *Манн Ю. В.* Русская философская эстетика. М., 1969. С. 49—61.
[21] См.: *Фомичев С. А.* Поэзия Пушкина: Творческая эволюция. Л., 1986. С. 232.

вершением этого этапа и невосстановимой на более поздних ступенях исторического развития. «Боккаччио, отец "Декамерона", был первым, начавшим писать в роде,
к коему принадлежит "Анджело". Простой, самый естественный, бесстрастный, не
размышляющий рассказ происшествий, как они были, есть отличительная черта сего
рода произведений, являвшихся в свое время не случайно, не по прихоти литературной, а вследствие особых обстоятельств, развивавших в разные периоды времени
различные роды стихотворений: сагу, романс, балладу и т. д. Возможно ли подобное
воссоздание какого-либо рода стихотворений во всякое время по воле самого силь-
ного дарования? Имеет ли право талант, не обращая внимания на современное, его
окружающее, постоянно усиливаться воскресить прошедшее, идти назад, не стремиться вперед? Может ли иметь успех подобное направление? Вправе ли писатель
винить публику, если она не разделяет его стремления к минувшему, а в силу вечно
неизменяемого влечения к будущему остается равнодушною, непризнательною к его
тягостному борению с веком, усилию, часто обнаруживающему тем разительнее
всю великость его дарования?» [22]

В словах Надеждина есть определенная правота. Если оценивать «Анджело» с
точки зрения потребностей современного Пушкину литературного процесса, назвать эту поэму актуальной в самом деле весьма трудно. Пушкин опять не открывает
для современников новых путей, по которым они могли бы устремиться. Он действительно не создает новых, «самобытных» форм, а берет давно известные «чужие»
формы, использует самые различные традиции (тут и Шекспир, и итальянская новел-
ла, и классицистическая трагедия, и просветительная философская повесть) и незаметно преображает их в новое творение, в котором новый художественный смысл
рождается из тончайших семантических сдвигов. «Общему делу» развития современной литературы Пушкин 1830-х гг. действительно не служит, и Надеждин, требующий
от своих современников «дружного, совокупного слияния общих усилий» [23], вполне
имеет право упрекнуть его в аристократической удаленности от насущных нужд
развития словесности, в самоцельном экспериментировании с уже неактуальными
литературными формами.

При этом Надеждин, говоря об «Анджело», все-таки оказывается на высоте: у
него на этот раз хватает художественного чутья, чтобы на секунду отрешиться от
сиюминутных требований текущего литературного момента и высоко оценить поэму
саму по себе. Другие критики оказываются на это не способны. О том, что Пушкин
сделался автором «"Анджело" и других мертвых, безжизненных сказок» [24], с горечью
пишет Белинский в «Литературных мечтаниях» (1834) и дальше, возвращаясь к этой
теме, относит «Анджело» к произведениям, свидетельствующим о «горькой, невозврат-
ной потере» Пушкина для русской литературы [25].

Некто «Житель Сивцева вражка» пишет в «Молве»: «"Анджело" есть самое пло-
хое произведение Пушкина; если б не было под ним его имени, я бы не поверил,
чтоб это стихотворение принадлежало к последнему двадцатипятилетию нашей словесности, и счел бы его старинкою, вытащенною из отысканного вновь портфейля
какого-нибудь из второстепенных образцовых писателей прошлого века» [26]. Очевидно, отсылка к XVIII веку означает, что критику вспоминается классицистическая
трагедия или же философские аллегории просветителей, то есть такие жанры,

---

[22] *Надеждин Н. И.* Литературная критика. Эстетика. С. 383–384.
[23] Там же. С. 380.
[24] Белинский. Т. I. С. 21.
[25] Там же. С. 73.
[26] *Житель Сивцева вражка.* Письмо к издателю // Молва. 1834. № 24. С. 374.

которые в 1830-х гг. воспринимаются уже как архаичные.

В этом смысле симптоматичен и инцидент с «Вастолой» Виланда, переведенной Е. П. Люценко и изданной Пушкиным. Само возникновение споров о том, не является ли Пушкин также и переводчиком «Вастолы», свидетельствует, что у определенной части современников Пушкин 1830-х гг. пользовался достаточно устойчивой репутацией воскресителя разного литературного «старья». Любопытно, что Белинский, отвергая предположение о принадлежности перевода Пушкину, делает это с уверенностью, исходя из слишком уж низкого качества стихов, но не высказывает подобной уверенности относительно вопроса, не может ли Пушкин в принципе обратиться к переводу чего-либо подобного. Охарактеризовав «Вастолу» Виланда как типичную нравоучительную повесть XVIII века, в которой «пустота и ничтожность»[27] французских образцов соединяется с немецкой тяжеловесностью, Белинский задает было риторический вопрос: «Теперь спрашивается, кто может предположить, чтобы Пушкин выбрал себе для перевода сказку Виланда, и такую сказку?..» — но тут же делает многозначительную оговорку: «Может быть, многие скажут, что это естественный переход от "Анджело": и то может статься!..»[28]. Аналогичным образом высказывается Белинский в статье «О критике и литературных мнениях "Московского наблюдателя"», возражая Шевыреву, который удивляется тому, что есть люди, поверившие в принадлежность перевода «Вастолы» Пушкину: «... вы говорите, что Пушкин не в состоянии написать такого дурного произведения: а почему ж так! Ведь он написал же "Анджело" и несколько других плохих сказок?»[29]

В том же ряду, что и «Анджело», как можно видеть из уже приведенных отзывов Белинского, воспринимают критики и пушкинские сказки. Однако со сказками ситуация складывается все-таки несколько иная, чем с теми произведениями Пушкина 1830-х гг., о которых речь шла выше. Сказки Пушкина (как и сказки Жуковского) критики оценивают как *новое* явление в русской поэзии, как явление, способное породить (и действительно порождающее) массу подражаний, — но при этом как явление не слишком утешительное.

Кс. А. Полевой даже пишет по поводу сказок Пушкина и Жуковского статью «О новом направлении в русской словесности» (1834), в которой хочет обратить внимание читателей «на некоторые новые явления русского стихотворства»[30]. Критик утверждает: «Попытки Жуковского и Пушкина в подражании русским сказкам — неудачны, по крайней мере ниже своих образцов, дышащих всем простодушием доброй старины и оригинальностью рассказа неподражаемою. Неудачные попытки наших поэтов не только не пробудят любви к старине и не породят самобытности, но могут еще иметь действие совершенно противоположное. Этого мало. Как подражания, они еще могут привести к новому забвению истинных сил русского ума, русской души, и для этого — странное положение! — почти надобно желать неуспеха нашим поэтам»[31].

Свое мнение об опасности «подражания» русским сказкам Кс. А. Полевой аргументирует следующим образом: «... принимая взгляд, понятия и язык драгоценных нам предков, вы уже отрекаетесь от собственных ваших понятий, взгляда и языка. Вы хотите подражать чуждому, прошедшему и подавляете всю самобытность свою <...> Вы не можете подражать предкам вашим вполне; вы будете подражать только тому, что было одушевлено у них жизнию: формам их»[32]. Здесь отчетливо проявляется влияние историко-философских воззрений, усвоенных русской критикой в эпоху романтизма.

---

[27] Белинский. Т. II. С. 73.

[28] Там же. С. 74.

[29] Там же. С. 174.

[30] *Полевой Н. А., Полевой Кс. А.* Литературная критика. Л., 1990. С. 495.

[31] Там же. С. 501.

[32] Там же. С. 499.

«...По распространенному в то время в западной и русской эстетике мнению, эпопея, народное предание, сказка могут существовать лишь на начальных ступенях художественной эволюции и на последующих невосстановимы. Если же современный поэт все же обратится, скажем, к жанру народной сказки, то он должен просветить ее младенческую простоту суровым опытом "мужества", "на последней степени созрения жизни" вспомнить ее первую "степень"...»[33], – указывает Ю. В. Манн. Исходя из этого, в русской критике 1830-х гг. могут приветствоваться те произведения, построенные на сказочном материале, в которых бросается в глаза индивидуальность современного автора, прихотливый полет романтически свободной фантазии (так, Белинский дает высокую оценку романам А. Ф. Вельтмана). Но сказки Пушкина, в которых не происходит откровенного «взламывания» традиционного жанра (хотя здесь нет и полного подчинения традиции: Пушкин опять играет различными традициями, создавая новое, исключительно «свое» художественное единство), – эти сказки Пушкина остаются недооцененными, их воспринимают как попытку воспроизвести русские сказки в их «первобытном» виде.

Воспринимая сказки Пушкина таким образом, современники в лучшем случае могут хвалить поэта за то, что он дает новую жизнь созданиям народной поэзии, – но не более того. В рецензии на IV часть «Стихотворений Александра Пушкина» Белинский признает, что сказки Пушкина «целою головою выше всех попыток в этом роде других наших поэтов», и все-таки тут же утверждает, что «русская сказка имеет свой смысл <...> только в таком виде, как создала ее народная фантазия; переделанная же и прикрашенная, она не имеет решительно никакого смысла»[34]. Эту не слишком высокую оценку пушкинских сказок Белинский находит нужным несколько скорректировать в примечании: «Впрочем, сказка "О рыбаке и рыбке" заслуживает внимания по крайней простоте и естественности рассказа, а более всего по своему размеру чисто русскому. Кажется, наш поэт хотел именно сделать попытку в этом размере и для того нарочно написал эту сказку»[35].

Любопытное совпадение: предполагается, что сказка написана «нарочно» для размера, как о «Домике в Коломне» предполагалось, что он написан исключительно для октав. Даже похвала обнаруживает тут представление о Пушкине как о холодном литературном экспериментаторе, занимающемся изящной, но самоцельной и неактуальной игрой формами, жанрами, размерами... Именно такой образ Пушкина становится доминирующим в критике 1830-х гг. – в противовес доминировавшему прежде, в 1820-е гг., образу Пушкина-новатора, постоянно вносящего в русскую литературу что-то новое и важное.

Необходимо сказать, что упреки в консерватизме литературном оказываются в сознании многих критиков 1830-х гг. связаны с упреками в консерватизме политическом. Представление о Пушкине как о поэте, не желающем учитывать современные веяния, занятом ненужной формальной игрой, является одной из составляющих складывающегося в демократической критике на рубеже 1820–1830-х гг. образа Пушкина как «литературного аристократа», а этот образ включает в себя далеко не только литературно-эстетические, но еще и социальные моменты. В «Северной пчеле», «Сыне отечества», «Московском телеграфе» Пушкина обвиняют в том, что он изменяет своему высокому призванию, разменивает на мелочи свой талант, погрузившись в суетную и ничтожную светскую жизнь. Сами по себе упреки такого рода были не новы. Беспокойство, что «свет» может дурно повлиять на творчество Пушкина, воз-

---

[33] *Манн Ю. В.* Факультеты Надеждина // Надеждин Н. И. Литературная критика. Эстетика. С. 30.
[34] Белинский. Т. II. С. 82.
[35] Там же.

16

никало временами и у людей, близких самому поэту. Не нова была и сама дискуссия о том, совместима или несовместима светская жизнь с высокими поэтическими занятиями. Но в 1830-е гг. этот вопрос рассматривается в критике под принципиально иным углом зрения, чем было это в предшествующие десятилетия.

Чтобы уяснить себе происшедшие к этому времени перемены в подходе критиков к проблеме «поэт и светское общество», нужно сделать небольшой экскурс в 1800–1810-е гг., когда в печати обсуждался вопрос о возможности для поэта вести светскую жизнь, о совместимости ее с занятиями поэзии. Наиболее распространенным и традиционным решением было отрицание таковой возможности. Так, Батюшков в статье «Нечто о поэте и поэзии» (1815) писал: «Поэзия, осмелюсь сказать, требует *всего человека* <...> Жить в обществе, носить на себе тяжелое ярмо должностей, часто ничтожных и суетных, и хотеть согласования выгоды самолюбия с желанием славы — есть требование истинно суетное. Что образ жизни действует сильно и постоянно на талант, в том нет сомнения»[36]. Там же он отмечает, что «общество не только что отнимает у человека рассеянного, но уничтожает совершенно» ту «душевную силу» и «внимание постоянное», которые нужны для создания высокого произведения[37].

Батюшков здесь решает вопрос о приличествующем поэту отношении к светской жизни в духе той же традиции, которой прежде придерживается, скажем, Д. П. Северин, поместивший в «Вестнике Европы» за 1808 г. переводную (с французского) статью «Писатель в обществе», где утверждалось, что связь писателя с «большим светом» не принесет ему ничего, кроме вреда, и что писатель может творить только в уединении[38].

Но такое решение вопроса, являясь более традиционным, не являлось единственным. Гораздо менее однозначно решает проблему поведения поэта по отношению к «свету» Жуковский в своих статьях периода «Вестника Европы». В статье «Письмо из уезда к издателю» (1808) он, с одной стороны, высказывается о спокойствии и уединении как о единственно возможных условиях творчества: «Наш друг, посвящая себя трудам писателя, должен забыть приятную рассеянность большого светского круга: желание в нем блистать противно спокойным занятиям автора. И можно ли с сим чистым, верным, всегда одинаковым удовольствием, которое неразлучно с деятельностью ума, производящего или приобретающего новое, соединить беспокойное удовольствие, доставляемое успехами в свете, победами самолюбия, непрочными, слишком непродолжительными для того, чтобы наслаждаться ими без волнения: одно уничтожает другое!»[39]. С другой стороны, Жуковский все-таки делает здесь одну оговорку, допуская, что эпизодические появления в «свете» могут дать писателю полезные для творчества наблюдения: «Ограничив себя уединением, где мысли сохраняют свободу, а чувства — первоначальную живость и свежесть, он должен только мимоходом, из любопытства, для заимствования некоторой приятной образованности, необходимо нужной писателю, заглядывать в свет, собирать в нем потребный запас и снова с добычею возвращаться в уединение...»[40] В статье же, вызванной упомянутой выше публикацией Д. П. Северина «Писатель в обществе» и помещенной в «Вестнике Европы» под названием «Несколько слов о том же предмете (от издателя)», Жуковский уже решительно утверждает, что «и писатель наравне со всеми может с успехом играть свою роль на сцене большого света»[41]. Доказывая

---

[36] *Батюшков К. Н.* Сочинения: В 2 т. М., 1989. Т. 1. С. 41–42.
[37] Там же. С. 42.
[38] См.: Писатель в обществе (с франц. Д. Северин) // ВЕ. 1808. Ч. 42. № 22. С. 112–118.
[39] *Жуковский В. А.* Эстетика и критика. М., 1985. С. 165.
[40] Там же.
[41] Там же. С. 168.

это утверждение, Жуковский подчеркивает, что не имеет в виду «под именем светской жизни <...> скучное состояние праздных, которые посвятили себя одним удовольствиям общественным, которые беспрестанно живут вне себя, не имеют ни занятия собственного, ни должности государственной; которых девиз — быть приятными без пользы, а иногда и со вредом для других»[42]. Жуковский говорит о том, что в действительности большинство светских людей являются полезными членами общества, имеют «особенные свои заботы и должности»[43], выполняют различные служебные и семейные обязанности. Отрешаясь на некоторое время от своих серьезных занятий, они получают в светской жизни отдохновение и приятное общение. Именно в таком «свете» подобает писателю занять свое законное место, как и любому другому полезному члену общества. Кроме того, Жуковский подчеркивает, что люди «большого света» отличаются от других высоким уровнем образованности, что среди них «существует общее мнение», «царствует разборчивый вкус», «происходит оценка добродетелей и талантов» и что в обществе имеют уважение «к уму и качествам моральным»[44].

Таким образом, наряду с бытовавшим в русской словесности 1800—1810-х гг. представлением о несовместимости светской жизни с занятиями литературой, существовала и иная, противоположная, точка зрения. Но чрезвычайно существенно то обстоятельство, что при различии ответов на вопрос, совместима ли светская жизнь с творчеством, литераторы этого периода исходят из одной и той же дилеммы — «свет или уединение». Жизнь в «свете» может тут и осуждаться — но отнюдь не с позиций социальной критики именно светского общества. Дело в том, что жизнь в «свете» синонимична здесь жизни в социуме вообще и что сами эти происходившие в 1800—1810-х гг. споры о писателе и «свете» являются отзвуком той полемики об «обществе» и «уединении», которая занимала умы многих философов XVIII века. Эта проблематика звучала еще у Э. Э. К. Шефтсбери, развивавшего в диалоге «Моралисты» (1709) мысль о том, что жизнь в обществе и временное уединение должны уравновешивать и дополнять друг друга[45].

Позднее спор о том, подобает ли человеку жизнь в уединении, разгорелся между Руссо и Вольтером. Эту важную для европейской философии проблематику унаследовали и русские сентименталисты, в большинстве своем склонявшиеся к позиции Вольтера и утверждавшие мысль об общественной природе человека. Так, Карамзин в статье «Мысли об уединении» (1802), соглашаясь с тем, что «временное уединение» благотворно для душ творческих и чувствительных, отвергал расхожее представление о «совершенном уединении» как идеальном состоянии чувствительного человека: «...человек от первой до последней минуты бытия есть существо зависимое. Сердце его образовано чувствовать с другими и наслаждаться их наслаждением. Отделяясь от света, оно иссыхает, подобно растению, лишенному животворных влияний солнца <...> Нет, нет! Человек не создан для всегдашнего уединения и не может переделать себя... Люди оскорбляют, люди должны и утешать его. Яд в свете, антидот там же. Один уязвляет ядовитою стрелою, другой вынимает ее из сердца и льет целительный бальзам на рану»[46].

Такой подход к проблеме «уединения» и «общества», ориентированный на моральную философию XVIII века, продолжает оставаться актуальным для русской литературы на всем протяжении 1800—1810-х гг. и определяет тот ракурс, в котором рассматривается в эти годы проблема «поэт и общество». Но в 1820-е гг. постепенно вырабатывается иной подход к этой последней проблеме — подход социологический. И едва ли не первое свидетельство этого процесса — полемика о «Бахчисарайском

[42] Там же. С. 170.
[43] Там же.
[44] Там же. С. 168 – 169.
[45] См.: *Шефтсбери Э. Э. К.* Эстетические опыты. М., 1975. С. 105.
[46] *Карамзин Н. М.* Сочинения: В 2 т. Л., 1984. Т. 2. С. 120 – 121.

фонтане» «не в литературном отношении», вспыхнувшая в 1824 г. Поводом для нее послужил необычайно высокий гонорар, полученный Пушкиным за его новую поэму.

Вообще говоря, такое поощрение авторского труда уже начало тогда практиковаться издателями «Полярной звезды» — А. А. Бестужевым и К. Ф. Рылеевым. Но именно в ходе полемики о «Бахчисарайском фонтане» эта прежде остававшаяся в тени сторона литературного дела стала оживленно обсуждаться на страницах журналов. Здесь ставятся вопросы книгопродавческие, вопросы, связанные с профессионализацией писательского труда. В традиционно высокую область рассуждений об изящной словесности вторгаются сугубо прозаические подсчеты, которые прежде были бы сочтены неуместными: обсуждается выручка за строчку, подводится сальдо кредита... Участники полемики уподобляют поэта производителю, читателя — потребителю, книгопродавца — посреднику между ними. Поэт, таким образом, впервые оказывается рассмотрен как член общества, взятого уже не в плане философском (как противоположность «уединению»), а в плане социологическом, во всей совокупности материальных связей между людьми. Выясняется, что поэт в обществе не только приобретает познание людей и жизни, но и оказывается вовлечен во вполне прозаические отношения с книгопродавцами и публикой.

Характерно, что в выработке этого нового, прозаически-социологизированного подхода к литературному делу активно участвует сам Пушкин. В письмах периода южной ссылки он неоднократно — и не без некоторого вызова — подчеркивает, что печатает «для денег» (XIII, 89), и утверждает, что литератор — тот же ремесленник: «...на конченную свою поэму я смотрю как сапожник на пару своих сапог: продаю с барышом. Цеховой старшина находит мои ботфорты не по форме, обрезывает, портит товар; я в накладе; иду жаловаться частному приставу; все это в порядке вещей» (из письма к П. А. Вяземскому, март 1823 г.; XIII, 59).

Стремление Пушкина к профессионализации писательского труда находит программное выражение в «Разговоре книгопродавца с поэтом», своего рода манифесте, приложенном к изданию первой главы «Евгения Онегина». Устами книгопродавца Пушкин ограничивает романтический произвол поэта, заставляя его признать, что «наш век — торгаш; в сей век железный без денег и свободы нет», и перейти в своей последней реплике на «низкую» прозу: «Вы совершенно правы. Вот вам моя рукопись. Условимся» (II, 330). Поэт оказывается вынужденным признать свою зависимость от общества и свою включенность в это общество, сохраняя, однако, за собой творческую независимость («Не продается вдохновенье, но можно рукопись продать» — II, 330).

К 1830-м гг. проблема «поэт и общество» претерпевает в сознании критиков дальнейшую социологизацию. И Пушкин, в середине 1820-х гг. сам же стимулировавший этот процесс, оказывается в известном смысле его жертвой. Демократически настроенные критики — в особенности Н. А. и Кс. А. Полевые, Ф. В. Булгарин — в противовес бытовавшему прежде недифференцированному представлению об «обществе» начинают резко противопоставлять ценностям «светских людей» свои «третьесословные» ценности. Это отчетливо звучит, например, у Н. Полевого, пишущего в статье «Взгляд на некоторые журналы и газеты русские»: «Образованность и просвещение в наше время видимо распространяются и не в одном сословии дворян. Из числа людей так называемого среднего состояния начали появляться писатели. Само собой разумеется, что они составляют общество отдельное от светского. Бог знает с чего, за это обрекли их на неспособность к умственным трудам. *Знаменитые друзья* силятся доказать, что единственно в светском обществе приобретается вкус и развивается способность к изящному. Им отвечали, что, может быть, там развивается вкус к нарядам, к дорогим винам и кушаньям и способность изящно не делать ничего, но что во всяком звании и обществе может явиться душа, способная понимать изящное, ибо природа и учение доступны равно для всех»[47].

Аналогичным образом противопоставляет публику «светскую» и «третьесословную» Кс. Полевой, пишущий о том, что для высоких и творческих страстей «не нужны толпы слуг и мраморные стены, обставленные несколькими поколениями людей, возросших на паркетах <...> Какое светское общество отражало красоту в душе Клод Лоррена, бедного краскотера, работника? Через сколько гостиных перешел Корреджио, когда он сознал свой гений и предчувствовал создание своей Магдалины? Кто образовал душу и слог Ричардсона, бедного типографщика? <...> Наконец, какое высокое дружество породило Шекспира? Какой благородный лорд дружески взял его за руку и объяснил ему великие тайны вселенной? В котором из поместьев своих Шекспир имел счастие кормить и поить толпу светских гостей? Нет! Это был бедный крестьянин...»[48] Кс. Полевой утверждает, что светская жизнь гибельна для истинного таланта и что писатели должны ориентироваться не на «свет», а на совсем иные слои публики: «У людей знатных, с весьма немногими исключениями, литература всегда останется делом посторонним: они заняты своим честолюбием, своею службою, своими отношениями <...>. Они покупают книгу так же, как покупают лампу, кресла, рояль, как удобство, но не как произведение бессмертного духа. Напротив, для низших классов литература есть та стихия, которою они сближаются с человечеством. Она просветит их ум, образует их чувства и покажет им обязанности их к Богу, к царю, к отечеству»[49].

Правда, позиция Полевых, как и позиция Булгарина, оказывается достаточно двусмысленной и уязвимой, поскольку свои представления о «третьем сословии» они конструируют исходя из европейского исторического опыта, а не из современной им русской действительности. В России этой «третьесословной» культуры не существовало, да и сами Полевые и Булгарин были воспитаны на той самой «дворянской» культуре, которую пытались ревизовать, и за рамки этой культуры им было не выйти, потому что других возможностей действительность им просто не предоставляла. Однако на уровне теоретическом созданная ими концепция «демократической» культуры оказалась способна функционировать и быть оружием в борьбе против «литературных аристократов» — Пушкина и его круга.

Что же противопоставляют этим взглядам демократически настроенных критиков «литературные аристократы»? В своих взглядах на общество и на культуру они тоже исходят из исторического и социологического анализа, но анализа более сложного и глубокого, чем у их оппонентов. Если Н. Полевой абсолютизирует недостатки «света» (его пустоту, холодность и т. д.), то Пушкин подходит к проблеме гораздо более диалектически. Он видит все те дурные стороны светской жизни, которые видит и Полевой, но видит и стороны позитивные. Так или иначе, «свет» — это средоточие культуры, другой культуры в России попросту нет. Поэтому для писателей пушкинского круга остается актуальным многое из того, что когда-то — в другом историческом контексте — говорилось в защиту светской жизни Жуковским. Они подчеркивают, что именно в светском обществе сосредоточена основная масса людей высокообразованных, обладающих литературным вкусом, а потому вращение в «свете» способно дать писателю очень многое. «Остроумие и вкус воспитываются только в кругу лучшего общества...»,[50] — утверждает в «Обозрении русской словесности 1829 года» И. В. Киреевский, выступая в этом вполне как ученик Жуковского. Как о «школе общежития», где образованные люди обучаются «цене выражений и приличиям вежливости»[51], говорит о «свете» Вяземский в

[47] *Полевой Н. А., Полевой Кс. А.* Литературная критика. С. 70.
[48] Там же. С. 413—414.
[49] Там же. С. 415.
[50] *Киреевский И. В.* Критика и эстетика. М., 1979. С. 69.
[51] *Вяземский П. А.* Эстетика и литературная критика. М., 1984. С. 108.

помещенной в № 18 «Литературной газеты» за 1830 г. статье «Несколько слов о полемике». Наконец, и сам Пушкин в «Опровержении на критики» говорит о том, что сотрудники «Литературной газеты», не притязая «на тон *высшего* общества», «стараются сохранить тон *хорошего* общества; проповедуют сей тон и другим собратьям, но проповедуют в пустыне» (XI, 152).

Как об особом достоинстве светской культуры Пушкин говорит о ее гибкости, способности вместить в себя подлинно народные элементы: не случайно в светской гостиной Татьяны «был принят слог простонародный и не пугал ничьих ушей живою странностью своей» (VI, 627) [52]. И Пушкин даже упрекает критиков-«демократов» в том, что как раз они в действительности не могут принять этот простонародный слог: «...откровенные, оригинальные выражения простолюдинов повторяются и в высшем обществе, не оскорбляя слуха, — между тем как чопорные обиняки провинциальной вежливости возбудили бы только общую невольную улыбку» (XI, 98), — пишет он в статье «О новейших блюстителях нравственности», направленной против Надеждина, который счел неблагопристойной поэмой «Графа Нулина».

Но, несмотря на то что пушкинский историко-социологический анализ современного общества был глубже и тоньше, чем у его оппонентов, писателям пушкинского круга все-таки не удается одержать верх в полемиках 1830-х гг. Надо сказать, что упреки, предъявлявшиеся им демократически настроенными критиками, падали на благоприятную почву. Дело в том, что в конце 1820-х — начале 1830-х гг. происходит процесс быстрой демократизации русской читающей публики. Этот процесс был бесконечно сложен. При всех своих положительных сторонах, которые проявились в дальнейшем и без которых не было бы того литературного феномена, который получил название русской классики XIX века, демократизация читательской аудитории и литературного творчества несла в себе серьезнейшие опасности — особенно на первых порах.

В конце 1820-х гг. книжный рынок существенно разрастается за счет массового читателя — мелких чиновников, провинциалов и т. п. Вкус этих читателей еще весьма неразвит, но теперь они уже стремятся заявить о своей социальной и культурной значительности, требуют уважения к своим «третьесословным» амбициям. Например, такому читателю приятно было находить в литературе элементы социального критицизма, обличение разных злоупотреблений, нападки на высшие сословия — как и вообще на недостатки разных слоев русского общества. (Заметим в скобках, что все это превосходно удавалось Булгарину, одному из основных оппонентов Пушкина в полемике о «литературной аристократии». В одной из статей Надеждина, резко критически относившегося к творчеству Булгарина, выводится некая Фекла Кузминишна — большая почитательница «Ивана Выжигина», которая риторически вопрошает, есть ли другая такая книга, «где бы так чудесно было расписано все — от большого до малого? — где бы доставалось всем сестрам по серьгам — и жидам и христианам, и купцам и боярам, и квартальным и капитан-исправникам, и судьям и прокурорам, и князьям и графам?..»[53])

Читатель-мещанин предъявлял к литературным героям также и определенные моральные требования — требования, выражавшие «третьесословные» идеалы честного и добросовестного труда, «благонамеренности» и т. д. Мир пушкинских произведений (в особенности «Евгения Онегина», «Графа Нулина») он воспринимает как мир чуждый себе, живущий по неприемлемым для такого читателя социальным и нравственным нормам:

---

[52] См.: *Вацуро В. Э.* Пушкин и проблемы бытописания в начале 1830-х годов // ПИМ. Т. VI. С. 155.
[53] *Надеждин Н. И.* Литературная критика. Эстетика. С. 93.

> ...о неге и о лени
> Мне любопытно ли читать?
> Большая надобность мне знать,
> Что нежатся они, ленятся...
> Зачем, быв в летах молодых,
> Для общей пользы не трудятся! [54]

Мир пушкинских героев мерится здесь меркой традиционных мещанских добродетелей. Конечно, это отнюдь не самое серьезное и не самое характерное выражение демократизации русской литературной жизни. Но отразившийся здесь процесс переоценки ценностей, в результате которого на первый план в суждениях о литературных произведениях начинают выноситься уже не вневременные критерии «вкуса», «вечного искусства», а требования соответствия писателя жизненным нуждам и интересам своих современников, был процессом сложным и многогранным, захватывающим все уровни культурной жизни — от обывательских окололитературных сплетен до высот литературы. Одним из болезненных, но вполне объяснимых проявлений этого процесса и явилось складывание в значительной части критики 1830-х гг. образа Пушкина — «литературного аристократа», ушедшего от живой литературной и социальной действительности в красивую, но бесцельную игру формами и размерами.

В заключение отметим, что реальная картина критики 1830-х гг. и ее отношения к Пушкину была гораздо сложнее и многостороннее, чем та достаточно конспективная схема, которая была предложена выше. Но такая неполнота вполне закономерна, потому что критические отзывы 1830-х гг. рассматривались в настоящей статье лишь постольку, поскольку этого требовал анализ проблем, уже затрагивавшихся в критике предшествующего периода. Более обстоятельное освещение многочисленных новых вопросов, возникающих в связи с восприятием пушкинского творчества в 1830-е гг., читатель найдет в продолжении настоящего издания.

Г. Е. Потапова

---

[54] *Бестужев-Рюмин М. А.* Мавра Власьевна Томская и Фрол Савич Калугин. СПб., 1828. С. 15.

СѢВЕРНЫЕ

СЫНЪ ОТЕЧЕСТВА,

ВѢСТНИКЪ ЕВРОПЫ.

1820. No 10.

МАЙ.

1820

А. Г. ГЛАГОЛЕВ
Еще критика
(Письмо к редактору)

Прошу дать местечко в вашем «Вестнике» моему письму: дело, о котором хочу говорить с вами, немаловажно, ибо касается до нашей литературы. Скажу вам, милостивый государь, что я старик, живу здесь, в Москве, или, что все равно, в Бутырской слободе, и, не имея почти никаких дел, беспрестанно читаю. В старину я и сам кое-что пописывал; но *кто старое помянет, тому глаз вон*, говорит пословица. Много, много на моем веку случилось перемен в нашей словесности! Но беседа моя клонится не к тому, что было, а к тому, что теперь есть. Нашим старикам, Ломоносову, Сумарокову, Петрову, Державину, Хемницеру, Богдановичу, даже во сне не виделись такая замысловатость, такой свободный полет гения, такой обширный разгул фантазии, такая очаровательная дикость, какими щеголяет нынешняя наша поэзия.

Признаюсь вам, я было сперва порадовался новому приобретению в нашей словесности. Но теперь ужас обнимает меня, когда подумаю, что наделали новейшие преобразователи. Посмотрите на наш Парнас: это кладбище, где валяются черепы, кости, полуразвалившиеся гробницы и кресты могильные; где бродят духи, привидения, мертвецы в саванах и без саванов; где слышны крики вранов, шипение змей, вой волков... Что же касается до языка, которым все это выражается, то я уже и не знаю, право, что мне сказать должно. – Примеры убеждают лучше всего; позвольте мне что-нибудь вам представить, самое *новейшее.*

Из множества вот один пример: некто смастерил балладу (ужасную, как водится) и поместил ее в № 17 «Сына отечества» [1]. Что за баллада! Сокровище! Могильщик *осеннею порою* пошел копать могилу и рассуждал сам с собою: долго ли мне работать?

> В теплых избах богачи без заботы
> Спят на перинах теперь;

а мне надобно трудиться, хлопотать, рыть могилы или *таскаться* с сумою

> .... И в холод и *в темь* нет покою;
> *Что же* несчастней других я родился?
> *Что бы* и жизнь мне давать?

Словом, он наскучил бедностью, не боится ада и решается:

Дай, *схороненным* хоть раз поживлюся!
Дай, на остатке дней повеселюся!

Потом отбивает гроб, крадет алмазы, жемчуг, и, когда хочет похитить перстень, *мертвый очнулся* (заметьте: *мертвый*!!), *стиснул* преступникову руку; *синие губы роптали* без звуку (мудрено!!.). Но что же вор?

Смотрит на мертвого вор...
Мутные взоры уж дня не узрели:
Только на мертвого страшно глядели!

И конец!! – Замечать ли, что по-русски не говорится *что бы и жизнь?* вместо *на что бы и жизнь?* или *темь* вместо *темнота.* – Это безделица! Безделица и то, что *вор смотрит на мертвого,* а взоры дня *не узрели* и только на мертвого *глядели;* но я желал бы спросить всякого здравомыслящего человека: что за цель этой баллады? Где польза? Где удовольствие? Это ли язык богов?.. И такую балладу помещают в одном из лучших журналов наших для того только, что она подходит к модному стихотворству; для того, что в ней есть могила, мертвец и проч. и проч.

Какой счастливый век! И как легко писать!
Бумага лишь нужна, наборщик и – печать...[2]

А таких ужасных, мистических выродков вы найдете премножество. Другие не столь страшны, зато уж так *кудревато изукрашены,* что подлинно

...не хитрому уму
Не выдумать бы ввек...[3]

Например, у нас есть *Позыв* к уединению», где вы узнаете, что автор *не болен* сердцем[4]; в другом месте сыщете, что «*с утраченным грядущее слилось, грядущее со мною разочлось, и новый иск на нем мой был бы тщетен»,* что *обман надежд разжигает тоску заснувших ран*[5]; еще в одной балладе... Но прошу прочитать ее всю сполна, она, право, этого стоит (С<ын> от<ечества>, № 13, стр. 35)![6] Я только замечу: у нас в такой моде *смертность,* что даже *луч солнечный* трепетен и бледен умирает на горе...[7] Ни слова о рыцарях, которые беспрестанно прощаются с красавицами и погибают; ни слова о *чашах* пенистого вина[8], *о тайном шепоте невидимого, о туманном небосклоне полей, о лазурном крове безоблачного приюта, о пустынной тиши дубрав, о зыбучих берегах, где плачут красные девицы,* и проч. и проч.[9]

Теперь прошу обратить ваше внимание на новый ужасный предмет, который, как у Камоэнса Мыс Бурь[10], выходит из недр морских и показывается посреди океана российской словесности. Пожалуйте напечатайте мое письмо: быть может, люди, которые грозят нашему терпению новым бедствием, опомнятся, рассмеются – и оставят намерение сделаться изобретателями нового рода русских сочинений.

Дело вот в чем: вам известно, что мы от предков получили небольшое бедное наследство литературы, т. е. *сказки* и *песни* народные. Что об них сказать? Если мы бережем старинные монеты даже самые безобразные, то не должны ли тщательно хранить и остатки словесности наших предков? Без всякого сомнения! Мы любим воспоминать все относящееся к нашему младенчеству, к тому счастливому времени детства, когда какая-нибудь песня или сказка служила нам невинной забавой и составляла все богатство познаний? Видите сами, что я не прочь от собирания и изыскания русских сказок и песен; но когда узнал я, что наши словесники приняли старинные песни совсем с другой стороны, громко закричали о величии, плавности, силе, красотах, богатстве наших старинных песен, начали переводить их на немецкий язык и наконец так влюбились в *сказки* и *песни*, что в стихотворениях XIX века заблистали Ерусланы и Бовы[11] на новый манер, то я вам слуга покорный!

Чего доброго ждать от повторения более жалких, нежели смешных лепетаний?.. чего ждать, когда наши поэты начинают пародировать Киршу Данилова?[12]

Возможно ли просвещенному или хоть немного сведущему человеку терпеть, когда ему предлагают новую поэму, писанную в подражание Еруслану Лазаревичу? Извольте же заглянуть в 15 и 16 № «Сына отечества». Там неизвестный пиит на образчик выставляет нам отрывок из поэмы своей «Людмила и Руслан» (не Еруслан ли?) Не знаю, что будет содержать целая поэма; но образчик хоть кого выведет из терпения. Пиит оживляет *мужичка сам с ноготь, а борода с локоть,* придает ему еще *бесконечные усы* (С\<ын\> от\<ечества\>, стр.121), показывает нам ведьму, шапочку-невидимку и проч. Но вот что всего драгоценнее: Руслан наезжает в поле на побитую рать, видит богатырскую голову, под которою лежит меч-кладенец; голова с ним разглагольствует, сражается... Живо помню, как все это, бывало, я слушал от няньки моей; теперь на старости сподобился вновь то же самое услышать от поэтов нынешнего времени!.. Для большей точности или чтобы лучше выразить всю прелесть *старинного* нашего песнословия поэт и в выражениях уподобился Ерусланову рассказчику, например:

> ...Шутите вы со мною –
> Всех *удавлю* вас бородою!

Каково?

> ...Объехал голову кругом
> И стал *перед носом* молчаливо.
> *Щекотит* ноздри копием...

Картина, достойная Кирши Данилова! Далее: чихнула голова, за нею и эхо *чихает...* Вот что говорит рыцарь:

> Я еду-еду не свищу,
> А как наеду, не спущу...

Потом витязь ударяет голову *в щеку* тяжкой *рукавицей...* Но увольте меня от подробностей и позвольте спросить: если бы в Московское благородное собрание как-нибудь втерся (предполагаю невозможное возможным) гость с бородою, в армяке, в лаптях и закричал бы зычным голосом: *здорово, ребята*! Неужели стали бы таким проказником любоваться? Бога ради, позвольте мне, старику, сказать публике, посредством вашего журнала, чтобы она каждый раз жмурила глаза при появлении подобных странностей. Зачем допускать, чтобы плоские шутки старины вновь появились между нами! Шутка грубая, неодобряемая вкусом просвещенным, отвратительна, а нимало не смешна и не забавна. Dixi*.

30 мая.

---

* Я сказал (*лат.*). – *Ред.*

.......ЕВ
К издателю «Сына отечества»

> Genève imite Rome,
> Comme le singe est copiste de l'homme.[*] [1]

Эти стихи Вольтера можно применить ко многим отраслям нашей литературы. Мы подражали во всех родах стихотворных, кроме лирического. Этого мало! Известный Жуи вскружил голову нашим бумажникам своим «Hermite de la chaussée d'Antin»[**] [2]: тотчас появились у нас *пустынники* в белых халатах, *бродяги, старцы* и подобные сему литературные инвалиды[3]. Вы помните, милостивый государь, что когда один из лучших наших писателей прославил своею Лизою окрестности Симонова монастыря[4], то прочие литераторы, которые всегда любят ступать в чужие следы (хотя не всегда в них попадают, ибо не все шаги равны), не оставили ни одного монастыря в покое. То же случилось и недавно: стоило только показаться Лужницкому старцу[5], и уже все слободы Москвы наполнились литературными стариками. Эти добрые люди бранят от нечего делать встречного и поперечного и нападают даже на известных писателей... И недавно единый из *тысячи и одного* старцев наших,

> Plus enclins à blâmer, que savant à bien faire[***] [6],

с необычайною веселостию и простосердечием бранит баллады и неизвестного (по его словам) автора поэмы «Людмила и Руслан». Не могу лишить себя удовольствия уведомить читателей ваших о сем добром старике.

Он прежде всего обещался говорить о литературе и вслед за сим объявляет, что он *старик*; желательно знать, давно ли метрические книги принадлежат к литературе? Жаль, что дозволено призывать еще великих писателей. Бутырский старец (la personne en question [****]), по обыкновению ссылается на них, ибо мертвые терпеливы, и не стыдится ставить Ломоносова и Державина рядом с *Сумароковым*; может быть, для большего контраста. Далее видно, что старость освобождает от труда (для многих тяжелого) – говорить по-русски, ибо старец негодует на новые приобретения в нашей словесности. Он весьма остроумно сравнивает Парнас с кладбищем, и все за то, что его по старости лет рассердила какая-то баллада. Согласен, что она не совсем удачна, но все не так худа, как думает старец Бутырской слободы и как *хочет* заставить других думать. Замечу, что губы очень могут шевелиться или роптать, не издавая звуку; что по-русски очень говорится *что бы* вместо *на что бы* и *темь* вместо *темнота*, особливо в просторечии, а кажется, могильщики не говорят другим языком; можно *смотреть* и *не зреть*, ибо *смотреть* значит просто навесть глаза на какой-нибудь предмет, например на Бутырского старца, а *зря* или *видя* его, можно изобразить

> С щетинистой бородой,
> С блестящими глазами[7].

---

[*] Женева подражает Риму, так же как обезьяна человеку (*фр.*). – *Ред.*
[**] «Пустынником с Антенской дороги» (*фр.*). – *Ред.*
[***] Более склонных критиковать, нежели умеющих хорошо писать (*фр.*). – *Ред.*
[****] особа, о которой идет речь (*фр.*). – *Ред.*

Потом следует целый ряд вопросов. Очень рад случаю отвечать на них и вывести из недоумения почтенного старика, который, прочтя пьесу и написавши на нее критику острую,

Как жертвенный двуострый нож[8],

не знает еще ни цели ее, ни содержания: это немного несходно с проницательностию прежних старцев. *Цель* баллады «Могильщик» – показать пагубные следствия нищеты; *польза* ее – страхом наказания удержать преступника. О причинах, которые, по мнению старца, побудили поместить ее в «Сыне отечества», я не скажу ничего, оставляя этот труд вам самим, почтенный г. издатель. Не знаю, почему на Бутырках баллады называются *мистическими* пьесами; кажется, нет ничего мистического в поступке могильщика, ограбившего мертвеца! Впрочем, что деревня – то поверье!.. За сим следует набор выражений, взятых даже из лучших писателей; все они могут быть хороши, если поставлены у места*. Удивительно, что старцу, который выдает себя за знатока в поэзии, не нравится истинно пиитическое выражение: луч солнца *умирает* вместо *угасает*[9], так он изгонит из стихов все метафоры, синекдохи, метонимии и пр. grands mots qu'il croit des terms de chimie**.

Далее Аристарх весьма убедительно и *красноречиво* (нужда учит калачи печь!) просит напечатать письмо свое, ибо-де, *может быть* (a posse ad esse non est consequentia!***), люди, которые грозят нашему терпению новым бедствием, опомнятся (выражение весьма не учтивое!), рассмеются (над самолюбивым критиком, желающим предписывать законы) и проч. Почему г. старец относит поэму «Людмила и Руслан» к какому-то новому, необычайному роду сочинений? Он мог называться новым до «Одиссеи», «Роланда», «Налоя» («Lutrin»), «Оберона»[10]; теперь он столь же нов, как и критика, в которой упражняются от нечего делать престарелые жители разных московских предместий. Желательно знать, для чего старец желает, чтобы *лепетания* (так ему угодно называть древние стихотворения) были более смешны, нежели жалки? Мысль довольно новая и веселая: судить о достоинстве сочинений по смеху, ими возбуждаемому! После этого письмо бутырского жителя будет лучше «Илиады»! Чтобы отвратить публику от поэм, подобных новой, старик предполагает, что наши поэты будут пародировать Киршу Данилова, и говорит, что тогда нечего ждать доброго; на это всякий бы согласился, если бы бутырские жители не основывали своих умозаключений на предположениях: эта не весьма строгая логика хороша для *слободы*, но не достаточна в обществе образованном. Г-н старец негодует на лицо Черномора, на сражение с головою; но история Полифема в «Одиссее» ничем не лучше. Правда, что наш старец тотчас дает причину своему праведному гневу; вот она: ему наскучили все сии повести, ибо он их слыхал уже от своей покойной нянюшки.

Qu'on ne s'attendait guère
A voir dans cette affaire.****[11]

_____
* Кроме одного: *обман надежд разжигает тоску заснувших ран*; оно слишком высоко!
** громкие слова, которые он принимает за химические термины (*фр.*). – *Ред.*
*** По возможному еще не следует заключать о действительном (*лат.*). – *Ред.*
**** Которую вовсе не ожидали увидеть в подобном деле (*фр.*). – *Ред.*

Это шемякин суд! [12] Выражение *эхо чихает* очень затруднило бутырских жителей; вообще же должно заметить, что они не скоро находят смысл выражений истинно стихотворных. Старику не нравится выражение Руслана:

> Я еду, еду, не свищу,
> А как наеду, не спущу!

Что же скажет он о Богдановиче, у которого греческая (!!!) царевна плачет как *дура*, едет *на щуке шегардой*, называет дракона *змеем-Горынычем*, *чудом-юдом* и проч.? [13] Еще бы можно более поговорить о просвещении бутырских жителей, но я боюсь утомить ваших читателей и вооружить против себя irritabilis gens senium*[14].

Москва.

А. Г. ГЛАГОЛЕВ
Ответ на письмо
к издателю «Сына отечества»

Честь имею уведомить вас, г-н ...ев, что письмо ваше к почтенному издателю «Сына Отечества»** дошло и до Бутырской слободы. Не стану разбирать, для чего вздумалось вам препроводить это письмо в С. Петербург, когда вы могли бы сделать его известным, не заставляя так далеко путешествовать*** , – не мое дело, и *мне ли открывать таинства Элевзинские!*..[1] Я думал даже и о том, должно ли отвечать вам. – Если бы дело шло об одном мне, то, будучи смиренным, бестребовательным стариком, я бы замолчал: я дал бы вам полную волю шутить и забавляться над старостию, но вы сами согласитесь, что мое письмо, предмет вашего негодования, касается до общего дела, следовательно, требует от меня ответа, а потому – позвольте мне сказать несколько слов.

Как не повторить вам еще раз, что я *старик*? И вот почему: в наше время замечания о словесности писывали совсем иначе, нежели как вы писать изволите. Когда речь идет о доказательстве какой-нибудь истины, к чему тут все тонкие обороты, намеки, насмешки – и даже *брань*?.. Читавши многие спорные сочинения нынешнего времени, качаю головою и повторяю с Буало:

Chaque age a ses plaisirs, ses moeurs et ses esprits...**** [2]

Не спорю, что яркие краски остроумия не лишнее в критических замечаниях; но, если они, отвлекая внимание от цели сочинения, обращают его

---

* раздражительное племя старцев (*лат.*). – *Ред.*

** «Сын отеч<ества>», книж. 51, стр. 228 и след.

*** Извините! «Вестник» теперь и без того в немалом затруднении; он не знает, куда деваться от писем, ответов, критик и антикритик. Laboramus abundantia scriptorum. <Страдаем от изобилия пишущих (*лат.*).> Р<едактор>.

**** Каждый возраст имеет соответствующие ему удовольствия, привычки и склад ума (*фр.*). – *Ред.*

единственно на самих себя, какую пользу получат из этого читатели? И может ли такая критика быть поучительною?.. Совсем нет: она заставляет смеяться, и тогда Ла-Гарповы слова «le plaisir ne nuit point à l'instruction» (забавное не мешает научаться) выходят из числа истин. Критика, не научая читателей, теряет свою цель и достоинство, а словесность – терпит большой вред. Споры и брань всегда унижают почтенное звание писателей; можете на себе испытать, как трудно снова заслужить выгодное мнение публики, ежели хоть раз сделаетесь смешным или странным. – *Из многого* заключаю, м<илостивый> г<осударь>, что вы еще молоды, по крайней мере *не стары*, а потому дружески советую вам получше удостовериться в этой истине – она вам очень пригодится. Покажите человеку ошибку его, улыбнитесь, если угодно; но не ссорьтесь, не бранитесь – и тогда, поверьте мне, тогда всякий благоразумный человек отдаст вам справедливость и согласится с вами. Кто отказывается от полезного, доброго совета? Несмотря на мою старость, я всегда думаю: *Учиться – нет стыда; невеждой – стыдно быть*...[3] У нас с некоторого времени критика делается наоборот. Довольно прочитать кое-как сочинение, о котором хотим объявить свои мысли; довольно взять из него несколько слов, переставить их, придать какой угодно смысл, не поскупиться на восклицательные знаки, побранить – *и в шляпе дело*! Видя из письма вашего, что вы знаете французский язык, прошу вас выслушать слова почтенного писателя, которого сочинения вам, как критику, должны, конечно, быть известны: lorsque je vois des hommes, – говорит он, – qui se disputent au lieu de raisonner, je suis fort disposé à n'être de l'avis ni des uns, ni des autres*[4], – и таково мнение всех просвещенных читателей. Судите сами, м<илостивый> г<осударь>, какую пользу после этого принесут вам все ваши bon-mots**, и убедят ли они кого-нибудь, что в самом деле мнения мои никуда не годятся?

Впрочем, предоставляя себе удовольствие сказать вам свое мнение в конце моего ответа об остротах ваших, обращаюсь к *общему* предмету. Вы не поняли намерения моего, если подумали, будто я хотел только лишь *побранить баллады и неизвестного автора**** поэмы «Людмила и Руслан». Совсем не то. Мне хотелось показать, куда может завести подражателей смелый шаг писателя оригинального, если господа подражатели и последователи не управляются талантами, равными таланту образца их, и если не слушаются советов благоразумной критики; потом намерение мое было указать на новое явление в нашей литературе, на явление, которое угрожает нам громадою сочинений во вкусе Еруслана Лазаревича. Следовательно, дело не в том, будто меня *рассердила на старости лет какая-то баллада*. Не знаю, от искреннего ли сердца вы говорите, что мое сравнение Парнаса нашего с кладбищем *весьма остроумно*. Мне остается поблагодарить вас за комплимент и прибавить, что, прочитавши письмо ваше, я не вижу причин, по которым должен бы переменить мое мнение. Ска-

---

* Когда вижу людей, которые не рассуждают, а только лишь спорят между собою, то я не беру ничьей стороны.

** остроты (*фр*.). – *Ред.*

*** Повторяю – *неизвестного*; ибо не имею дара угадывать по слогу пиесы, кому принадлежит честь сочинения, которое читаю, если имя автора не напечатано четкими буквами в конце или в начале творения. Г-н *...ев* может придавать слову *неизвестный* какой угодно смысл – его воля. Ж<итель> Б<утырской> с<лободы>.

зано, что не одни баллады имел я в виду, но вообще уклонение многих поэтов от истинного пути, ведущего к совершенству: безмерное подражание не бессмертным красотам классиков, которые у нас вовсе забыты, но блестящим, нередко ложным прелестям *романтизма*, если не ошибаюсь, германического; напыщенный слог *многих* и странные, новомодные слова *некоторых*, впрочем, превосходных писателей наших – вот на что надобно было и вам обратить свое внимание. Будучи уверен, что чем славнее автор, тем беспристрастнее он к суждениям об его сочинениях, осмелюсь указать вам, милостивый государь, на начало *романтизма* в России. Вы согласитесь со мною, или, лучше сказать, с Буало, что

> ...La nature, fertile en esprits excellents,
> Sait entre les auteurs partager les talents*⁵ –

и следственно, что всякий автор, не принимаясь за перо или (если угодно) за лиру, должен размыслить хорошенько

> ...quid ferre recusent,
> Quid valeant humeri...**⁶

а потом уже, узнавши наклонность своего таланта, смело пускаться в предназначенный судьбою путь. Так поступали все великие поэты! Уже поприще литературы русской наполнено было сподвижниками славными. Ломоносов, Державин, Петров, Нелединский, Дмитриев, Карамзин восхитили, пленили соотечественников, когда явился новый поэт. Он обозрел труды предшествующих ему и увидел свое назначение. Посмотрите на первые его опыты: они многообразны, относятся ко многим родам поэзии. Басни его смело можно поставить выше басен многих последователей нашего русского Флориана⁷; но не аполог⁸ был назначен ему уделом – и скоро красоты Шиллера, Грея, Томсона, Биргера явились в нашей литературе, и Жуковский достиг своей цели⁹. Тогда-то, м⟨илостивый⟩ г⟨осударь⟩, и я, старик, *порадовался новому приобретению в нашей словесности*. Надобно быть вовсе без вкуса, чтобы не узнать в Жуковском оригинального поэта в своем роде: его баллады, песни, романсы, исполненные силы, смелых выражений, картин неподражаемых, слов новых, счастливо изобретенных, говорят уму и сердцу. Вместе с тем кто будет спорить, что и в нем нет стихов, подверженных сомнению, слов слабых, невразумительных, повторений одного и того же, и проч.? Но, замечая его ошибки, скажем, что они суть погрешности превосходного писателя.

> Qui tombait avec art, ne tombait point sans gloire.*** ¹⁰

Что же *совершенное* выходило из рук человеческих? А должно ли замечать ошибки хороших писателей для пользы молодых авторов, вы можете судить из примера подражателей и последователей. Плененные славою оригинала, наши поэты пустились в неизмеримую бездну *мистицизма, романтизма*, и все было

---

* Природа, щедрая, заботливая мать
  Умеет каждому талант особый дать (*фр.*). – Пер. Э. Л. Линецкой. – *Ред.*
** Берите труд всегда не свыше сил своих,
  Умейте разбирать, судить себя самих... – Перевод А. Ф. Мерзлякова.
*** Кто падал с искусством, не падал бесславно (*фр.*). – *Ред.*

забыто – и во имя Гете, Шиллера, Шлегеля Парнас наш завален всем тем, о чем я говорил прежде. Теперь, м<илостивый> г<осударь>, согласитесь сами, прав ли я был, напоминая, что пора нашим поэтам перестать, и имел ли в виду *только что* раскритиковать балладу, помещенную в № 17 «Сына отечества»? В то время как я писал мое письмо, *в самом деле* она была новейшее произведение в *мистико-романтическом** роде, а что я взял ее *без выбора*, случайно, для примера, послужит доказательством то, что я тогда же намекнул и на другую такого рода балладу. И теперь могу показать их *десятка два*, одна другой лучше. Впрочем, вам угодно защищать «Могильщика». Вы рады, что *имеете случай* растолковать мне и *цель*, и содержание баллады: первого я в самом деле не понимал, другое кажется мне напрасным трудом с вашей стороны; ибо *содержание* уже и сам я мог кое-как рассказать другим; но через две строчки вижу, что содержание *по-вашему* значит *пользу*! Таковы-то наши братья старики: мы не можем даже различить *стихотворных* нынешних терминов. Чего доброго! долго ли до беды: они в самом деле покажутся нам termes de chimie!** Впрочем, за объяснение цели и пользы баллады я очень много вам благодарен; но, проклятая закоснелость! все мне кажется, будто и в самом простом роде сочинений

> Le sujet est commune, mais l'art n'est pas vulgaire...***12

И как ни говори, я буду твердить одно и то же с любезными стариками, например с Делилем:

> Soit donc que vous teniez la plume ou le pinceau,
> La lyre harmonieuse ou l'habile ciseau,
> *Soit que du coeur humain vous traciez la peinture,*
> Soit que dans ses travaux vous peigniez la nature,
> C'est *choix du vrai beau qu'il faut étudier.*
> N'allez pas imiter cet *artiste grossier*
> *Qui va choisir sans gôut ce qu'il peint sans adresse.**** 13

Или с Буало:

> Quoi que vous écriviez, évitez la bassesse:
> Le style le moins noble a pourtant sa noblesse.***** 14

---

* Г-н ...ев не знает, почему *подобные* стихи (не баллады, а вообще стихи) называются у нас на Бутырках *мистическими* писями. Странно! Если угодно, могу услужить ему изъяснением: пусть он прочтет в известном сочинении г-жи Сталь-Голстейн «De l'Allemagne» <«О Германии» – *Ред.*>, тома VI, стр. 36 и след.11 А как растолковать ему, что именно «Могильщик», баллада, принадлежит к *мистическим*, – этого я уже не знаю! Ж<итель> Б<утырской> с<лободы>.
** химическими терминами (*фр.*). – *Ред.*
*** 12 сюжет обычен, но искусство не вульгарно (*фр.*) – *Ред.*
**** Не важно, что у нас в руках: перо или кисть, гармоническая лира или простая флейта; не важно, *диктует ли вам сердце эту живопись*, или вы пишите с натуры, – *стремитесь подражать истинно красивому* и не уподобляйтесь тому *грубому художнику, который выбирает свой предмет без вкуса и пишет его без цели.* (*фр.*) – *Ред.*
***** Бегите подлых слов и грубого уродства,
Пусть низкий слог хранит и строй и благородство (*фр.*). – Пер. Э. Л. Линецкой. – *Ред.*

Вот вам, м‹илостивый› г‹осударь›, мои мнения о вашем «Могильщике»! Может быть, мы не поймем друг друга; не моя вина! Позвольте обратиться к другим вашим обвинениям. С самого почти начала вы хотите представить всех нас, *стариков*, какими-то сердитыми людьми, которые бранят *встречного* и *поперечного* и даже нападают на *известных* писателей, а потом, включивши меня в число

Plus enclins à blâmer, que savant à bien faire*[15],

заставляете вашего покорного слугу делать *набор выражений*, взятых даже из *лучших писателей*, как будто с недобрым намерением. – Не буду вступаться за стариков вообще (хотя стариков молодым людям уважать весьма не худо); мне только до себя дело; но как не видите вы, м‹илостивый› г‹осударь›, что противоречите сами себе, говоря, что я *сердитый старик*, и что вместе с тем бранюсь *с необычайной веселостью и простосердечием*, и что *набор выражений* извлечен из *лучших писателей*? А если б и в самом деле из лучших! Что же? Разве должно говорить: *такое-то слово хорошо потому единственно, что его употребил Державин!* М‹илостивый› г‹осударь›, в старину мы судили не так; у нас говаривали: «И в солнце и в луне есть темные места»[16]. Ломоносов употреблял слова: *чать, тое, рыгать, сопхнуть*; несмотря на то, мы все называли их низкими, неприличными. Разве ныне только запрещается это делать, а прежде так, у Гомера находя погрешность, читатель вправе был сказать с Горацием: quandoque bonus dormitat Homerus (и Гомер иногда дремлет)![17] Забавно защищаете вы *отмеченные* выражения, говоря, *все они могут быть хороши, если поставлены у места...* М‹илостивый› г‹осударь›! сею мнимою аксиомой вы только лишь приводите на память нам, старикам, дверь прилагательную, сиречь уже приложенную к своему месту, и дверь существительную, еще не приложенную[18]. Сделаем ей поверку: читая, например, что девица

На берег *зыбучий*
Склонившись, сидит[19],

как не подумать, что *зыбучий* значит *колеблющийся, зыбкий*, – а потом, как не сказать, что *зыбучий берег* есть ошибка против языка?.. Мы видим, однако ж, что *зыбучий берег* тотчас и был принят подражателями за *чистое золото*. Вот и выходит, м‹илостивый› г‹осударь›, что надо *знать ошибки хороших писателей*; ибо есть люди, которые без дальних рассуждений и *ошибкам* охотно подражают, между тем известно, что и без ошибок даже у неутомимых подражателей, сколько бы, впрочем, они ни умудрялись,

Те ж мысли, те ж слова; однако все не то! [20]

Начинаю опасаться, чтобы не утомить читателей показанием всего того, что вы против меня возражали. Еще несколько слов, и я кончу. – Совсем не относил я поэмы «Людмила и Руслан» *к какому-то* новому, *необычайному роду сочинений*. Разве не читали вы (на стр. 218 «Вестника Европы», № 11 [21]), куда принадлежит новая сия поэма? Образцы, по которым она писана, известны всякому: кто не слыхал о Бове Королевиче, об Игнатье Царевиче, о Силе Царе-

---

* Более склонных критиковать, нежели умеющих хорошо писать (*фр.*). – *Ред.*

виче, о Булате Молодце и о знаменитом Иванушке Дурачке? Если вам нравится переделанный в Черномора *мужичок сам с ноготок, борода с локоть*, то не худо взять и другие, столь же *стихотворные* выдумки: можно Руслана заставить взлететь в ушко сивки-бурки, конюшим придать ему Ивашку–белу рубашку, заставить его сделать визит Ягой-бабе, а в оправдание сослаться, что у Мильтона, у Шекспира, у Данта, у Камоэнса многие подробности – ничем не лучше!.. Кто спорит, что отечественное хвалить похвально; но можно ль согласиться, что все выдуманное Киршами Даниловыми хорошо и может быть достойно подражания? Предположение мое о пародии Кирше Данилову не основывается на умозаключениях, а на самом деле, на опытах наших поэтов.

Остается упомянуть о двух ваших *шутках*, ибо иначе *не умею*, или *не смею*, назвать слов ваших, будто «Людмила и Руслан» принадлежат к одному роду с «Одиссеею», а к «Одиссее» будто причисляются «Роланд» («Орланд»?) Ариостов, «Налой» Буало и «Оберон» Виланда: если вы в самом деле еще не знаете различия между «Одиссеею», «Орландом» и «Налоем», то и изъяснять вам не нужно, да и труд мой будет напрасен.

К разряду же шуток причисляю и замечание ваше касательно Богдановича, у которого греческая (кажется, так вы ее называли?) царевна *едет на щуке шехардой*. Ошибка всегда ошибка, кем бы она ни была сделана. Поверьте, м<илостивый> г<осударь>, что и у нас на Бутырках шутки понимают и что вы имеете ложные понятия о просвещении жителей слободы Бутырской.

Еще скажу вам, что вы взводите на меня напраслину, будто я ставлю Сумарокова (которого вам едва ли удастся истребить в памяти потомства) рядом с Державиным и Ломоносовым; что старость освобождает от труда говорить по-русски* и что я хочу изгнать из поэтического рассказа все риторические фигуры. Далее, признаюсь в моем невежестве: нескоро нахожу красоты в выражениях истинно стихотворных, если они подобны *умирающему лучу солнца* или Руслановой поговорке: *еду, еду не свищу*, и проч. и проч.

На остроумные же ваши приветствия, как-то: *литературный инвалид, литературный старик, старец знаток поэзии, Аристарх, самолюбивый критик* и, наконец, *le singe que est copiste de l'homme*** – могу ответить словами одного из любезных наших поэтов:

Браниться всем легко, полезным трудно быть. [22]

10 августа.

---

* Опять-таки нападение на *старость*... Г-н критик! надобно же будет когда-нибудь и вам *состариться*. В рассуждении грамматики замечу вам, что после выражений ваших: *давать причину гневу, писать от нечего делать* и после бесценной частички *де* знание ваше в российском языке заставляет меня воскликнуть: «Je m'etonne et je me tais (удивляюсь и молчу)!» Ж<итель> Б<утырской> с<лободы>.
** обезьяна, которая копирует человека (*фр.*). – *Ред.*

ИЗ ЖУРНАЛА «СЫН ОТЕЧЕСТВА»

«Руслан и Людмила». Поэма в 6 песнях. Сочинение А. Пушкина.

СПб. 1820, в тип. Н. Греча, в 8⁰, 143 стр.

Мы ограничиваемся в нынешней книжке известием о выходе в свет сего прекрасного произведения, в будущей напечатаем подробный разбор ее[1]. Поэму сию можно получать в типографии издателя «Сына отечества» и в книжных лавках гг. Плавильщикова и Сленина. Цена ей на белой бумаге, в цветной обертке – 10 р. Принадлежащая к ней виньетка, на которой изображены все лица и главнейшие явления поэмы, еще не кончена. Она нарисована весьма удачно, гравируется искусным художником, и купившим поэму раздаваться будет безденежно[1].

А. Ф. ВОЕЙКОВ
Разбор поэмы «Руслан и Людмила», сочин. Александра Пушкина*

Происшествие, здесь воспеваемое, почерпнуто из старинных русских сказок. Они все, сколько до сих пор известно, писаны прозою; наш молодой поэт поступил очень хорошо, написав сию богатырскую поэму стихами, и предпочел идти по следам Ариоста и Виланда, а не Флориана. Хорошие судии, истинные знатоки изящного не одобряют такого рода творений в прозе. Они не знают до сих пор, как назвать их; ибо прозаическая поэма есть противоречие в словах, чудовищное произведение в искусстве; они также не называют их романами, ибо величественный ход и возвышенный язык эпопеи не допускает в сии странного рода сочинения ни простоты подробностей, ни описания простонародных обычаев и обыкновенных страстей, составляющих достоинство хороших романов. Из всего этого следует, что стихотворение, нами рассматриваемое, по всей справедливости названо *поэмою*[1]. Оно заключает в себе описание героического подвига, движется пружинами сверхъестественными, разделено на песни и написано свежими, яркими красками.

Однако поэма «Руслан и Людмила» не эпическая, не описательная и не дидактическая. Какая же она? *Богатырская*: в ней описываются богатыри Владимировы, и основание ее почерпнуто из старинных русских сказок; *волшебная*, ибо в ней действуют волшебники; *шуточная*, что доказывается следующими многочисленными из нее выписками:

---

* Известие о продаже сей поэмы помещено в 33 кн. «С‹ына› о‹течества›». Прибавим к тому, что экземпляры на веленевой бумаге продаются по 10 р.

И, щипля ус от нетерпенья.

В пирах никем не побежденный,
Но воин скромный средь мечей.

Бояре, задремав от меду,
С поклоном убрались домой.

И, важно подбочась, Фарлаф,
Надувшись, ехал за Русланом.

Едва не пляшет над седлом.

То дразнишь бегуна лихого.

Мое седое божество
Ко мне пылало сильной страстью.

Изменник! изверг! о, позор!
Но трепещи, девичий вор!

Но робкий всадник вверх ногами
Свалился тяжко в грязный ров.

Те, кои, правду возлюбя,
На темном сердца дне читали,
Конечно, знают про себя,
Что если женщина в печали
Сквозь слез, украдкой, как-нибудь,
Назло привычке и рассудку,
Забудет в зеркало взглянуть,
То грустно ей уж не на шутку.

Арапов длинный ряд идет
....
И на подушках осторожно
Седую бороду несет;
И входит с важностью за нею
Горбатый карлик из дверей;
Его-то голове обритой
И острой шапкок покрытой
Принадлежала борода.
Уж он приближился; тогда
Княжна с постели соскочила,
Седого карлу за колпак
Рукою быстрой ухватила,
Дрожащий подняла кулак
И в страхе завизжала так,
Что всех как громом оглушила.
Трепеща, скорчился бедняк...

Не то – шутите вы со мною –
Всех удавлю вас бородою.

Щекотит ноздри копием,
И, сморщась, голова зевнула,
Глаза открыла и чихнула...
....
.....................с ресниц, с усов,
С бровей слетела стая сов;
Чихнуло эхо.........................

И в щеку тяжкой рукавицей
С размаху голову разит.

Твою пощечину забуду.

Не прав фернейский злой крикун.

А та – под юбкою гусар,
Лишь дайте ей усы да шпоры!

Запрыгал карла за седлом.

Ныне сей род поэзии называется *романтическим*. Содержание поэмы: великий российский князь Владимир выдал дочь свою Людмилу за князя Руслана, но злой волшебник Черномор похитил ее в первую ночь брака. Храбрый Руслан, вспомоществуемый благодетельным волшебником, финским уроженцем, преодолел бесчисленные препятствия, победил трех сильных соперников, невзирая на ужасную силу колдуна Черномора и колдуньи Наины, вырвал ее из когтей чудовища и возвратился с нею благополучно в Киев к изнуренному печалью и уже начинавшему терять надежду свидания с дочерью Владимиру.

Содержание первой песни. Могущественный Владимир выдавал меньшую дочь свою Людмилу за храброго князя Руслана и пировал в высокой гриднице с могучими сынами и друзьями. Гости пили золотой мед из тяжелых серебряных чаш и слушали соловья-Баяна: в сладкогласных песнях, сопровождаемых звонкими гуслями, прославлял он красоту невесты и славные подвиги жениха. Три несчастные соперника Руслановы: мрачный Рогдай, сладострастный хазарский хан и робкий Фарлаф с пасмурным лицом сидели за столом брачным: они все трое обожали прелесть-Людмилу. Веселое пиршество кончилось; бояре, охмелевшие от меду, убрались домой, и невесту проводили на брачную постель... но вдруг с громом и свистом одетый в тучу колдун Черномор влетел в чертог брачный и унес молодую. Великий князь, сраженный печальною вестью, вызывает рыцарей гнаться за нею в погоню и в отмщение Руслану за то, что он не умел сберечь жены своей, обещает отдать ее в супруги тому, кто ее отыщет и возвратит в родительские объятия. Руслан, Рогдай, князь хазарский и Фарлаф седлают коней, скачут, но дорога разделяется и идет в четыре стороны. «Разъедемся!» – вскричали они, и каждый поскакал своей особенной дорогой. Руслан видит пещеру и свет в ней; находит там старца, который, приняв его с благоволением, сказывает витязю, что он долго ждал его, объявляет ему, что Людмила похищена Черномором, ободряет его – и предсказывает, что он, победив все препятствия, соединится с своею возлюбленною и возвратится в Киев. Ночью старец Финн повествует юному богатырю свои странные приключения. Но едва блеснул рассвет, как благодарный витязь прощается с своим хозяином, который напутствует его своими благословениями и увещевает не забывать его советов.

Содержание второй песни. После обращения к воинам, поэтам и любовникам поэт описывает, как неукротимый Рогдай, погруженный в мрачную задумчивость, предпринял зверское намерение умертвить Руслана, чтобы тем надежнее завладеть его невестою-женою. Он оборачивает коня и во весь опор спешит догнать счастливого соперника. В это время трус Фарлаф обедал на берегу ручья, но, увидев, что кто-то мчится к нему на коне, бросил обед, копье, шлем, вскочил на лошадь и поскакал опрометью, как заяц, Рогдай – за ним. Примчавшись ко рву, ретивый конь Фарлафа перепрыгнул через него, но его всадник свалился в грязный ров. Свирепый Рогдай, узнав, что он принял сего негодяя за Руслана, смеялся сам над собою. Ведьма Наина вытащила Фарлафа из тины, а Рогдай поскакал к верной смерти. Без труда нагнал он печального Руслана – началось единоборство! – но автор, возбудив до высочайшей степени наше любопытство, оставляет богатырей и своенравною кистью рисует полет Черномора с похищенною Людмилою, лишившеюся чувств и памяти. Он перенес ее в страшный свой замок, где пролежала княжна до утра, объятая тяжким забвением. Проснувшись, она протягивает руки к возлюбленному супругу, но обнимает один воздух, зовет его, но никто не отвечает; озирается вокруг себя – и видит, что она одна лежит на пуховых подушках, окруженная ужасною тишиною. Тут автор описывает великолепные чертоги, уборы, утварь в замке злого волшебника. Людмила оделась, выглянула в окно – и видит снежные равнины, ледяные горы, обнаженные леса. В слезах отчаяния бежит она в серебряную дверь и очутилась в саду*, украшенном, как сад Армиды[2].

---

* Два первоклассные российские поэты, Дмитриев и Богданович, описывали волшебные сады, один в «Причуднице», другой в «Душеньке». Любопытно и весело видеть, что наш молодой поэт умел подбирать колосья и цветы на том поле, на котором два великие писателя прежде его жали:

> Удивленная Ветрана
> Как новая Диана
> Осталась между нимф, исполненных зараз,
> Они тотчас ее под ручки подхватили,
> Помчали и за стол роскошный посадили,
> Какого и *видом не видано* у нас,
> Из коих каждая почти, как ты... мила,
> Поджавши руки вкруг стола,
> Поют ей арии веселые и страстны,
> Стараясь слух ея и сердце услаждать,
> Потом, она едва задумала вставать,
> Вдруг девушек, стола не стало,
> И залы будто не бывало:
> Уж спальней сделалась она!
> Ветрана чувствует приятну томность сна,
> Спускается на пух из роз в сплетенном нише;
> И в тот же миг смычок невидимый запел,

Ах, природа не утешает одинокой! она грустит, решается спрыгнуть в воду – и не прыгнула, уморить себя с голоду – и кушает. Наступает ночь: обремененная горестью и усталостью княжна засыпает в саду, неведомая сила переносит ее в спальню; три прежние горничные девушки ее раздели. Она пробуждается от шума. Карла Черномор торжественно входит в ее комнату. Княжна рассердилась, бросилась на него, и бедняк, испуганный такою отвагою, бросился бежать, запутался в бороде – арапы насилу его распутали и унесли. Черномор второпях покинул у Людмилы шапку-невидимку.

Здесь поэт с сожалением оставляет свою Людмилу и летит на помощь к своему богатырю, которого оставил в великой опасности: он описывает ужасное единоборство и победу Руслана над Рогдаем.

Содержание третьей песни. После обращения к своему зоилу наш стихотворец описывает досаду бородатого колдуна, зевающего на кровати. Наина, злая ведьма, прилетела его утешить, предложила ему свою помощь и, оборотившись черным змеем, улетела. Черномор оделся в парчовую одежду, намастился благоуханиями и решился еще раз испытать своего счастья. Увы! напрасно ищет он Людмилу: она пропала. Поэт рассказывает нам, что резвая красавица, найдя Черноморову шапку, вздумала ее примерить перед зеркалом, и когда, из своенравия, перевернула ее задом наперед, то пропала в зеркале. Тут она узнала, что

Как будто бы сам Диц за пологом сидел;
Смычок час от часу пел тише, тише, тише,
И вместе, наконец, с Ветраною заснул.
Прошла спокойна ночь; натура пробудилась,
            Зефир вспорхнул,
И жертва от цветов душистых воскурилась;
Взыграл и солнца луч, и голос соловья,
Слиянный с сладостным журчанием ручья
            И с шумом резвого фонтана,
Воспел: «проснись, проснись, счастливая Ветрана!»
Она проснулася, и спальная уж сад,
Жилище райское веселий и прохлад!
Повсюду чудеса Ветрана обретала:
Где только ступит лишь, тут роза расцветала;
Здесь рядом перед ней лимонны дерева,
Там миртовый кусток, там нежна мурава
От солнечных лучей как бархат отливает;
Там речка по песку златому протекает;
            Там светлого пруда на дне
            Мелькают рыбки золотые;
Там птички гимн поют природе и весне,
            И попугаи голубые
            Со эхом взапуски твердят:
            «Ветрана, насыщай свой взгляд!»
            А к полдни новая картина:
            Сад превратился в храм,
            Украшенный по сторонам
            Столпами из рубина;
И с сводом, сделанным на образ облаков

это шапочка-невидимка, и поспешила ею воспользоваться, чтобы скрыться от преследований безобразного карлы. Между тем Руслан, окончa бой с Рогдаем, наехал на старое поле битвы. Описание сего поля, размышление витязя. Он вспомнил, что в последнем бою лишился он копья, щита и шлема, и так выбрал их на поле битвы; но меча никак не мог найти себе по руке.

Смеркалось; всходит месяц, и наш витязь, продолжая путь, видит вдали черный холм; он – ближе и замечает, что холм дышит. Это голова Черноморова брата, стерегущая волшебный меч, которым одним можно было отсечь бороду карле, а все могущество карлы заключалось в бороде его. Он сразился с огромною головою, оттолкнул ее и взял меч богатырский. Голова рассказывает Руслану о злодейском поступке с нею Черномора.

Содержание четвертой песни. Стихотворец благодарит Бога за то, что в наше время нет волшебников, и, обращаясь к друзьям своим, советует им беречься волшебников другого рода, которые несравненно опаснее и коих можно узнать по их улыбке, прелестным очам и милому голосу. Он у северного Орфея просит прощения в том, что обличит во лжи музу его: ведет Ратмира в обитель двенадцати пробужденных дев.[3] Одна из них пленительною песнею зовет молодого рыцаря в свою обитель; хан не может противиться. Его с ласкою встречают у ворот; две девы уводят коня его; в чертогах снимают с него оружие; ведут в русскую баню, отводят в роскошную опочивальню; ночное приключение.

Между тем как Руслан день и ночь скачет на север, невеста его под шапкою-невидимкою безопасна от нападений Черномора. Разъяренный колдун ре-

---

Из разных в хрустале цветов.
И вдруг от свода опустился
На розовых цепях стол круглый из сребра,
С такою ж пищей, как вчера,
И в воздухе остановился;
А под Ветраной очутился
С подушкой бархатною трон,
Чтобы с него ей кушать,
И пение, каким гордился б Амфион,
Тех нимф, которые вчера служили, слушать.
«По чести, это рай! Ну, если бы теперь, –
Ветрана думает, – подкрался в эту дверь...»
И, слова не сказав, в трюмо она взглянула,
Сошла со трона и вздохнула!
Что делала потом она во весь тот день,
Признаться, сказывать и лень,
И не умеется, и было бы некстати;
А только объявлю, что в этой же палате,
Иль в храме, как угодно вам,
Был и вечерний стол, приличный лишь богам,
И что на утро был день новых превращений
И новых восхищений;
А на другой день тож...

Дмитриев

шился во что бы то ни стало поймать ее; он принимает вид раненого Руслана; он кличет милого друга – Людмила летит к нему стрелою – и очутилась в объятиях ненавистного карлы. Злодей усыпляет ее волшебным сном и сморщенною рукой ласкает младые ее прелести... Вдруг раздался звук рога, и смятенный чародей, надев на девицу шапку свою, выбегает без памяти. Рог продолжает трубить громче и громче – и он летит отразить незнаемого неприятеля.

Содержание пятой песни. Сравнение чувствительной и нежной Людмилы с угрюмою сердитою Дельфирою. Это Руслан, пламенеющий местью, вызывает чародея на битву; он получает внезапный удар по шлему, поднимает глаза и видит Черномора с огромною булавою, над ним летающего. Руслан прикрылся щитом, хотел разить, но противник взвился под облака – и, с быстротою молнии, снова устремился на князя; проворный витязь увернулся – и чародей со всего размаху упал в снежный сугроб и завяз. Руслан сходит с коня, хватает его за бороду; колдун силится вырваться, поднимается на воздух с богатырем, который висит на бороде и щиплет из нее волосы. Два дня колдун носил Руслана над морями и лесами; на третий начал просить пощады. Рыцарь приказывает ему нести себя к Людмиле; Черномор повинуется. Как скоро опустились они на землю, то рыцарь отрубает ему бороду, обвивает седые волосы его вокруг шлема, сажает самого его в котомку за седло и бежит в волшебный замок. Арапы, увидя бороду их повелителя на шлеме молодого богатыря, с

Какая Душеньке явилась тьма чудес!
Сквозь рощу миртовых и пальмовых древес
Великолепные представились чертоги,
Блестящие среди бесчисленных огней,
И всюду розами усыпанны дороги;
Но розы бледный вид являют перед ней,
И с неким чувствием ее лобзают ноги.
Порфирные врата с лица и со сторон,
Сапфирные столпы, из яхонта балкон,
Златые куполы и стены изумрудны,
Простому смертному должны казаться чудны:
Единым лишь богам сии дела не трудны.
Таков открылся путь, читатель, примечай,
Для Душеньки, когда из мрачнейшей пустыни
Она во образе летящей вверх богини
Нечаянно взнеслась в прекрасный некий рай.
В надежде на богов, бодряся их признаком,
     Едва она ступила раз,
     Бегут навстречу ей тотчас
Из дому сорок нимф в наряде одинаком;
Они старалися приход ее стеречь;
И старшая из них, с пренизким ей поклоном
От имени подруг, почтительнейшим тоном
Сказала должную приветственную речь.
Лесные жители, своим огромным хором
     Потом пропели раза два
Какие слышали похвальны ей слова,
И к ней служить летят амуры всем собором.
Царевна ласково на каждую ей честь

почтением пропустили его. Но напрасно Руслан зовет свою Людмилу, перебегает по всем комнатам, ищет ее в саду, в рощах, в беседках. Он теряет наконец терпение, приходит в бешенство, начинает рубить и крушить мечом все, что ему ни попадается, и, махая им туда и сюда, нечаянным ударом сбивает с княжны шапочку-невидимку. Тогда исчезла сила очарования – и открылась Людмила, сетями опутанная; однако напрасно он ее будит: она спит по-прежнему. Отчаянный рыцарь слышит голос благодетельного Финна: волхв приказывает ему ехать со спящею княжною в Киев и предсказывает, что княжна перед очами родителя восстанет от сна очарованного.

И Руслан, с карлою за седлом и с сонною Людмилою на руках, поехал в отечество. Он проезжает мимо исполинской головы Черноморова брата и видит совершившуюся судьбу ее; находит юного хазарского князя Ратмира, который в угождение своей пастушке отрекся от мирской славы и сделался рыбаком. Беседа двух рыцарей и прощанье. Вещий сон Руслана. Низкий злодей Фарлаф, подущенный ведьмою Наиною, наезжает на спящего русского богатыря, изменнически умерщвляет его и с драгоценною добычею в объятиях скачет к Киеву.

Содержание шестой песни. Обращение поэта к своей возлюбленной. Руслан лежит мертвый в чистом поле; Черномор, забытый ведьмою, сидит за седлом в котомке. Фарлаф, покровительствуемый Наиною, въезжа-

---

Ответствовала всем, то знаком, то словами.
Зефиры, в тесноте толкаясь головами,
Хотели в дом ее привесть или принесть.
Но Душенька им тут велела быть в покое,
И к дому шла сама, среди различных слуг,
И Смехов и Утех, летающих вокруг.
....
....
Меж тем прошла она крыльцовые ступени,
И введена была в пространнейшие сени,
Отколь во все края, чрез множество дверей,
          Открылся перед ней
          Прекрасный вид аллей,
          И рощей и полей;
И более, потом высокие балконы
Открыли царство там и Флоры и Помоны,
          Каскады и пруды
          И чудные сады.
Откуда сорок нимф вели ее в чертоги,
Какие созидать удобны только боги,
И тамо Душеньку в прохладе от дороги
В готовую для ней купальню привели.

Богданович

Пленительный предел!
Прекраснее садов Армиды
И тех, которыми владел
Царь Соломон, иль князь Тавриды!
Роскошно зыблются, шумят

ет в Киев торжественно, рассказывает Владимиру выдуманную им баснь об освобождении им княжны русской от лешего. Людмила спит глубоким сном, и власть Наины не может разбудить ее. Благодетельный Финн узнает о злосчастной судьбе, постигшей его любимого рыцаря; спешит за *живою* водою и *мертвою*; оживляет Руслана.

Между тем печенеги осаждают Киев; сражение. Ночь прерывает крово-

---

      Великолепные дубровы;
      Аллеи пальм и лес лавровый,
      И благовонных миртов ряд,
      И кедров гордые вершины,
      И золотые апельсины
      Зерцалом вод отражены;
      Пригорки, рощи и долины
      Весны огнем оживлены;
      С прохладой веет ветер майский
      Средь очарованных полей;
      И свищет соловей китайский
      Во мраке трепетных ветвей;
      Летят алмазные фонтаны
      С веселым шумом к облакам,
      Под ними блещут истуканы,
      И мнится, живы; Фидий сам,
      Питомец Феба и Паллады,
      Любуясь ими, наконец
      Свой очарованный резец
      Из рук бы выронил с досады.
      Дробясь о мраморны преграды,
      Жемчужной огненной дугой
      Валятся, плещут водопады;
      И ручейки в тени лесной
      Чуть вьются сонною волной.
      Приют покоя и прохлады,
      Сквозь вечну зелень здесь и там
      Мелькают светлые беседки;
      Повсюду роз живые ветки
      Цветут и дышут по тропам,
      Усеянным песком алмазным;
      Игривым и разнообразным
      Волшебством дивный сад блестит.
      Но безутешная Людмила
      Идет, идет и не глядит:
      Ей роскошь светлая постыла,
      Ей грустен неги пышный вид;
      Куда, сама не зная, бродит,
      Волшебный сад кругом обходит,
      Свободу горьким дав слезам,
      И взоры мрачные возводит
      К неумолимым небесам.
                     Пушкин

пролитие. Вместе с зарею воспрянул с шумною тревогою стан вражеский; чудесный воин в лучезарной броне носится между печенегами, колет, давит, трубит в рог: это Руслан! Славяне, смотря с киевских стен на бегущих в беспорядке неприятелей, хлынули из городских ворот на помощь своему защитнику.

Киев празднует победу. Руслан вступает в чертоги великокняжеские и безмолвный терем Людмилы, где дремала она сном чудным. К удивлению своему, находит там труса Фарлафа, который, чуждаясь опасной воинской славы, сидел праздно у дверей и упал на колени перед Русланом, раскаиваясь в своем злодеянии... Рыцарь летит к Людмиле, прикасается к ней волшебным кольцом. Княжна открывает глаза, узнает Руслана, Фарлаф прощен, карла, лишенный силы чародейства, остался при дворе, и Владимир запировал в счастливом своем семействе.

Ч у д е с н о е   и   х а р а к т е р ы   с и л   с в е р х ъ е с т е с т в е н н ы х.   Suum cuique*. В поэмах чудесное бывает четырех родов. 1. Основанное на разуме религии христианской, когда противу промысла Всевышнего восстают низверженные духи злобы: такого рода чудесное найдем мы в Мильтоновом «Потерянном рае», в Клопштоковой «Мессиаде»[4]. 2. Когда действуют боги греческой и римской мифологии: сия многосложная, богатая вымыслами махина чудесного употреблена Гомером и составляет одно из величайших украшений его поэмы, которой чертеж выше критики. В Виргилиевой «Энеиде» те же силы сверхъестественные; но это не блестящая часть сей поэмы: римский эпический поэт далеко отстал от образца своего. 3. Чудесное, в котором действующие лица суть волшебники и волшебницы добрые и злые: они с достоинством и блеском являются в Тассовом «Освобожденном Иерусалиме», в Ариостовом «Роланде», в Виландовом «Обероне». 4. Божества аллегорические: они не что иное, как оборот риторический, троп, фигура.

Сочинитель «Руслана и Людмилы» отменно благоразумно поступил в выборе *чудесного* для своей поэмы. Он видел, что мифология греков была бы не у места в русской народной сказке, что сам Вольтер, со всем необъятным умом своим, охолодил «Генриаду» божествами аллегорическими[5], – видел и остерегся от сих погрешностей. Он, подобно Ариосту, Виланду и отчасти Тассу, выбрал самое приличное чудесное для сего рода поэм – добрых и злых волшебников и волшебниц. Сие чудесное, основанное на чародействе, перенесено в европейскую поэзию из арабских и персидских сказок; оно родилось на Востоке.

В поэме Пушкина действуют: благодетельный волшебник Финн, которого имени, не знаю почему, сочинитель не объявил нам, злой колдун Черномор, голова Черноморова брата и злая волшебница Наина.

Характеры их хорошо нарисованы и в продолжение шести песен постоянно и ровно выдержаны. *Финн-старец* имеет

.... ясный вид,
Спокойный взор, брада седая;
Лампада перед ним горит;
За древней книгой он сидит,
Ее внимательно читая.

---

* Каждому свое (*лат.*). – *Ред.*

Он везде является ангелом-хранителем Руслана, ободряет его, утешает, остерегает, вспомоществует ему, убеждает, что добро восторжествует над злом.

> Руслан! лишился ты Людмилы;
> Твой твердый дух теряет силы;
> Но зла промчится быстрый миг:
> На время рок тебя постиг.
> С надеждой, верою веселой
> Иди на все – не унывай!
> Вперед! мечом и грудью смелой
> Свой путь на полночь пробивай!

В первый раз прощаясь с Русланом,

> Седой мудрец младому другу
> Кричит во след: счастливый путь!
> Прости! люби свою супругу,
> Советов старца не забудь!

Когда Руслан изменнически погиб от руки Фарлафа, тогда

> .... вещий Финн,
> Духов могущий властелин,
> В своей пустыне безмятежной,
> С спокойным сердцем ожидал,
> Чтоб день судьбины неизбежной,
> Давно предвиденный, восстал.

Напрасно было ожидание сего благодетельного волшебника: он узнает о смерти своего любимца и летит искать лекарства туда, где

> В немой глуши степей горючих,
> За дальней цепью диких гор,
> Жилища ветров, бурь гремучих,
> Куда и ведьмы смелый взор
> Проникнуть в поздний час боится,
> Долина чудная таится;
> И в той долине два ключа:
> Один течет волной *живою*;
> По камням весело журча,
> Тот льется *мертвою* водою...

Волхв почерпает той и другой целительной влаги, переносится на то место, где убитый Руслан плавает в крови своей, оживляет его и в радости сердца заключает поприще свое в поэме следующей речью:

> Судьба свершилась, о мой сын!
> Тебя блаженство ожидает;
> Тебя зовет кровавый пир;
> Твой грозный меч бедою грянет;
> На Киев снидет кроткий мир,
> И там она тебе предстанет.
> Возьми заветное кольцо,
> Коснися им чела Людмилы,
> И тайных чар исчезнут силы,

Врагов смутит твое лицо,
Настанет мир, погибнет злоба.
Достойны счастья будьте оба!
Прости надолго, витязь мой!
Дай руку... там за дверью гроба –
Не прежде – свидимся с тобой.

Черномор, злой волшебник, седой влюбчивый карла, убийца родного брата, похититель Людмилы, имеет и наружность отвратительную. Посмотрим на торжественное его шествие к грустной, одинокой Людмиле, похищенной им из чертогов нежного родителя, из объятий милого супруга.

Раздался шум; озарена
Мгновенным блеском тьма ночная,
Мгновенно дверь отворена;
Безмолвно, гордо выступая,
Нагими саблями сверкая,
Арапов длинный ряд идет
Попарно, чинно сколь возможно,
И на подушках осторожно
Седую бороду несет;
И входит с важностью за нею,
Подъяв величественно шею,
Горбатый карлик из дверей:
Его-то голове обритой
И острой шапкою покрытой
Принадлежала борода.

Испуг старого колдуна написан шутливою резвою кистью Ариоста:

Трепеща, скорчился бедняк,
Княжны испуганной бледнее;
Зажавши уши поскорее,
Хотел бежать, и в бороде
Запутался, упал и бьется;
Встает, упал; в такой беде
Арапов черный рой мятется;
Шумят, толкаются, бегут,
Хватают колдуна в охапку,
И вон распутывать несут,
Оставя у Людмилы шапку.

Лишь только рассвело, сердитый карла вздумал снова попытать своего счастья. Характер седого любовника, его хлопотливость, угрозы невольникам, тщетные поиски прекрасно изображены в ту минуту, когда он нигде не находит Людмилы:

В досаде скрытой Черномор,
Без шапки, в утреннем халате,
Зевал сердито на кровати.
Вокруг брады его седой
Рабы толпились молчаливы,
И нежно гребень костяной
Расчесывал ее извивы;

Меж тем, для пользы и красы,
На бесконечные усы
Лились восточны ароматы,
И кудри хитрые вились...
....
Блистая в ризе парчевой
Колдун................................
Развеселясь, решился вновь
Нести к ногам девицы пленной
Усы, покорность и любовь.
Разряжен карлик бородатый,
Опять идет в ее палаты;
Проходит длинный комнат ряд:
Княжны в них нет! Он дале, в сад,
В лавровый лес, к решетке сада,
Вдоль озера, вкруг водопада,
Под мостики, в беседки... нет!
Княжна ушла! пропал и след!
Кто выразит его смущенье,
И рев, и трепет исступленья?
С досады дня не взвидел он.
Раздался карлы дикий стон:
«Сюда, невольники! бегите
Сюда! надеюсь я на вас!
Сейчас Людмилу мне сыщите!
Скорее! Слышите ль? сейчас!
Не то – шутите вы со мною –
Всех удавлю вас бородою!»

Коварный Чародей, видя напрасными все свои поиски и догадавшись, что Людмила скрылась под шапкою-невидимкою, находит в черном уме своем средства заставить ее открыть себя; он принимает образ Руслана, раненного, изнемогающего.

Скучая, бедная княжна
В прохладе мраморной беседки
Сидела тихо близ окна
И сквозь колеблемые ветки
Смотрела на цветущий луг.
Вдруг слышит – кличут: «Милый друг!»
И видит верного Руслана;
Его черты, походка, стан,
Но бледен он, в очах туман
И на бедре живая рана –
В ней сердце дрогнуло. «Руслан,
Руслан... он точно!» – и стрелою
К супругу пленница летит,
В слезах, трепеща, говорит:
«Ты здесь!.. ты ранен!.. что с тобою?»
Уже достигла, обняла,
О ужас! призрак исчезает!
Княжна в сетях; с ее чела
На землю шапка упадает.

Хладея, слышит грозный крик:
«Она моя!» – и в тот же миг
Зрит колдуна перед очами.

Сражение Черномора с Русланом требовало, чтобы поэт на некоторое время переменил шуточный тон на важный и громче ударил в струны своей лиры. С его талантом, гибким, разнообразным, ко всему готовым, это не мудрено для него.

................Кто чародея
На сечу грозну вызывал?
Кто колдуна перепугал?
Руслан! – он, местью пламенея,
Достиг обители злодея.
Уж витязь под горой стоит,
Призывный рог, как буря, воет,
Нетерпеливый конь кипит
И снег копытом мочным роет.
Князь карлу ждет. Внезапно он
По шлему крепкому, стальному
Рукой незримой поражен;
Удар упал подобно грому;
Руслан подъемлет смутный взор,
И видит – прямо над главою –
С подъятой, страшной булавою
Летает карла Черномор.
Щитом покрывшись, он нагнулся,
Мечом потряс и замахнулся;
Но тот взвился под облака;
На миг исчез – и свысока
Шумя летит на князя снова.

Портрет коварного карлы дорисован достойною его чертою. Когда подъехал с ним Руслан к голове брата Черноморова, лишенного им жизни, то

Дрожащий карлик за седлом
Не смел дышать, не шевелился
И чернокнижным языком
Усердно демонам молился.

Мы ни слова не скажем здесь об огромной голове Черноморова брата, потому что будем подробно говорить о ней, рассматривая эпизоды или вводные повести.

Характер волшебницы *Наины*, злой гонительницы Руслана, также от начала до конца поэмы выдержан. Немаловажною погрешностью в чудесном почитаю то, что автор не объявил нам причины, заставляющей волшебника Финна благодетельствовать русскому витязю и ожидать его в пещере, а волшебницу Наину ненавидеть и гнать его.

В «Илиаде» Юнона и Минерва ищут погибели троян за то, что Парид отдал Венере яблоко; Венера защищает троян потому, что Эней, сын ее, и Парид, любимец, – трояне. В «Энеиде» Юнона продолжает гнать род Ламедонта и желает погубить флот Энеев потому, что ей хочется вручить скипетр вселенной Карфагену, а Зевес обещал Венере сделать потомков Энеевых обладателями света. В Мильтоновом раю сатана из зависти ищет погубить Адама и Евву. В Виландовой поэме судьба Оберона, царя волшебников, и супруги его, царицы волшебниц, тесно соединена с участью рыцаря поэмы и его возлюбленной. Желательно было бы и нам знать, почему Наина, примчавшись к Черномору, говорит ему:

    .... Тайный рок соединяет
    Теперь нас общею враждой;
    Тебе опасность угрожает,
    Нависла туча над тобой;
    И голос оскорбленной чести
    Меня к отмщению зовет.

Вижу, что опасность угрожает Черномору и что туча над ним нависла, но не постигаю, каким образом и по какой причине *тайный рок соединяет с ним Наину тайною враждой*; еще менее, почему *оскорбленная Финном честь ее*, или, справедливее сказать, *отверженная им любовь ее*, зовет ее к отмщению Руслану и какое удовлетворение льстится она получить, погубив сего витязя. Разве одно то, что чрез сие сделает она неприятность благодетельному Финну? Но в таком случае надлежало бы, как выше сказано, изложить причины, заставляющие сего последнего принимать сильное, отеческое участие в судьбе Руслана.

От чудесного и характеров существ сверхъестественных перейдем к *характерам* геров, в поэме действующих. И в этой части, одной из труднейших, молодой стихотворец наш торжествует. Конечно, в маленькой поэме его только шесть лиц: *Руслан, Людмила, Владимир, Рогдай, Ратмир и Фарлаф*; конечно, легче отделать и выдержать шесть характеров, нежели двадцать; зато славнее для поэта изобразить шесть характеров хорошо, нежели пятьдесят дурно. Он остерегся от легкого, но сухого и холодного способа познакомить читателей с своими героями, изображая их портреты и силуэты, как делает Тацит в «Истории», Вольтер в поэме[6]. Он помнит, что ни Гомер, ни Вергилий не рисовали их, и, по следам своих великих учителей, умел выставить героев в действии, показать их образ мыслей в речах, дать каждому особенную, ему только приличную физиогномию, которая против воли обнаруживается в решительные минуты опасности, несчастия, сильной страсти. Герои Пушкина не выходят из натуры, действуют прилично, ровно, не похоже один на другого, но согласно с их особенным характером. Характеры их от начала до конца выдержаны.

Главный герой поэмы, *Руслан*, великодушен, храбр, чувствителен, решим, верен любви своей, чести и добродетели, но вспыльчив и нетерпелив. Он напоминает Ахиллеса[7]. На свадебном пиру

    .... страстью пылкой утомленный,
    Не ест, не пьет Руслан влюбленный;
    На друга милого глядит,
    Вздыхает, сердится, горит
    И щиплет ус от нетерпенья.

Отправляясь вместе с тремя своими соперниками отыскивать похищенную Людмилу,

На брови медный шлем надвинув,
Из мощных рук узду покинув,
....
Руслан уныньем как убит;
Мысль о потерянной невесте
Его терзает и мертвит.

В пещере благодетельного Финна, лежа на постели из мягкого моху перед погасающим огнем,

.... ищет позабыться сном,
Вздыхает, медленно вертится...
Напрасно! витязь наконец:
«Не спится что-то, мой отец!
Что делать: болен я душою,
И сон не в сон, как тошно жить».

Нетерпеливый, он считает каждое мгновение – и, едва показался день,

Выходит вон. Ногами стиснул
Руслан заржавшего коня;
В седле оправился, присвистнул;
....
И скачет по пустому лугу.

Грозный Рогдай, умыслив прежде, нежели освободить Людмилу, умертвить Руслана, догоняет его и вызывает на смертный поединок.

Руслан вспылал, вздрогнув от гнева;
Он узнает сей буйный глас...

Начинается единоборство – и неукротимый Рогдай, ужас сильных, погиб от руки Руслана. Мы будем иметь случай ниже говорить о сем прекрасном отрывке подробнее.

Размышления русского богатыря на старом поле брани выведены из его положения; они показывают его возвышенный образ мыслей, чувствительность сердца и ненасытимую жажду славы.

О поле! поле! кто тебя
Усеял мертвыми костями?
Чей борзый конь тебя топтал
В последний час кровавой битвы?
Кто на тебе со славой пал?
Чьи небо слышало молитвы?
Зачем же, поле, смолкло ты
И поросло травой забвенья?..
Времен от вечной темноты,
Быть может, нет и мне спасенья!
Быть может, на холме немом
Поставят тихий гроб Русланов,
И струны громкие Баянов
Не будут говорить об нем.

Рассерженный огромною головою Черноморова брата, задержавшею его на пути, *в вспыльчивости* он дает ей пощечину, но опомнясь, дарует жизнь; *мужественно* бьется дорогою то с богатырем, то с ведьмою, то с великаном, достигает цели желаний своих, побеждает Черномора и, не находя нигде своей супруги, снова *теряет терпение, сердится...*

.... Неистовый, ужасный,
Стремится витязь по садам;
Людмилу с воплем призывает,
С холмов утесы отрывает,
Все рушит, все крушит мечом –
Беседки, рощи упадают,
Древа, мосты в волнах ныряют,
Степь обнажается кругом!
Далеко гулы повторяют
И рев, и треск, и шум, и гром;
Повсюду меч звенит и свищет,
Прелестный край опустошен –
Безумный витязь жертвы ищет,
С размаху вправо, влево он
Пустынный воздух рассекает...
И вдруг... нечаянный удар
С княжны невидимой сбивает

шапочку-невидимку! Людмила найдена – и витязь наш утихает; с унынием и слезами берет он ее на руки и тихим шагом едет к Киеву. Ласково приветствует Руслан чудовищную голову Черноморова брата:

Здравствуй, голова!
Я здесь! наказан твой изменник!
Гляди: вот он! злодей наш пленник!

Нежно беседует он с юным Ратмиром, сделавшимся пустынником, и, как Божий гром, упадает на беспечный стан печенегов; рубит, колет, топчет богатырским конем, освобождает престольный град, прощает убийцу Фарлафа, похитителя Черномора, пробуждает Людмилу и вместе с нею упадает в объятия Владимира.

Владимир, благочестивый, великолепный, могущий монарх, солнце подданных, нежный отец детей своих, изображен здесь так точно, как представляет его нам правдивая история:

В толпе могущих сыновей,
С друзьями, в гриднице высокой,
Владимир-солнце пировал;
Меньшую дочь он выдавал
За князя храброго Руслана,
И мед из тяжкого стакана
За их здоровье выпивал.

....
Но с тайным, грустным умиленьем
Великий князь благословеньем
Дарует юную чету.

Владимиру доносят о похищении новобрачной его дочери:

> Сраженный вдруг молвой ужасной,
> На зятя гневом распалясь,
> Его и двор он созывает:
> «Где, где Людмила?» – вопрошает
> С ужасным пламенным челом.
> ....«Дети, други!
> Я помню прежние заслуги –
> О, сжальтесь вы над стариком!
> Скажите, кто из вас согласен
> Скакать за дочерью моей?
> Чей подвиг будет не напрасен,
> Тому – терзайся, плачь, злодей!
> Не мог сберечь жены своей! –
> Тому я дам ее в супруги
> С полцарством прадедов моих.
> Кто ж вызовется, дети, други?..»

Фарлаф, умертвив изменнически Руслана, привозит усыпленную волшебным сном Людмилу в Киев; народ в радостном волнении теснится вокруг рыцаря, бегут к отцу обрадовать его живительною вестью о возвращении похищенной волшебником дочери.

> Влача в душе печали бремя,
> Владимир-солнышко в то время
> В высоком тереме своем
> Сидел, томясь привычной думой.
> Бояре, витязи кругом
> Сидели с важностью угрюмой;
> Вдруг внемлет он: перед крыльцом
> Волненье, крики, шум чудесный;
> Дверь отворилась, перед ним
> Явился воин неизвестный;
> ....
> В лице печальном изменясь,
> Встает со стула старый князь...

Мастерскою кистью описана борьба надежды со страхом душе нежного родителя. Юный автор с опытностию старого художника воспользовался положением Владимира, умел сделать из него трагическую немую сцену, поддержать и постепенно увеличить занимательность до самой развязки. Старый князь

> Спешит тяжелыми шагами
> К несчастной дочери своей,
> Подходит; отчими руками
> Он хочет прикоснуться к ней;
> Но дева милая не внемлет
> И очарованная дремлет
> В руках убийцы, – все глядят

На князя в смутном ожиданье;
И старец беспокойный взгляд
Вперил на витязя в молчанье.

В сих стихах наш поэт не рассказчик, а живописец. Он не просто повествует нам о происшествии, но изображает: мы видим его, видим отца, который, долго томясь в мучительной безызвестности о милой и несчастной дочери, внезапно получает радостную весть о ней; он поражен ею. Здесь исчезает могучий обладатель России, здесь виден чадолюбивый, горестный отец, который

Тоской тяжелой изнурясь,
К ногам Людмилы сединами
Приник с безмолвными слезами.

Но Руслан таинственною силою кольца разбудил дочь Владимирову,

И старец, в радости немой
Рыдая, милых обнимает.

Все оживотворилось и процвело в чертогах великого князя киевского,

И, бедствий празднуя конец,
Владимир в гриднице высокой
Запировал в семье своей.

Характер *Рогдая* изображен смелою кистью Орловского, мрачными красками Корреджия[8]:

.... угрюм, молчит – ни слова,
Страшась неведомой судьбы
И мучась ревностью напрасной,
Всех больше беспокоен он;
И часто взор его ужасный
На князя мрачно устремлен.

Прочитав сии стихи, мы с ужасом видим перед собою одного их тех хладнокровных воинов-убийц, которые не умеют прощать, для которых кровопролитие есть забава, а слезы несчастных – пища.

.... Рогдай неукротимый
Глухим предчувствием томимый,
Оставя спутников своих,
Пустился в край уединенный
И ехал меж пустынь лесных,
В глубоку думу погруженный –
Злой дух тревожил и смущал
Его тоскующую душу,
И витязь пасмурный шептал:
«Убью!.. преграды все разрушу...
Руслан!.. узнаешь ты меня...
Теперь-то девица поплачет...»
И вдруг, поворотив коня,
Во весь опор назад он скачет.

Мрачный витязь догнал наконец ненавистного соперника.

«Стой!» – грянул голос громовой.

Руслан, погруженный в глубокую задумчивость,

> ...оглянулся: в поле чистом
> Подняв копье, летит со свистом
> Свирепый всадник, и грозой
> Помчался князь ему навстречу.
> «Ага! догнал тебя! постой! –
> Кричит наездник удалой. –
> Готовься, друг, на смертну сечу;
> Теперь ложись средь здешних мест;
> А там ищи своих невест».

Рогдай кончил ролю свою в поэме так, как он кончил бы ее в свете, то есть погиб, готовя погибель ближнему.

Для начертания характера женолюбивого хазарского хана *Ратмира* наш стихотворец взял перо сладострастного Парни.

> Хазарский князь в уме своем
> Уже Людмилу обнимая,
> Едва не пляшет над седлом;
> В нем кровь играет молодая,
> Огня, надежды полон взор.

Изнеженный Ратмир гнался за супругою Руслана. Однажды вечером искал он взором ночлега, увидел вдали черные башни старинного замка и поворотил к нему, желая лучше провесть ночь на мягкой перине, нежели на черствой земле. Он слышит прелестный девичий голос, манящий его к отдыху; подъезжает к воротам, и толпа красных девиц окружила его; они уводят коня его, снимают оружие, ведут в русскую баню:

> Восторгом витязь упоенный
> Уже забыл Людмилы пленной
> Недавно милые красы;
> Томится сладостным желаньем;
> Бродящий взор его блестит,
> И, полный страстным ожиданьем,
> Он тает сердцем, он горит.

Хазарский князь везде один и тот же. Говоря об эпизодах, мы предоставляем себе говорить подробнее о превращении сего героя в рыбака-пустынника из любви к сельской красавице. Здесь скажем только, что оно совершенно в его характере.

> *Фарлаф*, крикун надменный,
> В пирах никем не побежденный,
> Но воин скромный, средь мечей,

смешил бы читателей хвастовством и трусостью, если б не был в душе злодеем, готовым из корысти на всякое преступление.

Через плечо глядя спесиво
И важно подбочась, Фарлаф
Надувшись ехал за Русланом,
Он говорит: «Насилу я
На волю вырвался, друзья!
Ну скоро ль встречусь с великаном?
<Уж то-то крови будет течь,>*
Уж то-то жертв любви ревнивой!
Повеселись, мой верный меч!
Повеселись, мой конь ретивый!»

Не спеша нагонять похитителя Людмилы, Фарлаф после сладкого продолжительного сна обедал для подкрепления сил душевных,

Как вдруг, он видит, кто-то в поле
Как буря мчится на коне;
И времени не тратя боле,
Фарлаф, покинув свой обед,
Копье, кольчугу, шлем, перчатки,
Вскочил в седло – и без оглядки
Летит...

Конь его перепрыгнул через ров, всадник упал, неистовый Рогдай догнал его, но опустил меч, узнав Фарлафа, и, не желая марать руки в подлой крови его, поехал далее искать себе достойнейшего сопротивника.

А наш Фарлаф? Во рву остался,
Дохнуть не смея; про себя
Он, лежа, думал: жив ли я?
Куда соперник злой девался?
Вдруг слышит прямо над собой
Старухи голос гробовой:
«Встань молодец, все тихо в поле;
Ты никого не встретишь боле;
Я привела тебе коня,
Вставай, послушайся меня».
Смущенный витязь поневоле
Ползком оставил грязный ров,
Окрестность робко озирая,
Вздохнул и молвил, оживая:
«Ну, слава Богу! я здоров!»
....
....
Благоразумный наш герой
Тотчас отправился домой,
Сердечно позабыв о славе
И даже о княжне младой;
И шум малейший по дубраве,
Полет синицы, ропот вод
Его бросали в жар и пот.

---

* Пропущенный в журнальном тексте стих восстанавливается как явная опечатка. – *Ред.*

И долго скрывался Фарлаф в пустынном уединении, ждал Наины, достойной своей покровительницы, и час злодейства настал:

К нему волшебница явилась,
Вещая: «Знаешь ли меня?
Ступай за мной, седлай коня!»
И ведьма кошкой обратилась;
Оседлан конь, она пустилась
Тропами мрачными дубрав,
За нею следует Фарлаф.
....
Пред ним открылася поляна;
....
У ног Людмилы спит Руслан
....
Изменник, ведьмой ободренный,
Герою в грудь рукой презренной
Вонзает трижды хладну сталь...
И мчится боязливо вдаль
С своей добычей драгоценной.

Он уже в Киеве; граждане бегут за ним ко двору великокняжескому; но, зная трусость Фарлафа, не хотят верить, чтобы он в состоянии был избавить княжну из сильных рук ее похитителя; они с недоверчивостью вопрошают один другого:

«Людмила здесь! Фарлаф? Ужели?»

Чувство народное очень верно в таких случаях; оно редко ошибается! По возвращении истинного освободителя русской княжны

Фарлаф пред ним и пред Людмилой
У ног Руслана объявил
Свой стыд и мрачное злодейство.

Нам остается разобрать характер *Людмилы*. Она веселонравна, резва, верна любви своей; нежна и сильна душа ее, непорочно сердце. Жаль только, что автор некстати шутит над ее чувствительностью; его долг вселить в читателя уважение к своей героине; это не Фарлаф, паяц поэмы. Совсем неприлично блистать остроумием над человеком, убитым несчастием, а Людмила несчастна. Уверяю автора, что читатель на стороне страждущей супруги Руслановой, разлученной со всем, что для нее в свете драгоценно: с любезным мужем, нежным родителем, милым отечеством. Богданович иначе поступил в подобном случае [9]. Пушкин, описывая отчаяние Людмилы, увидевшей себя во власти злого чародея, осыпает ее насмешками за то, что она не решилась утопиться или уморить себя с голоду:

Вдруг осветился взор прекрасный;
К устам она прижала перст;
Казалось, умысел ужасный
Рождался... страшный путь отверст:
Высокий мостик над потоком
Пред ней висит на двух скалах;
В унынье тяжком и глубоком

Она подходит – и в слезах
На воды шумные взглянула,
Ударила, рыдая, в грудь,
В волнах решилась утонуть –
Однако в воду не прыгнула.
....
....
Вдали от милого, в неволе
Зачем мне жить на свете боле?
О ты, чья гибельная страсть
Меня терзает и лелеет,
Мне не страшна злодея власть:
Людмила умереть умеет!
Не нужно мне твоих шатров,
Ни скучных песен, ни пиров –
Не стану есть, не буду слушать,
Умру среди твоих садов!» –
Подумала – и стала кушать.

Человек, терпеливо умеющий сносить жизнь, показывает силу души, самоубийца же – подлость и малодушие. Сам автор впоследствии оправдал свою героиню: она освободилась от ненавистного ей похитителя, возвращена отечеству, родителю и милому другу. Оставшись жить, она думала не об одной себе, ибо если б лишила себя жизни, то сделала бы Руслана и Владимира вечно несчастными.

Вообще, хотя поэма «Руслан и Людмила» *без начала* (т. е. в ней нет *изложения, призывания*; поэт как будто с неба упадает на пир Владимиров[10]), *переходы*, так же как у Ариоста, слишком скоры из тона в тон в некоторых, хотя немногих, местах; но *ход* ее жив, правилен, не запутан, *завязка* без хитростей, приключение из приключения развертываются легко, *развязка* проста, естественна, удовлетворительна. Эпизоды занимательны, разнообразны, хорошо привязаны к главному действию и с жаром написаны, но можно б было посоветовать молодому автору эпизодическую повесть об любви Финна и Наины, разговоры сего волшебника (Песнь 1) и эпизод, в коем он рассказывает нам приключение Ратмира в замке, где

Не монастырь уединенный,
Но робких инокинь собор,

при втором издании заменить чем-нибудь другим, не столько низким и грубым. Он, без всякого сомнения, найдет в богатом и пламенном своем воображении две вводные повести, которые придадут поэме его разнообразия и степенности. Эпический поэт ни на минуту не должен выпускать из виду своих слушателей, перед коими он обязан вести себя вежливо и почтительно. Просвещенная публика оскорбляется площадными шутками. *«Основание поэмы взято из простой народной сказки»*, – скажут мне; я это знаю; но и между простым народом есть своя благопристойность, свое чувство изящного. Говоря о простом народе, я не разумею толпы пьяниц, буянов, праздношатающихся ленивцев, но почтенный, работающий и промышленный разряд граждан общества. По моему мнению, самый приличный, самый целомудренный и самый лучший по содержанию и слогу во всей поэме есть эпизод об отречении от мира роскошного хана хазарского.

В *слоге* юного поэта, уже теперь занимающего почтенное место между первоклассными отечественными нашими писателями, видна верная рука, водимая вкусом: нет ничего неясного, неопределенного, запутанного, тяжелого. Почти везде точность выражений, с разборчивостью поставленных; стихи, пленяющие легкостью, свежестью, простотою и сладостью; кажется, что они не стоили никакой работы, а сами собой скатывались с лебединого пера нашего поэта. Он никогда не прибегает к натянутым, холодным, риторическим фигурам, сим сокровищам писателей без дарования, которые, не находя в душе своей потребного жара для оживотворения их мертвых произведений, поневоле прибегают к сим неестественным украшениям и блестящим безделкам.

Известно, что *описания* и *подробности* составляют душу стихотворения повествовательного, так же как *картины* и *образы* – сущность поэзии лирической. *Картина* заключает в себе несколько *образов*; *описание* есть собрание картин. *Описывая*, наш поэт почти везде свободно, легко и, если позволено так выразиться, резвясь, переходит от ужасного к нежному, от важного к шутливому, от печального к веселому, всегда умеет быть заманчивым, пленить, испугать, растрогать. Мы надеемся, что при втором издании автор исправит небольшое число слишком *быстрых и резких переходов*. Послушаем самого его; он описывает единоборство Руслана с Рогдаем. Это образчик *ужасного*!

> Бери свой быстрый карандаш,
> Рисуй, Орловский, ночь и сечу!
> При свете трепетном луны
> Сразились витязи жестоко;
> *Сердца их гневом стеснены,*
> Уж копья брошены далеко,
> Уже мечи раздроблены,
> Кольчуги кровию покрыты,
> Щиты трещат в куски разбиты...
> Они схватились на конях;
> Взрывая к небу черный прах,
> Под ними борзы кони бьются;
> Борцы, недвижно сплетены,
> Друг друга стиснув, остаются
> Как бы к седлу пригвождены;
> Их члены злобой сведены,
> Объяты молча, костенеют,
> По жилам быстрый огнь бежит,
> На вражьей груди грудь дрожит –
> И вот колеблются, слабеют –
> Кому-то пасть!.. Вдруг витязь мой,
> Вскипев, железною рукой
> *С седла наездника* срывает,
> Подъемлет, держит пред собой
> И в волны с берега бросает.
> ....
> ....

И слышно было, что Рогдая
Тех вод Русалка молодая
На хладны перси приняла
И, жадно витязя лобзая,
На дно со смехом увлекла.

Во всем отрывке я заметил только два неправильные выражения, первое: *сердца их гневом стеснены*; гнев не стесняет, а расширяет сердце; другое: *с седла наездника срывает*; слово *наездник* низко и выходит из общего тона.

Далее следует *печальное описание* старого поля сражения и образчик того искусства, с каким поэт умеет заставить грусть вкрасться в нашу растроганную душу. Руслан,

Свершив с Рогдаем бой жестокий,
Проехал он дремучий лес,
Пред ним открылся дол широкий
При блеске утренних небес.
Трепещет витязь поневоле:
Он видит старой битвы поле.
Вдали все пусто; здесь и там
Желтеют кости; по холмам
Разбросаны колчаны, латы;
Где сбруя, где заржавый щит;
В костях руки здесь меч лежит;
Травой оброс там шлем косматый,
И старый череп тлеет в нем;
Богатыря там остов целый
С его поверженным конем
Лежит недвижный; копья, стрелы
В сырую землю вонзены,
И мирный плющ их обвивает...
Ничто безмолвной тишины
Долины сей не нарушает,
И солнце с ясной вышины
Долину смерти озаряет.

Здесь подробности величественно-печальной картины изображены сильно, исчислены не скупо и не расточительно; черный покров задумчивости слегка наброшен на предметы, сами собой возбуждающие грустное воспоминание или печальное предвестие.

Вот образчик *веселого, шутливого*:

Но между тем никем не зрима,
От нападений колдуна
Волшебной шапкою хранима,
Что делает моя княжна,
Моя прекрасная Людмила?
Она, безмолвна и уныла,
Одна гуляет по садам,
О друге мыслит и вздыхает,
....
....

Рабы влюбленного злодея,
И день и ночь сидеть не смея,
Меж тем по замку, по садам
Прелестной пленницы искали,
Метались, громко призывали,
Однако все по пустякам.-
Людмила ими забавлялась;
В волшебных рощах иногда
Без шапки вдруг она являлась,
И кликала: «Сюда! сюда!»
И все бросались к ней толпою;
Но в сторону – незрима вдруг –
Она неслышною стопою
От хищных убегала рук.
Везде всечасно замечали
Ее минутные следы:
То позлащенные плоды
На шумных ветвях исчезали,
То капли ключевой воды
На луг измятый упадали:
Тогда наверно в замке знали,
Что пьет иль кушает княжна.
На ветвях кедра иль березы
Скрываясь по ночам, она
Минутного искала сна. –
Но только проливала слезы,
Звала супруга и покой,
Томилась грустью и зевотой,
И редко, редко пред зарей,
Склонясь ко древу головой,
Дремала тонкою дремотой.
Едва редела ночи мгла,
Людмила к водопаду шла
Умыться хладною струею.
Сам карла утренней порою
Однажды видел из палат,
Как под невидимой рукою
Плескал и брызгал водопад.
С своей обычною тоскою
До новой ночи, здесь и там,
Она бродила по садам;
Нередко под вечер слыхали
Ее приятный голосок;
Нередко в рощах поднимали
Иль ею брошенный венок,
Или клочки персидской шали,
Или заплаканный платок.

Сии стихи в своем роде не уступают прежде нами приведенным: плавны и легки, быстро бегут они один за другим, как светлые струи ручейка по

цветистому лугу: шутливый тон автора благороден без напыщенности, точен без сухости.

Еще один пример! Перейдем от приятных предметов к ужасным. Сам Тасс не описал бы лучше того грозного утра, когда русский богатырь один напал на целое воинство печенегов. Стихи Пушкина кипят и волнуются, как смятенный стан неприятелей, гремят, как меч Руслана, поражающий все, что ему противится. Послушаем!

Бледнела утренняя тень,
Волна сребрилася в потоке,
Сомнительный рождался день
На отуманенном востоке.
Яснели холмы и леса,
И просыпались небеса.
Еще в бездейственном покое
Дремало поле боевое;
Вдруг сон прервался: вражий стан
С тревогой шумною воспрянул;
Внезапно крик сражений грянул;
Смутилось сердце киевлян;
Бегут нестройными толпами
И видят: в поле меж врагами,
Блистая в латах, как в огне,
Чудесный воин на коне
Грозой несется, колет, рубит,
В ревущий рог, летая, трубит...
То был Руслан. Как Божий гром
Наш витязь пал *на басурмана;*
Он рыщет с карлой за седлом
Среди испуганного стана.
Где ни просвищет грозный меч,
Где конь сердитый ни промчится,
Везде главы слетают с плеч,
И с воплем строй на строй валится.
В одно мгновенье бранный луг
Покрыт холмами тел кровавых,
Живых, раздавленных, безглавых,
Громадой копий, стрел, кольчуг.
На трубный звук, на голос боя
Дружины конные славян
Помчались по следам героя,
Сразились... гибни, *басурман!*
Объемлет ужас печенегов;
Питомцы бурные набегов
Зовут рассеянных коней,
Противиться не смеют боле
И с диким воплем в пыльном поле
Бегут от киевских мечей,
Обречены на жертву аду.

В целом отрывке мы заметили только низкое слово *басурман* и неточное выражение *питомцы бурные набегов*. *Набег* есть быстрое, безостановочное движение и никого ни *питать*, ни *воспитывать* не имеет времени.

Речи составляют одну из важных частей повествовательного стихотворения; мы выписали бы всю поэму, если бы захотели выписывать все хорошее; ограничимся означением мест и страниц, для показания красноречивых, сильных речей, которые наш поэт заставил произнесть своих героев и героиню. Речь Владимира (Песнь 1, стр. 14); благодетельного Финна (там же, стр. 18); Руслана, тоскующего о своей Людмиле (Песнь 2, стр. 40); Людмилы (Песнь 2, стр. 51); Наины (Песнь 3, стр. 63); волшебника Финна (Песнь 5, стр. 108) и так далее. Признаемся, что сии речи нейдут в сравнение с Гомеровыми; однако не надобно забывать, что «Илиада» есть поэма эпическая, а «Руслан и Людмила» – романтическая. Совсем некстати было заставить в ней говорить длинные, во сто стихов, речи, когда вся поэма состоит только из шести песен и написана четырехстопным размером. Со всем тем приятно для народной гордости россиянина видеть, что герои Пушкина больше говорят и действуют, нежели Вольтеровы в «Генриаде». Прошу читателей, которые не захотят поверить сему, заглянуть в Лагарпов курс словесности, том VIII. Там напечатано: «Cette richesse d'invention qui produit l'intérêt, manque certainnement à la "Henriade": les personnages agissent peu, et parlent encore moins. On a été surpris, avec raison, que l'auteur, né avec un génie si dramatique, en aie mis si peu dans son Poéme»[*11]

Сравнения, уподобления новы, разительны, объясняют мысль, придают ей силу, оживляют сухое описание и всегда приведены кстати. Кроме примеров, которые читатель найдет в отрывках, прежде приведенных, представим здесь несколько. Описывая постыдный побег Фарлафа, преследуемого грозным Рогдаем, автор говорит:

> Так точно заяц торопливый,
> Прижавши уши боязливо,
> По кочкам, полем, чрез леса
> Скачками мчится ото пса.

Прекрасно сравнение Черномора с хищным коршуном, так же как усмиряющегося гнева со льдом, тающим на долине в полдень. Еще лучше следующее: Ратмир выезжает на долину

> И видит – замок на скалах
> Зубчаты стены возвышает,
> Чернеют башни на углах;
> И дева по стене высокой,
> Как в море лебедь одинокий,
> Идет, зарей освещена.

---

[*] Это богатство вымысла, которое вызывает интерес, несомненно отсутствует в «Генриаде»: персонажи действуют мало и разговаривают еще меньше. По чести, неожиданно, что автор, рожденный с таким драматическим гением, так мало использовал его в своей поэме (*фр.*). – *Ред.*

Воскрешенный волшебником Руслан встает

> ....на ясный день
> Очами жадными взирает,
> Как безобразный сон, как тень,
> Пред ним минувшее мелькает.

Пушкин, подражая Ариосту и Флориану, поставил себе за правило начинать каждую из шести песней поэмы своей каким-то *обращением*, или, справедливее сказать, *прологом*. Но сии обращения не совсем счастливы: он хотел быть в них забавным, блистать остротою ума, и вместо того почти везде остроты его натянуты, плоски. Примеры объяснят это лучше.

Вторая песнь начинается обращением к соперникам в военном искусстве: автор позволяет им браниться и драться сколько угодно; далее говорит к соперникам в искусстве писать и также позволяет им браниться, и заключает слово обращением к соперникам в любви, которых убеждает жить между собою дружно. «Поверьте мне, – говорит он к последним, – если вы несчастливы в любви, то

> Вам остаются в утешенье
> Война и музы и вино».

То же самое можно сказать и соперникам-воинам:

> Вам остаются в утешенье
> Любовь и музы и вино.

И опять то же еще раз повторить можно к соперникам-поэтам:

> Вам остаются в утешенье
> Война, любовь, вино.

Где же логика?

Обращение в третьей песни к зоилу не имеет той замысловатости, какою автор хотел его приправить, притворяясь простодушным. К нему самому не шутя можно обратить стих его:

> Красней, несчастный, Бог с тобою!

Красней, забыв должное уважение к читателям.

Четвертая песнь начинается общею и сто раз уже сказанною и пересказанною мыслию, что волшебство красавиц опаснее волшебства настоящих чародеев и что мы должны беречься голубых очей, прелестной улыбки и милого голоса.

В *прологе* пятой песни находим сравнение идеальной Людмилы с какою-то суровою Дельфирою[12]; но не понимаем, как случилось, что улыбка и разговоры русской княжны, воображением поэта поселенной за VIII веков перед сим в Киеве, рождают в нем спор любви. Видим только, что и здесь он проговорился (стр. 101, ст. 5) стишком, который не может понравиться читателям образованным[13]. Советуем вперед при таких стихах ставить оговорку: *с позволения сказать*.

Введение в шестую песнь, где поэт делает *обращение* к своей возлюбленной, ясно и хорошо написано.

В полной уверенности, что автор исправит их при втором издании, заметим здесь маленькие погрешности против языка.

> Считает *каждые мгновенья*,

надлежало бы сказать: *каждое мгновенье*.

> Вот под горой *путем широким*
> *Широкий* пересекся *путь*.

Мы говорим: *зимний путь, летний путь*; но пересекается широкая *дорога* другою *дорогою*, а не путем.

> Трепеща, *хладною рукою*
> *Он вопрошает мрак немой.*

Вопрошать немой мрак – смело до непонятности, и если допустить сие выражение, то можно будет написать: *говорящий мрак, болтающий мрак, болтун мрак, спорящий мрак; мрак, делающий неблагопристойные вопросы и не краснея на них отвечающий; жалкий, пагубный мрак!*

> С ужасным, *пламенным челом*.

То есть с *красным, вишневым* лбом.

> Старик, *измученный тоской*.

Измученный показывает продолжительное страдание, а Владимир за минуту только получил весть о похищении дочери.

> Из мощных рук узду *покинув*.

Или просто *узду покинув*, или *из мощных рук узду кинув*.

> Наш витязь *старцу пал к ногам*.

Надлежало бы сказать: *к ногам старца* или *в ноги старцу*.

> Светлеет *мир его очам*.

По-русски говорится: *светлеет мир в его очах*.

> В пустыню кто тебя *занес*?

Занес говорится только в шутливом тоне, а здесь, кажется, он неприличен.

> Как милый *цвет уединенья*.

Цвет пустыни можно сказать, но *уединение* заключает понятие отвлеченное и цветов не произращает.

> И *пламень роковой*.

Растолкуйте мне, что это за пламень? Уж не брат ли он *дикому пламени?*

> Узнал я силу заклинаньми.

По-русски говорится: *силу заклинаний.*

> Могильным голосом.

К стыду моему должен признаться, что я не постигаю, что такое *могильный, гробовой голос.* Не голос ли это какого-нибудь неизвестного нам музыкального орудия?

> От ужаса *зажмуря очи.*

Славянское слово *очи* высоко для простонародного русского глагола *жмуриться.* Лучше бы автору *зажмурить глаза.*

> Со вздохом витязь благодарный
> Объемлет *старца колдуна.*

Под словом *колдун* подразумевается понятие о старости; и слово *старец* в сем стихе совершенно лишнее.

> Кому судьбою непременной
> *Девичье сердце суждено.*

Надлежало бы сказать: «Поверьте мне, кому суждено сердце какой девушки, тот назло вселенной будет ей мил».

> Копье, кольчугу, шлем, *перчатки.*

Полно, существовали ль тогда рыцарские перчатки? Помнится, что еще нет.

> *Все* утро сладко *продремав.*

Не опечатка ли это? Надобно бы сказать: *все утро продремав.*

> Где ложе радости *младой?*

На что поставлен эпитет *младой* к слову *радость?* Уж не для различия ли *молодой радости* от *радости средних лет,* от *радости-старухи?*

> Княжна *воздушными перстами.*

Объясните мне; я не понимаю.

> Кругом курильницы златые
> *Подъемлют* ароматный пар.

С курильниц златых встает, подъемлется ароматный пар, это понятно; но, прочитав: *курильницы подъемлют пар,* я не могу никак вообразить себе этого действия.

> Летят алмазные *фонтаны.*

Не грешно ли употреблять в поэзии слово *фонтан,* когда у нас есть свое прекрасное, выразительное *водомет*[14].

> Арапов длинный ряд идет
> Попарно, чинно *сколь возможно.*

Слова *сколь возможно* здесь совсем лишние и сверх того делают стих шероховатым.

> Досель я Черномора знала
> *Одною громкою молвой.*

Правильнее: *по слуху, по одной молве.*

> *Всех удавлю вас бородою.*

Отвратительная картина!

> *Навстречу утренним лучам*
> *Постель оставила Людмила.*

Воля ваша, а тут недостает чего-то.

> Но все легки *да слишком малы.*

Слово *да* низко.

> А князь *красавец* был *не вялый.*

А стих вышел *вялый.*

> Объехав голову *кругом,*
> Щекотит ноздри *копием.*
> Дразнила страшным *языком.*
> Грозил ей молча *копием.*

Мужицкие рифмы![15]

> К великолепной *русской бане.*

То есть в *русскую баню.*

> Уже *достигла,* обняла.

Слово *достигла* здесь очень высоко.

> Колдун упал – *да там и сел.*

Выражение слишком низкое.

> Пред ним *арапов* чудный *рой.*

Желательно бы видеть пчельник этого *роя арапов;* вероятно, что в нем и самый мед черного цвета.

> *Дикий пламень.*

Скоро мы станем писать: *ручной пламень, ласковый, вежливый пламень.*

> *Бранился молчаливо.*

Желание сочетавать слова, не соединяемые по своей натуре, заставит, может быть, написать: *молчаливый крик, ревущее молчание;* здесь молодой поэт заплатил дань огерманизованному вкусу нашего времени. Счастлив он, что его собственный вкус верен и дает себя редко обмануть! Стократно счастлив в сравнении с теми жалкими стихотворцами, которые прямо из-за букваря начали сочинять стихи и у которых и грамматика, и синтаксис, и выражения взяты из Готшедовой «Немецкой грамматики»[16]. Русский язык ужасно страдает под их пером, очиненным на манер Шиллерова.

> Власами *светлыми в кольцо.*

Или *продетыми сквозь кольцо,* или свитыми в *кольца,* в *кудри,* в *локоны.*

> *Качают ветры черный лес,*
> Поросший на челе высоком.

Картина уродливая!

> *Уста* дрожащие *открыты,*
> Огромны зубы *стеснены.*

Или открыты и уста и зубы, или уста закрыты, а зубы стиснуты.

Вот все, что привязчивая критика нашла худого в слоге. Заключим: поэма «Руслан и Людмила» есть новое, прекрасное явление в нашей словесности. В ней находим совершенство слога, правильность чертежа, занимательность эпизодов, приличный выбор чудесного и выдержанные от начала до конца характеры существ сверхъестественных, разнообразность и ровность в характерах действующих героев и выдержанность каждого из них в особенности. Прелестные картины на самом узком холсте, разборчивый вкус, тонкая, веселая, острая шутка; но всего удивительнее то, что сочинитель сей поэмы не имеет еще и двадцати пяти лет от рождения!

Окончив литературные наши замечания, с сожалением скажем о злоупотреблении столь отличного дарования, и это не в осуждение, а в предосторожность молодому автору на будущее время. Понятно, что я намерен говорить о *нравственной цели,* главном достоинстве всякого сочинения. Вообще в целой поэме есть цель нравственная и она достигнута: злодейство наказано, добродетель торжествует; но, говоря о подробностях, наш молодой поэт имеет право называть стихи свои *грешными.*

Он любит *проговариваться, изъясняться двусмысленно, намекать,* если сказать ему не позволено, и кстати и некстати употреблять эпитеты: *нагие, полунагие, в одной сорочке,* у него даже и *холмы нагие,* и *сабли нагие.* Он беспрестанно томится какими-то желаниями, сладострастными мечтами, во сне и наяву ласкает младые прелести дев; вкушает восторги и проч. Какое несправедливое понятие составят себе наши потомки, если по нескольким грубым картинам, между прелестными картинами расставленным, вздумают судить об испорченности вкуса нашего в XIX столетии!

Замечания на поэму
«Руслан и Людмила»
в шести песнях, соч. А. Пушкина. 1820.

Чрезвычайная легкость и плавность стихов – отменная версификация, составили бы существенное достоинство сего произведения, если бы пиитические красоты, в нем заключающиеся, не были перемешаны с низкими сравнениями, безобразным волшебством, сладострастными картинами и такими выражениями, которые оскорбляют хороший вкус. Поэт умел устлать для читателя путь цветами. Не спорю, что эта дорога послужит к обогащению нашей словесности; но она не поведет к образованию и облагородствованию вкуса. Черномор и все его братья и сестры свиты Вельзевула могут нравиться более грубому, необразованному народу. Должно отдать справедливость г. Пушкину: какою смелою и роскошною рукой раскидывает он красоты поэзии! в стихах его то живость, то легкость – кажется, будто они выливались у него сами собою. Так велико и неприметно искусство! – Им одушевлены описываемые предметы, многие картины прекрасны. Все показывает в нем поэта. При всем том надобно жалеть, что дарование не избрало для себя более благородного и возвышенного предмета, а обратилось на такой, который мог занимать тогда только, когда *ум* и *знания* были еще в младенчестве. Кто бы подумал до появления сего произведения, что, при нынешнем состоянии просвещения, старинная сказка «Еруслан Лазаревич» найдет себе подражателей? Теперь можно надеяться, что у нас расплодятся и Бовы Королевичи и Ильи Муромцы. Не спорю, что такого рода повести в стихах могут нравиться – как и опера «Русалка»[1]. Прекрасная музыка! прекрасные декорации!

Прочитав «Руслана и Людмилу», я думал было предложить подробный разбор сему повествованию; но в то же время оный появился и в «Сыне отечества»[2]. И потому я ограничусь замечаниями и не буду много говорить о содержании «Руслана». Прочитав его, всякий узнает. Не стану доказывать, можно ли назвать его поэмою: в новейшие времена всякий почти рассказ, где слог возвышается пред обыкновенным, называется поэмою, хотя прежде сие имя давали только тем произведениям, в коих описывались геройские подвиги касательно религии, нравственности или таких происшествий, которыми решилась судьба царств, где если не заключалось участия целого человечества, то по крайней мере какого-либо народа, и где причины действий сверхъестественны[*3]. В «Руслане» более грубое, простонародное волшебство, а не чудесное, которое составляет сущность поэмы. В нем чудеса без правдоподобия, которое есть основание, первый закон поэзии. Надобно если не знания, то чтобы вера делала происшествие возможным, а поэма «Руслан» показалась бы странною и для славян-язычников, и потому она справедливо названа в «Сыне отечества» *богатырскою*. Сохрани нас Боже от поэм карлов и пигмеев! Поэма «Руслан и Людмила» разделена на песни, написана яркими красками; но это все одна одежда. Я согласен с Д'Аламбертом, что главное в сочинении

---

* Поэмы в смешном и прочих родах суть пародии; а дидактические – фальшивый род поэзии.

есть предмет, и не должно даже делать разделений самого слога на высокий, средний и низкий. Предмет высокий и – краски будут возвышены, и никакие блестящие красоты не придадут много цены и благородства малозначащему предмету. В какое платье ни одень урода, все будет урод. «Телемак» Фенелона написан и прозою, но он всегда будет стоять выше многих поэм в стихах – выше «Руслана». Скажем об нем наше мнение.

Поэма «Руслан и Людмила» могла бы почесться народным старинным рассказом, если бы борода Черномора и голова брата его существовали хотя в изустных преданиях. Поэт сотворил их сам, подражая только оным, и представил никем не читанные и не слыханные чудеса. Он желал идти по следам Ариоста, но, не имея столь возвышенных дарований, вместо действия целого мира, который является у сего поэта-гения, изобразил четыре или пять лиц, сделал из всего чудесную смесь смешного с простонародным, нежным и разными картинами. Он редко возвышается. Один только *пустынник*[4] у него великое лицо, и хотя представлен посторонним, но им движется все действие: жизнь его, открытие им *живой* и *мертвой* воды, которую он черпал в *девственных* волнах, – все останавливало мое внимание и заставляло ему удивляться. Руслан крепко спит, у него у сонного похищают Людмилу; он хорошо рубится с Рогдаем, когда еще не было причины к бою; они съехались, как и расстались, поехав оба искать Людмилу. Впрочем, Руслан томится, вздыхает и обнаруживает нежные чувства, как *Селадон*[5]. Без совета пустынника он, кажется, оставил бы Людмилу, и на свадебном с нею пиру он уже сердился и щипал себе усы; без помощи пустынника лежать бы ему убитым от Фарлафа. Он не опомнился с первого удара; три раза молодец-богатырь *в перчатках*[6], Фарлаф, вонзал в него хладную сталь. Самого Руслана один только великий подвиг – удар по щеке головы рукавицей; с бородою карла Черномора он, имея и чудесный меч, не мог вдруг сладить и только утомил его, державшись за бороду и таким образом летав с ним по воздуху: *превосходная картина!* Достойно в то время и занятие Руслана: он щипал из бороды волосы. Чудесно – дух устает и предлагает сам себя в волю героя, которого носил в атмосфере. Таково главное лицо поэмы! Людмила – *мила*, особливо когда визжит и подымает кулак на Черномора. Рогдай не возбуждает никакого участия: он стоит, чтобы быть похищенным русалкой. Ратмир *прекрасен*, после как его омыли красавицы в русской бане. Лицо Фарлафа списано с натуры. Напрасно только поэт называет его героем доблестным, скромным средь мечей – это совсем не смешно; Фарлаф везде изображен по русской пословице: блудлив как кошка, а труслив как заяц. Ему покровительствует Наина – ведьма, которая превращается в *змея* и *кошку*. Противуборствующие силы Руслану представлены чрезвычайными. Какое гигантское воображение! Что за голова, что за борода?.. Надобно бы только припомнить известное послание Горация к Пизонам:

Когда маляр, в жару трудяся над картиной, и проч.[7]

и еще правило в поэме: сверхъестественные силы надобно приводить в движение тогда только, как действие не может совершаться обыкновенными. Фантазия, вышедшая из границ, творит выродков. Не достойно ли критику-

ют в Виргилии, что он превратил флот в птиц[8]; в Мильтоне – сражение ангелов горами и то, что он втащил на небеса огромную пушку[9]; в Камоэнсе – что
он заставил Бахуса читать литургию[10]; в Малербе – что он сравнивал слезы
св. Петра с быстрым водопадом, а вздохи уподоблял разъяренному грому[11];
и в Шекспире – что у него плавал корабль при берегах Богемии[12]? Не одни
поэты подвергаются укоризне за упущение здравого смысла и правдоподобия – тоже и живописцы. Хорошо ли сделал Рафаэль, который одел св.
Деву в платье итальянских крестьянок; Рембрант, который ставил всегда
польского всадника при кресте Спасителя; Тинторет, который вооружал
ружьями израильтян, проходящих чрез Чермное море? Можно ли похвалить находящуюся в аугсбурской церкви картину, где жена Ноя одета в
богатое платье султанши и несет в ковчег на руках болонскую собачку? [13]
После сего не должно ли вооружаться правилами самого искусства, утвер-
жденными образованным вкусом веков, против всех уродливостей, помещенных в «Руслане», и тем более что, кажется, сам поэт желал сообразо-
ваться с правдоподобием. Он между необыкновенными героями своей поэмы поместил и историческое лицо: Великого князя Владимира – просветителя России. Всякий русский, всякий христианин при одном имени его ис-
полняется чувств благоговения. Впрочем, хорошо, что он показывается только в первой и последней песнях поэмы. В начале он пирует, потом, узнав о
похищении Людмилы, распаляется гневом и вопрошает с ужасным пламенным челом... сжалиться над стариком, а в конце при нем Киев, осажденный
печенегами, и он, один оставшись близ дочери своей, молится и, наконец,
после оживления ее, опять пирует. Ход поэмы «Руслан» довольно хорош.
Одно лишь – поэт очень часто любит говорить о себе и обращаться то к
красавицам, то наставникам, то артистам и проч. – вот что замедляет и
останавливает шествие его действия и препятствует единству. Я желал бы
быть очарован, забыться – и в то же время поэт останавливает мои восторги, и вместо древности я узнаю, что живу в новейшие времена: несообраз-
ность делается видимою, и сверх того это развлекает внимание, уменьшает
цену предметов.

Почитаю излишним входить в подробности и замечать несвойствен-
ность выражений и проч., и тем более что стихи в поэме вообще хороши,
хотя между ими часто встречаются слабые и прозаические; каковы, напр.:

В душе несчастные таят
Любви и ненависти яд.
Знай наших! *молвил* он *жестоко.*
Но наконец – дождался дня,
Давно предвиденного мною.
Однако жить еще возможно.
Все четверо выходят вместе.
Мысль о потерянной невесте...
И каждый конь, не чуя стали,
По воле путь избрал себе.
Во мраке старой жизни вяну (*непонятно!*).
Супругу только сторожил.
Нас уверяет смело в том...
Руслан нас должен занимать.

Руслан на луг жену слагает.
Душевные движения кроя.
Влача в душе печали бремя...
Едва дышу; нет мочи боле...
Сошлись – и *заварился бой, и проч. и проч.*

Мне остается теперь сказать только о цели поэмы. Автор говорит о ней в своем предисловии:

Ничьих не требуя похвал,
Счастлив уж я надеждой сладкой,
Что дева с трепетом любви
Посмотрит, может быть, украдкой
На песни грешные мои.

Нравиться прекрасным – цель хорошая и довольно трудная. Они одарены тонким вкусом. Самые их капризы и ветреность поставляют преграду в том, чтоб постоянно им нравиться. Но что возвышает их в собственном мнении? Что придает неизменяемую прелесть их красоте? Это невинность и скромность. Чистота нравов, нежность, чувствительность – вот чем преимущественно обладают красавицы. Если они любят, то в обожаемом предмете видят более нежели человека. Чувство высокой, нежной, истинной любви столь тесно соединено с добродетелью, что прекрасная перестает любить, когда перестает быть добродетельною. Искусство, которое желает нравиться прекрасным, должно развивать одни благородные чувствования и более всего не оскорблять их стыдливости. Автор «Руслана» мог бы нравиться нежностию. Он весьма искусен в описании разнообразных картин. Весьма жаль, что он слишком увлекся воображением: волшебство его более способно пугать. Ныне и дети мало читают персидские и арабские сказки[14], ибо не верят уже коврам-самолетам, а в «Руслане» чудеса столь же невероятны. Но еще более надобно сожалеть, что он представляет часто такие картины, при которых невозможно не краснеть и не потуплять взоров. Прекрасным ли читать такие описания и сравнения, каковы, например:

С порога хижины моей
Так видел я средь летних дней,
Когда за курицей трусливой
Султан курятника спесивой,
Петух мой по двору бежал
И сладострастными крылами
Уже подругу обнимал, *и проч.*

Или:

Вы знаете, что наша дева
Была одета в эту ночь
По обстоятельствам, точь-в-точь
Как наша прабабушка Ева.
Наряд невинный и простой!
Наряд Амура и Природы!
Как жаль, что вышел он из моды![15]

Или:

> А девушке в семнадцать лет
> Какая шапка не пристанет!
> Рядиться никогда не лень:
> Людмила шапкой завертела;
> На брови, прямо, набекрень
> И задом наперед надела.
>   (Чудесно!).

Или:

> Что будет с бедною Княжной?
> О страшный вид! Волшебник хилый
> Ласкает сморщенной рукой
> Младые прелести Людмилы;
> К ее пленительным устам,
> Прильнув увядшими устами,
> Он, вопреки своим годам,
> Уж мыслит хладными трудами
> Сорвать с ней нежный, тайный цвет,
> Хранимый Лелем для другого.
> Уже...[16]

В начале пятой песни следует сравнение Княжны с Дельфирою:

> Скажите: можно ли сравнить
> Ее с Дельфирою суровой?
> Одной – судьба послала дар
> Обворожать сердца и взоры;
> Ее улыбка, разговоры
> Во мне любви рождают жар.
> А та – под юбкою гусар,
> Лишь дайте ей усы да шпоры!

Тогда как во Франции в конце минувшего столетия стали в великом множестве появляться подобные сему произведения, произошел не только упадок словесности, но и самой нравственности.

Пожелаем успеха нашей литературе и чтоб писатели и поэты избирали предметы, достойные своих дарований. Цель поэзии есть возвышение нашего духа – чистое удовольствие. Картины же сладострастия пленяют только грубые чувства. Они недостойны языка богов. Он должен возвещать нам о подвигах добродетели, возбуждать любовь к отечеству, геройство в несчастиях, пленять описанием невинных забав. Предмет поэзии – изящное. Изображая только оное, талант заслуживает дань справедливой похвалы и удивления.

А. Е. ИЗМАЙЛОВ
«Руслан и Людмила».
Поэма в шести песнях. Соч. А. Пушкина.
СПб., 1820, в тип. Н.Греча, в большую 8-ку, 143 стран.

Подробный разбор сей поэмы напечатан уже в четырех книжках «Сына отечества» (№ 34, 35, 36 и 37)[*]. Не сравнивая молодого поэта ни с Гомером, ни с Ариостом, ни с Тассом, ниже с Вольтером; несмотря на неуважение его к зоилам (стр. 147), *плоские, натянутые остроты* (146), *вялые* стихи, *мужицкие* рифмы[**], иностранные слова, каково, например, *фонтан*[***], недостаток логики и прочие столь же важные недостатки и погрешности, замеченные беспристрастным рецензентом В., – скажем, что *богатырская, волшебная, шуточная,* т. е. *романтическая поэма* «Руслан и Людмила» есть прекрасный феномен в нашей словесности. Главное достоинство этой поэмы, или, как другие, не менее строгие, критики говорят, *повести, сказки,* составляют, по нашему мнению, картинные описания, живость и приятность рассказа и легкая, непринужденная версификация.

---

[*] Продается в типографии издателя «С‹ына› о‹течества›» и в книжных лавках Плавильщикова и Слениных. Цена, в цветной обертке, 10 руб.

[**] Вот новый термин, который не был еще употреблен ни в какой пиитике! *Мужицкими* рифмами г. рецензент называет следующие: кругом, копиём; языком, копиём (см. 37 № «С‹ына› о‹течества›», стр. 152). Итак, если не ошибаюсь, под *мужицкими* рифмами разумеет он те, из которых одна имеет в окончании букву *о*, а другая *ё*. Однако такие рифмы употребляются и лучшими нашими стихотворцами, например, в этой же самой книжке «Сына отечества», т. е. в 37 №, напечатан отрывок из поэмы «Искусства и науки», соч. А. Ф. Воейкова, где между прочим есть рифмы: звездочетства, мореходство; ревет, оплот[1].

[***] «Не грешно ли, – спрашивает г. рецензент В., – употреблять в поэзии слово *фонтан*, когда у нас есть свое прекрасное, выразительное – *водомет*?» – Конечно, в поэзии *возвышенной*, напр., в оде, в поэме эпической, непременно должно употребить *водомет*; но в поэме *шуточной* или в сказке, которых слог весьма близко подходит к обыкновенному разговорному слогу, почему не сказать *фонтан*? В «Причуднице» Дмитриева и в «Душеньке» Богдановича находим мы слова *фонтан* и *каскад* (водопад). Изд. «Б‹лагонамеренного›»[2].

А. А. ПЕРОВСКИЙ
Замечания на разбор поэмы «Руслан и Людмила», напечатанный в 34, 35, 36 и 37 книжках «Сына отечества»
(Письмо к издателю)

Прекрасная поэма, коею мастерское перо Пушкина обогатило словесность нашу, дала повод к пространному разбору оной в издаваемом вами журнале. – Хотя снисхождение, заставившее вас напечатать сие плодовитое сочинение, дает нам право думать, что вы, милостивый государь, движимы были некоторым пристрастием к неизвестному нам критику, но надежда на справедливость вашу рождает в нас твердое уверение, что вы не откажетесь принять и наши замечания. Писав оные, мы не имели иной цели, кроме желания показать, что решительный тон, который себе позволяют иногда гг. критики, нимало не доказывает познаний их в тех предметах, кои они берутся разбирать. Поэма Пушкина, конечно, свыше критики г. В., и мы бы не обратили никакого на оную внимания, если б не опасались, что учительский вид, им на себя взятый, может привесть в заблуждение некоторых читателей вашего журнала. Люди, одаренные слишком пугливою совестью, могут, упираясь на остроумное изречение г. В., подумать, что стихи Пушкина в самом деле *грешные*; другие опасаться будут, что нежный слух их потерпит от рифм, кои примерная учтивость г. разбирателя назвала *мужицкими*; – зачем же, милостивый государь, и тех и других лишить удовольствия читать превосходное сочинение?

Но, не имея плодовитости г. В. и желая, чтоб замечания наши поместиться могли не в 4-х, а в одной книжке «Сына отечества», мы спешим приступить к делу.

Большая часть разбора состоит из переложения в скучную прозу прекрасных стихов Пушкина. От времени до времени являются рассуждения и сентенции, которые либо ничего не значат, либо совершенно ложны. – Из уважения к терпению читателей мы быстро пробежим 34, 35 и 36 № и немного долее остановимся на 37-м, где автор разбора, представляя нам, так сказать, в экстракте мнимые ошибки Пушкина, наиболее обнаруживает, что он взялся за такое дело, которого совсем не понимает.

С самого начала (№ 34, стр. 12) г. В., желая доказать нам, что поэмы должны быть писаны в стихах, говорит: «Хорошие судьи полагают, что прозаическая поэма есть противуречие в словах, чудовищное произведение в искусстве».

Если г. В. считает себя в числе сих хороших судей, то мы заметим ему, что он, вероятно, не знает различия между прозаическою поэмою и поэмою, писанною в прозе. Не стихи составляют отличительный характер поэзии. Например, в поэме «Марфа-посадница», писанной в прозе, несравненно более поэзии, нежели в поэме «Искусства и науки», писанной в стихах. [1].

На стр. 13 г. критик говорит: «Поэма "Руслан и Людмила" не эпическая, не *описательная* и не дидактическая. – Какая же она? *богатырская*: в ней описываются богатыри; *волшебная*: в ней действуют волшебники; *шуточная*, что доказывается следующими многочисленными выписками» (следуют вы-

75

писки на 2 1/2 страницах). «Ныне – продолжает г. В., – сей род поэзии называется *романтическим*».

Следовательно, смесь богатырского, волшебного и шуточного составляет романтическое! Прекрасная дефиниция! Неужели не случалось никогда г. В. читать творения так называемые романтические, в коих не было ничего ни волшебного, ни богатырского, ни шуточного? Советуем ему прочитать лорда Бейрона, признанного первым сочинителем в сем роде: там он найдет многое, где нет ничего ни волшебного, ни шуточного, ни богатырского. – Желательно бы было также знать, почему г. В. к трем определениям своим не прибавил еще четвертого: *описательная*, потому что в ней описываются богатыри, волшебники, сражения, сады и пр. – Где же тут *логика*? Еще вопрошаем г. критика: почему он счел за нужное третье определение свое, что поэма *шуточная*, подкрепить выписками на двух с половиною страницах, тогда когда при первых двух определениях он полагал, что довольно одного его слова, *без* выписок? Где же опять логика? И не значит ли это тратить бумагу по-пустому?

Обращаемся к 35 №, стр. 66.

«В поэме Пушкина действуют: благодетельный Финн, которого имени, не знаю почему, сочинитель не объявил нам, злой колдун Черномор, голова Черноморова брата и злая волшебница Наина. Характеры их хорошо нарисованы и в продолжение шести песен постоянно и ровно выдержаны».

Легкий упрек г. В. за то, что Пушкин не объявил имени волшебника Финна, доказывает тонкую разборчивость критика. В самом деле жаль, что любопытство его остается неудовлетворенным; просим убедительно Пушкина во втором издании исправить сию важную ошибку! Но мы надеемся, что г. В. из благодарности согласится удовлетворить и нас. – Мы, например, весьма любопытны знать: какой характер он нашел в голове Черноморова брата, выдержанный, по его словам, постоянно и ровно в продолжение шести песен?

Далее, стр. 74: «Немаловажною погрешностию в чудесном почитаю то, что автор не объявил нам причины, заставляющей волшебника Финна благодетельствовать русскому витязю, а волшебницу Наину ненавидеть и гнать его».

Сожалеем, что никак не можем согласиться считать сие погрешностию. – Уверяем г. В., что, читая поэму Пушкина, мы без большого напряжения ума догадались, что Финн благодетельствует Руслану потому, что он добрый волшебник, а Наина его ненавидит потому, что она злая колдунья. – Во всех почти сего рода повестях действуют добрые и злые волшебники, из которых первые защищают героя от гонений последних. – Сверх того, ненависть Наины к Руслану объясняется злобою ее на Финна:

> Уже зовет меня могила:
> Но чувства прежние свои
> Еще старушка не забыла,
> И пламя позднее любви
> С досады в злобу превратила.
> Душою черной зло любя,
> Колдунья старая, конечно,
> Возненавидит и тебя, *и проч.*

Чем же виноват Пушкин, что г. В. и тут еще не догадывался, зачем Наина гонит Руслана? Если бы молодой поэт наш писал для одного только г. разбирателя, то, конечно, надлежало бы ему применяться к *его* понятливости, но так как поэма писана не для него одного, то Пушкину позволено было надеяться, что большая часть его читателей будет догадливее г. В. Г. критик, доказав в сем случае довольно ясно свою недогадливость, зато далее недостаток сей вознаграждает с лихвою. Suum cuique! *

«Характер Рогдая (говорит он, № 36, стр. 97) изображен смелою кистью Орловского, мрачными красками Корреджия:

...Угрюм, молчит – ни слова,
Страшась неведомой судьбы,
И мучась ревностью напрасной,
Всех больше беспокоен он;
И часто взор его ужасный
На князя мрачно устремлен.

Прочитав сии стихи, мы с *ужасом* видим пред собою одного из тех *хладнокровных воинов-убийц,* которые не *умеют прощать,* для которых *кровопролитие есть забава, а слезы несчастных – пища».*

Удивляемся пылкому воображению г. В.! Из взоров Рогдая, мучимого ревностью, мрачно устремленных на князя, он заключает с ужасом, что он из тех хладнокровных воинов-убийц, которые не умеют прощать и проч.

Объясните нам, г. В., отчего произошла у вас такая ненависть к сему несчастному? Красноречивое описание того, что вы *с ужасом видите пред собою,* помышляя о Рогдае, гораздо б приличнее было, говоря о Фарлафе, который хладнокровно убил спящего Руслана, тогда когда Рогдай сражался со счастливым соперником своим честным образом. – Кто дал вам право так строго судить о Рогдае, которого, вероятно, сам Пушкин не считал таким кровопийцею, каковым он представляется в ваших очах?

На стр. 105 того же № робкое целомудрие г. В. строго вооружается против некоторых шуточных эпизодов Пушкина. Эпизоды сии, конечно, напоминают нам, что пламенный гений юного поэта не освободился еще от пылких страстей, впрочем весьма извинительных в его лета, но положим, что девственный слух г. В. справедливо оскорбился описанием приключений Ратмира в замке, все не надлежало ему упускать из виду, что самая строгая нравственность не исключает учтивости и что можно быть или казаться Катоном, не быв при том невежливым[2]. Называть стихи Пушкина *площадными шутками* – значит не иметь понятия о достоинстве критика.

Наконец добрались мы до 37 №.

«Обращения или прологи Пушкина (говорит г. В., стр. 146) не совсем счастливы: он хотел быть в них забавным, блистать остротою ума, и вместо того *почти везде* остроты его натянуты, плоски».

Почти везде, г. критик? Как милостиво! что если докажем вам, что острота, коею *вы* блистать хотели, *везде* плоска? Желали бы мы привести вам на память известную истину, что часто в глазе ближнего мы видим былинку, когда в собственном глазе не видим бревна; но опасаемся, чтоб вы не назвали

---

* Каждому свое (*лат.*). – *Ред.*

сию истину *общею и сто раз сказанною и пересказанною мыслию*! (см. 37 №, стр. 147).

«В полной уверенности, – продолжает г. В., – что автор исправит их при втором издании, заметим здесь маленькие погрешности против языка».

Не знаем, на чем основывает г. критик *полную* свою *уверенность*, но надеемся, что Пушкин не слепо доверять будет его замечаниям. В доказательство неосновательности оных приведем в пример следующие:

> Вот под горой *путем широким*
> *Широкий пересекся путь.*

«Мы говорим: зимний путь, летний путь, но пересекается дорога другою дорогою, а не путем».

Признаемся откровенно, что до сих пор мы не знали сего тонкого различия. Нам кажется, что путь и дорога – все равно; говорится: зимний путь, летний путь, зимняя дорога, летняя дорога. В военной терминологии даже принято выражение *покрытый путь*, а *покрытая дорога* не употребляется.

> Трепеща, хладною рукой
> Он вопрошает мрак немой.

«*Вопрошать мрак немой* – смело до непонятности, и если допустить сие выражение, то можно будет написать: *говорящий мрак, болтающий мрак, болтун мрак, спорящий мрак; мрак, делающий неблагопристойные вопросы и не краснея на них отвечающий; жалкий, пагубный мрак*!»

Как остро, г. В.! какое богатство в мыслях и какая убедительная логика в доказательствах! Вы не допускаете выражения *мрак немой* потому, что не можно написать *мрак болтающий*. По сему правилу нельзя будет сказать: монумент *стоит* на площади, потому что нельзя сказать: монумент *прыгает* на площади!

> С ужасным пламенным челом.

«То есть с *красным, вишневым лбом*».
Как это плоско, г. В.!

> И пламень роковой.

«Растолкуйте мне, что это за пламень? уж не брат ли он *дикому* пламени?» Какая натянутая острота, г. В.! желательно знать, почему вам не нравится роковой пламень? Роковым назвать можно каждый предмет, который служит орудием року. – Роковой меч, роковой удар, роковой пламень, роковой час и проч.

> Могильным голосом.

«К стыду моему должен признаться, что я не постигаю, что такое могильный, гробовой голос. Не голос ли это какого-нибудь неизвестного нам музыкального орудия?»

Признайтесь, г. критик, что вы воображаете, что сказали тут весьма острое словцо? Крайне ошибаетесь, г. В.; оно и плоско, и натянуто, и жалко! Что же касается до того, что вы *не постигаете*, что такое могильный голос, то, между нами будь сказано, вы, видно, многого еще не постигаете: могильный голос значит голос, который кажется выходящим из могилы, по-нем‹ецки› Grabestimme, по-франц‹узски› voix sépulcrale.

> От ужаса зажмуря очи.

«Славянское слово *очи* высоко для простонародного русского глагола *жмуриться*. Лучше бы автору *зажмурить глаза*».

И эта шутка не из последних! Но в простонародном русском языке слово *очи* так же употребительно, как слово *глаза*, следовательно, и шутка не у места, и привязка совершенно пустая.

> Со вздохом витязь благодарный
> Объемлет *старца колдуна*.

«Под словом *колдун* подразумевается понятие о старости; и слово *старец* в сем стихе совершенно лишнее».

Полно, так ли, г. В.? Колдун может быть и старый, и молодой, и средних лет; не знаем, на чем вы основываете мнение ваше о колдунах.

> Копье, кольчугу, шлем, *перчатки*.

«Полно, существовали ли тогда рыцарские перчатки? Помнится, что еще нет».

Эй, г. В.! Так вы, видно, не только ученый критик, но и искусный антикварий? Вам помнится, что перчатки тогда *не существовали*? Обяжите нас, объяснив, когда именно они *начали существовать*, если вам о том помнится. –

> Все утро *сладко* продремав. –

«Не опечатка ли это? – Надобно бы сказать: все утро продремав».

Уж этого-то никак не понимаем! – Почему же нельзя сладко дремать? – Правда, вы тотчас найдетесь; вы скажете, что если допустить выражение *сладко* дремать, то можно будет написать *кисло* дремать (см. выше: немой мрак, болтающий мрак). Позвольте вам на сие отвечать, что мы из опыту знаем, что выражение сие справедливо, ибо, читая ваш разбор, мы несколько раз принимались дремать, и *помнится*, довольно *сладко*.

> Объехав голову кругом,
> Щекотит ноздри копием, *и проч.*

«Мужицкие рифмы!» – Человек, менее вас образованный, назвал бы их просто бедными. Что значит «*мужицкие* рифмы»? Следуя собственному примеру вашему, имеем право спросить: разве бывают мещанские рифмы, поповские рифмы, дворянские рифмы, купеческие рифмы и проч.?

> Дикий пламень.

«Скоро мы станем писать: ручной пламень, ласковый, вежливый пламень».

Не знаем, *что* вы скоро станете писать, но не можем не заметить вам, г. изобретатель термина *мужицкие рифмы*, что вы благоразумнее бы поступили, оставив в покое *дикий пламень*.

Уста дрожащие открыты,
Огромны зубы стеснены,

«Или открыты и уста и зубы, или уста закрыты, а зубы стиснуты».

Вот это ново! Желательно бы знать, какое препятствие г. В. находит в том, чтоб открыть уста, когда зубы стиснуты? Вообще заметить должно, что понятия г. критика о наружных и внутренних действиях тела человеческого довольно необыкновенны. Так, например, в № 36, стр. 108, упоминая о стихе Пушкина:

Сердца их гневом стеснены,

г. В. утверждает, что гнев не *стесняет*, а *расширяет* сердце! Советуем Пушкину не писать стихов, не изучившись прежде анатомии у г. В.

Вот мнение наше о разборе «Руслана и Людмилы!» Отдавая полную справедливость отличному дарованию Пушкина, сего юного гиганта в словесности нашей, мы, однако, уверены, что основательный разбор его поэмы, поясненный светом истинной критики, был бы полезен и занимателен. – Мы желаем только, чтобы труд сей на себя принял писатель опытнее, ученее и учтивее г-на В.

Павловск, 1820 сентября 15 дня.

Д. П. ЗЫКОВ
Письмо к сочинителю критики
на поэму «Руслан и Людмила»

Вы разбирали одно из лучших произведений литературы сего года; позвольте вас попросить объяснить некоторые места, о которых вы ничего не говорите. Я уверен, что вы возьмете на себя труд отвечать на мои вопросы. Начнем с первой песни. Commençons par le commencement*.

Зачем Финн дожидался Руслана? Зачем он рассказывает Руслану свою историю, и как может Руслан в таком несчастном положении *с жадностию внимать рассказы* (или, по-русски, *рассказам*) старца?

Зачем Руслан *присвистывает*, отправляясь в путь; показывает ли это огорченного человека? Зачем Фарлаф с своею трусостью поехал искать Людмилы? Иные скажут: затем, чтобы упасть в грязный ров – et puis on en rit et cela fait toujours plaisir**.

Справедливо ли сравнение (стр. 43), которое вы так хвалите?[1] Случалось ли вам это видеть?

Зачем маленький карло с большою бородою (что, между прочим, совсем не забавно) приходил к Людмиле? Как Людмиле пришла в голову странная мысль схватить с колдуна шапку (впрочем, в испуге чего не наделаешь?),

---

* Начнем сначала (*фр.*). – *Ред.*

** и, кроме того, это смешно, что всегда доставляет удовольствие (*фр.*). – *Ред.*

и как колдун позволил ей это сделать? Каким образом Руслан бросил Рогдая, как ребенка, в воду, когда

> Они схватились на конях;
> ....
> Их члены злобой съединенны;
> Объяты молча, костенеют, *и проч.*

Не знаю, как Орловский нарисовал бы это. Зачем Руслан говорит, увидевши поле битвы (которое совершенный hors d'oeuvre*), зачем говорит он:

> О поле, поле! кто тебя
> Усеял мертвыми костями?
> ....
> ....
> Зачем же, поле, смолкло ты
> И поросло травой забвенья...
> Времен от вечной темноты,
> Быть может, нет и мне спасенья! *и пр.*

Так ли говорили русские богатыри? и похож ли Руслан, говорящий о *траве забвенья* и *вечной темноте времен*, на Руслана, который чрез минуту после восклицает *с важностью сердитой*:

> – «Молчи, пустая голова
> ....
> Хоть лоб широк, да мозгу мало!
> Я еду, еду, не свищу,
> А как наеду, не спущу!»
> ...... Знай наших! *и пр.*

Зачем Черномор, доставши чудесный меч, положил его на поле, под головою брата; не лучше ли бы было взять его домой? – Зачем будить 12 спящих дев и поселять их в какую-то степь, куда, не знаю как, заехал Ратмир?[2] Долго ли он пробыл там? Куда поехал? Зачем сделался рыбаком? Кто такая его новая подруга? Вероятно ли, что Руслан победил Черномора и, пришед в отчаяние, не находя Людмилы, махал до тех пор мечом, что сшиб шапку с лежащей на земле супруги? Зачем карло не вылез из котомки убитого Руслана? Что предвещает сон Руслана? Зачем это множество точек после стихов:

> Шатры белеют на холмах?
> ....

Зачем, разбирая «Руслана и Людмилу», говорить об «Илиаде» и «Энеиде»? Что есть общего между ними? Как писать (и, кажется, серьезно), что речи Владимира, Руслана, Финна и проч. нейдут в сравнение с Гомеровыми? Вот вещи, которых я не понимаю и которых многие другие также не понимают. Если вы нам объясните их, то мы скажем: «Cujusvis hominis est errare: nullius, nisi insipientis in errore perseverare» (Philippic. XII. 2)**3.

---

* вставной эпизод (*фр.*). – *Ред.*
** Каждому человеку свойственно заблуждаться, упорствовать в заблуждениях свойственно только глупцу (Филиппики. XII. 2). (*лат.*). – *Ред.*

А. А. ПЕРОВСКИЙ
Замечание
на письмо к сочинителю критики
на поэму «Руслан и Людмила»
(Письмо к издателю)

Бедный поэт! Не успел он еще отдохнуть от тяжкого нападения г-на В., как является г. NN с полною котомкою вопросов, из которых один хитрее другого! Оба господа сии, вероятно, теперь вступят в ученую переписку, и ваш счастливый журнал выбран цирком, на коем происходить будет сей assaut d'esprit*! Спешим, милостивый государь, поздравить вас с сею радостью. – Какой свет излиется на российскую словесность из вопросов г-на NN, из ответов г-на В.! Но, разделяя сию приятную надежду со всеми любителями русского слова, мы, с другой стороны, не можем не пожалеть о сочинителе поэмы, который при первом почти шаге на Парнасе встречает таких судей! Вопрос за вопросом, удар за ударом – ах, милостивый гос‹ударь›! какой молодой стихотворец может выдержать такой строгий допрос, как мы читали в письме г-на NN. Иной подумает, что дело идет не о поэме, а об уголовном преступлении: «Зачем Финн рассказывал свою историю? Зачем Руслан внимал его рассказам? Зачем Руслан присвистывает? Зачем Фарлаф ищет Людмилу? Зачем маленький карло с большою бородою? Зачем он приходил к Людмиле? Зачем она сорвала с него шапку? Зачем он позволил ей это сделать?» – и проч. и проч.

Trop est trop! Et il faut avouer que vous êtes trop curieux, monsier NN!** (Однажды навсегда просим извинить нас, г. издатель, что мы русское письмо наше приправляем французскими фразами: они и для слуха приятнее, и несравненно выразительнее***). Но обратимся к делу.

Прочитав со вниманием письмо г-на NN (которое, признаться, понравилось нам гораздо более критики г-на В. по той причине, что оно гораздо короче), мы не могли не пожалеть о том, что самого сочинителя поэмы нет теперь в Петербурге[1]. – Конечно, никто лучше его не мог бы удовлетворить любопытству вопрошателя, и мы уверены, что он бы не отказал служить г. NN всеми сведениями, которые нужно ему иметь о героях «Руслана и Людмилы». – Почтенный критик обратился с вопросами своими к г. В., но будет ли сей последний разрешать оные! Судя по разбору его, напечатанному в 4-х книжках вашего журнала, он и сам не мог разгадать, например, почему *добрый* Финн делал *добро* Руслану, тогда когда *злая* Наина ему делала *зло*? (см. № 35 стр. 74). В сем недоумении мы

---

* поединок умов (*фр.*). – *Ред.*

** Что слишком, то слишком. И, надо признаться, вы чересчур любопытны, г. NN! (*фр.*). – *Ред.*

*** напpolим.: «Commençons par le commencement» гораздо нежнее и звучнее, нежели «начнем сначала».

решились принять на себя труд отвечать на вопросы, и если наши ответы покажутся недостаточными, то мы надеемся, что нас извинят ради доброго намерения.

Начнем с первого вопроса. Commençons par le commencement[*]. «Зачем Финн дожидается Руслана?» – Пусть отвечает сам Финн г-ну NN.

> Уж двадцать лет я здесь один
> Во мраке старой жизни вяну,
> Но наконец *дождался дня,*
> *Давно предвиденного мною.* (стр. 18)

Из сего мы видим, что волшебник имел дар предузнавать будущее; итак, он дожидался Руслана потому, что давно предвидел, что он к нему приедет. – Кажется, довольно ясно?

«Зачем Финн рассказывал Руслану свою историю?»

Затем, чтобы Руслан знал, кто он таков; впрочем, старики обыкновенно бывают словоохотны, и гораздо удивительнее бы было, если б Финн не рассказывал своей истории.

«Как может Руслан в таком несчастном положении *с жадностию* внимать рассказам старца?»

И тут нет ничего мудреного. – Положение Руслана уже не было несчастное, когда он внимал с жадностию рассказам. Финн ободрил его с самого начала и поселил в него надежду:

> Но *зла* промчится *быстрый* миг,
> На *время* рок тебя постиг.
> ....
> Узнай, Руслан, твой оскорбитель
> Волшебник страшный Черномор,
> ....
> Еще ничей в его обитель
> Не проникал доныне взор;
> Но *ты, злых козней истребитель,*
> В нее ты вступишь, *и злодей*
> *Погибнет от руки твоей.* – (стр. 18).

Далее (стр. 19):

> .... Тебе ужасна
> Любовь седого колдуна:
> Спокойся, знай: *она напрасна*
> *И юной деве не страшна,* и проч.

Что же в том удивительного, что ободренный и успокоенный Руслан с жадностию слушал историю своего благодетеля?

«Зачем Руслан *присвистывает*, отправляясь в путь?»

Дурная привычка, г. NN! больше ничего. Не забудьте пожалуйте, что вы читаете сказку, да к тому же еще *шуточную* (как весьма остроумно заметил г. В. в своей критике): зачем же Руслану не присвистывать? Может

---

[*] Начнем сначала (*фр.*). – *Ред.*

быть, рыцари тогдашнего времени, вместо употребляемых ныне английских хлыстиков, присвистывали на лошадей? Если б автор сказал, что Руслан присвистывал арию из какой-нибудь оперы, то это, конечно, показалось бы странным в его положении, но присвистнуть, право, ему можно позволить!

«Зачем Фарлаф, с своею трусостию, поехал искать Людмилы? Иные скажут: затем, чтоб упасть в грязный ров – et puis on en rit et cela fait toujours plaisir*».

Фарлаф поехал искать Людмилу, несмотря на трусость свою, потому что трусы часто ездят туда же, куда ездят храбрые люди. – Таковые примеры совсем не редки. – Что же касается до bon mot** насчет грязного рва, то надобно отдать ему справедливость: оно довольно остро!

«Справедливо ли сравнение (стр. 43), которое вы так хвалите? Случалось ли вам это видеть?»

Сравнение точно справедливо, г. NN, и г. В не напрасно его хвалит: оно нравится весьма многим. Случалось ли г-ну В. это видеть? – Не знаем, милостивый государь! Такие редкости не всякому удастся видеть. Сочинитель поэмы говорит:

> С порога хижины моей
> Так видел я средь летних дней,
> Когда за курицей трусливой *и пр.*

Предоставляем самому г. В. отвечать на сей вопрос, который не касается до русской словесности. И в самом деле, какая до того нужда ученому свету, случалось ли г-ну В. видеть, как петухи бегают за курицами? Это вопрос совсем партикулярный.

«Зачем маленький карло с большою бородою приходил к Людмиле?»

Ceci est bien méchant, mr. NN!*** Мы, простодушные люди, полагаем, что он приходил к Людмиле из одной только учтивости: она жила у него, и он, как хозяин дома, за нужное счел сделать ей визит. Впрочем, может быть, он и другие намерения имел, но – не надобно судить о ближнем слишком строго.

«Как Людмиле пришла в голову странная мысль схватить с колдуна шапку? (впрочем, в испуге чего не наделаешь)».

Так точно, г. NN! Другой причины не было, и нам очень приятно видеть, что вы сами собой успели разрешить сей важный вопрос!

«Как колдун позволил Людмиле *это* сделать?»

Вы ошибаетесь, г. критик! Колдун не позволил ей *это* сделать. – Прочитайте опять со вниманием поэму, и вы увидите сами, что она *это* сделала без позволения.

«Каким образом Руслан бросил Рогдая, как ребенка, в воду?»

Здесь ответ не затруднителен. Читайте Пушкина:

---

* и, кроме того, это смешно, что всегда доставляет удовольствие (*фр.*). – *Ред.*
** острого словца (*фр.*). – *Ред.*
*** Это очень зло, г. NN! (*фр.*). – *Ред.*

Они схватились на конях

....

Их члены злобой съединенны;
Объяты молча, костенеют,
По жилам быстрый огнь бежит,
На вражьей груди грудь дрожит –
И вот – колеблются, слабеют –
Кому-то пасть... вдруг витязь мой,
Вскипев, железною рукой
С седла наездника срывает –
Подъемлет, держит над собой
И в волны с берега бросает.

Какого еще требуете толкования?

Есть еще много вопросов в письме г. NN столь же важных, но, желая разделить с г. В. благодарность читателей, мы предоставляем ему удовольствие отвечать на оные. Мы уверены, что он исполнит сию приятную обязанность как нельзя лучше! – Один только из сих вопросов, может быть, затруднит его – и в самом деле трудно догадаться: «Зачем карло не вылез из котомки убитого Руслана?»

И нам сие сначала показалось странным; но в последствии времени мы узнали от достоверных особ, что карло не вылез из котомки затем, что он никак *не мог* вылезть. Руслан, прежде смерти, крепко-накрепко затянул котомку ремнем, оставив небольшое отверстие, чрез которое карло мог просовывать одну только голову. Мы весьма рады, что судьба доставила нам случай узнать о сем важном обстоятельстве, и долгом считаем довести оное до всеобщего сведения.

В заключение благодарим г. NN за то, что вопросами своими он подал повод к объяснению некоторых темных мест в поэме...

Село Хмарино.

М. С. КАЙСАРОВ
Скромный ответ
на нескромное замечание г. К–ва

Один знаменитый архипастырь и изыскатель отечественных древностей в письме своем к трудолюбивому библиографу нашему В. Г. А–ичу[1] говорит: «Жаль, что г. В. потерял над разбором "Руслана" много времени; зная его занятия, я уверен, что он мог бы полезнее употребить его». Будучи совершенно согласны с мнением сего славного историка-литератора, мы, подобно К. Б., остроумно разрешившему запросы г. NN[2] вместо г. В., хотим избавить сего последнего от неблагодарного труда отвечать на замечания г. К–ва.

Мы пойдем шаг за шагом за г. антирецензентом.

I. Г. замечатель думает, что издатель «С‹ына› о‹течества›» из *снисхождения* напечатал в журнале своем разбор г. В. Мы сами уверены, что это *снисхождение*; но такое, в котором он подражал Российской Академии, Обществу любителей российской словесности при Московском и таковому же при Казанском университете, избравшим г. В. в свои действительные члены; Санктпетербургскому обществу любителей словесности, наук и художеств и Вольному обществу любителей словесности, избравшим г. В. в свои почетные члены; Дерптскому университету, сделавшему г. В. ординарным российского языка и словесности профессором и доктором философии, и гг. издателям «Вестника Европы», Каченовскому, Жуковскому и В. В. Измайлову, четырнадцать лет с постоянным *снисхождением* печатавшим сочинения и переводы его в своем по всем отношениям превосходном журнале.

II. Г. замечатель изъявил похвальное желание доказать, что г. В. не имеет познаний в тех предметах, кои он разбирает, т. е. в словесности, и особенно в том, что составляет сущность поэм. Труд совершенно лишний! Г. В. уже давно доказал a posteriori* свое *невежество*: a) переводом Вергилиевых «Эклог», «Георгик» и «Энеиды» с латинского; b) переводом разных мелких стихотворений, проповедей и повестей с немецкого; c) переводом Вольтерова «Века Людовика XIV» и Делилевой поэмы «Сады» с французского; d) сочинением поэмы «Искусства и науки», речей, произнесенных в разных ученых обществах, посланий и сатир, из коих по крайней мере последние не безызвестны г. ученому замечателю.

III. Г. замечателю не нравится плодовитость г. В. Что же делать? Он руководствовался при сочинении своей рецензии дурными образцами, а именно имел в виду: «Mercure de France», «Allgemeine Literatur-Zeitung», «Revue Encyclopédique», «Cours de Littérature par La Harpe» и рецензии, в «Вестнике Европы» и «Северном вестнике» помещенные.

IV. Пушкин сам, в предисловии к поэме, назвал стихи свои *грешными*. Г. В. повторил это с оговоркою, что он это делает *не в осуждение, а в предосторожность* молодому автору. Впрочем, один ли г. В. называет стихи Пушкина грешными? Увенчанный, первоклассный отечественный писатель, прочитав «Руслана и Людмилу», сказал: «Я тут не вижу ни мыслей, ни чувств: вижу одну чувственность»[3]. – В июле месяце «Невского зрителя» о сей поэме напечатано: «Еще более надобно сожалеть, что Пушкин представляет часто такие картины, при которых невозможно не краснеть и не потуплять взоров. ‹...› Картины сладострастия пленяют только грубые чувства. Они недостойны языка богов»[4]. – Г. замечателю много будет хлопот, если он захочет с этой стороны оправдать Пушкина.

V. Напрасно г. замечатель разглагольствует о цели, для коей он написал свою антикритику, она очень ясно видна: досада на рецензента за то, что он не признал стихотворения Пушкина *непогрешительным*, водила пером его. Но г. В. упрям! И один ли он находит ошибки в поэме Пушкина? Загляните в 11 книжку «Вестника Европы»: там уж не то говорят, что г. В.![5]

VI. Г. замечатель часто употребляет уловку софистов: он отрывает две строчки из целого логического предложения г. В. и перетолковывает их

---

* на деле (*лат.*). – *Ред.*

по-своему. Например, он хочет уверить, что в разборе написано только: «Хорошие судьи полагают, что прозаическая поэма есть противоречие в словах, чудовищное произведение в искусстве». Загляните в разбор, почтенные читатели «С‹ына› о‹течества›», и вы увидите весьма четко напечатанным следующее предложение: «Наш молодой поэт поступил очень хорошо, написав сию богатырскую повесть *стихами*, и предпочел идти по следам Ариоста и Виланда, а не Флориана. Хорошие судьи, истинные знатоки изящного не одобряют такого рода творений в *прозе*; ибо прозаическая поэма есть противоречие в словах, чудовищное произведение в искусстве». То ли это?

VII. В другом месте г. замечатель, желая доказать, что г. В. несправедливо назвал поэму Пушкина романтическою, делает силлогизм такого рода: «"Освобожденный Иерусалим" есть поэма, в нем есть волшебство, а как в "Энеиде" нет волшебства, то она и не должна называться поэмою». Это софизм!

VIII. Замечания о рифмах показывают его глубокие по сей части сведения, за которые мы весьма благодарны ему; но разве не дошло до него, что стихотворный язык богов должен быть выше обыкновенного, простонародного? Поэзия требует, чтобы мы писали: «копием». Стихотворцы, по вольности, сократили сие слово и стали писать: «копьем»; потом и «копьём»; последнее есть уже слово низкое, простонародное, как же назвать прикажете *грубое* слово «копиём»?[6]

IX. Г. замечатель заговорил было что-то о перчатках, и мы надеялись, что он откроет нам, в котором веке начали в Европе рыцари носить железные перчатки и когда переняли сию моду россияне; но ему угодно было *ученым* образом пошутить над *невежеством* г. В., и только!

X. Г. замечатель иногда очень забавно оправдывает сочинителя поэмы; например, у Пушкина написано «зубы стеснены», а он в замечаниях ставит «зубы стиснуты» и от всей души верит, что дело в шляпе.

XI. «По какой анатомии *гнев стесняет, а не расширяет сердца?*» Объясните нам это, многоученый г. антикритик; ваш решительный тон так же, как решительный тон г. В., ничего не доказывает.

XII. Мудрено ли, что *многоученый* остроумец-замечатель *без большого напряжения ума* догадался, что Финн благодетельствует Руслану потому, что он *добрый волшебник?* Мы, невежи, и теперь еще об этом не догадались и в невежестве своем спрашиваем: ежели *единственно доброта* побудила Финна благодетельствовать Руслану, то зачем не все *добрые волшебники и волшебницы* ему покровительствуют, а он один? Кто дал Финну такое исключительное право?

XIII. Несмотря на красноречивые доводы г. замечателя, признаемся, что так же, как г. В., мы никак не можем одобрить выражения «путем широким широкий пересекся путь». В военной и гражданской терминологии бессмыслица есть бессмыслица; постигаете ли вы это, ревностный защитник молодого поэта нашего?

XIV. Г. антикритик с торжествующим видом спрашивает: «Какой характер он нашел в голове Черноморова брата?» Отвечаем, что огромная голова сердится, усмиряется», рассказывает свои приключения; следовательно, имеет страсти, характер, *что надлежало доказать.*

XV. Напрасно также ревностный защитник добродетели хлопочет о том, чтоб восстановить добрую славу Рогдая. Его черный характер Пушкин изобразил яркими красками: кто, кроме *хладнокровного, закоренелого злодея,* решится умертвить счастливого любовника-супруга единственно для того, чтоб заставить поплакать несчастную вдову его, его обожающую? Кто, кроме *убий-цы*, для которого *кровопролитие есть забава, а слезы невинных пища*, может без ужаса произнесть следующие стихи:

> Убью... преграды все разрушу...
> ....
> Теперь-то девица поплачет.

Но г. замечателю везде угодно выдавать добродетель за порок, а порок за добродетель: c'est son fort!*

XVI. Г. К. в своей антикритике, беспрестанно упрекая г. В. *в неучтивости*, сам на каждой строчке осыпает его грубостями и берет тот *решительный* тон, который ему в г. В. не нравится. Например: «*остроумное изречение г. В.*»; «г. В. доказал в сем случае *свою недогадливость*»; «*острота*, коею вы блистать хотите, *весьма плоска*»; «*как остро, г. В.!*»; «Признайтесь, г. критик, что вы воображаете, что сказали тут *острое словцо*? *Крайне ошибаетесь*, г. В., оно *и плоско, и натянуто, и жалко*»; «*и эта шутка не из последних*». Мы могли бы наполнить целые страницы выписками учтивостей и нежностей г. антикритика, но, зная страсть его к краткости, мы не станем об этом распространяться, а услужим ему одним Вергилиевым стихом, который впредь ему пригодится:

> Degeneres animos timor arguit...**

XVII. Г. антикритик говорит: «*Робкое целомудрие* г. В. строго вооружается против некоторых эпизодов Пушкина. Эпизоды сии, конечно, *напоминают* нам, что пламенный гений поэта не освободился еще от пылких страстей, впрочем весьма извинительных в его лета». Только *напоминают*, г. К.? Неужели решились бы вы прочесть сию поэму вслух *целомудренной* своей матушке, *целомудренным* сестрицам, *целомудренным* дочерям, если вы их имеете? [7]

XVIII. «Отдавая полную справедливость отличному дарованию Пушкина, сего юного гиганта в словесности нашей, мы, однако, уверены, что основательный разбор его поэмы, поясненный светом истинной критики, был бы полезен и занимателен». Не понимаем, какого разбора желает г. замечатель. Г. В. сделал разбор методический: предложил сокращенное содержание всей поэмы и каждой песни в особенности, разобрал чудесное, характеры, ход, действие, завязку и развязку, показал достоинство слога и, наконец, коснулся нравственности, первого достоинства всякого сочинения. – Если же г. замечатель желает, чтобы кто-нибудь, разбирая поэму «Руслан и Людмила», назвал ее *училищем нравственности*, то советуем ему поискать рецензента *опытнее, ученее и учтивее* г. В.; мы его коротко знаем; он к этому совершенно не способен.

Заключим: г. антикритик показал редкое искусство на пяти страничках убедить нас, что у него *нет робкого целомудрия и что совесть его не пуглива*. Вперед, г. антикритик!

---

* в этом его сила! (*фр.*). – *Ред.*
** Трусость изобличает низменность души... (*лат.*). – *Ред.*

МОСКОВСКІЙ

ТЕЛЕ

ИЗ

БЛАГОНАМѢРЕННЫЙ.

ъ.

СЫНЪ ОТЕЧЕСТВА,

ИСТОРИЧЕСКІЙ, ПОЛИТИЧЕСКІЙ

и

ЛИТЕРАТУРНЫЙ

ЖУРНАЛЪ,

издаваемый

Александромъ Воейковымъ

и

Николаемъ Гречемъ.

Verba animi proferre et vitam impendere vero
JUVENAL IV.

ЧАСТЬ СЕМЬДЕСЯТЬ ПЕРВАЯ.

ТСЯ.

дня 1822 г.
ковъ.

РАФІИ.

САНКТПЕТЕРБУРГЪ,

ВЪ ТИПОГРАФІИ Н. ГРЕЧА.

1821.

1821

Н. И. КУТУЗОВ
Аполлон с семейством

<Отрывок>

<...> Заблуждение есть удел ума нашего: несовершенство – удел человечества. И мы ли не должны внимать опытности веков, руководствующей нас к истине, опытности, без которой люди обретались бы вечно во младенчестве? Ум, при всей великости своей, часто уклоняется с пути правого; часто, влекомый порывами страстей, стремится вслед ничтожества и исчезает в его объятиях. Что же изображает присутствие ума сего, его совершенства и недостатки? Дар слова, дар необыкновенный, великий. Не слово ли венчает нас бессмертием? не оно ли – презирая полет всесокрушающего времени – изображает дела минувших лет, дела славы и великих понятий наших? Но слово, происходя от смертных, носит на себе отпечаток их несовершенства; идет вослед их путем заблуждения и, подобно им, без руководства не достигает знаменитости. Что же служит руководством слову в лабиринте заблуждений? – Критика, которая – видя несовершенства понятий наших, ничтожество чувств – является с светильником опытности, с чистыми помыслами и показывает путь истины, с которого столь часто уклоняемся. – Но как критика должна поучать нас? как изображать ошибки наши? – С кротостию, приличною дщери Аполлона и Словесности. Представьте сие прелестное творение с невинным простодушием изобличающим ошибки наши, с улыбкою любви ведущим нас к совершенству... Неужели очаровательный вид ее не потрясет души вашей, не поразит сердца? Нет, вы будете взирать на него, как взираете на предмет любви вашей. Но вообразите сие прелестное создание излагающим понятия свои словами ничтожными, постыдными, произносящим слова сии голосом грубым, отвратительным. Что тогда сделаете? Закроете уши и дадите волю зрению. Но ежели она и прелести лица своего будет изменять кривляниями, тогда что сделаете? Закроете и глаза.

Как часто критика, сия благородная дщерь Словесности, является в свет в одежде уродливой, с видом отвратительным. Слова суть отголосок чувств, одежда понятий наших. Как часто целый ряд журнальных статей, наполненных обидными, предосудительными выражениями насчет какого-либо лица, выходит под именем критик и антикритик. Читая оные или слыша, когда читают, невольное сделаешь движение закрыть глаза и уши. Притом сие постыдное желание поносить другого рассматриваемое сочинение делает посторонним предметом, и о нем или не говорят ни слова, или говорят не о том, о чем говорить должно, и не о том, о чем сказать хотели. Нет ничего легче, как ни в чем не находить достоинства; или во всем – даже великих заблуждениях – видеть великие совершенства. Холодность, пылкость чувств, еще более ненависть или пристрастие заставляет нас избирать крайности; исчезает справедливость, и нет места рассудку, следовательно, нет истинной критики, которая, взирая на произведение и производителя, показывала бы ошибки первого, заблуждения последнего; но обличала бы с желанием приблизить его к совершенству, с желанием доставить ему хвалу справедливую. Критика не должна обращать внимание на сочинение, самим сочинителем обреченное ничтожеству. Ежели же и берет на себя труд рассматривать, то разбирает не побочные принадлежности, но сущность предмета; восхищается не гремушкою ума, но истинным его достоинством, вникает в цель, предполагаемую сочинителем (всякое сочинение должно иметь цель), чего желает он: доставить пользу или удовольствие? разбирает, сообразны ли предметы и ход происшествий с предполагаемою целию, родом сочинения и принятыми правилами; размещение неодушевленных и характеры лиц соответствуют ли месту, которое мы назначаем оным, и страстям, по которым их образуем; естественна ли связь между действиями и понятиями; руководствовал ли вкус при одежде повествования; проистекает ли страсть из чистого источника при оживотворении и действия и повествования? – Сочинения (особливо пиитические) относятся к трем принадлежностям нашим: к рассудку, который производит состав творения, к воображению, которое украшает его, к страсти, которая одушевляет.

Часто мы видим, что сочинение, несообразное с рассудком, не имеющее цели, противоречащее природе, ничтожное по предмету, постыдное по низким картинам, в нем изображенным, и порыву страстей, является в свет под именем великого творения – и повсюду слышны раздающиеся ему рукоплескания... Странно, удивительно!

Удаление от рассудка, ничтожество предмета хотя показывают или ничтожество желаний, или заблуждение сочинителя, но не имеют влияния на чувства наши, следовательно, и на дела. Напротив, воображение и страсть сочинителя, разгорячая воображение и страсть читателя, оставляют в нем отголосок чувств благородных или низких, сообразно с благородными или ничтожными понятиями и намерениями сочинителя. Все, что льстит чувствам нашим, нашему тщеславию и стремлению страстей, – все то для нас приятно. И как часто опытность погашает светильник свой, рассудок умолкает пред силою страстей: они нас быстро, быстро влекут в бездну долговременных страданий... Зная такое расположение чувств наших, нашу слабость, должен ли сочинитель одушевлять произведение свое бурными порывами страстей, украшать картинами сладострастия? Должен ли прикрывать чудовище цветами, дабы оно под сим покровом могло уязвлять каждого, к нему приближающегося? Безнравственное сочинение не есть ли чудовище, имеющее смертоносное дыхание: оно сильно действует на умы слабые; и чье сердце не отзовется при виде удовольствий, роскошною рукою рассыпанных в храме наслаждения и украшенных цветами поэзии? Молодость еще более поражается ими. Смотрите: пылкий юноша и младая дева с жадностию пробегают сие произведение... они погружаются в сладостную дремоту; их взоры блестят пламенем... Огнь разлился по жилам первого; сердце томно забилось, замерло в груди последней... Разгоряченное воображение изгонит спокойствие тихой, безмятежной жизни их и погрузит сердца их в море желаний, может быть – в океан бедствий. Еще более, если вера – сия единственная отрада, одно утешение скорбной жизни нашей – изгонится из сочинения и убежища веры послужат предметом посмеяния сочинителю: тогда страшны и гибельны будут действия его произведения. Вера! кто дерзнет порицать священные твои убежища? Кто, видя и племена диких, падущие пред алтарями твоими, отвергнет благотворное твое действие на род человеческий? Но как часто безнравственность, соединенная с безверием, является в одежде привлекательной и приобретает хвалу всеобщую! О люди, как вы ничтожны в чувствах, ничтожны в желаниях ваших! Для минутного наслаждения, для мысли, питающей постыдные желания, вы жертвуете своим спокойствием, спокойствием вам подобных... Мало сего: для своего наслаждения и прихотей вы готовы жертвовать их счастием... Не разврат ли и безверие причины бедствия человечества? не они ли, подобно бурным источникам, низвергающим в течении своем леса и горы, поглощают царства и народы? Разверните историю мира! И должны ли мы пить из сих источников и восхищаться хотя прозрачною, но ядотворною их водою? Тщетно сочинитель украсит такое произведение приятным рассказом, живыми описаниями, поразит нас гармониею слога – все сие породит в нас большее сожаление о утраченном им времени и во зло употребленном даровании. Не одна звучность и плавность слога, не одна отработка картин отдельных составляют достоинство творения; не сему мы удивляемся, но возвышенности предмета, поражающего душу, но благородству чувств, питающих сердце, но приятности повествования, не истребляющего добродетели, но состраданию к бедствиям человечества, утешающему страждущих. Веки, возрождая новые поколения, дают им новые понятия, выражаемые новыми оборотами слов, одетые новою силою воображения, сообщают другой слух, образующий иные звуки. Что же составляет истинное достоинство сочинения? Не пойдем в Грецию искать сему доказательства; оставим Рим покоиться в гробе его. Но возьмем отечественное произведение, произведение природы дикой, необразованной. Повесть о полку Игоря – при всей грубости звуков, несообразных с нашим временем, при всей несоответственности в выражениях и самых словах – дышит величием души, наполненной благородными чувствами, пораженной великим предметом. Слыша рокотание струн Бояновых, мое воображение, душа моя переносится в веки протекшие, я не существую в настоящем времени!.. Мне кажется, я вижу грозных сынов брани, концом копья вскормленных, под щитами возлелеянных; их пламенное мужество переливается в мою душу; их порыв к славе становится моим желанием; сетование супруги о потере милого друга наполняет сердце мое страданием... Я невольно вздыхаю, ибо грудь моя полна ее вздохами. Вот в чем заключается достоинство сочинения! Одни благородные, возвышенные чувства снискивают или, по крайней мере, должны снискивать уважение наше и приобретают хвалу потомства. Пожалеем, что перо Пушкина, юного питомца муз, одушевлено не чувствами, а чувственностию. Даря нас своими мечтами под именем поэмы, он показал прелестные дарования, но и великие заблуждения. Скажем сие, не желая унизить достоинство сочинителя, получившего от природы дар великий. Несправедливое обвинение посрамляет обвинителя; хвала же несправедливая увеличивает несовершенства наши, вводит в большее заблуждение, лишает дарований природных. Да не будет сие нашим уделом! Станем надеяться, будем просить Пушкина, дабы перестроил лиру свою для его славы и славы земли родной. Ибо все исчезает в мире; звук оружия замирает на полях славы; клики победные заглушаются полетом времени; одни произведения ума, переживая веки, передают потомству дела величия народов, возвышенность чувств и понятий наших.

20 сентября 1820 г.

СЕМЕН ОСЕТРОВ
Письмо к редактору «Вестника Европы»

> ...Plus forts par le nombre, et vantés en tous lieux,
> Les corrupteurs du goût en paraissent les dieux.
> Gilbert*[1].

Сей свет наполнен противоречиями. Как жаль, что вы не знали покойного моего учителя Брумбергиуса[2], который мог служить эмблемою сих противоречий! Он хвалил и бранил учеников своих в одно и то же время, за одни и те же поступки. Вот образчик таких похвал: «Хлонской! я тобою сегодня доволен: ты вел себя хорошо, учился прилежно; правда, ты и всегда бываешь тих, внимателен и прилежен, и мне приятно отдать тебе справедливость за сии добрые качества. Одно в тебе худо: ты резов, часто ленишься и почти беспрестанно рассеян. Слушай, Хлонской! беда тебе, если не исправишься! К сожалению, должен я тебе сказать, что выхожу из терпения». – Как назвать такие несообразности слов со здравым рассудком? Не правда ли, что они очень странны?..

Так, милостивый государь мой! сей свет наполнен противоречиями. Часто мы встречаем *печатные* доказательства сей жалкой истины; видим их в сочинениях таких людей, кои, принимая на себя вид наставников, сами ежеминутно делают те же самые ошибки, за которые они укоряли других. Так, например, некоторые из них беспрестанно твердят нам о чистоте языка и – делают ученические погрешности в словосочинении; шутят над нелепостями в чужих стихотворениях и – не видят уродливых картин в своих собственных; осуждают каждое низкое слово, каждое смелое выражение и – подобными им начиняют свои стихи и прозу. Но le chapitre des contresens est inépuisable!** Поищем лучше примеров.

Нам обещали в некотором журнале помещать только хорошие стихотворения лучших наших стихотворцев[3]. Вот одно из трех посланий, помещенных

---

* ...Более сильные своим числом и превозносимые повсюду, извратители вкуса кажутся там богами. Жильбер *(фр.)*. – *Ред.*

** Список противоречий здравому смыслу неисчерпаем *(фр.)*. – *Ред.*

в пяти книжках сего журнала, вышедших в нынешнем году[4]. Это «Послание к жене и друзьям» одного из издателей, написанное в 1816 году[5] и напечатанное в 1821, – к сожалению, конечно, без поправок. Два раза перечитав сие послание, никак не мог я добраться, какая была цель сочинителя и о чем оно написано. Вижу, что он беспрестанно переходит от одного предмета к другому, то вспоминал прошедшее, то занимался настоящим, даже иногда и будущим; вижу разбросанные картины, шутки и мечтания, мало мыслей, мало пищи для ума – и, признаюсь, все-таки не нахожу ни цели, ни единства в целом сочинении. Вижу также, что в заглавии *и к друзьям* поставлено только для формы; ибо о сих друзьях говорится мимоходом в третьем лице и послание сие к ним вовсе не относится. Наконец, наскучив без пользы ломать себе голову, принимаюсь разбирать сие стихотворение по частям.

На первых строках нахожу стих:

> Волчцу и тернию расти *не допускает*.

Неужели это написал тот строгий критик, который не позволяет г-ну Пушкину сказать:

> Узнал я силу *заклинаньям*?

По-русски говорится: не допускать кого или что. *Я не допустил бы его до такого дурачества; меня не допустили ко двору*. Кто же, хотя мало зная русский язык, решится сказать: я не допустил бы *ему* до такого дурачества; *мне* не допустили ко двору? – Погрешность г-на Пушкина весьма малозначаща в сравнении с сею погрешностию его рецензента.

> И как *года* уходят за годами.

Давно ли *год* сделался в именительном падеже множ. числа *годá*?[6] Позволяя себе такие вольности, мы начнем писать: суд, *судá*, вм. *суды*; труд, *трудá*, вм. *труды*; сад, *садá*, вм. *сады* и бред, *бредá* или *бреды*.

> Мой *полдень* наступил; искать *ночлега* стану.

В полдень едва начинают искать обеда; кому же придет охота *ночевать в полдень*?

Пропустим *сумасбродную цель*[7] и спросим г-на сочинителя, какого *звания* рифмы:

> ....Я паруса свиваю
> И челн мой в пристани знакомой расснащаю?

Помнится, он разжаловал рифмы Пушкина – *кругом, копиём; языком, копиём* – в *мужицкие*[8]. Принимая профессорское[9] слово за техническое в науке, мы осмеливаемся придать название *мужицких*[10] всем полубогатым и совершенно бедным рифмам, а такие часто встречаются в этом послании, например:

тебя,

зря,

бродя.

*

ножем,

перстом.

*

тебе,

семье,

в простоте.

*

окриленный,

бездны.

*

духовных,

бесплотных.

*

устремя,

меня,

тебя.[11]

Москва! при имени твоем
Рука до *полножен* меч острый обнажает.

Что за слово: до *полножен*? Оно похоже на какой-то неудачный каламбур. Впрочем, мы скорее готовы думать, что рука сочинителя в это время старалась потуже очинить перо.

Свой царь, отечество, свобода, вера, честь,
Душе сильней веща*ет*.

Для чего, по крайней мере, не обе руки до полножен меч острый обнажают? В таком случае стихотворец не был бы принужден, для рифмы, после шести подлежащих поставить сказуемое в единственном числе, наперекор грамматике.

Поля Тарутина, холмы Бородина,
Наш Марафон и Фермопилы.

Эти же самые стихи мы находим в одном стихотворении г-на Иванчина-Писарева[12]. Les beaux esprits se rencontrent!*

Знакомец лес...........................

Не брат ли он *родного дна*, которое нам когда-то случилось видеть в том же журнале?[13] О тайна *словошивенья*!

И брег Москвы-реки, обставленный горами.

Как выискано это слово *обставленный*, и как оно не у места!

Вот златоглавая обитель жен, девиц,
С оградой, *кольями*[14], решетками, крестами.

---

* Проницательные умы сходятся (*фр.*). – *Ред.*

Эти колья чрезвычайно оживляют картину! Кажется, они так и торчат перед глазами.

.....на благо*вест с све*чами.

Прекрасное полустишие: оно производит в слухе ту же самую приятность, как и колокольный звон над ухом человека, стоящего под самым колоколом.

> Зерцало наших клятв сей древний монастырь,
> Где в ветхом доме мы столь сладко пировали,
> Который мы мечтами населяли,
> Где цвел тот сад, который мы
> В *поверенные тайн сердечных* избирали.

И не ошиблись! Это самый скромный поверенный: никому ничего не расскажет... Далее:

> Где, распалив вином и спорами умы...

Прошу гг. читателей заметить, *где именно* все это делалось. Место было выбрано, правду сказать, не самое приличное для того, чтоб *распалять умы вином и спорами*[15]. Посмотрим, чем еще умы распалялись.

> И к человечеству любовью,
> Хотели выкупить блаженство *ближних кровью*.

Чьею кровью, неужели ближних? Этот стих очень двусмыслен и похож на следующий стих одного французского рифмотворца:

> Ah, voilà ce poignard qui du sang de son maître
> S'est souillé lâchement, il en rougit, le traître.[*][16]

> При звуке радостном покалов, хоров, лир,
> Преобразить хотели мир.

На другой странице мы видим эти же рифмы: *мир, лир*. Вообще стихосложение нашего сочинителя не слишком богато: таким образом, мы находим в сем послании два раза весьма незавидные рифмы: *жизни, отчизны*. Посмотрим, что далее.

> Нам, юношам неосторожным,
> И невозможное казалося возможным:
> С Безмозгловым мирили муз,
> Знакомили с Вралевым вкус;
> В мечтаниях сверкал нам острый ум Вольтеров
> *В главе* Скотинина пустой;
> Степенный смысл сидел с обритой бородой
> В беседе староверов[17],
> Казалось, что не бил, трепал Дашков

---

[*] Ах! вот кинжал, с него владельца кровь струится,
Он красен – своего предательства стыдится (*фр.*). – Пер. А. М. Пескова. – *Ред.*

> *Ланиты дедушки* Ослова[18],
> И из густых ушей Глупцова
> Ветвь пробивалася лаврова.

Пусть мне будет позволено сделать отступление и обратиться с просьбою к самому сочинителю послания. – Разрешите, г. сочинитель, некоторые мои недоумения касательно сих стихов: это будет очень полезно для меня и читателей моих и ваших, а вам доставит случай сообщить свету полезные и остроумные ваши замечания. Indocti discant et ament meminisse periti!*[19] Для лучшей удобности я предложу вопросы мои по пунктам:

1. Что хорошего мечтать о таких важных предметах, как те, которые вы здесь приводите? Исправило ли это тех людей, о коих вы мечтали?

2. Почему в стихотворении, коего главное достоинство должно составлять легкость слога, попадается, и еще не один раз, слово «глава», когда говорится об голове человеческой? Также, хорошо ли сказать: *ланиты дедушки*[20]?

3. Какое особенное достоинство в *смысле*, когда он *бреет себе бороду*? *Степеннее* ли он от этого делается?

4. Почему к стиху: «Казалось, что не бил, трепал Дашков» – нет рифмы?

5. Что значат *«густые уши»*? Неужели есть *уши жидкие*? И каким образом из сих густых ушей *пробивалась лавровая ветвь*? Находите ли вы эту картину приятною для воображения? – Признаюсь, мне кажется она еще *уродливее головы Черноморова брата, на челе которой порос черный лес*[21], уродливее, потому что совсем не у места в послании.

Наконец, 6. Есть ли во всех сих едких шутках та замысловатая острота, которую называют аттическою солью? – Вы весьма меня (и надеюсь, многих) одолжите вашими объяснениями на сии пункты.

> *Подкопан* трон, в крови *потопло* царство,
> На плахе добрый царь
> И *опрокинутый* олтарь

Г. рецензент поэмы «Руслан и Людмила», разбирая стих «в пустыню кто тебя занес?», замечает, что слово «занес» говорится только в шутливом тоне и что ему кажется, будто бы сей поэме оный неприличен. Здесь мы можем спросить: какому тону приличны выражения: *«подкопан»*, говоря о троне; *«потопло»* царство, вместо «потонуло»; «на *плахе»*, вместо «на эшафоте» или «лобном месте»; алтарь *«опрокинутый»*, вместо «ниспроверженный» или «разрушенный»? Какое странное сочетание слов, кои сообщают понятие о предметах высоких и внушающих благоговение, с словами низкими, приличными только «Энеиде наизнанку» или «Елисею» Майкова![22] не говоря уже, что слово *«потопло»* есть областное, которое не может быть употреблено ни в каком слоге[23].

И пишет *кровавым* перстом.

Небольшая вольность против словоударения. Теперь мы сладим со вся-

---

* Незнающие пусть научатся, а знающие вспомнят еще раз (*лат.*). – *Ред.*

ким стихом: как скоро какое-нибудь слово нарушает меру его, то мы изломаем ударение оного по-своему и будем писать и читать: *кри́вый, кудря́вый, полоса́той* и пр. и пр. Пусть невежды выговаривают здесь амфибрахий вместо ямба: *и пи́шёт кро́ва́вым*; назло им мы будем начинать ямбические стихи дактилями и анапестами и всегда будем правы.

> В краях безвестных *мыкал горе*.

Какое благородное выражение! благородное, потому что оно из простонародных песен шагнуло в послание, а послание сие должно стоять наряду с хорошими произведениями лучших наших стихотворцев[24].

> Но ангелом спа́сён о̆т ко̄рӑбле̄крўше̄нья.

Как угодно г-ну сочинителю, а мы здесь видим между ямбами сразу пять слогов кратких и так их выговариваем. Ибо, сколько ни принуждай язык произнести: о̆т ко̄рӑбле̄крўше̄нья, но он все упрямится и после долгого слога *спасен* ищет сократить, по свойству русского выговора, односложное слово *от*; следующее же за ним многосложное *кораблекрушенья* также имеет одно только ощутительное ударение на слоге *ше*, ибо мы обыкновенно выговариваем предшествующие слоги скоро: ко̄рӑбле̄крўше̄ньӗ; без того сие длинное слово было бы утомительно и для языка и для слуха. Usus est tyrannus verborum*[25], и мы, привыкши с младенчества к сему выговору, желаем, чтобы стихосложение подчинялось свойству нашего языка, а не свойство языка – стихосложению.

> ....*Одинокий*
> И *молчаливый* кабинет,
> От спальни столь далекий.

В разборе поэмы г-на Пушкина сказано было, по поводу выражения *дикий пламень*, что «*мы скоро станем писать*: ручной пламень, ласковый, вежливый пламень». Видно, что подобное тому писали и в 1816 году; ибо если можно сказать: *одинокий и молчаливый кабинет*, то почему же не написать: *сам-друг, сам-третей кабинет; шумливый, бранчивый кабинет*.

> Россиянам усыновляю
> Виргилия екзаметр и спондей.

Очень скромно сказано! Не знаю, примут ли россияне сих усыноленных чужеземцев, которыми так щедро дарит их г. сочинитель, и стоят ли усыновления, стоят ли назваться Виргилиевыми екзаметры, подобные следующим:

> Вот каким образом прежде искусства природа взращала
> Рощи..
> Сладкие сливы носящий кизил, наместо как камень
> Жестких прежних плодов его безвредно мы видим...
> Грозды родят мелкие ягоды в добычу птицам...
> .... и рассаживай лозы
> В равном одна от другой расстояньи: труд *небездельный*...

---

* Обычай – тиран слов (*лат.*). – *Ред.*

Яблоков также бесчисленных разных и видом и вкусом;
Сирские груши или крустульские *тяжкие дули*...
Но вам не спорить с фалернским! *гроздь знаменит* амминийский[26]...

Такие екзаметры не сообщают нам и тени превосходного, отличающегося плавностию Виргилиева стихосложения, и он, конечно, не узнал бы в них своих екзаметров, столь свободно вылившихся из-под пера его.

Что касается до спондея, то сие упрямое дитя никак не хочет перейти в русский язык; и если силою вводят его, тогда он, теряя свою латинскую и греческую красоту, не только не доставляет слуху никакого удовольствия, но, как нарочно, безжалостным образом терзает уши читателей[27]. Примеры из односложных, приводимые г-м Воейковым, ничего не доказывают. Ссылаюсь на всех тех, которые умеют читать стихи, можно ли выговорить:

Вот грусть, вот скорбь, вот смерть придет...
Всех звёзд, всех лун, всех солнцев вид...
В полях ли брань? Ты тмишь свод звёздный...
На вас всех мысль, на вас всех взоры...
Без сил, без чувств, полмёртвы, бледны...
Он бог, он бог был твой, Россия...[28]

Без сомнения, они будут отвечать, что сие невозможно без сильной натяжки голоса, которая скрадет меру стиха и произведет чрез то в слухе нашем самое неприятное впечатление. Вникнув тщательнее в свойство нашего произношения, можно вывести следующие заключения. 1-е) Что в русском языке все предлоги, стоя пред именами или местоимениями, выговариваются кратко: на-деле, по-мне, при-том, над-рекою, во-храме. 2-е) Что в словах сложных сии предлоги таким же образом выговариваются: прийдел, оплот, подхожу, уступаю; чему доказательством может служить и то, что в разговоре мы изменяем в них букву *о* на *а: аплот, падхажу,* тогда как в слогах долгих сия буква удерживает свою силу: осень, воля. 3-е) Если встретятся два сряду стоящие односложные слова, тогда одно из них, и именно то, на котором останавливается мысль, принимает силу долгого, а другое выговаривается кратко: вот-он, я-здесь, где-вы? Посему хороший чтец будет читать вышеприведенные стихи следующим образом:

Вот грусть, вот скорбь, вот смерть прийдет...
Всех звёзд, всех лун, всех солнцев вид...
В полях ли брань? Ты тмишь свод звёздный...
На вас всех мысль, на вас всех взоры...
Без сил, без чувств, полмёртвы, бледны...
Он бог, он бог был твой, Россия...

И какая нам необходимость иметь спондей потому только, что мы находим его в стихах Гомера и Виргилия? Разве русский язык и без того не слишком изобилен стихотворными мерами? Для чего ж вводить еще новые, не соответствующие свойствам языка? – Не похоже ли это на тех живописцев, которые марают по местам свои картины темными красками потому только, что время положило следы свои на картинах Рафаэля и Корреджия?

Злодею на чело кладу клеймо: злодей!

Незавидная должность, г-н сочинитель!..

> Внимая *вьюги рев*,
> Стук ставней, *шум трубы, свист скважин, скрип дерев*,
> Я *порываюся* бурь северных картину
> В стихах живописать.

Как! вьюга *ревет*, труба *шумит* и скважины *свистят*? Такие стихи слишком живописны, и *порыв* сочинителя живописать картину бурь северных очень похвален. Вообразим себе вьюгу, печную трубу и скважины с открытыми ртами, ревущие, шумящие и свистящие: как это будет хорошо!

> От *скуки свечка дремлет*.

Снова принимаемся за разбор поэмы «Руслан и Людмила». Там сказано: «*вопрошать немой мрак* смело до невероятности, и если допустить сие выражение, то можно будет написать: *говорящий мрак, болтающий мрак; болтун мрак; спорящий мрак; мрак, делающий неблагопристойные вопросы и не краснея на них отвечающий; жалкий, пагубный мрак!*» – Здесь еще лучше: свечка одушевляется, чувствует скуку и дремлет. Следовательно, она может также *храпеть, бодрствовать, петь* или *плясать*, если ей вздумается.

> И я, устав от рифм и бросив их низать.

Пора! их и так уже довольно *нанизано*.

> Но между тем заря для Феба
> Раззолотит полнеба.

Заря для Феба – а Феб для рифмы!

> Тогда одно лишь ухо для стихов
> И глаз один я оставляю,
> Другие на часы я к двери отряжаю.

Хорошо иметь такие удобно отряжаемые глаза и уши: сидя в кабинете, их можно послать за несколько сот верст подслушать или высмотреть то, что нужно знать.

> Мой гений крыльями трепещет:
> Стих каждый новизной
> И свежестью и остротою блещет.

Мы видели многое из сих стихов, которые в самом деле блещут новизной; но *не все то золото, что блестит*! Также не сомневаемся, что сии стихи *блистали свежестью чернил* в то время, когда были написаны. Что ж касается до *остроты*, признаемся, что, судя по многим шуткам, рассеянным в разных прозаических и стихотворных произведениях г-на сочинителя, не находим, чтоб она была из самых *блестящих*. Здесь следует уподобление сочинителя, пробудившегося от сна, с утомленным песками путником. Между тем г-н сочинитель не говорит, чтобы сон его был беспокоен или возмущен ужасными сновидениями: какое ж сходство в его положении с положением утомленного странника?

> Веселье помножать *разделом*.

Слово *раздел* у нас употребляется, говоря об имении, доставшемся по наследству. Как же можно *разделом помножать веселие*? К чему такие блестки ума?*

> Конфорка жертвенником зрится,
> И нектар пекинский варится.

Надобно иметь чрезмерно живое воображение, чтобы конфорка, на которой подогревается чай, могла показаться жертвенником. *Пекинский нектар* – выисканное выражение.

> Ученых вежливые споры,
> Миролюбивые их ссоры.

А! а! Заглянем в разбор «Руслана». Пушкин сказал: *бранился молчаливо*; посмотрим, что говорит об этом г-н рецензент. «Желание сочетавать слова, не соединяемые по своей натуре, заставит, может быть, написать: *молчаливый крик, ревущее молчание*; здесь молодой поэт заплатил дань огерманизованному вкусу нашего времени. Счастлив он, что его собственный вкус верен и дает себя редко обмануть! Стократно счастлив, в сравнении с теми жалкими стихотворцами, которые прямо из-за букваря начали сочинять стихи и у которых и грамматика, и синтаксис, и выражения взяты из Готшедовой "Немецкой грамматики". Русский язык ужасно страдает под их пером, очиненным на манер Шиллерова». – Это значит, сколько я понимаю, что стихотворцы, сближая понятия совершенно противоположные и несовместные, подражают в сем случае дурному вкусу нынешних немецких писателей и нарушают правдоподобие. Когда решились употребить выражение *миролюбивые ссоры*, кто знает, что нам еще не скажут: *бранчивый учтивец, нежныя проклятия, мирная драка, ласковая оплеуха*?

Разбор поэмы «Руслан и Людмила» напечатан в 1820 году; «Послание к жене и друзьям» написано в 1816, а напечатано в 1821; сблизив все сии обстоятельства, как не подивиться, что г. сочинитель послания сам отдал дань тому же огерманизованному вкусу, который он находит толь странным, и что сам очинил перо свое на манер любого из нынешних немецких писателей? Как не подивиться, что он не мог у себя исправить той ошибки, за которую делает укоризну другим? – Прав латинский баснописец, говоря, что мы

> Videre nostra mala non possumus,
> Alii simul delinquunt, censores sumus.**[29].

> Во время, в пору, кстати.

К чему сей тройной плеоназм[30]? Какую особого рода красоту он составляет? – Но вот счастливая мысль:

> Здесь всякий гость свое добро,
> Цветы воображенья,
> Плод наблюдений или чтенья,

---

* Concetti, как говорят итальянцы. О<стров>.
** Вот мы и не видим погрешений собственных,
Зато чужим – всегда мы судьи строгие (*лат.*). – Пер. М. Л. Гаспарова. – *Ред.*

Как будто злато и сребро,
На злато и сребро соседнее меняет
И, жертвуя – приобретает.

Как жаль, что сочинитель ее растянул и ослабил уподоблением, которое ничем не удачнее того, о коем уже мы упоминали выше.

Так корабли в концы земли несут
Куниц и соболей, железо и пшеницу
Менять на перл, на изумруд,
На благовонную корицу.

Далее встречаем еще знакомый стих:

Где серафимов тьмы кипят.

Г. Жуковский заключил мистическую свою балладу «Вадим»[31] сими двумя стихами:

И серафимов тьмы кипят
В пылающей пучине.

Может быть, это очень хорошо в мистической балладе; но мы, profanes en fait de mysticité*, никак не можем составить в воображении своем хорошей картины из *серафимов, кипящих в пылающей пучине*. Вижу, г. редактор «Вестника Европы», что вы пугаетесь моего длинного письма и не верите, чтоб у известного стихотворца можно было на десяти страницах заметить столь много ошибок, и таких ошибок, которые с первого взгляда бросаются в глаза. Вижу, что вы удивляетесь, как мог писатель, занимавшийся словесностью практически, быть столь часто в разладе с эстетикой и логикой и почти беспрестанно противоречить на деле собственным своим суждениям? – Повторяю вам, м‹илостивый› г‹осударь› м‹ой›, свет сей наполнен противоречиями! Истина печальная – но не менее того она истина.

Ропша.
Февраля 5-го 1821

А. Г. ГЛАГОЛЕВ
Письмо к Лужницкому Старцу

‹Отрывок›

‹...› Все странные толки о критике происходят, без сомнения, оттого, что многие у нас не имеют об ней надлежащего понятия и большею частию смешивают ее с личною сатирой; но вам известно, почтенный Старец, сколь велика между ними разность. Критика, в собственном смысле принятая, не смотрит на лица;

---

* Невежды в том, что касается мистики (*фр.*). – *Ред.*

она не удивляется обыкновенному, не хвалит посредственного; она чужда страстей, гнушается низкою лестью. Таковы письма о «Россиаде» и другие сочинения знаменитого нашего Лагарпа, которого общий голос назвал законодателем вкуса[1]. Впрочем, я столько уверен в пользе критики, что мне кажется, и худые разборы имеют иногда свою цену. Вот пример: известная всем поэма «Руслан и Людмила», может быть, своею известностью не столько обязана собственным достоинствам, сколько критикам, антикритикам и антиантикритикам. Вы спросите: почему я так думаю? – Потому что сии шумные споры заставили каждого прочитать ее; между тем как некоторые творения лучших наших писателей, которых лесть и невежество провозгласили совершенными и неприкосновенными, лежат в книжных лавках или же в домашних библиотеках без всякого употребления.<...>

В. Н. ОЛИН
Мои мысли о романтической поэме г. Пушкина «Руслан и Людмила»

Nota*. Пиеса сия доставлена при следующей записке: «Небольшие критические замечания сии, почтенный издатель "Рецензента"! на поэму г. Пушкина написаны были вскоре после известной критики на оную, помещенной в "Сыне отечества"[1]. Некоторые обстоятельства помешали мне тогда же напечатать замечании сии. Итак, покорнейше прошу вас, м<илостивый> г<осударь>, поместить оные в газете вашей: лучше позже, нежели никогда**. С истинным почтением честь имею быть, и проч. NN.»

Существенное достоинство поэмы г. Пушкина, по мнению моему, заключается в прелести слога; существенный недостаток оной нахожу в бедности интересов; следовательно, в поэме г. Пушкина мало воображения или, лучше сказать, мало вымыслов.

Версификация г. Пушкина, говоря вообще, прекрасна; сравнения верны и живописны. Мысли свои выражает он всегда смело, легко и приятно. Начало поэмы холодно. Читая сие произведение, я восхищался многими прелестными описаниями; например, описанием *садов, древнего поля битвы,* хазарского хана, сделавшегося *рыбаком,* и проч. Словом, прелесть поэзии, но не интерес действия увлекает читателя.

Романтическая поэма г. Пушкина написана в роде «Роланда» Ариоста и Баярда, «Оберона» Виланда, «Рихардета» Фортигверы[2] и, может быть, «Орлеанской девы» Вольтера. Далеко стихотворец наш отстал от Ариоста, единственного Ариоста, которому, впрочем, иногда подражал он довольно успешно. Поэму сего певца италиянского можно уподобить длинной золотой цепи, которой каждое звено составлено из интереса или действия. Виланд, уступающий Ариосту пальму первенства в способности изобретения пиитического,

---

* Замечание. (*лат.*). – *Ред.*
** Не во всяком случае. Примеч. издат.

превосходит в оной г. Пушкина. Гион, отправившийся в Багдад по приказанию Карла Великого, дабы вырвать у калифа – с его позволения – четыре коренных зуба и клок волос из почтенной бороды его, и проч.[3] (что составляет главный или общий интерес поэмы Виланда), несравненно для меня занимательнее *Руслана*, пустившегося в путь отыскивать супругу свою, похищенную – без всякой причины – волшебником Черномором (действие, составляющее главный или общий интерес поэмы г. Пушкина). Я ожидал, что стихотворец наш поведет героя своего сквозь тысячи различных препятствий; словом, что он будет роскошно черпать из источника *чудесного*; однако я обманулся. Существенное достоинство поэм романтических заключается в изобилии вымыслов: этим-то именно достоинством бедна поэма г. Пушкина. Также я не нахожу в оной ни блестящих мыслей, ни мест патетических; а действия или описания патетические суть вернейшие средства, чтобы двигать пружины сердца человеческого. Прелестная Аманса (в «Обероне»), терзаемая жаждою и гладом на необитаемом острове[4], извлекает у меня слезы; Людмила, напротив, заключенная в замке волшебника Черномора, часто смешит меня. Познание сердца человеческого есть наука трудная, впрочем, необходимая для писателя.

Один из почтенных и первоклассных наших литераторов осуждает *обращения*, или *прологи*, которыми г. Пушкин, следуя Ариосту, начинает каждую песнь своей поэмы. В этом я с ним не согласен; мне кажется, что сии *обращения, или прологи,* г. Пушкина довольно забавны, остроумны, легки и приятны; впрочем, это дело, касающееся до частностей вкуса. Сей же самый писатель порицает также нескромность г. Пушкина. Не опровергая мнение сие, скажу только, что должно отличать вольности непростительные от позволительных, в особенности стихотворцу романтическому. Тинторет и Альбани не могут назваться нескромными живописцами потому, что они изображали прелестною кистью наготу тела. – «Мне кажется, – говорит младший Плиний, – что истинное правило, касательно поэзии легкой, заключается в следующих стихах Катулловых:

> Nam castum esse decet pium poetam
> Ipsum, versiculos nihil necesse est;
> Qui tunc denique habent salem et leporem,
> Si sunt molliculi et parum pudici.*»[5]

Впрочем, я желал бы, чтобы г. Пушкин на первую ночь брака Руслана и Людмилы набросил покров – по крайней мере, флеровый.

---

* Вот французский перевод оных г. Саси:

> Le Poëte doit sage;
> Pour ses vers, il importe peu.
> Ils n'auroient ni grace ni feu,
> Sans un air de libertinage.

> <Сердце чистым должно быть у поэта,
> Но стихи его могут быть иными.
> Даже блеск и соленость придает им
> Легкой мысли нескромная усмешка. (*лат.*) – Пер. Ф. А. Петровского. – *Ред.*>

В слоге г. Пушкина, хотя оный, говоря вообще, прекрасен, я заметил некоторые погрешности против чистоты, некоторые неравенства и неправильности. Например: «скачками мчится *ото* пса», «*заварился* бой», «*ищет позабыться* сном» – и другие подобные. Впрочем, не должно оскорбляться малыми пятнами сочинения, вообще блестящего прелестию поэзии.

Окончание поэмы бедно. Хазарский хан для действия оной – лицо совершенно лишнее. Трус *Фарлаф* нисколько не смешит меня; я желал бы, чтобы характер его был представлен разительнее. Вообще поэма сия мало, так сказать, приправлена солью аттическою.

Итак, кончу тем, с чего начал. Существенное достоинство поэмы г. Пушкина, по мнению моему, заключается в прелести поэзии; существенный недостаток оной нахожу в бедности интересов. Впрочем, сочинение сие может по справедливости назваться прекрасным цветком русского Парнаса.

ДАМ

ПОЛЯРНАЯ ЗВѢЗДА.

БЛАГОНАМѢРЕННЫЙ.

ЖУРНАЛЪ,

издаваемый

А. Измайловымъ.

№ XXXVI.

1822.

ПЕЧАТАТЬ ПОЗВОЛЯЕТСЯ.
Санктпетербургъ, Сентября 4 дня 1822 г.
Цензоръ Александръ Бируковъ.

ВЪ МОРСКОЙ ТИПОГРАФІИ.

1822

П. А. ПЛЕТНЕВ
Антологические стихотворения: «Муза»* и «К уединенной красавице»**

Антологическая поэзия составляет прекраснейшую часть поэзии эпиграмматической, принимаемой в том значении, какое давали ей древние. «У них (по словам издателей драгоценной на нашем языке книжки "О греческой антологии") каждая небольшая пиеса, размером элегическим писанная, то есть экзаметром и пентаметром, называлась эпиграммою. Ей все служит предметом: она то поучает, то шутит и почти всегда дышит любовию. Часто она не что иное, как мгновенная мысль или быстрое чувство, рожденное красотами природы или памятниками художества. Иногда греческая эпиграмма полна и совершенна; иногда небрежна и некончена... как звук, вдали исчезающий. Она почти никогда не заключается разительною, острою мыслию и, чем древнее, тем проще. Этот род поэзии украшал и пиры, и гробницы. Напоминая о ничтожности мимоидущей жизни, эпиграмма твердила: смертный, лови миг улетающий! Развилась с Лаисою и, улыбаясь кротко и незлобно, слегка уязвляла невежество и глупость. Истинный Протей, она принимает все виды»[1].

Но между всеми эпиграмматическими стихотворениями только те должно включать в разряд антологических, которые отличаются прелестию мысли, нежностию чувства и совершеннейшею отделкою стихов. В этом смысле многие писатели, выбрав лучшие места из древних поэтов и прозаиков, называли их антологиею, т. е. *собранием цветов*[2].

В произведениях словесности каждого народа антологические стихотворения должны особенное обращать на себя внимание мыслящей критики. «Если все (как замечено в упомянутой нами книжке), что означает нравственное бытие народа, имеет право на наше любопытство, то антология должна почитаться драгоценнейшим памятником. Посредством антологии мы становимся современниками древних; мы разделяем их страсти; мы открываем даже следы тех быстрых, мгновенных впечатлений, которые, как следы на песке в развалинах Геркуланума, заставляют нас забывать, что две тысячи лет отделяют нас от древних. Посредством антологии уча-

---

* В № 23 «Сына отечества» 1821 г.
** В № 11 «Благонамеренного» 1820 г.

ствуем в празднествах, в играх, следуем за гражданами на площадь, в театр, во внутренность домов: одним словом, мы с ними дышим, живем. Самая глубокая ученость едва ли может составить из остатков Греции слабое изображение гражданской жизни древних. Здесь открывается нам богатая и блистательная картина, представляющая в цвете жизни, в полной юности сей чудесный народ, которого благотворная природа наделила всеми совершенствами ума, всеми прелестями красоты и вкуса»[3].

Таким образом, антологические стихотворения, как неподдельный язык чувствований, свидетельствующих о нравах, направлении мыслей и других бесчисленных оттенках гражданственности народа, могут самым приятным образом занимать любопытство наблюдательного ума и жадного лучшим удовольствиям вкуса. Как уцелевшие от разрушительной руки времени памятники, они вернее сказаний истории изображают нам характер собственно называемого народа, часто смешиваемый с характером лиц, только случайно приводивших в движение этот народ. Как последняя степень совершенства языка, куда вкус не допускал ничего принужденного, изысканного и слабого, они дают нам точное понятие, какие самые приятнейшие формы получать мог сей язык[4].

Часто критика, по какому-то странному предубеждению, пропускает без внимания так называемые мелкие стихотворения. Она даже считает их пустою игрушкою поэтического таланта, подобно невежественным книгопродавцам, которые по весу бумаги оценивают покупаемые ими сочинения.

Мы осмеливаемся думать, что совершенство надобно оценивать не по его объему, но по внутреннему достоинству. В глазах истинного художника легкий абрис человеческой фигуры и большая картина Рафаэля равно драгоценны. Он с наслаждением смотрит на гениальное произведение – и вкус его не чувствует потребности в том, чтобы первая фигура сделалась полнее. Вкус, т. е. ум, воображение и чувствительность[5], одного ищет: все ли выполнил талант, что хотел сделать, и на том ли он остановился, что есть прекраснейшего в избранном им предмете?

Странно было бы утверждать, что для сочинения прекрасной поэмы и антологического стихотворения потребно равное усилие гения. Разность видима: одна требует обширного взгляда на предмет, бесчисленных соображений, продолжительного труда и редкого терпения, другое – минутного вдохновения и счастливого приема; но ни то ни другое не будет совершенным, если за них примется не гений. *Отвага, рифмы, жар* – как сказал прекрасно сатирик – запас пустой, и сочинение

> Пусть громко, высоко... а нет, не веселит,
> И сердца, так сказать, ничуть не шевелит![6]

Следовательно, в общем отношении, большие и малые сочинения, ознаменованные силою гения, равны, потому что они показывают его жизнь и деятельность. После Анакреона, Катулла и Марциала много прошло времени, однако ж их имена и сочинения их, наравне с сочинениями Омера и Вергилия, до нас дошли, а сколько Мевиев и Бавиев забыто![7]

Судя по сему, мы надеемся, что читатели наши не удивятся, почему нам вздумалось обратить внимание на антологические стихотворения, которые тяжелая кипа новых журналов силится задавить, а спорные критики о *тяжелых* трудах думают привести их в забвение. Посмотрим каждое из них порознь.

МУЗА

В младенчестве моем она меня любила
И семиствольную цевницу мне вручила.
Она внимала мне с улыбкой, и слегка
По звонким скважинам пустого тростника
Уже наигрывал я слабыми перстами
И гимны важные, внушенные богами,
И песни мирные фригийских пастухов.
С утра до вечера, в немой сени дубов,
Прилежно я внимал урокам девы тайной –
И, радуя меня наградою случайной,
Откинув локоны от милого чела,
Сама из рук моих свирель она брала:
Тростник был оживлен божественным дыханьем,
И сердце наполнял святым очарованьем.

Каждый почти поэт писал что-нибудь в честь своей Музы и старался изобразить первые чувствования поэтической своей жизни. Так, например, Муравьев обращается к своей Музе:

И мне с младенчества ты феею была!
   Но, благосклоннее сначала,
Ты утро дней моих прилежней посещала.
Почто ж печальная распространилась мгла
И ясный полдень мой своей покрыла тенью?
Иль лавров по следам твоим не соберу
И в песнях не прейду к другому поколенью?
   Или я весь умру?[28]

Батюшков, исполненный в стихах своих движения, силы и ясности (главных достоинств стихотворного слога, по его же словам)[9], в стихотворении своем «Беседка муз» говорит:

Под тению черемухи млечной
   И золотом блистающих акаций
Спешу восстановить олтарь и муз и граций,
   Сопутниц жизни молодой.

Спешу принесть цветы и ульев сот янтарный
   И нежны первенцы полей:
Да будет сладок им сей дар любви моей
   И гимн поэта благодарный!

Но, можно решительно сказать, никому не приходило счастливее мысли сочинителя приведенного нами стихотворения «Муза». Вымысл его имеет необыкновенную прелесть простоты, естественности и поэзии. Читая сие стихотворение, не подумаешь, что сочинителю много стоило труда добраться до такой мысли; это свободное, живое и нежное воспоминание первых минут, когда в нем начал действовать гений поэзии. Ход сего стихотворения исполнен живости, разнообразия и легкости. Кажется, видишь отрока, избираемого Музою, которая с улыбкою подает ему простую цевницу, прислушивается к игре его и сама поправляет первые его опыты. Критика, исчисляя виды прекрасного в произведениях искусств, дает одному виду название *грации*, разумея под сим именем безыскусственную прелесть, ознаменованную каким-нибудь нечаянным, простым, но прекрасно-легким движением или положением, или словом[10]. Остроумие, глубокомысленность, сила, величие и подобные сим совершенства в произведении нисколько не дают еще понятия о грации. Она неожиданно является у какого-нибудь Лафонтена, Богдановича – и мы во всей прелести видим ее в рассматриваемом нами стихотворении. Пусть стихотворец красивее представит свою Музу, даст ей наряд драгоценнее, изобретет место для свидания с нею роскошнее, нежели одна тень дубов; тогда грация исчезнет, и мы, удивляясь его Музе, не будем столько пленяться ею. Полнота звуков для взятой им мысли необыкновенная. Он в четырнадцати стихах все заключил, чего может требовать воображение и чувство. Нет ни одного слова лишнего, ни одного стиха невыдержанного, ни одной картины недоделанной. Нужно ли прибавлять, что гармония стихов в сем сочинении составляет приятнейшую музыку для слуха? Выключая одного слова: «цевницу мне *вручила*»[*], которое показалось нам несколько тяжело для антологического стихотворения, какая верность в выражениях и свежесть в подборе эпитетов, как, например, в следующих стихах:

> По звонким скважинам пустого тростника
> Уже наигрывал я слабыми перстами
> И гимны важные, внушенные богами,
> И песни мирные фригийских пастухов.

Наконец, это стихотворение в русской антологии останется отпечатком первых картин природы, которые питали юное воображение поэта. Читая оное, каждый почувствует, что стихотворец увидел в первый раз свою Музу не в блестящей столице, не в шумном кругу света, но в мирном сельском уединении, где, по его собственным словам:

> Он пеньем оглашал приют забав и лени,
> И царскосельские хранительные сени.[11]

Рассмотрим другое стихотворение.

К УЕДИНЕННОЙ КРАСАВИЦЕ

> Как роза свежая одна благоухает
> В угрюмой тишине полунощных степей;
> Как песнью сладостной в час утра оглашает
> Дубравы мертвые пустынный соловей;
> Как драгоценный перл, волнами поглощенный,
> Скрывается от глаз на жадном дне морей:
> Так сиротеет здесь, в стране уединенной,
> Богиня красоты без жертв и олтарей.

---

[*] Подобное выражение гораздо счастливее употребил Батюшков в своей элегии «На развалинах замка в Швеции»:

> Броню заветну, меч тяжелый
> Он юноше *вручил* израненной рукой.

В сем стихотворении мы находим совсем другого рода поэзию, но тем не менее прекрасную. Там рождалось сердечное удовольствие, а здесь рождается сердечное уныние. Красота, скрытая уединением, погружает душу в неизъяснимо приятную задумчивость. <...>

Но существенное различие между рассматриваемыми нами антологическими стихотворениями состоит в том, что первое из них не имеет никакой частности ни по времени, ни по месту. Оно принадлежало бы грекам, принадлежать может нам и так же будет принадлежать самым отдаленным потомкам. Это совершенство таланта, ничем не привязанного к какому-нибудь одному месту на земле, но свободного и всем общего. Его можно сравнить с греческою статуею, на которой художник ничего не оставил, по чему бы кто-нибудь мог узнать, к какому народу и к какому веку она относится, потому что он изобразил ее в прелестной наготе. Другое стихотворение напоминает уже новейшее время. Погружая нас в задумчивость, оно заставляет, кажется, нас искать лучших утех во глубине души. Сверх того, *угрюмая тишина полунощных степей* и *мертвые дубравы*, где раздается голос *пустынного соловья*, невольно напоминают нам, где сочинитель все это видел, – он все взял с своей природы.

Итак, если антологические стихотворения должны хранить мгновенные чувствования, определенно относящиеся к какому-нибудь народу, то последнее должно занять место в собственно русской антологии, а первое – во всеобщей.

Мы не можем при сем не изъявить желания, чтобы опытная рука собрала когда-нибудь сии прелестные цветы нашей поэзии, разбросанные по старым и новым журналам, и составила бы из них одну книжку. Такая книжка, конечно, очень небольшая, показала бы нам собственные сокровища, теперь большею частию забвенные. Для иностранцев она была бы драгоценным подарком. Из нее получили бы они понятие о тех впечатлениях, которые производит над человеком северная природа, и о той прелести нашего языка, которая вся в полной чистоте своей только и может быть сохранена в антологическом стихотворении.

В. И. КОЗЛОВ
«Кавказский пленник», повесть. Соч. А. Пушкина
СПб., в типографии Н. Греча, 1822.
53 стр. в 8 и с портретом автора. *

Вот еще новый, прекрасный подарок любителям отечественной поэзии! Молодой наш стихотворец посетил недавно романтические страны Кавказа[1];

---

* Краткое объявление о сей поэме помещено уже в № 207-м «Р<усского> и<нвалида>». Талант певца Руслана и Людмилы, конечно, не имеет нужды в похвале нашей; но мы не могли отказать себе в удовольствии сказать несколько слов о сем произведении отечественной музы и – украсить листы свои отрывком из оного. К.

созерцал там великолепные картины природы, нередко дикой и угрюмой, но всегда живописной и величественной; взирал наблюдательным оком на воинственных жителей сего края, народ грубый и хищный, но сохранивший простоту нравов и гостеприимство времен патриархальных. Сии-то предметы, сами уже по себе столь новые и разнообразные, осыпал он обильными и прелестными цветами своего воображения; сии-то воспоминания соединил он в одно изящное целое в простой, но трогательной повести!

Мудрено решить, чему отдать преимущество в сем новом произведении молодого поэта: описательной ли части оного, где все истинно, все живописно и прелестно; или – повествовательной, в которой – говоря собственными его выражениями – «противоречия страстей, знакомые сердцу мечты и страдания»[2] изображены столь совершенно и трогательно?

Мы хотели украсить сию статью некоторыми выписками из «Кавказского пленника»; но, затрудняясь в выборе и боясь, чтобы прелесть сочинения не увлекла нас за пределы листов наших, – решились, по примеру почтенного издателя «Сына отечества»[3], поместить одно заключение, или эпилог поэмы, составляющий как бы отдельное целое. Читатели найдут в оном пиитические красоты всякого рода.

> Так муза, легкий друг мечты,
> К пределам Азии летала
> И для венка себе срывала
> Кавказа дикие цветы.
> Ее пленял наряд суровый
> Племен, возросших на войне,
> И часто в сей одежде новой
> Волшебница являлась мне.
> Вокруг аулов опустелых
> Одна бродила по скалам
> И к песням дев осиротелых
> Она прислушивалась там,
> Любила бранные станицы,
> Тревоги смелых козаков,
> Курганы, тихие гробницы,
> И шум и ржанье табунов.
> Богиня песен и рассказа,
> Воспоминания полна;
> Быть может, повторит она
> Преданья грозного Кавказа:
> Расскажет повесть дальних стран,
> Мстислава древний поединок,
> Измены, гибель россиян
> На лоне мстительных грузинок.
> И воспою тот славный час,
> Когда, почуя бой кровавый,
> На негодующий Кавказ
> Подъялся наш орел двуглавый;
> Когда на Тереке седом
> Впервые грянул битвы гром
> И грохот русских барабанов,
> И в сече с дерзостным челом

114

Явился пылкий Цицианов.
Тебя я воспою, герой,
О Котляревский, бич Кавказа!
Куда ни мчался ты грозой –
Твой ход, как черная зараза,
Губил, ничтожил племена...
Ты днесь покинул саблю мести,
Тебя не радует война;
Скучая миром, в язвах чести,
Вкушаешь праздный ты покой
И тишину домашних долов...
Но се – Восток подъемлет вой!..
Поникни снежною главой,
Смирись, Кавказ! Идет Ермолов!

  И смолкнул ярый клик войны;
Все русскому мечу подвластно.
Кавказа гордые сыны,
Сражались, гибли вы ужасно;
Но не спасла вас наша кровь,
Ни очарованные брони,
Ни горы, ни лихие кони,
Ни дикой вольности любовь!
Подобно племени Батыя,
Изменит прадедам Кавказ,
Забудет алчной брани глас,
Оставит стрелы боевые.
К ущельям, где гнездились вы,
Подъедет путник без боязни,
И возвестят о вашей казни
Преданья темные молвы.

Издатели сего стихотворения присовокупили к оному портрет автора, рисованный с него в нежнейшей молодости и весьма похожий[4]. Кто не согласится с ними, что приятно сохранить юные черты поэта, коего первые произведения ознаменованы столь отличным талантом?

А. Е. ИЗМАЙЛОВ
«Кавказский пленник», повесть. Соч. А. Пушкина

Прекраснейшие картины, списанные с натуры мастерскою рукою, естественный и благородный рассказ, легкая и исправная версификация[*] – вот главнейшие достоинства сей новой поэмы («Кавказский пленник») первого из

---

[*] Жаль только, что и здесь встречаются нынешние модные слова и выражения, например: *привет, сладострастие, молодая жизнь,* также некоторые излишние и изысканные *эпитеты*[1].

молодых наших стихотворцев – А. С. Пушкина. Ни в одном из наших поэтов не расцветал, так сказать, столь рано талант и не созревал столь скоро, как в любезном певце «Руслана и Людмилы». Сия прежняя его поэма отличается непринужденною шутливостию, замысловатостию, остроумием; напротив того, в «Кавказском пленнике», соответственно содержанию оного, видно везде какое-то трогательное уныние, картины совсем другого рода, более чувства, более силы, более возвышенной поэзии. Мы поместили в начале сей книжки один отрывок из «Кавказского пленника» под заглавием «Воинские упражнения и игры черкесов»[2]. Это *классическое стихотворное описание*, без сомнения, понравится всем просвещенным любителям словесности. Ожидаем подробного и весьма основательного разбора «Кавказского пленника», который имели удовольствие слышать и который в скором времени напечатан будет в журнале «Соревнователь просвещения»[3].

П. А. ПЛЕТНЕВ
«Кавказский пленник».
Повесть. Соч. А. Пушкина

Повесть «Кавказский пленник» написана в роде новейших английских поэм, каковые особенно встречаются у Байрона. Рассматривая «Шильонского узника» (№ VIII «С<оревнователя> п<росвещения> и б<лаготворения>», стран. 209)[1], мы заметили, что в них поэт не предается вымыслам чудесного, не составляет обширного повествования – но, избрав один случай в жизни своего героя, ограничивается отделкою картин, представляющихся воображению, смотря по всем обстоятельствам, сопровождающим главное действие. В подобных сочинениях выбор происшествия, местные описания и определенность характера действующих лиц составляют главное.

Происшествие в рассматриваемом нами сочинении самое простое, но вместе самое поэтическое. Один русский взят в плен черкесами. Сделавшись рабом их, закованный в железы, он осужден смотреть за стадами. Сострадание рождает любовь к нему в молодой черкешенке. Она своим нежным участием силится облегчить тяжелое бремя его рабства. Пленник, преследуемый первою несчастною любовию, которую узнал он еще в своем отечестве, равнодушно принимает ласки сострадательной своей утешительницы. Все его внимание устремлено на любопытный образ жизни диких своих властителей. (Здесь оканчивается первая часть повести.) Подруга Пленника, увлекаемая своею страстию и мучимая его холодною задумчивостию, силится пробудить в нем любовь всеми ласками чистосердечной своей привязанности. Тронутый ее положением, он открывает свою тайну, что сердце его отдано другой. Взаимная горесть их разлучает на несколько времени. Между тем внезапная тревога уводит в один день всех черкесов из селения к хищническому их набегу. Оставленный Пленник видит перед собою нежную свою Черкешенку. Она побеждает свою пламенную любовь, распиливает оковы Пленника и открывает ему путь в отечество. Русский, переплыв Кубань, обращается с берега, чтоб еще раз взглянуть на великодушную свою избавительницу, но исчезающий круг плеснувших вод сказывает ему, что ее уже нет на свете. Сим оканчивается повесть. Из этого содержания видно, что происшествие в «Кавказском пленнике» можно бы сделать и разнообразнее, и даже полнее. По обыкновенному понятию о подобных происшествиях надобно сказать, что ход страсти, которая бывает изобретательна и неутомима, слишком здесь короток. Еще более остается неполным рассказ о Пленнике. Его участь несколько загадочна. Нельзя не пожелать, чтобы он, хотя в другой поэме, явился нам и познакомил нас с своею судьбою. Впрочем, это не было бы новостию: подобные появления встречаются в поэмах Байрона[2].

Местные описания в «Кавказском пленнике» решительно можно назвать совершенством поэзии. Повествование может лучше обдумать стихотворец и с меньшими дарованиями против Пушкина; но его описания кавказского края навсегда останутся первыми, единственными. На них остался удивительный отпечаток видимой истины, понятной, так сказать, осязаемости мест, людей, их жизни и их занятий, чем мы не слишком богаты в нашей поэзии[3]. Мы часто видим усилия людей, которые описывают, не в состоянии будучи сами дать себе отчета в местности, потому что они знакомы с нею по одному воображению. Описания в «Кавказском пленнике» превосходны не только по совершенству стихов, но по тому особенно, что подобных им нельзя составить, не видав собственными глазами картин природы. Сверх того, сколько смелости в начертании оных, сколько искусства в отделке! Краски и тени, т. е. слова и расстановка их, переменяются, смотря по различию предметов. Стихотворец то отважен, то гибок, подобно разнообразной природе этого дикого азиатского края. Чтобы читателям понятнее сделались наши наблюдения, мы приводим здесь некоторые местные описания.

> Великолепные картины!
> Престолы вечные снегов!
> Очам казались их вершины
> Недвижной цепью облаков,
> И в их кругу колосс двуглавый,
> В венце блистая ледяном,
> Эльбрус огромный, величавый,
> Белел на небе голубом.
> Когда, с глухим сливаясь гулом,
> Предтеча бури, гром гремел,
> Как часто пленник над аулом,
> Недвижим, на горе сидел!
> У ног его дымились тучи;
> В степи взвивался прах летучий;
> Уже приюта между скал
> Елень испуганный искал;
> Орлы с утесов подымались
> И в небесах перекликались;
> Шум табунов, мычанье стад
> Уж гласом бури заглушались...
> И вдруг на домы дождь и град
> Из туч сквозь молний извергались.
> Волнами роя крутизны,

Сдвигая камни вековые,
Текли потоки дождевые –
А пленник, с горной вышины,
Один, за тучей громовою,
Возврата солнечного ждал,
Недосягаемый грозою,
И бури немощному вою
С какой-то радостью внимал.

Пусть любопытные сравнят эту грозную и вместе пленительную картину, в которой каждый стих блестит новою, приличною ему, краскою, с описанием окрестностей Бонниваровой темницы, которое сделал Байрон в своем «Шильонском узнике»; тогда легче можно будет судить, как счастливо в одинаких обстоятельствах побеждает наш поэт английского. Байронова картина, поставленная подле этой, покажется легким, слабым очертанием, кинутым с самого общего взгляда.

Мы пропускаем в «Кавказском пленнике» другое описание, где изображено верною и быстрою кистию искусство черкесов, с каким они производят опыты отважных своих набегов. Дар поэзии и сила воображения могли бы еще навести стихотворца к составлению хотя подобной картины, если бы он и не был сам в тех местах. Но не можем не привести описания любимой между черкесами воинской хитрости, которой никак не поймать воображением, если бы стихотворец сам не был в краю, им описываемом[4].

Иль ухватив рогатый пень,
В реку низверженный грозою,
Когда на холмах пеленою
Лежит безлунной ночи тень,
Черкес на корни вековые,
На ветви вешает кругом
Свои доспехи боевые:
Щит, бурку, панцирь и шелом,
Колчан и лук – и в быстры волны
За ним бросается потом
Неутомимый и безмолвный.
Глухая ночь. Река ревет;
Могучий ток его несет
Вдоль берегов уединенных,
Где на курганах возвышенных,
Склонясь на копья, казаки
Глядят на темный бег реки,
И мимо их, во мгле чернея,
Плывет оружие злодея...
О чем ты думаешь, казак?
Воспоминаешь прежни битвы,
На смертном поле свой бивак,
Полков хвалебные молитвы
И родину?.. Коварный сон!
Простите, вольные станицы,
И дом отцов, и тихий Дон,
Война и красные девицы!
К брегам причалил тайный враг,

Стрела выходит из колчана,
Взвилась – и падает казак
С окровавленного кургана.

Загадочное начало описания, подобно тайному предприятию черкеса, манит читателя к развязке и поддерживает до конца всю занимательность, которая соединена с любопытством. Но развязка, как внезапная смерть казака, мгновенна. Все сии местные частности, схваченные с природы, придают поэзии неизъяснимую и прочную красоту. Величайшие стихотворцы, особенно древние, преимущественно держались этого правила – и потому их картины ничего не имеют однообразного и утомительного. Мы могли бы привести еще множество примеров для доказательства главного нашего мнения, что «Кавказский пленник» по своим местным описаниям есть совершеннейшее произведение нашей поэзии; но предоставляем читателям самим поверить наше суждение по целому сочинению: отрывки не могут произвести такого впечатления, как вся поэма.

В «Кавказском пленнике» (как можно уже было видеть из содержания) два только характера: Черкешенки и Русского Пленника. Нам приятнее сначала говорить о характере первой; потому что он обдуманнее и совершеннее, нежели характер второго. Все, что могут только представить воображению поэта нежная сострадательность, трогательное простодушие и первая невинная любовь, – все изображено в характере Черкешенки. Она, по-видимому, так открыто и живо явилась поэту, что ему стоило только, глядя на нее, рисовать ее портрет.

Но кто, в сиянии луны,
Среди глубокой тишины,
Идет, украдкою ступая?
Очнулся русский. Перед ним,
С приветом нежным и немым,
Стоит черкешенка младая.
На деву молча смотрит он
И мыслит: это лживый сон,
Усталых чувств игра пустая.
Луною чуть озарена,
С улыбкой жалости отрадной
Колена преклонив, она
К его устам кумыс прохладный
Подносит тихою рукой.
Но он забыл сосуд целебный;
Он ловит жадною душой
Приятной речи звук волшебный
И взоры девы молодой.
Он чуждых слов не понимает;
Но взор умильный, жар ланит,
Но голос нежный говорит:
Живи! и пленник оживает.
И он, собрав остаток сил,
Веленью милому покорный,
Привстал – и чашей благотворной
Томленье жажды утолил.
Потом на камень вновь склонился

Отягощенною главой;
Но все к черкешенке младой
Угасший взор его стремился.
И долго, долго перед ним
Она, задумчива, сидела;
Как бы участием немым
Утешить пленника хотела;
Уста невольно каждый час
С начатой речью открывались;
Она вздыхала, и не раз
Слезами очи наполнялись.

Чтобы живее представить всю трогательную прелесть появления Черкешенки, надобно знать, что Пленник находился в это время в ужасном положении: привлеченный в селение на аркане, обезображенный ужасными язвами и закованный в цепи, он жадно ждал своей смерти – и вместо нее, в виде богини здравия, приходит к нему его избавительница.

За днями дни прошли как тень.
В горах, окованный, у стада
Проводит пленник каждый день.
Пещеры темная прохлада
Его скрывает в летний зной;
Когда же рог луны сребристой
Блеснет за мрачною горой,
Черкешенка, тропой тенистой,
Приносит пленнику вино,
Кумыс, и ульев сот душистый,
И белоснежное пшено.
С ним тайный ужин разделяет;
На нем покоит нежный взор;
С неясной речию сливает
Очей и знаков разговор;
Поет ему и песни гор,
И песни Грузии счастливой,
И памяти нетерпеливой
Передает язык чужой.

Мы не останавливаемся на красоте каждого стиха порознь. Такой разбор заставил бы нас утомить читателей однообразными восклицаниями. Нам хочется только дать ясное понятие об этом характере, который навсегда останется у нас мастерским произведением, – и потому мы принуждены выбирать места, где поэт умел раскрыть всю душу своей героини. Послушаем, как она силится в унылом Пленнике пробудить чувство любви, которая победила ее сердце:

.............Пленник милый!
Развесели свой взор унылый,
Склонись главой ко мне на грудь,
Свободу, родину забудь:
Скрываться рада я в пустыне
С тобою, царь души моей!
Люби меня; никто доныне

Не целовал моих очей;
К моей постели одинокой
Черкес младой и черноокий
Не крался в тишине ночной;
Слыву я девою жестокой,
Неумолимой красотой.
Я знаю жребий мне готовый:
Меня отец и брат суровый
Немилому продать хотят
В чужой аул ценою злата;
Но умолю отца и брата;
Не то – найду кинжал иль яд.
Непостижимой, чудной силой
К тебе я вся привлечена;
Люблю тебя, невольник милый,
Душа тобой упоена...

Может ли страсть говорить убедительнее? Это место приводит нам на память нежную Моину, с таким же простосердечием изображающую любовь свою к Фингалу[5]. Но в частной отделке нет ничего общего между Озеровым и Пушкиным; потому что лица, ими описываемые, взяты из разных климатов и находились в разных положениях. Надобно заметить, с каким искусством воспользовался Пушкин пламенным и частью неистовым характером диких горцев, который должен виден быть и в самой невинной Черкешенке! Она, при одной мысли о невольном замужестве, решительно произносит: *найду кинжал иль яд*. После столь нежного изъявления любви своей она слышит от него ужасный себе приговор: Пленник уже не властен над своим сердцем. Какой быстрый и сильный должен последовать переход в ее душе от надежды к отчаянию!

Раскрыв уста, без слез рыдая,
Сидела дева молодая:
Туманный, неподвижный взор
Безмолвный выражал укор;
Бледна как тень, она дрожала;
В руках любовника лежала
Ее холодная рука;
И наконец любви тоска
В печальной речи излилася:

«Ах, русский, русский! Для чего,
Не зная сердца твоего,
Тебе навек я предалася?
Не долго на груди твоей
В забвеньи дева отдыхала;
Не много радостных ей дней
Судьба на долю ниспослала!
Придут ли вновь когда-нибудь?
Ужель навек погибла радость?..
Ты мог бы, пленник, обмануть
Мою неопытную младость,
Хотя б из жалости одной,

>   Молчаньем, ласкою притворной;
>   Я услаждала б жребий твой
>   Заботой нежной и покорной;
>   Я стерегла б минуты сна,
>   Покой тоскующего друга:
>   Ты не хотел.....»

Стихотворец ничего не опустил, чтобы довершить изображение этого простодушного и нежного характера. Приведенное нами место можно назвать образцом искусства, как привлекать участие читателей к действующим в поэме лицам.

Между тем мы не находим такой определенности в характере Пленника. Кажется, что это недоконченное лицо. Есть места, которые возбуждают и к нему живое участие.

>   Когда так медленно, так нежно
>   Ты пьешь лобзания мои,
>   И для тебя часы любви
>   Проходят быстро, безмятежно;
>   Снедая слезы в тишине,
>   Тогда рассеянный, унылый,
>   Перед собою, как во сне,
>   Я вижу образ вечно милый;
>   Его зову, к нему стремлюсь,
>   Молчу, не вижу, не внимаю;
>   Тебе в забвеньи предаюсь
>   И тайный призрак обнимаю;
>   О нем в пустыне слезы лью;
>   Повсюду он со мною бродит
>   И мрачную тоску наводит
>   На душу сирую мою.

Или – где еще яснее сказано:

>   Не плачь! И я гоним судьбою
>   И муки сердца испытал.
>   Нет! Я не знал любви взаимной;
>   Любил один, страдал один,
>   И гасну я, как пламень дымный,
>   Забытый средь пустых долин.
>   Умру вдали брегов желанных;
>   Мне будет гробом эта степь;
>   Здесь на костях моих изгнанных
>   Заржавит тягостная цепь...

Прочитав сии стихи, каждый составил бы ясное понятие о характере человека, преданного нежной любви к милому предмету, отвергшему его роковую страсть. В этом одном виде Пленник составлял бы самое занимательное лицо в поэме. Но в других местах к изображению Пленника примешаны посторонние и затемняющие его характер черты. Например, сочинитель говорит, что Пленник лишился отечества.

>   .....Где пламенную младость
>   Он гордо начал без забот,
>   Где первую познал он радость,
>   Где много милого любил,
>   Где обнял грозное страданье,

Где бурной жизнью погубил
Надежду, радость и желанье –
И лучших дней воспоминанье
В увядшем сердце заключил.
....
....
Людей и свет изведал он,
И знал неверной жизни цену:
В сердцах друзей нашел измену,
В мечтах любви – безумный сон.
Наскуча жертвой быть привычной
Давно презренной суеты,
И неприязни двуязычной,
И простодушной клеветы,
Отступник света, друг природы,
Покинул он родной предел
И в край далекий полетел
С веселым призраком свободы.

По этому описанию воображение то представляет человека, утомленного удовольствиями любви, то возненавидевшего порочный свет и радостно оставляющего родину, чтоб сыскать лучший край. На первую мысль сочинитель попадает и в другом месте.

Забудь меня; *твоей любви,*
Твоих восторгов я не стою.
Бесценных дней не трать со мною;
Другого юношу зови.
....
....
Без упоенья, без желаний
Я вяну жертвою страстей.

Столь неясные слова в устах человека, пламенно любимого, рождают о нем странные мысли. Ему бы легче и благороднее было отказаться от новой любви постоянною своею привязанностию, хотя первая любовь его и отвергнута: тем вернее он заслужил бы сострадание и уважение Черкешенки. Между тем слова: *твоих восторгов я не стою,* или: *без желаний я вяну жертвою страстей –* охлаждают всякое к нему участие. Несчастный любовник мог бы сказать ей: «Мое сердце чуждо новой любви», но кто имеет причину признаваться, что он *не стоит восторгов* невинности, тот разрушает всякое очарование на счет своей нравственности. Вот что заставило сказать нас, что характер русского в «Кавказском пленнике» не совсем обдуман и, следственно, не совсем удачен. Впрочем, встречая в этой поэме пропуски, означенные самим сочинителем, мы полагаем, что какие-нибудь обстоятельства заставили его представить публике свое произведение не совсем в том виде, как оно образовалось в первом его состоянии[6].

К числу небольших ошибок в стихах мы относим в сей поэме следующее место.

В час ранней, утренней прохлады,
Останавлял он долго взор
На отдаленные громады
Седых, румяных, синих гор.

В другом месте:

> *Но европейца все вниманье*
> Народ сей чудный привлекал –

первый стих вышел очень прозаический.

Сии почти единственные и маловажные ошибки заменены беспрерывными, неподражаемыми красотами истинной поэзии. Критика не может и не должна говорить хладнокровно о подобных произведениях, потому что они питают образованный вкус; они одним своим появлением уничтожают ложно прекрасное, очищают поле словесности и разрешают шумные толки невежества и пристрастия.

Пушкин, одарен будучи истинным и оригинальным талантом, идет наравне с другими превосходными поэтами нашего времени. Конечно, он не без ошибок. В первой его поэме «Руслан и Людмила» есть погрешность в плане; главные лица могли бы явиться занимательнее, полнее и более обнаружить силы в характерах; но сии ошибки неразлучны с первыми опытами в роде эпическом, требующем величайших соображений и зрелости гения. Можно ручаться, что постоянное внимание и любовь к своему искусству доведут его до того совершенства в планах, которое теперь так видимо в частных отделках его произведений.

П. А. ВЯЗЕМСКИЙ
О «Кавказском пленнике», повести соч. А. Пушкина[*]

Неволя была, кажется, музою-вдохновительницею нашего времени. «Шильонский узник»[1] и «Кавказский пленник», следуя один за другим, пением унылым, но вразумительным сердцу прервали долгое молчание, царствовавшее на Парнасе нашем. Недавно сожалели мы о редком явлении прозаических творений, но едва ли и стихотворческие произведения не так же редко мелькают на поприще пустынной нашей словесности. Мы богаты именами поэтов, но бедны творениями. Эпоха, ознаменованная деятельностию Хераскова, Державина, Дмитриева, Карамзина, была гораздо плодороднее нашей. Слава их не пресекалась долгими промежутками, но росла постепенно и беспрерывно. Ныне уже не существует постоянных сношений между современными поэтами и читателями: разумеется, говорим единственно о сношениях, основанных на взаимности, а не о тех насильственных и одиноких сношениях поэта, упорно осаждающего публику посылками, от коих она непреклонно отказывается. Явление упомянутых произведений, коими обязаны мы лучшим поэтам нашего времени, означает еще другое: успехи посреди нас *поэзии*

---

[*] Книга сия продается у издателя оной, колл. сов. Ник. Ив. Гнедича, в доме, принадлежащем Императорской публичной библиотеке, на Невском проспекте. Цена на белой, с портретом автора (А.С.Пушкина) *пять рублей*. Экземпляры на веленевой бумаге все проданы. Иногородние, относясь прямо на имя г. Гнедича, получают книгу сию без оплаты за пересылку. Там же можно получать поэму Бейрона «Шильонский узник», перевод г. Жуковского. Цена на белой бумаге с картинкою *три рубля*.

романтической. На страх оскорбить присяжных приверженцев старой парнасской династии, решились мы употребить название еще для многих у нас дикое и почитаемое за хищническое и беззаконное[*]. Мы согласны: отвергайте название, но признайте существование. Нельзя не почесть за непоколебимую истину, что литература, как и все человеческое, подвержена изменениям; они многим из нас могут быть не по сердцу, но отрицать их невозможно или безрассудно. И ныне, кажется, настала эпоха подобного преобразования. Но вы, милостивые государи, называете новый род чудовищным потому, что почтеннейший Аристотель с преемниками вам ничего о нем не говорили. Прекрасно! Таким образом и ботаник должен почесть уродливым растение, найденное на неизвестной почве, потому что ни Линней, ни Бомар не означили его примет; таким образом и географ признавать не должен существования островов, открытых великодушною и просвещенною щедростию Румянцева[3], потому что о них не упомянуто в землеописаниях, изданных за год до открытия. Такое рассуждение могло бы быть основательным, если б природа и гений, на смех вашим законам и границам, не следовали в творениях своих одним вдохновениям смелой независимости и не сбивали ежедневно с места ваших *геркулесовых столпов*[4]. Жалкая неудача! Вы водружаете их с такою важностию и с таким напряжением, а они разметывают их с такою легкостью и небрежностью! Во Франции еще понять можно причины войны, объявленной так называемому *романтическому роду*, и признать права его противников. Народная гордость одна и без союза предубеждений, которые всегда стоят за бывалое, должна ополчиться на защиту славы, утвержденной отечественными писателями и угрожаемой ныне нашествием чужеземных. Так называемые классики говорят: «Зачем принимать нам законы от Шекспиров, Бейронов, Шиллеров, когда мы имели своих Расинов, Вольтеров, Лагарпов, которые сами были законодателями иностранных словесностей и даровали языку нашему преимущество быть языком образованного света?» Но мы о чем хлопочем, кого отстаиваем? Имеем ли уже литературу отечественную, пустившую глубокие корни и ознаменованную многочисленными, превосходными плодами? До сей поры малое число хороших писателей успели только дать некоторый образ нашему языку; но образ литературы нашей еще не означился, не прорезался. – Признаемся со смирением, но и с надеждою: есть язык русский, но нет еще словесности, достойного выражения народа могущего и мужественного! Что кинуло наш театр на узкую дорогу французской драматургии? Слабые и неудачные сколки Сумарокова с правильных, но бледных подлинников французской Мельпомены. Кроме Княжнина и Озерова, какое дарование отличное запечатлело направление, данное Сумароковым[5]? Для каждого, не ограниченного предубеждением, очевидно, что наш единственный трагик[6] если не формами, то, по крайней мере, духом своей поэзии со-

---

[*] Противники *поэзии романтической* у нас устремляют в особенности удары свои на поражение некоторых слов, будто *модных*, будто *новых*. *Даль, таинственная даль, туманная даль* более прочих выражений возбуждает их классическое негодование[2]. Так некогда слово *милое* было у некоторых опалено клеймом отвержения. Когда уверятся все эти *немилые* и *недальные* литераторы, что привязчивость к одним только словам была, есть и будет всегда (в литературе) любимым орудием и вернейшею вывескою ничтожности? Соч.

вершенно отчуждался от французской школы. – Поприще нашей литературы так еще просторно, что, не сбивая никого с места, можно предположить себе цель и беспрепятственно к ней подвигаться. Нам нужны опыты, покушения: опасны нам не утраты, а опасен застой. И о чем сожалеют телохранители писателей заслуженных, которые в самом деле достойны были бы сожаления, когда бы слава их опиралась единственно на подобных защитников? Несмотря на то что пора торжественных од миновалась, польза, принесенная Ломоносовым и в одном стихотворном отношении, не утратила прав на уважение и признательность. Достоинства хороших писателей не затмятся ни раболепными и вялыми последователями, ни отважными и пылкими указателями новых путей.

Автор повести «Кавказский пленник» (по примеру Бейрона в «Child-Harold»*) хотел передать читателю впечатления, действовавшие на него в путешествии[7]. *Описательная поэма, описательное послание* придают невольно утомительное однообразие рассказу. Автор на сцене представляет всегда какое-то принужденное и холодное лицо: между им и читателем выгоднее для взаимной пользы иметь посредника. Пушкин, созерцая высоты поэтического Кавказа, поражен был поэзиею природы дикой, величественной, поэзиею нравов и обыкновений народа грубого, но смелого, воинственного, красивого; и, как поэт, не мог пребыть в молчании, когда все говорило воображению его, душе и чувствованиям языком новым и сильным. Содержание настоящей повести просто и, может быть, слишком естественно: для читателя ее много занимательного в описании, но мало в действии. Жаль, что автор не приложил более изобретения в драматической части своей поэмы: она была бы полнее и оживленнее. Характер Пленника нов в поэзии нашей, но сознаться должно, что он не всегда выдержан и, так сказать, не твердою рукою дорисован; впрочем, достоинство его не умаляется от некоторого сходства с героем Бейрона. Британский поэт не воображению обязан характером, приданным его герою. Не входя в исследование мнения почти общего, что Бейрон себя списывал в изображении Child-Harold, утвердить можно, что подобные лица часто встречаются взору наблюдателя в нынешнем положении общества. Преизбыток силы, жизни внутренней, которая в честолюбивых потребностях своих не может удовольствоваться уступками внешней жизни, щедрой для одних умеренных желаний так называемого благоразумия; необходимые последствия подобной распри: волнение без цели, деятельность, пожирающая, не прикладываемая к существенному; упования, никогда не совершаемые и вечно возникающие с новым стремлением, – должны неминуемо посеять в душе тот неистребимый зародыш скуки, приторности, пресыщения, которые знаменуют характер *Child-Harold, Кавказского Пленника* и им подобных. Впрочем, повторяем: сей характер изображен во всей полноте в одном произведении Бейрона; у нашего поэта он только означен слегка; мы почти должны угадывать намерение автора и мысленно пополнять недоконченное в его творении. Не лишнее, однако же, притом заметить, что в самом том месте, где он знакомит нас с характером своего героя, встречаются пропуски, которые, может быть, и утаивают от нас многие черты, необходимые для совершеннейшего изображения[8]. Сделаем еще одно замечание. Автор пред-

---

* «Чайльд-Гарольде» (*англ.*). – *Ред.*

ставляет героя своего равнодушным, охлажденным, но не бесчеловечным, и мы с неудовольствием видим, что он, избавленный от плена рукою страстной Черкешенки, которая после этого подвига приносит на жертву жизнь уже для нее без цели и с коею разорвала она последнюю связь, не посвящает памяти ее ни одной признательной мысли, ни одного сострадательного чувствования.

> Прощальным взором
> Объемлет он в последний раз
> Пустой аул с его забором,
> Поля, где пленный стадо пас,
> Стремнины, где влачил оковы,
> Ручей, где в полдень отдыхал,
> Когда в горах черкес суровый
> Свободы песню запевал.

Стихи хорошие, но не соответствующие естественному ожиданию читателя, коего живое участие в несчастном жребии Чркешенки служит осуждением забвению Пленника и автора.

Лицо Черкешенки совершенно поэтическое. В ней есть какая-то неопределительность, очаровательность. Явление ее, конец – все представляется тайною. Мы знаем о ней только одно, что она любила, – и довольны. И подлинно: жребий, добродетели, страдания, радости женщины, обязанности ее не могут ли заключаться все в этом чувстве? По моему мнению, женщина, которая любила, совершила на земле свое предназначение и жила в полном значении этого слова[9]. Спешу пояснить строгим толкователям, что и слово *любить* приемлется здесь в чистом, нравственном и строгом значении своем. Кстати о строгих толкователях, или, правильнее, *перетолкователях*, заметим, что, может быть, они поморщатся и от нового произведения поэта пылкого и кипящего жизнию. Пускай их мертвая оледенелость не уживается с горячностию дарования во цвете юности и силы, но мы, с своей стороны, уговаривать будем поэта следовать независимым вдохновениям своей поэтической Эгерии[10] — в полном уверении, что бдительная цензура, которой нельзя упрекнуть у нас в потворстве, умеет и без помощи посторонней удерживать писателей в пределах позволенного. – Впрочем, увещевание наше излишне: как истинной чести двуличною быть нельзя, так и дарование возвышенное двуязычным быть не может. В непреклонной и благородной независимости оно умело бы предпочесть молчание языку заказному, выражению обоюдному и холодному мнений неубедительных, ибо источник их не есть внутреннее убеждение.

Все, что принадлежит до живописи в настоящей повести, превосходно. Автор наблюдал как поэт и передает читателю свои наблюдения в самых поэтических красках. Поэзия в этом отношении не исключает верности, а, напротив, придает ее описанию: ничего нет лживее мертвого и, так сказать, буквального изображения того, что исполнено жизни и души. В подражательных творениях искусства чем более обмана, тем более истины. Стихосложение в «Кавказском пленнике» отличное. Можно, кажется, утвердить, что в целой повести нет ни одного вялого, нестройного стиха. Все дышит свежестью, все кипит живостью необыкновенною. Автор ее и в ранних опытах еще отроческого дарования уже поражал нас силою и мастерством своего языка стихотворного; впоследствии подвигался он быстро от усовершенствования к усовершенствованию и ныне являет нам степень зрелости совершенной. С жадною поспешностию и признательностию вписываем в книгу литературных упований обещание поэта рассказать *Мстислава древний поединок*. Слишком долго поэзия русская чуждалась природных своих источников и почерпала в посторонних родниках жизнь заемную, в коей оказывалось одно искусство, но не отзывалось чувству биение чего-то родного и близкого. Ожидая с нетерпением давно обещанной поэмы Владимира, который и после Хераскова еще ожидает себе песнопевца[11], желаем, чтобы молодой поэт, столь удачно последовавший знаменитому предшественнику в искусстве создать и присвоить себе язык стихотворный, не заставил нас, как и он, жаловаться на давно просроченные обязательства![12]

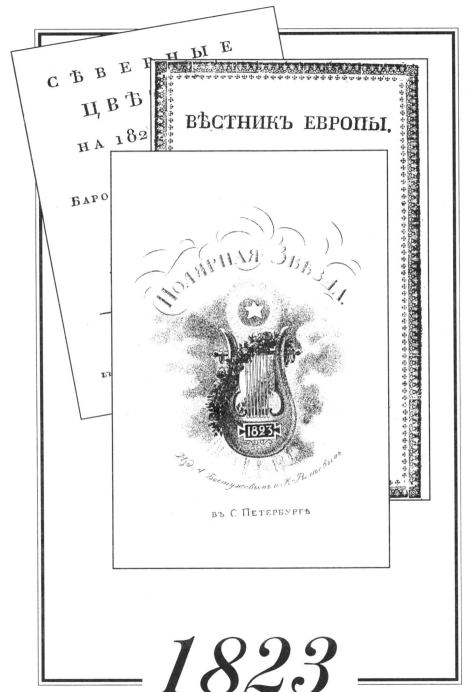

СѢВЕРНЫЕ
ЦВѢ
НА 182

БАРО

ВѢСТНИКЪ ЕВРОПЫ.

ПОЛЯРНАЯ ЗВѢЗДА.

1823

Изд. А. Бестужевымъ и К. Рылѣевымъ

въ С. ПЕТЕРБУРГѢ

1823

М. П. ПОГОДИН
О «Кавказском пленнике»

Давно уже любители поэзии не получали от наших стихотворцев никаких подарков значительных; с 1815[1] не много вышло таких произведений, которые бы с честию заняли место в сокровищнице русской словесности. – Новый атлет Пушкин, кажется, хочет вознаградить сей недостаток: прошлого года он дал нам «Руслана»[2]; ныне получили мы от него «Кавказского пленника» и скажем смело, что эта повесть должна почесться прелестным цветком на русском Парнасе. – Молодой стихотворец быстро идет вперед: первая поэма его, показавши в полной мере, чего от него ожидать должно, не удовлетворила во многих отношениях строгим требованиям знатоков[3]; но в «Кавказском пленнике» вместе с юным, крепким, пылким воображением видно искусство и зрелый плод труда; соображение обширнее, план правильнее.

Предложим ход действия в повести словами самого сочинителя. Оно открывается описанием беседы черкесов, которые разговаривают

> О бранных, гибельных тревогах,
> О красоте своих коней,
> О наслажденьях дикой неги.
> ....
> Текут беседы в тишине.

Вдруг является пред ними их соотечественник с русским пленником. Горцы радуются добыче. – Несчастный лежит без памяти; наконец приходит в чувство – загремели цепи,

> Все, все сказал ужасный звук.

Черкесы, ушед в поле, оставили его без надзора. Перед ним между однообразными вершинами холмов

> уединенный путь
> В дали теряется угрюмой.

Этот путь ведет его на родину. Он погружается в задумчивость,

> И лучших дней воспоминанье
> В увядшем сердце заключил.

Читатель узнает здесь короче своего героя:

> Людей и свет изведал он
> И знал неверной жизни цену.

Он отказался от света,

> Покинул он родной предел
> И в край далекий полетел
> С веселым призраком свободы.

Свобода потеряна, и жизнь становится ему несносною;

> Он ждет, чтоб с сумрачной зарей
> Погас печальной жизни пламень.

Вдруг является перед ним черкешенка, воспылавшая к нему внезапною любовию.

> Он чуждых слов не понимает,
> Но взор умильный, жар ланит,
> Но голос нежный говорит:
> Живи,– и путник[4] оживает.

Должность его была пасти стада. – Молодая подруга своим участием старается облегчить скорбную судьбу его, и хотя

> Не мог он сердцем отвечать
> Любви младенческой, открытой;

однако,

> Казалось, пленник безнадежный
> К унылой жизни привыкал.

Внимание его обращает на себя жизнь черкесов, описанием коей заключается первая часть. – Может быть, строгие критики наши скажут, что сии описания, занимая большую ее половину, слишком длинны, то есть несоразмерны с составом целой повести; что касается до нас, мы, очарованные прелестными стихами, прелестными картинами, не заметили бы, кажется, этого, хотя бы их было гораздо более.

Во второй части, начатой не так удачно, как первая, дева признается Пленнику в любви своей; но его сердце уже занято и не может отвечать красавице. Забудь меня, – говорит он, –

> Зачем не прежде
> Явилась ты моим очам,
> В те дни, как верил я надежде? *и пр.*

Образ первой его любимицы везде за ним следует; он не может думать ни о чем больше. – Не ожидавшая такого объяснения,

> без слез рыдая,
> Сидела дева молодая.

Пришед несколько в себя, она упрекает Пленника, зачем не обманул он ее неопытную младость

Хотя б из жалости одной
Молчаньем – лаской притворной, *и пр.*

....

Умолкла. Слезы и стенанья
Стеснили бедной девы грудь,
Уста без слов роптали пени.

Тронутый пленник утешает ее. И я также, говорит он,

Любил один, страдал один.

Наконец,

Главу склонив, потупя взор,
Они в безмолвии расстались.

Долго после не посещала Пленника Черкешенка. Он

Один окрест аула бродит,

томясь желанием свободы; вдруг слышит он:

В горах раздался клик военный.

Черкесы отправились в поход. В ауле остались младенцы, девы, старики. К
Пленнику приходит Черкешенка;

В одной руке блестит пила,
В другой кинжал ее булатный.

Беги, говорит она ему, вот кинжал;

Твоих следов
Никто во мраке на заметит».
Пилу дрожащей взяв рукой,
К его ногам она склонилась.
Визжит железо под пилой;
Слеза невольная скатилась,
И цепь распалась и гремит.
«Ты волен, – дева говорит, –
Беги!» но взгляд ее безумный
Любви порыв изобразил.
Она страдала; ветер шумный
Свистя, покров ее клубил.

Пленник зовет ее с собою;

Нет, русский, нет,
Она исчезла, жизни сладость.

Доходят вместе до реки. – Пленник бросается вплавь. Вдруг слышится ему
стон. Русский выходит на противный берег, оборачивается назад и видит:

при луне, в водах плеснувших,
Струистый исчезает круг.
Все понял он.

Пленник прощается с местом своего заточения, отправляется в путь и достигает русского стана.

Вот вся повесть. Действие самое простое и ведено самым естественным образом. Действующих лиц только два. – Характер Черкешенки отделан мастерски. Она простосердечна, тверда, страстна; одно мгновение решает навеки судьбу ее; в ней видно какое-то дикое великодушие. Узнав от Пленника, что он не может отвечать на любовь ее, не приходит разделять с ним его горестей; это не в ее силах: такое тихое, образованное чувство ей чуждо; но она готова спасти своего друга. – Спасая его, являет еще врожденную свою гордость.

> Возможно ль! ты любил другую!..
> О чем же я еще тоскую,
> О чем уныние мое? –

говорит она ему – но не может пережить любви своей: в чистом сердце впечатление первой любви сильно. – Словом, Черкешенка есть истинная дочь Кавказа, и портрет ее должен висеть подле портрета Душеньки[5] в галерее красавиц, созданных русскими стихотворцами. – Жаль, что любезный Пушкин не описал нам подробнее этого волшебного мгновения, в которое героиня его воспламенилась любовию к Пленнику, – этой внезапной симпатии сердца, столь счастливо им придуманной.

> Непостижимой, тайной силой
> К тебе я вся привлечена –

слишком мало для читателя. Здесь был предмет для прекраснейшего пиитического описания.

Характер Пленника странен и вовсе непонятен. В нем замечаются беспрестанные противоречия.– Нельзя сказать, что составляет его основу: любовь или желание свободы.– Кажется, что поэт больше хотел выставить последнее; но ответ Пленника Черкешенке:

> .... рассеянный, унылый
> Перед собою, как во сне,
> Я вижу образ вечно милый;
> Его зову, к нему стремлюсь,
> Молчу, не вижу, не внимаю,
> Тебе в забвеньи предаюсь
> И тайный призрак обнимаю;
> О нем в пустыне слезы лью;
> Повсюду он со мною бродит
> И мрачную тоску наводит
> На душу сирую мою –

и некоторые другие стихи показывают, что и свободою наслаждаясь, Пленник был бы равно несчастлив; ибо, кажется, никак нельзя допустить, чтоб страдания от презренной любви чувствовались им только в неволе и изглаждались на воле. – Такая любовь была бы слишком мудрена. Если ж с свободою Пленник не получит счастия, то *для чего* он так жаждет ее: свобода в сем случае есть чувство непонятное, хотя при других обстоятельствах, при других отношениях, разумеется, она может составить счастие. – Притом сам стихотворец в первой части сказал:

> Казалось, пленник безнадежный
> К унылой жизни привыкал,
> Тоску неволи, жар мятежный
> В душе глубоко он скрывал.

Он мог обращать внимание на жизнь черкесов, наблюдать их нравы, воспитание, любил их простоту и пр., умел управлять своими страстями.

> Таил в молчаньи он глубоком
> Движенья сердца своего,
> И на челе его высоком
> Не изменялось ничего.

Он с нетерпением учился языку грузинскому. – Все сии обстоятельства показывали, что пленник начинает забывать потерю свободы, как вдруг во второй песни, именно после объяснения Черкешенки, эта страсть возгорается в нем с новою силою. При малейшем шуме он,

> Вспыхнув, загремит цепями;
> Он ждет, не крадется ль козак,
> Ночной аулов разоритель,
> Рабов отважный избавитель,
> Зовет ....

Пленник тоскует, что умрет вдали от брегов желанных, где живет его любезная; но прежде он сам оставил их и полетел за веселыми призраками свободы.

Как друг природы, он мог бы наслаждаться ею и пася табуны черкесские.

По крайней мере, Пушкин мог бы привести причиною желания свободы любовь к отечеству. Зачем не влил он в своего Пленника этого прекрасного, русского чувства: хотя страдать, но на родине? Пусть тоска, как свинец, у него на сердце, но он хочет быть на русской земле, под русским небом, между русскими людьми, и ему будет легче. – Любовь к отечеству, представленная *отдельно, независимо от страстей*, произвела бы прекрасное действие под пером Пушкина, так хорошо описавшего этот уединенный путь, который

> В дали теряется угрюмой.

Холодность Пленника к благодеяниям Черкешенки во всех отношениях не извинительна. Он не хотел посвятить ей даже вздоха, увидев, как

> Струистый исчезает круг.

Пусть он не мог отвечать на любовь ее; но он должен был почтить в ней свою благодетельницу, должен был пожалеть о ней, о такой жертве страстей, как сам он[6]. – И прежде как мог он сказать ей:

> Недолго женскую любовь
> Печалит хладная разлука;
> Пройдет любовь, настанет скука,
> Красавица полюбит вновь.

Говорить так с светскою красавицей – было бы жестоко; с невинною черкешенкою – вовсе непростительно. Собственные неудачи Пленника в любви едва ли могут извинить такие слова.

Зачем звал он ее бежать с собою? – Неужели, сказав ей:

> Я твой навек, я твой до гроба,

он говорил правду? Неужели, получа свободу, он мог бы позабыть совсем предмет первой любви своей? Прежние чувства его противоречат этому совершенно. Слова, сказанные Пленником о себе:

> Твой друг отвык от сладострастья,

или,

> Без упоенья, без желаний
> Я вяну жертвою страстей,

показывают, что Пленник смотрел на любовь не с благородной стороны. Можно ли выставлять такие чувства! – Иные скажут, что Пленник говорил так, сообразуясь с понятиями Черкешенки; в таком случае ее любовь не возбудит большого участия. – Сии стихи, скажем кстати, напоминают соблазнительности, коими наполнена первая поэма Пушкина. Пусть вспомнит он, что первым украшением Гомеровой Венеры почитается пояс стыдливости, изобретенный сим великим стихотворцем[7]. – Неужели чувственности должна говорить поэзия? – Это ли святая цель ее?

Есть и частные несообразности в характере Пленника; напр., он, опамятовавшись и видя себя в плену, лишась последней цели своей жизни,

> ...ждет, чтоб с сумрачной зарей
> Погас печальной жизни пламень.

Но чрез несколько часов является перед ним Черкешенка, и он

> ловит жадною душой
> Приятной речи звук волшебный
> И взоры девы молодой.

Сила красоты велика, говорят; но естественно ли вдруг возыметь такие чувства человеку, ожесточенному совершенно против жизни, и еще более против любви, человеку окаменелому?

Наконец, стихи, относящиеся к Пленнику,

> Я жаждой гибели горел
> ....
> Где бурной жизнью погубил
> Надежду, радость и желанье.
>
> ....
> Душевной бури след ужасный *и пр.*

разливают какую-то неприятную темноту на характер Пленника.

Неужели думал любезный поэт наш, что таким чудным характером произведет он большее действие и что, наоборот, умерив в Пленнике страсть к свободе чрез показание причин в любви и в чем-нибудь другом, изобразив его не столько ожесточенным, более признательным к благодеяниям Черкешенки, он представит слишком обыкновенное? – Напрасно: под его пером и слишком обыкновенное имело бы свою занимательность, свои красоты, свою прелесть. – Он мог также затмить совершенно первую любовь и вместе с нею окаменить сердце Пленника к подобным чувствам и в будущем: тогда сохранилось бы, по крайней мере, единство в его характере, и свобода была бы его основою. – Для сего стоило бы только переделать несколько разговоров Пленника с Черкешенкою. – Признание в первой неудачной любви может служить и в сем случае причиною невозможности отвечать на любовь Черкешенки.

> Несчастный друг! зачем не прежде
> Явилась ты моим очам *и пр.*

Только нельзя уже будет оставить стихов:

> В объятиях подруги страстной
> Как тяжко мыслить о другой!

Также и следующих:

> Я вижу образ вечно милый *и пр.*

до стиха:

> На душу сирую мою.

Предыдущие же,

> Когда так медленно, так нежно
> Ты пьешь лобзания мои *и пр.*

могут остаться как простое воспоминание, не имеющее никакого отношения к настоящим его чувствам.

Многие стихи показывают, что это и была цель Пушкина; например, о Пленнике, в то время как он потерял свободу, сказано:

> Свершилось! целью упованья
> Не зрит он в мире *ничего.*
> И вы, *последние* мечтанья,
> Сокрылись от него.

Или при описании равнодушия его к ласкам Черкешенки:

> Быть может, сон любви забытой
> Боялся он воспоминать.

Но такой характер, даже будучи выдержан, едва ли возбудил бы большее участие, если бы не были изложены подробнее причины его ожесточения.

Слог в повести превосходный, и касательно легкости в версификации (стихосложении) Пушкин станет наряду с первыми нашими поэтами. – Укажем на лучшие места. – Выбор труден: беспрестанно встречается или прекрасная картина, или прекрасное чувство, прекрасный оборот, – все идет ровно.

Сюда принадлежат: описание беседы черкесов, состояния Пленника в то время, когда он привезен был в аул и когда очувствовался; воспоминаний, возбудившихся в нем при виде дороги на родину:

> В Россию дальний путь ведет.

Как трогательно это *в Россию*, поставленное в начале!

> В страну, где пламенную младость
> Он гордо начал без забот.

Можно ли выразить вернее характер молодости? – Пленник оставил общество,

> Наскуча жертвой быть привычной
> ....
> И простодушной клеветы.

В большом свете люди бесхарактерные, кои влачат жизнь кое-как, клевещут часто друг на друга без умысла, нечаянно, – Пушкин называет такую клевету простодушною.

Возвращение черкесов с поля представлено живо. Кажется, пред глазами сверкают косы и в домах зажглись огни; слышно, как

> постепенно шум нестройный
> Умолкнул.

Очень хорошо описание первого свидания Черкешенки с Пленником:

> Потом на камень вновь склонился
> Отягощенною главой,
> Но все к черкешенке младой
> Угасший взор его стремился.

Также описание последующих свиданий:

> С ним тайный ужин разделяет,
> На нем покоит нежный взор,
> С неясной речию сливает
> Очей и знаков разговор...
> И памяти нетерпеливой
> Передает язык чужой.

Оборот в последних двух стихах новый и прекрасный; описание Кавказа, жизни черкесов, их удалых подвигов, обычаев, мастерское обращение к козакам ново и трогательно.

Во второй части должно заметить некоторые места из ответа Пленника Черкешенке, например:

> Оставь меня, но пожалей
> О скорбной участи моей.
> Несчастный друг! зачем не прежде
> Явилась ты моим очам? *и пр.*

Положение девы по выслушании неожиданного признания:

> Раскрыв уста, без слез рыдая,
> Сидела дева молодая.
> Туманный, неподвижный взор

Безмолвный выражал укор;
Бледна как тень, она дрожала,
В руках любовника лежала
Ее холодная рука.

Ответ ее Пленнику. – Перерывы в нем очень трогательны. Выпишем его.

Ах, русский, русский! для чего,
Не зная сердца твоего,
Тебе навек я предалася?
Не долго на груди твоей
В забвеньи дева отдыхала,
Не много радостных ей дней
Судьба на долю ниспослала![8]
Придут ли вновь когда-нибудь?
Ужель навек погибла радость?
Ты мог бы, пленник, обмануть
Мою неопытную младость,
Хотя б из жалости одной,
Молчаньем, лаской притворной;
Я услаждала б жребий твой
Заботой нежной и покорной;
Я стерегла б минуты сна,
Покой тоскующего друга;
Ты не хотел... Но кто ж она,
Твоя прекрасная подруга?
Ты любишь, русский? ты любим?
Понятны мне твои страданья!..
....
....
Умолкла. Слезы и стенанья
Стеснили девы бедной грудь,
Уста без слов роптали пени.
Без чувств, обняв его колени,
Она едва могла дохнуть.
И пленник, тихою рукою
Подняв несчастную, сказал *и пр.*

Последние два стиха в ответе Пленника показывают воображение поэта:

Там на костях моих изгнанных
Заржавит тягостная цепь.

Прекрасно описание ожидания Пленником освободителя:

..................но все молчит,
Лишь волны плещутся бушуя,
И человека зверь почуя
В пустыню темную бежит.

Также: отправления черкесов в поход, оставленного аула, вечера перед побегом:

Меж тем, померкнув, степь уснула.
Вершины скал омрачены,
По белым хижинам аула

Мелькает бледный свет луны;
Елени дремлют над водами,
Умолкнул поздний крик орлов,
И глухо вторится горами
Далекий топот табунов.

Освобождение Пленника*; последний ответ Черкешенки:

..................Нет, русский, нет!
Она исчезла, жизни сладость.

Оборот, коим дал знать стихотворец о смерти Черкешенки:

И при луне в водах плеснувших
Струистый исчезает круг.

Наконец, заключение повести приходом Пленника к своим.
Заметим теперь некоторые погрешности касательно языка и пр.

В ауле, на своих порогах,
Черкесы праздные сидят.

На своих порогах – значит, что черкесы сидят по домам своим, каждый у себя. Здесь же они представляются беседующими вместе.

Пред ним пустынные равнины
Лежат зеленой пеленой.

Пелена употребляется более в отношении к тому, что под нею находится.

Там холмов тянутся грядой
Однообразные вершины.

Слова расставлены, кажется, неясно.

Где обнял грозное страданье.

Обнять страдание – едва ли сказать можно.

Он ждет, чтоб с сумрачной зарей
Погас печальной жизни пламень.

Сумрачной вместо *вечерней*.

Оделись пеленою туч
Кавказа спящие вершины.

Не лучше ли *накрылись*? Иначе гор не будет видно.

Но кто в сиянии луны
Идет, украдкою ступая.

В *сиянии луны* – нельзя сказать; *при свете луны*.

Но все к черкешенке младой
Угасший взор его стремился.

---

* См. в изложении содержания.

Взор уже угасший стремиться не может. Здесь должно бы сказать *угасавший*.

> Пещеры темная прохлада
> Его скрывает в летний зной.

Прилагательное *темная* лучше идет к пещере, нежели к прохладе; притом *прохлада* и *скрывать* – не годится.

> Но вы, живые впечатленья,
> Первоначальная любовь.

Первоначальная – слово самое прозаическое.

> Останавлял он долго взор
> На отдаленные громады.

Должно бы сказать: *на отдаленных громадах*.

> В одно мгновенье верный бой
> Решит удар его могучий.

Верный – при глаголе *решить* – лишнее.

> Седой поток пред ним шумит.

Седой прилагательное неприличное.

> На берег пенистый выносит.

Что такое *берег пенистый*?

> Иль ухватив рогатый пень,
> В реку низверженный грозою.

Описание неясное. – Как развешивает черкес свои доспехи на пне, уже находящемся в реке, и потом бросается опять в реку?

> Под влажной буркой, в сакле дымной
> Вкушает путник мирный сон.

Ему бы легче скинуть влажную бурку и осушиться.

> И часто игры воли праздной
> Игрой жестокой сменены.

Игры воли праздной – мудреное выражение!

> В безумной резвости пиров.

Здесь не резвость разумеется, а неистовство. – Черкешенка говорит Пленнику:

> Скрываться рада я в пустыне
> С тобою, царь души моей.

Последнее приветствие очень пошло. Пленник тронут страстию Черкешенки;

> Он забывался; в нем теснились
> Воспоминанья прежних дней,
> И даже слезы из очей
> Однажды градом покатились.

К чему это *даже* и *однажды*, поставленные здесь как величайшие знаки горести?

> Пред юной девой наконец
> Он излиял свои страданья.

Этот оборот употреблен два раза сряду. У девы также

> любви тоска
> В печальной речи излилася.

> Уснув бесчувственной душой.

Бесчувственная душа не имеет нужды в засыпании.

> Прости и ты мои рыданья, –

говорит Черкешенка объяснившемуся Пленнику; стих лишний. К чему говорить здесь о прощении? А следующий:

> Не смейся горестям моим,

и вовсе неприличен ей.
Пленник, стараясь облегчить горесть ее, говорит:

> Не плачь! И я гоним судьбою,
> И муки сердца испытал.
> Нет! я не знал любви взаимной.

Неужели это может служить утешением? Первый стих в первом куплете прекрасной черкесской песни[*]:

> В реке бежит гремучий вал,

выражает обстоятельство, кажется, вовсе нейдущее к делу. В третьем куплете что значат *заветные воды*? Есть еще некоторые неправильности, вольности и пр., но они ничего не значат. Повторим: язык в «Пленнике» отборный, стихи легкие, чистые – венок из кавказских цветов у Пушкина неотъемлем.

В заключение – порадуемся, что любезный поэт наш обещается рассказать нам повесть дальних стран, про нашего удалого Мстислава, обещается прославить битвы русских на вершинах кавказских[10]. – Пожелаем ему успешного исполнения этих обещаний!

---

[*] Она положена на музыку известным г. Геништою и напечатается в «Дамском журнале», имеющем издаваться на сей 1823 год[9]. М. П.

А. А. БЕСТУЖЕВ
Взгляд на старую и новую словесность в России

<Отрывок>

<...> С Жуковского и Батюшкова начинается новая школа нашей поэзии. Оба они постигли тайну величественного, гармонического языка русского; оба покинули старинное право ломать смысл, рубить слова для меры и низать полубогатые рифмы[1]. Кто не увлекался мечтательною поэзиею Жуковского, чарующего столь сладостными звуками? Есть время в жизни, в которое избыток неизъяснимых чувств волнует грудь нашу; душа жаждет излиться и не находит вещественных знаков для выражения: в стихах Жуковского, будто сквозь сон, мы как знакомцев встречаем олицетворенными свои призраки, воскресшим былое. Намагниченное железо клонится к безвестному полюсу, его воображение – к таинственному идеалу чего-то прекрасного, но неосязаемого, и сия отвлеченность проливает на все его произведения особенную привлекательность. Душа читателя потрясается чувством унылым, но невыразимо приятным. Так долетают до сердца неясные звуки эоловой арфы, колеблемой вздохами ветра.

Многие переводы Жуковского лучше своих подлинников, ибо в них благозвучие и гибкость языка украшают верность выражения. Никто лучше его не мог облечь в одежду светлого, чистого языка разноплеменных писателей; он передает все черты их со всею свежестию красок портрета, не только с бесцветной точностью силуэтною. Он изобилен, разнообразен, неподражаем в описаниях. У него природа видна не в картине, а в зеркале. Можно заметить только, что он дал многим из своих творений германский колорит, сходящий иногда в мистику, и вообще наклонность к чудесному[2]; но что значат сии бездельные недостатки во вдохновенном певце 1812 года, который дышит огнем боев, в певце луны, Людмилы и прелестной, как радость, Светланы[3]? Переводная проза Жуковского примерна. Оригинальная повесть его «Марьина роща» стоит наряду с «Марфою Посадницею» Карамзина. (Род. 1783 г.)

Поэзия Батюшкова подобна резвому водомету, который то ниспадает мерно, то плещется с ветерком. Как в брызгах оного преломляются лучи солнца, так сверкают в ней мысли новые, разнообразные. Соперник Анакреона и Парни, он славит наслаждения жизни. Томная нега и страстное упоение любви попеременно одушевляют его и, как электричество, сообщаются душе читателя. Неодолимое волшебство гармонии, игривость слога и выбор счастливых выражений довершают его победу. Сами грации натирали краски, эстетический вкус водил пером его; одним словом, Батюшков остался бы образцовым поэтом без укора, если б даже написал одного «Умирающего Тасса». (Род. 1787 г.).

Александр Пушкин вместе с двумя предыдущими составляет наш поэтический триумвират. Еще в младенчестве он изумил мужеством своего слога, и в первой юности дался ему клад русского языка, открылись чары поэзии. Новый Прометей, он похитил небесный огонь и, обладая оным, своенравно играет сердцами. Каждая пьеса его ознаменована оригинальностию; после чтения каждой остается что-нибудь в памяти или в чувстве. Мысли Пушкины остры, смелы, огнисты; язык светел и правилен. Не говорю уже о благозвучии стихов – это музыка; не упоминаю о плавности их – по русскому выражению, они катятся по бархату жемчугом! Две поэмы сего юного поэта, «Руслан и Людмила» и «Кавказский пленник», исполнены чудесных, девственных красот; особенно последняя, писанная в виду седовласого Кавказа и на могиле Овидиевой[4], блистает роскошью воображения и всею жизнию местных красот природы. Неровность некоторых характеров и погрешности в плане суть его недостатки – общие всем пылким поэтам, увлекаемым порывами воображения. (Род. 1799 г.) <...>

О. М. СОМОВ
О романтической поэзии.
Статья III

<Отрывок>

<...> С некоторого времени, казалось, мы начали понимать ограниченность правил школьных, не развертывающих дарования, но спутывающих его зависимостью и тяготящих условиями. Поэзия классическая (по понятиям французов и их последователей) перестала для нас быть камнем Сизифовым, беспрестанно катимым вверх и беспрестанно скатывающимся с горы в безмолвную долину посредственности и забвения. *Жуковский* первый отринул сию столь часто неблагодарную работу, и еще чаще верное прибежище умов и дарований обыкновенных. Познакомив нас с поэзией соседних германцев и отдаленных бардов Британии, он открыл нам новые пути в мир воображения. Юный *Пушкин* нашел другой след в сей же самый мир: в вымыслах и мечтах его, в языке и способе выражения больше раскрываются черты народные русские. Прекрасные стихотворения Пушкина то дышат суровым севером и завиваются в седых его туманах, то раскаляются знойным солнцем полуденным и освещаются яркими его лучами. Поэт обнял все пространство родного края и в своенравных играх своей музы показывает его нам то с той, то с другой стороны: является нам на хладных берегах балтийских – и вдруг потом раскидывает шатер под палящим небом Кавказа или резвится на цветущих долинах киевских[1].

Новость всегда приманчива и всегда находит подражателей: Жуковский и Пушкин имеют их слишком много. Каждое слово, каждое выражение, даже и целые стихи сих двух поэтов ловятся наперерыв молодыми кандидатами Парнаса, которые прелестными чужими цветками думают скрасить волчцы и терны запустелых цветников своих. Если б сии подражатели захотели вникнуть и понять, что Жуковский и Пушкин пленяют и восхищают нас не одними словами новыми, но богатством мыслей, живостью и разнообразием картин; не условными выражениями, но особенным искусством, или, лучше сказать, *даром* – употреблять у места выражения, ими созданные; что Жуковский, перелагая по большей части поэтов германских, должен был верно передавать их творения, не изменяя их сущности и цели, часто неясной и отдаленной... Но нет! они упрямо хотят идти по проложенной дороге, не думая и не хотя думать, что она не по них. <...>

МОСКОВСКІЙ

ТЕЛЕГР

издава

Николаемъ

ОТЕЧЕСТВЕННЫЯ
ЗАПИСКИ,

ИЗДАВАЕМЫЯ

ДАМСКІЙ

ЖУРНАЛЪ,

ИЗДАВАЕМЫЙ

КНЯЗЕМЪ ШАЛИКОВЫМЪ.

№ 15.

МОСКВА.
Въ Университетской Типографіи.
1824.

1824

Н. И. ГРЕЧ
Нечто о нынешней русской словесности

<Отрывок>

<...> *А. Пушкин* написал новую небольшую поэму «Бакчисарайский фонтан»; мы читали отрывок из оной[1] и скажем, что необыкновенный талант молодого поэта стремится вперед исполинскими шагами. Он обратил на себя внимание не одной русской публики: в «Геттингенских ученых ведомостях» напечатана критика его «Кавказского пленника»[2], в которой отдают ему совершенную справедливость. <...>

ИЗ «ЛИТЕРАТУРНЫХ ЛИСТКОВ»
‹ I ›

Литературное поле обещает богатую жатву в 1824 году. <...> В Москве вскоре появится новая поэма *А. Пушкина*, под заглавием «Бакчисарайский фонтан». Мы читали некоторые отрывки из сей поэмы[1] и смело можем сказать, что *давным-давно*[2] не читали ничего превосходнейшего. Гений Пушкина обещает много для России; мы бы желали, чтоб он своими гармоническими стихами прославил какой-нибудь отечественный подвиг[3]. Это дань, которую должны платить дарования общей матери, отечеству. Некоторые отрывки в «Кавказском пленнике» доказывают, что Пушкин столь же искусно умеет изображать славу, как и граций.

‹ II ›

<...> Мы получили известие из Москвы, что «Бахчисарайский фонтан», поэма, соч. А. Пушкина, уже скоро будет отпечатана. Содержание сей поэмы очень просто: крымский хан Гирей любил черкешенку Зарему,

которая одна владычествовала в его серале и сердце. В одном из своих набегов на Польшу Гирей взял в неволю польскую княжну Марию, влюбился в нее и забыл Зарему. С сего времени исчезло его благополучие и веселость отлетела из роскошного его гарема. Прелестная Мария, верная религии отцов своих, не соглашалась быть супругою Гирея и проводила уединенные часы в молитвах и слезах. Влюбленный Гирей не смел употребить своей власти, чтобы принудить польскую княжну сделаться его женою. Он предался отчаянию и меланхолии. Между тем Мария скончалась, и Гирей, подозревая Зарему в убийстве, велит лишить ее жизни. Автор сей поэмы писал к одному из своих приятелей в Петербурге[1]: «Недостает плана; не моя вина, я суеверно перекладывал в стихи рассказ молодой женщины.

> Aux douces lois des vers, je pliais les accents
> De sa bouche aimable et naive.[*2]

Впрочем, я писал "Бахчисарайский фонтан" единственно для себя, а печатаю потому, что»[3] и проч. – Правда, что не достает связности в плане, но красоты поэзии, гармония языка, картины заставляют забывать самые несовершенства. С произведениями Пушкина бывает то же, что со всяким прелестным и любимым предметом: видишь недостатки, но чувствования заглушают голос холодного рассудка, и сердце невольно предупреждает желания. Говорить ли там о правилах, где каждый стих, каждая черта обворожают и заставляют забываться! А. Пушкин написал другую поэму, под заглавием «Онегин», которой содержание чрезвычайно разнообразно, по уверению особ, имевших случай читать оную в рукописи. Это история молодого человека, воспитанного в деревне, который приезжает в столицу на службу, описывает свои связи, знакомства, приключения и различные впечатления при виде многих предметов. Один просвещенный любитель словесности писал к нам из Киева, что поэма «Онегин» есть лучшее произведение неподражаемого Пушкина[4]. Мы просим извинения у почтенного автора, что без его ведома осмеливаемся поместить несколько стихов из «Онегина», которые завезены сюда в уме и продиктованы наизусть, а потому, может быть, и с ошибками, по крайней мере для нас неприметными. Это описание первой русской танцовщицы в балете:

> Блистательна, полувоздушна,
> Смычку волшебному послушна,
> Толпою нимф окружена,
> Стоит Истомина. – Она,
> Одной ногой касалась пола,
> Другою медленно кружит...
> И вдруг прыжок, и вдруг летит...
> Летит – как пух от уст Эола!
> То стан совьет, то разовьет,
> И быстрой ножкой ножку бьет.[5]

Какая живая картина! Вот истинная поэзия! Прилагательное *полувоз-*

---

[*] Нежным законам стиха подчинял я звуки
Ее милых и бесхитростных уст (*фр.*). – Пер. Б. В. Томашевского. – *Ред.*

душна с первого слова характеризует дарование. Танцовщица не стоит на земле, она носится в воздухе и только *касается* пола, послушная *волшебному смычку*. По нашему мнению, ни один из русских поэтов не имеет магической силы Пушкина одним взглядом останавливать летучие предметы (fixer les objets) и составлять из оных живые картины. Его воображение есть зеркало, в котором природа отражается в своем истинном виде: поэзия поручила ему свои краски, и гений изящного – кисть свою. Но поныне одни только хариты управляют его пламенною душою. Придет время, когда и важные музы обратят на себя внимание юного своего питомца и укажут ему в отечественных событиях предметы, достойные его высокого таланта[6].

Н. Д.
Московские записки

Театр. Не в укор почтенному директору Венгерского театра могу заметить, что бенефисные представления наши не все исчезают безвозвратно; напротив, некоторые из них останутся надолго украшением сцены и утехою публики. Я ссылаюсь на «Чванство Транжирина», где Щепкина талант сияет в полном своем блеске; на «Христофора Колумба», пиесу не классическую, конечно, одним словом *мелодраму*, но представляющую обширное поле для изобретательности машиниста и для хореографического композитера; на «Алепского горбуна», для глаз и для ума приятную пиесу, в которой представилась возможность г-же Петровой показать искусство свое в декламировании голосом умной волшебницы; на «Павла и Вергинию», прекрасный большой балет всем известного содержания, балет, в котором пантомима и танцы отличнейших артистов наших, равно как и очаровательные средства декоратера доставляют зрителю неизъяснимое наслаждение[1]; не упоминая о других пиесах, ссылаюсь, наконец, если угодно, и на известную песню г-на А. Пушкина («Гляжу я безмолвно на черную шаль»), которую с обыкновенным своим, всегда пленительным искусством поет г. Булахов и которой музыка открывает в господине Верстовском великую способность действовать на сердца посредством могущественных, потрясающих звуков гармонии[2].

Я слышал многие отзывы о сем отличном произведении музыки, и все они были в пользу любителя и опытного знатока в оной, г. Верстовского. Удивительным образом выразивши остаток сильной любви, тоску по красавице погибшей, раскаяние в нанесении ей смертного удара, непреодолимую злобу на соблазнителя, он показал нам, что все средства музыки находятся в полной его власти. Я желал бы, однако же, получить разрешение на следующие вопросы. Почему г. Верстовский возвел простую песню на степень кантаты? Такого ли содержания бывают кантаты, собственно так называемые? Такими ли мы находим их у Драйдена, у Жан Баптиста

Руссо и у других поэтов знаменитых? Истощив средства свои на страсти, бунтующие в душе безвестного человека, что употребит он, когда нужно будет силою музыки возвысить значительность слов в тех кантатах, где исторические или мифологические, во многих отношениях нам известные и для всех просвещенных людей занимательные лица страдают или торжествуют[3]? – В песне г-на Пушкина представляется нам *какой-то* молдаванин, убивший *какую-то* любимую им красавицу, которую соблазнил *какой-то* армении. Достойно ли это того, чтобы искусный композитер изыскивал средства потрясать сердца слушателей, чтобы для песни тратил сокровища музыки? Не значит ли это воздвигнуть огромный пьедестал для маленькой красивой куклы, хотя бы она сделана была на Севрской фабрике[4]? Угадываю причины, побудившие г-на Верстовского к сему подвигу, и знаю наперед один из ответов: «Г. А. Пушкин принадлежит к числу первокласных поэтов наших». Что касается до стихотворства, я сам отдаю ему совершенную справедливость: стихи его отменно гладки, плавны, чисты; не знаю, кого из наших сравнить с ним в искусстве стопосложения; скажу более: г. Пушкин не охотник щеголять эпитетами, не бросается ни в сентиментальность, ни в таинственность, ни в надутость, ни в пустословие; он жив и стремителен в рассказе; употребляет слова в надлежащем их смысле; наблюдает умную соразмерность в разделении мыслей – все это составляет внешнюю красоту его стихотворений. Где ж, однако же, те качества, которые, по словам Горация, составляют поэта? где mens divinior[*]? где os magna sonaturum[**5]? Малые дети, забавляясь куклами, остаются довольны блестящею наружностию своих игрушек, не заботясь о прочем, не спрашивая, кого они представляют, на кого походят, имеют ли приличную выразительность, соблюдена ли соразмерность в их формах. И мы такие же дети, если ослепляемся блеском наружности, если, остановившись над тем, что называется *у нас* хороший слог, считаем уже за лишнее поверять все прочее на весах здравого вкуса и ученой критики, если, наконец, красивой безделке приписываем достоинство, ей не принадлежащее.

Виноват я перед многими г-ми актерами, доставляющими публике столь приятное препровождение времени, а еще более перед г-жами актрисами, украшающими сцену московскую превосходными дарованиями своими; но уверяю тех и других, что воздастся каждому свое, suum cuique[***] (понимаете ли?), как скоро освобожусь от удушительного кашля, которого звуки крылатая Слава доносит от Лужников до Афин, по свидетельству остроумного нашего пииты[6].

---

[*] дух возвышеннейший (*лат.*). – *Ред.*
[**] уста, предназначенные, чтобы провозглашать великое (*лат.*). – *Ред.*
[***] каждому свое (*лат.*). – *Ред.*

Из журнала «Вестник Европы»

<...> Известный Скриччи[1] в минувшем апреле, пред многочисленным собранием лучшей публики парижской, вторично представил опыт чудесного своего искусства. Сперва задан был ему предмет для трагедии, именно *Александр Медичис*[2]; он, однако же, отменен, как немногим известный. После того потребовано, чтобы импровизатор взял содержанием для себя *смерть Кассандры*, событие, которым в древние времена уже пользовался Эсхил и которое недавно г. Лемерсье обработывал в своей трагедии с хорошим успехом[3]. Как скоро предмет решительно был назначен, в ту минуту Скриччи изложил сущность и порядок трагедии; наименовал главные действующие лица – Кассандру, Клитемнестру, Эгиста и хор юных троянок; назначил место действия в Аргосе, близ колоннады, откуда видны море, город и где воздвигнуты статуи Юпитера и Юноны; объявил, что должно происходить в первых актах, и, наконец, спросил, с каких действующих лиц приказано будет начать трагедию. Один из присутствующих назвал Кассандру. И в ту же минуту Кассандра, устами г-на Скриччи, стала говорить к хору юных троянок. <...>

Между тем лондонскую публику забавляет другой итальянский же стихотворец, по имени *Пеструччи*, и так же владеющий силою вдохновения во всякое время, когда ни захочет. Этот, однако ж, читает не трагедии, а коротенькие поэмы другого рода. В минувшем мае он показывал удивительные опыты своего таланта: сочиняя, декламировал стихи на следующие материи, которые были ему задаваемы в то же время: *золото, или богатство, – приговор Брутов*[4], *– величие Бога, – сила природы, – похвала Флоренции, – смерть Эпаминонда*[5], *– Саул*[6], *– сила женской красоты, или женские очи*, наконец, *подвиги Мазанелла*[7]. При всем разнообразии предметов г. Пеструччи нимало не затруднялся, не останавливался в произношении, и плавные стихи его доставляли слушателям великое удовольствие. (Любопытно знать, каким образом пресловутые итальянцы управились бы с нашими задачами, например, следующими: *былое на чужбине, – к домовому дедушке, – к ней, – к милой, – в альбом малютки, – давным-давно, – по Сеньке шапка, – к листочку фиалки, – мое ах, – на день рождения плачущей Нины, – к пенатам, – послание к кандидату знаменитости, – тоскующий мотылек* и проч.[8]) <...>

П. А. ВЯЗЕМСКИЙ
Разговор между Издателем и Классиком с Выборгской стороны или с Васильевского острова

Вместо предисловия <к «Бахчисарайскому фантану»>

Кл. Правда ли, что молодой Пушкин печатает новую, третью поэму, то есть поэму по романтическому значению, а по нашему, не знаю, как и назвать.

Изд. Да, он прислал «Бахчисарайский фонтан», который здесь теперь и печатается.

Кл. Нельзя не пожалеть, что он много пишет; скоро выпишется.

Изд. Пророчества оправдываются событием; для поверки нужно время; а между тем замечу, что если он пишет много в сравнении с нашими поэтами, которые почти ничего не пишут, то пишет мало в сравнении с другими своим европейскими сослуживцами. Бейрон, Вальтер Скотт и еще некоторые неутомимо пишут и читаются неутомимо.

Кл. Выставя этих двух британцев, вы думаете зажать рот критике и возражениям! Напрасно! Мы свойства не робкого! Нельзя судить о даровании писателя по пристрастию к нему суеверной черни читателей. Своенравная, она часто оставляет без внимания и писателей достойнейших.

Изд. Не с достойнейшим ли писателем имею честь говорить?

Кл. Эпиграмма – не суждение. Дело в том, что пора истинной, классической литературы у нас миновалась...

Изд. А я так думал, что еще не настала...

Кл. Что ныне завелась какая-то школа новая, никем не признанная, кроме себя самой; не следующая никаким правилам, кроме своей прихоти, искажающая язык Ломоносова, пишущая наобум, щеголяющая новыми выражениями, новыми словами...

Изд. Взятыми из «Словаря Российской академии» и коим новые поэты возвратили в языке нашем право гражданства, похищенное, не знаю, за какое преступление, и без суда; ибо до сей поры мы руководствуемся более употреблением, которое свергнуто быть может употреблением новым. Законы языка нашего еще не приведены в уложение; и как жаловаться на новизну выражений? Разве прикажете подчинить язык и поэтов наших китайской неподвижности? Смотрите на природу! лица человеческие, составленные из одних и тех же частей, вылиты не все в одну физиогномию, а выражение есть физиогномия слов.

Кл. Зачем же, по крайней мере, давать русским словам физиогномию немецкую? Что значит у нас этот дух, эти формы германские? Кто их ввел?

Изд. Ломоносов!

Кл. Вот это забавно!

Изд. А как же? Разве он не брал в нововводимом стихосложении своем съемки с форм германских? Разве не подражал он современным немцам? Скажу более. Возьмите три знаменитые эпохи в истории нашей литературы, вы в каждой найдете отпечаток германский. Эпоха преобразования, сделанная Ломоносовым в русском стихотворстве; эпоха преобразования в русской прозе, сделанная Карамзиным; нынешнее волнение, волнение романтическое и противузаконное, если так хотите назвать его, не явно ли показывают господствующую наклонность литературы нашей! Итак, наши поэты-современники следуют движению, данному Ломоносовым; разница только в том, что он следовал Гинтеру и некоторым другим из современников, а не Гете и Шиллеру[1]. Да и у нас ли одних германские музы распространяют свое владычество? Смотрите, и во Франции – в государстве, которое, по крайней мере в литературном отношении, едва не оправдало честолюбивого мечтания о *всемирной державе*, – и во Франции сии хищницы приемлют уже некоторое господство и вытесняют местные, наследственные власти. Поэты, современники наши, не более грешны поэтов-предшественников. Мы еще не имеем русского покроя в литературе; может быть, и не будет его, потому что нет; но во всяком случае поэзия новейшая, так называемая романтическая, не менее нам сродна, чем поэзия Ломоносова или Хераскова, которую вы силитесь выставить за классическую. Что есть народного в «Петриаде» и «Россиаде» [2], кроме имен?

Кл. Что такое народность в словесности? Этой фигуры нет ни в пиитике Аристотеля, ни в пиитике Горация[3].

Изд. Нет ее у Горация в пиитике, но есть она в его творениях. Она не в правилах, но в чувствах. Отпечаток народности, местности: вот что составляет, может быть, главное существеннейшее достоинство древних и утверждает их право на внимание потомства. Глубокомысленный Миллер недаром во «Всеобщей истории» своей указал на Катулла в числе источников и упомянул о нем в характеристике того времени*[4].

Кл. Уже вы, кажется, хотите в свою вольницу романтиков завербовать и древних классиков. Того смотри, что и Гомер и Виргилий были романтики.

Изд. Назовите их как хотите; но нет сомнения, что Гомер, Гораций, Эсхил имеют гораздо более сродства и соотношений с главами романтической школы, чем с своими холодными, рабскими последователями, кои силятся быть греками и римлянами задним числом. Неужели Гомер сотворил «Илиаду», предугадывая Аристотеля и Лонгина и в угождение какой-то *классической совести*, еще тогда и не вымышленной? Да и позвольте спросить у себя и у старейшин ваших, определено ли в точности, что такое *романтический род* и какие имеет он отношения и противуположности с *классическим*? Признаюсь, по крайней мере за себя, что еще не случилось мне отыскивать ни в книгах, ни в уме своем, сколько о том ни читал, сколько о том ни думал, полного, математического, удовлетворительного решения этой задачи. Многие веруют в классический род потому, что так им велено; многие не признают романтического рода потому, что он не имеет еще законодателей, обязавших в верности безусловной и беспрекословной. На романтизм смотрят как на анархию своевольную, разрушительницу постановлений, освященных древностию и суеверием. Шлегель и г-жа Сталь не облечены в латы свинцового педантства, от них не несет схоластическою важностию, и правила их для некоторых людей не имеют веса, потому что не налегают с важностию; не все из нас

---

* «Quellen der Geschichte der Römer» <Источники истории римлян (*нем.*). – *Ред.*>

поддаются заманчивости, увлечению, многие только-что порабощаются господству. *Стадо подражателей*, о коих говорит Гораций, не переводится из рода в род.[5] Что действует на умы многих учеников? Добрая указка, с коей учители по пальцам вбивают ум в своих слушателей. Чем пастырь гонит свое стадо по дороге прогонной? Твердым посохом. Наша братья любит раболепствовать...

Кл. Вы так много мне здесь наговорили, что я не успел кстати сделать отпор вам следующим возражением: доказательством, что в романтической литературе нет никакого смысла, может служить то, что и самое название ее не имеет смысла определенного, утвержденного общим условием. Вы сами признались в том! весь свет знает, что такое классическая литература, чего она требует...

Изд. Потому что условились в определении, а для романтической литературы еще не было времени условиться. Начало ее в природе; она есть; она в обращении, но не поступила еще в руки анатомиков. Дайте срок! придет час, педантство и на ее воздушную одежду положит свое свинцовое клеймо. В котором-нибудь столетии Бейрон, Томас Мур, как ныне Анакреон или Овидий, попадутся под резец испытателей, и цветы их яркой и свежей поэзии потускнеют от кабинетной пыли и закоптятся от лампадного чада комментаторов, антиквариев, схоластиков; прибавим, если только в будущих столетиях найдутся люди, живущие чужим умом и кои, подобно вампирам, роются в гробах, гложут и жуют мертвых, не забывая притом кусать и живых...

Кл. Позвольте между тем заметить вам мимоходом, что ваши отступления совершенно романтические. – Мы начали говорить о Пушкине, от него кинуло нас в древность, а теперь забежали вы и в будущие столетия.

Изд. Виноват! я и забыл, что для вашего брата классика такие походы не в силу. Вы держитесь единства времени и места. У вас ум домосед. Извините – я остепенюсь; чего вы от меня желаете?

Кл. Я желал бы знать о содержании так называемой поэмы Пушкина. Признаюсь, из заглавия не понимаю, что тут может быть годного для поэмы. Понимаю, что можно написать к фонтану стансы, даже оду...

Изд. Да, тем более что у Горация уже есть «Бландузский ключ»[6].

Кл. Впрочем, мы романтиками приучены к нечаянностям. Заглавие у них эластического свойства: стоит только захотеть, и оно обхватит все видимое и невидимое; или обещает одно, а исполнит совершенно другое, но расскажите мне...

Изд. Предание, известное в Крыму и поныне, служит основанием поэме. Рассказывают, что хан Керим Гирей похитил красавицу Потоцкую и содержал ее в бахчисарайском гареме; полагают даже, что он был обвенчан с нею. Предание сие сомнительно, и г. Муравьев-Апостол в *Путешествии* своем *по Тавриде*, недавно изданном, восстает, и, кажется, довольно основательно, против вероятия сего рассказа. Как бы то ни было – сие предание есть достояние поэзии.[7]

Кл. Так! в наше время обратили муз в рассказчиц всяких небылиц! Где же достоинство поэзии, если питать ее одними сказками?

Изд. История не должна быть легковерна; поэзия – напротив. Она часто дорожит тем, что первая отвергает с презрением, и наш поэт очень хорошо сделал, присвоив поэзии бахчисарайское предание и обогатив его правдоподобными вымыслами; а еще и того лучше, что он воспользовался тем и другим с отличным искусством. Цвет местности сохранен в повествовании со всею возможною свежестью и яркостью. Есть отпечаток восточный в картинах, в самых чувствах, в слоге. По мнению судей, коих приговор может считаться окончательным в словесности нашей, поэт явил в новом произведении признак дарования зреющего более и более[8].

Кл. Кто эти судии? мы других не признаем, кроме «Вестника Европы» и «Благонамеренного»; и то потому, что пишем с ними заодно. Дождемся, что они скажут!

Изд. Ждите с Богом! а я пока скажу, что рассказ у Пушкина жив и занимателен. В произведении его движения много. В раму довольно тесную вложил он действие полное, не от множества лиц и сцепления различных приключений, но от искусства, с каким поэт умел выставить и оттенить главные лица своего повествования! *Действие* зависит, так сказать, от *деятельности* дарования: слог придает ему крылья или гирями замедляет ход его. В творении Пушкина участие читателя поддерживается с начала до конца. – До этой тайны иначе достигнуть нельзя, как заманчивостью слога.

Кл. Со всем тем я уверен, что, по обыкновению романтическому, все это действие только слегка обозначено. Читатель в подобных случаях должен быть подмастерьем автора и за него досказывать. Легкие намеки, туманные загадки: вот материалы, изготовленные романтическим поэтом, а там читатель делай из них, что хочешь. Романтический зодчий оставляет на произвол каждому распоряжение и устройство здания – сущего воздушного замка, не имеющего ни плана, ни основания.

Изд. Вам не довольно того, что вы перед собою видите здание красивое: вы требуете еще, чтоб виден был и остов его. В изящных творениях довольно одного действия общего; что за охота видеть производство? Творение искусства – обман. Чем менее выказывается прозаическая связь в частях, тем более выгоды в отношении к целому. Частые местоимения в речи замедляют ее течение, охлаждают рассказ. Есть в изобретении и в вымысле также свои *местоимения*, от коих дарование старается отделываться удачными эллипсисами. Зачем все высказывать и на все напирать, когда имеем дело с людьми понятия деятельного и острого? а о людях понятия ленивого, тупого и думать нечего. Это напоминает мне об одном классическом читателе, который никак не понимал, что сделалось в «Кавказском пленнике» с черкешенкою при словах:

И при луне в водах плеснувших
Струистый исчезает круг.

Он пенял поэту, зачем тот не облегчил его догадливости, сказав прямо и буквально, что черкешенка бросилась в воду и утонула. Оставим прозу для прозы! И так довольно ее в житейском быту и в стихотворениях, печатаемых в «Вестнике Европы».

P. S. Тут Классик мой оставил меня с торопливостию и гневом, и мне вздумалось положить на бумагу разговор, происходивший между нами. Перечитывая его, мне впало в ум, что могут подозревать меня в лукавстве; скажут: «Издатель нарочно ослабил возражения своего противника и с умыслом утаил все, что могло вырваться у него дельного на защиту своего мнения!» Перед недоверчивостью оправдываться напрасно! но пускай обвинители мои примут на себя труд перечитать все, что в некоторых из журналов наших было сказано и пересказано на счет романтических опытов – и вообще на счет нового поколения поэзии нашей: если из всего того выключить грубые личности и пошлые насмешки, то, без сомнения, каждый легко уверится, что мой собеседник под пару своим журнальным клевретам.

М. А. ДМИТРИЕВ
Второй разговор между Классиком и Издателем «Бахчисарайского фонтана»

> Ты хочешь исправлять; но будь исправен сам!
> Уважен будешь ты, когда других уважишь!
> К<нязь> Вяземский[1].

Кл. Г-н Издатель! Вы напечатали разговор, который будто бы имели со мною по случаю издания нового стихотворения Пушкина. Достоверность сего разговора очень подозрительна. Я, признаюсь, не вступился бы в это дело; но приятели, которых мнением я уважаю, не дают мне покоя и требуют, чтобы я обличил вас в подлоге.

Изд. Что же не нравится вашим приятелям, и чему они не верят?

Кл. Отвечать на сей вопрос не должно бы из скромности; но делать нечего! – Они говорят, что этот Классик – совсем не Классик; что это разговор двух учеников; что Классику стыдно было связаться с таким противником, а еще стыднее возражать ему столь слабо и несвязно; что, наконец, вы, по молодости своей, очень неосторожно ошибаетесь.

Изд. В чем же я ошибаюсь?

Кл. Вы говорите, например, что пора истинной классической литературы у нас еще не настала. – Остерегитесь, г. Издатель! Неужели произведения Ломоносова, Дмитриева, Карамзина, Озерова, Батюшкова не суть произведения классической литературы? Их не отвергли бы не только новейшие просвещенные народы, но, думаю, признали бы таковыми и самые современники Горация и Вергилия. – Видите ли, куда ведет вас самонадеянность ваша, свойственная, правду сказать, всем нынешним *природным* рецензентам! – Жаль, что вы не учились ни в каком университете: вы не сказали бы этого. Однако позвольте мне оправдываться далее. – Вы говорите, что «новая школа щеголяет новыми выражениями и словами, взятыми из "Словаря Российской академии?"» – Это не совсем справедливо; к тому же новость выражений сей школы состоит не столько в новых словах, сколько в *несовместном соединении* слов уже известных. О сем-то сказал Фонтенель: «Il-y-a des mots qui hurlent de surprise et d'effroi de se trouver unis ensemble*[2]». – Мы не найдем подобного ни у одного из упомянутых мною

---

* Вот слова, которые, находясь вместе, вопиют от удивления и ужаса *(фр.). – Ред.*

русских писателей, а все они могут служить образцом чистоты, правильности и вкуса! Кроме сего я замечу, что отличительный признак сей школы состоит еще не в словах и выражениях, не в подражании германцам, но в какой-то смеси мрачности с сладострастием, быстроты рассказа с неподвижностию действия, пылкости страстей с холодностию характеров, а у плохих *подражателей* новой школы есть еще свойственный им одним признак, состоящий в том, что части картин их разбросаны, не соответственны одна другой и не окончены, чувства неопределенны, язык темен. – Однако, кстати, о германских формах: кто, сказали вы, ввел их в нашу словесность?

Изд. Ломоносов, потому что он брал в нововводимом стихосложении своем *съемки* с форм германских.

Кл. Это несправедливо! Чтобы судить о формах од Ломоносова, надобно различить составные части формы пиитической и отдать suum cuique*. Ломоносов, как гений, не подражал никому рабски и, как писатель, чувствующий прямое достоинство законодателя словесности, не вверялся слепо своему гению; он у всякого брал *лучшее*: потому-то, может быть, в одах мы и превосходим почти все другие народы европейские! – Ломоносов заимствовал у немцев одно *стихосложение*; в *ходе* од своих он, кажется, подражал более древним; а *наружная их форма* (т. е. строфы, под которыми вы сбивчиво разумеете пиитическую форму вообще) очевидно та самая, какая у Жан-Баптиста Руссо! – Вот как судим мы по-школьному! – Далее, вы разделяете нашу литературу на три эпохи, ознаменованные Ломоносовым, Карамзиным и нынешними романтиками, и говорите, что в каждой мы найдем отпечаток литературы германской. Из сего заключаете, что наши поэты-современники следуют движению, данному Ломоносовым? не так ли?

Изд. Да! Однако же не искажайте моего заключения! Я прибавил: « Разница в том, что он, т. е. Ломоносов, следовал *Гинтеру*, а не Гете и Шиллеру».

Кл. Вы сами подаете против себя оружие! Сколько несообразностей открываете вы этим словом *разница*! – Я буду возражать вам по порядку. 1) Ломоносов не следовал Гинтеру. Он, читая его *песни*, почувствовал только влечение к стихотворству, так, как Лафонтен при чтении од Малерба в первый раз почувствовал в душе своей присутствие пиитического гения[3]; однако Лафонтен не писал од и не следовал Малербу. Подобно и у Ломоносова не много найдется общего с Гинтером: *следовательно*, Ломоносов ему *не следовал*. – 2) Во время Ломоносова в Германии еще не было того, что мы называем ныне *школой германской*; не было еще в немецкой литературе и той оригинальности, которую она получила впоследствии от Лессинга, как от критика, и от Гете, как от поэта. Следовательно, если бы Ломоносов и ввел современные ему германские формы, то нынешние поэты наши, следуя *данному им движению*, не имели бы еще ничего отличительного, собственно германского. – 3) Вы говорите, что *эпоха* преобразования русской прозы, *сделанная* Карамзиным, носит на себе также отпечаток германский? (стр. V) Несправедливо! – Хотя в то время писал уже Виланд, которого проза прекрасна; но и она не могла служить образцом для русской, ибо свойства русской чистой прозы столь же *далеки* от немецкой, сколько стихосложение наше *близко* к немецкому. – Карамзин, если не

---

* каждому свое (*лат.*). – *Ред.*

ошибаюсь, более обращал внимание на французских прозаиков, и поступил рассудительно; ибо во французской прозе преимущественно можно научиться сей плавности, сему составу периодов, постепенно следующему за порядком мыслей, и, наконец, самой гармонии. Он избегал только выражений, несвойственных языку русскому, но во всем прочем следовал образцам своим. – Позвольте мне заметить вам, г. Издатель! Вы, кажется, совсем не знаете немецкой литературы ни в отношении к свойствам ее, ни относительно ее истории! – Как же вы об ней судите, да еще смеетесь и над классиками! – А всего больнее мне то, что вы мимоходом даете суд и о Карамзине, который не требует нашего защищения, но сто́ит, очень сто́ит того, чтоб мы его читали со вниманием! Вот в чем состоит истинная дань уважения к образцовому писателю!

Изд. Благодарю вас за наставления! Вы очень снисходительны и учтивы: доказываете в глаза, что я не знаю того, о чем говорю. Остается просто доказать, что в том нет здравого смысла.

Кл. Я не говорю этого. Не только есть смысл, но есть и мысли, только они так неопределенны, сбивчивы и запутанны, что вы сами не можете дать в них отчета. – Это от того, что вы не знаете *логики*.

Изд. Из чего вы это заключаете?

Кл. А вот из чего. Вы говорите: «Мы еще не имеем *русского покроя* в литературе, – (оставляю без внимания слово *покрой*; но что следует?), – может быть, и *не будет его, потому что нет*». – Если я сам скажу: «Может быть, и не будет ночи, потому что нет», – что вы будете отвечать на это?

Изд. Извините; скажу просто, что это бессмыслица, потому что заключение противоречит опыту.

Кл. Но где не уверяет очевидность, там доказывает разум. – Кстати о *покрое*. Если я скажу, например: «У меня не будет модного фрака, потому что нет!» – что вы мне на это скажете?

. *Изд.* Скажу, что это не доказательство. Если бы вы сказали: «У меня не будет фрака, потому, что нет денег», – тогда бы я поверил.

Кл. Почему же так? – Потому что тогда подразумевался бы в моем заключении полный правильный силлогизм[4], который можно составить таким образом: «У кого нет денег, тому не на что сделать фрака; у меня нет денег, следственно, у меня и не будет фрака». – Ваше заключение можно изложить так: «Мы еще не имеем русского покроя в литературе; чего нет, то еще быть может, следственно, этот покрой еще может быть». – Разумеется, я не требую, чтоб все изъяснялись силлогизмами; но всякое правильное умозаключение есть природою внушенный силлогизм, хотя бы и не имел формы! – Однако и логика много помогает. Жаль, право, что вы не учились ни в каком университете; вы знали бы логику!

Изд. Согласен! согласен! оставьте это! Вы начали с того, что в моих мыслях нет определенности. В чем же вы нашли сию неопределенность?

Кл. Почти во всем! Вы говорите, например: «Поэзия *романтическая* не менее нам сродна, чем поэзия Ломоносова». А потом: «Что есть *народного* в "Петриаде?"» То есть, как будто, вы защищаете романтическую поэзию тем, что в классической нет ничего народного; между тем сами говорите, что *народное* есть и в классической поэзии древних. Вся эта неясность происходит оттого, что вы не определяете, что такое поэзия романтическая и что такое народная. – Самое наименование *народное* вы смешиваете с *национальным*; а в них большая разница!

Изд. Я не вижу этой разницы: самые слова сии, кажется, значат одно и то же; объясните же мне, какая, по мнению вашему, разница между *народным* и *национальным*?

Кл. Странно, что от нас же, классиков, требуют изъяснения те, которые беспрестанно употребляют сии термины! – *Народная* поэзия может существовать и у народа необразованного: доказательство тому наши старинные песни. Поэзия же *национальная* существует единственно у тех народов, которых политическое бытие тесно соединено с просвещением гражданским и одно в другом находит необходимую подпору; у народов, имеющих при образованности, общей им с другими, свои собственные нравы, свои обычаи, не изглаженные, но только смягченные временем, свои предания, которых, может быть, не признает история, но которым верит дух нации! – Тогда только поэзия может быть *национальною*, когда она основана *на сих* условиях, романтическая ли она или классическая. – Вот мое мнение, которое, впрочем, не что иное, как плод соображений, выведенных из наблюдений известнейших эстетиков. – *Между ними* Ансильон самым верным способом доходит до определения национальной поэзии: он определяет сперва, что есть *нация*[5]. – Напрасно же вы напечатали, г. Издатель, будто я принимаю слово *народность* за риторическую фигуру. Эта шутка не остра и показывает только вашу молодость... Вы не виноваты; виноваты те, которые ободряют в вас подобные замашки.

Изд. Кто же те, которые их ободряют?

Кл. Друзья ваши и те поверхностные люди, которых вы ослепляете блестками подражательного остроумия и покоряете громкими именами Аристотеля и Горация: сами они не читали сих авторов; нас, классиков, презирают за то, что мы их читаем; а вам, молодежи, верят *на слово* в том, что вы их понимаете. – Как переменяются времена! – За тридцать лет до сего только тот говорил об Аристотеле, кто читал его; а ныне именно те чаще говорят о нем, которые его не читали! Тогда светский юноша почти стыдился произнести имя философа, опасаясь, чтобы не назвали его педантом; а ныне другая крайность: педантизм сделался любимою модою светских юношей!.. Но вы, которые говорите о Горации, в каком смысле сказали вы, что поэзию Ломоносова мы *силимся* выставить за классическую? – Нет! мы не силимся; но скажу более: иначе и признавать ее не можем. Жаль, если и вы предпочитаете ей те модные сатирические послания, которые снизаны из разных стишков Буало и Вольтера, те куплетцы, которых остроумие прежде автора давно всеми затвержено и кажется чем-то новым единственно по применению к лицам...[*] *Батюшков*, сей истинный талант, не так думал: он желал (если не ошибаюсь), чтобы сочинения Ломоносова были любимою книгою всякого

---

[*] Таким образом некто из знаменитых журнальных стихотворцев задел в послании своем поэта, которого кости давно уже покоятся во гробе, и который заслуживал в свое время уважение не только как стихотворец, но как просвещенный покровитель юных питомцев муз:

Хочу ль сказать, к кому был Феб из русских ласков,
Державин *рвется* в стих; а попадет *Херасков*!

Причина та, что хотелось присвоить себе стих Буало:

La raison dit Virgile, et la rime Quinault.[6]

<Разум говорит: Вергилий, а рифма – Кино (*фр.*). – *Ред.*>

молодого стихотворца!⁷

Изд. Что за отступление в пользу Ломоносова! – Не позволите ли напомнить вам то, что вы мне сейчас сами сказали о другом писателе, то есть что *он не требует вашего защищения*! – Вижу, г-н Классик! я несправедливо сказал, что *у вас ум домосед*!

Кл. Однако не хорошо, если ум и слишком далеко гуляет! – С этих прогулок он возвращается иногда как бы *весь не свой*, так что и сам не знает, что говорить: мудрено ли, ежели после этого его не понимают!

Изд. Например.

Кл. Например, что это за мысль на странице XVIII-й вашего разговора: «*Дарование отделывается от местоимений удачными эллипсисами!*» – или что это за выражение на странице VIII: «*Силятся быть греками задним числом?*»; или это, на стран. XIII: «*Заглавие эластического свойства?*»; или, наконец, это: «*Добрая указка, с коей учители по пальцам вбивают ум в своих слушателей?*»; а это что за экономическо-буколическое наблюдение: «Чем пастырь гонит свое стадо по дороге прогонной? – Твердым посохом!» – Еще раз скажу: право, жаль, что вы не учились в университете и без внимания читали Карамзина; вы писали бы вразумительнее.

Изд. Вы привязываетесь к словам, я писал наскоро: не хотел заниматься сими безделицами; это нерадивость.

Кл. Как наскоро? – А сколько времени для вашего разговора публика ждала «Бахчисарайского фонтана»?.. Мы же, классики, не прощаем нерадивости. Вспомните, что говорит Мизантроп сиятельному стихотворцу:

> До времени, сударь, нет надобности тут!⁸

Однако ежели вы думаете, что я привязываюсь к словам, то мы займемся другим, например вашими *фигурами*. – На XI-й странице мы видим романтическую поэзию в руках *анатомика*; педантство кладет на ее воздушную одежду свинцовое *клеймо*; далее, Байрон, Томас Мур, Анакреон и Овидий под *резцом* испытателей. – Прекрасная группа! Одного анатомируют и клеймят, других пытают! И все это совершается в лампадном чаду комментаторов! – Ха! ха! ха! Вы шутите над читателями, почтенный г-н Издатель!

Изд. А вы, вы шутите, кажется, надо мною. Знайте, сударь, что я не позволю.

Кл. On sera ridicule et je n'oserai rire!*⁹ – Позвольте! позвольте! На странице XII-й еще одна картина: «Вампиры роются в гробах, гложут и *жуют* мертвых, не забывая притом кусать и живых...» Поверьте, *классик* не сказал бы этого: это отвратительно!

Изд. Оставим это! Я вижу, что вы принадлежите к тем школьным упрямцам, на которых угодить трудно. – Скажите мне последнее: что вы думаете о самом «Бахчисарайском фонтане»?

Кл. Стихотворение прекрасное, исполненное чувств живых, картин верных и пленительных; и все это облечено в слог цветущий, невольно привлекающий свежестию и разнообразием! Короче, в последних двух поэмах Пуш-

---

* И чтобы я не осмелился смеяться, когда кто-то будет смешон! (*фр.*). – *Ред.*

кина заметно, что этот *романтик* похож во многом на *классиков*!

Изд. Итак, разговор мой вам не нравится?

Кл. Признаюсь! жаль, что вы напечатали его при прекрасном стихотворении Пушкина; думаю, и сам автор об этом пожалеет! – Однако я поспешу послать в журнал теперешний разговор наш, сколько для того, чтоб оправдаться перед строгими приятелями в том, чего не говорил прежде, хотя вы это и напечатали, столько и по другой причине: я желаю показать вам, что не жду в своих мнениях ни «Благонамеренного», ни «Вестника Европы»[10].

А. С. ПУШКИН
Письмо к издателю «Сына отечества»

В течение последних четырех лет мне случалось быть предметом журнальных замечаний. Часто несправедливые, часто непристойные, иные не заслуживали никакого внимания, на другие издали отвечать было невозможно. Оправдания оскорбленного авторского самолюбия не могли быть занимательны для публики; я молча предполагал исправить в новом издании недостатки, указанные мне каким бы то ни было образом, и с живейшей благодарностью читал изредка лестные похвалы и одобрения, чувствуя, что не одно, довольно слабое, достоинство моих стихотворений давало повод благородному изъявлению снисходительности и дружелюбия.

Ныне нахожусь в необходимости прервать молчание. Князь П. А. Вяземский, предприняв из дружбы ко мне издание «Бахчисарайского фонтана», присоединил к оному «Разговор между Издателем и Антиромантиком», разговор, вероятно, вымышленный: по крайней мере, если между нашими печатными классиками многие силою своих суждений сходствуют с Классиком Выборгской стороны, то, кажется, ни один из них не выражается с его остротой и светской вежливостью.

Сей разговор не понравился одному из судей нашей словесности. Он напечатал в 5 № «Вестника Европы» второй разговор между Издателем и Классиком, где между прочим прочел я следующее:

«*Изд.* Итак, разговор мой вам не нравится? – *Класс.* Признаюсь, жаль, что вы напечатали его при прекрасном стихотворении Пушкина, думаю, и сам автор об этом пожалеет».

Автор очень рад, что имеет случай благодарить князя Вяземского за прекрасный его подарок. «Разговор между Издателем и Классиком с Выборгской стороны или с Васильевского острова» писан более для Европы вообще, чем исключительно для России, где противники романтизма слишком слабы и незаметны и не стоят столь блистательного отражения.

Не хочу или не имею права жаловаться по другому отношению и с искренним смирением принимаю похвалы неизвестного критика.

Александр Пушкин
Одесса.

П. А. ВЯЗЕМСКИЙ
О литературных мистификациях, по случаю напечатанного в 5-й книжке «Вестника Европы» второго и подложного разговора между Классиком и Издателем «Бахчисарайского фонтана»

С некоторого времени мистификации вошли в моду в кругу нашей литературы, и бедные читатели, сущие жертвы авторских проказ, не знают, кому и чему верить. Созии[1] расплодились! Г-н Н. Д.[*], прославившийся на поприще театральной критики *готовностию* говорить о драматическом искусстве и который между тем в ожидании вдохновения, следуя пословице, просидел *на посуле как на стуле*, или, правильнее, *на креслах театральных*, напоминающих нам на этот раз усыпительную силу кресел Французской Академии[**2], брался несколько раз быть Созием *Жоффруа*, но не собрался с силами; там *Аристотелид* затейливо разыграл роль Н. Д. Но Н. Д. вступился за лицо свое и с аттическим остроумием[3], ему свойственным, обличил дерзновенного Созия; но в слепоте гнева не распознал его и ввел читателей в обман, принеся на жертву негодованию своему невинного вместо виноватого[4]. Зрителями ожидается еще развязка этой шутки, как вдруг «Вестник Европы», также порядочный мистификатор в своем роде, выводит на сцену новую мистификацию, нарядив кого-то в Издатели «Бахчисарайского фонтана» и пустив его в разговор с Классиком, себе споручным.

За обязанность поставляю вывести из заблуждения легковерных читателей, удостоверив их, что я, нижеподписавшийся, законный и единственный Издатель «Бахчисарайского фонтана», не имел никогда разговора, подобного напечатанному в 5-й книжке «Вестника Европы», и отроду иметь не мог, да и впредь иметь не могу, потому что я свойства нетерпеливого.

Признаюсь откровенно, что с первых приемов мнимого моего собеседника поворотился бы я к нему спиною, оставя дальнейшие возражения, ибо

---

[*] См. в «Вестнике Европы» «Московские записки».
[**] Пирон в одной эпиграмме говорит:

> En France on fait par un plaisant moyen
> Taire un auteur, quand d'écrit il assomme.
> Dans un fauteuil d'académicien
> Lui quarantième on fait asseoir mon homme.
> Lors il s'endort et ne fait plus q'un somme.

> <Во Франции есть забавное средство
> Заставить молчать автора, докучающего своими писаниями.
> Его усаживают сороковым
> В академические кресла.
> Тогда он засыпает и лишь спит *(фр.). – Ред.*>

не умею выносить хладнокровно пустословия, в особенности же того, которое даже и не облечено в вежливость общежительной образованности.

Для большего удостоверения в подлоге того разговора замечу, что классиков, каковы Классик моего предисловия и Классик «Вестника Европы», везде много; что классик – имя *нарицательное*; что не определено у меня, с которым из них входил я в речь; но что *Издатель «Бахчисарайского фонтана»* есть лицо определенное, и, следовательно, в отношении к нему не может быть недогадки. Впрочем, если захотеть, то можно бы легко и к *лицу без образа* «Вестника Европы» применить черты знакомые. Оное классическое лицо укоряет меня в *молодости*: это давняя замашка! Уже не в первый раз, за недостатком лучших возражений, называли своих противников *недоучившимися студентами, детьми, незадолго пред сим вышедшими из-под ферулы*[5]. Что ни говори, а подобные упреки живо отзываются бессильною злобою и желчью пожилого педагога, который гневается, что ученики переросли учителей и что дарования первых процветают, когда слава других, как баснословное предание, ветшает с каждым днем. Наш новый мистификатор в прозорливом всеведении своем знает и то, что я не учился ни в каком университете. Учиться в университетах – хорошо, но не довольно: можно не только, *учившись*, ничему не *выучиться*, но мы видим примеры, что можно даже и *учить*, ничего не зная основательно[6].

Главным и единственным побуждением моим было изобличить подлог разговора, напечатанного в «Вестнике Европы», а потому не войду в исследование всех несообразностей, сказанных и Классиком, и мнимым Издателем. Мое дело было только отклонить от себя худую славу; но предоставляю пользоваться ею безмятежно, кому принадлежит она по праву. К тому же зачем указывать на то, что явно и что так торжественно оправдывает мнение, изложенное в предисловии к «Бахчисарайскому фонтану», что «*если из всего сказанного и пересказанного в журналах наших насчет романтических опытов выключить грубые личности и пошлые насмешки, то, без сомнения, каждый легко уверится, что мой собеседник под пару своим журнальным клевретам*». Кстати, однако же, приходится здесь заметить невинное признание Классика «Вестника Европы» и приятелей его (ибо у него нет пріятелей[*7]), что Классик моего предисловия – *совсем не классик!* – Слава Богу, что догадались! А конечно, он не классик в истинном значении, достойный уважения; но классик в превратном смысле, достойный осмеяния! И потому-то портрет похож на свои подлинники, и потому-то у одного из подлинников, который, как видно, подогадливее, или пооткровеннее других, вырвалось невольное признание: «Да это я!» То ли дело попасть на людей понятных и прозорливых! Они постигают вас на лету. Позволю себе еще одно замечание. Классик «Вестника Европы» *уверяет, что для моего разговора публика долго ждала «Бахчисарайского фонтана»*. Жаль, что издатель «Вестника Европы», ординарный профессор Московского университета Михаил Трофимович Каченовский, не был третьим при этом *втором разговоре*: с благородною откровенностью, свойственною честному челове-

---

* Подтверждаем с своей стороны, что издатель «В‹естника› Е‹вропы›» не пишет таким образом этого слова. Изд.

163

ку, он лучше другого мог бы изъяснить своему Классику истинные причины, несколько замедлившие появление моего разговора, а с ним и «Бахчисарайского фонтана»[8].

Не желая с своей стороны подавать новых поводов к продолжению мистификаций и между тем почитая обязанностью человека с честию оградить себя от неприятного принуждения отвечать иногда не так, как бы следовало; одним словом, боясь под щитом анонима неустрашимой храбрости безыменных противников, принужденным нахожусь объявить себя издателем «Бахчисарайского фонтана».

Князь Вяземский.
Москва. 27-го марта 1824 г.

М. А. ДМИТРИЕВ
Ответ на статью
«О литературных мистификациях»

Un discours trop sincure aisüment nous outrage
Boileau[*1].

Критика, основанная на доказательствах, всегда сильнее раздражит самолюбие, нежели самая оскорбительная рецензия. Вот истина, которую подтверждает статья о *литературных мистификациях*, напечатанная в 7-й книжке «Дамского журнала» (страница 33). – Тщетно искать в ней опровержений на откровенные замечания Классика, обнаруженные в известном «Втором разговоре»: автор первого «Разговора», не касаясь предмета споров, рассудил отразить своего сопротивника объявлением о своем *имени*, о своих *нетерпеливых свойствах* и, наконец, *личностями*. Но до первых двух пунктов его критику нет дела; а на последний отвечать очень неприятно, ибо невольно принужден будешь употребить то же оружие. – Вооружимся же против его нетерпеливости хладнокровным терпением: я заметил, что это средство очень действительно.

Что отвечать на статью, в которой нет ни одного прямого опровержения и которая еще менее заключает в себе мыслей, чем первый «Разговор» того же автора? – Будем, однако, выписывать слова его[**] и отмечать их двумя запятыми; ответы будут следовать сами собою.

1) "С некоторого времени мистификации вошли в моду в кругу нашей литературы, и бедные читатели... не знают, кому и чему верить".

Ответ. – Чему верить? – Истине! – Кому? Всякому, кто говорит прав-

---

[*] Слишком искренняя речь легко нас оскорбляет. Буало (*фр.*). – *Ред.*
[**] И весьма хорошо сделаете, ибо статья напечатана в таком журнале, который читается не всеми подписчиками. Ссылаюсь на «Литературные листки», издаваемые в нынешнем году г-м Булгариным. См. № 2, стр. 55. Рдр[2].

ду. Знаю, что в наше время имя заранее иногда предваряет, в чью пользу должен объявить себя читатель; но в таком случае оно нередко вводит его в заблуждение! – Прошли те времена, когда говорили: «Amicus Plato, amicus Aristoteles; sed magis amica veritas!»* – Между тем, что называет князь Вяземский *мистификациями*? – Неужели говорить правду в глаза есть мистификация?

2) "«Вестник Европы» выводит на сцену новую *мистификацию, нарядив кого-то в издатели* «Бахчисарайского фонтана» и пустив его в разговор с Классиком, *себе споручным*".

О т в е т. – «Вестник Европы» никого не наряжал в издатели; всякий, кто печатает книгу, есть ее издатель; всякий издатель, написавший о ней свои мнения, есть автор; а всякий автор может в свою очередь подвергнуться суждениям журнала: вот права «Вестника Европы» и вот законные отношения его к издателю «Бахчисарайского фонтана»! – Где же тут мистификации? – Напротив, «Вестник Европы», кажется, *размистифировал* и Издателя, и публику! (Мимоходом должно еще заметить, что выражение *споручный* неприлично в статье литературной. Писатель, умеющий владеть языком своим, нашел бы другой оборот для сей мысли.)

3) "За обязанность поставляю вывести из заблуждения легковерных читателей, удостоверив их, что я, нижеподписавшийся, законный и единственный издатель «Бахчисарайского фонтана», *не имел никогда разговора*, подобного напечатанному в 5 книжке «Вестника Европы», и *отроду* иметь не мог, да и впредь иметь не могу, потому что я *свойства нетерпеливого*".

О т в е т. – Само собою разумеется, что и первого «Разговора» ни с кем не имел кн. Вяземский. Самый легковерный читатель догадается, что Классик выведен Издателем на сцену как лицо вымышленное, которое имеет *такой-то* образ мыслей, для противоположности с *такими-то* мнениями самого Издателя: средство не новое, которым столько раз пользовался Вальтер Скотт в предисловиях к своим романам[3]. Сочинитель «Второго разговора» воспользовался вымыслом Издателя «Бахчисарайского фонтана» и вывел на сцену тоже Классика, давши ему *свой* образ мыслей: это также позволительно и никого не введет в заблуждение! – К чему же служит простодушное объявление Издателя, что он не имел подобного разговора? Это значит полагать слишком мало догадливости в своих читателях, хотя и легковерных! Что же касается до слов: *«отроду* иметь не мог, да и впредь иметь не могу», то, я думаю, читатели на сей счет совершенно равнодушны.

4) "Потому что я *свойства нетерпеливого*".

О т в е т. – Верим от всего сердца! Не у всякого достанет терпения слушать, как на каждой странице доказывают его ошибки; да и какие ошибки!

5) "Не умею выносить хладнокровно *пустословия*, в особенности же того, которое даже и не облечено *в вежливость общежительной образованности*".

О т в е т. – Спрашиваю кн. Вяземского, облечена ли *его* фраза в вежливость общежительной образованности и найдется ли хотя одна подобная в моем «Втором разговоре»? – Однако, чтоб отклонить от себя упрек в *пустословии*, я попросил бы Издателя «Бахчисарайского фонтана» лучше

---

* Платон мне друг, Аристотель мне друг; но истина еще больший друг (*лат.*). – *Ред.*

доказать оное, чем предаваться запальчивости. – Для читателей же представляю в оправдание следующее: я доказывал во «Втором разговоре», что Издатель «Бахчисарайского фонтана» (или, что все одно, кн. Вяземский, ибо мы уже знаем его имя) говорит о разных эпохах нашего подражания германцам, не вникнув в свойства сих эпох русской словесности; что он судит о немецкой литературе, совершенно не зная ни ее самой, ни ее истории; что он мимоходом дает суд о русских писателях; что, наконец, он делает ошибки против логики. – Кн. Вяземский не опровергает сих доказательств и говорит о постороннем: на чьей же стороне *пустословие?*

6) "... Замечу, что классиков, каковы Классик моего предисловия и Классик «Вестника Европы», везде много; что классик – имя *нарицательное;* что не определено у меня, с которым из них входил я в речь; но что *издатель «Бахчисарайского фонтана»* есть лицо определенное, и, следовательно, в отношении к нему не может быть недогадки".

О т в е т. – Классик предисловия и Классик «Вестника» оба суть лица неопределенные, но под ними олицетворены два различные образа мыслей; следовательно, оба они могли быть представлены в разговоре с Издателем «Бахчисарайского фонтана», не так, как с лицом гражданским, но как с таким лицом, которое тоже обнаруживает свой образ мыслей: в сем отношении и Издатель есть лицо подобно им неопределенное. – Впрочем, если бы мы и знали, кто именно Издатель «Бахчисарайского фонтана», то все вправе не знать его, пока он не объявил имени; и к чему тут имя? – Неужели думает кн. Вяземский, что его имя могло бы кого-нибудь остановить сказать истину?

7) "Впрочем, если захотеть, то можно бы и к лицу без образа «Вестника Европы» применить черты знакомые. Оное классическое лицо укоряет меня в *молодости:* это давняя замашка".

О т в е т. – Извиняюсь пред кн. Вяземским и сознаюсь, что он по летам своим в зрелом возрасте. Впрочем, оправдываюсь тем, что судил об Издателе по поверхностному образу мыслей и слишком явным ошибкам. Однако ж и сам кн. Вяземский ошибся, думая, что черты сочинителя «Разговора» ему знакомы. Считаю обязанностию сказать, что «Второй разговор» есть первая полемическая статья сочинителя оной: следовательно, давней замашки быть не может.

8) "Что ни говори, а подобные упреки живо отзываются *бессильною злобою и желчью пожилого педагога,* который гневается, что *ученики переросли учителей*"*.

О т в е т. – Объявляю князю Вяземскому, что о *бессилии* моих доказательств предоставляю судить читателям «Второго разговора» и его собственному оскорбленному самолюбию; что *злоба* обнаруживается не в холодных доказательствах, а более в бранных ответах; что цвет лица моего *не желчный,* а белый; что я *не пожилой человек,* а почти одних лет с князем Вяземским; что, наконец, я не педагог и учеников никогда не имел, да если бы и мог иметь, то не согласился бы, зная, что в некоторых могут встретиться нетерпеливые свойства! – Впрочем, не личности ли заключаются в сих упреках?

---

* Почтенный Издатель «Б<ахчисарайского> ф<онтана>», вероятно, занял эту мысль у одного из древних писателей: πολλοὶ μαϑηταὶ κρείττονες διδασχάλων <многие ученики превосходят учителей (*др.-греч.*). – *Ред.*>; только выразил ее своим манером. Рдр.

9) "Наш новый мистификатор в прозорливом всеведении своем знает и то, что я не учился в университете. Учиться в университетах – хорошо; но не довольно".

О т в е т. – Университеты суть хранилища познаний и языка отечественного; следственно, должно предполагать, что в них преимущественно можно приобресть первые и научиться последнему. Сочинитель «Разговора», замечая ошибки Издателя и в том и в другом, естественно мог заключить, что он не учился ни в каком университете.

10) "Можно не только, *учившись*, ничему *не выучиться*; но мы видим примеры, что *можно даже и учить, ничего не зная основательно*".

О т в е т. – Probatum est*. Доказано «Разговором», напечатанным при «Бахчисарайском фонтане».

11) "Главным и единственным побуждением моим было изобличить *подлог «Разговора»*, напечатанного в «Вестнике Европы», а потому не войду в исследование всех *несообразностей*, сказанных и Классиком, и мнимым Издателем. Мое дело только отклонить от себя *худую славу*", и проч.

О т в е т. – Еще повторяю, что во «*Втором* разговоре» точно такой же подлог, как и в *первом*: и в том и в другом разговаривающие лица никогда действительно не разговаривали. Подлогом в подобном случае можно назвать только то, когда лицу приписываются мнения, не соответствующие данному ему качеству: таким образом, например, если Классик предисловия путается в своих заключениях о классической словесности, то можно сказать, что «Разговор», *в отношении к качеству сего лица*, есть подложный. – Что касается до *несообразностей*, сказанных будто бы Классиком и Издателем во «Втором разговоре», несообразностей, в исследование коих не хочет входить кн. Вяземский, – то не потому ли он не входит в исследование оных, что трудно изобличить их? Пусть откроет и докажет, как доказаны несообразности его собственного «Разговора»; а без того публика ему не поверит. – «Мое дело было только, – говорит он, – отклонить от себя худую славу». – Прекрасное средство отклонить от себя худую славу, объявив себя автором подобной пиесы!

12) "Кстати заметить невинное признание Классика «Вестника Европы» и приятелей его (ибо у него нет *пріятелей***), что Классик моего предисловия *совсем не классик*! – Слава Богу, что догадались! – И потому-то порт-

---

* Испытано, доказано (или одобрено, принято) (*лат.*). – *Ред.*

** Тщетно старался я постигнуть *секретную остроту* сей вставочной фразы! Что значит: признание *пріятелей, которых нет*? – Перемена буквы не производит противоположности в идее! Это еще хуже, чем игра слов в следующем стихе того же автора:

Которым *душат* нас *бездушные* поэты!

И в другом месте у него же:

... *бездушных* книг торговлей
Усердный *Душин душит* нас![4]

Сии стихотворения напоминают:

Je lui coupai le cou d'un coup de coutelas.

<Я перерубил ему шею одним ударом клинка (*фр.*). – *Ред.*>

рет похож на свои подлинники, и потому-то у одного из подлинников, который, как видно, подогадливее или пооткровеннее других, вырвалось признание: *да это я!*"

О т в е т. – Напротив, Классик «Второго разговора», говоря о Классике предисловия, что он *совсем не классик* и что классику стыдно возражать *столь слабо и несвязно*, ясно говорит сим обличением: *это не я!* Ибо если б он признавался в сходстве, то признал бы мнения того своими и не сказал бы о предисловии, что это разговор двух учеников! – К чему употреблять в возражении столь слабую хитрость и столь явную натяжку?

13) "Почитая обязанностию человека с честию оградить себя от *неприятного принуждения* отвечать иногда *не так, как бы следовало*", и проч.

О т в е т. – Следовало бы отвечать *опровержениями*. Согласен, что это *неприятно*, когда нет их; впрочем, никто к этому и не принуждает.

14) "Одним словом, боясь под щитом анонима неустрашимой храбрости безыменных противников, принужденным нахожусь объявить себя Издателем «Бахчисарайского фонтана»".

О т в е т. – Сочинитель «Второго разговора» ручается за себя, что он человек миролюбивый, хотя и любит правду! На объявление же имени отвечать более нечего, как душевно пожалеть, что всем сделался известным автор предисловия, которого неосновательность столь ясно доказана.

Кончив свои ответы, я почитаю долгом справедливости объявить читателям, что «Второй разговор» написан не редактором «Вестника Европы»; что он не имел в нем участия и *не знал об оном*, пока не получил рукописи для помещения в своем журнале[*].

После сего объявления я желал бы разрешить вопрос, который предлагаю самому себе с некоторым изумлением: каким образом прение о романтической поэзии и о других предметах словесности могло превратиться в спор о предметах, столь различных, столь далеких от литературы и столь несвязных между собою? – Читатель легко заметит, сколь трудно мне было отвечать на пиесу кн. Вяземского, ибо я должен был не отражать доказательства, но бороться с упреками и личностями.

Не желая отвечать вторично на подобные статьи, ибо они совсем не принадлежат к делу, я с удовольствием, напротив, отвечал бы кн. Вяземскому, если б он вздумал опровергнуть следующие спорные пункты, решенные, по моему мнению, во «Втором разговоре»: 1) настала ли у нас пора истинной классической литературы? 2) в чем состоит отличительный признак нынешней новой школы? 3) следуют ли нынешние русские стихотворцы, подражающие германцам, движению, данному Ломоносовым? 4) была ли во время Ломоносова оригинальная германская школа? 5) преобразование русской

---

[*] Нижеподписавшийся не лишним считает прибавить от себя три следующие пункта: 1. Как человек сострадательный, он объявляет, что *сердиться нездорово*; 2. как литератор, жалеет, что сам не написал подобного *второму* «Разговора»; 3. как беспристрастный читатель и «Бахчисарайского фонтана» и первого «Разговора», уверяет действительного и почетного члена разных ученых обществ (ибо долг платежом красен), князя Петра Андреевича Вяземского, что ординарный профессор Михаил Трофимович Каченовский ничего не только не знает о препятствиях, встретившихся при печатании поэмы г-на Пушкина, но и осведомляться об них не намерен. Рдр.

прозы, произведенное Карамзиным, носит ли на себе отпечаток германский? 6) есть ли в предисловии к «Бахчисарайскому фонтану» ошибки против логики? наконец, 7) существует ли различие между поэзией *народной* и *национальной*? – После сего остается подождать, не будет ли еще возражения, написанного по всей форме литературного судопроизводства[*].

Тот же N.

Post-scriptum. Я писал «Второй разговор», побуждаемый единственно любовию к истине и желая опровергнуть ложные мнения о литературе, не основанные ни на образцах, ни на опыте, ни на истории; мнения, которые могли бы *некоторых* ввести в заблуждение, следственно, быть вредными успехам словесности. – Может быть, я не совсем прав перед читателями в двух или трех выражениях, не более; впрочем, я дал на них достаточное объяснение. – Если и стоило труда, оставив сущность предмета, возражать на фразы, написанные более для того, чтоб придать некоторую веселость разговору (что позволял себе и сам автор предисловия), то позволительно ли было написать ответ, выражающий одну *досаду*, – чувство, которое ни в каком случае не прощается читателями и положится ими на весы вместе с моим беспристрастием? – Я не подписал моего имени под *ответом*, ибо пример князя Вяземского не мог служить для меня побудительною причиною; но подписываю его здесь *для читателей*.

Михаил Дмитриев.
15 апреля.

П. А. ВЯЗЕМСКИЙ
Разбор «Второго разговора», напечатанного в № 5 «Вестника Европы»

> On voit que ce folliculaire parlait à tort et à travers des choses les plus aisées à savoir, et dont il ne savait rien. – Voltaire.[**] [1]

Много было разговоров по случаю «Разговора», вылившегося из «Бахчисарайского фонтана». Не мудрено! Одна искра взрывает громаду пороха, а самолюбие *меньших братьев* в авторстве такое горючее вещество, что и порох в сравнении с ним несгораем. В оном «Разговоре» задраны слегка журнальные клевреты и некоторые прозаические поэты «Вестника Европы». Разрыв ждать себя не заставил. Второй «Разговор» раздался в «Вестнике Европы»: блеска в выпале было мало; но зато разостлалось облако густого дыма, под

---

[*] «Вестник Европы» охотно предлагает свои страницы для сообщения публике такого возражения; только нужно, чтоб предметом суждений основательных были не лица, а сочинения. Рдр.

[**] Видно, что этот газетный писака говорил, не разбираясь, о самых простых вещах, в которых ничего не смыслил. – Вольтер. (*фр.*). – *Ред.*

коим много кое-чего осталось скрытым. Обиженные дело свое сделали; я сделал свое, отклоня от себя неприятность сражаться во тьме, и, подобно Аяксу в «Илиаде»[2], хотя и по другим причинам, вызывал ратоборцев к битве на дневном свете. Этого не довольно: словесные *меньшие братья меньших братьев письменных, клевреты журнальных клевретов* говорят, что ответ мой не ответ; что я не отразил ни одного нападения *Второго Классика*; что самые стрелы, брошенные мною, не попали в настоящую цель и потому остаются недействительными. Нельзя на всех угодить: иные верно меня поняли; постараюсь удовлетворить требованиям и других. У меня нет микроскопа, посредством коего Ривароль составил свой забавный «Маленький словарь великих людей»[3]. Кто отыщет, например, *Второго Классика* в толпе литературных мирмидонов[4]? Да и какая польза, и что за необходимость? В *общине* мирмидонов царствует дух взаимности редкой: троньте одного, и вы тронули всех; а тем более если коснулись до главы единочувственного племени. И, вспомня того же Ривароля, который говорил о немцах: qu'ils se cotisent pour comprendre un bon mot[*5], знаю также, что у нас *меньшие братья в авторстве* складываются, чтобы написать нелепость! Кто после возьмет на себя головоломный труд отыскивать в этих журнальных мозаиках вкладчину каждого? Гораздо короче и благоразумнее расплатиться напрямки с собирателем, или *составителем,* мозаики[6], предоставляя ему расчесться со своими поставщиками и воздать каждому свое. Я так и сделал. На литературную часть «Второго разговора» не отвечал я литературно, потому что почел ее, по немецкому выражению: *unter aller kritike*[**], хотя, по всенародному объявлению *Второго Классика*, я по-немецки не знаю. – Но за этим дело не станет. Если угодно, то я берусь не оставить в целости ни одного из литературных предложений, выставленных во «Втором разговоре», напечатанном в «Вестнике Европы». Он изобилует погрешностями. Стоит только вытаскивать их напоказ. Желая поступить обстоятельно, начну с начала и кончу с концом. Труд будет не на моей стороне, а на стороне посторонних читателей, если будут они иметь терпение следовать за мною в этой ловитве. По крайней мере, надеюсь, *взыскательные* после того не скажут, что мой настоящий ответ не настоящий ответ.

Второй Классик[***] начинает с того, что отвергает достоверность разговора, напечатанного вместо предисловия к «Бахчисарайскому фонтану». Что же значит *второй разговор*, если не было *первого*? Вот неловкость с первого приступа.

Классик первого разговора – безыменный. Во «Втором разговоре» является г-н N, выдающий себя за Классика; он говорит, что издатель «Бахч<иса-

---

[*] что они складываются, чтобы понять остроту *(фр.).* – *Ред.*

[**] Ниже всякой критики *(нем.).* – *Ред.* (*В журнале опечатка, правильное написание:* «...Kritik». *– Ред.*)

[***] Прошу покорнейше посторонних читателей, если решатся они прочесть мою статью, взять на себя труд прежде прочесть или перечесть второй «Разговор», напечатанный в 5-м номере «Вестника Европы»; ибо я не всегда приводил места, на которые отвечаю, и потому иные из возражений моих могли бы показаться темными. Впрочем, как жертва, ныне приносимая мною, посвящается единственно журнальным клевретам, которые словом и делом участвовали в этой полемической сшибке, то признаюсь откровенно, что не подосадую на посторонних читателей, если не разделят со мною скуки следить *Второго Классика* в его бесчисленных заблуждениях. К<нязь> В<яземский>.

райского> фонт<ана>» не имел с ним разговора, но с кем *с ним*? Кто *он*? Г-н N мог сказать: «Речь идет не обо мне. Я не классик!» Тогда бы дело другое. И тут с первого приступа видим, что г-н N впутался не в свое дело! Чем далее пойдем, тем более в том удостоверимся.

Классик «Второго разговора» говорит, что Классик первого не классик. И да и нет! Не классик по званию и вследствие глубокого учения, но классик охотою, самоучкою, классик по недоброжелательству своему к чужим успехам, точно такой же, каков классик «Второго разговора»; одним словом, комическое лицо, которое таким и выведено в драматическом предисловии, подобно как Diafoirus у Мольера[7], не есть врач ученый, но карикатура врачей-невежд[7]. Не понимаю, кому пришла охота *олицетворить* в себе творенье вымышленное!

Несколько классических произведений поэтов образцовых, каковы Ломоносов, Дмитриев[*], Озеров, Батюшков (упомянутый во «Втором разговоре») не составляют еще классической литературы. Несколько ранних плодов, *созревших* весною, не составляют еще лета; полдюжины томов не образует литературы. Там существует литература классическая, где все отрасли ее достигли до совершенной зрелости; у нас же многие еще и не показываются, другие только что развиваются. Неудивительно, что *Второй Классик* того не знает; но жаль, что журнал, некогда издаваемый писателями, каковы Карамзин и Жуковский, повторяет пустословные суждения классика-самозванца.

Насмешки на *природных рецензентов* не кстати! И конечно, для звания рецензента нужны природные дарования, которые не в школах добываются: ум открытый, взгляд сметливый, верный, чутье изящного, правила благородные, независимость характера. Грубо ошибаются те, кои полагают, что для звания критика потребны только ученый чин и диплом; еще непростительнее поступают те, кои пускаются на поприще критики для отмщения мелкой своей личности или для удовлетворения раздраженным страстям почетного зоила[9]. Побуждения полемического писателя должны быть всегда чисты и откровенны; он не должен быть двуличным; не должен в глаза искать ласки того, которого готовится уничтожать под рукою: иначе его криводушие отразится и в кривых его суждениях. Фрерон не оттого прибил имя свое к позорному столпу в литературе, что был критиком безжалостным; но оттого, что был критиком бесчестным.

Озерова нельзя ставить в образец чистоты и правильности языка вместе с Дмитриевым, Карамзиным, Батюшковым.

Ломоносов нейдет в образец вкуса. Такое смешение имен, принадлежащих поэтам свойств различных, доказывает, что, например, в нашем рецензенте мало *природного* и что его тупое зрение не умеет отличать тонких оттенков.

Что значит соединение *быстроты рассказа с неподвижностью действия*, будто служащее *отличительным признаком новой нашей школы*? О чем же идет *рассказ*, если не о *действии*? Где прекращается *действие*, там прекраща-

---

[*] О котором Дмитриеве говорит *Второй Классик*? Есть Дмитриев, который написал между прочим «Ермака»; есть другой Дмитриев, который сказал между прочим:
                    Свежо и прохладно
                под тенью густой.
Второй Классик так своенравен, *особливо* в своих мнениях, что не угадаешь, который из двух считается у него образцовым[8].

ется и *рассказ*. Мы видим в «Теории изящной словесности» профессора Мерзлякова определение *пиитического рассказа*, который составляется из представления истинных или вымышленных происшествий и деяний[10]. Можно сказать, что *слог повествования* не соответствует действию; но антитеза, выведенная *Вторым Классиком*, есть именно то, что англичане называют nonsense*. Сюда принадлежит также и соединение *пылкости страстей с холодностию характеров*. Есть ли тут здравый смысл? Из чего же составляется характер? Как могут страсти не действовать на характер? Можно подумать, что *Второй Классик* в двух определениях хотел оправдать собственными примерами упомянутое им изречение Фонтенеля: «Il-y-a des mots qui hurlent de surprise et d'effroi de se trouver unis ensemble»**. И в таком случае он совершенно успел! Если правда, как сказал он, что *несовместное соединение слов* принадлежит новой школе, то его по справедливости можно назвать *ультраромантиком* или *классическим романтиком*, ибо у самого виконта Дарленкура не найдешь примеров подобного сочетания слов и понятий несочетаваемых[11].

Непростительно и ученику сказать, что *в одах мы превосходим почти все другие народы европейские*. Мы имеем великих лириков, но весьма мало хороших од.

Сказав, что Ломоносов заимствовал у немцев *одно стихосложение*, будто в опровержение сказанного, что Ломоносов следовал в своем *нововводимом* стихосложении формам германским, *Второй Классик* доказывает, что не понимает ни того, на что отвечает, ни того, что отвечает. Его опровержение в этом случае совершенно согласно с предложением.

Ломоносов *в ходе* од своих никогда не был подражателем древних. У него нет ничего горацианского; в движениях найдешь то, что обыкновенно называют пиндарическим, но нигде нет расположения од Пиндаровых. Наружная форма од Ломоносова *очевидно* не та, что у Ж.-Б. Руссо, который наблюдал в своих гораздо более *разнообразия* в покрое строф и мерах стихов. Любопытные могут видеть в письме Ломоносова «О правилах российского стихотворства» мнение его о французской поэзии[12]. Советуем и *Второму Классику* прочесть это место, чтобы очистить понятия свои о Ломоносове, который, кажется, знаком ему более понаслышке.

«Вот как судим по-школьному!» – провозглашает с чопорным самодовольствием маленького педагога наш *Второй Классик*, выпустив несколько погрешных определений касательно Ломоносова. Оставляется теперь на рассмотрение: хорошо ли судить по-школьному? Да и то не по-*школьному*, а разве по-*школьнически*.

«Ломоносов *не следовал* Гинтеру», – говорит решительно *Второй Классик*; а после сам же прибавляет, что у Ломоносова не много найдется общего с Гинтером. – Если трудно согласить *Второго Классика* с ним самим, то, по крайней мере, в противоречиях своих иногда соглашается он со мною.

Второй Классик говорит, что словом «разница» *открываю много несообразностей*, и на этом упреке основывает воздушный замок своих умствова-

---

* бессмыслица, нелепость (*англ.*). – *Ред.*
** Вот слова, которые, находясь вместе, вопиют от удивления и ужаса (*фр.*). – *Ред.*

172

ний. Да какое же понятие и может заключать в себе слово «разница», как не понятие о *несообразностях* одного предмета в сравнении с другим предметом? Неужели *Второму Классику* никогда не случалось слушать, что *разница* есть противуположность *сходства*? И добродушный *Второй Классик* называет это *оружием, которое подаю на себя*!! Разве оружие о двух остриях, из коих одно для меня безвредно, а другое весьма язвительно для того, который хватается за него необдуманно и неловко.

Одна нечаянность изумила меня в речах *Второго Классика*; верное определение *германской школы* и *оригинальности, которую немецкая литература получила от Лессинга, как от критика, и от Гете, как от поэта*. Как мог, говорил я сам себе, попасть так метко на литературную истину тот, который в прочем решительно все знает наоборот? Я уже начал думать, что и для критиков есть иногда счастливая выдержка; но вскоре отыскал разрешение загадки, вспомня, что определение *Второго Классика* не иное что, как перевод слов г-жи Сталь, которая сказала, что *Lessing dans la critique et Goethe dans la poésie fondérent une véritable école allemande*[*13].

В первом «Разговоре» сказано, что наши поэты современные следуют движению, данному Ломоносовым. Что значит *следовать*? Идти далее, а не сидеть сиднем, как некоторые *запоздалые*, в ограниченном круге старых понятий, забытых предрассудков и преданий! Итак, современники наши, следуя движению, данному Ломоносовым, должны были сойтись с Шиллером и Гете, как то и сказано, и должны были участвовать в изменениях, последовавших в германской школе, коей принадлежали они *по движению, данному* отцом нашей поэзии. Если бы Ломоносов образовал свое стихосложение по образцам итальянским, имел бы, например, нечто общее с Метастазием, и мы следовали бы *движению, данному* им, то поэзия наша современная была бы подражательницею поэзии Алфиери, Касти, Монти. Вот понятия, которые естественно извлекаются из определений Издателя «Бахчисарайского фонтана!»

В первом «Разговоре» сказано, что эпоха преобразования русской прозы, сделанного Карамзиным (а не *сделанная*, как повторяет оное *Второй Классик*, для коего каждая опечатка есть лакомая пожива), носит *отпечаток германский. Второй Классик* опровергает это мнение тем, что *Карамзин обращал более внимания на французских прозаиков*. Оставя рассмотрение запроса, точно ли следовал Карамзин иностранным прозаикам в преобразовании русской прозы, или просто, оценив свойства языка отечественного, он постиг дух его и следовал собственному откровению, заметим, что в выражении: *эпоха носит отпечаток германский*, заключается смысл, совершенно противный тому, который хотели ему насильственно присвоить. Дело в том, что Карамзин обратил внимание наше на немецкую и английскую словесность, на сих двух соперниц, стремящихся к одной мете, как видим в оде Клопштока «Die beiden Musen»[**14]. Хотя Ломоносов и был питомцем германских муз, но непосредственно последовавшие за ним писатели наши забыли о них, и литература немецкая была до Карамзина для нас чуждая и мертвая. И это, кажется, должно быть ясно для всех, разве за исключением *Второго Классика*.

---

[*] Лессинг в критике, а Гете в поэзии основали настоящую немецкую школу (*фр.*). – *Ред.*
[**] «Две музы» (*нем.*). – *Ред.*

Где же тут доказательство, что Издатель «Бахчисарайского фонтана» совсем не знает немецкой литературы? Знает ли он или нет, но приговоры *Второго Классика* всегда гадательные. Дело другое, если доказать кому-нибудь ясными уликами, что он давал ошибочные определения о Ломоносове, Озерове, Ж.-Б. Руссо, древних лириках и применении немецкой литературы к русской; то можно потом дозволить себе сказать ему, что он не знает литературы ни древней, ни французской, ни немецкой, ни русской.

В предисловии к «Фонтану» сказано, что *нет еще русского покроя в литературе нашей; что, может быть, и не будет его, потому что нет. Второй Классик,* школьнически разбирая это выражение, кладет его на станок портного и кроит по-своему. Не ясно ли понимается из сказанного в предисловии, что, может быть, и не будет у нас русского покроя, потому что нет русского покроя, то есть нет его в природе, нет его *начала.* Положим, что кто-нибудь сказал бы: «У людей не было беспримерного счастия, может быть, и не будет его, потому что нет, то есть не определено нам иметь его». Куда же денутся и фрак и силлогизмы, сшитые на живую нитку *Вторым Классиком?* Жаль; но худо прикрывают они бедность его понятия!

Умничанье *Второго Классика* в определении слов *народный* и *национальный* и все то, что относится к тому в предыдущем и в последующем, не выдержит и не стоит легчайшего исследования. Всякий грамотный знает, что слово *национальный* не существует в нашем языке; что у нас слово *народный* отвечает одно двум французским словам: *populaire* и *national*; что мы говорим: *песни народные* и *дух народный* там, где французы сказали бы: *chanson populaire* и *esprit national*. Жаль, что *Второй Классик,* за обширностию познаний своих, не успел узнать безделиц, которые мог бы он затвердить от первого десятилетнего юноши, получившего первоначальное обучение языков французского и русского.

Поэзию Ломоносова нельзя признавать за классическую, ибо не остался он классическим образцом ни в трагедии, ни в эпопее, ни даже в самих одах, кои хотя и ознаменованы красотами лирическими высшего достоинства, но вообще слишком растянуты, часто холодны и мало выдержаны.

Второй Классик за тайное открытие объявляет, что один стихотворец в следующих стихах:

> Хочу ль сказать, к кому был Феб из русских ласков?
> Державин рвется в стих, а попадет Херасков... –

желал присвоить себе стихи Депрео:

> La raison dit Virgile, et la rime Quinault*.

Объявим же и ему за тайну, что всякий переводчик, переводя стихотворца, всегда хочет присвоить языку отечественному стихи подлинника и что вследствие того не мудрено, если в переводе «Второй сатиры» Депрео находит он стихи, напоминающие стих «Второй сатиры» Депрео. Впрочем, перевод на перевод не придется! Просим покорнейше *Второго Классика,* как он ни догадлив и ни скор на соображения, обличить подобные присвоения чужого добра, например, в переводах Вальтера Скотта – с польского языка![15] *Второй Классик,* видно, придерживается совестливых переводчиков, которые, из ува-

---

* Разум говорит: Вергилий, а рифма – Кино (*фр.*). – *Ред.*

жения к праву собственности, почитают за грех воспользоваться драгоценностями подлинника.

Смешение уподоблений с *анатомией, клеймами, испытаниями* совершенно принадлежит *Второму Классику*. У Издателя каждое уподобление на своем месте. *Резец (скальпель)* не есть орудие памяти, и, следовательно, напрасно *Второй Классик* видел в своем растревоженном воображении, что пытают Бейрона, Мура, Анакреона, Овидия. Жаль, что не посоветовался он с словарем, который успокоил бы жестокие сновидения его добровольного испуга!

В предисловии сказано, что *цветы яркой поэзии* (упомянутых поэтов) *закоптятся от лампадного чада комментаторов*. Сие выражение кажется смешным *Второму Классику*, которому, видно, понятен один буквальный смысл. В припадке веселости вырываются у него энергические: «Ха! ха! ха!» Такой смех не без эха, и многие посмеялись насмешнику.

«Вы шутите над читателями, почтенный г-н Издатель!» – говорит *Второй Классик*. Уж, полно, не забавляется ли над ними и почтенный г-н издатель «Вестника Европы», выпустив на сцену, без всякой оговорки от себя, *Классика*, которого не худо было бы отослать в классы. Всему виною излишнее доброе сердце и вследствие того радушное гостеприимство издателей журналов. Иной редактор, озабоченный множеством посторонних дел, не имеет ни досуга, ни способов писать от себя. Что же он делает? Растворяет журнал свой настежь; отказом обидеть никого не хочется:

И выдет наконец, что в общество орлов

....

(*Хемницер*)[16].

Что значат упреки в молодости? К чему в полемическом споре ссылки на метрические книги? Есть юношество возмужавшее; есть дряхлость ребяческая; есть посредственность, не имеющая возраста.

Второй Классик сознается, что новое стихотворение Пушкина *невольно привлекает его*. Сознание бесценное! Как в этом слове «невольно», вырвавшемся из тайника сердечного, изменяет себя присяга, данная *вторыми классиками* и дюжинными их клевретами, не признавать дарований отличных и воевать их единодушно! Но будем справедливы! Чем невольнее победа над собою, тем более заслуживает она уважения. В этом отношении и «Второй разговор» есть точно торжество. Когда вспомним, где он напечатан, то найдем в нем несколько разительных примеров сего благородного и великодушного насилия. *Второй Классик* хотя и сбивчиво и не по-авторски, но, по крайней мере, с уважением говорит о писателях уваженных, там где привыкли слушать суждения о них, совершенно другим языком излагаемые[17]. Не изыскивая скрытых побуждений, порадуемся гласному действию. Может статься, нужен был только перелом и отныне настанет *общая амнистия* писателям, провинившимся возвышенностию дарований и характеров, утверждением за собою славы европейской, пристрастием публики и другими подобными преступлениями.

Второй Классик, начав неловкостию или тем, что запросто называется absence d'esprit*, кончает так же. Зачем, думаете вы, напечатал он «Разговор» свой в «Вестнике Европы»? Затем, чтобы не подумали, будто он руководствует-

---

* отсутствие смысла (*фр.*) – *Ред.*

ся мнениями «Вестника Европы». Да разве мнения журнала не составляются из мнений писателей, в нем участвующих? Разве журнал может сам собою мыслить, говорить, судить? Как можно браться за перо, когда бываем подвержены подобным рассеяностям?

Кажется, урок мой исполнен и *меньшие братья* должны быть довольны моею прилежностию: признаюсь, часто усталость и скука готовы были взять верх над терпением моим и желанием угодить вполне *судиям взыскательным*; но наконец я все превозмог! Все погрешности *Второго Классика* выведены на свежую воду из сонной и вялой прозы, которою они были заглушены. Из всех литературных мнений его только одно остается чистым – мнение о Лессинге и Гете, и то доказано, что оно не его, а буквальный перевод слов г-жи Сталь, и еще не кстати приведенный и не доказывающий того, что хотел он доказать.

После того скажите, если правда, что *Второй Классик* есть один из обиженных мимолетным замечанием о прозаических стихотворениях «Вестника Европы», то стоило ли для удовлетворения слегка уколонного самолюбия пуститься на шестнадцать страниц погрешностей, доказывающих только, что можно быть в одно время и прозаическим поэтом, и неискусным прозаиком, и критиком-нелитератором. О самолюбие!

Souvent notre amour-prôpre éteint notre bon sens[*]!

Князь Вяземский.
Москва. 12 апреля 1824.

П. А. ВЯЗЕМСКИЙ
Мое последнее слово

В 7 № «Вестника Европы» напечатан ответ на мою статью «О литературных мистификациях». Почитаю его совершенно удовлетворительным. Главным побуждением моим, когда я писал упомянутую статью, было сначала отклонить от себя *худую славу* и подозрение, что *Второй Классик* мог иметь с Издателем «Бахчисарайского фонтана» разговор, подобный тому, который напечатан в 5 № «Вестника Европы»: они отклонены признанием сочинителя «Второго разговора», что он им вымышлен. Вторым побуждением моим было принудить сочинителя-анонима к молчанию или объявлению своего имени. Он избрал труднейшее из двух предстоящих средств: жертва достаточная! Без сомнения, нелегко было решиться сочинителю «Второго разговора» и «Ответа» приписать к двум последним произведениям своим прозаическим (здесь говорю уже чисто и буквально о его прозе) имя, почтенное у нас как в государственном, так и в литературном отношении, – имя, которое обязывает преемника его носить оное с достоинством и честью. Наконец, сочинитель, бывший г-н N, что ныне Михаил Дмитриев, сознается в Post-scriptum перед

---

[*] Часто наше самолюбие заглушает здравый смысл (*фр.*). – *Ред.*

читателями своими (в числе коих и я по несчастию своему), что он был не прав в некоторых своих выражениях. Мне нужно было обличить безыменного сочинителя, который заставлял меня будто бы говорить не так, как я говорить привык, и будто бы слушать то, чего я слушать не должен. И я достиг своей цели. Повторяю уже сказанное мною; но в этом заключается вся сущность дела: издатель книги названной есть имя личное, точно так же, как автор книги определенной, как хозяин дома означенного; и так вводить перед публикою человека известного и определенного в разговор небывалый и несбыточный есть злоупотребление нетерпимое и преступающее за границы *дозволенного*. Границы *полемических монологов* гораздо пространнее, и потому не останавливаю сочинителя «Ответа» в новом его похождении. Преимущества писателей, ему подобных, известны; известно также и право человека, себя уважающего. Он не обязан входить в полемическую распрю, в которой и самая победа его не обещает ему ни чести, ни удовольствия. Вследствие сего, крепкий собственным убеждением и мнением людей, на коих с гордою доверенностию указать могу перед лицом отечества, я вправе, я в обязанности не дорожить суждением о себе человека, мне совершенно чуждого и по чувствам и по образу мыслей[1].

Что же касается до неведения, объявленного г-м редактором «Вестника Европы»*, о *препятствиях, встретившихся при печатании поэмы г-на Пушкина*; то долгом своим поставляю сказать следующее: призывая свидетельство г-на редактора, показал я, что он, как член Ценсурного московского комитета, должен был знать о переменах, требованных ценсурою в поэме, по которым принужден я был войти в переписку с автором, находящимся в Одессе, и о переменах в предисловии моем, которое я старался защищать[3].

Вот все, что осталось досказать к сказанному мною прежде в отношении *личной сущности* предлежащей тяжбы; что же касается до *сущности литературной*, то, кажется, в «Разборе “Второго разговора”» (напечатанном в 8-м № «Дамского журнала») достаточно доказано, что мне неприлично и *неспоручно* входить в литературные рассуждения с Классиком, каков Михаил Дмитриев.

Сим заключаю возражения свои на прошедшие и будущие прения журнальных клевретов, говоря с Шенье:

---

* И что же касается до *замечания* на стран. 197 <с. 164 наст. изд. – *Ред.*>, то оно вовсе недостойно редакторской важности!.. Поверит ли в самом деле *литератор* другому литератору, который, желая выдумать сказку, сколько можно более удовлетворительную для его тронутого авторского самолюбия, говорит, между прочими *истинами*, что он не читает такого-то (литературного) журнала, сказав тогда же, что *имеет* его?.. Поверит ли этому и самый обыкновенный читатель? Всякий тотчас увидит, что это, между прочими истинами (уже другого рода)... но оставим настоящее выражение, и заметим еще, что как бы способности издателя ни были ограничены, но легко может случиться, что в журнале к нему придется статья, заслуживающая внимания *самого* г-на *Булгарина*, который – скажу мимоходом – едва ли годится быть образцом моим, напечатаем. в русском языке, в искусстве слога и в издании журнала. Я имел светила в *нашей* словесности, озарявшие меня несколько более и лучше уличных фонарей...[2] Изд.

Je réclame leur haine, et non pas leurs suffrages;
Je leur demande encore d'honorables outrages.
Contre moi réunis, qu'ils me lancent d'en bas
Des traits empoisonnés, qui ne m'atteindront pas*.

Князь Вяземский
Москва. Апреля 23.

М. А. ДМИТРИЕВ
Возражения на разбор «Второго Разговора»

Мы будем рассуждать, хоть логика не в моде.
А. Писарев[1].

В заключении моего «Ответа» на статью «О литературных мистификациях» я сказал, что буду возражать князю Вяземскому в таком только случае, если он вздумает опровергать некоторые пункты, решенные, по моему мнению, во «Втором разговоре». Сопротивник мой исполнил желание своего критика; почему считаю обязанностию сдержать данное слово и предлагаю публике мои возражения.

В том же «Ответе» сказано мною, что читатель легко заметит, сколь трудно мне было отвечать на пиесу князя Вяземского, заключающую в себе не доказательства, а *личности*; то же должен повторить и теперь, хотя отчасти по другой причине. В разборе «Второго разговора» князь Вяземский, желая затруднить своего критика, употребляет не силлогизмы, искусно составленные, и не хитросплетенные софизмы, но *особенную* хитрость, а именно: темноту языка, смешение предметов спора, запутанность периодов и вообще какой-то хаос в расположении и изъяснении, доказывающий *непривычку* к искусственному составлению речи. – Хотя князь Вяземский и сравнивает себя с Аяксом, говоря, что вызвал меня ратоборствовать на дневном свете, однако сам он все еще ратует в потемках. – «Труд будет не на моей стороне, – говорит он, – а на стороне моих читателей, если будут они иметь терпение следовать за мною!» – И я совершенно с ним в этом согласен!

Однако приступим к делу. – Князь Вяземский говорит, что он *берется не оставить в целости ни одного из литературных предложений, выставленных во «Втором разговоре», напечатанном в «Вестнике Европы».* – Обещание немаловажное; но мы увидим, исполнил ли он как литератор то, что обещал как оскорбленный писатель.

---

* Я требую их ненависти, а не одобрения;
  Я ищу их явных оскорблений.
  Пусть, объединясь против меня, пускают снизу ядовитые стрелы –
  Они не достигнут меня (*фр.*). – *Ред.*

Первый спорный вопрос состоял в том, *настала ли у нас пора истинной классической литературы?* – Упомянув имена Ломоносова, Дмитриева, Карамзина, Озерова и Батюшкова, я сказал, что самые современники Горация и Виргилия признали бы их произведения классическими. – Князь Вяземский, выпустив (может быть, ошибкою) имя Карамзина, говорит о прочих, что произведения их не составляют еще классической литературы; ибо «там только существует литература классическая, где *все* ее отрасли достигли до совершенной зрелости». – На сие можно бы отвечать примером, что французская литература признается в целой Европе за классическую, хотя доселе она не имеет еще *совершенной* истории, *совершенной* оригинальной эпической поэмы; ибо «Генриада» не признается таковою иностранными учеными критиками[2]; следственно, и во Франции, не имеющей двух важнейших родов словесности, не все отрасли оной достигли до совершенной зрелости; однако литература ее вообще признана классическою. – Из сего примера видно, что положение князя Вяземского не имеет прочного основания; следовательно, и основанное на нем опровержение моего мнения *уничтожается* само собою.

При сем случае нахожу приличным открыть князю Вяземскому, отчего суждения его о классической литературе столь шатки и отчего столь легко опровергать их. – Причина та, что наименование *классический* употребляет он не всегда в одном определенном значении. Иногда принимает оное в смысле *совершенства*; иногда как противоположное с *романтическим*. Лагарп в продолжение всего «Курса» дает сему выражению *первое* значение; г-жа Сталь в своем сочинении о Германии везде принимает оное *во втором* значении[3]. Оттого происходит, что, употребляя сей термин, оба они наверное уже знают, о чем говорят. – Различая сии два знаменования, мы находим, что *в первом* могут составлять классическую литературу только те произведения, которые отличаются изяществом; *во втором* и посредственные произведения могут принадлежать к *классическому роду*, по признакам, отличающим их от *рода романтического*. Произведения же упомянутых мною русских писателей не токмо по роду, но и *по совершенству* своему неоспоримо могут войти в состав классической литературы всякого образованного народа, не говоря уже о том, что некоторые из сих писателей действовали к усовершенствованию языка и дали словесности нашей новое, вернейшее направление к изяществу. – Что касается до того, будто «Ломоносов нейдет в образец вкуса, а Озерова нельзя ставить в образец чистоты и правильности языка», то, во-первых, недостаток вкуса в Ломоносове требует еще доказательства, тем более что он выдержит самое строгое сравнение с современным ему Сумароковым и с жившими после него Петровым и Державиным; во-вторых, вкус, чистота и правильность языка, взятые отдельно, не дают еще литератору и поэту права на звание классического: нужны к тому высшие достоинства! – Батюшков, приводя в пример стихи Ломоносова, находит в них *первоклассные красоты поэзии*[4]; а хорошая трагедия, написанная хорошим языком, невзирая на некоторые несовершенства, бесспорно принадлежит к литературе классической. – Лагарп, осуждая стиль Корнеля, не исключает, однако, его трагедии из числа классических[5]. – Неверность суждений моего сопротивника происходит именно от непривычки к логическому соображению! Вот порядок его мыслей: слог и вкус составляют одно из качеств классического писателя; у таких-то писателей встречаются и в том и в другом погрешности; следственно, сии писатели не суть классические. – Сей софизм называется в логике *заключением от частного к общему* и неминуемо ведет к заблуждению!

Таким образом, доказав, что мнение князя Вяземского было утверждено на его же ложном положении и что оправдание его есть заключение от частного к общему, я доказал и то, что классическую литературу мы уже имеем.

2

Второй спорный пункт заключался в следующем вопросе: *в чем состоит отличительный признак нынешней новой школы?* – Я полагал одним из признаков *соединение быстроты рассказа с неподвижностию действия.* – Князь Вяземский возражает мне: о чем же *рассказ*, если не о *действии?* – Отвечаю: действием называется беспрерывное стремление всех частей поэмы к предназначенной цели, а рассказ может заключаться в описании, в живом изображении побочных лиц и предметов; он может занимать привлекательностию подробностей, но замедлять ход поэмы. Таково прекрасное описание евнуха в «Бахчисарайском фонтане»; таково даже повествование Терамена в «Федре»[6], во всех отношениях классической: рассказ идет быстро, но действие в то время стоит неподвижно. – У лорда Бейрона мы находим почти в каждой поэме доказательства сей истины.

Другим признаком новой школы полагал я *соединение пылкости страстей с холодностию характеров.* – Князь Вяземский на сие восклицает: из чего же составляется характер? – Разрешаю неведение литератора, ответствуя, что характер есть сумма врожденных свойств души, получивших известное, *постоянное* направление, в соединении своем с суммою приобретенных ею качеств; а страсть есть *случайное* состояние души, иногда непродолжительное и изменяющееся. Замечено даже на опыте, что страсти несравненно сильнее действуют в людях характера холодного, ибо они не столь скоро могут переходить от одного состояния души к другому. – Где же в упомянутых двух признаках бессмыслица? Отношусь с сим вопросом к людям, которые учились, которые размышляют и которые основывают свои суждения не на вдохновении[*], а на постоянных началах.

Далее, на мое замечание, что новость выражений *новой школы* состоит не столько в словах, сколько в *несовместном соединении* оных, князь Вяземский говорит, что «если это правда, то Классика "Второго разговора" по справедливости можно назвать *ультраромантиком*». – Обыкновенная неясность понятий моего антагониста заставила его в сем случае смешать писателей романтических с писателями новой школы; но я вижу в них различие. В доказательство скажу только, что есть писатель, который ни по роду своих произведений не принадлежит к романтическим, ни по достоинству – к классическим; однако ни у кого из русских поэтов новой школы не найдешь такого *несовместного* соединения слов, как у него, например, в следующих выра-

---

[*] Он, не учась, учен, как придет в восхищенье![7]

жениях: *корчить ум, теребить труд ума, щепетильная злость, бумага, преданная перу, услужливая заплата* и т. п.[*8] – Впрочем, говоря о несовместном соединении слов, я имел в виду одних *посредственных* писателей. Некоторые эпитеты Жуковского и А. Пушкина, несмотря на свою новость, превосходны и заслуживают не укоризну, а удивление, как мгновенные излияния души, объятой неожиданным чувством и творящей новое выражение по необходимости обнаружить живое, небывалое дотоле впечатление.

Итак, *два* отличительные признака новой школы, которые желал отвергнуть князь Вяземский, мною доказаны, одна *a posteriori*, другое *a priori*; что касается до третьего признака, состоящего *в смеси мрачности с сладострастием*, то князь Вяземский и не опровергал его, следственно, согласен в том со мною.

3

Приступаю теперь к вопросу, едва ли не важнейшему из всех наших прений, ибо он обнимает собою всю историю нашего стихотворства и состоит в том, *следовал ли Ломоносов Гинтеру и следуют ли нынешние русские стихотворцы движению, данному Ломоносовым?*

Князь Вяземский утверждает, вопреки моему мнению, что Ломоносов *в ходе* од своих не подражал никому из древних; но только утверждает, а не доказывает. – Прибегнем к сравнению нашего поэта *в сем отношении* с одним из древних и укажем на некоторые черты сходства. 1) В современных Ломоносову немецких стихотворцах мы не видим сих пламенных, величественных вступлений; у Пиндара – они обыкновенны. 2) У Пиндара за вступлением почти всегда следует воззвание к Фебу, к Музе и т. под; что греческий лирик делал, может быть, по требованию религии, ибо игры Олимпийские и Пифические были посвящены божеству[9], то употреблял обыкновенно и Ломоносов, вероятно, из одного подражания. 3) Ломоносов любил начинать свои оды сравнениями и ими же возвышать своих героев; Пиндар изобилует сравнениями. 4) Ломоносов употреблял переходы и отступления, совершенно неожиданные, даже иногда заметно искусственные; Пиндар обладал сим же достоинством и сим же недостатком. 5) Ломоносов, не находя пищи своему воображению в происшествиях обыкновенных, которые иногда принужден был воспевать по необходимости, прибегал к искусству того же Пиндара: прославлял прежние подвиги своего героя, воспоминал его предков. Таким образом греческий лирик, славя победу Гиерона на ристалище, возвышает свой предмет повествованием о его предках, о Тантале и Пелопсе и проч.[10] Наконец, 6) сие соединение спокойно-величественного парения с пламенными по временам порывами есть весьма близкое сходство с теми же свойствами Пиндара. – Не доказывают ли сии соотношения, что Ломоносов *в ходе* од своих подражал точно древним? – Мы не находим подобного не только у современного Ломоносову Гюнтера, но ни у Рамлера, жившего позже, ни у самого пламенного Клопштока[11]!

Но, приближаясь к Пиндару в расположении, Ломоносов не подражал ему в наружной форме. У Пиндара, например, за *строфою* следует иногда *антистрофа*, за сею – *эподос*[12]. Мы находим сие у Петрова; но у Ломоносова, на-

---

[*] «Сын от<ечества>». 1821, № 2, стр. 79; № 10, стр. 130; № 18, стр. 181.

против, строфы одной и той же оды все одна другой подобны. Если Ж.-Б. Руссо наблюдал и более разнообразия, то сие разнообразие состояло только в том, что он употреблял иногда шестистопные стихи и составлял строфу из бо́льшего или меньшего числа стихов; у Ломоносова есть тоже некоторое разнообразие в сочетании. – Но ни то ни другое не препятствует некоторым его одам быть по наружной форме своей составленными совершенно по образцу Руссо. Для доказательства вот примеры:

Est-ce une illusion soudaine
Qui trompe mes regards surpris?
Est-ce un songe dont l'ombre vaine
Trouble mes timides esprits?
Quelle est cette Déesse énorme,
Ou plutôt ce monstre difforme
Tout couvert d'oreilles et d'yeux,
Dont la voix ressemble au tonnere,
Et qui des pieds touchant la terre,
Cache sa tête dans les cieux?*[13]

***

Заря багряною рукою
От утренних спокойных вод
Выводит с солнцем за собою
Твоей державы новый год.
Благословенное начало
Тебе, богиня, воссияло;
И наших искренность сердец
Пред троном Вышнего пылает,
Да счастием твоим венчает
Его средину и конец.[14]

*

Основываясь на сих доказательствах и на сих примерах, я утверждаю, что Ломоносов заимствовал у германцев *одно стихосложение*. – Напрасно советует мне князь Вяземский прочитать письмо Ломоносова «О правилах российского стихотворства». Я советую *ему* прочитать его, но прочитать с размышлением: тогда он увидит, что хотя Ломоносов и употребляет изредка слово *поэзия*, но говорит об одной *версификации*. И в самом том месте, где упоминает о поэзии французской, дело идет о стопах, найденных им в начале оды Буало на взятие Намура**[15]. Жалко видеть, когда литератор обращает внимание на одни *слова* и добровольно лишает себя способности проникать в идеи, в связь их, в главную цель автора!

---

* Обманут ли мой изумленный взгляд внезапным видением?
Или бесплотные тени сна смущают мой робкий дух?
Кто она, эта огромная богиня, вернее – безобразное чудище?
Оно имеет множество глаз и ушей, голос его подобен грому,
И, стопами касаясь земли, оно скрывается головой в небесах? *(фр.)* – *Ред.*
** Сочин. Ломон‹осова›. СПб, у Шнора, 1803. Том 1, стран. LXV.

Что современные наши поэты, *желающие* подражать германской школе, не следует движению, данному Ломоносовым, сие доказано мною прежде тем, что во время Ломоносова не было еще германской школы. – «Но что значит следовать? – говорит князь Вяземский. – Идти далее!» – В первый раз слышу, что идти далее кого-нибудь значит за ним следовать! – Однако, оставя сие, прошу моих читателей устремить все внимание на дальнейшее.

По мнению князя Вяземского, «современники наши, следуя движению, данному Ломоносовым, должны были сойтись с Шиллером и Гете и должны были *участвовать в изменениях*, последовавших в германской школе, коей принадлежали они по движению, данному отцом нашей поэзии. – Если бы, – продолжает он, – Ломоносов образовал свое *стихосложение* по образцам италиянским, имел бы, например, нечто общее с Метастазием, и мы следовали бы движению, данному им, то *поэзия* наша современная была бы подражательницею поэзии Алфьери, Касти, Монти!»

Очевидно, что князь Вяземский мешает *стихосложение* с *поэзией*: вот отчего он запутался между именами Гете, Шиллера и Алфьери – и едва-едва уже держится за старика Ломоносова! – Разрешим его узы и скажем просто, что если бы Ломоносов следовал в *стихосложении* италиянцам, то, может быть, оно осталось бы у нас доныне; может быть, мы приняли бы другое; но на *поэзию* нашу, вероятно, сие не имело бы влияния: доказательством служит то, что мы, принявши стихосложение, подобное немецкому, доселе подражали более поэзии французской. – Но если бы Ломоносов подражал и *самой поэзии* германцев или итальянцев, то современники наши только в таком случае могли бы сойтись с Шиллером или Алфьери, когда бы русские стихотворцы, последовавшие за Ломоносовым, *беспрерывно* наблюдали ход поэзии сих двух народов.

Но если предположить, что Ломоносов и подражал немцам, то жившие после него русские стихотворцы, в течение *полустолетия* совершенно потеряв из виду немецкую словесность и не занимавшись ею до самого Жуковского, могли ли вдруг сойтись с Шиллером? Не могли! Если мало на то доказательств разума, то мы видим сие на опыте! – Неужели думает князь Вяземский, что современная нам русская поэзия много имеет общего с поэзиею Шиллера? – Решительно говорю: *ничего*; ибо превосходные переводы Жуковского показывают только, каков был Шиллер в *некоторых* произведениях, но не показывают *всего* Шиллера, а еще менее могут дать понятие о духе всей разнообразной и обширной немецкой поэзии. Если князь Вяземский уверен в противном, то это доказывает, что он не читал Шиллера.

Наконец, ожидают ли читатели, что один из рецензентов развеселит их *сюрпризом*? – Ожидают ли, что князь Вяземский вдруг, одним почерком пера, чрез несколько строк добровольно *опровергнет* все свои предположения? – Он утверждал, что мы, следуя движению, данному Ломоносовым, *должны были* сойтись с Гете и Шиллером и *участвовать в изменениях*, последовавших в германской школе. – Потом он же говорит: «Хотя Ломоносов и был питомцем германских муз, но *непосредственно последовавшие за ним писатели забыли о них*, и литература немецкая была до Карамзина для нас *чуждая и мертвая*». – Яснее: мы *забыли* о немецкой литературе; а между тем, следуя движению, данному Ломоносовым, *должны были участвовать в ее изменениях*! – Где логика? Куда девались Гете, Шиллер, Алфьери, Касти, Монти и доказательства князя Вяземского?..

Утверждая в моем «Втором разговоре» неосновательность мнения, опроверженного в предыдущем параграфе, я сказал, что во время Ломоносова оригинальная германская школа еще не существовала, ибо получила свое начало от Лессинга, как от критика, и от Гете, как от поэта. – Князь Вяземский, вынужденный сознаться в сей истине, укоряет меня тем, что я взял ее из сочинения г-жи Сталь «О Германии». – «Сия нечаянность изумила меня!» – говорит он. – Согласен, что *нечаянное* открытие о начале и основателях германской школы могло изумить того, кто прежде не знал о том. – Но всякий литератор знает, что ничего нет естественнее, как, говоря об истории литературы, руководствоваться мнениями известных писателей: одно это и может дать критике непогрешительную достоверность! – Заимствоваться наблюдениями иностранных авторов не есть то же, что перевести с французского песенку и выдать ее за свою собственную[16]. – Даже я осмелюсь советовать и самому князю Вяземскому, изрекающему произвольные приговоры о немецкой литературе, прочитать прежде «Историю поэзии и красноречия» *Буттервека*, «Драматургию» *Лессинга*, «Курс» *Августа Шлегеля*, «Историю древней и новой литературы» *Фридриха Шлегеля*, отдельные статьи о словесности *Гердера, Шиллера* и других, «О Германии» *г-жи Сталь*, и прочее, и прочее, и прочее, и прочее, и прочее[17].

На слова Издателя «Бахчисарайского фонтана», что «эпоха преобразования русской прозы, *сделанного* Карамзиным, носит на себе отпечаток германский», – я сказал: Карамзин, *если не ошибаюсь,* более обращал внимание на французских прозаиков и поступил *рассудительно,* ибо во французской прозе преимущественно можно научиться сей *плавности,* сему *составу периодов**, *постепенно следующему за порядком мыслей,* и наконец, самой гармонии. – Князь Вяземский не вникнул в *определенность* слов моих, из коих каждое написано с намерением; потом, выписав одно начало фразы (*обращал внимание на французских прозаиков*) с умыслом, кажется, пропустил главное, т. е. что *он* (Карамзин) *избегал выражений, несвойственных языку русскому.* – Что же разумел я под сими словами, если не то, что он, оценив свойства языка отечественного, постиг дух его и следовал иностранным прозаикам не рабски, не в словах, не в выражениях, но именно в плавности и в естественном изложении мыслей? – Заметно, что сими пропусками хотелось выставить меня как не уважающего заслуг великого писателя: прекрасное свойство открывается в подобных хитростях! – Что касается до того, будто Карамзин обратил наше внимание на немецкую и английскую словесность, то не думаю, чтоб сие было справедливо, ибо указания (в «Письмах русск‹ого› путеш‹ественника›») на некоторые

---

* После некоторого размышления нахожу только *одну неточность*; определительнее было бы сказать: *составу речи.* М. Д.

места из немецких и английских писателей, даже превосходные его переводы (в «Пантеоне иностран‹ной› словесн‹ости›»[18]) не оставили *в сем отношении* заметных последствий: доказательством сему служит то, что наши авторы и читатели по-прежнему продолжали обращать внимание на одну французскую словесность; к немецкой обратились в последнем десятилетии; а на английскую и ныне почти не обращают внимания.

Говоря о немецкой и английской словесности, князь Вяземский с каким-то самодовольствием ученого прибавляет: «сих двух соперниц, стремящихся к одной мете, как видим в оде Клопштока "Die beiden Musen!"» – Об этой оде тоже взято из г-жи Сталь[19]; впрочем, что подумать о литераторе, который в мнении своем, что две словесности стремятся к одной цели, ссылается (хотя и мимоходом) *на оду?* – Во времена Клопштока германская *поэзия* (а не словесность вообще) была подражательницею английской, почему он и мог изобразить их под видом двух муз, бегущих к одной мете; а может быть, разумел еще под ними *свою* поэму и *Мильтонову*[20]. Но в наше время, когда существует уже в Германии оригинальная школа, нельзя сказать, что английская и немецкая словесность стремятся к одной мете, – вот именно то, что англичане называют nonsense*. – Заметно, сколь хочется моему антагонисту уверить и меня, и читателей, что он знает немецкую литературу. Даже, сказав в одном месте: unter aller Kriti*ke***, он прибавляет: *хотя по всенародному объявлению Второго Классика я по-немецки и не знаю!* – Но знать язык иностранный не значит еще знать литературу того народа.

6

На замечание мое об ошибках против логики князь Вяземский отвечает, что слова: *нет русского покроя в литературе нашей* – надлежит понимать в таком смысле, что *не определенно* нам иметь его. – Это большая разница. Однако я не верю сему изъяснению; ибо если б сказано было таким образом, то не нужно бы говорить: *может быть, и не будет!* Впрочем, кто обязан угадывать смысл выражений автора? Всякий читатель понимает их в том смысле, в каком они предлагаются; а быть точным – есть обязанность писателя, желающего быть понятным! По сей причине и мой *школьнический* силлогизм и *ученая* ошибка против логики остаются в прежней силе!

7

Мое определение поэзии *народной* и *национальной*, также различие, существующее между ними, *не выдержит*, по словам князя Вяземского, *и не стоит легчайшего исследования.* – Читателям известно из «Второго разговора», что определение сих наименований выведено мною из наблюдений известнейших эстетиков; в особенности же я следовал Ансильону. – Прошу покорнейше беспристрастных наблюдателей наших споров прочитать в сочинении Ансильона «Essais philosophiques» статью под названием «Analyse de l'idée de

---

* нонсенс, бессмыслица, нелепость *(англ.).* – *Ред.*

** В немецком языке существительные имена женского рода в единственном числе не переменяют окончания. М. Д.

littérature nationale»[21]. – Они увидят, что сия статья ученого берлинца *стóит* исследования; но не всякий критик сие исследование *выдержит*.

Кончив возражения на главные пункты спора и доказав неверность *всех* опровержений князя Вяземского, приступаю к некоторым отдельным его замечаниям.

1. «Непростительно, – говорит он, – и ученику сказать, что *в одах* мы превосходим *почти* все другие народы европейские. Мы имеем великих лириков, но весьма мало хороших од».

Мы имеем *трех* великих лириков: Ломоносова, Петрова и Державина; все они прославились именно *одами*, а не другим каким-либо родом лирической поэзии: следственно, потому-то мы и имеем великих лириков, что имеем *превосходные оды*. Не спорю, что в русской словесности находятся достойные произведения и в других родах лирических; но, сравнивая их с одами, увидим, что число последних далеко превышает оные. – Что касается до того, превосходим ли мы в одах некоторые европейские народы, то сия истина, по новости своей для слуха, конечно, требует доказательств.

Язык русский способен наиболее к поэзии *возвышенной*, ибо соединяет в себе мужественную приятность звуков с *определенною полнотою и округлостию* оных; в отношении же к стопосложению он имеет важное преимущество пред *всеми* новейшими языками в том, что заключает в себе просодию *метрическую*, подобно языкам тевтонического происхождения, вместе с *плавностию* языков происхождения латинского. – Между тем как первые (например *немецкий*), имея стопы древних, лишены сладкозвучия; последние (как-то: французский, итальянский, гишпанский), превосходствуя в мелодии, не имеют стопосложения метрического. – Вот замечание, основанное на свойстве языков; представляю другое, основанное на опыте.

Известно, что французский язык менее всех способен к поэзии лирической; известно и то, что, исключая немногих од Ж.-Б. Руссо и Лебрюня[22], французы не могут представить ничего отличного в сем роде. – Но вот мнение об их одах знаменитого *Сисмонди*, который судит равно беспристрастно о различных родах словесности у различных народов. «L'inspiration y manque, – говорит он. – A la place de leurs sentiments nos poëtes ont chanté leurs reflexions»[*][23]. – Об одах *итальянских* говорит он же: «Les Italiens ne sont pas non plus demeurés fidèles au vrai genre lirique»[**][24]. – Из *гишпанцев* упоминает *Буттервек*, как о хорошем лирическом поэте, почти об одном Жуане Мелендеце Вальдесе. – Из *португальцев* Сисмонди приводит в пример (если не ошибаюсь) только Камоенса, оставившего 10 или 12 *од, или лирических песнопений, имеющих форму классическую*[25]. За ними остаются почти одни *немцы* и *англичане*. Не зная английской словесности и не имея под рукою никакого систематического сочинения об их лирической поэзии, я не могу говорить об ней; но скажу относительно немцев, что славный Рамлер был подражатель Горация и мало имеет оригинального; что хотя оды Клопштока суть произведения высочайшего вдохновения, но они темны и потому часто утомительны. – Оды нашего Ломоносова, Державина, даже Петрова (невзирая на грубость языка), вероятно,

---

[*] В них отсутствует вдохновение. Вместо чувств наши поэты воспели свои размышления *(фр.).* – *Ред.*

[**] Итальянцы отошли еще в большей степени от подлинного лирического рода поэзии *(фр.).* – *Ред.*

186

нашли бы в Европе более читателей, если б словесность наша была столь известна, как немецкая. Впрочем, читатели будут в заблуждении, если заключат из сих кратких выписок, что я для подтверждения своего мнения хочу унижать поэтов других наций. Я знаю, что Италия, Германия и некоторые другие европейские народы имеют *великих лириков* и что они богатее нас разнообразными произведениями *лирического рода*; но я говорил *об одах* в тесном значении. Несмотря на сие, если б кто доказал мне неоспоримо, что я ошибаюсь в моем заключении, я благодарил бы его за открытие одного из моих заблуждений.

2. В словах моих: *Ломоносов не следовал Гинтеру и у Ломоносова не много найдется общего с Гинтером*, князь Вяземский видит противоречие.

Я могу отвечать, что потому-то и не много между ними найдется общего, что Ломоносов ему *не следовал*; одно только общее: *стопосложение*. – Впрочем, из чего упорствует мой антагонист, желая поддержать свое сравнение *достойного славы* Ломоносова с *неизвестным* Гинтером, о котором и самые германские эстетики отзываются с неуважением. Сульцер говорит, что *некогда* известна была его «Ода к принцу Евгению» – и только! – Вот слова его: «So niedrig und so unedel seine Gedichte auch sein mögen: so scheint es ihm doch nicht an Anlage zum lyrischen Dichter gefehlt zu haben. Seine Ode auf dem Prinz Eugen war einst berühmt»[26]. – Таков был образец Ломоносова в высокой поэзии!

3. «Второй Классик, – говорит князь Вяземский, – сознается, что стихотворение Пушкина невольно привлекает его! Как в этом слове *невольно* изменяет себе присяга не признавать дарований отличных!»

Если г. Пушкин от вдохновений пиитических, драгоценных для его читателей, может уделить несколько минут для наших споров, то я просил бы его обратить внимание на 61 страницу 5 нумера «Вестника Европы»: он увидел бы, *что я думаю о новой его поэме!*[27] – Другой признак моего уважения к необыкновенному таланту сего поэта свидетельствую тем, что я никак не осмелился бы поместить при его поэме разговора, подобного напечатанному при «Бахчисарайском фонтане». Из чего же заключить, что я не признаю дарований отличных? Из мнения моего о погрешностях какого-нибудь посредственного, самолюбивого стихотворца нельзя еще заключать, будто я не признаю истинных дарований!

4. «Может быть, – прибавляет мой антагонист, – отныне настанет *общая амнистия* писателям, провинившимся возвышенностью дарований!»

Если бы и в самом деле была нужна сия *амнистия*, то иной остроумный писатель не попадет в оную, как невиноватый. – Впрочем, мои мнения принадлежат *мне собственно*; следовательно, никто другой не должен за них подвергаться упрекам.

Сим прекращаю и последние мои замечания, не желая ответствовать на некоторые двусмысленные укоризны, которые сами за себя отвечают. Князь Вяземский говорит, например, о каких-то авторах, которые складываются, чтоб написать нелепость. – Я не принимаю сего на свой счет; ибо, чтоб написать литературные замечания, складываться невозможно; можно написать *вдвоем* только водевиль: в таком случае, дей-

---

* «Сколь бы *низменны* и *неблагородны* ни были его стихи, он все же, кажется, был не лишен задатков лирического поэта. Его ода к принцу Евгению некогда была знаменита» (*нем.*). – *Ред.*

ствительно, выходит иногда *нелепица!*[28] – Далее говорит он, с непритворною чувствительностию, о *безжалостном* критике. Еще далее открывает, что критику нужно *чутье изящного;* на сие последнее отвечаю, что вместо *чутья* лучше иметь вкус и познания. – Наконец, во многих местах он называет своего критика *школьником;* не знаю, верить ли этому: еще в 1821 году бывший профессор А. Ф. Воейков назвал тоже одного автора *ученым литератором,* который *часто грешит против грамматики и синтаксиса*[29], что значит другими словами: *литератор безграмотный**. – Короче, заметно, что остроумный князь Вяземский (по выражению г. Булгарина) бросает в кого-то камешками[30]. Но я скажу его же словами: «Просим почаще бросать в нас такими драгоценными камешками», ибо такие камешки для критика – *находка!* Стоит только почище их огранить и оправить à jour: читатели увидят, какая в них *чистая вода!*

Надеясь, что все *литературные* противоречия наши уже решены, и не желая вступать в споры о предметах, выходящих из круга словесности, сим оканчиваю полемические состязания мои с князем Вяземским и *решительно отказываюсь от всяких ответов и возражений.* – Признаюсь между тем, что разбирать правильным образом мнения моего сопротивника было для меня крайне утомительно, ибо сперва надлежало угадывать смысл его сбивчивых положений, потом различать и отделять одно от другого два смешанные понятия об одном и том же предмете: он везде мешает поэзию со стопосложением, стопосложение с формами, романтическое с национальным, национальное с народным, новую русскую школу с школой германской, наконец, германскую школу с временами Гинтера. – Вследствие сего окончательного объявления я кладу перо мое и принимаюсь снова за книги, оставляя моего сопротивника одного рыцарствовать в пустом поле «Дамского журнала».

Михаил Дмитриев.
25 апреля.

Маленький разговор
о новостях литературы

1-й голос. Читал ли ты предисловие к «Бахчисарайскому фонтану»?
2-й – Читал.
1-й – Читал ли нумер 5-й «Вестника Европы»?
2-й – Читал.
1-й – Читал ли ты 7-й и 8-й нумера «Дамского журнала»?
2-й – Да... читал.
1-й – Читал ли 7-й нумер «Вестника Европы»?
2-й – Читал.

---

* См. «Сын от‹ечества›» на 1821 г. № 2, стран. 58 и 59.

1-й – Что ж ты скажешь об этой литературной перепалке?

2-й – Что на поприще русской словесности появился новый критик, разбирающий предметы основательно, глубокомысленно, с веселостью и игривостью ума, критик, знающий язык и словесность. Скажу по совести, что Михаил Дмитриев обещает много. Дай Бог, чтобы он продолжал трудиться в этом роде!

1-й – Потише, потише! Если знаменитые мои друзья[1] услышат твои суждения, то назовут тебя невеждою, безграмотным, педантом желчным – и... всем, что есть дурного в мире.

2-й – Итак, в кругу ваших друзей нельзя иметь своего собственного мнения?

1-й – Нет! Мы, точно как телеграфы, только повторяем слова и движения первого из нас, который подает голос, – но куда ты бежишь?

2-й – После этого мне незачем долее с тобою оставаться. – Прощай!

Из «Литературных листков»

<...>«Бахчисарайский фонтан», поэма А. Пушкина, привлекает в книжные лавки множество покупателей. Этот *фонтан* оживит басню о золотом дожде Юпитера[1] с тою только разницею, что вместо прекрасной Данаи русские книгопродавцы пользуются драгоценными каплями оного. Вероятно, вскоре вовсе не будет в продаже сего прелестного сочинения.

П. А. ВЯЗЕМСКИЙ
О «Бакчисарайском фонтане» не в литературном отношении[*]
(Сообщено из Москвы)

Появление «Бакчисарайского фонтана» достойно внимания не одних любителей поэзии, но и наблюдателей успехов наших в умственной промышленности, которая также, не во гнев будь сказано, содействует, как и другая, благосостоянию государства. Рукопись маленькой поэмы *Пушкина* была заплачена три тысячи рублей; в ней нет шести сот стихов; итак, стих (и еще какой же? заметим для биржевых оценщиков – мелкий четырестопный стих) *обошелся* в пять рублей с излишком. Стих *Бейрона*, Казимира *Лавиня*, строчка Вальтера *Скотта* приносит процент еще значительнейший, это правда! Но вспомним и то, что иноземные капиталисты взыс-

---

[*] Сочинение весьма известного и много уважаемого писателя, которому не нужно подписывать своего имени. Зрелые мысли, благонамеренность и остроумие обличают его. Издатели.

кивают проценты со всех образованных потребителей на земном шаре, а наши капиталы обращаются в тесном и домашнем кругу[1]. Как бы то ни было, за стихи «Бакчисарайского фонтана» заплачено столько, сколько еще ни за какие русские стихи заплачено не было. Пример, данный книгопродавцем *Понамаревым*, купившим манускрипт поэмы[2], заслуживает, чтобы имя его, доселе еще негромкое в списке наших книгопродавцев, сделалось известным: он обратил на себя признательное уважение друзей просвещения, оценив труд ума не на меру и не на вес. К удовольствию нашему, можем также прибавить, что он не ошибся в расчетах и уже вознагражден прибылью за смелое покушение торговли. Дай Бог, с легкой руки! Пускай опыт его послужит примером ободрительным и законом для прочих его товарищей. Собственная выгода их от того зависит, не говоря уже, что для образованного книгопродавца должно быть приятно способствовать пользе писателей и действовать с ними заодно, а не про себя исключительно. Ибо нет сомнения, что при других обстоятельствах писатели отличные перестанут к ним прибегать и начнут промышлять сами своим товаром, а на часть книгопродавцев останутся одни наемники и книжные поденщики.

Радуемся сей оценке «Бакчисарайского фонтана» и потому, что она утверждает нас во мнении, что никакое истинно изящное произведение литературное не останется у нас в небрежении и что несправедливо жалуются иные на равнодушие ко всему отечественному. Еще недавно издание «Полярной звезды», к изумлению и горести астрономов-критиков[*3], разошлось с быстрым и блистательным успехом. Кажется, напротив, просвещенное внимание ко всем дарованиям, ко всем усилиям, споспешествующим успехам литературы, возрастает более и более. Если вкус становится разборчивее, требования взыскательнее и не все то *хорошо*, что только *русское*, то и тут найдем мы повод к удовольствию. Многие жалуются на употребление французского языка и на сих жалобах основывают систему какого-то мнимого, *подогретого* патриотизма. Приписывая французскому языку упадок русского[4], напоминают они фабрикантов внутренних, проповедующих *запретительные меры* против внешней торговли, чтобы пустить в ход домашние изделия. Они рассчитывают: если б не было французских книг, то поневоле стали бы нас читать! – Заключение ложное! Чтение не есть потребность необходимая: оно роскошь, оно лакомство! Хотя бы и не было никаких книг, кроме вашей *доморощенной*, то все не читали бы вас, милостивые государи! Пишите по-европейски, и тогда соперничество европейское не будет вам опасно и читатели европейские присвоют вас себе.

Авторы, жалующиеся на неблагодарность сограждан; актеры – на своенравие и холодность публики; старики – на скуку настоящего времени; женщины с недостатком в прелестях или с избытком в летах – на утрату вежливости и любезной приветливости в молодежи; все это – уловки истертые, все это – загадки, давно разгаданные!

---

* Смотри Хемницерову басню «Метафизик». Изд.

Из «Литературных листков»

В № XIII «Новостей литературы», издаваемых при «Русском инвалиде», напечатана статья под заглавием: «О "Бахчисарайском фонтане" не в литературном отношении». Издатель «Р<усского> и<нвалида>» говорит в примечании, что автору сей статьи не нужно подписывать своего имени, потому что зрелые мысли и остроумие обличат его. Прочитав со вниманием эту статью, мы, к сожалению нашему, не нашли *обличения* зрелых мыслей и остроумия, не догадались даже об имени сочинителя, но усмотрели *обличение* его в совершенном незнании не-литературных отношений «Бахчисарайского фонтана». Нам кажется, что г. сочинителю статьи прежде выпуска оной в свет надлежало бы посоветоваться с почтенным издателем поэмы, князем П. А. Вяземским, которому известны все подробности оной в нелитературном отношении. Тогда бы оказались совершенно неуместными похвалы московскому книгопродавцу *Пономареву*, который, как сочинитель статьи говорит, заслуживает за покупку манускрипта, чтобы имя его, доселе еще негромкое в списке наших книгопродавцев, соделалось известным, ибо он *обратил на себя* признательное уважение друзей просвещения, оценив труд ума не на меру и не на вес. Voilà comme on écrit l'histoire*¹! – Удивительно, что г. сочинитель не узнал прежде, что поэму купили гг. книгопродавцы *Александр Сергеевич Ширяев* и *Александр Филиппович Смирдин*, а г. *Пономарев* имел только *поручение* окончательного торга от вышеупомянутых книгопродавцев. Вот доказательство верности заключений гг. сочинителей, которые смотрят на вещи чрез цельные стекла гостиных и по слухам пишут о России и русских сочинениях. Остроумие, отысканное г. издателем «Русского инвалида» в сей статье, состоит в переводе французской фразы le patriotisme rechaufé, *подогретого* патриотизма, и в заимствовании из комедии к<нязя> А. А. Шаховского «Полубарские затеи» слова *доморощенный*, весьма не кстати примененного к книге. В комедии говорится об арапах *доморощенных*; это на своем месте весьма остро и забавно; но *доморощенная* книга ничего не значит. Гораздо приличнее было бы сказать о *доморощенных* сочинителях, поэтах, издателях и т. п. Что же касается выходки г. сочинителя статьи насчет скорой продажи так названных им русских европейских сочинений, что он подкрепляет примерами «Полярной звезды» и «Бахчисарайского фонтана», то мы советовали бы г. сочинителю, для удостоверения его в противном, прочесть № 5 «Северного архива» и 1-й нумер «Литературных листков» на 1823 год, где исчислены отличные русские сочинения, поныне не распроданные первым изданием². Для примера скажем о сочинениях первоклассного русского поэта Батюшкова, изданных в 1817 году и поныне не проданных. Но лучше всего, чтобы г. сочинитель статьи для опыта издал свои собственные сочинения: тогда бы сладкое его очарование исчезло,

Как обман, как упоенье! *и проч.*

---

* Вот как пишется история! (*фр.*) – *Ред.*

(см. песню соч. кн. П. А. Вяземского[3]).

Г. сочинитель статьи тогда бы поверил «Вестнику Европы», что гораздо легче прослыть великим писателем в кругу друзей и родных, под покровом журнальных примечаний, нежели на литературном поприще в лавках хладнокровных книгопродавцев и в публике.

И. П–Ъ
Еще несколько слов о «Бахчисарайском фонтане» не в литературном отношении

Новая поэма Пушкина явилась на горизонт литературы в буре споров, в вихре критик. Дай Бог, чтобы такое явление сопровождалось добрыми следствиями, а нынешний год был гибельным для поддельного пустоцвета критиков, началом *нового переворота дел по книжной торговле*; так говорю по купеческой привычке, будучи старым книгопродавцем и от сердца желая события моих предвещаний, не только для общей пользы, но и для собратии моей книгопродавцев с.-петербургских и московских. Всем будет хорошо, им не меньше других, если еще не более.

Не трогая критиков по части литературной, некто *известный многоуважаемый писатель, которому нет нужды подписывать своего имени* («Нов‹ости› русск‹ой› лит‹ературы›», XIII)[1], решился дать совет благой и хороший книгопродавцам нашим; от лица их благодаря почтенного писателя, осмеливаюсь сделать маленькие поправки в статье его и прибавить от себя несколько слов.

«Бахчисарайский фонтан» куплен не книгопродавцем *Пономаревым*, а книгопродавцем *Ширяевым*. Первый, имея более свободного времени отлучаться от лавки своей на Никольской улице, где у него книги *продаются, покупаются и меняются*, был только посредником между книгопродавцем и почтенным издателем князем П. А. Вяземским, получил за работу 500 руб. и, следовательно, не поспорит, если на 10 стран. «Нов‹остей› рус‹ской› литературы» имя его заменится именем *Ширяева*. – Не знаю, что значит громкость книгопродавца и имени его; но если надобно хвалить, то похвалим кого должно.

Просим читателей «Нов‹остей› русской литературы», заметив сию поправку, заметить и другую, если угодно. Ширяев выдал за рукопись 3000 руб., принял на свой счет печатанье 500 руб., присовокупя к тому плату посреднику, и что в «Бахчисарайском фонтане» не с большим 500 стихов, выходит, что книгопродавцу каждый стих пришелся *не за пять*, а почти *за восемь* рублей.

Такой пример (не говоря о других) доказывает несправедливость мнения некоторых, будто книгопродавцы причиной жалоб публики и писателей[*].

Книгопродавец – купец. Он торгует книгами, как и другие купцы торгуют сахаром, перцем, корицею, т. е. в гражданском обществе он делается *посредником*, который берет у *производителя* (писателя) его изделие, передает

---
[*] Нет правила без исключения. Изд.

потребителю (читающей публике) и берет проценты *за труд*. Не вините *посредника*, если изделие нейдет у него с рук и он худо платит *производителю*, – виноват *производитель* или *потребитель*, а, верно, не посредник их...

Не буду говорить о *европейской* читательности наших читателей, которые не читают русского, потому что в нем нет чего-то *европейского* – несколько слов о книгопродавцах.

Кто стоит за кулисами, для того исчезает прелесть оперы; кто заглядывает в пансион какого-нибудь monsieur *N.N.* за два дни до экзамена, того не всегда очаруют успехи учеников – увы! книгопродавец за сценою литературных кулис часто бывает истинным зрителем авторских декораций и скромным хранителем тайн экзамена публики.

Порадуемся не дороговизне стихов Пушкина, но тому, что он *пишет хорошо*: экономические расчеты – следствие этого; смеем уверить, что не книгопродавцы бывают причиною *противных следствий*...

Если бы могли, от лица их, в разрешение разных сочинений, упросить русских авторов писать не думая о расчетах, внимать звону лиры, а не звону денег, верить, что хорошее оценится и без стараний автора, пусть только будет оно хорошо; упросить *не многих–избранных* писать *больше, толпу–неизбранных* писать *меньше*, если нельзя уже им пробыть без писанья, и всех вообще и хороших и худых литераторов – не делать литературных лиг, спекуляций и откупов! Если бы мы могли доказать, что голова, занятая расчетом какого-нибудь дела, не вместит эстетических его отношений, – но пример убедительнее: Бестужев и Рылеев не думали о расчетах, издавая «Полярную звезду»; лучшие поэты и прозаики наши не думали о расчетах, отдавая произведения свои для сего издания, – и вследствие бескорыстного производства изящного – золото полилось к ним[*] с похвалами! Если догадливые спекуланты на будущий год, по следам их, издадут несколько альманаков, предвещаем публике, что альманаки упадут в литературном достоинстве, а господам литераторам – *с расчетом экономическим – ошибку в сольде кредита*[2] *по их конторам!*..

Вязки.

---

[*] То есть к издателям, а не к поэтам и прозаикам. Изд.

Ф. И....в

Ответ молодого книгопродавца старому книгопродавцу, на статью сего последнего под заглавием «Еще несколько слов о "Бахчисарайском фонтане" не в литературном отношении», напечатанную в 9 нумере журнала «Благонамеренный» и № 9 «Дамского журнала»

Усердие и ревность, оказанные вами, милостивый государь г-н И. П-въ, при защищении выгод книгопродавцев, возлагают на меня обязанность поблагодарить вас и вместе с тем изложить мой образ мыслей пред публикою к обороне нашего общего дела. Но во всяком рассуждении, точно так, как в процессе, когда одно заключение несправедливо, когда один закон приведен не кстати, тогда самое существо дела подвергается сомнению и рождает подозрения насчет справедливости оного. И потому-то (прошу не прогневаться) вознамерился я исправить некоторые ваши предположения, которые мне показались ошибочными.

Арифметическое ваше исчисление, чего стоит каждый стих «Бахчисарайского фонтана», доказывает, что вы некогда занимались торговлею полезных книг математических, но что вы не занимаетесь нынешними журналами, ибо вы пропустили имя книгопродавца, купившего вместе с г. Ширяевым «Бахчисарайский фонтан». Это было напечатано в нумере 7 «Литературных листков» на стр. 281[1]. Итак, имя книгопродавца г. *Пономарева* должно замениться не одним именем г. *Ширяева*, как вы говорите (на 176 стр. «Благ‹онамеренного›», 120 «Д‹амского› ж‹урнала›»), но именами гг. Ширяева и *Александра Филипповича Смирдина*, нынешнего владельца Библиотеки покойного Плавильщикова.

Что касается до вашей защиты книгопродавцев, то мы сперва выпишем ваши слова, а после того будем отвечать. Вот что напечатано на 176 и 177 стр. «Благон‹амеренного›» и 120 и 121 «Д‹амского› ж‹урнала›».

«Такой пример (т. е. покупка «Бахчисарайского фонтана»), не говоря о других, доказывает ложность мнения некоторых (?), будто книгопродавцы причиною жалоб публики и писателей.

Книгопродавец – купец, он торгует книгами, как другие торгуют сахаром, перцем, корицею, т. е. в гражданском обществе он делается *посредником*, который берет у *производителя* (писателя) его изделье, передает *потребителю* (читающей публике) и берет проценты *за труд*. Не вините *посредника*, если изделие нейдет у него с рук и он худо платит *производителю*, – виноват *производитель* и *потребитель*, а, верно, не *посредник* их...»

Что книгопродавец – купец, это не есть ваше новое открытие, ибо самое производство сего слова достаточно изъясняет его значение. Но чтобы книжный торг уподоблялся торговле сахаром, перцем и корицею, в этом я вам не верю (прошу не прогневаться). Цена всех пряных кореньев, равно

194

как всех земных произведений и мануфактурных изделий, устанавливается урожаем, потребностью, изобильным или недостаточным привозом и пр. Эта цена не зависит от прихоти одного или нескольких человек, но бывает следствием многосложных обстоятельств, которых весьма часто купцы не могут ни предвидеть, ни отвратить. Напротив того, книгопродавцы наши, которых в целой России очень немного, весьма редко имеют коммерческие сношения с *производителями*, т. е. писателями, покупают сочинения в рукописи весьма редко, а довольствуются продажею книг по комиссии. Лишь только вышла в свет новая книга и покупатели начинают спрашивать ее в лавках, тотчас один из наших собратий является к сочинителю или издателю и предлагают ему *выгодное условие* – дать в лавку на комиссию *десяточек* экземпляров с уступкою двадцати процентов *за труд*, т. е. за переноску книги из дома сочинителя в лавку книгопродавца. Деньги уплачиваются сочинителю тогда только, когда *еще* понадобится *пяточек* экземпляров; в противном случае вырученная сумма поступает на другой оборот. Даже «Полярная звезда», о которой вы говорите, что с нею полилось золото с похвалами к гг. издателям, у нас в Петербурге возбудила внимание только в И. В. . Сленине и А. Ф. Смирдине, которые взяли вдруг по нескольку сот экземпляров: почти все мы, прочие книгопродавцы, не получив *на комиссию*, покупали оную *пяточками, десяточками* или выменивали на книги у вышеупомянутых двух книпродавцев.

Со времен Новикова, которого имя должно быть столь же почтенно в российской словесности, как имена отличнейших наших писателей, один только И. В. Сленин заслужил истинную похвалу за второе издание «Истории государства Российского», соч. Н. М. Карамзина. Этот торговый оборот исполнен истинно по-европейски (прошу не прогневаться за это слово, которое вам не нравится). Г. Похорский, издавший творения Озерова и басни Крылова, не есть книгопродавец, и потому мы не ставим его в пример. Впрочем, все почти классические книги изданы правительством; все сочинения отличных наших писателей изданы или ими самими, или любителями отечественной словесности. Книгопродавцы же предпринимали издания полезных книг в таком только случае, когда они доставались им даром или за весьма малую цену от сочинителей или, по большей части, от их наследников. Исключения из сего правила столь маловажны, что даже не заслуживают внимания. – Употребления трех или четырех тысяч рублей на издание чего-нибудь необыкновенного нельзя назвать великим подвигом и провозглашать об оном как о дивном явлении, когда сотни тысяч рублей обращаются во мраке, без ведома Аполлона и девяти чистых сестер. Повторяю: несколько редких примеров суть не правило, но исключение из оного.

Но если читатель спросит меня: чем же занимается большая часть нашей братии, книгопродавцев? Я, вместо ответа, сделаю также вопрос: кто же наводняет ярмарки и книжные лавки множеством переводов ужасных немецких романов, песенников, сонников, гадательных книжек или так называемых *исправленных* переводов старых книг, в которых не обращается никакого внимания на успехи языка, на очищение и обогащение словесности? Все достоинство подобных книг состоит в пышных газетных объявлениях! – Это средство и продажа книг по комиссиям составляют весьма выгодное занятие в книжной торговле, и в таком только случае я согласен с вами, что все равно, торговать ли книгами или по мелочи перцем, сахаром и корицею. – Но и здесь есть небольшая разница: купец не смеет объявить в газетах и представить покупателю *мелис* за *рафинад* или *вымоченную* корицу за *лучшую* цейлонскую; а книгопродавец не отвечает никому за похвалы своим книгам и даже имеет право обвинять гг. критиков в пристрастии, если они докажут ему в журнале, что в изданной им книге нет ни пользы, ни удовольствия для читающей публики.

Вот, милостивый государь, разница между купцом, торгующим сахаром, перцем и корицею, и книгопродавцем: вот истинное состояние нашей книжной торговли, которая ожидает своих Дидотов, Новиковых, Брокгаузов, чтобы причислить писателей к выгодам торговли и, доставляя им средства к пропитанию себя литературными занятиями, составить, как в других странах, особый класс литераторов, которые посвятят все свое время на литературные труды и возбудят в молодых недостаточных людях охоту учиться в университетах и трудиться для пользы общей. Издание полезных книг переменит в короткое время вкус публики и возбудит в оной доверие к газетным объявлениям о книгах. Таким образом, просвещение, выгоды книгопродавцев и писателей возвысятся от взаимного согласия, ибо, говоря вашими словами, доброта *изделия* зависит от искусства *производителя*, а число *потребителей* умножается по мере совершенства и доказанной пользы изделий. *Потребители* на кофе, сахар, чай умножились в Европе оттого, что люди нашли в сих вещах вкус и пользу: вспомните, что сначала эти предметы продавались только в аптеках!

Но в ожидании, пока на горизонте нашей книжной торговли появится поболее Новиковых и Дидотов, мне кажется несправедливою ваша просьба к гг. литераторам от имени нашей братьи, книгопродавцев. Вы говорите на стр. 177 и 178 «Благон‹амеренного›» и на стр. 122 «Д‹амского› ж‹урнала›»: «Если бы мы могли, от лица всех книгопродавцев в разрешение разных сочинений (?) упросить русских авторов писать не думая о расчетах, внимать звону лиры, а не звону денег, верить, что хорошее оценится и без стараний автора, пусть только будет оно хорошо». – Просить гг. авторов, чтобы они не думали о расчетах, значит просить их, чтобы они предоставили нам, книгопродавцам, право пожинать посеянные авторами плоды и пользоваться их трудами, оставляя авторам – *славу*. Не знаю, на чем основана ваша просьба, но мне кажется, что каждый имеет право рассчитывать своею собственностью без посредства или с посредничеством купцов и продавцов так точно, как хозяин сахарного завода или плантации коричных деревьев (т. е. производитель) волен продавать у себя в доме оптом или по частям свои произведения. Вы советуете гг. авторам внимать более звону лиры, нежели звону денег, но не худо было бы, если б и мы, книгопродавцы, внимали почаще *звону лиры*, от чего чувство слуха сделается у нас нежнее и мы будем в состоянии лучше ценить *хорошее*. Чтобы ценить вещь, надобно знать ее; следовательно, чтобы ценить труд авторский, надобно быть самому человеком образованным, и тогда рукописи будут цениться не по числу печатных страниц, а по достоинству содержания.

В продолжении вашей просьбы вы говорите: «Просим всех вообще хороших и худых литераторов – не делать литературных *лиг*, спекуляций и откупов; если бы мы могли им доказать, что голова, занятая расчетом какого-нибудь дела, не вместит эстетических его отношений, то... но пример всего убедительнее: Бестужев и Рылеев, может быть, не думали о расчетах, издавая "Полярную звезду"; лучшие поэты и прозаики наши, без сомнения, *даром* отдавали произведения свои для сего издания – и золото полилось к ним* *с похвалами*». – Окончание или *последствие* сего периода находится в совершенной противоположности с началом или *предложением* оного, и потому целый период не имеет логической формы и не есть *силлогизм*. – Если издание, предпринятое гг. литераторами, имело столь блестящий успех в литературном и коммерческом отношениях, почему же гг. литераторам отказываться от составления литературных *лиг* и спекуляций, которые не только не похожи на *откупы*, а, напротив того, служат к уничтожению оных по части книжной торговли? Если б одни только книгопродавцы (которых число в целой России не превышает десяти) занимались изданием книг, тогда существовал бы настоящий *откуп*. Но совершенная свобода в издании книг рождает соревнование и производит благие последствия, ибо золото льется вместе *с похвалами*, как вы говорить изволите. Сверх того, для автора гораздо приличнее иметь дело с литератором-издателем, который в состоянии оценить достоинство его произведения, нежели с нашим братом, книгопродавцем, который обыкновенно начинает словами: «*ныне худые торги; публика не читает книг в этом роде* и проч.» – и заключает предложением: «*не угодно ли напечатать книгу пополам, и поделиться пополам выручкою?*» – Итак, я, хотя книгопродавец (не весьма громкий, см. № 13 «Нов<остей> рус<ской> лит<ературы>»), но, желая всевозможного блага моему отечеству, решился сказать истину вопреки собственным моим выгодам и не только не намерен отвращать гг. литераторов от литературных *лиг* и *спекуляций*; напротив того, для уничтожения вредных книжных *откупов* предлагаю гг. литераторам составить сотоварищество или компанию для издания полезных классических книг и нравственных сочинений и для ободрения молодых писателей покупкою у них сочинений. Из сих благородных подвигов я ничего не предвижу, кроме славы России и пользы словесности, а потому готов и сам жертвовать небольшим моим капиталом.

В заключение моего письма осмеливаюсь сказать вам откровенно, что я не верю вашим предсказаниям насчет упадка альманахов в будущем году. Если альманахи будут столь же хороши, как «Полярная звезда», то их раскупят; если будут дурны, то упадут и без предсказанья, а, наконец, прошу вас покорно в будущих ваших коммерческих сочинениях ставить прописную букву *глаголь* перед собственными именами гг. авторов и книгопродавцев, ибо сего требуют вежливость и общее употребление.

Ваш покорный слуга
Ф. И....в.
С. Петербург.

---

* При сем слове издатель «Дамского журнала» сделал пояснение, сказав: «т. е. к издателям, а не поэтам и прозаикам». – Я думаю, г. издателю «Дамского журнала» известно, что не все литературные произведения имеют магнетическую силу притягивать к себе золото и что-хотя многие произведения продаются на вес – однако ж весьма немногие на вес золота. Пр<имечание> из<дателя>.

В. Н. ОЛИН
Критический взгляд на «Бахчисарайский фонтан», соч. А. Пушкина

Пушкина, по справедливости, можно назвать первым русским поэтом нашего времени, особенно в отношении к слогу и легкости версификации. Сверх сего, он оригинален: достоинство чрезвычайно важное! Впрочем, я не намерен здесь исчислять отличительных свойств музы нашего минстреля, ибо хочу говорить не вообще о характере и физиогномии его стихотворений, но единственно о новом его сочинении: «Фонтане Бахчисарайском».

Итак, взглянем, во-первых, на красоты сего стихотворения, во-вторых, на план, в третьих, на некоторые недостатки или слабости. Но, разбирая сей прелестный феномен в нашей литературе, я не стану говорить ни о слоге, ни о версификации оного, ибо слог Пушкина везде жив, блистателен и правилен, а версификация везде музыкальна.

В «Бахчисарайском фонтане» есть прелестные картины, достойные кисти лучших художников; но воображению некоторые из оных необходимо нужно пополнять или довершать. К картинам полным принадлежат, во-первых, картина *гаремских пленниц*, сидящих вокруг фонтана и ожидающих Гирея (см. стр. 7 ст. 16 и след.); во-вторых, картина *спящей Марии*, княжны польской, в то же самое время, когда приходит к ней ночию Зарема (стр. 20 и 21 ст. 14 и след.). К картинам второго рода, то есть неполным, принадлежат, во-первых, самое начало повести; во-вторых, картина *фонтана слез*, довольно темная (стр. 30 ст. 6 и след.); в-третьих, картина *остатков роскоши Бахчисарайского дворца* (стр. 31 ст. 16 и след.). Не вменяя в погрешность неполноту и, так сказать, неопределительность картин пиитических, согласимся, впрочем, что сим картинам гораздо лучше быть всегда сколько нужно полными; ибо картины не суть *описания*, которые очень часто можно только что эскизировать.

Из описаний особенно достойны примечания, по своей прелести и отделке, описание *гаремской жизни* (см. стр. 3 и 4); описание гаремского *эвнуха* (стр. 5, 6, 7, и 17) и описание грузинки *Заремы* (стр. 10 ст. 5 и след.). Чрезвычайно приметно, что стихотворец, настоя, так сказать, в описании эвнуха, хотел непременно *выставить* перед глаза своих читателей сего гаремского стража и прекрасно успел в своем намерении.

Рассказ Заремы (см. стр. 22 ст. 8 и сл.), когда она говорит Марии, что предметы минувших дней глубоко врезаны в ее памяти, но что она не помнит, почему и каким образом оставила родину, необыкновенно прелестен по своему быстрому переходу от незнания к некоторым местным и, так сказать, романтическим обстоятельством, чрезвычайно удачно избранным:

> Родилась я не здесь, далеко,
> Далеко... но минувших дней
> Предметы в памяти моей
> Доныне врезаны глубоко.
> Я помню горы в небесах,
> Потоки жаркие в горах,

Непроходимые дубравы,
Другой закон, другие нравы;
Но почему, какой судьбой
Я край оставила родной,
Не знаю; помню только море
И человека в вышине
Над парусами ....

Заметим, что в этом прекрасном рассказе *бейронизм* мастерски выдержан.

Выше сего я уже сказал, что не стану говорить о слоге и версификации сего стихотворения, потому что слог Пушкина везде жив, блистателен и правилен, а версификация везде музыкальна; и в отношении к сему достоинству, к картинам и описаниям, повесть сия прелестна.

Приступим теперь к *плану*. Начнем с того, что *порядок* есть душа всякого сочинения. Некоторые, быть может, скажут, что никогда не должно подчинять поэзию, особенно романтическую, законам строгим, что *беспорядок* в поэзии часто может служить украшением. Согласен; но, спрашиваю, какой *беспорядок*? – Без сомнения, беспорядок *прелестный*, который, как сказал Буало, часто бывает следствием *искусства*[1]. Итак, главный недостаток сего стихотворения г. Пушкина заключается, по мнению моему, в *плане*. – Взглянем на оный.

Гирей, хан Крымский, сидит с мрачным и потупленным взором во дворце своем; янтарь дымится в устах его; придворные стоят в безмолвии вокруг хана; он делает знак рукою – и все идут вон. Здесь стихотворец делает вопрос: что движет гордою душою хана?

На Русь ли вновь идет войною,
Несет ли Польше свой закон;
Горит ли местию кровавой,
Открыл ли в войске заговор,
Страшится ли народов гор,
Иль козней Генуи лукавой?
Нет, он скучает бранной славой;
Устала грозная рука;
Война от мыслей далека.

Потом еще вопрос:

Ужель в гарем его измена
Стезей преступною вошла,
И дочь неволи, нег и плена
Гяуру сердце отдала?

За сим следует довольно длинное описание *жизни гаремских пленниц* и *эвнуха*; описание прелестное, но чрезвычайно холодное, по неуместной долготе своей, в отношении к ходу и интересу. После сего стихотворец делает опять вопрос:

Что ж полон грусти ум Гирея? –

и не отвечает на оный. Задумчивый хан встает; эвнух отворяет пред ним дверь настежь, и Гирей

> Идет в заветную обитель
> Еще недавно милых жен.

Картинное и блестящее описание гаремских пленниц, сидящих вокруг фонтана и ожидающих Гирея. Без сомнения, читатели мои не поскучают, если они еще раз прочтут оное:

> Беспечно ожидая хана,
> Вокруг игривого фонтана
> На шелковых коврах оне
> Толпою резвою сидели
> И с детской радостью глядели[*],
> Как рыба в ясной глубине
> На мраморном ходила дне.
> Нарочно к ней на дно иные
> Роняли серьги золотые.
> Кругом невольницы меж тем
> Щербет носили ароматный
> И песнью звонкой и приятной
> Вдруг огласили весь гарем.

Следует татарская песня. После сего стихотворец яркими красками описывает Зарему, которую Гирей совершенно разлюбил

> С тех пор, как польская княжна
> В его гарем заключена.

Теперь можно спросить, для чего было хану, занятому единственно Мариею, ходить в гарем; хану, который сделался равнодушным даже и к прелестям Заремы, сей *звезды любви*, и который – по словам поэта – проводил мрачный и одинокий, хладные часы ночи? Это обстоятельство совершенно противно мрачному состоянию души Гиреевой и, так сказать, уничтожает оное. После сего следует описание Марии, княжны польской, похищенной Гиреем в один из его дерзких набегов на Польшу, и благочестивого ее жилища. – Заметим мимоходом, что хан с той самой минуты, как пошел он в гарем, совершенно исчезает со сцены *действия*, так сказать, еще не развернувшегося, и остаются на оной только два лица: Мария и Зарема; что в повести сей, в которой только три лица действующих, *действует* одна только Зарема, и то весьма слабо, а прочие выставлены единственно в рассказе – обстоятельство, которое, так сказать, не дает никакого *движения* повести.

Ночь покрывает своею тенью поля Тавриды; гарем ханов спит; одна только Зарема не предается сну. Она встает с постели, крадется и приходит в чертог Марии. Мария пробуждается. Зарема просит Марию, чтобы она спасла ее; говорит ей кратко о себе, и потом:

> Я плачу; видишь, я колена
> Теперь склоняю пред тобой,

---

[*] Заметим, что этот стих чрезвычайно верно изображает состояние гаремских пленниц, касательно умственных их способностей.

200

Молю, винить тебя не смея,
Отдай мне радость и покой,
Отдай мне прежнего Гирея...
Не возражай мне ничего;
Он мой! Он ослеплен тобою.
Презреньем, просьбами, тоскою,
Чем хочешь отврати его;
Клянись... (Хоть я для Ал-Корана
Между невольницами хана
Забыла веру прежних дней;
Но верой матери моей
Была твоя) клянись мне ею
Зарему возвратить Гирею...
Но слушай: если я должна
Тебе... кинжалом я владею,
Я близ Кавказа рождена.

Тирада сама по себе очень хорошая; но я спрашиваю, прилично ли обиженной любовнице, азиятке, употреблять такое средство? К тому ж, что могла сделать Мария, чтобы возвратить Зареме сердце Гирея? Азиятец, сверх сего деспот, разлюбив однажды, в другой раз уже не полюбит тот же самый предмет. Итак, просьбы и угроза обиженной Заремы, независимо от того, что оные не производят никакого действия, подлежат, по всей справедливости, строгой критике.

Промчались дни – и Марии уже нет более. Что причиною ее смерти? Неизвестно. Дворец хана опустел. Гирей с толпою татар направил в чужую землю набег свой. Зарема немыми гаремскими стражами брошена в море в ту самую ночь, в которую умерла княжна польская. Гирей, пробыв несколько времени на войне, возвратился опять в Тавриду и в память Марии воздвигнул во дворце своем мраморный фонтан.

Здесь кончаются содержание и план сей повести. Итак, из вышесказанного видно, что в плане оной нет узла или завязки, нет возрастающего интереса, нет развязки, разве сим последним именем захотим мы назвать *конец* сочинения, ибо надобно только *догадываться*, и то без малейших *признаков*, что Зарема убила Марию и что Гирей после сего велел утопить Зарему. Приняв в уважение все сии обстоятельства, вместе с вышеозначенным, то есть, что хану не следовало ходить в гарем, ибо черта сия, как я уже сказал, совершенно противна мрачному состоянию души Гиреевой и, так сказать, уничтожает оное; что хан слишком скоро исчезает со сцены *действия*, еще не развернувшегося; что в повести сей, в которой только три лица действующих, *действует* одна только Зарема, и то весьма слабо, а прочие выставлены единственно в рассказе, что не дает никакого *движения* повести; что Зареме, как обиженной любовнице, как азиятке, не следовало умолять Марию *возвратить* ей сердце Гирея; приняв в уважение все сии обстоятельства, повторяю я, всякий, без сомнения, увидит, что план сей повести, по всей справедливости и безусловно, подлежит строгой критике.

Скажем теперь несколько слов о некоторых недостатках или слабостях сего сочинения, независимо от плана оного. Во-первых, ни одно из действующих лиц сей повести не имеет характера. Какой характер Гирея, Заремы и Марии? Трудно отвечать на вопрос сей. Скажу, мимоходом, что – по мнению моему – первенствующим характером надлежало бы быть характеру Заремы: можно было бы прекрасно воспользоваться положением этой азиятки, этой страстной и оскорбленной любовницы. Во-вторых, описание жизни *гаремских пленниц* и *эвнуха* хотя и прелестно, как выше сего я уже говорил, но чрезвычайно холодно, по неуместной долготе своей, в отношении к исходу и интересу: погрешность весьма ощутительная, не только по приличию, ибо вдруг и надолго прерывает только что начинающийся интерес, но даже и по тому действию, которое она производит над читателем, относительно к нетерпеливому его любопытству. Сверх сего скажем, что изображение *эвнуха*, к которому стихотворец, после первого описания, возвращается еще два раза, будучи слишком сильно *выставлено*, и, так сказать, на *трех* планах (см. стр. 5 и след., стр. 17 и след. и стр. 19), чрезвычайно обременяет тесную основу и тесные рамы сей повести. В-третьих, заметим, что стихотворец – довольно часто – вдруг прерывает окончание и смысл начатых идей и переходит к новым, оставляя читателя в совершенном незнании того, что хотел сказать он; что в сих крутых и отрывистых переходах он пренебрегает даже рифмами, оставляя стихи без оных. Это делает то, что все сии места, кроме того, что оные совершенно неудовлетворительны, кажутся, так сказать, разноцветными и вшитыми лоскутками (см. стр. 16, 19, 33). Последняя, эпилогическая, часть повести прелестна по своему описанию, но окончание оной, как мне кажется, не заключено, если смею так выразиться, *чем-то еще нужным.*

Итак, если недостатки плана, если некоторые выставленные мною здесь погрешности ускользают во время чтения от большей части читателей, то это потому именно, что прелесть поэзии и слога, что очаровательная гармония стихов, как две могущественные волшебницы – посредством магической своей власти, не дают чувствовать оных, лелея слух и очаровывая душу: так скрываются иногда нравственные недостатки под прелестною наружностию; и мы, изумленные, долго не верим, как могут таиться пороки под небесною мелодиею лица красавицы.

Представив – по мнению моему – главные и существенные недостатки сего прелестного сочинения, оставляю прочим подносить светильник критики к погрешностям и красотам частным.

Скажу, наконец, в заключение то же самое, что сказал я, говоря о поэме «Руслан и Людмила»[2]; то есть, что стихотворение сие, несмотря на недостатки плана и некоторые погрешности, может, по всей справедливости, назваться свежим, прелестным и благоухающим цветком русского Парнаса.

Ф. В. БУЛГАРИН
‹Примечание к статье В. Н. Олина «Критический взгляд на "Бахчисарайский фонтан"»›

В числе труднейших и притом необходимейших обязанностей журналиста главная есть беспристрастие. Желая по возможности избегнуть упреков по сему предмету, издатель журнала покажется пристрастным даже в таком случае, если будет помещать в своем издании только собственные свои мнения или суждения, согласные только с его образом мыслей. Эта монополия весьма вредна для успехов словесности, и потому издатель журнала обязан помещать в оном суждения, не только противные его мнениям, но даже критику своих собственных произведений, если в оных не видно ни личности, ни каких-либо других неприличных страстей, а одно только желание быть полезным. Руководствуясь сими правилами, я помещаю в моем журнале критический взгляд г. Олина на новое произведение А. Пушкина «Бахчисарайский фонтан». Хотя г. Олин не восстает противу романтической поэзии, но, кажется, слишком строго требует от сочинителя «Бахчисарайского фонтана» плана и полного очертания характеров; итак, я полагаю не излишним при сем случае изложить мой образ мыслей насчет романтической поэзии, о которой ныне многие спорят, желая оную опровергнуть.

Во-первых, скажу смело, что я не признаю никакого рода поэзии, ни классической, ни романтической, и следую буквальному смыслу известного стиха:

Tous les genres sont bons, hors le genre ennuyeux.
(Все роды хороши, исключая скучного)[1].

Не говоря о предварительном образовании, необходимом для поэта и для не-поэта, для дарования должна быть одна школа, один образец – природа. Кто верно списывает ее образы, изображает предметы живыми красками, изъясняется сладкозвучно и возбуждает в душе читателя желаемое ощущение – тот истинный поэт, и его произведение равно прекрасно, к какому бы роду ни принадлежало. В диких и разнообразных красотах природы, среди бурь и вьюги, между гор и утесов, в непроходимых дебрях нет связного плана, но есть гармония, это взаимное согласие и соответственность разнородных предметов. По одному случаю в жизни, по одному подвигу можно ли сделать полное очертание характера? – Без сомнения, нет. Сердце человека неизмеримо, и внезапные движения его непредвидимы, как порыв бури в океане. Предполагаемые последствия от душевных ощущений часто бывают обманчивы, и так называемый романтический поэт, так сказать, уловляет, подслушивает природу в ее действии, но не вовлекает ее в сети искусства. Он не заботится об очертании полного характера, но изображает отличительные черты, из которых читателю предоставляется составить целое в своем понятии и воображении. Иногда, сообразуясь с веком, в котором описываются происшествия, так называемый романтический поэт вводит в свое произведение деяния сверхъестественные, потому что в то время так думали, так верили, а он пишет с природы. Итак, в поэзии, называемой ныне романтическою (которую я назову природною), должно искать, по моему мнению, не плана, но общей гармонии или согласия в целом; не полного очертания характеров, но душевных движений, знаменующих характер. Если в сочинении происшествия не связаны между собою – это недостаток природного действия, и поэт накидывает покров на промежутки. По нашему мнению, в поэме А. Пушкина находятся все принадлежности так называемого романтического рода, т. е. общее согласие в целом и живое изображение душевных движений, все вместе трогающее сердце и впечатлевающееся в памяти. Если позволено делать сравнения, то я уподоблю романтическую поэзию новой тактике французских генералов. Старые полководцы, привыкшие воевать по правилам, точно так, как играть в шахматы, вопили противу стратегической ереси и всегда почти были разбиваемы. Они думали, что если армия обойдена, поставлена между двух крепостей и проч. и проч., то сие значит, что она побеждена, что ей сделан шах и мат и что должно уступить с поля. Французы говорили: надобно идти вперед, драться и пользоваться всеми удобствами; делали, как говорили, – и побеждали. Явился Суворов в Италии и, вместо того, чтобы заставить бороться старые предрассудки с новыми действительными средствами, воспользовался оными – и победил. Не то ли бывает и в словесности? – Кто покоряет сердца читателей, кто нравится невольно всем – тот истинный поэт, к какому бы роду ни принадлежали его произведения. – Таким образом я думаю об А. Пушкине.

В. Н. ОЛИН
Ответ г-ну Булгарину на сделанные им замечания к статье «Критический взгляд на "Бахчисарайский фонтан", помещенной в 7-м нумере «Литературных листков» минувшего 1824 года.*

Поблагодарив вас, милостивый государь, за помещение моей *критики* в прекрасном вашем журнале, я обращаюсь к вам с смиренным и кратким моим ответом на сделанные к оной вами замечания. Чувствую, как опасно и страшно вступить в состязательный подвиг с человеком, следующим «новой тактике» или «стратегической ереси»; однако, как бы то ни было, хочу *рискнуть* и – после *закаяться*. Я миролюбив от природы и страшусь канонад полемических. Итак, я начну с оправдания самого себя, потому что благодетельная природа глубоко врезала в сердце каждого существа сильное жела-

---

* Статья сия была доставлена г. Булгарину, по собственному желанию его, еще в мае прошлого года, но, неизвестно по каким причинам, г. издатель «Литературных листков» расхотел напечатать оную в своем журнале. Прим. г. Олина.

ние собственного сохранения, личной безопасности и – любви к самому себе.

Вы говорите, милостивый государь, что хотя я и не восстаю против поэзии романтической, но, кажется, слишком строго требую от сочинителя «Бахчисарайского фонтана» плана и полного очертания характеров. Сказав, что я не восстаю против романтической поэзии, вы сказали совершенную истину, ибо поэзия романтическая имеет для меня столько прелестей, что я всегда с новым удовольствием перечитываю *Ариоста, Бейрона, и Вальтера Скотта*[1]. Говоря, во-вторых, что я слишком строго требую плана, вы также сказали почти правду. Но, изъяснясь, почтенный Ф<аддей> В<енедиктович>, что я с такою же строгостью требую от сочинителя «Бахчисарайского фонтана» полного очертания характеров, вы говорите о том, о чем я никогда не говорил и говорить не думал. Кладу руку на совесть и ссылаюсь в этом на ваших и моих читателей.

Вы извещаете нас, что не признаете никакого рода поэзии, а следуете буквальному смыслу известного стиха Вольтерова: «Tous les genres sont bons, hors le genre ennuyeux», т. е. «все роды хороши, кроме скучного». Прекрасно! Но если вы, милостивый государь, следуете буквальному смыслу стиха сего, то, без сомнения, допускаете и *роды* поэзии; если вы допускаете *оные*, то зачем же говорите, и говорите смело, что не признаете никакого рода поэзии? Может быть, вы скажете, что я поймал вас на слове; пусть так; но слова – суть *идеи*; они – зеркало нашего соображения, нашей логики.

Далее. Вы изъясняетесь, что тот, кто *верно описывает образы природы*, изображает предмет живыми красками, изъясняется сладкозвучно и возбуждает в душе читателя желаемое ощущение, – тот истинный поэт; что романтический поэт, так сказать, *уловляет, подслушивает природу в ее действии*, но не вовлекает ее в сети искусства. Согласен; и вы, опровергая меня, меня же оправдываете, и сами на себя, наточив, подаете мне оружие. Разве я не говорил в моей критике, что хану *Гирею* не должно было бы ходить в гарем; хану, который сделался равнодушным даже к прелестям *Заремы*, сей *звезды любви*, и который – по словам поэта – проводил, мрачный и одинокий, хладные часы ночи[2], ибо этот поступок совершенно противен мрачному состоянию души *Гиреевой*. Следовательно, прелестный стихотворец – в этом случае – *неверно списал, не уловил, не подслушал природу в ее действии*. Согласитесь, милостивый государь, что изображать *природу* в произведениях искусства есть верх искусства и одно из главнейших достоинств как всех изящных художеств, так и поэзии. И в самом деле, что бы вы подумали о *Бейроне*, если бы он вдруг вздумал посадить своего *Корсера* на роскошную трапезу и заставить бы его осушать кубки, вином кипящие? Не сказали бы вы, что поэт не выдержал характера, данного им своему герою, не выдержал страсти? Не показалось ли бы странно, если бы человек, погруженный в глубокую меланхолию и которому постыли, опротивели все удовольствия, вдруг и, так сказать, скоропостижно поехал на бал и стал танцевать кадрили, тампеты, вальсы и экоссесы[3]? Хотя вы и говорите, милостивый государь, что сердце человека неизмеримо и внезапные движения его непредвидимы, как порыв бури в океане, однако подобный поступок ясно обнаружил бы *бурю логическую*, свирепствующую в веществе, называемом *мозгом*, между *окципутом* и *синципутом*[4]. Что же касается до мнения вашего, что романтический поэт *не вовлекает природу в сети искусства*, то я решительно скажу вам, что правила искусства (я не разумею здесь формы и механизм) извлекаются непосредственно из самой природы; следовательно, в этом случае *искусство* есть копия природы, или, говоря иначе, искусство и природа суть значения синонимные.

«В поэзии, называемой романтическою (которую я назову природною), – продолжаете вы, – должно искать, по моему мнению, не плана, но общей гармонии или согласия в целом». – Скользя по вашей *общей гармонии* или по вашему *согласию в целом* (ибо здесь эта фраза один только звук, одни идеи темные, неопределительные в отношении к предмету), я спрошу вас только о том, почему именно в поэзии романтической не должно искать *плана*? Где ваши доказательства? А на слово в подобном случае читатель верить не обязан. Во всем, милостивый государь, должен быть план, относительный к предмету. Взгляните внимательно на поэмы *Бейрона* и *Вальтера Скотта*: в каждой из них вы найдете план выдержанный, особенно в поэмах первого. Мне кажется, что, вследствие заключения вашего, вы бы гораздо вернее определили поэзию романтическую, назвав оную не *природною*, но *бесплаnnою*. Благословенный и для многих писателей спасительный род поэзии, освобождаемый самим журналистом от плана и правил! За что, скажите, вы так *ультралиберально*[5] думаете о поэзии романтической?

В примечании вашем вы говорите, что полагаете неизлишним при сем случае изложить ваш образ мыслей насчет романтической поэзии, о которой ныне многие спорят, желая оную опровергнуть; и обещали, и – ничего не сказали, кроме того, что назвали романтическую поэзию поэзиею *природною*. Но что такое поэзия *природная*? Если вы под сим выражением разумели ту поэзию, которая описывает природу страстей, природу нравственную, – в таком случае это обстоятельство отнюдь не может назваться исключительною принадлежностью только поэзии романтической. Такие определения не суть определения; оныя должны быть ясны, удовлетворительны.

В заключение позвольте и мне, милостивый государь, сделать краткое определение поэзии романтической, не излагая, однако, с доказательствами моего образа мыслей на счет оной; ибо я нахожу просто сей род поэзии самым прекрасным, интересным, чрезвычайно способным к патетическому, очаровательным. Итак, поэзию романтическую можно иначе назвать *романическою*, потому что все обстоятельства, все положения, приличествующие *роману*, приличны также и поэме романтической. Заметьте, мимоходом, что слово *romantique**, взятое из английского языка (*romantic*), вступило очень недавно в гражданство слов языка французского[6]; и если бы этот род поэзии усилился в Европе в 18 столетии, то, без сомнения, Французская Академия[7] назвала бы оный *le genre romanesque***, и поэзия романтическая называлась бы: *la poésie romanesque****, а не *romantique*. Посмотрите, из любопытства, во Французской энциклопедии второе значение слова *romanesque*[8]. *Бойер*, известный сочинитель прекрасного английского словаря, прилагательное *romantic* переводит таким образом: *romanesque, de roman, que sent le roman*****[9]; следовательно, слова *romanesque* и *romantique* суть идеи синоним-

---

*романтический (*фр.*). – *Ред.*

** романический жанр (*фр.*). – *Ред.*

*** романическая поэзия (*фр.*). – *Ред.*

**** романический, относящийся к роману (или: из романа) (*фр.*). – *Ред.*

ные. Итак, поэма романтическая есть роман в стихах, или, говоря иначе, роман поэтический. И если план должен находиться в романе, то, без сомнения, должен находиться также и в поэме романтической; если романист обязан также выдерживать страсти и рисовать характеры, то само собой разумеется, что и поэт романтический не увольняется от сей обязанности. Переложите в стихи, с некоторыми переменами, «Пустынника дикой горы», «Ипси-Боэ» и «Ренегата» д'Арленкура[10] или некоторые из поэм *Вальтера Скотта*, например: «Ивангоэ», «Невесту Ламермоорскую» и проч., – и вы будете иметь прекрасные поэмы романтические; и, vise versa*, обратите в прозу «Корсера», «Осаду Коринфа», «Паризину», «Невесту Абидосскую», «Госпожу озера», «Рокеби», «Гарольда храброго», «Сговор Тирмена», «Мармиона»[11], и проч. – и вы получите прекрасные и блестящие романы поэтические или, по крайней мере, прелестные повести романтические. Заметьте, что славный французский переводчик поэм *Вальтера Скотта Пишо* (он же перевел и сочинения лорда *Бейрона*) называл их не поэмами, а *стихотворными* или *поэтическими романами* (romans poétiques); и, чтобы убедить вас более, скажу, что и сам *Томас Мур*, автор двух прекрасных поэм «Любовь Ангелов» («The Loves of the Angels») и «Лалла-Рук» назвал последнюю не поэмою, но *романом восточным* («An Oriental Romance»). Итак, милостивый государь, вот как я определяю этот род сочинения; вот что я думаю о поэзии романтической.

Окончу ответ мой уверением вас, милостивый государь, в нелицемерном моем уважении отличных талантов *г. Пушкина*. Этот поэт есть одна из самых блистательных звезд на литературном нашем горизонте; так я о нем думаю; и если благоразумие не всегда велит порицать худое, то, по крайней мере, смело будем хвалить хорошее. С совершенным почтением честь имею быть, и проч.

ИЗ ЖУРНАЛА «СЫН ОТЕЧЕСТВА»
«Бахчисарайский фонтан».
Сочинение Александа Пушкина
М., 1824, в тип. А. Семена, в 8⁰, XX и 48 стр.**

Наконец появилось стихотворение, которое в продолжение всей нынешней зимы с нетерпением ожидали любители поэзии! Поздравляем их с удовольствием, которое доставлено им будет чтением сей небольшой прекрасной поэмы. – В начале помещен, вместо предисловия, «Разговор между Издателем и Классиком с Выборгской стороны или с Васильевского острова», в котором изложено мнение о свойствах и достоинствах романтической поэзии, подвергающейся незаконным взысканиям в некоторых наших журналах. Выпишем суждение издателя о содержании сей поэмы и о таланте ее

---

* наоборот (*лат.*). – *Ред.*

** Продается в книжном магазине Плавильщикова, по 6 р. в бум‹ажной обложке›.

автора: «Предание, известное в Крыму и поныне, служит основанием поэме. Рассказывают, что хан Керим-Гирей похитил красавицу Потоцкую и содержал ее в бахчисарайском гареме; полагают даже, что он был обвенчан с нею. Предание сие сомнительно, и г. Муравьев-Апостол в *Путешествии* своем *по Тавриде*, недавно изданном*, восстает, и, кажется, довольно основательно, против вероятия сего рассказа. Как бы то ни было, сие предание есть достояние поэзии. – Наш поэт очень хорошо сделал, присвоив поэзии сие предание и обогатив оное правдоподобными вымыслами, а еще и лучше того, что он воспользовался тем и другим с отличным искусством. Цвет местности сохранен в повествовании со всею возможною свежестью и яркостью. Есть отпечаток восточный в картинах, в самих чувствах, в слоге. По мнению судей, коих приговор может считаться окончательным в словесности нашей, поэт явил в новом произведении признак дарования, зреющего более и более. – Рассказ у Пушкина жив и занимателен. В произведении его движения много. В раму довольно тесную вложил он действие полное не от множества лиц и сцепления различных приключений, но от искусства, с каким поэт умел выставить и оттенить главные лица своего повествования. *Действие* зависит, так сказать, от *деятельности* дарования: слог придает ему крылья или гирями замедляет ход его. В творении Пушкина участие читателя поддерживается с начала до конца; этой тайны иначе достигнуть нельзя, как заманчивостью слога». Теперь следовало бы, *по партизанскому праву журналов*, выписать в подтверждение сих суждений несколько строк (или и страниц) стихов, но мы отказываемся на нынешний раз от сего права как для того, чтоб не лишить читателей наших *полного* удовольствия при чтении сей поэмы, так и по той причине, что не знаем, которым стихам надлежит дать преимущество: они, с начала до конца поэмы, живы, прекрасны, очаровательны. – Издание книжки сей исправно и красиво.

ИЗ «ДАМСКОГО ЖУРНАЛА»
Бахчисарайский фонтан.
Поэма А. С. Пушкина

Наименовав автора, не имеем нужды в похвале сему новому цветку роскошной музы нашего юного *Саади*[1], дышащему свежестию родных долин своих. Скажем только нашим читательницам, что не могут они иметь русской поэзии, которая была бы для них приятнее, была способнее угодить их нежному вкусу и внушить им любовь к изящным произведениям отечественной литературы. Это фонтан, бьющий *розовою водою*, которая разливает благоухание в чистейшей атмосфере прелестного Востока и утоляет пламенную жажду чувства и воображения. – Наконец, отнесемся с вопросом – и не без причины – вообще ко всем нашим читателям: восставать против такого рода

---

* Отрывок из сего путешествия, касающийся до Бахчисарайского фонтана, помещен весьма кстати в конце книжки.

сочинений, который нравится целому свету, может быть, *внутренно* и самим *классикам*, не признающим его достоинства потому, что он не был известен *Аристотелю*[2] (как будто все роды сочинений долженствовали родиться в *одно время*), не значит ли – напоминать того комического доктора, который говорил: лучше умереть по правилам медицины, нежели в противность им выздороветь?..[3]

М. М. КАРНИОЛИН-ПИНСКИЙ
«Бахчисарайский фонтан»

Задумчивая грация беседовала с поэтом в роскошном дворце Гиреев. Ее внушения не потеряны для света: в новом произведении Пушкина, явившемся в словесности под именем «Бахчисарайского фонтана», сохранилась томная улыбка хариты!

Народная молва, основавшая сбивчивую повесть на памятнике, сооруженном горестию крымского хана в честь красоты, сделалась добычею жреца муз и его сильною волею перенесена с берегов Салгира в область прекрасного. Но предание и в новом жилище сохранило нравы своей родины: стихи поэмы проникнуты духом восточных обычаев и цветут азиятскою роскошью, подчиненною законам образованного вкуса. Покров уныния, накинутый на целое творение, составляет пленительную противуположность с живыми красками подробностей, раскрывающих блестящие цветы свои под пеленою полупрозрачною. Так поэзия соединяет по могущественному закону изящества части, в обыкновенном мире враждующие; так истинное дарование берет дань со всех климатов и образует новый, прекрасный мир!

Свежесть, живость и нега сопутствуют воображению при чтении этого стихотворения; но разум, следуя за воображением, ведает, как непродолжительно благо в мире конечном; знает, что по цветам влеклися жертвы к алтарям кровавым, и провидит ужасную развязку. Воображение, как дитя, перебегая от явления к явлению, спешит видеть новую картину, отражающую новую мысль поэта; ум, как существо опытное, медлит при игривых водометах, слушает пение сирен и неохотно оставляет приятную известность для новизны неизвестной. Первое, как ненасытный собиратель, утешается количеством разнообразных приобретений; последний, как Аристипп[1], измеряет благополучие количеством наслаждений. Воображение любит перемены и, по уверению знаменитого поэта, играет самою грустию[2]; но разум, счастливый настоящим, неохотно с ним расстается, и если идет к концу поприща, то невольно – его увлекает талант. Проникнув в тайну Заремы, ум тревожится будущим: он прав. Что утешит его при гробе невинной страдалицы? Что утешит! Поэт напоминает о лучшем мире,

Где все не на час[3],

и приподнимает край завесы, сокрывающей бесконечное!

Бейрон служил образцом для нашего поэта; но Пушкин подражал, как обыкновенно подражают великие художники: его поэзия самопримерна. В изображениях британца удивляешься величию характеров, но характеры его ужасны и только по отделке принадлежат миру красоты. Они почти все граждане одного мира. – Характеры русского менее совершенны, но более привлекательны. Они разнообразнее в идеях. Не всегда резец М<икель>-Анжела оставляет на них следы грозного величия; часто нравственное изображение существа бывает начертано кистью любимца нежных граций. Такова Мария, вторая героиня поэмы. Пушкин чаще, нежели Бейрон, советуется со вкусом Корреджия[4]. Сердце, растерзанное видением страстей необузданных, отдыхает пред изображением Марии. В этом изображении покоится соприкосновение между лучшим миром, нашею землею и теми призраками, которые исходят из страны, нам неизвестной и страшной. Какою смертию умирает Мария! Она должна оставить землю прямо потому, что земля не отечество ее. Она должна погибнуть непременно потому, что в одно время, на одной черте с нею живет грузинка. Могут ли сблизиться существа неподобные? Нет – и потому нравственно уступающие вытеснят убийственно из круга жизни все, их превосходящее. Как неподражаемо создана грузинка! Вот характер, в котором осязаемо развита идея пламенной страсти. Зарема не живет вне любви. Все чуждо для нее, кроме внутреннего чувствования:

> .... Но где Зарема,
> Звезда любви, краса гарема?
> Увы! печальна и бледна,
> Похвал не слушает она.

В ней побеждена сущность женщины сущностью страсти. Разговор с Мариею есть истинное проявление внутренней бури, внутреннего бытия грузинки, как вопрос первой:

> Кто ты? одна, порой ночною,
> Зачем ты здесь? –

есть проявление души невинной, для которой странен, ужасен язык страстей. Хан Керим в очертании своем представляет дань, собранную поэтом нашим с различных образов, получивших вещество под кистью Бейрона. Самые движения, самые положения Гирея списаны, подражательны. Его сострадание – сострадание варвара: чувство непостоянное, непродолжительное; и здесь поэт уловил черту народную. В заботливом страже гарема раскрыта деятельность искаженной природы. Пылкая любовь, разорвавшая узы нравственных существ, образует идею сего творения. Развитие оной идеи в одежде вещественной принимает определенный вид и открывает действие в поэме. Действие полно, но ослаблено средствами. Если вкус, с одной стороны, наслаждается бóльшим количеством стихов гармонических, если воображение находит удовольствие в точном представлении двора ханского, если от подробного изыскания причин печали Гирея место действия и его народность нечто выигрывают, то перед судом ума, с другой стороны, самое действие безвозвратно проигрывает много выразительности, много силы и способности отразиться живее в душе нашей. Эвнух, как эпизод, действует также продолжительно: он неправедно похищает у грузинки время и внимание читателя. Казалось бы, талант для изображения действия в полноте все сделает, если придаст к нему место, время и ярким светом озарит сражение разнородных страстей и выгод, в законной подчиненности; однако ж и опытное дарование, ко вреду своего произведения, не всегда ограничивается нужным. Поэты, увлекаясь воображением, нередко медлят над подробностями и проливают на них весь избыток творческих сил дарования. Такая роскошь бесспорно прелестна в частях, но вредит стройности целого. Наш поэт владеет в высшей степени искусством в описании и приносит ему иногда немаловажные жертвы на счет других красот: прекрасные стихи и живописные изображения не могут вознаградить читателя за неподвижность действия.

Окончание «Бахчисарайского фонтана» не картина – очерк; но по нем познается великое искусство. Такой очерк достоин предпочтения на суде знатоков пред многими красивыми картинами дарования. Иногда легкий туман способствует выразительности более, нежели свет. Статуя в честь Пенелопы, представлявшая идеал стыдливости, была под покрывалом; резец греческого ваятеля, пожелавшего изобразить совершенную красоту, увенчал наилучшие формы тела покровом на лице[5]. Вкус требует от изящного произведения подлежательной ясности, или внешней. Если читатель знаком с областью прекрасного, если он не страдательно принимает впечатления от изящных искусств и понимает, почему они названы artes humaniores, то для разумения его довольно сказать: Марии нет!

> Мгновенно сирота почила.

Если же иной, с другими понятиями, пожелает насладиться произведениями вкуса, то для него не будет лишним и означение меры упоминаемого грузинкою кинжала.

Не открывая способом повествования причин, подвигших мщение Заремы, поэт отдал поклонение стыдливым грациям; намекая же только о смерти Марии, пожертвовал возможностию дарования для успехов искусства. Если бы представил он робкую красавицу под кинжалом неистовой грузинки, то рассеял бы все очарование наше и, следовательно, собственное свое творение. Негодование изгнало бы из души все прочие чувствования, возбужденные поэмою. Пушкин знал, что читатель расстанется с ними не без сожаления, не без досады на поэта. Путь из мира фантазии в мир существенности не легок. При всем уважении к германской трагедии я позволю себе заметить мимоходом, но кстати, что пистолетные выстрелы и проклятия, ручьи крови и стоны умирающих пред глазами мало способствуют к возбуждению сострадания в зрителях просвещенных и нисколько не помогают выразительности сочинения. В произведениях искусств греки и за ними французы прежней школы, если можно было, охотно избегали кровавых позорищ. Картина смерти, и притом насильственной, никогда не может быть превлекательна, редко принимает одежду изящества в созерцании. Красотою повествования в драме великие поэты любили вознаграждать ущерб в резких впечатлениях, происходящий от удаления разрушительных событий, в глазах зрителя совершающихся. Думаю, что такому принятому мнению потомство обязано за прекрасный рассказ о смерти царевны в Эврипидовой трагедии «Поликсена»[6]: на умирающих прелестях троянки возникает благопристойная, бессмертная грация. Пушкин, как повествователь, не мог иметь средство греческого трагика.

Что же он делает? Приводит в деятельность воображение читателя и представляет ему право по данным чертам окончить картину. Грузинка, существо необыкновенное, достойна и смерти необыкновенной. Вы угадываете с трепетом ее мучения из сильных, но с умыслом неопределительных стихов:

> Какая б ни была вина,
> Ужасно было наказанье!

Как прекрасна была эта Зарема! Поэт против воли читателя возбудил к ней сожаление. Как много он для нее сделал!

Представления частные в «Бахчисарайском фонтане» превосходны своею точностию. Хотите ли видеть картину жизни невольниц богатого мусульманина? Смотрите! Поэт отпирает внутренность гарема:

> Беспечно ожидая хана,
> Вокруг игривого фонтана
> На шелковых коврах оне
> Толпою резвою сидели
> И с детской радостью глядели,
> Как рыба в ясной глубине
> На мраморном ходила дне.
> Нарочно к ней на дно иные
> Роняли серьги золотые.

Вот каким образом эти несчастные всегда проводят время, остающееся у них от сна и происков. Стихотворные сравнения, истинно пиитические, попадаются на каждом листке. Не могу не заметить одного, по особенной красоте и новости:

> Она (Зарема) как дух промчалась мимо.

Живо представляю себе эту легкость! Татарская песня напоминает les chansons madécasses[*7], столь живые по выражению, столь выразительные по чувству. В обращениях поэт не говорит о Востоке, но показывает его в неге и роскоши.

Всякий народ имеет свои особенные мнения о смерти и особенным образом украшает место погребения воспоминанием о почивших. Грек хотел, чтобы по разрушении продолжалось бытие существа милого, и составил прекрасную группу превращений; народы восточные хотят, чтобы безжизненные предметы принимали участие в потере человека, и они оживляются, по крайней мере в воображении. Наш поэт, угождая мнению крымцев, заставляет воду над могилою Марии падать в виде слез и нежным сравнением олицетворяет фонтан. Разум, уделяя часть качеств своих веществу, сближается с природою. Эпилог поэмы превосходен: в нем видны непритворная чувствительность, томная мечтательность, верные спутницы дарования. Они ручаются за будущие труды Пушкина и вкус оных. Мы верим, что поэт смотрит на природу, на искусства, на самое разрушение другими глазами, другим образом, нежели как обыкновенно смотрят люди, не посвященные в тайны поэзии. Верим охотно его видениям.

Наружная форма стихотворения напоминает «Гяура»[8].

---

* мадагаскарские песни (*фр.*). – *Ред.*

212

Говорить ли о стихах в особенности? Кто не знает стихов Пушкина? Кому неизвестны они своею силою, благозвучием и точностию? Если бы я должен был выписками доказать прелесть их в новой поэме, то списал бы все стихотворения с немногими пропусками.

Не знаю почему здесь:

> Чей страстный поцелуй живей
> Твоих язвительный лобзаний? –

встречается известная читателю перемена? Между поцелуем страстным и язвою поэт усмотрел соотношение смелое, новое, но справедливое. Язва и пламень удобнее сравниваются нежели пронзительность и пламень. Если словом *пронзительные* лобзания хотя не близко переведем baisers pénétrans, то словом *язвительные* лобзания неподражаемо выразим другой эпитет, изобретения Руссо. Что я говорю? baisers âcres холодны пред огненным выражением Пушкина[9]. Быть может, что замеченная перемена сделана в угождение принятому словоупотреблению. Ах, сей тиран и такою жертвою не будет доволен!

Беспристрастным разбором желая изъявить благодарность поэту за прекрасный подарок словесности, я мог ошибаться в суждениях, но не в выборе способа к изъявлению признательности.

16 марта
Москва.

А. Ф. ВОЕЙКОВ
О поэмах А. С. Пушкина и в особенности о «Бакчисарайском фонтане»

> Всего удивительнее то, что сочинитель сей поэмы
> не имеет еще двадцати пяти лет от рождения.
> «С‹ын› о‹течества›»,
> 1820, № XXXVII, стр. 154.

Это уже третья поэма, сочиненная А. С. *Пушкиным*! В каждой из них новое творение и новые красоты! И поэт наш в таком возрасте, когда человек соединяет с пылкостью молодости и смелостью цветущего воображения ум зрелый, начитанность и опытность! Чего нельзя ожидать от этого могущественного дарования, которое исполинскими шагами идет к совершенству?

В «Руслане» автор представил нам древнюю Русь православную, златоверхий Киев, пышного князя *Владимира*, роскошных бояр, сильных богатырей двора его и вещего *Баяна*, поющего победы славян, их великодушные подвиги. Содержанием сей поэмы – похищение царевны *Людмилы* из объятий супруга ее, витязя *Руслана*, волшебником *Черномором*. Любовь героев поэмы взаимная; сердца и руки их соединены. Разлука и препятствия к их блаженству от посторонней причины; счастливая развязка еще в первой песни предсказана. Благодетельный волшебник, покровитель нашего витязя, говорит ему:

Руслан, лишился ты Людмилы;
Твой твердый дух теряет силы;
Но зла промчится быстрый миг:
На время рок тебя постиг.
....
..............................и злодей
Погибнет от руки твоей.

Рама сей первородженной поэмы обширнее двух, после нее вышедших. Она в шести песнях; множество действующих лиц, эпизодов, приключений; чертеж довольно сложный и незапутанный; характеры выдержаны, описания живы, подобия верны, шутки остры, слог и стихи прелестны. Вообще в целой поэме есть цель нравственная, и она достигнута: злодейство наказано, добродетель торжествует. Но, говоря о подробностях, наш молодой поэт имеет право называть стихи свои *грешными*[1], а приключения хазарского князя Ратмира в жилище двенадцати дев – *многогрешными*.

В «Кавказском пленнике» местом действия избрал он великолепные горы Кавказские; изобразил в ней варварские нравы горцев, образ жизни, обычаи, набеги сих воинственных народов. Содержание также – любовь, но *любовь несчастная*. В поэме* два только действующие лица: *черкешенка* и *русский пленник*. Характер первой несравненно тщательнее и совершеннее отделан: она страстна – и страсть ее непорочна; душа ее возвышенна, пылка и сострадательна.

Русский захвачен в плен, скован и окровавленный брошен без чувств у забора...

Но кто в сиянии луны,
Среди глубокой тишины,
Идет, украдкою ступая?
Очнулся русский. Перед ним,
С приветом нежным и немым,
Стоит черкешенка младая.
На деву молча, смотрит он
И мыслит: «Это лживый сон,
Усталых чувств игра пустая!»
Луною чуть озарена,
С улыбкой жалости отрадной
Колена преклонив, она
К его устам кумыс прохладный
Подносит тихою рукой.
Но он забыл сосуд целебный;
Он ловит жадною душой
Приятной речи звук волшебный
И взоры девы молодой.

---

* Мы пользуемся превосходным разбором П. А. Плетнева: «Сорев<нователь> просв<ещения> и благот<ворения>», 1822, № X, стр. 24 и след. В<оейков>.

Он чуждых слов не понимает;
Но взор умильный, жар ланит,
Но голос нежный говорит:
Живи! – и пленник оживает.
И он, собрав остаток сил,
Веленью милому покорный, ·
Привстал – и чашей благотворной
Томленье жажды утолил.
Потом на камень вновь склонился
Отягощенною главой;
Но все к черкешенке младой
Угасший взор его стремился.
И долго, долго перед ним
Она, задумчива, сидела,
Как бы участием немым
Утешить пленника хотела;
Уста невольно каждый час
С начатой речью открывались;
Она вздыхала – и не раз
Слезами очи наполнялись.

В первый раз жалость привела добродушную Черкешенку к Русскому Пленнику; впоследствии любовь, которой искра глубоко заронилась в ее сердце, была ее вожатаем.

За днями дни прошли, как тень.
В горах, окованный, у стада,
Проводит пленник каждый день.
Пещеры темная прохлада
Его скрывает в летний зной;
Когда же рог луны сребристой
Блеснет за мрачною горой,
Черкешенка, тропой тенистой,
Приносит пленнику вино,
Кумыс, и ульев сот душистый,
И белоснежное пшено.
С ним тайный ужин разделяет;
На нем покоит нежный взор;
С неясной речию сливает
Очей и знаков разговор;
Поет ему и песни гор,
И песни Грузии счастливой
И памяти нетерпеливой
Передает язык чужой.

Заметим мимоходом, что в слоге нашего поэта, уже давно занимающего одно из почетнейших мест между первоклассными отечественными писателями, видна верная рука, водимая вкусом: нет ничего неясного, неопределенного, запутанного, тяжелого. Почти везде точность выражений, с разборчивостью употребленных; стихи пленяют легкостью, свежестью, простотою и гармониею; кажется, что они не стоили никакой работы, а сами собою скатывались с лебединого пера его.[*]

Но здесь не о стихах дело. Нам хочется только очертить сей сильный характер *девы гор*, ибо он есть переход к характерам героинь «Бакчисарайского фонтана». Для этого мы принуждены выбирать места, где поэт раскрыл душу своей героини. Послушаем, с какою живостью старается она перелить в равнодушного Пленника любовь, волнующую кровь ее.

> ....Пленник милый!
> Развесели свой взор унылый,
> Склонись главой ко мне на грудь,
> Свободу, родину забудь.
> Скрываться рада я в пустыне
> С тобою, царь души моей!
> Люби меня; никто доныне
> Не целовал моих очей;
> К моей постеле одинокой
> Черкес младой и черноокий
> Не крался в тишине ночной;
> Слыву я девою жестокой,
> Неумолимой красотой.
> Я знаю жребий, мне готовый:
> Меня отец и брат суровый
> Немилому продать хотят
> В чужой аул, ценою злата.
> Но умолю отца и брата;
> Не то, найду кинжал иль яд.
> Непостижимой, чудной силой
> К тебе я вся привлечена;
> Люблю тебя, невольник милый,
> Душа тобой упоена...

Может ли страсть изъясняться живее, пламеннее? Заметьте, как мастерски воспользовался *Пушкин* пылким и неукротимым характером диких горцев: он должен быть виден и в самой невинной, молодой Черкешенке. У нее готово азиатское лекарство против принужденного замужества: *«найду кинжал иль яд*!» – говорит она с решимостью.

И тогда как она ослеплена была надеждою; когда ей казалось, что ее счастье столь от нее близко; когда, преодолев азиатскую гордость и девическую стыдливость, она первая говорит пленнику: *люблю тебя*! – он разрушает все здание ее блаженства; открывает, что он любит другую. Какое быстрое, сильное, внезапное потрясение должно произойти в душе ее! Какой неизмеримый переход от верной надежды к отчаянию!

> Раскрыв уста, без слов рыдая,
> Сидела дева молодая:
> Туманный, неподвижный взор
> Безмолвный выражал укор;
> Бледна как тень, она дрожала;
> В руках любовника лежала
> Ее холодная рука;

---

[*] «С‹ын› о‹течества›», 1820, № XXXVIII.

И наконец, любви тоска
В печальной речи излилася:
«Ах, русский, русский! для чего,
Не зная сердца твоего,
Твоей любви я предалася?
Недолго на груди твоей
В забвеньи дева отдыхала;
Немного радостных ей дней
Судьба на долю ниспослала!
Придут ли вновь когда-нибудь?
Ужель навек погибла радость?..
Ты мог бы, пленник, обмануть
Мою неопытную младость,
Хотя б из жалости одной,
Молчаньем, ласкою притворной!
Я услаждала б жребий твой
Заботой нежной и покорной;
Я стерегла б минуты сна,
Покой тоскующего друга;
Ты не хотел.........................»

В характере Пленника не находим мы такой определенности: он не докончен. Есть, однако же, места, которые возбуждают и к нему сострадание.

Когда так медленно, так нежно
Ты пьешь лобзания мои
И для тебя часы любви
Проходят быстро, безмятежно,
Снедая слезы в тишине,
Тогда, рассеянный, унылый,
Перед собою, как во сне,
Я вижу образ, вечно милый;
Его зову, к нему стремлюсь,
Молчу, не вижу, не внимаю;
Тебе в забвеньи предаюсь
И тайный призрак обнимаю.
О нем в пустыне слезы лью;
Повсюду он со мною бродит
И мрачную тоску наводит
На душу сирую мою.

Далее он изъясняется еще откровеннее:

Не плачь! и я гоним судьбою,
И муки сердца испытал.
Нет! я не знал любви взаимной:
Любил один, страдал один,
И гасну я, как пламень дымный,
Забытый средь пустых долин.
Умру вдали брегов желанных;
Мне будет гробом эта степь;
Здесь на костях моих изгнанных
Заржавит тягостная цепь...

Прочитав сии стихи, каждый составил бы ясное понятие о характере человека, в отечестве своем пылавшего несчастною, неразделяемою взаимно страстию. Если б автор на этом остановился, то Пленник его был бы лицом занимательным. Но он к сим чертам прибавил черты, затемняющие и даже унижающие его характер. Например, он заставляет его говорить, что он лишился отечества,

> ....где пламенную младость
> Он гордо начал без забот,
> Где первую познал он радость,
> Где много милого любил,
> Где обнял грозное страданье,
> *Где бурной жизнью погубил*
> *Надежду, радость и желанье*
> И лучших дней воспоминанье
> В увядшем сердце заключил.
> ....
> Людей и свет изведал он,
> *Узнал неверной жизни цену:*
> *В сердцах друзей нашел измену,*
> *В мечтах любви – безумный сон.*
> Наскуча жертвой быть привычной
> Давно презренной суеты,
> И неприязни двуязычной,
> И простодушной клеветы,
> Отступник света, друг природы,
> Покинул он родной предел
> *И в край далекий полетел*
> *С веселым призраком свободы.*

По этому описанию воображение то представляет человека, истощенного наслаждениями сладострастия; то возненавидевшего порочный свет и вырвавшегося из столицы, чтобы подышать свободою и насладиться красотами природы.

> Забудь меня; *твоей любви,*
> *Твоих восторгов я не стою;*
> Бесценных дней не трать со мною;
> ....
> ....
> *Без упоенья, без желаний*
> *Я вяну жертвою страстей.*

Такие темные слова в устах человека, пламенно любимого, невольно заставляют нас видеть в нем холодного эгоиста, развратного ветреника. Ему бы легче и благороднее было отказаться от новой любви постоянною своею привязанностью, хотя первая любовь его и отвергнута: тем вернее заслужил бы он сострадание и уважение Черкешенки[*]. Между тем слова: *твоих востор-*

---

[*] Покорнейше просим наших читателей не выпускать из виду, что мы руководствуемся в суждениях о «Кавказском пленнике» критикою П. А. Плетнева, беспристрастною и на правилах хорошего вкуса основанною. В⟨оейков⟩.

гов я не стою или: *без желаний, я вяну жертвою страстей* – охлаждают всякое участие в судьбе его. Несчастный любовник мог бы сказать ей: *мое сердце чуждо новой любви*; но кто имеет причину признаваться, что он *не стоит восторгов невинности*, тот разрушает всякое очарование насчет своей нравственности. По сих пор Русский Пленник заставляет нас жалеть о своей холодности; но, сказав:

Другого юношу зови!

....

Недолго женскую любовь
Печалит хладная разлука;
Пройдет любовь, настанет скука,
Красавица полюбит вновь, –

Пленник производит в сердце негодование. Такие слова прилично сказать изменившей ему светской прелестнице, а не девице добродетельной, сельской, пылающей неисцелимою страстью, которая потухла только с ее жизнию.

Довольно о характерах! Как в «Руслане» картина старого поля битвы, единоборства Руслана с Рогдаем, свадебного пира, так в «Кавказском пленнике» великолепная картина заоблачных гор, набеги и хитрости, образ жизни, нравы и обычаи горцев начертаны верною и отважною кистью, красками яркими. Сии отрывки могли бы с честию занять место в поэме эпической.

«Кавказский пленник» выше «Руслана и Людмилы» в литературном и нравственном отношении, и обе должны уступить «Бакчисарайскому фонтану».

В сей последней поэме действие происходит в Тавриде. На сем полуострове прекрасная природа величественна, но не ужасна; дика, но не мрачна. Поэт изобразил здесь полуварварские нравы татар, несколько смягченные роскошью, соседством с европейцами, знойным климатом и искусствами; раболепный двор хана; жизнь несчастных невольниц его, заключенных в гареме; их занятия, забавы, скуку; страсти азиаток, вооруженных кинжалом, всегда готовых на убийство и преступление.

План не хитрый, не многосложный, но искусно развернутый; *ход* легкий, *связь* естественная, *занимательность* час от часу возрастает; *характеры* привязывают, *положения* трогают. *Пушкин* везде находит случай говорить сердцу и не приводит нас в досаду неуместною шутливостью там, где должно трогать; не чуждается *высокого*, если оно ему представляется, и *трагического*, если оно не чуждо его предмету. Все это требовало глубокого знания местностей, необыкновенной кисти и ярких, особенных красок для сих новых картин, при взгляде на которые европейский читатель переносился бы в Тавриду, в роскошные чертоги хана, где вечно бьют холодные фонтаны; в сады его, где везде благоухают розы и ясмины, зреет золотой лимон и смеются яхонтовые кисти винограда.

Гирей, хан крымский, в набеге своем взял в плен Марию, княжну польскую, влюбился в нее и для сей новой страсти изменил прежней своей любимице – Зареме. Сия ревнивая грузинка, обладавшая его сердцем и сама страстно в него влюбленная, умерщвляет невинную соперницу свою и за то осуждена к смерти и – брошена в море. Неутешный Гирей

Воздвигнул мраморный фонтан,
В углу дворца уединенный.

Над ним крестом осенена
Магометанская луна.
(Символ, конечно, дерзновенный,
Незнанья жалкая вина!)
Есть надпись: едкими годами
Еще не сгладилась она.
За чуждыми ее чертами,
Журчит во мраморе вода
И каплет хладными слезами,
Не умолкая никогда.
Так плачет мать во дни печали
О сыне, падшем на войне.
Младые девы в той стране
Преданье старины узнали,
И мрачный памятник оне
Фонтаном слез именовали.

Вот содержание! Рассмотрим подробности; определим особенности сей драгоценной безделки, сего алмаза, столь прелестно обделанного. Грозный хан печально курил трубку, безмолвные рабы теснились вкруг него, он махнул рукою – и все исчезли. Гирей остался один и вздыхает свободнее. Но отчего он так грустен?

Что движет гордою душою?
Какою мыслью занят он?
На Русь ли вновь идет войною,
Несет ли Польше свой закон?
Горит ли местию кровавой?
Открыл ли в войске заговор?
Страшится ли народов гор
Иль козней Генуи лукавой?

Прочитав сии стихи, мы имеет уже достаточное понятие о нравах хищных татар, о политических отношениях Крыма к соседственным государствам; об ужасе сих времен, когда не знали никаких народных прав, кроме силы; когда все решалось копьем и саблею и пленных продавали в рабство, без различия пола и возраста. Вся история татарских набегов заключена в сем отрывке.

Прекрасна картина гарема; мастерски описаны забавы прелестных невольниц, в нем заключенных; превосходно начертан характер Гирея, неукротимого восточного деспота, укрощенного любовью, из тигра сделавшегося агнцем; жалкое существование раболепного евнуха, которого

....ревнивый взор и слух
За всеми следует всечасно.
Его стараньем заведен
Порядок вечный: воля хана
Ему единственный закон.
Его душа любви не просит;
Как истукан, он переносит
Насмешки, ненависть, укор,
Обиды шалости нескромной,

....
Ему известен женский нрав;
Он испытал, сколь он лукав
И на свободе и в неволе;

портрет Заремы – звезды любви, красы гарема; но описание плена и несчастных приключений польской княжны Марии составляет существенное достоинство «Бакчисарайского фонтана» и ставит его несравненно выше «Руслана»
и «Кавказского пленника». До сих пор *Пушкин* не написал ничего благороднее, возвышеннее, святее!

Верно, наш молодой соотечественник прочитал красноречивый отрывок *Шатобрина о Вольтере*: «Если б нам неизвестна была, – говорит он, –
несчастная система, которая оледеняла пиитическое дарование *Вольтера*, то
для нас трудно было бы понять, что заставило его предпочесть аллегорические божества христианству. У него есть некоторая теплота в тех местах его
поэмы, где он перестает быть философом и делается христианином. Как скоро коснулся он религии, сего источника всего пиитического, то родник хлы-
нул изобильно. Если б *Вольтер*, так же как сочинитель "Гофолии", был напи-
тан духом религии; если б, подобно ему, изучил св. отцов и древности; если б
не бросался во все роды и за всеми предметами, – то в его поэзии было бы
несравненно более мужества и силы, а проза его приобрела бы ту скромность
и важность, которых столь часто недостает в ней»[2].

О друг! служенье муз
Должно быть их достойно. [3]

Возвратимся к «Бакчисарайскому фонтану». Недавно непорочная Мария, ангел красоты, заключена в гарем; отец ее погиб, замок разграблен, свет-
лица ее опустела...

Увы! Дворец Бакчи-Сарая
Скрывает юную княжну.
В неволе тихой увядая,
Мария плачет и грустит.
Гирей несчастную щадит:
Ее унынье, слезы, стоны
Тревожат хана краткий сон,
И для нее смягчает он
Гарема строгие законы.
Угрюмый сторож ханских жен
Ни днем, ни ночью к ней не входит;
Рукой заботливой не он
На ложе сна ее возводит;
Не смеет устремиться к ней
Обидный взор его очей;
Она в купальне потаенной
Одна с невольницей своей;
Сам хан боится девы пленной
Печальный возмущать покой;
Гарема в дальнем отделеньи
Позволено ей жить одной,
И, мнится, в том уединеньи

Сокрылся некто неземной.
Там день и ночь горит лампада
Пред ликом Девы Пресвятой;
Души тоскующей отрада,
Там упованье в тишине
С смиренной верой обитает,
И сердцу все напоминает
О близкой, лучшей стороне.
Там дева слезы проливает
Вдали завистливых подруг,
И между тем, как все вокруг
В безумной неге утопает,
Святыню строгую скрывает
Спасенный чудом уголок.
Так сердце, жертва заблуждений,
Среди порочных упоений
Хранит один святой залог,
Одно божественное чувство...
....

С каким искусством описал он осторожность евнуха; возможность прокрасться Зареме в спальню к польской княжне, с какою хитростью приготовлены к этому свиданию все обстоятельства – и какая сцена!

Настала ночь ....
....
Дворец утих; уснул гарем,
....
................страж надежный,
Дозором обошел евнух.
Теперь он спит; но страх прилежный
Тревожит в нем и спящий дух.
Измен всечасных ожиданье
Покоя не дает уму:
То чей-то шорох, то шептанье,
То крики чудятся ему.
Обманутый неверным слухом,
Он пробуждается, дрожит,
Испуганным приникнул ухом;
Но все кругом его молчит.
....
....
Все жены спят. Не спит одна;
Едва дыша встает она.
Идет... Рукою торопливой
Открыла дверь; во тьме ночной
Ступает легкою ногой.
В дремоте чуткой и пугливой
Пред ней лежит евнух седой...
....
Как дух, она проходит мимо!..
....
Пред нею дверь. – С недоуменьем

Ее дрожащая рука
Коснулась верного замка...
Вошла, взирает с изумленьем —
И тайный страх в нее проник.
Лампады свет уединенный,
Кивот, печалью озаренный,
Пречистой Девы кроткий лик
И крест, любви символ священный...

....

Пред ней покоилась княжна,

....

Спорхнувший с неба сын Эдема,
Казалось, ангел почивал
И сонный слезы проливал
О бедной пленнице гарема.
Увы, Зарема, что с тобой?
Стеснилась грудь ее тоской,
Невольно клонятся колени
И молит: «Сжалься надо мной,
Не отвергай моих молений!..»
Ее слова, движенье, стон
Прервали девы тихий сон;
Княжна со страхом пред собою
Младую незнакомку зрит,
В смятеньи, трепетной рукою
Ее подъемля, говорит:
«Кто ты?.. одна, порой ночною
Зачем ты здесь?» — «Я шла к тебе:
Спаси меня!.............................»

В этом слове заключаются и уверенность в высокой добродетели ее соперницы, и вся дерзкая решимость грузинки Заремы, и весь ад любви и ревности, кипящий в груди ее. Сие посещение, сии подогнувшиеся колена, сие признание, невольно вырвавшееся из ее сердца и открывающее тайну, которую она от себя самой утаить бы желала: вот торжество гения! Вот природа, которую поймал он в самых сокровенных ее действиях! Кажется, что слезы и стоны задушат Зарему, что после этого слова она ничего произнести не будет в состоянии. Но поэт знает, что при внезапном сильном потрясении человек находит в себе силы необыкновенные. Грузинка продолжает:

«..........................в моей судьбе
Одна надежда мне осталась;
Я долго счастьем наслаждалась,
Была беспечной день от дня...
И тень блаженства миновалась!
Я гибну. Выслушай меня.
    Родилась я не здесь; далёко,
Далеко... но минувших дней
Предметы в памяти моей
Доныне врезаны глубоко.
Я помню горы в небесах,
Потоки жаркие в горах,

Непроходимые дубравы,
Другой закон, другие нравы;
Но почему, какой судьбой
Я край оставила родной,
Не знаю, помню только море
И человека в вышине
Над парусами... Страх и горе
Доныне чужды были мне;
Я в безмятежной тишине,
В тени гарема расцветала
И первых опытов любви
Послушным сердцем ожидала.
Желанья тайные мои
Сбылись. Гирей для мирной неги
Войну кровавую презрел,
Пресек ужасные набеги
И свой гарем опять узрел.
Пред хана в смутном ожиданьи
Предстали мы. Он светлый взор
Остановил на мне в молчаньи;
Позвал меня... и с этих пор
Мы в беспрерывном упоеньи
Дышали счастьем – и ни раз
Ни клевета, ни подозренье,
Ни злобной ревности мученье,
Ни скука не смущала нас.
Мария! ты пред ним явилась...
Увы!.. С тех пор его душа
Преступной думой омрачилась;
Гирей, изменою дыша,
Моих не слушает укоров;
Ему докучен сердца стон;
Ни прежних чувств, ни разговоров
Со мною не находит он.
Ты преступленью не причастна,
Я знаю, не твоя вина...
Итак, послушай! я прекрасна;
Во всем гареме ты одна
Могла б еще мне быть опасна;
Но *я для страсти рождена,*
Но ты любить, как я, не можешь!
Зачем же хладной красотой
Ты сердце слабое тревожишь?
Оставь Гирея мне; он мой!
На мне горят его лобзанья,
Он клятвы страшные мне дал;
Давно все думы, все желанья
Гирей с моими сочетал.
Меня убьет его измена».

Поэт нашел дорогу к сердцу читателя; теперь он проникает в него глубже и глубже. «*Он мой!.. Меня убьет его измена!*» – поднимают волосы дыбом. Чего нельзя ожидать от женщины, у которой любовь и ревность дошли до такой степени?

> «Я плачу; видишь, я колена
> Теперь склоняю пред тобой.
> Молю, винить тебя не смея:
> Отдай мне радость и покой,
> Отдай мне прежнего Гирея!..
> *Не возражай мне ничего;*
> *Он мой!.. Он ослеплен тобою;*
> Презреньем, просьбою, тоскою,
> *Чем хочешь, отврати его!*
> *Клянись!.......................* »

Слова ужасные: в них соединены зависть, ненависть, угрозы, бунтующие в сердце Заремы. Читатель уже видит вдали мщение, подающее кинжал сей ослепленной женщине, знает, что религия и правила нравственности не остановят руки ее, – и трепещет за Марию.

> «Но слушай!.. если я должна
> Тебе... *кинжалом я владею;*
> *Я близ Кавказа рождена».*

Слова ненавистные: но они сообразны с характером, положением и нравами Заремы. В серале не щадят соперницу, от которой кинжал освободить может.

> Сказав, исчезла вдруг. За нею
> Не смеет следовать княжна.
> Невинной деве непонятен
> Язык мучительных страстей;
> Но голос их ей смутно внятен,
> Он странен, он ужасен ей.

От сего стиха до конца вся поэма есть трогательная элегия. Сердце не вынесло бы более, – наш поэт это знает; он спешит дать отдохнуть ему. Сильные, мучительные страсти умолкли, и тихое чувство горести, заступая их место, неприметно переходит к чувству уныния.

> Какие слезы и моленья
> Ее спасут от посрамленья?
> Что ждет ее? Ужели ей
> Остаток горьких юных дней
> Провесть наложницей презренной?
> О Боже! если бы Гирей
> В ее темнице отдаленной
> Забыл несчастную навек
> Или кончиной ускоренной
> Унылы дни ее пресек!
> С какой бы радостью Мария
> Оставила печальный свет!
> Мгновенья жизни дорогие
> Давно прошли, давно их нет.
> Что делать ей в пустыне мира?
> Уж ей пора: Марию ждут!

И в небеса на лоно мира
Родной улыбкою зовут.
....
....
Промчались дни. Марии нет!
....
Но что же в гроб ее свело?
Тоска ль неволи безнадежной,
Болезнь, или другое зло?..
Кто знает? Нет Марии нежной!
Дворец угрюмый опустел;
Его Гирей опять оставил;
С толпой татар в чужой предел
Он злой набег опять направил.
....
....
Забытый, преданный презренью,
Гарем не зрит его лица;
Там обреченные мученью,
Под стражей хладного скопца,
Стареют жены. Между ними
Давно грузинки нет; она
Гарема стражами немыми
В пучину вод опущена.
В ту ночь, как умерла княжна,
Свершилось и ее страданье!
Какая б ни была вина,
Ужасно было наказанье!

Пушкин оканчивает прекрасным эпилогом в честь Тавриды и обещанием скоро возвратиться на веселые берега Салгира; в сады, где янтарь и яхонт винограда манят жадный взор северного путешественника,

И зеленеющая влага
Пред ним и блещет и шумит
Вокруг утесов Аю-Дага...

А мы окончим сию статью патриотическим желанием, чтобы наш славный соотечественник, столь много исполнивший и столь многое обещающий, решился посвятить несколько лет на сооружение отечеству и себе вечного памятника: подарил бы России – эпическую поэму! Наша история богата предметами, достойными эпопеи: Владимир Великий, Иоанн – покоритель Казани, Ермак – завоеватель Сибири ожидают песнопевца.

Эпическая поэма есть такой памятник, который переживет века. Афины и Рим живы в песнях Гомера и Виргилия!

Б. М. Федоров
Письма в Тамбов о новостях русской словесности

Письмо I

Почтенный друг! с полгода как ты оставил Петербург, а забыл, кажется, и друзей и словесность. Ни строчки от тебя, хоть обещал первый ко мне писать и уведомить, как думают и что говорят в *ваших* краях о премудрости *наших*. Я дал слово извещать тебя о новых произведениях ума и вкуса, о новых опытах нелепости, о победах *школы романтической* над *здравым смыслом*, о торжестве истинного дарования над предубеждением, о нашествии *критиков* на *словесность классическую*, о наблюдениях на круговращение наших писателей, о толках журнальных и проч., дал слово сообщать тебе по временам реестр привозных слов в область русской словесности – и сдержу мое слово.

В ожидании твоих писем начну с новости, приятной всякому, с появления «Бахчисарайского фонтана» на горизонте северном. Этот феномен расшевелит много грамотных и безграмотных, любителей и губителей словесности. – Содержание сего стихотворения простое, взятое из предания, не богатого происшествиями; но цветущие красоты, или, лучше сказать, волшебство поэзии, очаровательность картин, обилие чувств, новость мыслей, сладкозвучие слов отличают «Бахчисарайский фонтан», подобно как и другие произведения сего любимца северных муз и граций отличаются столько же, сколько творения безуспешных его подражателей обличают вынужденность их чувств, выисканность слов, омрачены тьмою бессмыслия, пугают нелепостию воображения и отличаются всею дерзостию самохвальства и *кругохвальства*. Ты улыбнешься при сем выражении; но оно верно рисует их. Так, мой друг, *кругохвальство*, то есть взаимные похвалы взаимным нелепостям *друзей-литераторов*, есть существенный признак *новой школы*[1]. Взгляни в какой хочешь журнал... везде найдешь стихотворения, в которых беспрестанно твердят: *я поэт! я поэт!* и заставляют бедных читателей мучиться тщетным отыскиванием хотя одной черты поэзии; в которых, превознося свою гармонию, производят себя в меценаты всех своих приятелей-соучеников[2], удостаивая их посланиями[3], посвящением разномерной галиматьи[4] и титлами *Горациев, Анакреонов*[5]. Но обратимся к русскому Анакреону, который невидимо вводит нас в гарем бахчисарайского хана.

> Еще поныне дышит нега
> В пустых покоях и садах;
> Играют воды, рдеют розы,
> И вьются виноградны лозы,
> И злато блещет на стенах.

Здесь-то в минувшее время красавицы Востока

> Беспечно ожидая хана,
> Вокруг игривого фонтана

На шелковых коврах, оне
Толпою резвою сидели,
И с детской радостью глядели,
Как рыба в ясной глубине
На мраморном ходила дне.
Нарочно к ней на дно иные
Роняли серьги золотые.

Здесь-то...

Младые жены, как-нибудь
Желая сердце обмануть,
Меняют пышные уборы,
Заводят игры, разговоры.

Но злой евнух от них неотлучен, даже и тогда –

Раскинув легкие власы,
Как идут пленницы младые
Купаться в жаркие часы
И льются волны ключевые
На их волшебные красы
....
Взор нежный, *слез упрек немой*
Не властны над его душой.

Нельзя, однако, не заметить, что поэт распространился в описании евнуха, которое в поэме несоразмерно ни с ограниченностию содержания, ни с расположением прочих частей ее.

В мыслях Пушкина глубокие чувства – он постигает тайны души и умеет передавать их в легких стихах. Грузинка, принявшая магометанскую веру, но бывшая в младенчестве христианкой, нечаянно видит в гареме крест и лампаду пред иконой.

Грузинка, все в душе твоей
Родное что-то пробудило;
Все звуками забытых дней
Невнятно вдруг заговорило.

Двумя словами Пушкин рисует картину, одною чертою придает ей новую красоту.

С короной, с княжеским гербом
Воздвиглась новая гробница.
....
Приду на склон приморских гор,
Воспоминаний тайных полный,
И вновь *таврические волны*
Обрадуют мой жадный взор.
....
Все чувство путника манит,
Когда *в час утра* безмятежный
В *горах,* дорогою *прибрежной,*
Привычный конь его бежит,
И зеленеющая влага

Пред ним и *блещет* и *шумит*
Вокруг утесов Аю-дага...

Сколько живописного в последних пяти стихах! Какая полная, одушевленная картина! Слово *привычный* дает понятие о всей трудности пути вдоль
морского берега, среди гор и в виду утесов, вкруг коих и кипят и шумят волны.
Некоторые описания особенно в восточном вкусе, например следующее:
евнух, пугаясь ночью малейшего шума, пробуждается, дрожит, слушает...

Но все вокруг его молчит...
Одни фонтаны сладкозвучны
Из мраморной темницы бьют,
И, с милой *розой* неразлучны,
Во мраке *соловьи* поют.[6]

Другие с необыкновенною живостию представляют картину восточных
нравов и обыкновений.

Покрыты белой пеленой,
Как тени легкие мелькая,
По улицам Бахчисарая,
Из дома в дом, одна к другой,
Простых татар спешат подруги
Делить вечерние досуги.

Вообще *описательная* часть в «Бахчисарайском фонтане» совершенна.
Начало поэмы великолепно...

Гирей сидел, потупя взор;
....
Безмолвно раболепный двор
Вкруг хана грозного теснился – *и проч.*

Описывая далее Гирея уединенного, поэт говорит:

Один в своих чертогах он;
Свободней грудь его вздыхает,
Живее строгое чело
Волненье сердца выражает.
Так бурны тучи отражает
Залива зыбкое стекло.

Сравнение сие, по живости, принадлежит к счастливейшим стихам, даже
между стихами Пушкина. Приведем еще несколько примеров сравнений из
«Бахчисарайского фонтана».

В тени хранительной темницы
Утаены их красоты –

говорит поэт о невольницах гарема...

Так аравийские цветы
Живут за стеклами теплицы.

Следующее сравнение начертано пламенною кистию...

.... Но кто с тобою,
Грузинка! равен красотою?
Вокруг лилейного чела
Ты дважды косу обвила;
Твои пленительные очи
Яснее дня, чернее ночи!

Кажется, сами грации образовали головной убор грузинки. Но, отдавая справедливость гению Пушкина, с другой стороны, нельзя не заметить, что он мало заботился о *повествовательной* части своей поэмы, обращая весь дар свой на часть *описательную*.

Зарему разлюбил Гирей

....
С тех пор, как польская княжна
В его гарем заключена.

Вот что читатель узнает, прочитав 11 страниц. Далее узнает, он, что Зарема приходит к польской княжне ночью, убеждает ее быть хладной к Гирею.

.... Я шла к тебе,
Спаси меня ....
Я гибну, выслушай меня!
Родилась я не здесь, далеко,
Далеко, но минувших дней
Предметы в памяти моей
Доныне врезаны глубоко.
Я помню горы в небесах,
Потоки жаркие в горах,
Непроходимые дубравы,
Другой закон, другие нравы;
Но почему, какой судьбой
Я край оставила родной...*
Не знаю; помню только море...
И человека в вышине
Над парусами...

Сие место напоминает Бейрона – но не представляет правдоподобия... Можно ли помнить горы, дубравы, законы, нравы, море и человека над парусами – а не помнить, кем похищена и как оставила отчизну? – Скажут, что грузинка была в обмороке, но неужели обморок продолжался во все время плавания корабля?
Впрочем, монолог грузинки выдержан превосходно: борение страстей; огонь в чувствах, приличный пылкости азиятки; голос сердца, терзаемого страстию, слышится в стихах.

.... Я прекрасна,
Во всем гареме ты одна
Могла б еще мне быть опасна...
Но я для страсти рождена,
Но ты любить, как я, не можешь...

Но я... но ты... выражают все смятение души и силу страсти...

---

* Не правильнее ли было бы так: «Оставила я край родной». Изд.

230

> Зачем же хладной красотой
> Ты сердце слабое тревожишь?

Два удивительные стиха, которые излились из самого сердца.

> Оставь Гирея мне; он мой!
> На мне горят его лобзанья...
> ....
> Меня убьет его измена...
> Я плачу... видишь, я колена
> Теперь склоняю пред тобой,
> Молю, винить тебя не смея,
> Отдай мне радость и покой,
> Отдай мне прежнего Гирея...
> Не возражай мне ничего;
> Он мой! он ослеплен тобою!
> Презреньем, просьбами, тоскою,
> Чем хочешь, отврати его;
> Клянись...
> .... Клянись мне...
> Зарему возвратить Гирею...
> Но слушай! если я должна
> Тебе... кинжалом я владею,
> Я близ Кавказа рождена.

Но с сего стиха обрывается действие. Грузинка исчезла, а Мария...

> Что ждет ее?.... ....
> С какою б радостью Мария
> Оставила печальный свет! –

говорит автор и вдруг стремглав спешит к концу повести...

> Уж ей пора, Марию ждут,
> И в небеса на лоно мира
> Родной улыбкою зовут!..

Вообще тирада: *сказав, исчезла...* и проч. охлаждает действие и кажется излишнею. Разительнее было бы, если б автор вдруг от угроз грузинки перешел к стихам:

> Промчались дни: Марии нет,
> Мгновенно сирота *почила.*

Читатель едва узнает смерть Марии, как автор говорит ему, что давно и грузинки нет –

> ....она
> Гарема стражами немыми
> В пучину вод опущена.
> В ту ночь, как умерла княжна,
> Свершилось и ее страданье.
> Какая б ни была вина,
> Ужасно было наказанье!

Догадливые, без сомнения, поймут, что грузинка умертвила польскую княжну и за то брошена в море: но не думаю, чтобы остались довольны столь кратким отчетом в судьбе тех лиц, в которых поэт заставил их принимать живейшее участие. В то же время узнаем, что хан оставил гарем, а возвратясь, выстроил в память Марии фонтан – словом сказать: содержание «Бахчисарайского фонтана» занимает самую малую часть в сей поэме, заключаясь в стихах, как бы по необходимости включенных для связи разных картин и описаний.

Внезапности нравятся; но когда все внимание наше обращено на положение действующих лиц, одни намеки о судьбе их кажутся недостаточны и скорее убедят в утомлении поэта, нежели в красоте пиитической. Так, один живописец, представивший жертвоприношение Ифигении и закрывший лицо Агамемнона покровом, не решаясь изобразить всей скорби отца, сим намеком занимает некоторое время ум, но возбуждает сомнение в обширности своего таланта[7]. Бейрон в поэме «Мазепа», описывая бешеного коня, который мчит Мазепу, обрисовал сие положение не одною чертою, но со всем искусством поэта выдерживает свой предмет, постепенно возобновляя сильнее и сильнее свою картину в воображении читателей. Гений Пушкина в описании похищения Марии, кончины ее и смерти грузинки мог бы соединить ужас и прелесть, а легким очертанием сих занимательных происшествий много похитил от удовольствия читателей.

Между стихами, не соответствующими достоинству прочих, строгая критика заметит, может быть, в «Бахчисарайском фонтане»:

> Символ, *конечно*, дерзновенный...
> ....
> Ему известен женский нрав,
> *Он* испытал, сколь он лукав.
>
> ....
> И дочь *неволи*, нег и плена.
> ....Гирей порой
> Горючи слезы *льет рекой*.

Конечно принадлежит к таким словам, которые в поэзию вводить опасно. *Он, сколь он* – неправильность. *Лить рекой* слезы – гипербола слишком ветхая. Дочь *неволи и плена* – едва ли не одно и то же, с тем различием, что *дочь плена* слишком неточное выражение.

> .... Ужели ей –
> Остаток *горьких юных* дней
> Провесть *наложницей* презренной...

Но довольно о недостатках, щедро заменяемых красотами, – обратимся к другой поэме.

Представь удивление мое, почтенный друг, когда, с нетерпением развернув «Бахчисарайский фонтан», вдруг увидел я вместо стихов *Предисловие*, или вместо *Предисловия*, «Разговор между Издателем и Классиком с Выборгской стороны или с Васильевского острова», и уже перебрав за треть книжки, добрался до *фонтана*. – Разговор сей в своем роде также поэма. *Много вымысла и много чудесного!*

Сцена открывается Классиком. Он спрашивает Издателя: «Правда ли, что молодой Пушкин печатает новую, третью поэму, то есть поэму по романтическому значению, *а по-нашему не знаю, как и назвать*»?

Если допустить в общем смысле, что всякое стихотворение есть *поэма*, то эпиграмма есть также поэма в своем роде, и в сем случае «Бахчисарайский фонтан» есть поэма, как «Руслан и Людмила» и «Кавказский пленник». Стихотворная сказка и повесть называются поэмой, равно как стихотворство поэзией.

Может быть, прежде не многие решились бы назвать «Бахчисарайский фонтан» поэмой; но когда перо Бейрона освятило подобный род стихотворений и европейский вкус наложил на них печать моды, то и «Бахчисарайский фонтан» имеет полное право на имя поэмы, как по мнению *романтиков*, так и по мнению *классиков*.

Далее Классик говорит: «Нельзя не похвалить, что Пушкин много пишет; *скоро выпишется*».

Этого никакой классик и никакой читатель Пушкина не скажет. Но как бы думали, что на это отвечал Издатель...

«Пророчества оправдываются событием, – говорит он, – *для поверки нужно время...*» Следовательно, судя по отзыву его, может быть, что поэт и выпишется?

«Если он пишет много, – продолжает Издатель, – в сравнении с нашими *поэтами, которые почти ничего не пишут*, то пишет мало в сравнении с другими своими европейскими *сослуживцами*».

Трудно понять, что за поэты, которые почти ничего не пишут, и где сии *немые барды*? Наши поэты пишут. Доказательством к чести русской поэзии и отечества три тома превосходных стихотворений Жуковского[8]. Стихотворения князя Вяземского, князя Шаховского, Воейкова не собраны вместе; но сии отличные поэты пишут не менее Пушкина[9]. Не говоря об известнейших, мы имеем многих молодых поэтов, которые *по количеству* пишут *не менее* Пушкина, не говоря о достоинстве, и, однако ж, не включая в число поэтов, подобных стихотворцу *Т.*, пишущему к девице *N.N.*[*]:

> И *дочерь* умной *головы*,
> Как *ваш родитель, вы*, и проч.[10]

Думы и оды *Рылеева*, отрывки из его поэмы «Войнаровский» показывают в нем превосходного поэта, который если не в прелести стихов, впрочем, ознаменованных талантом и вкусом, может спорить с дарованием Пушкина, то, без сомнения, в достоинстве мыслей и возвышенности чувствований. – Можно ли же назвать его поэтом, *почти ничего не пишущим*?

Далее Классик говорит Издателю о Бейроне и Вальтере Скотте:

«Выставя этих двух британцев, вы думаете *зажать рот критике* и возражениям! Напрасно! Мы *свойства неробкого*! Нельзя судить о даровании писателя по пристрастию к нему суеверной черни читателей. *Своенравная*, она часто оставляет без внимания писателей достойнейших».

Вот какой язык угодно было Издателю дать Классику! Правда, что сочинители *спорных* разговоров вправе выводить чудаков, чтоб тем усилить свое мнение. Второе лицо в таких случаях всегда есть страдательное и выставляется или невеждою, или зоилом. Оттого-то Классик и объясняется с Издателем: *зажать рот критике... по-нашему не знаю, как назвать... своенравная, она...*[11] Кажется, русские классики избегают галлицизмов и предоставляют их самозванцам-

---

[*] См. «Новости литературы» 1823 г.

романтикам.

На слова Классика: *«Пора истинной, классической литературы у нас миновалась»* – Издатель возражает: *«А я так думал, что еще не настала»*. Странно слушать Классика, но еще страннее Издателя. Помнится, что у нас был Державин, Богданович, Озеров, Капнист; что мы имеем Карамзина, Дмитриева, Жуковского, Батюшкова, Крылова... Неужели сии писатели не произвели ничего классического и даже еще не настала пора классической словесности? Чего же ожидает Издатель?

Далее Классик жалуется, что *завелась какая-то школа новая, никем не признанная, кроме себя самой, не следующая никаким правилам, кроме своей прихоти, искажающая язык Ломоносова, пишущая наобум, щеголяющая новыми выражениями, новыми словами...* Издатель отвечает: *«Взятыми из "Словаря Российской академии" и коим новые поэты возвратили в языке нашем право гражданства».*

Что завелась новая школа, то очевидно; что она искажает язык русский, образованный Ломоносовым, это совершенно справедливо; что пишет наобум, щеголяет странными выражениями – то можно судить из нижеследующих примеров: «Шлегель и г-жа Сталь не облечены в латы *свинцового* педантства – от них *не несет* схоластическою *важностию* – правила их не *налягают с важностию* – не все из нас *поддаются* заманчивости» и пр. Слова *несет, налягать, поддаваться,* без сомнения, находятся в «Словаре Российской академии»; но с сочетанием наудачу разнородных слов писатели часто составляют выражения не красивее картины живописца, который, по словам Горация, хотел бы представить голову человека с конскою шеею и окончить фигуру рыбьим хвостом.

> Humano capiti, cervicem pictor equinam
> Jungere si velit, *et caet\<era>*.[*12]

Если допустить: правила *налягают, поддаваться* заманчивости, *несет* важностию – то почему не сказать: *лягающееся* остроумие, *теребить* древность, *выконючить* лавры и т. п.

«До сей поры,– продолжает Издатель,– мы руководствуемся более употреблением, которое *свергнуто* быть может употреблением новым». – Но мы уже имеем столько изящных образцов, что наконец можно заимствовать из них постоянные правила употреблению слов и языка.

«Разве прикажете подчинить язык поэтов наших китайской неподвижности?» – спрашивает Издатель.

– Однако ж и не *китайской пестроте,* – мог бы возразить Классик.

«Смотрите на природу,– продолжает Издатель. – Лица человеческие, составленные из одних и тех же частей, вылиты *не все в одну физиогномию,* а выражение есть физиогномия слов».

Но какова физиогномия? От иной избави Бог! По своенравию природы много уродливых лиц; по крайней мере, не нужно вводить пугалищ в изящные искусства.

Далее Издатель открывает, что *Ломоносов ввел в русский язык германские*

---

* Если художник решит приписать к голове человечьей
  Шею коня, *и проч. (лат.)* – Пер. М. Л. Гаспарова. – *Ред.*

формы и брал съемки с форм германских.

Заметим, что Ломоносов брал съемки в расположении своих од, в размере стихов, но не оковывал русское слово германскими цепьми.

«Возьмите три знаменитые эпохи в истории нашей литературы; вы в каждой найдете отпечаток германский. Эпоха преобразования, сделанная Ломоносовым в русском стихотворстве; эпоха преобразования в русской прозе, сделанная Карамзиным; нынешнее волнение, волнение романтическое и противузаконное, если так хотите назвать его, не явно ли показывают господствующую наклонность литературы нашей?»

Главною чертою немецкой литературы есть отвлеченность в понятиях и углубление в чувствах. Перо Шиллера и Гете умело дать сему прелесть, равно как и перо Жуковского; но сия отвлеченность мыслей покрывается непроницаемым мраком, и углубление чувств переходит за пределы природы в творениях многих гениев-самозванцев, терзающих ум и слух. – Где же нашел Издатель в произведениях нашего историографа отпечаток германской литературы? Где менее отвлеченности, как не в его сочинениях? Где менее изысканности, менее напряжения в чувствованиях? Кто более умел трогать души природою, как не он? Если в сем случае можно найти сходство между ним и Шиллером, то очевидно, что изящное есть достояние, общее всем писателям. – Природою трогали Гомер и Анакреон, Софокл и Еврипид, Виргилий и Овидий. В творениях Карамзина, в эпохе, сделанной им в образовании русской прозы, найдем такой же отпечаток словесности греческой, римской, как немецкой и французской. Он не подражал никому исключительно, подражал изящному, списывал – природу. Он представлял не *съемки,* а *образцы.*

«Смотрите, – беседует Издатель *о распространяющих владычество германских музах,* – смотрите, и во Франции – в государстве, которое по крайней мере в литературном отношении едва не оправдало честолюбивого мечтания о *всемирной державе,* и во Франции сии хищницы приемлют уже некоторое господство и вытесняют местные наследственные власти».

– Не думаю, чтоб можно было вытеснить блаженной памяти Расина, Мольера и других. Такие писатели едва ли поступятся своими местами.

«Мы еще не *имеем русского покроя в литературе, может быть, и не будет его, потому что нет;* но во всяком случае поэзия новейшая, так называемая романтическая, не менее нам сродна, чем поэзия Ломоносова или Хераскова, которую вы силитесь выставить за классическую».

Зима в «Россияде» и описание *северного сияния* в «Петриаде» принадлежит к чертам народной поэзии[13]. – Кто в них не увидит *русского покроя?* Впрочем, все произведения писателей, какой бы ни было нации, имеют и покрой ее. «Слово о полку Игоря», русские *песни* и русские *сказки* имеют свой народный характер. Во многих одах Державина, в «Душеньке» Богдановича, в повестях Карамзина, в баснях Крылова, в «Руслане и Людмиле», даже в «Причуднице», присвоенной русскому языку гением Дмитриева[14], виден равно образчик русского покроя, как в «Недоросле», «Бригадире» и «Своей семье»[15]. Мы в одах, в баснях, в комедиях уже имеем русский покрой. Должно желать иметь более писателей, которые, отбросив от французской словесности правила, стесняющие полет гения, от немецкой – напыщенность и туманную отвлеченность, соединяли бы, подобно Карамзину и другим, вкус и блеск ума с чувством и пылкостию воображения и приспособили сии достоинства изящного к русским нравам, языку и духу народному.

«Отпечаток *народности, местности*, – по мнению Издателя, – составляет, может быть, главное, существеннейшее достоинство древних и утверждает их право на внимание потомства. Глубокомысленный Миллер *недаром* во ”Всеобщей истории“ своей указал на Катулла в числе источников»[16] и проч.

Глубокомысленный Миллер, вероятно, указал и на других римских поэтов кроме Катулла, ибо не в одном Катулле видны черты римской *местности* и *народности*, говоря словами Издателя, изобретенными г. Бестужевым[17]. Всякий историк может найти в поэтах, где бы ни было, отпечаток местности и народности. *«Она не в правилах, но в чувствах»*, – говорит Издатель. Прибавим: у всех народов и даже у всех писателей, не берущих взаймы ума и чувствительности. – Историк может ссылаться на Державина и других наших поэтов, как на Катулла, если будет в творениях поэтов искать картины народных нравов. *Народность* и *местность* были достоинством древних и новых хороших писателей, о котором, может быть, они и не думали. Разница только в том, что у арабских писателей своя *местность* и *народность*... у немецких – немецкая, у русских – русская. Без сомнения, прекрасная идиллия г. Гнедича «Рыбаки», в которой на берегах Невы рыболовы играют на цевницах и говорят о богах, не представляет в сих чертах народности – но это уже *ошибка* писателя. Без сомнения, и тот не принадлежит к народным писателям, кто в 12 стихах к петербургскому приятелю клянется богами, благодарит богов, рядится в ветхую эллинскую одежду и кудрявит русское слово в какую-то языческую фризуру.

В. К. КЮХЕЛЬБЕКЕР
О направлении нашей поэзии, особенно лирической, в последнее десятилетие

‹Отрывки›

‹...› Изучением природы, силою, избытком и разнообразием чувств, картин, языка и мыслей, народностию своих творений великие поэты Греции, Востока и Британии неизгладимо врезали имена свои на скрыжалях бессмертия. – Ужели смеем надеяться, что сравнимся с ними по пути, по которому идем теперь? – Переводчиков никто, кроме наших дюжинных переводчиков, не переводит. – Подражатель не знает вдохновения: он говорит не из глубины собственной души, а принуждает себя пересказать чужие понятия и ощущения. – Сила? – Где найдем ее в большей части своих мутных, ничего не определяющих, изнеженных, бесцветных произведений? – У нас все *мечта* и *призрак*, все *мнится*, и *кажется* и *чудится*, все только *будто бы, как бы, нечто, что-то*. Богатство и разнообразие? Прочитав любую[1] элегию Жуковского, Пушкина или Баратынского, знаешь все. – Чувств у нас уже давно нет: чувство уныния поглотило все прочие[2]. – Все мы взапуски тоскуем о своей погибшей молодости; до бесконечности жуем и пережевываем эту тоску и наперерыв щеголяем своим малодушием в периодических

236

изданиях*. Если бы сия грусть не была просто риторическою фигурою, иной, судя по нашим Чайльд-Гарольдам, едва вышедшим из пелен, мог бы подумать, что у нас на Руси поэты уже рождаются стариками. – Картины везде одни и те же: *луна*, которая – разумеется – *уныла* и *бледна*, скалы и дубравы, где их никогда не бывало, лес, за которым сто раз представляют заходящее солнце, вечерняя заря; изредка длинные тени и привидения, что-то невидимое, что-то неведомое, пошлые иносказания, бледные, безвкусные олицетворения *Труда, Неги, Покоя, Веселия, Печали, Лени* писателя и *Скуки* читателя; в особенности же *туман*: туманы над водами, туманы над бором, туманы над полями, туман в голове сочинителя.

Из слова же русского, богатого и мощного, силятся извлечь небольшой, благопристойный, приторный, искусственно тощий, приспособленный *для немногих*[3] язык, un petit jargon de coterie**. Без пощады изгоняют из него все речения и обороты славянские и обогащают его *архитравами, колоннами, баронами, траурами*, германизмами, галлицизмами и барбаризмами. В самой прозе стараются заменить причастия и деепричастия бесконечными местоимениями и союзами. – О мыслях и говорить нечего. – Печатью народности ознаменованы какие-нибудь 80 стихов в «Светлане» и в «Послании к Воейкову» Жуковского, некоторые мелкие стихотворения Катенина, два или три места в «Руслане и Людмиле» Пушкина[4].

Свобода, изобретение и новость составляют главные преимущества романтической поэзии перед так называемою классическою позднейших европейцев. – Родоначальники сей мнимой классической поэзии более римляне, нежели греки. Она изобилует стихотворцами – *не поэтами*, которые в словесности то же, что бельцы*** в мире физическом. Во Франции сие вялое племя долго господствовало: лучшие истинные поэты сей земли, напр. Расин, Корнель, Мольер, несмотря на свое внутреннее омерзение, должны были угождать им, подчинять себя их условным правилам, одеваться в их тяжелые кафтаны, носить их огромные парики и нередко жертвовать безобразным идолам, которых они называли вкусом, Аристотелем, природою, поклоняясь под сими именами одному жеманству, приличию, посредственности. – Тогда ничтожные расхитители древних сокровищ частым, холодным повторением умели оподлить лучшие изображения, обороты, украшения оных: шлем и латы Алкидовы[5] подавляли карлов, не только не умеющих в них устремляться в бой и поражать сердца и души, но лишенных под их бременем жизни, движения, дыхания. – Не те же ли повторения наши: *младости* и *радости, уныния* и *сладострастия*, и те безымянные, отжившие для всего брюзги, которые – даже у самого Байрона («Child-Harold»), – надеюсь, далеко не стоя́т не только Ахилла Гомерова, ниже́ Ариостова Роланда, ни Тассова Танкреда, ни славного Сервантесова Витязя печального образа, ко-

---

торые слабы и не дорисованы в «Пленнике» и в элегиях Пушкина, несносны, смешны под пером его *переписчиков*⁶?<...>

Станем надеяться, что наконец наши писатели, из коих особенно некоторые молодые одарены прямым талантом, сбросят с себя поносные цепи немецкие и захотят быть русскими. – Здесь особенно имею в виду А. Пушкина, которого три поэмы, особенно первая, подают великие надежды⁷. – Я не обинулся смело сказать свое мнение насчет и его недостатков; несмотря на то, уверен, что он предпочтет оное громким похвалам господина издателя «Северного архива»⁸. – Публике мало нужды, что я друг Пушкина, но сия дружба дает мне право думать, что он, равно как и Баратынский, достойный его товарищ, – не усомнятся, что никто в России более меня не порадуется их успехам!<...>

В. К. КЮХЕЛЬБЕКЕР
Разговор с Ф. В. Булгариным

<Отрывок>

<...> *Б.* Поверят ли вам читатели в означении степени дарований поэтов, когда вы поставляете барона Дельвига выше Жуковского, Пушкина и Батюшкова, сих великих писателей, делающих честь нашему веку?¹

Я. И вправе бы были не поверить, если бы я в самом деле надумал отдать Дельвигу преимущество перед Пушкиным и даже Жуковским: но, к несчастию, это (как и многое другое) только вам привиделось! – Впрочем, Ф<аддей> В<ендиктович>, не нам с вами составлять парнасскую табель о рангах! Скажу вам только, что *великий писатель*, делающий честь своему веку, – великое дело! Пушкин, без сомнения, превосходит большую часть русских современных ему стихотворцев: но между лилипутами не мудрено казаться великаном! – Он, я уверен, не захочет сим ограничиться. – Барона Дельвига ему ничуть не предпочитаю: первый Дельвиг отклонил бы от себя такое предпочтение, ибо лучше нас знает, что, написав несколько стихотворений, из которых можно получить *довольно верное понятие о древней элегии*², еще не получает права стать выше творца «Руслана и Людмилы», романтической поэмы, в которой, при всех ее недостатках, более творческого воображения, нежели *во всей* остальной современной русской словесности; творца «Кавказского пленника», написанного самыми сладостными стихами, представляющего некоторые превосходные описания, вливающего в душу – *особенно при первом чтении* – живое сетование; наконец, творца «Бахчисарайского фонтана», коего драматическое начало свидетельствует, что Пушкин шагнул вперед и не обманет надежд *истинных* друзей своих!

Ваш «Северный архив», ваши «Литературные листки» читаю иногда с удовольствием: в них довольно занимательного, довольно даже полезного, иногда нечто похожее на желание быть или, по крайней мере, *казаться* беспристрастным; положим, что я вздумал бы назвать вас лучшим русским журналистом: – что бы вы сами сказали, милостивый государь, если бы из того кто вывел заключение: «Кюхельбекер ставит Булгарина выше Пушкина и Жуковского»?<...>

ДАМ

СЫНЪ ОТЕЧЕСТВА,

ИСТОРИЧЕСКІЙ ПОЛИТИЧЕСКІЙ

СѢВЕРНЫЕ
ЦВѢТЫ,
НА 1825 ГОДЪ,

СОБРАННЫЕ
БАРОНОМЪ ДЕЛЬВИГОМЪ.

———— ✳ ————

ИЗДАНЫ
Иваномъ Слёнинымъ.

————————————

САНКТПЕТЕРБУРГЪ.

ВЪ ТИПОГРАФІИ ДЕПАРТАМЕНТА НАРОДНАГО
ПРОСВѢЩЕНІЯ.

1825

Ж. К.
Письма на Кавказ. 1

<Отрывок>

Декабря 20, 1824.

<...> Обратимся теперь к литературе изящной.

Начинаю с юного атлета, который победил всех своих соперников. Пушкин подарил нас своим «Бахчисарайским фонтаном», который мне нравится более всех прежних его стихотворений: в нем, при прежней прелести стихов, план лучше и характеры оригинальнее, вернее, нежели в «Руслане» и «Кавказском пленнике». «Бахчисарайский фонтан» вышел в свет с предисловием, которое возжгло сильную войну на Парнасе нашем: о превосходстве поэзии романтической и классической, войну, которая свирепствует и в других странах. Споры были жаркие, но ими ничего не доказано. Называйте поэмы Пушкина, как вам угодно: они всегда будут прекрасны, всегда будут находить жадных читателей. Пишите в то же время самые правильные стихотворения, по законам Аристотеля, Шлегеля, и пр., и пр., и если в вас нет творческого духа, то едва ли вы, кроме наборщика, найдете читателей. Эта ученая война, к сожалению всех, в самом своем начале превратилась из спора литературного в мену разных колкостей и, не решив главного вопроса, произвела множество посторонних, которые всяк решил по-своему. Истинному любителю словесности, особенно не принадлежащему ни к какой партии, такие споры не могут быть приятны. К счастию, они и не могут оставить после себя вредных следов: сколько бы люди, разгоряченные спором, ни старались унизить и оскорбить талант и ум, но талант и ум возьмут свое.

Вообще заметил я странную участь стихотворений Пушкина: возбуждая в читателях беспристрастных, т. е. в большей части публики, необыкновенное внимание и приобретая от некритиков усердную, неприкрашенную хвалу, они рождают в записных рецензентах странные мысли и еще страннейшие толки, выражаемые самым странным языком. Ты помнишь еще, я думаю, презабавные статьи о «Руслане и Людмиле» печатавшиеся в «Сыне отечества» 1820 года? Еще гораздо забавнее рецензия «Бахчисарайского фонтана», напечатанная в № 7 «Литературных листков» 1824 года[1]. Рецензент, прочитав пленительные гармониею своею стихи Пушкина, по-видимому, должен был ощутить вдохновение музы, должен был в слоге своей критики показать, что он постиг, почувствовал поэта и проникнут его духом. Он, напротив того, заговорил слогом *приказным.* Вот один период: читай и суди!

«Итак, из *вышесказанного* видно, что в плане *оной* (повести) нет узла или завязки; нет возрастающего интереса, нет развязки, разве *сим последним именем* захотим мы назвать конец сочинения, *ибо* надобно только догадываться, *и то* без малейших признаков, что Зарема убила Марию, и что Гирей после сего велел утопить Зарему. *Приняв в уважение все сии обстоятельства, вместе с вышеозначенными,* то есть, что хану не следовало ходить в гарем, *ибо* черта сия, как я уже *сказал,* совершенно противна мрачному состоянию души Гиреевой и, так *сказать,* уничтожает *оное;* что хан слишком рано исчезает со *сцены* действия, еще не развернувшегося; что в повести сей, *в которой* только три лица *действующих, действует* одна только Зарема, и то весьма слабо, а прочие выставлены единственно в рассказе, *что* не дает никакого движения повести; что Зареме, как обиженной любовнице, как азиятке, *не следовало* умолять Марию возвратить ей сердце Гирея; *приняв во уважение все сии обстоятельства,* повторяю я, всякий, без сомнения, увидит, что план сей повести по всей справедливости и безусловно подлежит строгой *критике!»*

Каково? Не так ли пишут в формальном следствии: «а что частоупоминаемая грузинка Зарема убила вышереченную полячку Марию, на то нет ни малейших признаков!» Конечно, нет юридических, и в симферопольском земском суде по сему случаю нельзя начать дела. «Хану *не следовало* ходить в гарем»? А в какую силу? – смею спросить. Весьма натурально, что азиятец, терзаемый страстию, старается развлечь себя посреди своих жен, что он ищет прежних своих удовольствий. «Черта-де сия уничтожает мрачное состояние души Гиреевой». Этого я не понимаю. «Зареме не следовало умолять Марию». Так хорошо говорить в «Северном архиве», но страсти женские и поэт, изображающий их, не знают этих законов: оскорбленная, ревнивая женщина, азиятка ли она или африканка, готова испытать все способы, чтоб возвратить потерянное. «Итак, план сей повести подлежит строгой критике!» Вот заключение! Из этого узнаем по крайней мере то, что критику неизвестно, в чем состоит критика. И «Илиада» и «Гофолия»[2], и Гораций и Державин подлежат *строгой критике,* т. е. суду. Критик, вероятно, хотел сказать: строгому *осуждению, порицанию* или т. п. Не понимаю, как г. Булгарин, который очень умеет видеть *смешное* в других, сам напечатал эту странную статью. – Пушкин написал еще два новые стихотворения: «Онегин» и «Цыганский табор»; читавшие восхищаются ими; мне, к сожалению, не удалось еще их видеть <...>

Н. А. ПОЛЕВОЙ
Обозрение русской литературы в 1824 году

<Отрывок>

<...> Поэт, любимец нашей публики, А. С. Пушкин, о котором в сравнении с Жуковским можно повторить старинную пословицу: *он не второй, а другой*[1], получил новое право на славу изд<анием> «Бахчисарайского фонтана». Это жемчужина новой поэзии. Вымысл, расположение, стихи – все более и более открывает бессомненный, великий талант сочинителя «Руслана и Людмилы» и «Кавказского пленника»*. Сильное действие поэзии Пушкина на современников доказывает, что истинное дарование и очаровательно, и недостижимо для других, неравных силами. Кто не подражает у нас Пушкину и кто сравнялся с ним из подражателей, хотя большая часть новых стихотворений отделываются явно по образцам Пушкина**[3]? <...>

---

* Кстати сказать, что в Петербурге издан немецкий перевод «Кавказского пленника» («Der Berggefangene»). Не знаем, кто переводчик, а перевод подлинника не стоит. Кажется, переводчик иногда не понимал Пушкина, а иногда думал украсить его своими прибавками; наприм., прекрасные стихи:

> Людей и свет изведал он
> И знал неверной жизни цену,
> В сердцах друзей нашел измену, *и проч.*

переведены так:

> Der Welt und Menschen falsche Art
> Erkannt' er, ach! mit früher Reue,
> Da ihm Verrat, statt Freundestreue,
> Und Liebe zum Phantom ihm ward.
> Und müde, Preis zu stehn dem Hohne,
> Der niedern Doppelseitigkeit
> Feindseliger Chamäleone
> Und unverhohlner Bitterkeit *и проч.*[2]

** Едва ли кто из русских поэтов был так обласкан нашими книгопродавцами, как А. С. Пушкин, а они знают, что идет скорее с рук. Песни Пушкина сделались народными: в деревнях поют его «Черную шаль». А. Н. Верстовский с большим искусством сделал на сию песню музыку, и доныне жители Москвы не наслушаются очаровательных звуков, вполне выражающих силу стихов Пушкина[4].

П. А. ПЛЕТНЕВ
Письмо к графине С. И. С.
о русских поэтах

<Отрывок>

<...> Я перехожу к новому периоду нашей поэзии. Представляя вам *Жуков-ского*, я начинаю говорить о таком поэте, который дал совсем другое направление своему искусству. Соединяя превосходный дар с образованнейшим вкусом, глубочайшее чувство поэзии с совершенным познанием таинств языка нашего, все правила стихотворства со всеми его видоизменениями и отступлениями от условий места и времени, он дал нам почувствовать, что поэзия, кроме вдохновения, должна покоряться труднейшему искусству: не употреблять в стихе ни одного слова слабого или неравносильного мысли, ни одного звука неприятного или разногласного с своим понятием, ни одного украшения преувеличенного или принужденного, ни одного оборота трудного или изысканного. Он подчинил свое искусство тем условиям, которые придают блеск и языку, и поэзии. Одним словом: это первый поэт *золотого века* нашей словесности (если непременно надобно, чтобы каждая словесность имела свой золотой век). Он сделал поэзию самым легким и вместе самым трудным искусством. Прекрасные поэтические формы готовы для всех родов; и всякий может написать теперь несколько легких, благозвучных, даже сильных стихов: но кто будет ими доволен, сравнив целое произведение с образцом всех наших новейших поэтов? В характере его поэзии еще более, кажется, пленительного, нежели в самых стихах. Представьте себе душу, которая полна веры в совершенное счастие! Но жизнь бедна теми чистыми наслаждениями, каких она повсюду ищет. Ее оживляет надежда; потому что мы никогда не перестаем верить тому, что истинно любим. Тогда всякое чувство облекается какою-то мечтательностию, которая преображает землю, смотрит далее, видит больше, созидает иначе, нежели простое воображение. Для такой души нет ни одной картины в природе, ни одного места во вселенной, куда бы она не переносила своего чувства; и нет ни одного чувства, из которого бы она не созидала целого, нового мира. Вот пример:

«Весеннее чувство»

Легкий, легкий ветерок!
Что так сладко, тихо веешь?
Что играешь, что светлеешь,
Очарованный поток?
Чем опять душа полна?
Что опять в ней пробудилось?
Что с тобой к ней возвратилось,
Перелетная весна?
Я смотрю на небеса:
Облака, летя, сияют,
И, сияя, улетают
За далекие леса.

Иль опять от вышины
Весть знакомая несется?
Или снова раздается
Милый голос старины?
Или там, куда летит
Птичка, странник поднебесный,
Все еще сей неизвестный
Край *желанного* сокрыт?
Кто ж к неведомым брегам
Путь неведомый укажет?
Ах, найдется ль, кто мне скажет
Очарованное *там?*

Самая веселая картина весны, хотя легкая, живая, но яркая и верная, между тем располагает уже нас к задумчивости, даже к некоторому унынию. Поэт умел овладеть нашею душою, потому что он сам глубоко чувствует предмет свой. Пленяя все наши чувства, он не забывает сердца, которое не может наслаждаться настоящим, не вспоминая прошедшего: а в прошедшем всегда больше для нас прелести, нежели в настоящем. Наконец, он доставляет приятную пищу самому воображению, накидывая покрывало на свой мечтательный мир. Он настраивает все способности души к одному стремлению; из них, как из струн арфы, составляется гармония. Вот в чем заключена тайна романтической поэзии! Она основывается на познании поэтического искусства и природы человека. С таким направлением поэзии Жуковский соединяет высочайшее искусство живописи всех картин природы, в которых каждая черта проникнута, освещена его душою. И вот чего, кажется мне, недостает Ламартину! Он только понял приемы романтической поэзии, применился к ее краскам и увлекся направлением. Между тем у Жуковского она созрела в душе, и оттого он с такою же легкостию и верностию передает нам чувствования Шиллера, Байрона, как и свои собственные.

Батюшков стоит на особенном, но равно прекрасном поприще. Он создал для нас ту элегию, которая Тибулла и Проперция сделала истолкователями языка граций. У него каждый стих дышит чувством. Его гений в сердце. Оно внушило ему свой язык, который нежен и сладок, как чистая любовь. Игривость Парни и задумчивость Мильвуа, выражаемые какими-то *италианскими* звуками, дают только понятие об искусстве Батюшкова. Он в одно время и убеждает ум, и пленяет сердце, и рисует воображению.

«Мой гений»

О память сердца! Ты сильней
Рассудка памяти печальной,
И часто сладостью своей
Меня в стране пленяешь дальной.
Я помню голос милых слов,
Я помню очи голубые,
Я помню локоны златые
Небрежно вьющихся власов;
Моей пастушки несравненной
Я помню весь наряд простой:
И образ милый, незабвенный

Повсюду странствует со мной.
Хранитель-гений мой, любовью
В утеху дан разлуке он;
Засну ль: приникнет к изголовью
И усладит печальный сон.

Я считаю излишним говорить о совершенстве языка. Но сколько прелести во всей этой картине! Какая простота и легкость в отделке! И какое искусное окончание! Оно одно показывает величайшего знатока поэзии. Оно останавливает все внимание читателя: и вам трудно расстаться с этим милым изображением. Между тем какое участие рождается в сердце! Здесь заключена истина, ему только понятная. Так часто едва приметное движение в лице обнаруживает всю душу человека наблюдательному взору.

Оканчивая здесь исчисление поэтов, издавших уже свои стихотворения, признаюсь, графиня, что оно неполно и слишком бегло. Приводя наудачу образцы их поэзии, я больше думал о сохранении краткости в письме, нежели о строгости выбора. Если ваше любопытство хотя слегка возбуждено, то вы, руководствуясь собственным вкусом и пользуясь первым свободным временем, сами убедитесь в моих истинах, и, конечно, сильнее, нежели я убедил вас. Окружив себя полными собраниями сих стихотворений, вы удивлены будете их разнообразием и совершенством. Это знакомство усилит ваше внимание к русской поэзии. Я почти уверен, что вы тогда сами пожелаете, для дополнения этой галереи, узнать те лица, не менее занимательные, которые мною оставлены единственно для того, чтобы не обременить вашего снисхождения.

Но вы можете справедливо противоречить мне, что прошедшее не должно быть всегдашнею заменою настоящего. Я говорил единственно о том, что вам самим давно известно. В поэзии, как и во всех изящных искусствах, каждый век должен производить что-нибудь собственное. Французы успели уже составить прекрасное собрание произведений поэтов своих XIX столетия, хотя его прошло еще только двадцать три года. В этом случае вы справедливы; но мы неправы только потому, что у нас стихотворения нынешнего, собственно, столетия не собраны надлежащим образом в одном издании, а рассеяны большею частию по разным периодическим листкам, где с трудом отыщет их самый ревностный любитель поэзии. Вы, конечно, не решитесь блуждать со мною по этому темному лабиринту. Однако ж я отважусь искусить еще ваше терпение и представить несколько новых лиц, которые, по моему мнению, могут оправдать первоначальную мысль мою. В ожидании полного собрания их произведений, которое может ускорить один нетерпеливый вкус публики, я упомяну о них для того, чтобы вы удостоивали иногда заглядывать в журналы наши. Труд, конечно, для вас скучный, но он доставит вам случай поверять мое мнение, если оно покажется довольно основательным.

В продолжении последних четырех лет *Пушкин* обогатил новейшую словесность нашу тремя поэмами, которые доставили бы ему славу не только во Франции, но и в Англии. Я не смею сравнивать его ни с кем из нынешних французских стихотворцев, потому что он столько же выше их, сколько у нас Ломоносов был выше всех своих современников-литераторов. Его гений с такою же легкостию переносится в область вымыслов, как и срисовывает великолепные картины природы. Сравните красоты «Руслана и Людмилы» с неизъяснимою прелестию «Кавказского пленника» или «Бахчисарайского фонтана», и вы, конечно, останетесь в недоумении, чему отдать преимущество: созданию ли его воображения или поэтическому взгляду. Но этот игривый и разнообразный ум, эта живая и своенравная душа исполнена в то же время самых нежных, самых глубоких движений чувствительности. Пробегите ряд всех трогательных мест в его поэмах, соберите его небольшие стихотворения, сии быстрые излияния кратковременной задумчивости или внезапной грусти; в них поразят вас и звуки, и краски, и чувства своею точностью, естественностью, простотою и силою. Он несколькими стихами соберет к душе вашей все, что жизнь дает прекрасного, очарует вас и вмиг отнимет все ужасным разуверением, что это быстро исчезает. Такую власть над душою, такую силу над сердцем я почитаю совершеннейшею поэзией. Вы можете сами судить о том по следующей его элегии:

> Увы, зачем она блистает
> Минутной, нежной красотой!
> Она приметно увядает
> Во цвете юности живой.
> Увянет... жизнью молодою
> Недолго наслаждаться ей;
> Недолго радовать собою
> Счастливый круг семьи своей;
> Беспечной, милой остротою
> Беседы наши оживлять,
> И тихой, ясною душою
> Страдальца душу услаждать.
> Спешу в волненьи дум тяжелых,
> Сокрыв уныние мое,
> Наслушаться речей веселых
> И наглядеться на нее.
> Смотря на все ее движенья,
> Внимаю каждый звук речей:
> И миг единый разлученья
> Ужасен для души моей.[1]<...>

Ж. К.
Письма на Кавказ. 2

<Отрывки>

СПб. Января 10, 1825.

<...> «Северные цветы». – Лишь только написал я это заглавие, общий наш приятель, *Д. Р. К.*, прислал ко мне суждение об этом альманахе с просьбою переслать его критику к издателям «Сына отечества». Я исполнил его просьбу, но, не зная, напечатают ли эту статью, препровождаю ее к тебе в

копии, радуясь, что пооблегчился труд мой, хотя я вообще *подписываю* не все суждения моего литературного партизана.

«В "Северной пчеле" отозвались о "Северных цветах" с особенным чувством благоволения. И то правда: может ли пчела не любить цветов? – Но я смотрю на вещи с другой точки и отчасти угадываю причину, по которой рецензент так неопределенно и осторожно коснулся этого букета, как будто б в нем была травка *недотрога*. – Несколько громких имен испугало его, и он, следуя проложенною стезею рассуждения, решил, что книга, в которой находятся басни Крылова, стихотворения Жуковского и Пушкина, не может быть дурною. "Северные цветы" и не дурны, но совсем не так хороши, как объявлено в "Северной пчеле"; что же касается до прозы... но начнем рассматривать по порядку.

Первая статья, "Письмо к графине С. И. С. о русских поэтах", сочинение *г. Плетнева*. Статья сия имеет весьма странную форму. Автор выставил Ламартина (!) *представителем французской поэзии нынешнего времени* и этим общим знаменателем мерит всех русских поэтов, от Державина до милых юношей, в которых начинает пылать огонь поэзии. – Однако ж, невзирая на это, начало письма, то есть изображение поэзии вообще, причины успехов и недостатков русской и отчасти характеристика сей последней весьма справедливы, и я бы назвал даже первые одиннадцать страниц *образцовыми*, если бы не встречал, вовсе не кстати, имени Ламартина и не примечал по суждениям, что автор только понаслышке знаком с английскою и немецкою литературою. На странице 12 сказано, что поэты наши превосходят французских. В этом я согласен, но только с исключениями, и желал бы, чтоб автор тут же наименовал и сравнил поэтов обоих народов, оставив в стороне своего Ламартина. Автор, приступая к исчислению гениев, с которыми он хочет познакомить графиню С., говорит: "У нас есть превосходные поэты по главным чувствам, или по отделке некоторых частей, или по особенной легкости языка". – Странное определение! Что значат *главные* чувства? И можно ли назвать поэта превосходным, если у него хорошо отделаны только некоторые части, а весь состав пиесы и прочие части дурны, или если он легким языком будет представлять пошлые картины, недостойные или низкие чувства? – Воля твоя, а здесь мало сообразности в мыслях!

За сим следуют список поэтов, с которыми г. автору угодно было познакомить графиню, характеристика сих поэтов и выписки из их стихотворений. Автор разделил ряд своих любимцев на издавших в свет собрания своих произведений и на *дарящих* нас ими изредка в повременных изданиях. В первом разряде он именует Державина, Капниста[*], слегка упоминает о Богдановиче и Хемницере, обращается к И. А. Крылову, И. И. Дмитриеву, Ю. А. Нелединскому, приводит из них не самые лучшие пиесы и заключает этот ряд истинно отличных, великих писателей, униженных сравнением их с Ламартином[**], следующими словами: "Я перехожу к новому периоду нашей

---

[*] Не могу понять, с какой стати и здесь упоминается по нескольку раз о Ламартине, и всегда об одном Ламартине! Соч.

[**] Что бы сказал автор, если б я сравнивал его как критика с Готшедом? Таково и Державину или другому первоклассному поэту, когда его талант меряют достоинством Ламартина. Соч.

248

поэзии. Представляя вам-Жуковского, я начинаю говорить о таком поэте, который дал совсем другое направление своему искусству". – Если поэзию должно называть искусством, то я соглашусь с мнением автора, но если поэзия есть дар вдохновения, способность созидать, творить в мире нравственном, в области фантазии, то я не признаю справедливым мнения автора насчет Жуковского и многоречивое исчисление его пиитических достоинств почитаю усилием, ничего не доказывающим. Все почти произведения сего поэта состоят из переводов, которые не всегда близки к подлинникам, и из подражаний, довольно удачных, но своего у него очень мало. Отличительные черты стихотворений Жуковского суть глубокая чувствительность, приятная мечтательность и преимущественно сладкозвучие или музыка стихов, которая часто заставляет нас забывать маловажность предметов. При всем том я не соглашаюсь с автором, что в произведениях Жуковского "нет ни одного слова слабого или неравносильного мысли, ни одного звука неприятного, или *разногласного с своим понятием*[*], ни одного украшения преувеличенного или принужденного, ни одного оборота трудного или изысканного". – Если б я стал доказывать несправедливость сего мнения, то письмо мое сделалось бы гораздо длиннее похвального слова г. автора – от чего избави Боже! – Мне совестно выписывать все сказанное насчет Жуковского в этом обозрении поэтов, где Державин только назван прежде других, а все прочие поэты, особенно Жуковский, Пушкин и Баратынский (!) поставляются выше, ибо в похвалах им истощено все, что можно было сказать о Гомере, Пиндаре и Виргилии. Державин не попал даже в так названный автором *золотой век* нашей словесности (см. стр. 13). Автор говорит: "Одним словом: это (т. е. Жуковский) первый поэт золотого века нашей словесности, если непременно надобно, чтобы каждая словесность имела свой золотой век". – И надобно, и желательно, чтобы каждая поэзия имела своей золотой век, но мы еще до этого не дожили. Наш век отличается тем, что мы стремимся к усовершенствованию языка, но он еще не *золотой*, а Жуковский не первый поэт нашего века. Выше, гораздо выше его Пушкин, и... я бы назвал еще некоторых, но не хочу выводить на сцену тех, о которых умолчано в обозрении[1]. Если такие критики думают принести удовольствие или пользу восхваляемому ими поэту, то они крайне ошибаются. Жуковский, как человек с истинным талантом и умом, конечно, сам лучше знает, где есть предел надлежащей хвале.

Но вот что всего страннее: автор, назвав наш век *золотым*, следовательно, достигнувшим возможного совершенства в словесности, называет ее *несозревшею* и говорит на стр. 79: "Наша литература еще молода. Ей надобно открывать теперь больше видов к прекрасному. Пока дерево цветет, вокруг него очищают только пространство, а подвязывают его ветви тогда, когда плоды созреют". – Вот образчик суждения наших Аристархов! Прошу растолковать, если можно.

Было время, когда наша публика мало слыхала о Шиллере, Гете, Бюргере и других немецких романтических поэтах; теперь все известно: знаем, что откуда заимствовано, почерпнуто или переиначено. Поэзия Жуковского представлялась нам прежде в каком-то прозрачном, светлом тумане; но на

---

[*] Непонятно! Соч.

все есть время, и этот туман теперь сгустился. Мы видим имена Шиллера, Бейрона, Гете, яснеющие в тумане, – но с грустью обращаемся к "Светлане", некоторым посланиям, повторяем с чувством строфы из "Певца во стане русских воинов" и – ожидаем.

Батюшков не представлен в истинном своем виде, и приведенная для примера его пиеса "Мой гений" не характеризует его таланта. Лучше было бы выписать элегию "Умирающий Тасс", "Переход через Рейн" или что-нибудь подобное.

Здесь заключается ряд поэтов, издавших собрания своих произведений, и начинается исчисление прочих. Первое место, по справедливости, занимает А. Пушкин, но характеристика его кажется мне столько же неудачною, как и прочих поэтов. Я думаю, что *глубокая чувствительность* не есть отличительная черта его поэзии. Приведенная здесь элегия дает самое слабое понятие о даровании сего поэта. Никто лучше его не рисует величественных картин природы, быстрых порывов сильных страстей, неги чувств, геройских вдохновений и сильных мыслей – но Пушкин не есть и не будет никогда рыцарем печального образа, чувствительным селадоном, и его элегии – прелестные игрушки, а не отпечаток его великого дарования. <...>

Перейдем к стихотворениям.

Никто более меня не уважает дарований *А. С. Пушкина*, и это самое заставляет меня сказать откровенно, из уважения к нему, что его стихотворение "*Песнь о вещем Олеге*", хотя имеет много прекрасного, но в общем составе несколько отстает от прочих его произведений[2]. – В нем видна какая-то холодность, совершенно противоположная тем порывам чувства и воображения, которые нас восхищают и, так сказать, увлекают в мир, всегда удачно созидаемый поэтом; но эта пиеса в сравнении с произведениями одного только Пушкина может иметь недостатки: она составила бы славу многих наших, так называемых *первоклассных* поэтов; в ней есть все, кроме пылкости Пушкина и той обворожительной прелести, игривости в стихах, которую мы лучше постигаем, нежели умеем выразить. "*Демон*" есть одно из минутных вдохновений гения, которыми поэт изливает свои чувствования, не думая о плане и о цели. Демон Пушкина не есть существо воображаемое[3]: автор хотел представить развратителя, искушающего неопытную юность чувственностью и лжемудрствованием. В нескольких стихах начертана живая картина, под которою Бейрон не постыдился бы подписать своего имени. – *Об отрывках из поэмы "Онегин"* невозможно судить, потому что здесь представлено по нескольку разорванных стихов или, так сказать, едва приподнята завеса большой картины. Мне кажется, что эти отрывки помещены здесь только для имени Пушкина, а не для наслаждения читателя: из них невозможно составить себе понятия о целом. "*Прозерпина*", маленькая картинка, во вкусе древних, написана легко и приятно.

"*Привидение*", соч. В. А. Жуковского, справедливее надлежало бы назвать *видением*, потому что под словом *привидение* мы разумеем страшилище мертвеца, а здесь представлено в картине прелестное существо, которое явилось автору в очаровательном образе. Изображение юной девы под покрывалом вообще живописно, но встречаются вовсе чуждые описательной поэзии черты, которых тайный смысл весьма трудно постигнуть. Я нахожу справедливым предписания Горация, что поэт должен описывать предметы таким образом (разумеется, в описательной поэзии), чтобы художник, по словам автора, мог изобразить оные на холсте или из мрамора[4]. Природа должна всегда и во всем руководствовать поклонников муз и граций. – Каким образом живописец мог бы, например, представить:

> Как первыя любви очарованье,
> Как прелесть первых юных дней –
> Явилася она передо мною!

Какое *первое* очарование любви? Какая *прелесть первых юных дней*? Их такое множество, что надобно непременно назвать по имени в картине, или описательной поэзии. Далее:

> Воздушною, лазурной пеленою
> Был окружен воздушный стан.
> *Таинственно* она ее свивала
> И развивала над собой!..

Воля ваша, но эта *таинственность* в свивании и развивании пелены, или покрова, – непостижима; и если это тайна, которой не нужно знать читателю, то лучше вовсе умолчать о ней.

Другая пиеса, того же автора, "*Таинственный посетитель*", в том же роде и вкусе:

> Кто ты, призрак, гость прекрасный?
> К нам откуда прилетал?
> Безответно и безгласно,
> Для чего от нас пропал?
> Где ты? где твое селенье?
> Что с тобой? Куда исчез?
> И зачем твое явленье
> В поднебесную с небес?

Из сего куплета и вопросов выходит заключение, что какая-то мечта явилась автору и пропала. – Далее следуют догадки: не *надежда* ли это была? Не *любовь* ли? Не *волшебница* ли *дума*? Не *поэзия* ли? Не *предчувствие* ли? Каждая из догадок выражена целым куплетом, хотя весь смысл заключается в пяти словах. Предлагаю самому догадливому романтику разрешить, что значит:

> С ней все *близкое* прекрасно!
> Все *знакомо*, что в *дали*!

Или:

> Кто-то светлый подлетит,
> И подымет покрывало,
> И в *далекое* манит.

Я исполнен истинного уважения к автору сих стихов, высоко ценю пиитическое дарование, украсившее русскую словесность многими образцовыми произведениями, и потому вовсе не думаю сими безделками определять его достоинства на поприще литературы. Не могу, однако ж, скрыть желания, чтоб наконец прошла мода на этот род поэзии, которую А. А. Бестужев, по справедливости, назвал *неразгаданною*, и чтоб мы могли наконец читать прекрасные стихи без *таинственного* лексикона. Впрочем, это мое мнение, и я не выдаю его за закон. Придерживаюсь старых правил в словесности и помню слова: "стих, который требует изъяснения, никуда не годится". – "*Мотылек и цветы*" соч. В. А. Жуковского, милое, прелестное произведение, исполненное глубокого чувства, нежности и той игривости задумчивого воображения, которую находим у поэтов благословенного юга, всегда неразлучных с матерью-природою. Об отделке стихов В. А. Жуковского говорить нечего, это музыка; чистота языка всегда соблюдена строго, исключая те только места, где вставлены новые слова. <...>»

П. А. ВЯЗЕМСКИЙ
Жуковский. – Пушкин. –
О новой пиитике басен
<Отрывок>

<...> Имя Жуковского сделалось с некоторого времени *любимою темою аматеров** на поприще критики. Испытывая свои силы против него, думают они, что доказывают тем свою независимость. Смешно и худо раболепствовать, но так же худо и еще смешнее быть мятежником, не имея ни права на то, ни надежных союзников в собственных дарованиях, в познаниях надлежащих и в доверенности посторонней, основанной на прежних успехах. Как, например, прочесть без смеха следующее суждение в «Письме на Кавказ» («Сын отечества», 1825 г., № 2, стр. 205): «Было время, когда наша публика мало слыхала о Шиллере, Гете, Бюргере и других немецких романтических поэтах; теперь все известно: знаем, что откуда заимствовано, почерпнуто или переиначено. Поэзия Жуковского представлялась нам прежде в каком-то прозрачном, светлом тумане; но на все есть время, и этот туман теперь сгустился» и проч.

Во-первых, что за слог метеорологических наблюдений? Что за туман, который был *прозрачен*, а теперь *сгустился*? Таким ли календарским языком пишут и судят о поэтах? Далее: г-н сочинитель письма мог за себя признаться, что он недавно вслушался в имена Шиллера и Гете: сознание похвальное в отношении авторского смирения и простодушия! Но кто дает ему право делать и публику участницею в долговременном неведении своем? Сганарель, сытно пообедав, думал, что и семья его сыта[1]; а здесь автор думает, что чего он не знает, того и прочие не знают. Сверх того, по словам его можно заключить, будто Жуковский хотел обманывать читателей и выдавал им чужое за свое, переводы и подражания за подлинники. Вот это уж намека неблагонамеренная и совершенно неосновательная! В первом издании Жуковского, напечатанном в 1815 году, означены имена поэтов, которые служили образцами его спискам.

---

* amateur (*фр.*) – любитель, дилетант. – *Ред.*

Вообще можно сказать, что суждения автора письма, подкрепленные календарскими наблюдениями, столько же и гадательны, как многие из календарских истин.

*

Приговоры его Пушкину, заключающиеся в том же письме, не основательнее первых. Не признавая *глубокой чувствительности* за отличительную черту поэзии Пушкина, утверждает он далее мнение свое на следующих словах: «Пушкин не есть и не будет никогда рыцарем печального образа, чувствительным селадоном». Будто *глубокая чувствительность* есть принадлежность Дон-Кишотов и слезливых Селадонов? Критик смешал чувствительность с приторною плаксивостию и оказал в себе совершенное отсутствие *поэтического чувства*, столь необходимого, когда хотим судить о поэтах и поэзии. Он элегии Пушкина называет *прелестными игрушками*. Новое противоречие, новый non-sens*! Если они *игрушки*, то уже не *прелестны*! Элегия тогда только и хороша, когда поэт в ней *не шутит*, а говорит *за правду*. Элегия – бытописание души или холодная, скучная сказка. Элегии Пушкина не *прелестные игрушки*, но горячий *выпечаток* минутного ощущения души, минутного вдохновения уныния – и вот чем они прелестны! «Песнь о вещем Олеге» не нравится критику; он не находит в ней той *игривости в стихах*, которую привык видеть у Пушкина. Наш критик должен иметь много игривости в характере! Элегии приемлются им за игрушки; здесь жалуется он, что поэт не довольно разыгрался, хотя содержание «Вещего Олега» ничего в себе игривого не имеет. В другом месте ставит он Пушкина *выше, гораздо выше Жуковского*; но, не определив степени ни того, ни другого, пускается он в одну пустую издержку слов. Что за принужденная и наобум сделанная оценка! – Жуковский не написал бы многих страниц в «Кавказском пленнике», «Бахчисарайском фонтане», многих из мелких стихотворений Пушкина, кипящих чувством и мыслию; но Пушкин не написал бы многих строф в «Певце во стане русских воинов», в «Громобое» и «Вадиме», «Светлане», «Послании к Нине», «К Тургеневу»; не боролся бы с успехом, равным успеху Жуковского, в состязаниях с богатырями иностранных поэзий, в состязаниях, где он должен был покорить самый язык и обогатить стольними завоеваниями и дух, и формы, и пределы нашей поэзии. Согласен! в Пушкине ничего нет Жуковского; но между тем Пушкин *есть следствие* Жуковского. Поэзия первого не дочь, а наследница поэзии последнего, и по счастию обе живы и живут в ладу, несмотря на искательства литературных стряпчих-щечил², желающих ввести их в ссору и тяжбу, с тем чтобы живиться на счет той и другой, как обыкновенно водится в тяжбах³.

С удовольствием повторяем здесь выражение самого Пушкина об уважении, которое нынешнее поколение поэтов должно иметь к Жуковскому, и о мнении его относительно тех, кои забывают его заслуги: «Дитя не должно кусать груди своей кормилицы»⁴. Эти слова приносят честь Пушкину, как автору и человеку!

Но пускай еще критик возносит Пушкина выше Жуковского, если непременно хочет ставить одного поэта на голову другому, а не позволит им

---

* бессмыслица, нелепость *(фр.)*. – *Ред.*

стоять рядом: Жуковский, верно, понесет охотно такое приятное бремя; но это не конец: у сочинителя «Письма на Кавказ» есть в запасе и *еще некоторые, кроме Пушкина, которые выше Жуковского*. Сие открытие, которое он, вероятно, держит про себя до удобного случая, выгодно для пользы литературы нашей, но каково же будет Жуковскому? Предвижу, что не устоять ему, если автору письма поручено будет соорудить пирамиду из поэтов наших. <...>

П. А. ПЛЕТНЕВ
«Северные цветы»

<Отрывок>

<...> Из стихотворений *А. Пушкина*, которых четыре: 1. «Песнь о вещем Олеге», 2. «Демон», 3. отрывки из поэмы «Евгений Онегин», 4. «Прозерпина», и которые все отличаются высочайшими поэтическими достоинствами, *«Песнь о вещем Олеге»* должна обратить на себя особенное внимание критики. У нас многие справедливо жалуются на малое число стихотворений, которые бы можно было назвать национальными. Поэты наши, увлекаясь красотами общими, как бы убегают отечественных. По нашему мнению, это происходит оттого, что мы не успели еще открыть всех поэтических сторон своего отечества, его истории и особенно того способа, как ими надобно пользоваться в поэзии. Истинный гений тем и отличается от простого дарования, что он с первого раза чувствует поэзию своего нового предмета, поэзию его изложения, не отнимая у него красот времени и места. Это можно ясно видеть, читая рассматриваемое нами новое произведение Пушкина. Оно должно быть образцом для всех, покушавшихся писать в этом роде. Имена лиц, верность происшествий, место действия, упоминаемые в стихотворении, прозаически только делают его национальным. Поэзия требует резких красок, душевной полноты, быстрого одушевления. Кто в состоянии соединить все это и оживить целую картину необходимыми для поэзии подробностями избранного им времени и места, тот не напрасно будет воскрешать давно минувшие события: они сделаются священными для современников и потомков. Таково стихотворение Пушкина[1]. <...>

Н. А. ПОЛЕВОЙ
«Северные цветы на 1825 год», собранные бароном Дельвигом.
Изданы Иваном Слениным. СПб., in 16. IV и 359 стр.

<Отрывок>

<...> В «Северных цветах» помещено более 60 небольших стихотворений: не все они хороши, бесспорно; но если бы рецензента спросили, что кажется ему *всего лучше*, он затруднился бы в выборе. Кажется, первое место должно отдать следующим пьесам: «Демон» (А. С. Пушкина) – у нас только Пушкин может высказывать такие истины и в таких стихах: они невольно врезываются в память. Мы поместим разбор сей пьесы впоследствии, ибо она есть одно из лучших его сочинений и стоит отдельного разбора. «Песнь о вещем Олеге» (его же) принадлежит к тем стихотворениям, которые ныне называются *думами*. Поэт изображает смерть Олега живописными стихами: вы видите пред собою картину! «Мотылек и цветы» (В. А. Жуковского) причисляем к прелестнейшим стихотворениям, какими одолжены мы Жуковскому. «Таинственный посетитель» и «Привидение» (его же) – прекрасны, как те неведомые существа, которых описывает поэт. Ни самому Пушкину не сказалась тайная прелесть поэзии Жуковского, которой нельзя описать, которой нельзя подражать другим. «Череп» (Е. А. Баратынского) – мысль разительная и хорошо выраженная; нам не понравилось окончание: кажется, оно слабее начала. «Звездочка» (его же) – стихи, которые с чувством прочитаешь не раз. Два псалма (Ф. Н. Глинки), три «Греческие простонародные песни» (Н. И. Гнедича), три «Сербские песни» (А. Х. Востокова) – можно назвать приобретением русской словесности: никто лучше Ф. Н. Глинки не передавал нам доныне псалмов русскими стихами. Греческие песни возбудили внимание всей просвещенной Европы и с подлинника переложены Н. И. Гнедичем с отличною верностью и красотою. На сербские и других славянских народов песни давно надлежало бы обратить внимание. Напрасно г. Востоков переложил их размером песен русских: это заставило его употреблять в глаголах окончание *ти* и во многих местах подвергло неприятному стечению слов. Из «Русских простонародных песен», переделываемых бароном Дельвигом, в песни «Пела, пела пташечка» мы особенно узнаем свое родное, всякому знакомое с детства. Вообще барон Дельвиг прекрасно передает нам русские простонародные песни, и после Мерзлякова, которого несколько русских песен поют от Петербурга до Кяхты, никто еще не умел так мило переделывать их. Идиллия «Купальницы» и «Романс» – его же, бар. Дельвига. В первой находим верные картины природы и правильный русский гекзаметр; едва ли после «Рыбаков» (Н. И. Гнедича) это не первая настоящая идиллия на русском языке. Романс мил своим добродушием и какою-то непритворною задумчивостью веселости. «Младой певец», «Недовольный», «К княжне***», сочин. кн. Вяземского, заметны чувством и остротой мыслей. Крылова И. А. помещено *пять* басен: это *пять* доказательств, что Крылов не старе-

ет; басня «Прихожанин» принадлежит к образцовым басням; слабее других показалась нам «Богач и поэт». – Неизвестным хорошо переведена баллада Гете «Царь Фулесский»[1].

Соображая прелесть всех стихотворений, нами упомянутых, надобно согласиться, что собиратель «Северных цветов» насадил в цветник свой много *неподдельных* цветов, которые не побоятся никакого критического *дождя*.

Сверх того, следующие пьесы, уступающие в достоинстве первым, заслуживают однако ж внимание: «Прозерпина», «Отрывок из поэмы "Онегин"». Читавшие в рукописи всю поэму восхищаются ею, и мы сожалеем даже, что здесь помещены отрывки, из которых нельзя судить о целом. В. А. Жуковского «Ночь»; Е. А. Баратынского «Оправдание»; неизвестного «Цветы из греческой анфологии» (только не все)[2]; И. И. Козлова «Добрая ночь», «Ирландская песня».

Об остальных стихотворениях в «Северных цветах» что сказать? – Корабль не плавает без балласта, Гомер иногда дремал, в солнце бывают пятна. Вообще пьес, сочиненных г-ми Плетневым, Туманским, Ободовским, Загорским, Григорьевым[3], нельзя назвать дурными: все они писаны плавными, легкими стихами, в некоторых видно что-то похожее на Пушкина, Жуковского; но вот приговор, который сказал им сам г-н Плетнев («Сев. цветы», стр. 34)[4]: «*Прекрасные поэтические формы готовы для всех родов, и всякий может написать теперь несколько легких, благозвучных, даже сильных стихов: но кто будет ими доволен?..*»

Это тем более жаль, что мы помним прекрасные стихи некоторых из сих поэтов и уверены, что, например, поэт, написавший «Миниха» или «Тасса», способен к произведениям оригинальным и истинно изящным[5]; лучше писать меньше, но лучше!

М. А. ДМИТРИЕВ
«Мысли и замечания»

Сколько смешны ненавистники словесности, столько забавны мнимые обожатели ее. *Вот дарования, вот успехи!*» – кричат поклонники рифм и стихотворных безделок и затягивают на разлад *шальную* кантату. Между тем как люди благонамеренные трудятся во всю жизнь свою, собирают истины, как пчелы мед, жертвуют мудрости благами жизни вещественной, мнимые уставщики вкуса даже не ведают и не осведомляются, есть ли такие люди на свете: они ищут случая повергнуть венок свой к стопам рифмача или томного воздыхателя.

* * *

Заметьте, что есть два рода словесников; не смешивайте одних с другими и помните, что между ними нет ничего общего.

* * *

Истинный литератор не решится издать в свет сочинения, из которого ничего больше не узнаете, кроме того, что *некто* был взят в плен; что *какая-то* молодая девушка влюбилась в пленника, который не мог полюбить ее взаимно, *утратив жизни сладострастье*, и, наконец, что та же девушка освободила его и сама утопилась. – Стихи, которые с таким жаром называют *музыкою*, для потомства и даже для современников не значат почти ничего; а истина, которую писатели ученые представляют в лучезарном свете, была и будет спасительна для рода человеческого.

* * *

Весьма ошибаются, кои думают, будто бы можно заниматься словесностию, не имевши ни правильного образа мыслей, ни привычки упражняться в науках. Поле словесности было бы похоже на кладбище, если бы мелькали на нем одни сверкающие метеоры.

ИЗ «СЕВЕРНОЙ ПЧЕЛЫ»
«Евгений Онегин», роман в стихах. Сочинение Александра Пушкина.
СПб, 1825. В тип. Департ. народного просвещения, в 12, XXII и 60 стр.

Здесь напечатана только первая глава предполагаемого автором романа, заключающая в себе изображение жизни петербургского молодого человека в конце 1819 года; она оканчивается следующими стихами:

> Я думал уж о форме плана
> И как героя назову,
> Покамест моего романа
> Я кончил первую главу;
> Пересмотрел все это строго:
> Противоречий очень много,
> Но их исправить не хочу.
> Цензуре долг свой заплачу
> И журналистам на съеденье
> Плоды трудов своих отдам:
> Иди же к невским берегам,
> Новорожденное творенье,
> И заслужи мне славы дань,
> Кривые толки, шум и брань.

Опасаясь попасть в список *кривотолков* и не надеясь попасть на прямой толк, если станем судить о *целом* по малой его части, отлагаем рассмотрение сего стихотворения до будущего времени[1]. – Книжка сия продается в книжном магазине И. В. Сленина по 5 р., с пересылкою по 6 р.

Из журнала «Соревнователь просвещения и благотворения»

На сих днях вышла из печати новая поэма А. С. Пушкина, под названием «Евгений Онегин». Автор «Руслана и Людмилы», «Кавказского пленника» и «Бахчисарайского фонтана» в каждом своем новом произведении пленяет читателей новыми красотами поэзии. В этой поэме прелесть веселой, острой и благородной сатиры соединена с истинными и резкими описаниями светской жизни. Перед нею помещено особенное, также новое, стихотворение А. С. Пушкина «Разговор между книгопродавцем и поэтом». Он удивителен не только по красотам поэзии, но и по глубине мыслей и какому-то философическому их развитию[1].

Книга сия продается в книжном магазине И. В. Сленина. Цена 5 руб., а с пересылкою 6.

А. Е. ИЗМАЙЛОВ
<«Евгений Онегин», глава I>

Спешим, хотя немножко и опоздали, известить любителей отечественной поэзии, что новая поэма А. С. Пушкина, или, как сказано в заглавии книжки, *роман в стихах*, или первая глава романа «Евгений Онегин» отпечатана и продается в книжном магазине И. В. Сленина, у Казанского моста, по 5 руб., а с пересылкою по 6 руб.

О целом романе, особливо о плане его и о характере изображаемых в нем лиц, судить по одной главе невозможно. Итак, скажем только о слоге. Рассказ превосходен: везде видна непринужденность, веселость, чувство и картинная поэзия[*1]. Стихосложение (versification) превосходно: молодой Пушкин давно уже занимает почетное место между лучшими нашими версификаторами, число которых и теперь еще, к сожалению и к удивлению, не так-то велико.

Пользуясь *с умеренностию* правом журналиста-библиографа[3], представим здесь небольшой (впрочем, не самый еще лучший) образчик слога, или рассказа, из «Евгения Онегина».

> Служив отлично, благородно,
> Долгами жил его отец,
> Давал три бала ежегодно
> И промотался наконец.
> Судьба Евгения хранила:
> Сперва Madame за ним ходила,
> Потом Monsieur ее сменил,

---

* «Описывать мое же дело»[2], – говорит сочинитель на 21 стран. И правда: он мастер, и большой мастер, этого дела. Картины его отличаются не только нежностию кисти и свежестию красок, но нередко сильными, смелыми, резкими и характерными, так сказать, чертами, что показывает необыкновенное дарование, т. е. счастливое воображение и наблюдательный дух.

Ребенок был резов, но мил.
Monsieur l'Abbé, француз убогий,
Чтоб не измучилось дитя,
Учил его всему шутя,
Не докучал моралью строгой,
Слегка за шалости бранил
И в Летний сад гулять водил.

Когда же юности мятежной
Пришла Евгению пора,
Пора надежд и грусти нежной,
Monsieur прогнали со двора.
Вот мой Онегин не свободе;
Острижен по последней моде;
Как dandy лондонский одет;
И наконец увидел свет.
Он по-французски совершенно
Мог изъясняться и писал;
Легко мазурку танцевал
И кланялся непринужденно;
Чего ж вам больше? Свет решил,
Что он умен и очень мил.

Мы все учились понемногу
Чему-нибудь и как-нибудь,
Так воспитаньем, слава Богу,
У нас не мудрено блеснуть.
Онегин был, по мненью многих
(Судей решительных и строгих),
Ученый малый, но педант.
Имел он счастливый талант
Без принужденья в разговоре
Коснуться до всего слегка,
С ученым видом знатока
Хранить молчанье в важном споре
И возбуждать улыбку дам
Огнем нежданных эпиграмм.

Каков же портрет воспитанного по моде русского дворянина? В каждом почти стихе разительная, характерная черта. Как кстати упомянуто здесь о *Madame, Monsieur*!.. А *убогий* – нельзя было удачнее прибрать эпитета важному наставнику французу, который *учил шутя всему резвого* и *милого* малютку, даже в *Летнем саду*. – Но увы! *пришла пора* и *прогнали со двора Monsieur l'Abbé*. О неблагодарность! А не он ли выучил Евгения *всему*, т. е. *совершенно* изъясняться по-французски и... *писать*! – Но у Евгения был другой еще наставник, *и верно уж француз*, который научил его кланяться непринужденно и легко танцевать мазурку, так же легко и ловко, как танцуют ее в Польше... *Чего ж вам больше?* – *Строгие, решительные судьи* признали Евгения не только ученым, но даже... *педантом*. Вот что значит:

Без принужденья в разговоре
Коснуться до всего *слегка*,

С ученым видом знатока
Хранить молчанье в важном споре.

Довольно в этой книжке картинных описаний; но самое полное и самое блестящее из них есть, без сомнения, описание театра. Прекрасна также похвала прекрасным женским ножкам. Не соглашаемся, однако, с любезным сочинителем, будто вряд ли можно найти *в России целой три пары стройных женских ног.*

Ну как сказать он это мог?
Как стройны ножки, невелики
У Евфрозины, Милолики,
У Лидии, У Ангелики!

Вот я насчитал четыре пары.

А может быть, во всей России есть
По крайней мере пар пять, шесть![4]

В «Предуведомлении» к «Евгению Онегину» замечательны следующие слова: «Да будет нам позволено обратить внимание читателей на достоинства, редкие в сатирическом писателе: отсутствие оскорбительной личности и наблюдение строгой благопристойности в шуточном описании нравов». – В самом деле, эти два достоинства всегда были редки в сатирических писателях, особенно редки в нынешнее время. За «Предуведомлением» следует «Разговор книгопродавца с поэтом». Желательно, чтобы всегда говорили у нас так умно, как здесь, не только книгопродавцы, но и поэты, даже в преклонные леты.

П. И. ШАЛИКОВ
«Евгений Онегин». Роман в стихах. Сочинение А. С. Пушкина

Талант автора всем известен, всеми оценен по достоинству; и между тем как мы пишем статью о новом произведении любимца муз, оно уже в руках у каждого образованного читателя, каждого светского человека и на письменном столике каждого литератора, друга и недруга музы Пушкиной, и, следовательно, все уже судят и рядят о «Евгении Онегине»; и, следовательно, ничего уже не остается сказать журналисту, которого, впрочем, мнение – не закон. Но поэт говорит):

И я, средь бури жизни шумной,
Искал вниманья красоты.
Глаза прелестные читали
Меня с улыбкою любви;
Уста волшебные шептали
Мне звуки сладкие мои:
Но полно; в жертву им свободы
Мечтатель уж не принесет...[1]

И мы, как издатели «Дамского журнала», имеем долг и право вступиться за *красоту* и обличить поэта... в неблагодарности против *прелестных глаз*, которые не устают, не перестают устремляться с *улыбкою любви*... к таланту автора, на прелестные стихи его, дышащие любовию вопреки пиитической филиппике против... *волшебных уст*, неумолкающих в похвалу *сладким звукам* очаровательного поэта!

Нет! женщинам *не чуждо вдохновение*, и они никогда не судят о произведениях его так *смешно*, как некоторые мужчины, с *восхищением* повторяющие о *щетках тридцати родов*, тогда как ни слова не скажут о стихах, читаемых и перечитываемых с восторгом женщинами, – каковы следующие:

> Как рано мог он лицемерить,
> Таить надежду, ревновать,
> Разуверять, заставить верить,
> ⟨Казаться мрачным, изнывать,⟩*
> Являться гордым и послушным,
> Внимательным иль равнодушным!
> Как томно был он молчалив,
> Как пламенно красноречив,
> В сердечных письмах как небрежен!
> Одним дыша, одно любя,
> Как он умел забыть себя!
> Как взор его был быстр и нежен,
> Стыдлив и дерзок, а порой
> Блистал послушною слезой!

Такое познание сердца человеческого и такая верная картина любовной тактики важнее, нежели описание *туалета*. Но туалет знакомее... обезьянам женщин.

И можно ли поэту *граций* не доверять *душе* женщины, хотя даже *ветреной*, и думать, чтобы когда-нибудь мог не *коснуться* души ее *стон лиры верной*? И должно ли более ожидать в отношении к творениям *русского гения*, от наших зефиров, особливо в марсовой одежде, которые говорят: «Я видел (такого-то) *много* в Париже»? Дамы наши, переводя в разговорах французские фразы, по крайней мере *чувствуют* свойственным их полу образом; и вообще скорее к мужчинам, большею частию холодным, завистливым, педантам, нежели к женщинам, касательно литературы вовсе не знающим сих пороков, можно и должно отнести сие пиитическое раскаяние, пленительное в самой несправедливости своей:

> Когда ж на память мне невольно
> Придет внушенный ими** стих,
> Я содрогаюсь; сердцу больно;
> Мне стыдно идолов моих.
> К чему, несчастный, я стремился?
> Пред кем унизил гордый ум?
> Кого восторгом чистых дум
> Боготворить не устыдился?

---

* Пропущенный в журнальном тексте стих восстанавливается как явная опечатка. – *Ред.*
**Женщинами. Изд.

Но негодование поэта на женщин есть негодование *страстного любовника*, который в самой ссоре с *боготворимым предметом* невольно льстит его сердцу, – и вот доказательство:

> Ах! мысль о *ней* души завялой
> Могла бы юность оживить
> И сны поэзии бывалой
> Толпою снова возмутить!
> Она одна бы разумела
> Стихи неясные мои;
> Одна бы в сердце пламенела
> Лампадой чистою любви *и проч.*

Таковы были *истинные поэты* во все времена! Ибо что есть женский пол, как не *пиитическая* половина рода человеческого? Самые недостатки их *стихотворнее* лицемерной добродетели, под личиною которой нередко мужчина скрывает честолюбие, корыстолюбие, суемудрие и проч., и проч.

Пусть же любезный поэт накажет *неверную* отказом в своих сочинениях и пишет их для подруг ее, верных его таланту!

> Блажен, *про женщин кто таил*
> Души высокие созданья
> И от *мужчин*, как от могил,
> Не ждал за чувство воздаянья!

Обращаясь к таланту автора, скажем смело, что мы узнаем более и более, к чему способен язык наш; это Протей под пером Пушкина: принимает все формы, все краски, все цветы; а гибкость, а легкость, а гармония стихов удивительны: это мелодия Олимпа, пленявшая богов! – Иного вообразить невозможно!

Заметить некоторые погрешности против грамматики обыкновенной не оставят, как надеемся, другие; мы для наших читательниц занялись единственно грамматикою поэзии и чувства. Первая из сих двух, столь противоположных между собою грамматик, принадлежит мужчинам, последняя – женщинам.

> В младые лета розы нам
> Дороже лавров Геликона!

Н. А. ПОЛЕВОЙ
«Евгений Онегин», роман в стихах. Сочинение Александра Пушкина
СПб., в тип. Деп. народ. просв. 1825, in 12. XXII и 60 стран.

Свободная, пламенная муза, вдохновительница Пушкина, приводит в отчаяние диктаторов нашего Парнаса и оседлых критиков нашей словесности. Бедные! Только что успеют они уверить своих клиентов, что в силу такого или такого параграфа пиитики, изданной в таком-то году, поэма Пушкина не поэма и что можно доказать это по всем правилам полемики, новыми рукоплесканиями заглушается охриплый шепот их и всеобщий восторг заботит их снова приискивать доказательств на истертых листочках реченной пиитики![1]

В самом деле, на что это похоже? Довольно, что англинские критики не знали, что делать с Бейроном; неужели и русским придет такая же горькая участь от Пушкина? Уже и хвалить его они не смеют: кто боится попасть в кривотолки, кто говорит, что ничего сказать не может, кто просто отмалчивается[2]. – Но пока готовятся безмолвные громы их, поспешим разделить с нашими читателями радость о новом, счастливом событии на Парнасе нашем – о появлении нового поэтического произведения любимца всех русских читателей.

Давно уже с нетерпением ожидала публика «Онегина»; теперь отчасти и вполне удовлетворилось желание читателей: *отчасти*, ибо издана только первая глава этого поэтического романа; *вполне*, потому что издание «Онегина» положительно доказывает права Пушкина уже не просто на талант, но на что-то выше.

«Но что такое "Онегин"? – спросят критики. – Что за поэма, в которой есть главы, как в книге? По каким правилам она составлена? К какому роду принадлежит?»

«Онегин», м<илостивые>г<осудари>, *роман в стихах*, следовательно, в романе позволяется употребить разделение на главы; правила, руководствовавшие поэта, заключаются в его творческом воображении; род, к которому принадлежит роман его, есть тот самый, к которому принадлежат поэмы Бейрона и Гете.

«Дон-Жуан» почитается одним из лучших и едва ли не лучшим произведением Бейрона. «Difficile est proprie communia dicere»*, – сказал великий сей поэт, издавая «Дон-Жуана»[3]. Он чувствовал, как тяжело было ему бороться с своим предметом, и тем славнее был его подвиг, тем громче торжество.

В угодность привязчивым Аристархам согласимся, что, по существу своему, поэму, подобную «Дон-Жуану» и «Беппо»[4], поэму, где нет постоянной завязки, хода действий, с начала ведомых к одной главной, ясной цели, где нет эпизодов, гладко вклеенных, нельзя назвать ни эпическою, ни дидактическою поэмою[5]; но это уже дело холодного рассудка приискивать на досуге, почему написанное не по известным правилам хорошо, и на всякий новый опыт поэзии прибирать лад и меру; не поэту же спрашивать у пиитиков, можно ли делать то или то! Его воображение летает, не спрашиваясь пиитик: падает он, тогда торжествуйте победу школьных правил; если же полет его изумляет, очаровывает сердца и души, дайте нам насладиться *новым* торжеством ума человеческого: всякое новое приобретение Бейронов или Пушкиных делает и нам честь, ибо делает честь стране, которой он принадлежит, и веку, в котором живет.

То самое высокое наслаждение, в котором человек, упоенный очаровательным восторгом, не может, не смеет дать самому себе отчета в своих чувствах: все *ограниченное*, в наслаждениях эстетических, отвращает человека – и в неопределенном, неизъяснимом состоянии сердца человеческого заклю-

---

* Трудно хорошо выразить общеизвестные вещи (*лат.*). – *Ред.*

чена и тайна и причина так называемой романтической поэзии.

Пушкин обещает своим критикам написать поэму в 25 песен, в которой будут выполнены все условия, предписанные покойным Баттё[6]. Тогда и мы обещаемся написать рецензию, которую начнем полным и обстоятельным разбором всех эпических поэм, исследуем все подробности, как-то: правильно ли превращение кораблей Энеевых в нимф; сколько раз должен был обежать Гектор Трою, чтобы утомить сына Пелеева; а кончим верными доказательствами, что никто из новых не сравнится даже и с Аполлонием Родосским[7]. Разумеется, что в таком случае не должно забывать избитых эпиграфов: vos exemplaria Graeca и проч. и проч.[8]

Между тем, верно, никто из самых задорных критиков Пушкина, прочитавши новую поэму его, не откажет ему в истинном, неподложном таланте. Зачем не пишет он поэм в силу правил эпопеи? Та беда, что и поэт не волен в направлении своего восторга; что ему поется, то он поет...

В очерках Рафаэля виден художник, способный к великому: его воля приняться за кисть – и великое изумит наши взоры; не хочет он – и никакие угрозы критика не заставят его писать, что хотят другие.

В музыке есть особый род произведений, называемых capriccio[9], – и в поэзии есть они – таковы «Дон-Жуан» и «Беппо» Бейрона, таков и «Онегин» Пушкина. Вы слышите очаровательные звуки: они льются, изменяются, говорят воображению и заставляют удивляться силе и искусству поэта. Соглашаемся, что по отрывку нельзя судить о целом[10]; но кто в произведениях Пушкина не находит поэзии, с тем не будем ничего говорить о поэзии.

Содержание первой главы «Онегина» составляет ряд картин чудной красоты, разнообразных, всегда прелестных, живых. Герой романа есть только связь описаний.

С самого начала Онегин скачет на почтовых в деревню своего дяди, богача, умирающего, который оставляет племяннику все свое имение. Тут поэт сказывает, кто такой Онегин, описывает его воспитание, знания, свойства, день прежней петербургской его жизни, обед у Талона, приезд в театр, туалет Онегина, мимоходом бал, грусть, необходимое последствие рассеянной жизни, и свое знакомство с недовольным жизнию Онегиным, который получает письмо о болезни дяди, едет к нему в деревню, не застает его в живых и, получив богатство, не перестает скучать. – Поэт кончит шуткою.

Читатели видят, что «Онегин» принадлежит к тому роду стихотворений, в котором доныне у нас не было ничего сколько-нибудь сносного. Шуточные поэмы наших стихотворцев сбивались в плоскости, шутки их оскорбляли благопристойность, улыбка походила на хохот тех героев, которых они описывали, как-то: трактирщиков, карточных игроков или пьяниц[*]; видно, Пушкину суждено быть *первым* и в исполнении поэм и в изобретении предмета своих поэм. Надобно сказать, что вообще новые поэты в сочинениях

---

[*] Некто А. Н. не постыдился поставить «Руслана и Людмилу» в ряд с «Елисеем» Майкова и с «Энеидой наизнанку». Неверующие могут прочесть в «Mercure du XIX siècle», 77 livraison, 1824, от стр. 505 – статью «Замечания россиянина, живущего ныне в Париже, на антологию Сен-Мора». Помнится, что эта статья была в «Вестнике Европы» без оговорок г-на редактора: *кто молчит, тот соглашается*, говорит пословица; к счастию, есть другая: *дело мастера боится* – это доказывает «Вестник Европы»[11].

сего рода открыли новые стороны, неизвестные старинным сочинителям: «Налой» или «Похищенный локон» однообразны, поэт только смешит[12]; но Бейрон не смешит только, но идет гораздо далее. Среди самых шутливых описаний он резким стансом обнаруживает сердце человека, веселость его сливается с унылостью, улыбка с насмешкою, и в таком же положении, как Бейрон к Попу, Пушкин находится к прежним сочинителям шуточных русских поэм. Он не кривляется, надувая эпическую трубу, не пародирует эпопеи, не сходит в толпу черни: выбрав героя из высшего звания общества, он только рисует с неподражаемым искусством различные положения и отношения его с окружающими предметами – и здесь тайна прелести поэмы Пушкина. Но не смех возбуждает поэт; он освещает перед нами общество и человека: герой его – шалун с умом, ветреник с сердцем, он знаком нам, мы любим его!

И с каким неподражаемым уменьем рассказывает наш поэт: переходы из забавного в унылое, из веселого в грустное, из сатиры в рассказ сердца очаровывают читателя. Мысли философа, опытного знатока и людей и света, отливаются в ярких истинах: кажется, хочешь спросить, как успел подслушать поэт тайные биения сердца? Где научился высказывать то, что мы чувствовали и не умели объяснить?

Картины Пушкина полны, живы, увлекательны. Не выписывая из «Онегина» (ибо надобно переписать половину книги), мы укажем: на изображение знаний Онегина, изображение санктпетербургского театра, кабинета Онегина, приезда на бал, Петербурга утром, похорон дяди. – Насмешки его остры, умны, разительны: не можем не пересказать следующих:

> Мы все учились понемногу
> Чему-нибудь и как-нибудь:
> Так воспитаньем, слава Богу,
> У нас не мудрено блеснуть.

Онегин:

> .... читал Адама Смита
> И был глубокий эконом,
> То есть, умел судить о том,
> Как государство богатеет
> И чем живет, и почему
> Не нужно золота ему,
> Когда простой продукт имеет.
> Отец понять его не мог
> И земли отдавал в залог...

«Главный признак изящного есть простота», - сказал один германский философ – и что же простее, добродушнее этой насмешки над толками модных последователей Смита? Тот же философ говорит, что «народная (nationale) словесность берет у воображения то, что сильнее говорит уму и характеру народа»[13], – и эту народность, эту сообразность описания современных нравов Пушкин выразил мастерским образом. «Онегин» не скопирован с французского или англинского; мы видим свое, слышим свои родные поговорки, смотрим на свои причуды, которых все мы не чужды были некогда.

Спешим оправдать Пушкина в укоризнах, которые делают ему некоторые критики. Кроме того, что лишают себя наслаждения, они стараются еще и другим передать мучительные свои ощущения. Они уверяли всех и каждого, что «Руслан» взят из Ариоста, «Кавказский пленник» из «Чайльд-Гарольда», «Бахчисарайский фонтан» из «Гяура» – предчувствуем, что «Онегина» осудят на подражание «Дон-Жуану» и «Беппо» Бейрона и «Дню» Парини[14]. Читавшим Бейрона нечего толковать, как отдаленно сходство «Онегина» с «Дон-Жуаном»; но для людей, не знающих Бейрона или Парини, но которые любят повторять слышанное, скажем, что в «Онегине» есть стихи, которыми одолжены мы, может быть, памяти поэта; но только немногими стихами и ограничивается сходство: характер героя, его положения и картины – все принадлежит Пушкину и носит явные отпечатки подлинности, не переделки.

Мы не упоминаем о прелести вводных мест (эпизодов) в «Онегине», как-то: обращений поэта к самому себе, воспоминаний и мечтаний его, – из читавших «Онегина», верно, наполовину знают его до сей поры почти наизусть; не читавших же мы не хотим лишать новости в наслаждении выпискою стансов 29, 30, 31, 32, 33, 34, 45, 49, 50, 57, 58 и 59, ибо их должно читать вполне.

Не говорим и о стихах Пушкина: такой гармонии, такого уменья управлять механизмом слов и звуков не было и доныне еще нет ни у которого из поэтов русских, даже и у Жуковского.

В доказательство, как все оживляется под пером Пушкина, мы желали бы подробно разобрать приложенный в начале «Онегина» «Разговор книгопродавца с поэтом». Здесь переходы чувств и искусство выражаться, смотря по тому, кто и что говорит, неподражаемы. Содержание: книгопродавец просит поэта продать свою рукопись; поэт отвечает на все его предложения; задумчивая мечтательность, яркие мысли выражают пламенный характер поэта; познание света, резкие истины опыта обрисовывают характер книгопродавца.

Говорят, что без замечания ошибок не бывает рецензии: вот самое затруднительное обстоятельство для рецензента стихотворений Пушкина – где взять ошибок? Несколько рифм можно назвать принужденными, немного выражений неточными (например: *вздыхает лира, возбуждать улыбку, иволги напев живой*); но оставим эту убогую добычу грядущим критикам: не думайте, что избранный из них будет молчать, что он не явится. –

Il s'en presentera, n'en doutez–vous pas... *[15]

В то время как мы благодарим поэта за новый подарок, шум всеобщих похвал, вид запыленной кипы родимых творений, когда сочинений Пушкина не наготовятся книгопродавцы на нетерпеливых читателей, – все это возбуждает *литературных гагар*... Не повторить ли им в задаток слова поэта:

Гагары в прозе и стихах!
Возитесь как хотите;
Но, право, истинный талант не помрачите;
Удел его: сиять в веках![16]

---

* Предстанет, не сомневайтесь в этом (*фр.*). – *Ред.*

Д. В. ВЕНЕВИТИНОВ
Разбор статьи о «Евгении Онегине», помещенной в 5-м № «Московского телеграфа»

Если талант всегда находит в себе самом мерило своих чувствований, своих впечатлений, если удел его – попирать обыкновенные предрассудки толпы, односторонней в суждениях, и чувствовать живее другого творческую силу тех редких сынов природы, на коих гений положил свою печать, то какою бы мыслию поражен был Пушкин, прочитав в «Телеграфе» статью о новой поэме своей, где он представлен не в сравнении с самим собою, не в отношении к своей цели, но верным товарищем Бейрона на поприще всемирной словесности, стоя с ним на одной точке?

«Московский телеграф» имеет такое число читателей, и в нем встречаются статьи столь любопытные, что всякое несправедливое мнение, в нем провозглашаемое, должно необходимо иметь влияние на суждение если не всех, то, по крайней мере, многих. В таком случае обязанность всякого благонамеренного – заметить погрешности издателя и противиться, сколько возможно, потоку заблуждений. Я уверен, что г. Полевой не оскорбится критикою, написанною с такою целию: он в душе сознается, что при разборе «Онегина» пером его, может быть, управляло отчасти и желание обогатить свой журнал произведениями Пушкина (желание, впрочем, похвальное и разделяемое, без сомнения, всеми читателями «Телеграфа»).

И можно ли бороться с духом времени? Он всегда остается непобедимым, торжествуя над всеми усилиями, отягощая своими оковами мысли даже тех, которые незадолго перед сим клялись быть верными поборниками беспристрастия!

Первая ошибка г. Полевого состоит, мне кажется, в том, что он полагает возвысить достоинство Пушкина, унижая до чрезмерности критиков нашей словесности. Это ошибка против расчетливости самой обыкновенной, против политики общежития, которая предписывает всегда предполагать в других сколько можно более ума. Трудно ли бороться с такими противниками, которых заставляешь говорить без смысла? Признаюсь, торжество незавидное. Послушаем критиков, вымышленных в «Телеграфе».

«*Что такое "Онегин"?* – спрашивают они. – *Что за поэма, в которой есть главы, как в книге*, и пр.?»

Никто, кажется, не делал и, вероятно, не сделает такого вопроса; и до сих пор, кроме издателя «Телеграфа», никакой литератор еще не догадывался заметить различие между *поэмою* и *книгою*.

Ответ стоит вопроса.

«*"Онегин"*, – отвечает защитник Пушкина, – *роман в стихах, следовательно, в романе позволяется употребить разделение на главы*; и пр.»

Если г. Полевой позволяет себе такого рода заключение, то не в праве ли я буду таким же образом заключить в противность и сказать: «"Онегин" – роман в стихах; *следовательно*, в стихах непозволительно употребить разделения на главы», но наши смелые силлогизмы ничего не доказывают ни в пользу

«Онегина», ни против него, и лучше предоставить г. Пушкину оправдать самим сочинением употребленное им разделение.

Оставим мелочный разбор каждого периода. В статье, в которой автор не предположил себе *одной* цели, в которой он рассуждал, не опираясь на *одну основную* мысль, как не встречать погрешностей такого рода? Мы будем говорить о тех только ошибках, которые могут распространять ложные понятия о Пушкине и вообще о поэзии.

Кто отказывает Пушкину в *истинном таланте*? Кто не восхищался его стихами? Кто не сознается, что он подарил нашу словесность прелестными произведениями? Но для чего же всегда сравнивать его с Бейроном, с поэтом, который, духом принадлежа не одной Англии, а нашему времени, в пламенной душе своей сосредоточил стремление целого века, и если б мог изгладиться в истории частного рода поэзии, то вечно остался бы в летописях ума человеческого?

Все произведения Бейрона носят отпечаток одной глубокой мысли – мысли о человеке в отношении к окружающей его природе, в борьбе с самим собою, с предрассудками, врезавшимися в его сердце, в противоречии с своими чувствами. Говорят: в его поэмах мало действия. Правда – его цель не *рассказ*; *характер его героев* не *связь описаний*; он описывает предметы не для предметов самих, не для того, чтобы представить *ряд картин*, но с намерением выразить впечатления их на лицо, выставленное им на сцену. – Мысль истинно пиитическая, творческая.

Теперь, г. издатель «Телеграфа», повторю ваш вопрос: что такое Онегин? Он вам *знаком*, вы его *любите*. Так! но этот герой поэмы Пушкина, по собственным словам вашим, *шалун с умом*, *ветреник с сердцем* и ничего более. Я сужу так же, как вы, т. е. по одной первой главе; мы, может быть, оба ошибемся и оправдаем осторожность опытного критика, который, опасаясь попасть в *кривотолки*, не захотел произнесть преждевременно своего суждения[1].

Теперь, милостивый государь, позвольте спросить: что вы называете *новыми приобретениями Бейронов и Пушкиных*? Бейроном гордится новейшая поэзия, и я в нескольких строчках уже старался заметить вам, что характер его произведений истинно новый. Не будем оспоривать у него славы изобретателя. Певец «Руслана и Людмилы», «Кавказского пленника» и проч. имеет неоспоримые права на благодарность своих соотечественников, обогатив русскую словесность красотами, доселе ей неизвестными, – но признаюсь вам и самому нашему поэту, что я не вижу в его творениях приобретений, подобных Бейроновым, *делающих честь веку*. Лира Альбиона познакомила нас со звуками, для нас совсем новыми. Конечно, в век Лудовика XIV никто бы не написал и поэм Пушкина; но это доказывает не то, что он подвинул век, а только то, что он от него не отстал. Многие критики, говорит г. Полевой, уверяют, что «Кавказский пленник», «Бахчисарайский фонтан» вообще взяты из Бейрона. Мы не утверждаем так определительно, чтоб наш стихотворец заимствовал из Бейрона планы поэм, характеры лиц, описания; но скажем только, что Бейрон оставляет в его сердце глубокие впечатления, которые отражаются во всех его творениях. Я говорю смело о г-не Пушкине, ибо он стоит между нашими стихотворцами на такой степени, где правда уже не колет глаз.

И г. Полевой платит дань нынешней моде! В статье о словесности как не задеть Баттё? Но великодушно ли пользоваться превосходством века своего для унижения старых Аристархов? Не лучше ли не нарушать покоя усопших? Мы все знаем, что они имеют достоинство только относительное; но если вооружаться против предрассудков, то не полезнее ли преследовать их в живых? И кто от них свободен? В наше время не судят о стихотворце по пиитике, не имеют условного числа правил, по которым определяют степени изящных произведений. – Правда. Но отсутствие правил в суждении не есть ли также предрассудок? Не забываем ли мы, что в критике должно быть основание положительное, что всякая наука положительная заимствует свою силу из философии, что и поэзия неразлучна с философиею?

Если мы с такой точки зрения беспристрастным взглядом окинем ход просвещения у всех народов (оценяя словесность каждого в целом: степенью философии времени; а в частях: по отношению мыслей каждого писателя к современным понятиям о философии), то все, мне кажется, пояснится. Аристотель не потеряет прав своих на глубокомыслие, и мы не будем удивляться, что французы, подчинившиеся его правилам, не имеют литературы самостоятельной. Тогда мы будем судить по правилам верным о словесности и новейших времен; тогда причина романтической поэзии не будет заключаться в *неопределенном состоянии сердца*.

Мы видели, как издатель «Телеграфа» судит о поэзии: послушаем его, когда он говорит о живописи и музыке, сравнивая художника с поэтом.

«В очерках Рафаэля виден художник, способный к великому: его воля приняться за кисть – и великое изумит ваши взоры; не хочет он – и никакие угрозы критика не заставят его писать, что хотят другие». Далее: *«В музыке есть особый род произведений, называемых capriccio, – и в поэзии есть они. Таков "Онегин"».*

Как! *в очерках* Рафаэля вы видите одну только способность к великому? Надобно ему *приняться* за кисть и окончить картину – для того, чтоб вас изумить? Теперь не удивляюсь, что «Онегин» вам нравится как *ряд картин*; а мне кажется, что первое достоинство всякого художника есть сила мысли, сила чувств; и эта сила обнаруживается во всех очерках Рафаэля, в которых уже виден идеал художника и объем предмета. Конечно, и колорит, необходимый для подробного выражения чувств, содействует красоте, к гармонии целого, но он только распространяет мысль главную, всегда отражающуюся в характере лиц и в их расположении. И что за сравнение поэмы эпической – с картиною и «Онегина» – с очерком!

«Не хочет он – и никакие угрозы критика не заставят его писать, что хотят другие».

Ужели Рафаэль с г. Пушкиным исключительно пользуются правом не подчиняться воле и угрозам критиков своих? Вы сами, г. П., от этого права не откажетесь, и, напр., если не захотите согласиться со мной на счет замеченных мною ошибок, то, верно, угрозы вас к тому не принудят.

В особом роде музыкальных сочинений, называемом capriccio, есть также постоянное правило. В capriccio, как и во всяком произведении музыкальном, должна заключаться полная мысль, без чего и искусства существовать не могут. – *Таков «Онегин»*? Не знаю – и повторяю вам: мы не имеем права судить о нем, не прочитавши всего романа.

После всех громких похвал, которыми издатель «Телеграфа» осыпает Пушкина и которые, впрочем, для самого поэта едва ли не опаснее *безмолвных громов*, кто ожидал бы найти в той же статье: «*В таком же положении, как Бейрон к Попу, Пушкин находится к прежним сочинителям шуточных русских поэм*».

Не надобно забывать, что на предыдущей странице г. Полевой говорит, что у нас *в сем роде не было ничего сколько-нибудь сносного*[*]. Мы напомним ему о «Модной жене» И. И. Дмитриева и о «Душеньке» Богдановича.

Несколько слов о народности, которую издатель «Телеграфа» находит в первой главе «Онегина»: «*Мы видим свое*, – говорит он, – *слышим родные поговорки, смотрим на свои причуды, которых все мы не чужды были некогда*». Я не знаю, что тут народного, кроме имен петербургских улиц и рестораций. – И во Франции, и в Англии пробки хлопают в потолок, охотники ездят в театры и на балы. – Нет, г. издатель «Телеграфа»! Приписывать Пушкину лишнее – значит отнимать у него то, что истинно ему принадлежит. В «Руслане и Людмиле» он доказал нам, что может быть поэтом национальным.

До сих пор г. Полевой говорил решительно; без всякого затруднения определил степень достоинства *будущего* романа «Онегина». Его рецензия сама собою и, кажется, без ведома автора, лилась из пера его – но вот камень преткновения. Порыв его остановился: *для рецензента стихотворений Пушкина где взять ошибок*? Милостивый государь! целое произведение может иногда быть одною ошибкою; я не говорю этого насчет «Онегина», но для того только, чтобы уверить вас, что и ошибки определяются только в отношении к целому. Впрочем, будем справедливыми: и в напечатанной главе «Онегина» строгий вкус заметит, может быть, несколько стихов и отступлений, не совсем соответствующих изящности поэзии, всегда благородной, даже и в шутке; касательно же выражений, названных вами неточными, я не во всем согласен с вашим мнением: *вздыхает лира*, в поэзии прекрасно; *возбуждать улыбку*, хорошо и правильно, едва ли можно выразить мысль свою яснее.

Мне остается заметить г-ну Полевому, что вместо того, чтобы с такою решимостью заключать о романе по первой главе, которая имеет нечто целое, полное в одном только отношении, т. е. как картина петербургской жизни, лучше бы было более распространиться о разговоре поэта с книгопродавцем. В словах поэта видна душа свободная, пылкая, способная к сильным порывам, – признаюсь, я нахожу в этом разговоре более истинного пиитизма, нежели в самом «Онегине».

Я старался заметить, что поэты не летают без цели и как будто единственно назло пиитикам; что поэзия не есть неопределенная горячка ума; но, подобно предметам своим, природе и сердцу человеческому, имеет в себе

---

[*] Г. издатель «Телеграфа»! Позвольте мне, для ясности, привести уравнение двух предполагаемых вами отношений в принятую форму. Мы назовем буквою x сумму всех неизвестных, по мнению вашему, русских писателей шуточных поэм – и скажем:

Бейрон : Попу = Пушкин : x.

Заметим, что здесь x не искомый, что даже трудно его выразить в математике, потому что если лучше совсем не писать, нежели писать дурно, то x будет менее нуля. – Теперь, как нравится вам второе отношение нашей пропорции? С<очинитель>.

самой постоянные свои правила. Внимание наше обращалось то на разбор издателя «Телеграфа», то на самого «Онегина». Теперь, что скажу в заключение?

О статье г. Полевого – что я желал бы найти в ней критику, более основанную на правилах положительных, без коих все суждения шатки и сбивчивы.

О новом романе г. Пушкина – что он есть новый прелестный цветок на поле нашей словесности, что в нем нет описания, в котором бы не видна была искусная кисть, управляемая живым, резвым воображением; почти нет стиха, который бы не носил отпечатка или игривого остроумия, или очаровательного таланта в красоте выражения.

Москва.

Н. А. ПОЛЕВОЙ
Толки о «Евгении Онегине», соч. А. С. Пушкина

Прелесть нового творения Пушкина, несправедливость наших журналистов, которые, воздавая неумеренные похвалы своим содругам, с холодностью, мимоходом упомянули об издании «Онегина»[1]; желание показать читателям, какими причинами можно оправдать издание одной песни «Онегина» и отвратить обвинения в подражании, чем укоряют *некоторые* критики, и словесно и печатно, нашего поэта[2], – вот что руководствовало мною, когда я писал небольшие, больше библиографические, нежели критические, замечания на «Онегина»! Расположение и слог моих замечаний доказывают, что я не сочинял полного и подробного разбора. Дозволив себе шутки насчет уклончивых критиков, я слегка упомянул о так называемой многими *романтической поэзии*, определил сочинение Пушкина, представляя в пример очерк живописца и особенный род музыкальных произведений, называемый capriccio; наконец, говорил о содержании и красотах поэмы.

На мои замечания отвечал г. –въ строгими суждениями, в № 8 «Сына отечества», призывая на помощь математику и что-то доказывая, – *что-то*, повторяю: прочитав несколько раз статью г. –ва, я не мог добиться, чего он точно хочет.

Я благодарил бы его за некоторый род одобрения «Телеграфу», ибо другие журнальные критики без пощады бранят меня, и, читая их рецензии, право, можно подумать, что «Телеграф» хуже покойного «Журнала для милых»[3]. Г –въ отдает «Телеграфу» справедливость, но в то же время не упускает заметить, что я хвалю Пушкина из корыстолюбивых видов, стараясь получить от него стихов, что я представляю Пушкина товарищем Бейрона и проч. и проч. Да простит ему критика такие замечания и прибавки!

Пропустим мелочные привязки и коснемся того, что он называет *ошибками, которые могут распространять ложные понятия о Пушкине и вообще о поэзии.*

Г. –въ начинает восклицаниями: «Кто отказывает? кто не восхищался? кто не сознается (речь о Пушкине), что он *подарил* нашу *словесность* прелестными произведениями?» – Во-первых, *некоторые,* к счастию, *немногие,* думают о Пушкине совсем иначе[4]; во-вторых, принимаясь уличать другого в ошибках и распространении *ложных понятий,* не худо самому быть осторожнее. Г –въ, например, *олицетворяет словесность отдельно* и заставляет Пушкина *дарить* ее прелестными *произведениями!* Обозначив поэмы и стихи Пушкина прилагательным *прелестные,* он совсем не выразил характера его творений и, забыв, что *творения Пушкина* есть *часть нашей словесности,* напомнил мне того русского прозаика, который, описывая шествие царя Михаила Федоровича в Москву, говорит, что *Москва выбежала к нему навстречу,* поставила трон с царем себе на голову и – *внесла в Кремль!*[5]

«Но для чего же *всегда* сравнивать его (Пушкина) с Бейроном, с поэтом, который, *духом* принадлежа *не одной Англии, а нашему времени,* в пламенной душе своей *сосредоточил стремление целого века, и если б мог* изгладиться в истории частного рода поэзии, то вечно остался бы в летописях ума человеческого?» – Но для чего же обвинять меня в том, чего я никогда не говорил? Я выше сказал и опять честь имею повторить, что я *никогда не называл Пушкина равным Бейрону* и не делал их общниками одинаковой славы! Для чего же опять назло грамматическому и логическому порядку сочинять период, в котором нет связи? – После слов *«принадлежа не одной Англии»,* вероятно, г. –въ хотел сказать – *но целой Европе,* ибо Англия и *время* не могут быть равноположными понятиями. *Сосредоточить в душе своей стремление целого века* Бейрону было также невозможно, ибо слово *целый* может относиться к слову *век* тогда, если мы примем его в смысле *столетия.* Г. –въ, верно, хотел сказать – «*соединил* (или, положим, хоть *сосредоточил) наклонность своего века»,* и здесь можно бы понять, что Бейрон был, так сказать, отпечаток *нынешнего времени...* – Наконец, из расположения слов «если б мог изгладиться... в истории поэзии, то остался бы в летописях ума» – выходит, что Бейрон тогда только остался бы в летописях ума, когда изгладился бы в истории поэзии. Но история поэзии разве не часть летописей ума человеческого? Разве Тредьяковский может *изгладиться* в сих летописях? Никогда! Он будет в них как памятник стремления к поэзии без таланта[6]. История поэзии повторит *все имена,* только неравно о всех отзовется. Наконец, что такое *частный род поэзии?*

Г. –въ, желая придать своей статье вид порядка, определяет потом характер Бейрона как поэта: «Все произведения Бейрона носят отпечаток одной глубокой мысли – мысли *о человеке в отношении к окружающей его природе, в борьбе* с самим собою, с предрассудками, врезавшимися в его сердце, в противоречии с своими чувствами». Весь этот набор слов есть неудачное подражание Ансильонову определению поэзии Гете и Шиллера; но что хотел сказать г. –въ, говоря, что в Бейроновых творениях изображается человек *в отношении к окружающей его природе, в борьбе с самим собою и с предрассудками, и в противоречии с своими чувствами?* Ансильон говорит, что в творениях Гете отражается вся природа, в творениях Шиллера отражается он сам и что от того происходит разнообразие Гете и односторонность Шиллера – мысль понятна![7] Но как разгадать мысль г. –ва? Если бы должно было выразить характер Бейрона, то всего лучше, повторяю, можно назвать его творения эмблемою нашего века. Я... очень понимал, что говорю, когда неопределенным, неизъяснимым состоянием сердца человеческого хотел означить сущность и причину романтической поэзии. Бейрон изображал не человека вообще: он изображал ненавистное чувство, охлаждавшее, мрачившее в душе его всю вселенную, даже всякий идеал. «Говорят: в его поэмах мало действия. Правда – его цель не рассказ; характер его героев не связь описаний». Опять сбивчивость в словах и понятиях! Кто из поэтов имел рассказ, т. е. *исполнение поэмы*, целью, и даже кто из прозаиков в творении обширном? В «Тристраме Шанди»[8], где, по-видимому, все заключено в рассказе, рассказ совсем не цель сочинения. Характер героев можно и не можно почесть связью описаний, ибо если примем *действия* человека как *проявление* характера, то характер будет связью описаний, но в этом случае каждая поэма Бейрона есть противоречие словам г. –ва. «Он (Бейрон) описывает предметы не для предметов самих... но с намерением выразить впечатления их на лицо, выставленное им на сцену». Я не знаю ничего неопределеннее этих слов г. –ва! И в каких же поэтических творениях, кроме бездушной описательной поэзии, описываются предметы для предметов самих? Сии описания всегда должны относиться к впечатлениям, сделанным предметами на действующие лица поэмы; но, с другой стороны, кроме «Чайльд-Гарольда» и «Шильонского узника», где Бейрон описывал предметы единственно для описания впечатлений на героя поэмы, где заметил у него бездействие г. –въ?

Описав Бейрона, г. –въ вдруг делает вопрос: «Теперь повторяю ваш (т. е. мой) вопрос: что такое Онегин? Он вам знаком, вы его любите. Так! но этот герой поэмы Пушкина, по собственным словам вашим, шалун с умом, ветреник с сердцем – и ничего более». Есть ли тут связь понятий? Описать характер творений Бейрона и вдруг спрашивать: что такое Онегин? Шалун и ничего более! Если бы г. –въ хотел поддержать взведенное на меня мнение, что я равняю Пушкина Бейрону, он должен бы противопоставить, напрям., «Дон-Жуана» «Онегину», а потом допрашивать меня: равняется ли произведение Пушкина Бейрону, или, описав характер Бейроновой поэзии, противопоставить ей также характер поэзии Пушкина и говорить о сравнении; а что выходит теперь из слов г. –ва?

Но точно, что-то подобное, как я предполагаю, имел г. –въ, делая свой вопрос. Заключаю из следующего: «Теперь, м<илостивый> г<осударь>, позвольте спросить: что вы называете новыми приобретениями Бейронов и Пушкиных?» – Неужели из слов моих на странице 44 № 5 «Телеграфа» выведено странное предположение, что я равняю Бейрона Пушкину, предположение, на котором движется вся критика г. –ва? Там я сказал, что «Онегин» принадлежит к тому самому роду, к которому принадлежат поэмы Бейрона и Гете; что поэму, подобную «Дон-Жуану» и «Беппо» (прошу заметить), нельзя назвать ни эпическою, ни дидактическою, и прибавил: «Это уже дело холодного рассудка приискивать на досуге, почему написанное *не по известным правилам* хорошо, и на всякий новый опыт поэзии прибирать лад и меру. Не поэту же спрашивать у пиитиков, можно ли делать то и то! Его воображение летает, не спрашиваясь пиитиков: падает он, тогда торжествуйте победу школьных правил; если же полет его изумляет сердца и души, дайте нам насладиться новым торжеством ума человеческого: всякое новое приобретение Бейронов или Пушкиных делает и нам честь, ибо делает честь стране, которой они принадлежат, и веку, в котором живут». Надобны ли объяснения, что имена Бейрона и Пушкина, употребленные мною во множественном числе, есть троп, известный в риторике под именем синекдохи, и что имена сии поставлены не для показания равенства их, но как подлежащее к сказуемому, т. е. к новым приобретениям, которые делал Бейрон по-своему, а Пушкин *делал, делает и будет делать* по-своему? Г. –въ и сам говорит: «Бейроном гордится новейшая поэзия, характер его произведений истинно новый... Пушкин имеет неоспоримые права на благодарность своих современников, *обогатив русскую словесность красотами, доселе (?) ей неизвестными*». *Красота, дотоле неизвестная в нашей литературе*, разве не *приобретение*? Впрочем, здесь в многословном изложении является настоящее мнение г. –ва о Пушкине: «Признаюсь, я не вижу в его творениях приобретений, подобных Бейроновым, делающих честь веку... Пушкин только не отстал от своего века... Мы не утверждаем определительно, что наш стихотворец заимствовал из Бейрона планы поэм, характеры лиц, описания; но скажем только, что Бейрон оставляет в его сердце глубокие впечатления, которые отражаются во всех его творениях. Я говорю смело о г. Пушкине...» Смело, это правда, но не искренно. Для чего закрывать столькими словами мысль, ясно видимую, состоящую в том, что г. –въ почитает Пушкина не великим поэтом, а просто подражателем Бейрона? Я сказал прежде, что в «Онегине» есть стихи, которыми одолжены мы памяти поэта, скажу, что и в других его поэмах такие стихи попадаются; но пусть как угодно укоряют меня пристрастием, а я, несмотря на г. –ва, утверждаю, что в Пушкине виден свой собственный, великий талант, что Пушкин не подражатель, но творец: его *собственные незанятые приобретения* – описание русской старины в «Руслане и Людмиле», «Демон», «Прощанье с морем» и множество других превосходных сочинений, подобных которым не находим ни у одного из современных русских поэтов; наконец, *его* новая, чудная поэма: «Цыгане»[9]! Не желание достать стихов Пушкина в «Телеграф», не жалкое подслуживанье Пушкину внушает мне похвалы, но чистое наслаждение его поэзией. Странное дело, что сделалось с критиками «Сына отечества»: один утверждает, что у нас есть поэты выше, гораздо выше Жуковского, другой винит Жуковского в присвоении чужой собственности[10], а г. –въ силится доказать, что Пушкин подражатель! *На них чужой успех как ноша тяготеет...*[11]

«Что за сравнение поэмы эпической с картиною и “Онегина” с очерком?» – говорит г. –въ. Я сказал, что в очерках Рафаэля виден художник, способный к великому. – «Как! – говорит г. –въ, – *в очерках* Рафаэля вы видите только способность к великому?». Тут, опровергая мои слова, что «художнику надобно приняться за кисть и великое изумит наши взоры», г. –въ продолжает: «А мне кажется, что первое достоинство всякого художника есть сила мысли, сила чувств». – Далее он соглашается, что и колорит необходим для *подробного*(?) выражения чувств, но что он только распространяет мысль главную, всегда отражающуюся в характере лиц, в их расположении. Г. –въ, видя сначала вопрос: «Зачем Пушкин не пишет поэм в силу правил эпопеи?» – думал, что слова мои об очерках относятся к этому вопросу; но напрасно это показалось г. –ву! Вопрос решал я, или, по крайней мере, казалось мне, что решал, известным выражением нашего поэта, которое выразил я в прозе так: «Поэт не волен в направлении своего восторга: что ему поется, то он поет»[12]. Очерк употребил я для сравнения живописи вообще с поэзиею, в поэмах, подобных «Дон-Жуану», и тут понятие об очерке нимало не противоречит моим словам; на-прим., в рассуждении «Онегина», пусть г. –въ вообразит, что Рафаэль, ре-шившись писать картину из *многих лиц*, сделал очерк одной головы, и он увидит, что мои слова не без смысла сказаны.

Новый переход! «В каком отношении Бейрон к Попу, в таком Пуш-кин (разумеется, в «Онегине») к прежним сочинителям русских шуточных поэм», – так сказал я, и г. –въ математически доказывает, что я унизил Пушкина, ибо сказал прежде, что у нас не было ничего сколько-нибудь сносного. В математическом примере г. –въ просто сделал ошибку, а что касается до напоминания о «Модной жене» и «Душеньке», скажу ему, что я разумел шуточные поэмы, коих предмет взят из общежития. «Модная жена» сказка, а не поэма; «Душенька» нейдет в сравнение, ибо предмет ее взят из мифологии; «Дон-Жуану» и «Беппо» я противополагал «Похищенный ло-кон» Попа, что же противополагается у нас «Онегину»? – «Игрок ломбера», «Расхищенные шубы»[13]!

Скрытное предубеждение г. –ва против Пушкина сильно обнаруживает-ся в упреке, который делает он мне за то, что я нахожу народность в «Онеги-не». «Я не знаю, что тут народного, – говорит г. –въ, – кроме имен петербургс-ких улиц и рестораций. И во Франции, и в Англии пробки хлопают в потолок, охотники ездят в театр и на балы». – Вот разительный пример, что значит смотреть на сочинение косыми глазами предубеждения! Надобно думать, что г. –въ полагает народность русскую в русских черевиках, лаптях и бородах, и тогда только назвал бы «Онегина» народным, когда на сцене представился бы русский мужик, с русскими поговорками, побасенками, и проч.! – Народность бывает не в одном низшем классе: печать ее видна на всех званиях и везде. Наши богачи подражают французам, Петербург более всех русских городов похож на иностранный город; но и в быту богачей, и в Петербурге никакой иностранец совершенно не забудется, всегда увидит предметы, напоминающие ему Русь; так и в «Онегине». Общество, куда поставил своего героя Пушкин, мало представляет отпечатков русского народного быта, но все сии отпечатки подмечены и выражены с удивительным искусством. Ссылаюсь на описание петербургского театра, воспитание Онегина, поездку к Талону, похороны дяди, не исчисляя множества других черт народности. Впрочем, через страницу сам г. –въ называет поэму Пушкина *полною картиною петербургской жизни*; но кто *вполне изобразил Петербург*, тот разве не изобразил народности?

Заключение критики достойно начала. Я затруднился в приискивании ошибок у Пушкина; г. –въ не так разборчив. «Целое произведение может иногда быть одною ошибкою, – говорит он, и тотчас прибавляет: – не говорю этого на счет "Онегина"». Понимаю: это альцестовское je ne dis pas cela*[14], и прошу г. –ва вперед или не делать таких намеков, или скрывать их искуснее! Эпилог г. –ва читатели благоволят прочитать сами; в нем опровергать нечего: это результат всей статьи, а мы видели, что в ней нет ни одной строки, кото-рая бы удержалась при взгляде беспристрастия. Что касается до советов, мне преподаваемых, то в отплату за них я прошу г. –ва припоминать их самому себе, когда придет ему опять охота советовать другим.

---

* я не говорю этого (*фр.*). – *Ред.*

Д. В. ВЕНЕВИТИНОВ
Ответ г. Полевому

Четыре месяца скрылись уже в вечности с тех пор, как я сообщил «Сыну отечества» (в 8 кн.) несколько замечаний на разбор «Евгения Онегина», помещенный в «Московском телеграфе». С того времени многие – во многих журналах – восставали против мнений и ошибок г. Полевого, но все критики, без исключения, оставались без ответа: казалось, что г. Полевой смотрел на все замечания холодным взором совершенного равнодушия; последствие доказало, что равнодушие его было не совсем искренне и что он дорожил временем для того только, чтоб собраться с силами[1].

Если бы г. Полевой писал антикритики с тем намерением, чтобы занимать своих читателей литературными прениями, всегда полезными, когда они не выходят из сферы литературы, то при появлении всякой рецензии он, конечно бы, заметил мнения, с которыми не согласен, изложил бы свои собственные и предоставил своим читателям судить о победе. Но г. Полевой чуждается литературных споров, нигде не показывает собственного образа мыслей и, как уполномоченный судия в словесности, нигде не терпит суждений других. Для сей цели выбрал он средство совсем новое, но очень простое: ему стоит только вооружиться терпением. Подождав несколько месяцев, он уверен, что читатели почти совсем забыли рецензию, писанную против него, привязывается к нескольким выражениям, вырванным из статьи, рассыпает полную горсть знаков вопрошения и... торжествует. Выдумка счастливая, сознаемся; но заметим, не во зло ему, что антикритика в таком случае не ответ литератора, а голос досады.

Руководствуемый другою целию, я буду действовать другими способами и постараюсь объяснить себе, как можно лучше, ответ г. Полевого. Он сам сознается, что не понял статьи моей и *не мог добиться, чего я точно хочу*. Я смею уверить г. Полевого, что понял его ответ и добился, что он хочет оправдать свои ошибки; но, к несчастию, это желание осталось безуспешным. – В заключении моей рецензии (см. № 8 «С<ына> о<течества>») я сказал о разборе г. Полевого, *что желал бы видеть в нем критику более основанную на правилах положительных*. Странно, что теперь г. Полевой не знает, чего я хотел. Если б он мне доказал, что разбор «Онегина» был точно основан на правилах верных, представлял развитие положительной литературной системы, тогда бы спор наш прекратился или я бы заметил сочинителю разбора, что не во всем согласен с его системою, но г. Полевой не думает о защите собственных мнений и обращает все свое старание на то, чтобы представить мои мысли в смешном виде. Посмотрим, удачно ли он исполняет свое намерение.

Я рад бы сказать, как г. Полевой: *оставим мелочные привязки*; но это невозможно, ибо вся статья его наполнена одними *привязками*, и в ней нет ни одной мысли, которая бы могла послужить предметом разбора. Впрочем, у всякого свой вкус: один дорожит своими мыслями, другой своими словами и шутками.

Итак, чтобы не оскорбить авторского самолюбия молчанием, пробежим по порядку все остроумные шутки и важнейшие замечания г. издателя «Телеграфа».

Я говорил, что *Пушкин подарил нашу словесность прелестными произведениями*. Г. Полевой восстает против сих выражений и кончает насмешкою и описанием вшествия царя Михаила Федоровича в Москву. Соглашаюсь, что его насмешка очень забавна, ибо она очень неудачна, но замечание его почитаю несправедливым и даже натяжкою. *Словесность* тогда только принимается в смысле общем и представляет понятие целое, нераздельное, когда мы под сим выражением понимаем всю историю просвещения какого-либо народа, всю сферу его умственной деятельности; но в смысле обыкновенном это слово выражает сумму произведений, определяющих одну только степень народной образованности; сию сумму можно умножать, и она всегда умножается; следственно, словесность можно *обогащать* и *дарить* новыми произведениями.

Благодарю г-на Полевого за объяснение *равноположных* понятий, но признаюсь, что оно для меня очень неудовлетворительно: он не отгадал моей мысли. Когда я говорил, что *Бейрон принадлежит духом не одной Англии, а нашему времени*, я хотел сказать (и, кажется, выразился ясно), что Бейрон принадлежит характеру не одного народа, но самого века, т. е. характеру просвещения в нашем веке, – тут о *целой Европе* ни слова. Далее г. Полевой уверяет, что «слово *целый* может относиться к слову *век* тогда*, если мы примем его в смысле столетия». Но я, к несчастию, недоверчив, и мне кажется, что слово *век*, означая в филологическом смысле полный период образованности и представляя, следственно, понятие определенное, очень терпит прилагательное *целый*; наконец, рецензент мой утверждает, что если б я сказал: «*Бейрон соединил (или, положим, хоть сосредоточил) наклонность своего века», то здесь можно бы понять, что Бейрон был, так сказать, отпечатком нынешнего времени;* но я очень рад, что этого не сказал. Во-первых, *соединить наклонность века* очень дурно и неправильно выражает мою мысль: *сосредоточить стремление века*; во-вторых, *Бейрон отпечаток нынешнего времени* – ничего не значит. Отпечаток нынешнего времени есть характер, дух века. Бейрон может носит на себе сей отпечаток, но сам не может быть отпечатком нынешнего времени; притом же большая разница между *нашим веком* и *нынешним временем*. *Веку* принадлежат те только произведения, по которым потомство определяет характер века; *к нынешнему времени* относится все ныне писанное, не исключая даже дурных антикритик. – Но вот венец замечаний г. Полевого: я кончаю период свой следующим образом: «*если б Бейрон мог изгладиться в истории частного рода поэзии, то, верно остался бы* в летописях ума человеческого». Толкуя по-своему расположение слов, изд<атель> «Телеграфа» вопрошает: «*История поэзии разве не часть летописей ума человеческого?*» – Поверить ли, что г. Полевой не понял моей мысли? – Для всякого случая объясним ее. Если Бейрон и мог бы изгладиться в истории трагедии, если бы имя его могло исчезнуть в истории эпопеи и лирической поэзии, то при всем том он, верно, остался бы в летописях ума человеческого, т. е. возвы-

---

* *«Тогда, если»* – не чисто по-русски.

шенных мыслей и глубоких чувств. Г. Полевой продолжает с восклицаниями: «*Разве Тредьяковский может изгладиться в сих летописях* (в летописях ума человеческого)? *Никогда! Он будет в них, как памятник стремления к поэзии без таланта. История поэзии повторит все имена, только не равно о всех отзовется*». – Здесь маленькая ошибка. Г. Полевой смешивает летописи ума человеческого с памятниками безумия, невежества и бессилия; но если история поэзии повторяет все имена, то прошу г. изд<ателя> «Телеграфа» назначить мне библиотеку, в которой хранится список всех дурных и посредственных поэтов персидских, индейских, греческих, латинских и проч., а я с своей стороны доставлю ему имена всех тех, которые действовали на различные сии народы и определили их различные характеры. Еще вопрос: если бы история поэзии состояла в собрании имен всех возможных поэтов мира и всех различных отзывов, то кто решился бы посвятить себя изучению такой истории, кто надеялся бы когда-нибудь выпить это море?

Говоря о характере Бейроновых произведений, я выразился следующим образом: «*Все произведения Бейрона носят отпечаток одной глубокой мысли, мысли о человеке в отношении к окружающей его природе, в борьбе с самим собою, с предрассудками, врезавшимися в его сердце, в противоречии с своими чувствами*». Это определение называет г. Полевой *набором слов, неудачным подражанием Ансильонову определению поэзии Гете и Шиллера*. Иной подумает, что г. Полевой подтвердит доказательствами столь решительный приговор; но все решается опять с помощию нескольких знаков вопрошения и посредством восклицания: «*Как разгадать мысль г. –ва?*» – Как? Изучив со вниманием творения Бейрона и составив себе верное, общее понятие о поэзии. Уверяю г. Полевого, что это лучший способ разгадывать все мысли, для нас новые. Я не распространяюсь об Ансильоновом определении, но спрашиваю всякого беспристрастного человека, имеет ли оно сходство с моею мыслью и можно ли обвинить кого-нибудь в подражании[*], чему же? – определению.

«*Если бы должно было выразить характер Бейрона*, – говорит г. Полевой, – *то всего лучше, повторяю, можно назвать его творения эмблемою нашего века*». Прекрасно!! Вот определение! Не то ли самое выразил я, говоря, *что Бейрон сосредоточил стремление целого века?* Не та же ли мысль – разумеется, в новом виде, украшенная пером изд<ателя> «Телеграфа»? Но мысль сия определяет только достоинство Бейрона, а не характер его; ибо она еще не показывает нам, в чем состоит дух нашего века. – Г. Полевой продолжает: «*Я... очень понимал, что говорю*[**], *когда неопределенным, неизъяснимым состоянием сердца хотел озна-*

---

[*] Г. Полевой не в первый раз, без малейшего основания и единственно по произвольному приговору, обвиняет других в подражании. Не он ли недавно говорил о сочинении г. Хомякова «Желание покоя» (см. «Полярную звезду» 1825 года), *что главная мысль сего стихотворения занята из известного Делилева «Дифирамба»*[2], – известного, конечно, многим, но, видно, не всем. Я смею уверить изд<ателя> «Телеграфа», что главные мысли сих двух сочинений не имеют ни малейшего сходства между собою и что мысль русского поэта и возвышеннее и сильнее выражена. Прочтя обе пиесы, он сам в этом не будет сомневаться.

[**] «Я понимал, что говорю», – назло всякой грамматике.

чить сущность и причину романтической поэзии». Не знаю, с каким намерением г. Полевой после крупного *Я* поставил ряд таинственных точек, но желал бы, чтобы он с нами поделился тем, что *очень понимает* и чего мы понять не можем, ибо *неопределенное, неизъяснимое состояние сердца* ничего не определяет, ничего не изъясняет. Далее г. Полевой повторяет мои слова, и снова восклицания: «*Опять сбивчивость в словах и понятиях! Кто из поэтов имел рассказ, т.е. исполнение поэмы, целию, и даже кто из прозаиков в творении обширном? Характер героев можно и не можно почесть связью описаний и проч.*» Торжествуйте, г. изд‹атель› «Т‹елеграфа›»! но оглянитесь и посмотрите, над кем вы смеетесь. Я не удивляюсь, что вы забыли собственные свои мысли; но все сии выражения в статье моей напечатаны курсивом и, следовательно, могли бы вам напомнить, что они заимствованы из вашего разбора «Онегина». Примерное добродушие! Мы знаем журналы, в которых забавляют читателей баснями, шутками на счет других, но изд‹атель› «Телеграфа» первый собственными мнениями жертвует забаве своих читателей!

После некоторых других вопросов, подобных тем, которые мы видели, г. Полевой продолжает: «*Если бы г. -въ хотел поддержать взведенное на меня мнение, что я равняю Пушкина Бейрону, он должен бы противопоставить, напр., "Дон-Жуана" "Онегину"*». – Мне кажется противное: я не равнял Пушкина Бейрону и, следовательно, не буду сравнивать их произведений, следовательно, и не понимаю требования г. Полевого и забавного его предположения. «*Но точно что-то подобное имел, как я предполагаю**, *(в виду)* г. -въ, делая свой вопрос» (Что такое «Онегин»?). Это вопрос не мой, а принадлежит г. Полевому, и я, повторяя его, хотел только доказать изд‹ателю› «Телеграфа», что он этого вопроса решить не может, не прочитав всего романа. – «*Так, я сказал*, – продолжает г. Полевой, – *что "Онегин" принадлежит к тому самому роду, к которому принадлежат поэмы Бейрона и Гете*». – Г. Полевой там сделал ошибку, а здесь ее повторяет. Уверяю его, что Гете никогда не писал поэм в роде «Дон-Жуана», «Бешо» и «Онегина». Гете написал только две поэмы: «Hermann und Dorothea» и «Reinecke Fuchs», – первая в роде «Луизы» Фосса[3], есть также некоторым образом идиллия и описывает семейную жизнь маленьких немецких городков, во второй действуют звери, а не люди; следовательно, ни одна не развивает характера образованного человека в быту большого света.

Теперь приступаем к центру, в котором г. Полевой соединил против меня все свое искусство, все свои силы к тому обвинению, которое заставило меня взять перо и отвечать на антикритику, впрочем, не убийственную. Чуждаясь (может быть, от недостатка времени) вступить в подробное рассмотрение изложенных мною мнений и опровергать их как литератор, он хотел поразить меня одним ударом и выбрал лучшее средство поссорить меня со всеми образованными читателями, уверяя их, что я имею *скрытое предубеждение против Пушкина*. «*Для чего*, – говорит он, – *раскрывать столькими словами мысль, явно видимую, состоящую в том, что г. -въ почитает Пушкина не великим поэтом, а просто подражателем Бейрона?*»

Я сказал прежде, что в «Онегине» есть стихи, которыми одолжены мы памяти поэта, скажу, что и в других его поэмах такие стихи попадаются.

---

* Что точно, того не предполагают.

Где же эта ясность? Где обнаруживаю я такую мысль! Правда, я смотрю на талант совсем с другой точки, нежели г. Полевой, и уверен, что поэт, как Пушкин, пишет не с памяти, но выражает сильные чувства, сильные впечатления, поселенные в нем самим веком, наклонным к глубокой мечтательности, и Бейроном – представителем сего века. Из этого г. Полевой выводит, что Пушкин – подражатель. Но объявляю ему, что я не думал писать против «Онегина», а восставал против разбора «Онегина», не отказывал г. Пушкину в похвалах, но вооружался против тех, которые наполняли «Телеграф», и до сих пор не понимаю, как г. Полевой смешивает себя с Пушкиным. Для панегириста Пушкина это непростительная ошибка. Скажу более, я не мог писать против «Онегина» по двум причинам: во-первых, потому что из «Онегина» читал я только первую главу и в этом случае не хотел подражать г. Полевому, который судит по ней обо всем романе и уверяет теперь bona fide*, что он определил сочинение Пушкина; во-вторых – я почитаю бесполезным писать против всякого поэта. Изд‹атель› «Телеграфа» позволит мне объяснить ему сию вторую причину языком не ученым, но понятным для всякого, языком, который, следственно, избавит его от лишней траты вопросительных знаков, а меня – от лишних буквальных пояснений. Я разделяю вообще поэтов на два класса: на хороших и дурных; хороших читаю, перечитываю и стараюсь определить себе их характер; дурных кладу в сторону. Похвала из уст неизвестного не польстит поэту, но уверяю г. Полевого, что я не раз читал сочинения Пушкина и всегда наслаждался их красотами. Надеюсь, что теперь сам г. Полевой найдет, к чему отнести выражения мои: *целое сочинение может иногда быть одною ошибкою*.

Чтобы не оставить ни одного замечания г. Полевого без ответа, рассмотрим, как он объяснил применение очерка картины к «Онегину». *«В рассуждении "Онегина",* – говорит он, – *пусть г. -въ вообразит, что Рафаэль, решившись писать картину из многих лиц, сделал очерк одной головы, и он увидит, что мои слова не без смысла».* – Не вижу этого. Если мы и сравним весь (положим, существующий) роман «Онегина» с полною картиною, то следует ли из сего, что одну *главу* романа можно сравнить с очерком одной *головы* картины. Кажется, нет: в очерке одной головы мы уже видим весь характер изображаемого лица; но для нас еще сокрыта сцена, его окружающая, отношение его к прочим лицам. – Напротив того, в первой главе «Онегина» поэт уже обозначил общество, к которому принадлежит его герой, очертил сферу его действий; но характер еще не развит, он будет развиваться в продолжение всего сочинения, и мы его только предугадываем. – Уверен, что картина г. Пушкина будет прекрасна; желаю, чтоб она была подобна Рафаэлевым.

Стараясь в критике моей на разбор «Онегина» различными способами обличить сбивчивость понятий г. Полевого, который ссылался на живопись и на музыку, все неудачно, я в маленьком примечании доказал ему математически, из собственных же слов его, что он не только унизил достоинство Пушкина, но превратил его в ничто. Г. Полевой отвечает: *«В математичес-*

ком примере, г. –въ сделал просто ошибку». Это сказано слишком *просто*; но что сказано, не всегда доказано[*].

Когда г. Полевой утвердительно сказал, что у нас не было ничего сколько-нибудь сносного, в роде «Онегина», я напомнил ему о «Модной жене» и о «Душеньке», но он недоволен моим напоминанием. *«"Модная жена" – сказка, не поэма».* Разве «Онегин» – поэма, не роман? Что определяет род поэзии? Название ли произведения или точка зрения, с которой поэт взирает на предметы? «Душенька» также не идет в сравнение, ибо г. Полевой говорит, *«что он разумел те шуточные поэмы, коих предметы заимствованы из общежития. "Дон-Жуану",* – говорит он, – *противополагаю я "Похищенный локон"; что ж»,* и проч. Г. Полевой мог бы быть осторожнее. В «Похищенном локоне» действуют сильфы и гномы; прошу его объяснить мне, к какому общежитию принадлежат такие действующие лица.

Мне остается сказать что-нибудь о *народности* и что я разумею под сим выражением. Я полагаю народность не в черевиках, не в бородах и проч. (как остроумно думает г. Полевой), но и не в том, где ее ищет изд‹атель› «Телеграфа». Народность отражается не в картинах, принадлежащих какой-либо особенной стороне, но в самих чувствах поэта, напитанного духом одного народа и живущего, так сказать, в развитии, успехах и отдельности его характера. Не должно смешивать понятия народности с выражением народных обычаев: подобные картины тогда только истинно нам нравятся, когда они оправданы гордым участием поэта. Так, напр., Шиллер в «Вильгельме Теле» переносит нас не только в новый мир народного быта, но и в новую сферу идей: он увлекает, потому что пламенным восторгом сам принадлежит Швейцарии.

Я противоречил г. Полевому на каждом шагу, но надеюсь, что никто не припишет этого упрямству: со всей доброй волею, я не мог ни в чем с ним согласиться. Предоставляя читателям судить о достоинстве антикритик, печатанных в «Телеграфе», предлагаю им только на суд мое мнение. Они все, кажется мне, писаны в шутку; ибо кто же, не шутя, решится опровергать свои собственные мнения, приписывать Гете поэмы, которых он никогда не писал, утверждать, что предмет «Похищенного локона» взят из общежития и проч., и проч., и проч.? Г. Полевой простит мне многие шутки, но, написав статью, в которой я изложил некоторую систему литературы, которая, следственно,

---

[*] Трудно полагаться на суждения изд‹ателя› «Телеграфа» без доказательств. Мы знаем, что он судит о всех науках и искусствах; но он имеет, во всех частях, сведения совершенно особенные. Не он ли, напр., в разборе «Полярной звезды» ставит две словесности в *равную параллель*[4]? Какой математик разгадает нам такую загадку? – Не он ли утверждает, что есть музыка А-мольная[5]? Пусть спросит он у самого ученого музыканта, что такое музыка А-мольная; тот, верно, не найдет ответа. Есть А-мольный тон; могут быть и есть А-мольные симфонии, концерты и т. п., начинающиеся в тоне А-моль, но симфонии и концерты не *музыки,* а музыкальные произведения. Не в его ли журнале уверяют, что *богиня подарков не могла называться* Strenno, потому что в латинском языке имена женского рода не могут кончаться на слог no? В какой латинской грамматике г. сочинитель нашел постоянное правило для имен женского рода, и к какому роду принадлежит имя Juno? Впрочем, об этом говорим только мимоходом.

могла быть предметом литературного спора и заставить с обеих сторон развивать и определять понятия, мог ли я ожидать такого ответа, каким подарил меня изд<атель> «Телеграфа»? Впрочем, обещаю ему впредь никогда не восставать против его замечаний, тем более что он сам в начале статьи своей против меня объявляет, что замечания его более *библиографические*, нежели *критические*: теперь знаю, с какой стороны должно о них судить. Библиограф извещает о появлении книг, описывает их формат, обозначает число листов и страниц, типографию, цену и место продажи, а во всех сих случаях я готов всегда слепо верить г. Полевому.

Москва.

Н. М. РОЖАЛИН
Нечто о споре по поводу «Онегина»
(Письмо редактору «Вестника Европы»)

Утешно, без сомнения, видеть, что многие из наших соотечественников принимают на себя важный труд распространять между нами полезные сведения, сеять основательные понятия, содействовать очищению вкуса. Я разумею здесь журналы, милостивый государь: имея способ быть разнообразным, давать статьям своим прелесть новости, они легко могут подвигать нас к цели просвещения. Журналы, конечно, важны, и если каждый находит готовых читателей, то это верный признак рвения, с каким русские стремятся сблизиться с иностранцами на поприще образованности. Но если есть еще люди, которые тоном самоуверенности говорят решительно о предметах или вовсе необдуманных, или вовсе им неизвестных, то, мне кажется, они дерзко поступают, предполагая публику еще невежественнее себя самих, и желательно было бы доказать сим господам, что если они находят готовое внимание, то всегда должны ожидать и готовых обличителей[1].

Я очень согласен с теми, которые думают, *что лучше совсем не писать, нежели писать дурно*[2], и публике позволено хотеть во всяком деле мастера. Журналисты должны помнить, *каких* журналов нам надобно; журналисту *нужно большое терпение*, как справедливо заметил г. П–ой при самом начале издания своего «Телеграфа»[3]; а я прибавлю, что не бесполезно было бы для него большое терпение прежде мысли об издании журнала.

Сцепление идей слишком далеко завело меня, милостивый государь, заставив говорить вообще о журналах: я был занят одним – «Телеграфом» – и одним спором по поводу «Онегина». Но диковинки, собранные с такой рачительностью в 15 нумере «Телеграфа» – отечественные и неслыханные заморские, рассказываемые и другими и самим издателем – заставили меня невольно подумать о настоящем периоде нашего просвещения[4]. Я сделаю еще только следующее замечание: что если бы иностранцы приняли благоразумное намерение судить о многом и о нас, слепо веря нашему «Телеграфу», – чего, как по всему видно, ожидает издатель от своих соотечественников? Они возымели бы о сих последних точно такое же мнение, какого удостоивает их почтенный г. П–ой. – Обращаюсь к самому спору об «Онегине», не менее *чудному*[*], и прошу вас, милостивый государь, извиня мне мой длинный приступ, позволить разделить свое удивление с просвещенными читателями вашего «Вестника».

Читая ответ г. П–ого на противные его мнению замечания г. – ва об «Онегине»[**], я часто забывал ветреника Онегина и задумывался над многими филологическими замечаниями издателя «Телеграфа» в рассуждении слога г. -ва. Тонкость непонятная! Не стану их указанием утомлять читателей вашего журнала.

Многие мнения показались мне новы, решительны: они и произнесены решительно. Говоря о Бейроне и Пушкине, поэтах романтических, г. П–ой определил *сущность* и *причину* романтической поэзии *неопределенным, неизъяснимым состоянием сердца человеческого*. Г. –въ нашел это определение недостаточным. И я себя спрашивал, можно ли определять неопределенным, объяснять неизъяснимым? Что такое неопределенное состояние сердца, как не отсутствие всякого действительного чувства, всякой страсти? Боялся, чтоб такого состояния не назвали невозможным. Г. П–ой подкрепил это мнение неопровержимым доводом: *«Я понимал, что говорю»*. Я, наконец, должен был понять, что неопределенное состояние сердца подобно неопределенному состоянию ума, которому видим действительные примеры, – состоянию, когда человек мыслит и вместе не мыслит, говорит и вместе ничего не говорит. Состояние жалкое! Причина романтической поэзии бедная! Я эту мысль бросил.

Мне случилось слышать, как многие, соображаясь с учением новой философии немецкой, доказывали, что сущность романтической поэзии состоит в стремлении души к совершенному, ей самой неизвестному, но для нее необходимому, – стремлении, которое владеет всяким чувством истинных поэтов сего рода. Я с этой мыслью согласен, готов защищать ее, и она, кажется, ясна для всех, особенно для знакомых с сею поэзиею. Следственно, я согласен с г. П – ым, который (позволяю себе это думать), вероятно, хотел сказать то же, но выразился другими словами.

Бейрон (следующих слов г. П–ого не должно упускать из виду: они *живописуют* характер стихотворца), *Бейрон есть эмблема нашего века*; т. е. точно так же, как, напр., белый цвет есть эмблема невинности. Многословное определение, которое сделал г. –в сему же самому характеру, не понравилось издателю «Телеграфа»: здесь он видит темноту: *«Все произведения Бейрона носят отпечаток одной глубокой мысли, мысли о человеке в отношении к окружающей его природе, в борьбе с самим собою, с предрассудками, врезавшимися в его сердце, в противоречии с своими чувствами»*. Г. П–ой выставляет в пример ясного определения слова Ансильона о характере Гете и Шиллера: будто бы в творениях первого отражается вся природа, а в творениях последнего – сам Шиллер. Я не справлялся с Ансильоном: для чего не поверить «Телеграфу»? Но я не мог поверить первому. Изображать природу! –

---

[*] Пользуюсь выражением г. П–ого, которым он так удачно характеризовал новую поэму «Цыгане». См. № 15 «Телеграфа».
[**] Помещенные в № 8 «Сына отечества».

думал я. – Если природа отразилась в творениях Гете, то не должна ли она была отразиться сперва в нем самом? Как мог выразить Шиллер себя самого, как не посредством той же природы? – «Изображая себя, Шиллер дал характер односторонности своим поэмам». – Мне кажется, что причина тому не в предмете творений, но в самом творце. Гете так же отражается в своих поэмах, как и Шиллер: в них виден он сам, а не кто другой. Если Шиллер односторонен, а Гете нет, то сие потому, что последний получил от природы гений, ей самой равносильный, который в природе видел второго самого себя в бесконечном разнообразии, и потому для всех идей своих находил в ней явления, для всех чувств своих живую аллегорию – дар, которого не имел Шиллер в такой высокой *степени*, и потому, это правда, остался ограниченнее в своем взгляде.

Далее г. П–ой не хочет согласиться с г. –вым, что свойство существенное поэзии Бейрона – *описывать предметы не для самих предметов, но с намерением выразить их впечатления на лицо, выставленное на сцену, и главным предметом своим иметь характер, а не самое действие.* Я прежде был совершенно согласен с г. –вым, убежденный, что поэт может представлять человека двояким образом: человека вообще, человека совершенного, и человека, так сказать, особенного, ограниченного, с характером. Первый способ заставляет более изображать частные страсти, как принадлежность всякого человека, следовательно, обращать особенное внимание на действие, как выражение и следствие страсти, на все его подробности: прочие силы человека в их совершенстве и совокупности здесь действуют для одной конечной цели. Такая идея одушевляет творения Гомера, Софокла и вообще древних. Но что такое характер, как не та особенная форма, под которою он мыслит, чувствует и действует, как не та невольная метода, если могу так сказать, борьбы с самим собою, с своими впечатлениями, под которою единственно возможно для него совершенство? Вот цель всех поэтов романтического рода! С сею целию можно ли заботиться о *связи описаний*, о строгой их последовательности? Этим только можно изъяснить все так называемые неправильности Шекспира, Бейрона и других поэтов. В древней поэзии вы видите совершенного человека, который нисходит к конечному и несовершенному, в новейшей – несовершенного человека в стремлении к совершенству. Я был уверен, что есть поэзия, в которой предметы описываются для самих предметов и что такова именно поэзия древних, напр., Гомера, у которого каждое сравнение есть эпизод, где он старается, так сказать, совершенно округлить предмет свой. Так мыслил я; но г. П–ой без всех сих предварительных размышлений прямо определил характер Бейрона, сказав и, следовательно, доказав, что сей стихотворец *изображал ненавистное чувство, охлаждавшее, мрачившее в душе его всю вселенную, даже всякий идеал.*

Стараясь определить достоинство Пушкина в отношении к другим стихотворцам, и особенно к Бейрону, г. П–ой сделал замечание, что «Онегин» написан в роде «Дон-Жуана» и «Бешю». При этом случае мы узнали, что и у Гете есть поэмы в роде вышеприведенных, – поэмы, которых я, к сожалению, не нашел в своем полном издании.

Г. П–ой чуждается тех школьных правил, которые заставляют прежде всего спрашивать о роде поэмы, и не видит у нас стихотворных произведений в роде «Онегина»: можно бы указать на «Модную жену»; но *это сказка, а не поэма.* Сии слова привели мне на память ту остроумную критику, которая в своей тонкости нашла различие между *книгою* и *поэмою* и открыла новый род истории, состоящий преимущественно *в рассказе событий* и (подивитесь, милостивый государь, новой идее!) *заставляющий говорить между собою прошедшие поколения*[*5].

Г. П–ой удивляется критикам «Сына отечества»: *«один утверждает, что у них есть поэты выше, гораздо выше Жуковского; другой винит Жуковского в присвоении чужой собственности; а г. –въ силится доказать, что Пушкин подражатель! На них,* – прибавляет г. П–ой, – *чужой успех, как ноша, тяготеет!»* – Я полагаю, что г. издатель «Телеграфа» говорит о своих собственных успехах, ибо не могу поверить, чтоб критики в самом деле стали завидовать Жуковскому и Пушкину. Но как не завидовать тем, которые пишут *со смыслом!*

Г. П–ой видит в «Онегине» один из очерков великого Рафаэля и говорит, что иногда в очерке *одной головы* можно видеть целую картину *из многих лиц!*

По его мнению, Бейрон к Попу относится так же, как Пушкин к прежним дурным сочинителям русских шуточных поэм; но он называет *ошибкою* математический перевод того же самого отношения:

$$в : с = -х : -у^{**}$$

Таким образом, он уверил меня, что простая теория пропорций, на которой я основывал все свои математические выкладки, была важнейшею из моих ошибок.

С одинаковую математическою строгостию собственных доказательств г. П–ой защищает свое мнение, что в «Онегине» находит много народного, ибо П<ушкин> при описании петербургской рассеянной жизни – петербургского театра – поездки к Талону – не упустил из виду тех черт, которыми русские отличаются от иностранцев. Я себе позволил в сем случае думать иначе и не верить г-ну П – му, чтобы картина дурного воспитания Онегина верно изображала русский характер и, следовательно, имела народность.

Он сравнивает Бейронова «Дон-Жуана» с «Похищенным локоном» Попа; я уверяю, что сильфы и гномы, действующие лица сей поэмы, так же мало принадлежат к английскому обществу, как и граф Сегюр к сословию курфирстов[***6].

Но г. П–ой не имеет обязанности согласиться с нами: у него свой образ мыслей. *Бейроны и Пушкины делали, делают и будут делать свои приобретения каждый по-своему,* и г. П – вой писал, пишет и будет писать также *по-своему.* Не надобно забывать, милостивый государь, какую цель он предположил себе при самом начале издания своего «Телеграфа»: *заметить, намекнуть, сказать*[****]. Он исполняет, что обещал с такою самонадеянностию: своими за-

---

[*] См. «Т<елеграф>», № 15, стр. 1.

[**] в = Попу; с = Бейрону; х = сумме сочинителей прежних шуточных поэм; у = Пушкину. Сочинители дурных поэм суть точно величины отрицательные в словесности; след., и четвертый член пропорции должен быть отрицательный. Итак, Пушкин = –у, поелику с больше в, то –у > –х. Что выходит?

[***] См. «Телеграф», № 15, стр. 321.

[****] См. «Телеграф», № 1, статью 1 – о должностях журналиста.

мечаниями, намеками удовлетворять всей обширности слова *сказать*, говорить о многом и много, толкует не только чужое, но и свои собственные *синекдохи* и, желая быть полезным публике, уверяет ее, что он *понимал, что говорит*. Кто станет в том сомневаться и кто душевно не пожелает, *чтоб он понимал, что говорит?*

Имею честь быть и проч.

N. N.
Замечания на статью «Нечто о споре по поводу Онегина», помещенную в № 17 «Вестника Европы»

С чувством истинного сожаления к автору прочитал я статью «О споре по поводу "Онегина"», статью, которая, как я мог заметить, едва ли не есть одно из первых произведений рецензента. Жаль, что, подвизаясь на этом обширном поприще литературных прений, и он сбился уже на общий, бранчивый тон наших журнальных героев. Неужели тупые остроты, с щедростию рассыпаемые в критиках, антикритиках и антиантикритиках, столько привлекательны? Неужели слава сражаться под знаменами какой-нибудь розовой или голубой обертки имеет в себе столько прелести, что люди образованные и необразованные, с умом и без дарований жертвуют всем единственно для того, чтобы попасть как-нибудь в длинный список задорных судей русского Парнаса?

Г. Р–ин удивил меня своими сердитыми выходками. Признаюсь, я не мог отгадать настоящей цели странных его замечаний на статью г. Полевого «Толки о "Евгении Онегине"», на издаваемый им журнал и, наконец, на самое лицо издателя. Не желание ли блеснуть своим остроумием управляло пером его? Но в таком случае я откровенно говорю ему, что он не достиг своей цели – в этой статье il est fin comme une dague de plomb[1], и если бы я был уверен, что слова мои будут для него небесполезны, то, без сомнения, не советовал бы ему более отваживаться на такие остроты, из которых каждую должно отгадывать по крайней мере с час, призвав на помощь всю математическую строгость анализиса. И почему г. Р–ин обратился прямо на «Телеграф»? За что такая немилость?

«Журналисты должны помнить, каких журналов нам надобно; журналисту нужно большое терпение... А я прибавлю, что небесполезно было бы для него большое терпение прежде мысли об издании журнала», – восклицает автор статьи «О споре по поводу "Онегина"». Вместо того чтобы другим преподавать уроки терпения, мне кажется, не дурно было б, если бы он сам взял терпение рассмотреть правила рецензии. Вижу, что г. Р–ину «Телеграф» очень не нравится, хотя и не знаю тому причины; но, однако ж, и не думаю также, чтобы просвещенные читатели «Вестника Европы», к которым он обращается, должны были во всем верить ему на слово: ибо в критике его разобраны надлежащим образом только две или три мысли г. Полевого, мысли, которые, может быть,

---

* См. «Тел<еграф>», № 15, приб<авление>, «Толки о "Евгении Онегине"».

столько же справедливы, как и его собственные, в чем отчасти он и сам соглашается.

Желая г. Р–ину всех возможных успехов на поприще литературных прений, но вместе с тем и соревнуя к достоинству издаваемого г. Полевым журнала, я решился наконец сделать некоторые замечания на грозное «Нечто о споре по поводу "Онегина"». Вот они.

Вся статья г. Р–ина может разделиться на две части: в одной из них он разбирает некоторые мысли г. Полевого, помещенные в ответе его на критику г. –ва, в другой в натянуто-игривом тоне старается только противоречить ему без всяких с своей стороны доказательств, как я уже и имел случай заметить, – сюда же я отношу и странные его придирки к издателю «Телеграфа» и к самому изданию. Постараемся рассмотреть по порядку замечания его, после которых он с такою строгостию решит судьбу «Телеграфа». Не слишком ли он поспешил заключением и, может быть, не нужно ли будет пожелать ему самому, чтобы *он знал, что говорит?*

«Говоря о Бейроне и Пушкине, – продолжает г. Р–ин, – поэтах романтических, г. Полевой определил сущность и причину романтической поэзии неопределенным, неизъяснимым состоянием сердца человеческого». За сим следует какое-то жалкое приноровление сердца к уму, приноровление, которое, может быть, за недостатком доказательств, было полезно г. рецензенту тем, что заместило с лишком полстраницы. Впрочем, не могу понять, по какому праву г. Р–ин, схватив несколько слов из замечаний г. Полевого о романтической поэзии, называет их определением оной и рассматривает, совершенно ли они соответствуют определяемому? Я советовал бы ему заглянуть в № 5-й «Телеграфа», где г. Полевой говорит таким образом: «То самое высокое наслаждение, в котором человек, упоенный очаровательным восторгом, не смеет, не может дать самому себе отчета в своих чувствах: все *ограниченное* в наслаждениях эстетических отвращает человека – и в неопределенном, неизъяснимом состоянии сердца человеческого заключена и тайна, и причина так называемой романтической поэзии». Благонамеренный критик не будет искать здесь, в нескольких словах, философского определения романтической поэзии; напротив того, мне кажется, он постарается из сих отдельных мыслей только составить себе понятие об ней. Какая же разница между определением предмета и некоторыми об оном замечаниями! Но посмотрим, каким образом г Р–ин определяет романтическую поэзию. Он говорит, что «сущность *ее* состоит в стремлении души к совершенному, ей самой неизвестному, но для нее необходимому, – стремлении, которое владеет всяким чувством истинных поэтов сего рода». – Мысль справедлива, и я с нею столько же согласен, как и он сам. Но здесь дело идет не о мысли, но о том, полное ли это и ясное ли определение? Г. Р–ин сам говорит, что и мысль г. Полевого справедлива, а нападает только на выражение оной; г. Полевой писал только замечания, между тем как г. Р–ин хотел подарить нас точным определением, *соображаясь с учением новой философии немецкой.* Но позволяет ли новая немецкая философия неопределенности? Что разумеет г. Р–ин под словом *совершенное?* К чему это: *ей самой неизвестное?* Наконец, не имею ли я права возразить, что стремления к несовершенному (к безжизненной материи) в поэзии существовать не может, ибо она предполагает изящное, равновесие духа с материею, как начало совершенного? Я замечаю, что выражение *ей самой неизвестное*, равно как и все, что за сим следует, не должно входить в определение, потому что *признаки посторонние*, которые не составляют характеристики предмета, а необходимо из оной вытекают, *совершенно излишни** и служат только к большей сбивчивости в понятиях; а в таком случае все определение г. Р–ина приведется в выражение, что романтическая поэзия основывается на стремлении души к совершенному. Не с большею ли точностию сказал бы г. Р–ин, если бы началом оной положил стремление души созерцать все предметы как только символы высочайшей истины? Отсюда объясняются сии порывы души в беспредельное, в мир идеальный, сия мрачность лорда Бейрона и торжественный взор Ламартина в его «Méditations»[2], сия разительная гармония внешних предметов с собственными нашими чувствами и, наконец, мнимая неправильность романтиков. Но оставим это! Жаль, что Р–ин говорит то, о чем *ему* только *случилось слышать***, – ясная причина сбивчивости в понятиях!

Далее замечает он, что г. Полевой Бейрона называет *эмблемою нашего века*; за сим следует объяснение эмблемы примерами (!); но, *бросив* эту мысль***, г. Р–ин вдруг переходит к характеристике Бейрона, которую издатель «Телеграфа» находит недостаточною. – Оставляя без замечания крайнюю неопределенность выражения г. Р–ина,**** равно как *и то, что г. Полевой говорит здесь прямо о творениях писателя, а не о нем самом* (не доказывает ли это невнимательности рецензента?), я хотел бы еще знать, почему наш *строгий* критик почитает неудачным выражение, что лорд Бейрон может быть эмблемою своего века, и готов бы был ему на это ответствовать. Г. –въ говорит о произведениях Бейрона весьма неопределительно, и, мне кажется, много ли надобно *здравого смысла*, о котором проповедует г. Р–ин, чтобы согласиться с г. Полевым, что *мысль о человеке в отношении к окружающей его природе* есть только пустой звон слов, которые не составляют совершенно никакой *мысли*: конечно, г. –въ хотел сказать *что-то* – но что? Этого мы не знаем.

«Г. Полевой, – продолжает неблагонамеренный критик, – выставляет в пример ясного определения слова Ансильона о характере Гете и Шиллера: будто бы в творениях первого отражается вся природа, а в творениях последнего – сам Шиллер». – Я сказал «неблагонамеренный» и сейчас спешу оправдать себя. – Если бы Р–ин не старался толковать слова сии в противную сторону, то – я уверен – он заметил бы, что здесь дело идет о Шиллере не как о частном лице, но как о человеке в противоположности с природою. Ни Ансильон, ни издатель «Телеграфа» не виноваты в том, что критик смотрит на сие в тусклые очки пристрастия. Если ему угодно, то я постараюсь изъяснить смысл сего замечания Ансильона, замечания, в котором, вопреки мнению рецензента, виден быстрый, проницательный взгляд сего писателя. Неужели он не согласится, что стремление поэзии состоит в том, чтобы явить изящное посредством слова? Но не существует ли это изящное в человеке и в природе, хотя под различными формами? Г. Р–ин говорит, что и в человеке видно только одно отражение природы, – согласен, но при-

---

* Неужели и это неизвестно рецензенту? N.N.

** Собственные его слова – свидетельствуюсь «Вестником Европы». N.N.

*** Г. Р. – ин имеет дурную привычку: бросать все, что ему не нравится или чего, может быть, не понимает. N.N.

**** Это можно видеть на 27-й стр. «Вест‹ника› Европы». N.N.[3]

рода, отразившись в нем, не является ли уже под другою формою – под формою идеальною? Когда же наш критик допускает это, то я не понимаю, как можно не принять, что и поэзия, смотря по тому, куда обращен поэт, непременно должна носить на себе отпечатки того или другого направления духа: не видны ли здесь характеры Гете и Шиллера? Первый почерпал изящное во внешней природе, последний – в духовном бытии человека: в его мыслях, в его страстях; Гете видел в природе второго самого себя, Шиллер нигде не искал своего образа – и стихотворения его суть непосредственное отражение *изящного в человеке*, между тем как стихотворения Гете суть, преимущественно, перевод его мыслей (если только позволительно подобное выражение) на язык внешней природы, в предметах (objecta) коей он видел отпечаток собственных чувствований. Кажется, это доказывает только, что гении Шиллера и Гете в полетах своих противуположны: откуда же заключение о степенях их великости?

Еще замечу, что вопрос г. Р–ина: «Что такое характер, как не та особенная форма и проч.?» – совершенно нейдет к делу; мысль его истинна, но она нимало не объясняет, почему в поэзии романтической *связь описаний* не должна быть главною целию, что, как кажется, он доказать был намерен. Если бы я, напр., сказал: «Что такое неосновательная критика, как не сочинение, в котором отражается все неискусство неопытного в своем деле рецензента?» – и потом стал бы выводить из этого свои о ком-нибудь заключения, то меня, верно бы, еще спросили, на чем я основываю свои выводы, и, верно бы, потребовали чего-нибудь подобного критике г. Р–ина. – Хотелось бы мне еще знать, что должно разуметь под словами: «Характер... есть метода борьбы с самим собою, с своими впечатлениями, под которою единственно возможно для него совершенство». – Как разгадать таинственный смысл сего периода? Кажется, в этом, по крайней мере, нельзя обвинять новой немецкой философии, которая (я уверен, что это известно г-ну последователю оной), выходя из высочайшего и всеобъемлющего начала, в самой системе изложения наблюдает совершенно математическую точность. Может быть, не пересказывает ли и здесь г. Р–ин только того, что когда-нибудь случалось ему слышать. Я не хочу замечать между прочим, что по-русски никогда не говорится: *метода, под которую и т.д.* – Неправильности Шекспира, лорда Бейрона и других романтических поэтов в рассуждении хода их стихотворений объясняются не замечаниями г. Р–ина о характере вообще, но самым понятием *о новейшей поэзии, идеальным* взглядом оной на предметы ее восторгов – мысль, которую, впрочем, довольно удачно развернул г. рецензент.

Здесь, казалось бы, должно было кончить замечания мои на статью г. Р–ина, ибо все, что он ни говорит далее, по ничтожности доказательств, не заслуживало бы ни малейшего опровержения! Но, желая вполне представить как самому критику, так и почтенным читателям «Телеграфа» всю неосновательность его рецензии, которая так грозно прогремела в листочках «Вестника Европы», я решаюсь пожертвовать еще несколько слов на разбор некоторых из *остроумных*[*] его доводов.

«Можно бы указать на "Модную жену", но это сказка, а не поэма». Не имея в виду объяснять г. Р–ину различия между сказкою и поэмою, я хотел бы только спросить его, что значит одна сказка, как, напр., «Модная жена», в срав-

---

[*] Вероятно, по крайней мере по его мнению. N.N.

нении с поэмою, которой план предлагает исполнение обширнейшее?

Г. Р-ин завидует тем, которые пишут со смыслом; я советовал бы еще позавидовать ему и тем, которые пишут *чистым русским языком*, – может быть, зависть его, по крайней мере в этом случае, была бы для него полезна!

«Г. Полевой... говорит, что иногда в очерке *одной головы* можно видеть целую картину из многих лиц». – Несколько раз перечитывал статью г. Полевого и нигде не мог найти этого! Какая бы причина была, что г. Р-ин приписывает издателю «Телеграфа» то, чего он и не намерен был говорить?

Наконец, и математические доказательства! Но, к сожалению, пропорция г. - ва, сколько ни будет стараться защищать ее г. Р-ин, останется всегда ошибочною. Жаль, что строгий рецензент издателя «Телеграфа» слишком снисходительно судит об основательности собственных сведений, – иначе, знав, может быть, только понаслышке о теории знаков, он, вероятно, не решился бы взять на себя труда истолковать неудачные приложения оной к литературным спорам. Впрочем, не более справедливы и *логические* его выводы, что в «Онегине» нет ничего народного. Неужели я должен еще повторять слова г. Полевого, что наши привычки, наши обыкновения, каковы бы они ни были, всегда останутся русскими, – дело состоит в том, умел ли скопировать их Пушкин в своем «Онегине»? Думаю, что г. Р-ин не откажет ему в этом.

«Он (издатель "Телеграфа") сравнивает Бейронова "Дон-Жуана" с "Похищенным локоном" Попа; я уверяю, что сильфы и гномы, действующие лица сей поэмы, так же мало принадлежат к англинскому обществу, как и *граф Сегюр к сословию курфирстов*». – Г. Р-ин уверяет – какое сильное доказательство! И что остается после сего гг. читателям «Вестника Европы», как только не верить ему?

Таково *Нечто* г. Р-ина! Признаюсь, я готов еще повторить, что не могу понять цели оного. Кажется, давать совсем иной смысл словам автора и, где невозможно этого сделать, сочинять собственные свои выражения должно быть недостойно истинной критики. Готов еще повторить, что человек, имеющий целию унижение достоинств другого, употребляющий для того иногда даже непозволительные средства, выставляет себя с весьма невыгодной стороны. – Не пожелать ли г. Р-ину взамен всех его советов, на которые он столько щедр, чтобы прежде, нежели снова приступить к рецензиям, постараться узнать, что они такое и каковы быть должны?

С. Д. ПОЛТОРАЦКИЙ
О новых полемических статьях против «Московского телеграфа»

⟨Отрывок⟩

Г-н –въ на этот раз выдумал прекрасный способ отвечать издателю «Телеграфа». В прежней своей критике он старался соблюсти приличия – теперь сбросил с себя эти оковы. Он пустился в посторонние привязки (например, о значении слов: *А-мольная музыка*; о *латинском* слове Juno и проч.), в упреки, стал переиначивать смысл выражений (обыкновенное оружие критиков «Сына от‹ечества›») – даже заставил издателя «Тел‹еграфа›» *говорить то, чего он не говорил*! Не понимаю, как можно дозволить себе такую смелость! Прошу г-на –ва указать страницу, где издатель «Телеграфа» сказал, что «*Пушкин в "Онегине" имел целию рассказ?*» Я почитаю г-на –ва критиком, который спорит не для того только, чтобы *переспорить* своего противника, и потому не понимаю: как мог он написать неправду, ибо *этого издатель «Телеграфа» не говорил нигде*! На кого же обращаются теперь насмешки над собственными словами?.. Г-н –въ говорит: «Я не равнял Пушкина Бейрону и, следственно, не буду сравнивать их произведений, следственно, и не понимаю требования г-на Полевого и забавного его предположения (т. е. противопоставить "Д‹он›-Жуана" "Онегину")». Очень забавное оправдание! Г. Полевой не равнял Пушкина с Бейроном, а г. –въ доказывал, что изд‹атель› «Тел‹еграфа›» представлял их *товарищами в словесности и Пушкина сравнивал с Бейроном*. Г-н –въ не сравнивал, – но говорил это об издателе «Тел‹еграфа›» – и теперь признается в неосновательности своего обвинения! На чьей стороне забавное? – Важное обвинение: «Гете никогда не писал поэм в роде "Дон-Жуана" и "Беппо"». Я согласен, что Гете не писал ни «Дон-Жуана», ни «Беппо», но в этом роде писал, ибо предмет «Германа и Доротеи» взят из общежития и эта поэма писана не по правилам французской пиитики. – «Но издатель "Тел." сказал: *поэмы Бейрона и Гете?*» Нельзя же было ему сказать: *поэма Бейрона и Гете*, ибо сии два поэта общими силами не писали ничего.

Г-н –въ утверждает, что он не ошибся в математическом примере; но мы докажем его ошибку математически. В пропорции

$$\text{Бейрон} : \text{Попу} = \text{Пушкин} : x,$$

во-первых, видим, что г. –въ не знает математического языка, ибо в математике буквою x принято изображать количества, коих величина совершенно неизвестна, достоинство же предшественников Пушкина определено, как бы оно мало ни было; во-вторых, если примем оное за нуль, то, по свойству пропорций, Бейрон в сравнении с Попом, а следственно, и Пушкин в сравнении с его предшественниками, будет иметь достоинство бесконечно большое[*].

«Похищенного локона» г. Полевой *нигде* не противополагал «Онегину» и *не говорил*, что предмет Поповой поэмы взят из общежития. Это опять выдумки г-на – ва.

О народности оправдался г. –въ прекрасно. В 8 книжке «С‹ына› о‹течества›» он сказал, что в «Руслане и Людмиле» есть народность, а в «Онегине» ее нет; тогда он забыл, что в первой своей поэме Пушкин описывал нравы века Владимира I-го, а в «Онегине» – нравы 1825 года и что в продолжение 900 лет народность в России должна была измениться, – теперь (против себя!) говорит он, что народность поэта отражается не в картинах, принадлежащих какой-либо *особенной стороне*, но в чувствах поэта. Итак: Пушкин по чувству не народный поэт? Жаль, очень жаль, что г. –въ невнимательно читал описа-

---

[*] Для понимающих объяснимся подробнее. Поелику произведение крайних членов пропорции должно равняться произведению средних, то нуль × на достоинство Бейрона должен дать величину определенную. следственно, достоинство Бейрона надобно выразить дробью а/0, которая означает количество бесконечно большое.

ние воспитания Онегина, обращение к морю, грусть жителя Севера и особенно следующие стихи:

> Под ризой бурь, с волнами споря,
> По вольному распутью моря *и проч.*

Какой итальянец, француз или немец выразит эти чувства *русского* поэта?

Г-н –въ в заключение говорит, что он не будет уже спорить с издателем «Телеграфа». Не знаю, сбудется ли это обещание. Впрочем, я рад верить, что г-н –въ не будет спорить от внутреннего сознания, а не от недостатка храбрости, которою обыкновенно отличаются гг. неправые критики.

А. А. БЕСТУЖЕВ
Взгляд на русскую словесность
в течение 1824 и начале 1825 годов

<Отрывки>

<...> Пушкин подарил нас поэмою «Бахчисарайский фонтан»; похвалы ей и критики на нее уже так истерлись от беспрестанного обращения, что мне остается только сказать: она пленительна и своенравна, как красавица Юга. Первая глава стихотворного его романа «Онегин», недавно появившаяся, есть заманчивая, одушевленная картина неодушевленного нашего света. Везде, где говорит чувство, везде, где мечта уносит поэта из прозы описываемого общества, – стихи загораются поэтическим жаром и звучней текут в душу. Особенно разговор с книгопродавцем вместо предисловия (это счастливое подражание Гете) кипит благородными порывами человека, чувствующего себя человеком. Блажен, – говорит там в негодовании поэт, –

> Блажен, кто про себя таил
> Души высокие созданья,
> И от людей, как от могил,
> Не ждал за чувства воздаянья![1]

И плод сих чувств есть рукописная его поэма «Цыгане»[2]. Если можно говорить о том, что не принадлежит еще печати, хотя принадлежит словесности, то это произведение далеко оставило за собой все, что он писал прежде. В нем-то гений его, откинув всякое подражание, восстал в первородной красоте и простоте величественной. В нем-то сверкают молнийные очерки вольной жизни и глубоких страстей и усталого ума в борьбе с дикою природою. И все это, выраженное на деле, а не на словах, видимое не из витиеватых рассуждений, а из речей безыскусственных. – Куда не достигнет отныне Пушкин с этой высокой точки опоры?[3] <...>

«Северные цветы», собранные бароном Дельвигом, блистают всею яркостью красок поэтической радуги, всеми именами старейшин нашего Парнаса. <...> Из стихотворений прелестны наиболее Пушкина дума «Олег»[4] и «Демон», «Русские песни» Дельвига и «Череп» Баратынского. <...>

Н. А. ПОЛЕВОЙ

«Полярная звезда», карманная книжка на 1825 год, для любительниц и любителей русской словесности, изд. А. Бестужевым и К. Рылеевым.

СПб. in 16. 367 стр.

<Отрывок>

<...> *Стихи.* Как силен, увлекателен пример таланта великого! Пушкин, чарующий нас своими поэмами, как будто вызвал на труд других, дремавших над элегиями и песенками. В нынешней «Полярной звезде» находим обещание трех отличных наших поэтов, каждого на одну, иного на три поэмы, т. е. находим отрывки из трех, начатых, но еще не изданных поэм гг. Рылеева, Языкова и еще одного поэта[1]. Первый, недавно издавший «Войнаровского», напечатал три отрывка из новой поэмы своей «Наливайко». Сильные мысли и правильные, чистые стихи составляют достоинство особенно одного из сих отрывков: «Исповедь Наливайки». В отрывке из поэмы г. Языкова «Разбойники» более огня, смелости выражений и поэтической жизни. В отрывке из повести «Эда» отзывается какая-то унылость, мечтательность, которою ознаменованы все творения певца «Эды». Отдаем полную справедливость все трем. Кстати сказать здесь несколько слов тому рецензенту, который не верил замечанию нашему, что почти все ныне подражают Пушкину[2]. Пусть он рассмотрит отрывки из трех поэм в «Полярной звезде»: не родня ли они поэмам Пушкина, не говоря о том, что и самое желание писать поэмы возбуждено у нас примером Пушкина[3]? Повторяем, что талант трех упомянутых нами поэтов неопровержим; но Пушкин недостигаем никому, по крайней мере доныне. В «Полярной звезде» помещены два отрывка из двух его новых поэм «Цыгане» и «Братья-разбойники». В первой обрисована только картина цыганского табора – живая, яркая; но другой отрывок... не сказывайте имени поэта, читайте стихи его – и всякий вам скажет, что кроме Пушкина некому написать их. Хвалить можно, но лучшая похвала «Братьям-разбойникам» будет, если кто-нибудь разберет каждый стих и вникнет в силу, красоту, новость мыслей и выражений. Каким волшебством постигает Пушкин тайну силы слов, как умеет внушить участие, вдохнуть чувство разбойнику: поэт забыт – мы слышим, как разбойник, ночью, в кругу страшных товарищей, рассказывает им:

> Я старший был пятью годами
> И вынесть больше брата мог.
> В цепях, за душными стенами
> Я уцелел – он изнемог.
> С трудом дыша, томим тоскою,
> В забвенье, жаркой головою
> Склоняясь к моему плечу,
> Он умирал, твердя всечасно:
> «Мне душно здесь... я в лес хочу...

Воды, воды!...» но я напрасно
Страдальцу воду подавал:
Он снова жаждою томился,
И градом пот по нем катился;
В нем кровь и мысли волновал
Жар ядовитого недуга;
Уж он меня не узнавал
И поминутно призывал
К себе товарища и друга.
Он говорил: «Где скрылся ты?
Куда свой тайный путь направил?
Зачем мой брат меня оставил
Средь этой смрадной темноты?
Не он ли сам от мирных пашен
Меня в дремучий лес сманил,
И ночью там, могущ и страшен,
Убийству первый научил?
Теперь он без меня на воле
Один гуляет в чистом поле,
Тяжелым машет кистенем
И позабыл в завидной доле
Он о товарище своем!..»
То снова разгорались в нем
Докучной совести мученья:
Пред ним толпились привиденья,
Грозя перстом издалека.
Всех чаще образ старика,
Давно зарезанного нами,
Ему на мысли приходил;
Больной, зажав глаза руками,
За старца так меня молил:
«Брат! сжалься над его слезами!
Не режь его на старость лет...
Мне дряхлый крик его ужасен...
Пусти его – он не опасен;
В нем крови капли теплой нет...
Не смейся, брат, над сединами,
Не мучь его... авось мольбами
Смягчит за нас он Божий гнев!..»
Я слышал, ужас одолев;
Хотел унять больного слезы
И удалить пустые грезы.
Он видел пляски мертвецов,
В тюрьму пришедших из лесов,
То слышал их ужасный шепот,
То вдруг погони близкий топот,
И дико взгляд его сверкал,
Стояли волосы горою,
И весь как лист он трепетал.
То мнил уж видеть пред собою
На площадях толпы людей,
И страшный ход до места казни,

И кнут, и грозных палачей...
Без чувств, исполненный боязни,
Брат упадал ко мне на грудь.
Так проводил я дни и ночи,
Не мог минуты отдохнуть,
И сна не знали наши очи.
          Но молодость свое взяла...

Содрогаешься, читая мучения совести, видя, кажется, убийцу и привидения толпою окрест его!
Слова:

«Мне душно здесь... я в лес хочу...»

приводят в трепет. – Нет! Пушкину суждено великое назначение! Читавшие вполне его поэму «Цыгане» говорят об ней с восторгом. В каждом новом творении видно, что гений Пушкина мужает. Разнообразие его изумительно: можно ли поверить, что тот же поэт, который в изображении разбойника заставляет трепетать, умел в «Руслане и Людмиле» очаровать нас картиной русской старины, в «Кавказском пленнике» – мечтательностью любви и пресыщением сердца, в «Бахчисарайском фонтане» – всею роскошью восточного вображения, в «Онегине» – картиною светской жизни; в «Цыганах» переселяет он нас еще в новый мир... <...>

Д. Р. К.
Четвертое письмо на Кавказ

<Отрывок>

<...> У меня сердце вздрогнуло от радости, когда я прочел в № 53 «Северной пчелы» о скором издании новой поэмы А. Пушкина «Цыгане»[1]. Любопытство мое не имеет пределов после отрывка, напечатанного в «Полярной звезде». Живая картина цыганского табора, характер прелестной цыганки, обрисованный одним почерком; отец ее, идеал дикой природы – все прелестно. Одно только досадно: зачем так мало напечатано[2]. – Прислушиваясь к различным толкам о нашей поэзии, я слыхал довольно резкие приговоры отрывку из поэмы «Братья разбойники». Главнейшее из обвинения есть то, что рассказывающий разбойник не везде говорит свойственным ему языком, часто сбивается на возвышенную поэзию, употребляет слова, разрушающие очарование правдоподобия и, так сказать, показывающие своего суфлера. Отчасти замечание это справедливо, но несколько несвойственных простоте рассказа выражений нимало не ослабляют достоинства пиесы. Чувствования, положения, зверские забавы и ужасы списаны с натуры. Какая быстрота действия и рассказа, какое картинное описание разбойничьего притона, какие ужасные местности! Ты спросишь меня: какая цель этой пиесы? Прочти описание угрызений совести, изображение смерти младшего брата: вот мой ответ.

Послание к А.³ сего же поэта принадлежит к тому роду поэзии, которую г. Кюхельбекер весьма удачно обозначил в 3 части «Мнемозины» под именем *тоски о погибшей молодости*⁴. Признаюсь тебе, я не люблю этого рода; не люблю слышать поэтов во цвете лет и в полном блеске славы, твердящих нам о своей горькой опытности, о разочарованье в жизни, об увядшей душе и т. п. Впрочем, это послание имеет свое пиитическое достоинство и найдет своих читателей и почитателей. <...>

П. А. ВЯЗЕМСКИЙ
Письмо в Париж

<Отрывок>

<...> Мелкие стихотворения и новая поэма Пушкина, «Цыгане», готовятся к печати¹. Слышно, что юный атлет наш испытывает свои силы на новом поприще и пишет трагедию «Борис Годунов». По всему должно надеяться, что он подарит нас образцовым опытом первой трагедии народной и вырвет ее из колеи, проведенной у нас Сумароковым не с легкой, а разве с тяжелой руки. Благоговея пред поэтическим гением Расина, сожалею, что он завещал почти всем русским последователям не тайну стихов своих, а одну обрезанную, накрахмаленную и по законам тогдашнего общества сшитую мантию своей парижской Мельпомены. Как жаль, что Озеров, при поэтическом своем даровании, не дерзнул переродить трагедию нашу! Тем более опыт Пушкина любопытен и важен². Между тем поэтический роман «Евгений Онегин» подвигается. Жаль, что две или три следующие главы, которые, как слышно, уже готовы, до сей поры остаются в рукописи. Нашим типографиям нужна утешительная система Азаиса³. <...>

Из журнала «Соревнователь просвещения и благотворения»

Общество известилось и с удовольствием спешит уведомить читателей своего журнала, что автор многих прекрасных поэм А. С. Пушкин окончил романтическую трагедию «Борис Годунов»¹. Можно полагать, что это произведение будет эпохою в истории нашей словесности. У нас трагедия приметно отстала от других родов поэзии. Автор, столько любимый просвещеннейшею публикой, дает право ожидать от нового своего произведения таких же совершенств, какими у него отличались прежние. Остается только пожелать, чтобы он не замедлил представить на суд публики свое сочинение и тем придал бы новое украшение нашей словесности, которое от него преимущественно она привыкла заимствовать.

ПОЛЯРНАЯ ЗВѢЗДА.

ВѢСТНИКЪ ЕВРОПЫ.

МОСКОВСКІЙ

ТЕЛЕГРАФЪ,

издаваемый

Николаемъ Полевымъ.

Man kann, was man will —
Man will, was man kann. . . .

Оксенштирнъ.

ЧАСТЬ ДЕСЯТАЯ.

МОСКВА.
Въ Университетской Типографіи.
1826.

1826

П. И. ШАЛИКОВ (?)
Стихотворения Александра Пушкина

Спешим уведомить наших читательниц о вышедшей книжке стихотворений *Александра Сергеевича Пушкина*.

Уже мы видим радостную улыбку на прекрасных устах при имени поэта, произведениям которого невозможно никаким рассказом о красоте их придать более привлекательности, нежели сколько придает им одно его имя! Между тем вкус читательниц определит достоинство каждой пьесы вернее *прозаического* суда о пиитических произведениях.

Même quand l'oiseau marche, on sent qu'il a des ailes[*1].

Итак, ограничимся выпискою преуведомления от издателей, – чтобы дать обстоятельное понятие о сем издании.

«Собранные здесь стихотворения не составляют полного издания всех сочинений А. С. Пушкина. Его поэмы помещены будут со временем в особой книжке. Мы теперь предлагаем только то, что не могло войти в собрание собственно называемых поэм.

В короткое время автор наш успел соединить голоса читателей в пользу своих пиитических дарований. Мы считаем себя вправе ожидать особенного внимания и снисхождения публики к нынешнему изданию его стихотворений. Любопытно, даже поучительно будет для занимающихся словесностью сравнить четырнадцатилетнего Пушкина с автором "Руслана и Людмилы" и других поэм. Мы желаем, чтобы на собрание наше смотрели как на историю пиитических его досугов в первое десятилетие авторской жизни.

Многие из сих стихотворений напечатаны были прежде в периодических изданиях. Иные, может быть, нами и пропущены. При всем том это первое в некотором порядке собрание небольших стихотворений такого автора, которого все читают с удовольствием. Как издатели, мы перед публикою извиняемся особенно в том, что, по недосмотрению корректора, остались в нашей книжке значительные типографские ошибки»[2].

---

[*] Даже когда птица идет, чувствуется, что у нее есть крылья (*фр.*). – *Ред.*

Книжка напечатана прекрасно в С.-Петербурге 1826 г. и на прекрасной бумаге; состоит из 192 страниц в 8-ю долю. Продается здесь в Ун<иверситет-с>кой книжной лавке у А. С. Ширяева по 10 руб. ассигн<ациями>.

Ф. В. БУЛГАРИН

«Евгений Онегин», роман в стихах. Сочинение Александра Пушкина. Глава вторая

Москва, в тип. Августа Семена, при императорской Медико-хирургической академии. 1826, в м. 8, 42 стр.[*]

Читали ли вы «Онегина»? Каков вам кажется «Онегин»? Что вы скажете об «Онегине»? – Вот вопросы, повторяемые беспрестанно в кругу литераторов и русских читателей. Но если в дружеской беседе легко отвечать на сии вопросы, то, говоря с публикою, должно быть весьма осторожным и по существу предмета весьма неопределенным. «Онегин» – начатая картина. Из очерков и положенных в некоторых местах красок и теней мы узнаем кисть великого художника; узнаем ее в некоторых искусно отделанных подробностях, снятых с натуры, но не можем судить о целой картине, о характере главного лица, потому что он только в абрисе. Точно так же нельзя судить о драме или комедии по нескольким первым явлениям. В *первой* главе мы видели Онегина в Петербурге, знали его как молодого повесу, гоняющегося за ложными наслаждениями подобно заблудшему путнику, гоняющемуся за летучими огнями во мраке. Мы восхищались в первой главе подробностями петербургской рассеянной жизни, а более обращениями поэта к самому себе и некоторыми эпизодическими картинами. Прелестные стихи нежили слух наш. Поэт и его стихотворение обратили на себя наше внимание и привязали к себе, но герой романа, Онегин, остался нам чуждым. Характер его не очертан, и он был сокрыт в блестящих подробностях, как актер за богатыми декорациями. Во *второй* главе мы видим, что на молодого повесу Онегина нашла хандра: он живет в деревне, ни с кем не видится, ездит верхом, пьет стаканами красное вино, не подходит дамам к ручке, отвечает *да* и *нет*, и, дай Бог ему здоровья, уменьшил оброк с крестьян. Онегин здесь также в стороне, но являются другие занимательные лица: Владимир Ленский, возвратившийся из немецкого университета[**]; бригадирша с двумя милыми дочками, из коих романическая Татьяна мила до крайности, и, наконец, бригадир – всепокорнейший слуга своей жены, полной

---

[*] Продается в книжном магазине А. Ф. Смирдина по 5 рублей.

[**] В его портрете находится маленькая ошибка. Он представлен немецким студентом, которые называются *буршами* и *швермерами*, а не *филистерами*, как назвал его поэт. Филистером называется, напротив того, спокойный гражданин, не принадлежащий к сословию студентов[1].

хозяйки в доме. Отдельные портреты всех сих лиц и подробности деревенской жизни прелестны и, поистине сказать, достойны искусной кисти великого художника. Но главный характер, Онегин, еще покрыт завесою. А как в поэме, романе и даже в драматическом произведении, так называемом характерном, главная вещь, или масштаб, определяющий меру достоинства, есть характер главного героя, то мы и не можем сказать ничего определительного о целом, потому что сей характер еще не очертан; подождем конца. До сих пор Онегин принадлежит к числу людей, каких встречаем дюжинами на всех больших улицах и во всех французских ресторациях[2].

Но как любопытство, вероятно, столько же мучит читателей, как и нас самих, чтобы постигнуть, предузнать, кто таков *будет* Онегин, то мы, теряясь в догадках и предположениях, невольно остановились мыслью на *Чайльд-Гарольде* знаменитого Бейрона[3]. Вот что говорит британский бард о герое своей поэмы: «Было бы гораздо приятнее и даже легче изобразить характер любезный; можно было бы без труда скрыть его недостатки, заставить более действовать, нежели рассказывать: но, выводя на сцену *Чайльд-Гарольда*, я имел целию показать, что ранний разврат сердца и ума поселяет в нас пресыщение и препятствует наслаждаться новыми удовольствиями. Все, что только может возбудить раздражительность ума (после честолюбия, сильнейшей из пружин): красоты природы и странствования – потеряли власть свою над душою испорченною или заблудшеюся. Если б я продолжал поэму, то *Чайльд-Гарольд* был бы образцом человеконенавидения, ибо начертанный мною план, который я намеревался кончить некогда, представлял с некоторою разницею современного Тимона или, может быть, пиитического Зелуко»[4]. – Вот характер *Чайльд-Гарольда*, также молодого повесы, который, наскучив развратом, удалился из отечества и странствует, нося с собою грусть, пресыщение и ненависть к людям. Не знаем, что будет с Онегиным; до сих пор главные черты характера те же. Онегин также, промотав имение самым неприличным образом, возненавидел людей без всякой причины и удалился в деревню; что будет далее – увидим. Должно ли говорить о стихосложении, о гармонии, о счастливых оборотах, об остроумии, о сатирическом, весьма приятном духе сего отрывка? Этим преисполнена вторая глава, и она написана стихами Пушкина. Этого довольно.

П. И. ШАЛИКОВ
«Евгений Онегин». Глава вторая

(О романе в стихах должно, по-настоящему, и говорить не в прозе. Итак, мы отваживаемся дать знать стихами о содержании и достоинстве сей главы).

Мы в первой видели главе
Картину франтов, мод и света
При пиитической Неве,
Где развился талант поэта,

Как волны раннею весной.
Его нам кисть в главе второй
Совсем иных картину нравов,
Иных характеров и лиц –
От наших вдалеке столиц –
Иных обычаев, уставов,
С иною жизнию, с иной
Потребностью страстей и счастья,
Рисует верною рукой:
И обе – скажем без пристрастья
И с независимой душой –
Равно прелестны, и знакомы,
И *уморительны* подчас
И *поучительны* для нас;
И пусть другой напишет томы
Сих самых же картин: оне,
Смолчав о красках и огне,
Скажу – полней отнюдь не будут. –
Двух глав... в два века не забудут –
Затем что есть всему предел! –
Блажен, кто и для *внуков* пел!

Э.-Ж. ЭРО
Французский перевод «Бахчисарайского фонтана»

В июньской книжке «Revue Encyclopédique» 1826 года помещено известие о переводе «Бахчисарайского фонтана» на французский язык, написанное г. Геро. Представляя его читателям вполне, как редкость в летописях нашей литературы, заметим, что и переводчик поэмы Пушкина, г. Шопен, и рецензент, г. Геро, оба долго жили в России (Геро, говорят, был у нас лет десять), оба хорошо знают наш язык и литературу. Читателям «Телеграфа» известен подробный разбор «Перевода басен Крылова», написанный тем же г. Геро (см. «Телеграф», 1825 г. № 18)[1]. И там, и здесь видно, что он судит не понаслышке о наших произведениях, и потому мы должны дорожить мнением сего просвещенного и умного литератора. Он высказывает свое мнение беспристрастно о предмете, ему нечуждом. Почитаем ненужным прибавлять, в чем мы несогласны с мнением г. Геро.

«La Fontaine des pleurs», poëme traduit librement du russe par J.-M. Chopin. Фонтан слез, поэма. Вольный перевод с русского Ж. М. Шопена. Париж. 1826 г. in 8. 40 стр. Цена 2 фр. 50 с.

«Юный лирический поэт, которого последнее сочинение г. Шопен попытался сделать нам известным, есть драгоценнейшая надежда русского Парнаса. Соотечественники с гордостию могут противопоставить его отличнейшим новым поэтам других европейских народов. Александр Пушкин родился в С.-Петербурге 26 мая 1799 года. Пятнадцати лет он уже известен своими стихотворениями, обещавшими все то, что с тех пор совершила его муза. Литературные журналы обогащены его одами и посланиями. Но сочинение, особенно обратившее на автора внимание всех друзей изящной словесности в России, есть его "Руслан и Людмила", поэма, в которой, по мнению самых просвещенных судей, соединены достоинство воображения, равно богатого и необыкновенного, с положениями самыми занимательными, счастливая смесь шалости и ума (un mélange heureux de folie et de raison), веселости и чувства, и особенно поэтический колорит, истинно необыкновенный в столь юном авторе. "Кавказский пленник" увеличил известность г. Пушкина, который после сего (в 1824 г.) издал "Бахчисарайский фонтан": о нем мы извещали в "Revue Encyclopédique" (t. XXIII, p. 643)[2]. Г. Шопен назвал его в своем переводе "Фонтаном слез", боясь оскорбить татарским словом нашу привычку к сладкогласию[*]. Мы имеем перед глазами оригинал сей поэмы и должны признаться, что он не исполнил наших ожиданий. Соотечественники почитают Пушкина поэтом романтическим, и, к несчастию, в России, так же как во Франции, если это слово еще не совсем определенное, то, по крайней мере, по какому-то немому соглашению его соединяют со всеми произведениями, которые запечатлены большою вольностью в слоге, или в которых мысли и изображения оставляют в уме читателя неопределенность и темноту. И действительно, это главный замеченный нами недостаток в новой поэме г. Пушкина, где совсем нет переходов – а это не раз сбивало с пути наше внимание и наше понятие.

Одни подробности сей поэмы – в ней много подробностей прелестных – могли заставить г-на Шопена предпринять труд, за который автор обязан ему такою же благодарностию, как и мы, который можно оценить, только сличив оба стихотворения, русское и французское. Наименование "переводом вольным" – которое дал своему труду скромный переводчик – может заставить подумать, что он удалялся от некоторых трудностей текста или, по крайней мере, старался уклоняться от них; но мы можем уверить, что почти нет тех красот в оригинальной поэме, которые бы с верностью не были переданы г-ном Шопеном, и г-н Пушкин еще одолжен ему многими, которые немало способствовали прикрыть длинноты, а иногда и возвысить несколько простонародные украшения его рассказа. Ремесло переводчика самое неблагодарное: сделайте хорошо – вся слава принадлежит оригинальному автору; сделайте худо – все порицание обратится на вас. Итак, надобны не один талант и добрая воля для перевода поэтического произведения; надобны еще вкус и воображение, наконец, надобно, чтоб переводчик сам был поэт. Один пример, взятый, впрочем, из такого места, где сам русский автор возвысился до величия необыкновенного, может решить, имеет ли права г. Шопен на название поэта. Это картина однообразной и монотонной жизни красавиц, осужденных на почести гарема:

> Les mois, les ans se succèdent pour elles,
> Dans les langueurs de l'uniformité;

---

[*] Бахчисарай есть имя древней столицы Крыма. Это слово составлено из «бахче», сад, и «сарай», дворец. Бахчисарай был разорен русскими в 1736 году и вновь выстроен уже после. Г<еро>.

Et le temps fuit, emportant sur ses ailes,
D'un vol égal, leur âge et leur beauté...
Un jour s'écoule, un autre le remplace,
Et fuit, semblable au jour évanoui...
Le jour suivant et commence et s'efface,
Sans que son vol ait imprimé de trace
En fournissant le cercle de l'ennui.
Dans le harem la froide indifférence
Voit sans regret s'effacer chaque instant;
Et la gaîté ne vient que rarement
Y réveiller la molle nonchalance.
L'essaim captif de ces jeunes beautés,
Pour alléger le poids mortel des heures,
Souvent déploie en leurs riches demeurs
Les fins réseux et les tissus vantés,
Orgueil de l'Inde, à prix d'or achetés.
Les entretiens, les jeux et la parure
Trompent leur coeur, sans jamais le remplir...[3]

"Татарская песня", положенная на музыку г-жою Шопен, и три литогра-
фических рисунка, которыми одолжены мы брату переводчика, показывают, что все роды талантов как бы соединились в сей фамилии и дают новую
цену сей поэме, которую издатель, г. Дондей-Дюпре, украсил сверх того всею
типографическою роскошью».

ДАМ

ШУР

БЛАГОНАМѢРЕННЫЙ.

ОТЕЧЕСТВЕННЫЯ
ЗАПИСКИ,

издаваемыя
Павломъ Свиньинымъ.

———

Любить Отечество велитъ природа, Богъ;
А знать его—вотъ честь, достоинство и долгъ!

———

ЧАСТЬ ДВАДЦАТЬ ДЕВЯТАЯ.

*(Съ видомъ Ханскаго сада въ Бакчиса-
райскомъ дворцѣ.)*

———

САНКТПЕТЕРБУРГЪ.
Въ Типографіи К. Крайя.
1 8 2 7.

1827

К. А. ПОЛЕВОЙ

«Der Trauerquell» («Бахчисарайский фонтан») verfaßt von Alexander Puschkin. Aus dem Russischen übersetzt von Alexander Wulffert

СПб. 1826. в Т⟨ипографии⟩
Особ. канц. мин. вн. дел. in 16. 48 стр.

Русская литература до сих пор еще не породнилась со старшими своими предшественницами. Если что и переходит от наших муз к иностранным, то это не знаменует союза, основанного на взаимном уважении, на взаимной любви; нет! Эти переселения скорее можно сравнить с похищением сабинянок[1], да и тут редко оказывается в похитителях нежная заботливость и уменье овладеть душою и всем существом предмета, переселяемого ими на землю чуждую. Есть исключения, но они не опровергнут мнения нашего, ибо из довольного числа сочинений, переведенных с русского на иностранные языки, многое ли переведено хорошо или даже порядочно? Ни одно русское сочинение ни на один язык не переведено каким-нибудь известным, знаменитым литератором: этот труд принимают на себя люди, случайно заезжающие в Россию и русские немцы, а как фон-дер Борги и Бауринги[2] везде редки, то от переводов нам мало и пользы. Возразят, что это происходит от незнакомства европейцев с русским языком; согласен, но легче ли от этого русским? Перед нами ясный пример всего сказанного выше.

Г. Вульферт предлагает публике немецкий перевод «Бахчисарайского фонтана», Бог знает почему названного им в переводе *Печальным источником*. Это служит печальным задатком надежде, а сердце в нас вещун! В предисловии г. переводчик идет по пробитой дороге: извиняется в слабости своего таланта и в том, что переводчик не немец, что немецкий язык не так благозвучен, как русский, и проч. Все это нейдет к делу. Мы благодарны г. Вульферту за то, что он перевел сочинение, во всех отношениях достойное быть переведенным. Г. Вульферт и прежде занимался переводами сочинений земляков наших на немецкий язык, но выбор его был неудачен[3]; теперь он оправдывает свой вкус, а со временем, может быть, оправдает и талант свой. Что касается до нового перевода его, мы недовольны им. В этом переводе мало стихов, переданных хорошо, много стихов дурных, много изменений смысла. Доказано, что ни один язык не сравнится с немецким в гибкости, или, так сказать, в прикладности его на все тоны, и что ни у кого нет таких буквальных и вместе прекрасных переводов, как у немцев. Что же находим у г. Вульферта? Где автор говорит: «*Все было тихо во дворце*», там переводчик доносит, что *толпа смущенных слуг молчит*. Далее, в подлиннике:

> Благоговея все читали
> Приметы гнева и печали
> На сумрачном его лице.

Перевод:

> Voll Ehrfurcht lesen sie die Mienen,
> Wo Grimm und tiefer Kummer ihnen
> Sich auf dem düstern Antlitz zeigt.

Просим добраться до смысла в переводе! Язык в этих трех строках совсем не поэтический, да и что значит: «Исполненные благоговения читают они в его виде (или его вид), где гнев и глубокая печаль *является* им на мрачном лице?»

Вот еще пример. Подлинник:

> Покинув Север наконец,
> Пиры надолго забывая,
> Я посетил Бахчисарая
> В забвеньи дремлющий дворец.

Перевод:

> Entflohn des Nordens Üppigkeit,
> Und opfernd meiner Jugend Plane,
> Sah ich den Sitz der alten Chane
> Versunken in Vergessenheit –

т. е. «Ускользнув от *неги* Севера и жертвуя *планами* моей юности, я увидел жилище древних ханов, ниспадшее в забвение».

Воля г. переводчика, это ни на что не похоже! Какая нега в нашем Севере? Нет ее ни в «Бахчисарайском фонтане», ни в северной России. А эти *планы*, о которых и не думал Пушкин? Понравятся ли они читателям?

Мы заметили несообразности и неверности перевода, он не везде таков; но и в тех местах, где переводчик остается верным оригиналу, у него выражение как-то холодно, не горит пламенем, не дышит роскошью, которыми исполнены стихи Пушкина, достойного представителя своих соотечественников.

Сказав наше мнение о переводе поэтического стихотворения, мы должны сказать несколько слов и о приложениях к нему, которые также потрудился перевесть г. Вульферт: это «Разговор классика с романтиком» и «Отрывки из Путешествия г. Муравьева по Тавриде», в которых описаны действительные подробности «Бах‹чисарайского› фонтана». Обе сии статьи переведены хорошо. Нам кажется приличным и перемещение «Разговора» на конец книги, а «Описания Бахчисарая» вперед, перед самым стихотворением. В самом деле, на что предупреждать суждение читателя, ибо хотя автор «Разговора» и рассуждал более о романтической поэзии вообще, но приговор его высказывается из немногих слов. Напротив, нам не нравится излишняя скромность переводчика, ибо автор «Разговора» прямо говорит, в каком русском журнале наскучила ему *проза в стихах*, в каком русском журнале суждения пристрастны, а переводчик упоминает о журналах вообще[4]. За что же давать повод иностранцам думать, что во всех русских журналах помещаются прозаические стихи и что все русские журналы пристрастны? Журнальное самолюбие наше страдает от этого!

К переводу г. Вульферта приложены четыре картинки, предметом которых взяты разные сцены из «Бахч‹исарайского› фонтана». Картинки сии те же самые, которые помещены в «Невском альманахе на 1827 год»[5]. Музыка на «Татарскую песню», соч. Маурера, довольно посредственна. Всего хуже в ней то, что первые фразы ее напоминают всем известную арию Je t'aime tant, je t'aime tant. Кажется, в характере сих песен есть маленькая разница. И на что было помещать эту плохую музыку, когда на «Татарскую песню» есть уже другая, прекрасная музыка, соч. кн. Одоевского[6]?

‹О ПОЛЬСКОМ ПЕРЕВОДЕ «БАХЧИСАРАЙСКОГО ФОНТАНА»›
‹ I ›
«Fontanna w Bakczyseraju», poema Alexandra Puszkina. Przekład z rossyjskiego («Бахчисарайский фонтан», поэма А. Пушкина. Перевод с русского).
Вильна, 1826 г. in 8, XVIII и 27 стр.

Известив читателей «Телеграфа» о немецком и французском переводах поэмы Пушкина[1], уведомляем их о переводе польском. Литератор польский, скрывший имя, решился передать своим соотечественникам один из самых ярких цветов новейшей русской литературы. Не доверяя себе, мы просили людей, более нас сведущих в польском языке, сказать нам: успешно ли исполнено это предприятие? Мнение их как о переводе поэмы Пушкина, так и о переводе «Апологов» Дмитриева читатели увидят помещенным ниже сего. Оно не совсем выгодно для польских переводов; жалеем и не можем при всем том не поблагодарить переводчиков за их старание знакомить Польшу с нашею словесностию. Радуемся, видя, что и наша словесность, наша литература понемногу выдвигаются за границы. К славе великого народного поэта Пушкин прибавляет для отечества новую, блестящую славу: *его творения* заставляют иностранных литераторов обращать внимание к нашей северной стороне? они знакомят их с нами. И каких успехов в сем отношении может еще надеяться тот, кто видит исполинский талант Пушкина быстро развивающимся в каждом новом его творении! Пушкину назначено в истории литературы нашей блестящее место.

Польский переводчик приложил к своему переводу довольно большое предисловие, где говорит о Пушкине и о романтической поэзии. В первом заметим ошибку: мать Пушкина не *африканка*, как сказано у него на стр. X, а только предок Пушкина со стороны матери был африканец, известный при Петре Великом генерал *Ганнибал*. Что касается до суждений переводчика о романтизме, признаемся, что они слишком поверхностны: переводчик или не совсем еще отстал от ошибок *старожитной*[*] школы классиков, или не отдал еще сам себе настоящего отчета о духе и сущности новейшей поэзии. Притом, что ему за мысль была, как будто на литературный кодекс какой, ссылаться на слова г-на Булгарина, который года три назад к весьма поверхностной рецензии, присланной к нему кем-то, приложил от себя мимоходом несколько слов[2]? Прочитав недавно в «Варшавской газете» рецензию на «Сонеты» *Мицкевича*[3] и сообразив ее с предисловием к польскому переводу «Бахчисарайского фонтана», видим, что в Польше *некоторые* литераторы глядят на романтизм (так как и у нас грех этот водится) совсем с ошибочной точки зрения. Оставляя других народов, скажем о своем отечестве, что, читая и слушая суждения некоторых из наших теоретиков, нельзя не улыбаться с сожалением. Не упоминаем уже о тех, которые и знать не хотят романтизма. Недавно один из таких, говоря о новой поэзии, утверждал, что красоты романтизма, «*поискавши, найдем в каждом романе; вот же вам сущность романтизма: своевольство, да и только. Ну! что тут говорить? В статье, которую перевел я лет за восемь, уже доказано, что романтизм есть сумасбродство*»[4]. Век величественною рекою катится между цветущими берегами и оставляет таких людей, как тину, в затишьях своих берегов.

---

[*] starożytny (*польск.*) – древний. – *Ред.*

< II >
А. МИЦКЕВИЧ
«Apologi cztero-wierszowe» z tdził I. I. Dmitriewa, z rossyjskiego na polskij język przetłómaczone przez Boguslawa Reutta. («Апологи в четверостишиях», соч. И. И. Дмитриева, переведенные на польский язык Богуславом Реутом.)
СП6., 1827 г., в тип. К. Края, in 16, 123 и IV стр.

С нескольких лет число переводов с российского на польский язык умножается; до сих пор, однако ж, не произошло от этого столько пользы, сколько можно бы ожидать от сближения литератур двух соплеменных народов. Сначала не всегда хороший вкус руководствовал выбором сочинений для переводов, а потом, когда, уже узнав лучше российскую литературу, польские писатели умели избирать творения, истинно достойные перенесения на чужеземные языки, усилия переводчиков не всегда оказывались счастливыми. Последнее, кажется, происходит от ложного понятия, что как язык российский легок в изучении для поляков, так же должно быгь легко и переводить с сего языка. Потому, вероятно, молодые польские писатели испытывают в переводах с российского языка незрелые свои таланты и прямо принимаются за самые трудные сочинения.

К числу тех сочинений, в коих молодой писатель должен встретить большие затруднения, принадлежат четверостишные апологи Дмитриева[1]. В других родах поэзии сильный эпический или драматический интерес или лирический восторг могут вдохнуть писателю энтузиазм, который, переходя к читателям, покрет несколько погрешности поэтического слога. Напротив, все достоинство кратких апологов, сохраняющих какую-то средину между баснею и эпиграммою, состоит в величайшей чистоте языка, простоте выражения и совершенстве механической части стихосложения. О хороших творениях сего рода можно сказать то, что французы некогда полагали признаком совершенства всех поэтических творений: «C'est beau comme de la prose»[*]. И в самом деле, стихи сего рода сочинений составляет прекрасная, к поэтическим мерам подведенная проза. Они остаются в памяти, переходят из уст в уста, делаются как бы пословицами и действуют на чистоту и благородство языка разговорного. Желающий сочинять или переводить такие творения должен иметь способность легко писать, также глубокое познание разговорного языка со всеми его оттенками; но то и другое требуют долгого упражнения.

Вот мысли наши при чтении польского перевода апологов Дмитриева, изданного г-м Реутом. Приятно нам сказать, что переводчик, до сего в польской литературе неизвестный и, вероятно, являющийся с первым литературным трудом, отчасти превзошел наше ожидание. Несколько апологов переданы им кратко, плавно и иногда даже почти слово в слово, например: «Мячик»,

---

[*] Это прекрасно, как проза (*фр.*). – *Ред.*

«Челнок без весла», «Две молитвы», «Разбитая скрыпка», «Еж и мышь». Несколько других требовали бы немногих изменений, хотя почти во всех попадаются счастливые отдельные стихи; особенно окончания пословицами переводчик успевал искусно заменять польскими. Вторая часть вообще лучше первой, но, чтобы весь перевод его мог иметь право на полную похвалу, надобно сызнова переделать большую часть апологов. Надеясь, что переводчик не оставит труда своего, мы напомним ему, что:

Не должно отступать слишком далеко от подлинника; например, в XIV апологе вместо

> Нескромное и вздорное желанье, *и проч.*
> żądzy człowieka, coś wiecznie brakuje[*]

вовсе иная мысль, и без всякой связи со следующими стихами.

Должно избегать лишних эпитетов или других, ничего не значащих прибавлений; наприм., в «Песни лебедя» в подлиннике: *«час смерти наступил»*, в переводе:

> ...ja się cieszę... rzekł mi – przeznaczeniem
> *Swoim*, mnie momęt śmierci, czas przyśpiesza rączy...[**]

Подобное растягивание мы находим и в других апологах. Сверх того, переходы из стиха в стих посредством одного слова (как здесь *swoim* и как еще многократно видим в апологах) уже давно изгнаны из польской версификации.

Надобно также больше стараться о гармонии...

> Bóg tak rzekł: ze chleb...

несносно для уха. То же

> Ani się go tknij, krzyęnał, *etc.*

Мы встретили еще слова и выражения не польские (наприм. głusza, dokazać sławy) и погрешности грамматические (garście ziemi, *etc.*).

Все сказанное о переводе апологов можно применить к переводу «Бахчисарайского фонтана». Хотя переводчик скрыл свое имя, видно, однако ж, что сим произведением литература польская одолжена молодому, но смелому писателю. Сочинение Пушкина, прекраснейшее творение в новой российской словесности, представляет трудности другого рода, нежели апологи Дмитриева. Поэма Пушкина требует от переводчика более таланта и восторга. Сила слога, богатство выражений, гармония стихов подлинника исчезли в переводе, слабом и часто неверном. Доказательством тому пусть послужат несколько стихов.

> Wyraźniej *czoło z oczyta*,
> Niepokój serca maluje...[2]

---

[*] Желанию человека всегда чего-то не хватает (*польск.*). – *Ред.*
[**] Доволен я... сказал он мне – предназначеньем
Своим, миг смерти время быстрое торопит (*польск.*). – *Ред.*

И в описании прелестей Заремы:

> Ujmujące twoje oczy
> W lubem spojrzeniu *figlarne*...[3]

В первом примере czoło z oczyma портит всю картину; в другом слово figlarne такую же делает услугу читателям: оно годится только для смешного слога низшей комедии.

Зарема идет тайно ночью к Марии: страшимся переписывать стихи, изображающие сию сцену.

> Przed nią eunuch *rozciągniony*
> W *drzemaniu* swem bojaźliwy;
> Ach, on jest nie poruszony;
> Pokój snu jego zdradliwy!..
> *Lecz się jak duch lekka ona*
> Przemknęła niepostrzezona[4].

Кроме неверностей перевода механизм стихов очень небрежен, рифмы слишком вольны и весьма часто падают на прилагательные, чего хорошие польские стихотворцы стараются избегать.

Встречаются, однако ж, в сем переводе стихи иногда хорошие, по пяти и по шести в одном месте, но ими не спасется переводчик от негодования читателя, даже незнакомого с красотами подлинника.[5]

В. В. ИЗМАЙЛОВ
Краткое обозрение 1826 года

‹Отрывки›

‹...› Теперь русская словесность требует и ожидает взгляда на ее вековые творения. Обращаясь к ней от политики, замечу, что достоинство нашей литературы, в общем ее ходе и направлении, не достигло той высоты, на которую давно вознеслась политическая Россия. Мы догнали Европу в искусстве гражданского образования и в приятной вежливости нравов, опередили ее, может быть, в могуществе и силе народной, но в трудах ученого ума далеко отстали от ее деятельности и глубокомыслия, ознаменованных печатью веков. Давно сказано, что нет у нас главного достоинства мыслить и заставлять мыслить других: надлежало, однако ж, прибавить из любви к справедливости, что для мыслей ярких и сильных нет у нас пищи, нет других источников, кроме книг и природы. Вступите в круг наших обществ, светских, блестящих, но столь прозаических; следуйте за общими или частными разговорами, столь ничтожными, столь бездушными, – что может в них воскрылить дух писателя, с участием говорить его уму или сердцу, питать возвышенные понятия о пользах жизни, о достоинстве человека, о других важных предметах? А в литературе не повторяется ли дух общежития?

Ее характер бывает всегда выражением общего вкуса и мнения. <...> Итак, удивляться ли молчанию наших муз, изредка возвышающих робкий и скромный голос, изредка озаряемых молнией таланта или гения и скорее блестящих приятным даром в поэзии, нежели мужественным красноречием в прозе?.. Но время исчислить литературные богатства года, хотя и не многочисленные.

«Апологи в четверостишиях» явились в свет без имени автора[1]. Но тайне скромного молчания изменило великое дарование; музы и слава наименовали давнего любимца своего, и обрадованные сограждане с гордостию увидели в свежих стихах старца отблески младого поэта, украсившего век Екатерины творениями, полными жизни, огня и вдохновения. В сих апологах, достойных его имени, есть мастерские и образцовые в своем роде.

Другой поэт, с каждым новым гимном похищающий новые лавры, от успеха летящий к успехам и в младых летах готовый, кажется, захватить один высоты Парнаса, Пушкин возбудил новое удивление своими «Стихотворениями», напечатанными в одной книге. В них все дышит свободою гения, все блестит красотою пиитического выражения. В *элегиях*[2] слышится тайный стон души, утомленной бурями жизни и борением с человеческими страстями. В *эпиграммах* сыплется соль аттическая. *В посланиях к Лицинию, к Ч–ву, к Дельвигу*[3] и к другим видно богатство неистощимых мыслей. Наконец, из смешанных стихотворений одно – *к морю*, а другое – *к Овидию* кажутся нам превосходнейшими. Какими живыми, пламенными красками изображает Пушкин и море, и соперника своего Бейрона, и соперника всех веков Наполеона! С какою величавостию, силою и красотою говорит с Овидием об участи жизни, о тягости славы! И сколько русский певец побеждает римского мужеством и силою духа!

> Суровый славянин, я слез не проливал,
> Но понимаю их...

В стихотворении «Наполеон», хотя и не столь обильном великими красотами, чего не искупят сии мысли и стихи:

> Великолепная могила!..
> Над урной, где твой прах лежит,
> Народов ненависть почила
> И луч бессмертия горит.

В «Подражаниях Корану», заключающих книгу, Пушкин является счастливым соперником Глинки, известного в поэзии подражаниями другого рода.
<...> «Опыты священной поэзии» Ф. Глинки[4] суть единственные произведения в сем роде. Это истинно священная и боговдохновенная поэзия, которая с лица порочной и преступной земли переносит нас в небеса, в другой, чистейший, мир, к источнику всего высокого и доброго! Может быть, в сих опытах более, нежели в других творениях Глинки, видится прекрасный отпечаток его души, ума и дарования.

В «турецкой повести» «Невеста абидосская»[5] передал нам Козлов многие красоты лорда Бейрона с отличным искусством и с тем счастливым талантом, которым владеет певец Чернеца[6].

314

Вторая часть «Евгения Онегина», романа в стихах Ал. Пушкина, заключает блистательным образом ряд изящных стихотворений сего года. <...>

О. М. СОМОВ
«Северные цветы», изданные бароном Дельвигом

<Отрывок>

<...> Два отрывка из 3-й песни «Онегина», *письмо Татьяны и ночной ее разговор с нянею*, дышат какою-то детскою откровенностию юного сердца девичьего. Особливо в *разговоре* А. С. Пушкин умел превосходно оттенить томление любви, зародившейся в сердце молодой Тани простодушным неведением доброй старушки, ее нянюшки, которая не верит мучениям сей страсти и на все повторения Татьяны: «Я влюблена!» – твердит ей: «Дитя мое! Ты нездорова!» Его же стихотворение «19 октября» посвящено воспоминаниям молодости поэта и друзьям его. Небольшая элегия «К ***» есть одно из тех милых стихотворений Пушкина, которые легко затверживаются и долго, долго остаются в памяти. <...>

П. А. ВЯЗЕМСКИЙ
Об альманахах 1827 года
Статья вторая
<Отрывки>

«Северные цветы». Это годичное собрание стихов и прозы поддерживает свою славу. Иной журналист сказал бы, что барон Дельвиг любимый садовник в цветниках муз и граций и что цветы, которые приносит он на их алтарь, свежи, душисты и махровы. Не желая отбивать хлеб у ближнего и его передразнивать, мы скажем простою и *низкою прозою*, что «Северные цветы» *лучший из альманахов, выходящих ныне в России*, и что может он смело выдержать соперничество с лучшими литературными альманахами европейскими. <...>

От прозы, у нас как-то все еще худо цветущей и напоминающей песню «Ах! как бы на цветы да не морозы», перейдем к поэтическому цветнику: он разнообразнее и богаче.

Александр Пушкин и здесь, как и в самой поэзии нашей, господствует. Письмо Татьяны, из *3-й песни* «Евгения Онегина», и ночной разговор Татьяны с ее нянею, из *3-й главы* «Евгения Онегина» (вот точка преткновения для будущих наших Кеппенов[1]: может возникнуть спор о существовании двух «Евгениев Онегиных»: *поэмы* и *романа*), две прелести и две блистательные победы, одержанные всемогуществом дарования над неподатливым и неповоротливым языком нашим. Письмо и разговор Татьяны не отзываются авторством: в них слышится женский голос, гибкий и свежий. Автор сказывал, что он долго не мог решиться, как заставить писать Татьяну без нарушения женского единства и правдоподобия в слоге: от страха сбиться на академическую оду думал он написать письмо прозою, думал даже написать его по-французски; но наконец счастливое вдохновение пришло кстати, и сердце женское запросто и свободно заговорило русским языком, не задерживая и не остужая выражений чувства справками со словарем Татищева и грамматикою Меморского[2]. <...>

ИЗ «СЕВЕРНОЙ ПЧЕЛЫ»
«Цыганы». (Писано в 1824 году)
М., в типогр. Августа Семена. 1827.
46 стр., в 8-ю д. л.[*]

Новое прелестное стихотворение А. С. Пушкина! Дикая кочевая жизнь племени цыган, простота их нравов и нужд, шумность их таборов; и подле сих своевольных, но не злобных детей природы буйные страсти полуобразованного Алека, унесшего с собою в цыганский табор гордость и самолюбие горожан, – все это изображено смелыми, но верными чертами, в стихах пленительных. Некоторые места небольшой сей поэмы поражают воображение читателя своею новостью: таков рассказ старого цыгана об Овидии, которого он знает по слуху, но не знает по имени и славе; и вслед за тем речь Алека, невольно обнаруживающая затаенную им образованность:

> Так вот судьба твоих сынов,
> О Рим, о громкая держава!
> Певец любви, певец богов,
> Скажи мне: что такое слава?
> Могильный гул, хвалебный глас,
> Из рода в роды звук бегущий,
> Или под сенью дымной кущи
> Цыгана дикого рассказ!

Такова цыганская песня, которою легкомысленная Земфира возбуждает в Алеке ревность; такова речь старика, отца ее, когда он, похоронив несчастную свою дочь, оттоняет от табора неистового ее убийцу:

> Оставь нас, гордый человек!
> Мы дики, нет у нас законов.
> Мы не терзаем, не казним,
> Не нужно крови нам и стонов;
> Но жить с убийцей не хотим.

---

[*] Продается в книжном магазине И. В. Сленина, у Казанского моста, в доме Кусовникова. Цена экземпляру 6 р.

Ты не рожден для дикой доли,
Ты для себя лишь хочешь воли;
Ужасен нам твой будет глас:
Мы робки и добры душою,
Ты зол и смел; оставь же нас.
Прости! да будет мир с тобою.

Вообще стихотворение сие отменно нравится свежестью предмета и рассказа, иногда повествовательного, иногда драматического. Есть и теперь еще у нас тесные любители форм, пущенных за закон обычаем и давностию, люди, для которых всякая картина должна быть в рамках и за стеклом, или иначе она не картина. Эти люди, вероятно, станут спрашивать: почему сочинитель не сделал того, не выполнил другого, не кончил третьего? Потому, милостивые государи, что он писал, следуя своему воображению, которое у поэта подчиняется тем же уставам, какими правятся события мира существенного. Разве можно спрашивать у судьбы: почему случилось то, а не это? почему окончилось так, а не вот как? Поэт в каждом своем произведении должен быть творец, а не подражатель: ему нет нужды беспрестанно держать в голове, что в стольких-то комедиях действующие лица ссорятся из любви и мирятся через посредство слуг и служанок; что в стольких-то трагедиях постороннее, холодное лицо пространно рассказывает о плачевной развязке драмы; что в стольких-то поэмах герой сходит в ад, повествует о минувших своих бедствиях и сражается с существами живыми и мечтательными. Он свободен в выборе своего предмета, и если не избрал предмета исторического, то свободен придавать лицам такие характеры, а происшествиям такое направление и развязку, какие ему заблагорассудятся. Не менее того он свободен в выборе формы и в отделке стихов; во всех сих случаях он руководствуется только воображением, вкусом и некоторыми правилами безусловными.

П. А. ВЯЗЕМСКИЙ
«Цыганы». Поэма Пушкина

Весело и поучительно следовать за ходом таланта, постепенно подвигающегося вперед. Таково зрелище, представляемое нам творцом поэм: «Руслан и Людмила» и ныне появившейся «Цыганы»; таков и должен быть ход истинного дарования в поре зреющего мужества. Признаки жизни в даровании тщедушном могут быть только временны и, так сказать, случайны; но в твердом есть удовлетворительное последствие в успехах. Стремление к совершенству возможному или невозможному, если оно не доля смертного, есть принадлежность избранных на пути усовершенствования, и сие стремление должно быть непрерывно и единосущно. В поэме «Цыганы» узнаем творца «Кавказского пленника», «Бахчисарайского фонтана», но видим уже мужа в чертах, некогда образовавших юношу. Видим в авторе более зрелости, более силы, свободы, развязности и, к утешению нашему, видим еще залог новых сил, сочнейшей зрелости и полнейшего развития свободы. Ныне рассматриваемая поэма, или повесть, как хотите назвать ее, есть, без сомнения, лучшее создание Пушкина, по крайней мере из напечатанного; потому что мы не вправе говорить о трагедии его, еще не выпущенной в свет[1]. Поэт переносит нас на сцену новую: природа, краски, явления, встречающиеся взорам нашим, не заимствованные и возбуждают в нас чувства, не затверженные на память, но рождают ощущения новые, впечатления цельные. Неужели нет тут ни малейшего подражания? – спросит сей час злонамеренная недоверчивость. Кажется, решительно нет; по крайней мере, подражания уловимого, подлежащего улике. Но нам лично, хотя для того, чтобы поддержать свое мнение, нельзя, впрочем, не признаться, что, вероятно, не будь Байрона, не было бы и поэмы «Цыганы» в настоящем их виде, если, однако ж, притом судьба не захотела бы дать Пушкину место, занимаемое ныне Байроном в поколении нашем. В самой связи, или, лучше сказать, в самом отсутствии связи видимой и ощутительной, по коему Пушкин начертал план создания своего, отзывается чтение «Гяура» Байронова и заключение обдуманное, что Байрон не от лени, не от неумения не спаял отдельных частей целого, но, напротив, вследствие мысли светлой и верного понятия о характере эпохи своей. Единство места и времени, спорная статья между классическими и романтическими драматургами, может отвечать непрерывающемуся единству действия в эпическом или в повествовательном роде. Нужны ли воображению и чувству, законным судиям поэтического творения, математическое последствие и прямолинейная выставка в предметах, подлежащих их зрению? Нужно ли, чтобы мысли нумерованные следовали перед ними одна за другою, по очереди непрерывной, для сложения итога полного и безошибочного? Кажется, довольно отмечать тысячи и сотни, а единицы подразумеваются. Путешественник, любуясь с высоты окрестною картиною, минует низменные промежутки и объемлет одни живописные выпуклости зрелища, пред ним разбитого. Живописец, изображая оную картину на холсте, следует тому же закону и, повинуясь действиям перспективы, переносит в свой список одно то, что выдается из общей массы. Байрон следовал этому соображению в повести своей. Из мира физического переходя в мир нравственный, он подвел к этому правилу и другое. Байрон, более всех других в сочувствии с эпохою своею, не мог не отразить в творениях своих и этой значительной приметы. Нельзя не согласиться, что в историческом отношении не успели бы мы пережить то, что пережили на своем веку, если происшествия современные развивались бы постепенно, как прежде обтекая заведенный круг старого циферблата: ныне и стрелка времени как-то перескакивает минуты и считает одними часами. В классической старине войска осаждали городок десять лет и песнопевцы в поэмах своих вели поденно военный журнал осады и деяний каждого воина в особенности; в новейшей эпохе, романтической, минуют крепости на военной дороге и прямо спешат к развязке, к результату войны; а поэты и того луче: уже не поют ни осады, ни взятия городов. Вот одна из характеристических примет нашего времени: стремление к заключениям. От нетерпения ли и ветрености, как думают сторожилы, просто ли от благоразумия, как думаем мы, но на письме и на деле перескакиваем союзные частицы скучных подробностей и прорываемся к *результатам*, которых, будь сказано мимоходом, по-настоящему нет у нас, и поневоле прибегаем к галлицизму, потому что *последствия, заключения, выводы*, все неверно и неполно выражают понятие, присвоенное этому слову. Как в были, так и в сказке, мы уже не приемлем младенца из купели и не провожаем его до поздней старости и, наконец, до гроба, со дня на день исправляя с ним рачительно ежедневные завтраки, обеды, полдники и ужины. Мы верим на слово автору, что герой его или героиня едят и пьют, как и мы грешные, и требуем от него, чтобы он нам выказывал их только в решительные минуты, а в прочем не хотим вмешиваться в домашние дела. Между тем заметим, что уже и в старину Депрео, хотя Магомет классицизма, но не менее того пророк в своем деле, чувствовал выгоду таких скачков и говорил, что Лабрюер, свергнув иго переходов, освободился от одной из величайших трудностей в искусстве писать[2].

Поэма «Цыганы» составлена из отдельных явлений, то описательных, то повествовательных, то драматических, не хранящих математического последствия, но представляющих нравственное последствие, в котором части соглашены правильно и гармонически. Как говорится, что *и в разбросанных членах виден поэт*[3], так можно сказать, что и в отдельных сценах видна поэма. Скажем нечто о составе и ходе ее. На грунте картины изображается табор южных цыганов со всею причудностью их отличительных красок, поэтическою дикостью их обычаев и промыслов и независимостью нравов. Замечательно, что сие племя, коего происхождение и существование историческое предлагают задачу, не совсем еще разрешенную, несмотря на изыскания и вероятные гипотезы ученых, везде сохраняет неизгладимые оттенки какого-то первоначального бытия своего и что сии оттенки не сливаются, по крайней мере во многих чертах, с нравами туземцев, между коими они искони ведутся. В самых городах являют они признаки кочевой жизни: временем и законным образом укорененные в гражданских обществах, они как будто все на переходе и готовы наутро сложить палатки свои для переселения. Тем еще своеобразнее должно быть житье их в степях и на воле. Племя с такою оригинальною физиогномиею принадлежит поэзии, и Пушкин в удачном завоевании присвоил его и покорил ее владычеству. Два лица выдаются вперед из сей толпы странной и живописной: Земфира, молодая цыганка, и старый отец ее. Среди сих детей природы независимой и дикой является третье лицо: гражданин общества и добровольный изгнанник его, недовольный питомец образованности, или худо понявший ее, или неудовлетворенный в упованиях и требованиях на ее могущество, одним словом, лицо, прототип поколения нашего, не лицо условное и непременное в новейшей поэзии, как лица первого любовника, плута слуги или субретки в старой французской комедии, но лицо, перенесенное из общества в новейшую поэзию, а не из поэзии наведенное на общество, как многие полагают. Любовь к Земфире, своевольная прелесть, которую находит он в независимом житье-бытье их сообщества, тягость от повинностей образованного общежития, пресыщение от опостылевших ему удовольствий светских удерживают его при таборе и водворяют в новую жизнь. Но укрывшийся от общества, не укрылся он от самого себя; с изменою рода жизни не изменился он нравственно и перенес в новую стихию страсти свои и страдания, за ними следующие. Разделяя с новыми товарищами их занятия и досуги, не мог он разделить с ними их образ мыслей: недоверчивость и самолюбие возмутили спокойствие души, на минуту прояснившейся и освобожденной от прежних впечатлений; ревность и обманутое самолюбие ввергли его в преступление. Он убивает соперника своего и любовницу. Отец Земфиры, общество, усыновившее пришельца, удаляются от него и, не удовлетворяя мести, предают его собственным мучениям и воле Промысла. Вот сущность поэмы. Не будем в подробности обращать внимание читателя на отдельные красоты рассказа, яркие черты живописные, поэтическое движение в оборотах, строгую и вместе с тем свободную точность выражений пламенных и смелых. В исполнении везде виден Пушкин, и Пушкин на походе. Дадим отчет читателю в главных впечатлениях наших. Каждое из трех лиц, упомянутых выше, очертано верно и значительно. Легкомысленная, своевольная Земфира; отец ее, бесстрастный, равнодушный зритель игры страстей, охлажденный летами и опытами жизни трудной; Алеко, непокорный данник гражданских обязанностей, но и не бескорыстный в любви к независимости, которую он обнял не по размышлению, не в ясной тишине мыслей и чувств, а в порыве и раздражении страстей, – все они выведены поэтом в настоящем их виде, с свойственными каждому мнениями, речами, движениями. Первая, изложительная, сцена и вторая, служащая к ней дополнением, – две картины цыганской природы, верною и смелою кистью Орловского начертанные. Живопись не может быть ни удовлетворительнее, ни, так сказать, осязательнее. После сих двух сцен положительных, в которых краски почерпнуты из природы видимой, следует, и очень кстати, сцена более идеальная, но не менее истинная, хотя истина в ней и отвлеченная. Читая ее, нечувствительно готовишься к бедствиям, которые постигнут Алеко и отразятся на общество, его принявшее. Вводные стихи о птичке, которые поэт с искусством составил по другому размеру и бросил как иносказание, свойственное поэзии наших народных песен, придают этому отрывку какую-то неопределенность, совершенно соответственную мысли, господствующей в нем. Кажется только, поэту не должно бы кончать последним стихом, а предыдущим. Он говорил об Алеко:

> Но, Боже, как играли страсти
> Его послушною душой!
> С каким волнением кипели
> В его измученной груди!
> Давно ль, надолго ль усмирели?
> *Они проснутся: погоди.*

Этот стих должен подразумеваться и смысл его обнажиться сам собою впоследствии. Тут он как будто наперед подсказанное слово заданной загадки. По мнению некоторых, эпизод Овидия, вставленный в четвертой сцене, не у места и неприличен устам цыгана. Мы с этим не согласны. Почему преданию об Овидии не храниться всенародно в краю, куда он, по всей вероятности, был сослан? К тому же бриллиянт высокой цены, кажется, везде у места; а сей отрывок об Овидии, столь верно и живо выражающий беспечность и простодушие поэта, есть точно драгоценность поэтическая. Может быть, только не совсем кстати старик приводит пример сосланного Овидия после стихов:

> Но не всегда мила свобода
> Тому, кто к неге приучен.

Легко согласиться, что насильственная свобода сосланного может быть для него и не слишком мила. Но, впрочем, воспоминание об Овидии совсем не вставка неуместная ни по сцене действия, ни по действующим лицам. В следующем отрывке, где описывается житье-бытье пришельца, не хотелось бы видеть, как Алеко по селеньям *водит с пеньем медведя.* Этот промысл, хотя и совершенно в числе принадлежностей молдаванских цыганов, не имеет в себе ничего поэтического. Понимаем, что Алеко сделался цыганом из любви к Земфире и из ненависти к обществу; но все не может он с удовольствием школить несчастного медведя и наживаться его боками. Если непременно нужно ввести Алеко в совершенный цыганский быт, то лучше предоставить ему барышничать и цыганить лошадьми. В этом ремесле, хотя и не совершенно безгрешном, все есть какое-то удальство и, следственно, поэзия[4]. С шестого отрывка до конца поэмы занимательность, искусство поэта и красоты разнородные, но везде первостепенные, возвышаются более и более. Сцена известной песни «Старый муж, грозный муж»[5], возникающая ревность Алеко и спокойное воспоминание о сей песне, давно сложенной, старика, который без участия, без внимания смотрит на жестокое, но уже для него непонятное волнение разыгрывающихся страстей; бесчувственность старика, в котором одна только память еще приемлет впечатления; ужасная ночная сцена сновидений Алеко, тоска и страх Земфиры, разговор ее с отцом, разговор его с Алеко и кипящие выходки страстей последнего, в которых так мрачно, так злосчастно предсказывается жребий Земфиры, если она изменит любви его, и самое совершение рокового предсказания, – все это исполнено жизни, силы, верности необычайных. Следуя своему поэтическому *crescendo*[6], поэт в последней главе превзошел себя. Обряд погребения, совершаемый перед убийцею, который

> С ножом в руках, окровавленный,
> Сидел на камне гробовом;

слова старика, прощающегося с ним, – все это дышит величественною простотою, истиною, то есть возвышенною поэзиею. Последние подробности, коими автор довершил картину свою, доказывают верность и сметливость его поэтического взгляда.

> .... Шумною толпою
> Поднялся табор кочевой
> С долины страшного ночлега,
> И скоро все в дали степной
> Сокрылось. Лишь одна телега,
> Убогим крытая ковром,
> Стояла в поле роковом.
> Так иногда, перед зимою,
> Туманной утренней порою,
> Когда подъемлется с полей

Станица поздних журавлей
И с криком вдаль на юг несется,
Пронзенный гибельным свинцом
Один печально остается,
Повиснув раненым крылом.
Настала ночь; в телеге темной
Огня никто не разложил,
Никто под крышею подъемной
До утра сном не опочил.

Все это замечено, все списано с природы. Вот истинная, существенная, не заимствованная поэзия.

В заключение эпилог, в котором последний стих что-то слишком греческий для местоположения:

И от судеб защиты нет.

Подумаешь, что этот стих взят из какого-нибудь хора древней трагедии. Напрасно также, если мы пустились в щепетильные замечания, автор заставляет Земфиру умирать эпиграмматически, повторяя последние слова из песни:

Умру любя.

Во всяком случае, разве, *умираю*, а то при последнем издыхании и некогда было бы ей разлюбить[7]. Еще не хотелось бы видеть в поэме один вялый стих, который Бог знает как в нее вошел. После погребения двух несчастных жертв Алеко

...............медленно склонился
И с камня на траву свалился.[8]

Вот изложение впечатлений, которые остались в нас после чтения одного из замечательнейших и первостепенных явлений нашей поэзии. Автор, кажется, хотел было сначала развернуть еще более части своей повести. Мы слышали об одном отрывке, в котором Алеко представлен у постели больной Земфиры и люльки новорожденного сына[9]. Сие положение могло бы дать простор для новых соображений поэтических. Алеко, волнуемый радостью и недоверчивостью, любовью к Земфире и к сыну и подозрениями мучительной ревности, было бы явление, достойное кисти поэта.

Пушкин совершил многое, но совершить может еще более. Он это должен чувствовать, и мы в этом убеждены за него. Он, конечно, далеко за собою оставил берега и сверстников своих, но все еще предстоят ему новые испытания сил своих; он может еще плыть далее в глубь и полноводие.

ИЗ ЖУРНАЛА «СЫН ОТЕЧЕСТВА»
«Цыганы» (Писано в 1824 году)
М., в типограф., Авг. Семена, 1827.
46 стр. в 12 д. л. (Цена 6 руб.)

Года за три пред сим отрывок из сей поэмы, заключающий в себе картину кочевой жизни цыганов, был помещен в одном альманахе[1]; и тогда уже любители русской поэзии нетерпеливо желали прочесть всю поэму, предугадывая в ней новые, занимательные положения от появления Алека, ушельца городов, в кругу полудиких цыганов. Догадки сии оправданы самим поэтом: раздражительное самолюбие Алека не уживается с простыми нравами и раздольным образом жизни цыганов; мучимый ревностью, он подстерегает неверную подругу свою, Земфиру, и убивает ее и сообщника ее измены. Такой пример неслыханных дотоле между цыганами порывов страсти возмущает робкую их совесть: они изгоняют из табора своего человека, готового нарушить принятые ими правила и жертвовать всем, даже жизнию других людей, в угоду необузданной своей воле. – Вся сия поэма написана как бы отдельными картинами, в которых живость изображений и звучность, сладость стихов Пушкина, совокупляясь с заманчивостию предмета, действует на воображение читателя тройным очарованием. Прочитав последнюю страницу, все еще не останавливаешься, не хочешь расстаться с повестию: все ждешь новых событий или ищешь в душе своей новых впечатлений. Такова сила истинного дарования! Утаенное или недосказанное им открывает перед нами ряд неясных картин и пробуждает такие ощущения, в которых мы сами себе не можем дать отчета.

ИЗ «СЕВЕРНОЙ ПЧЕЛЫ»
«Братья разбойники», соч. А. Пушкина (писано в 1822 году)
М., в типогр. Августа Семена, 1827. – 15 стр. в 8-ю д. л.

Когда стихотворение сие за несколько лет пред сим впервые появилось в одном альманахе, то многие почли его эпизодом из новой поэмы А. С. Пушкина[1]; но правильнее можно сказать, что оно, полнотою действия, живостию картин и разнообразием ощущений, попеременно тревожащих душу читателя, составляет само по себе целую поэму. – Одно обстоятельство удерживало нас доселе объявлять о напечатании сей поэмы особою книжкою: нам обещали вместо одного издания два, и мы не знали, которое из них будет подлинное, и тем более что сам сочинитель поэмы, совершенно посторонний в деле издания оной, дивился и не мог разгадать, что это значит. Вот, в коротких словах, сие дело: московский книгопродавец, приобретший все издание сего стихотворения, вместо того чтобы продавать оное по объявленной на обертке цене: 105 коп., публиковал оное по 2 р. Это вызвало издателя напечатать в «Московских ведомостях», что скоро появится новое издание стихотворения «Братья разбойники» и будет продаваться по 42 коп. Господин книгопродавец, объявляя снова в тех же ведомостях о продаже сего стихотворения по назначенной прежде им цене, 2 руб., прибавил, что, по выходе в свет нового издания, сие прежнее будет у него продаваться по 21 коп. Конечно, такие объявления смешат публику; но через них, в некотором отношении, страждет личность автора, как мы уже сказали, вовсе неприкосновенного к этому делу и даже не бывшего тогда в Москве. В какую же силу имя и произведение его замешаны там, где весь толк идет о цене? – Не видя, однако ж, доселе обещанного нового издания «Братьев разбойников», мы решились объявить о сем, прежнем; но не решаемся выставлять цены, которая, как видно, предоставлена ad libitum*.

ИЗ ЖУРНАЛА «СЫН ОТЕЧЕСТВА»
«Братья разбойники», соч. А. Пушкина (писано в 1822 году)
М., в типогр. Августа Семена, 1827, в 8, 15 стр.

Поэзия и музыка производят очаровательное, можно даже сказать, чудное действие на душу человека. Первая возбуждает в нас иногда соучастие к лицам и предметам, кои, в обыкновенном о них понятии, более способны внушать нам негодование, даже отвращение, нежели какое-либо чувство доброжелательства; вторая, нередко выражая звуками нестройство, пленяет нас гармониею самого разногласия. Таково волшебство изящных искусств! Они настраивают душу на тот лад, на который хотел ее навести своенравный гений поэта или сочинителя музыки. Мы негодуем на пороки действующего лица поэмы – и невольно уделяем ему вздох сожаления; досадуем на некоторые звуки, оскорбляющие наш слух, – и не можем себе дать отчета, почему *в целом* они нам нравятся? Небольшая поэма Пушкина «Братья разбойники» служит новым подкреплением сей задачи. В сей поэме разбойник, недавно завербовавшийся в шайку развратной вольницы, рассказывает удалую свою жизнь, набеги, грабежи и убийства; ни одна добрая наклонность, ни одно доброе дело не искупает пороков его и злодейств. Наконец он вместе с братом своим и товарищем в разбоях попадаются в руки правосудия, закованы и брошены в тюрьму, ожидая достойной мзды своих преступлений. Брат его, младший годами, не мог перенести узничества; он впал в тяжкую болезнь и в бреду горячки между устрашающими его призраками видит некогда зарезанного ими старца и умоляет брата пощадить седины его.

---

* произвольно (*лат.*). – *Ред.*

«Но молодость свое взяла»: больной выздоравливает. Братьям-разбойникам удается обмануть своих стражей; они переплывают через реку, отбиваются от погони и уходят. Но тут младший снова впадает в недуг – и умирает. Старший брат предает бездушный труп земле, совершив над ним *грешную молитву*, и снова отправляется на промысел. Не та уже для него жизнь; нет прежней буйной радости: «*могила брата все взяла*», говорит он, и последняя жалость замерла в его сердце.

> Но иногда щажу морщины:
> Мне жалко резать старика;
> На беззащитные седины
> Не поднимается рука.

И этим он платит дань памяти своего брата, который умолял его в тюрьме за старца. – В характере сего разбойника, при всей его жестокости и развратности, видим одно господствующее чувство природы – любовь братскую; она, за недостатком добродетели, за отсутствием совести, сдерживает иногда в нем порывы кровожадности; и она-то, выраженная очаровательными стихами Пушкина, пробуждает в нас минутное чувство жалости, даже к разбойнику. Вот нравственная сторона сей поэмы, из которой можно вывести последствие, что человек даже в крайнем унижении своем не вовсе еще отметет те чувствования, которые милосердный промысел влил в душу его при самом рождении.

ИЗ «СЕВЕРНОЙ ПЧЕЛЫ»
«Евгений Онегин». Роман в стихах. Сочинение Александра Пушкина. Глава третия
СПб., в типогр. Департам. народн. просвещения, 1827.
51 стр. в 12 д. л.*

«Первая глава"Онегина", написанная в 1823 году, появилась в 1825. Спустя два года издана вторая. Эта медленность произошла от посторонних обстоятельств. Отныне издание будет следовать в беспрерывном порядке: одна глава тотчас за другою»[1]. Вот что сказано в предуведомлении к этой главе; радуемся и поздравляем всех любителей изящной поэзии. Между тем в ожидании сих обещанных нам дорогих подарков полюбуемся нынешним. Сия третья глава, конечно, уступит двум предшествующим в богатстве и разнообразии картин, зато более нравится сердцу и придает занимательность *целому*: в ней описывается любовь Татьяны к Онегину, описывается жаркими стихами Пушкина. Где умел он найти эти страстные выражения, которыми изобразил томление первой любви! как постиг он простоту невинного девичьего сердца, рассказал нам признание Татьяны в ночном

---

* Продается в С.-Петербурге, во всех книжных лавках, по 5 руб. за экземпляр, на лучшей белой бумаге. За пересылку в другие города прилагается 80 коп.

ее разговоре с нянею и в письме к Онегину! Сии стихи, можно сказать, *жгут страницы.* Взглянем на Татьяну, когда, написав роковое письмо, она, в нерешимости и как бы в онемении, медлит его запечатать:

> Татьяна то вздохнет, то охнет;
> Письмо дрожит в ее руке;
> Облатка розовая сохнет
> На воспаленном языке.
> К плечу головушкой склонилась.
> Сорочка легкая спустилась
> С ее прелестного плеча...

Мы не излагаем содержания сей главы: это история сердца, а сия история редко бывает обильна происшествиями. Заметим только, что поэт наш, как и все почти великие поэты всех стран и веков, часто играет языком и допускает некоторые небрежности. К нему нельзя применить холодной похвалы:

> В стихах его видна уж, так сказать, *работа.*

Здесь, напротив, видишь, что стихи не стоили ему никакого труда; и потому иногда промелькнули у него, в назолу гг. строгим грамматикам и пиитикам, легкие промахи против грамматики и стихосложения. Вот они:

> Как у Вандиковой мадон*е*...
> И после *во* весь путь молчал... (стр. 13).
> С семинаристом в желтой шал*е*... (стр. 33).[2]

Еще заметим опечатку на стр. 12-й (стих 2-й):

> *Зимой* летят во весь опор[3].

Должно было напечатать: Домой летят и пр.

ИЗ ЖУРНАЛА «СЫН ОТЕЧЕСТВА»
«Евгений Онегин», роман в стихах.
Сочин. Александра Пушкина.
Глава третья
СПб., в тип. Департ. нар. просв. 1827, в 12 д. л. 51 с.

Читатели вспомнят, что в первой главе сего романа поэт рассказывал нам рассеянную столичную жизнь своего героя; во второй – произвольное его пустынничество в деревне. В сей третьей главе изобразил он любовь юной Татьяны к Онегину и что-то похожее на сие чувство, только неясное и неопределенное, в самом Онегине. Здесь поэт наш еще лучше развернул характер своего героя. Онегин, утомясь и наскучив внешнею жизнию и не имея ни довольно силы, ни твердости для внутренней, скользит, так сказать, на краю той и другой. Он исчерпал уже все удовольствия жизни, и потому новая любовь кажется ему повторением скучной, давно знакомой драмы; но Татьяна так мила, так чиста, с такою детскою невинностию сама падает в его сети, что он не может вовсе избегнуть от некоторых впечатлений, хотя и таит их. С Татьяною поэт также познакомил нас еще во 2-й главе. Она увидела Евгения – все романические герои оживились в романическом ее воображении:

> Любовник Юлии Вольмар,
> Малек-Адель и де-Линар,
> И Вертер, мученик мятежный,
> И бесподобный Грандиссон,
> Который нам наводит сон,
> Все для мечтательницы нежной
> В единый образ облеклись,
> В одном Онегине слились.

Вся сия глава посвящена действию этой любви в сердце Татьяны; но поэт наш любит отступления: он любит, в промежутках рассказа, разговориться с своим читателем о том и другом. Так и здесь, сказав, что письмо Татьяны к Онегину было написано по-французски, он весьма остроумно подшучивает над тем, что прекрасный пол почти отучил нас от природного нашего языка:

> Доныне дамская любовь
> Не изъяснялася по-русски;
> Доныне гордый наш язык
> К *почтовой прозе* не привык.

И это говорит он с такою правдоподобною важностию, что можно подумать, будто бы он хотел выдать за точные свои мнения сию едкую иронию:

> Неправильный, небрежный лепет,
> Неточный выговор речей,
> По-прежнему сердечный трепет
> Произведут в груди моей.
> Раскаяться во мне нет силы:
> Мне галлицизмы будут милы...

Со всею его любовью к галлицизмам пожелаем, чтоб он поскорее сдержал нам свое слово, данное в предуведомлении, и подарил нас новыми главами «Онегина», в которых, по странному, свойственному поэтам противоречию, нет галлицизмов, зато много истинных, неподражаемых красот.

П. И. ШАЛИКОВ
«Евгений Онегин». Глава III

> Мир видимый и мир возможный
> Умом своим создаст поэт.
>
> Граф Хвостов.[1]

Пушкин не может писать дурных стихов – это всем известно, это многими сказано, и это неоспоримо: следовательно, не *о стихах* Пушкина говорить должно; даже не *о мыслях*, которые, собственно, принадлежат прозе; но о том, что существенно составляет поэзию и чему нельзя довольно надивиться в поэте. Например, спрашиваю у себя, где, когда и как Пушкин мог приобресть такое *опытное* познание сердца человеческого? где, когда и как мог он научиться языку страстей во всяком положении? где, когда и как нашел он ключ к сокровеннейшим чувствам и помыслам? Кто ему дал искусство – одним очерком ясно представить характеры с их отдаленным развитием и происшествия с предбудущими последствиями? Кто дал ему кисть и краски – живописать для воображения точно так, как живописуется природа для глаз? Вот тайна поэта и поэзии! Он – чародей, властвующий безусловно над ними; она – волшебное зеркало, показывающее все под образом жизни, души, истины.

Обратите внимание на приступ поэта к письму Татьяны и на самое письмо:

> Кто ей внушал и эту нежность,
> И слов небрежную любезность?
> Кто ей внушал умильный взор,
> Безумный сердца разговор
> И увлекательный и вредный?
> Я не могу понять.

И читатель говорит: «Я не могу понять, кто *ему* внушил все сии оттенки изображаемого предмета?»

> .... но вот
> Неполный, слабый перевод,
> С живой картины список бледный,
> Или разыгранный Фрейшиц
> Перстами робких учениц.

Но сия-то мнимая *бледность* списка и составляет истинную *яркость* картины; но сии-то персты *робких* учениц и дивят смелостию сравнения! Такова *живопись* эпитетов!

> Зачем вы посетили нас?
> В глуши забытого селенья
> Я никогда б не знала вас;
> Не знала б горького мученья.
> Души неопытной волненья
> Смирив со временем (как знать?),

По сердцу я нашла бы друга,
Была бы верная супруга
И добродетельная мать.

Как милы сии выражения под пером невинности, чувствующей свое высокое назначение!

Не правда ль? я тебя слыхала:
Ты говорил со мной в тиши,
Когда я бедным помогала
Или молитвой услаждала
Тоску волнуемой души.

Можно ли под пленительнейшими чертами представить в олицетворенном образе то, что мы называем *симпатиею*, решающей судьбу нашу?

Кто ты: мой ангел ли хранитель,
Или коварный искуситель?

Какой вопрос? Он излетел из души... не Пушкина – нет! а *самой Татьяны*!

Кончаю! страшно перечесть...

Страшно перечесть! Это *страшно* не есть ли страшное доказательство для гоняющихся за *умом* с мерою и рифмою в запасе, что поэт – нравственный Протей, принимающий без всякого усилия в сердце свое чувствования, ни по чему не принадлежащие его сердцу, и присвоивающий себе чужое так, как будто *чужого* нет для него на свете.

Татьяна то вздохнет, то охнет:
Письмо дрожит в ее руке;
Облатка розовая сохнет
На воспаленном языке.

Кто же, кроме *поэта*, может провести подобные черты в портрете? Кто, кроме *поэта*, найдет подобные эпитеты, столь верные в рассказываемом положении, моральном и физическом?.. Нет! Поэт не рассказывает: он *видел* свой идеал и указывает другим, которые смотрят на него и забывают о поэте!.. Счастливое забвение! Оно ручается за память потомства!..

Между *умом и талантом* та внешняя разница, что первый всегда является в *собственном образе*, а последний не знает, кажется, о своем существовании и, как будто не завися от самого себя, служит верным отголоском или отпечатком окружающих его предметов.

В саду служанки, на грядах,
Сбирали ягоду в кустах
И хором по наказу пели
(Наказ, основанный на том*,
Чтоб барской ягоды тайком
Уста лукавые не ели,

---

* Кажется, надлежало бы, по склонениям слов, так: «Наказ основан был на том» и проч. К<нязь> Ш<аликов>.

И пеньем были заняты:
Затея сельской остроты!).

Эта маленькая сатира на больших экономов не вылилась ли сама собою – по исторической необходимости? Вот почему пиитический урок всегда сильнее действует уроков прозаических; ибо в первом скрывается *намерение*, всегда оскорбительное для гордого самолюбия.

> Они поют, и, с небреженьем
> Внимая звонкий голос их,
> Ждала Татьяна с нетерпеньем,
> Чтоб трепет сердца в ней затих...

Какая точность! Надобно знать, что до этого

> Татьяна пред окном стояла,
> На стекла хладные дыша,
> Задумавшись, моя душа*,
> Прелестным пальчиком писала
> На отуманенном стекле
> Заветный вензель *О* да *Е*.
>
> Вдруг топот!.. кровь ее застыла.
> Вот ближе! скачут... и на двор
> Евгений! «Ах!» и легче тени
> Татьяна прыг в другие сени,
> С крыльца на двор, и прямо в сад.

Там она встретилась с Евгением. Историк его говорит:

> Но следствия нежданной встречи
> Сегодня, милые друзья,
> Пересказать не в силах я;
> Мне должно после долгой речи
> И погулять, и отдохнуть...

Рецензенту после долгой статьи своей надлежало бы сказать то же; но еще одно замечание не пускает его погулять и отдохнуть.

Обыкновенно говорят о *небрежности* гения, как будто о некотором праве его[2]. Но что значит *небрежность* в таком случае? Непреодоленные трудности. Но кто же преодолеет их, если не *гений*? а между тем это непременно требуется в искусствах. К чему же служит гению такое право? и для чего же он *не всегда* пользуется им? Стало, есть другая причина – самая простая: леность. *Добрая воля*, конечно, не участвует в том, а иначе не было бы *изящных творений*, не было бы ничего *образцового*: гений и пластик не разнствовали бы в своих произведениях.

Неужели Пушкин в самом деле по *гениальной небрежности* допустил, например, сии грамматические ошибки, конечно, *милые* в письме Татьяны, которая

> .... по-русски плохо знала,
> Журналов наших не читала,

---

* Татьяна так мила, что и читатель рад назвать ее: моя душа! К<нязь> Ш<аликов>.

И выражалася с трудом
На языке своем родном;

сии, говорю, грамматические ошибки:

Как у Вандиковой Мадон*е*.

С семинаристом в желтой шал*е*.[3]

Верно, нет; а соскучился трудом и захотел *погулять* и *отдохнуть*.

С «Онегиным» в руках я забыл бы и то и другое; но должно помнить о моих читательницах: беда, если я утомил их своим энтузиазмом к их любезнейшему поэту! Но не думаю – вопреки сему же поэту, который говорит:

Я знаю: дам хотят заставить
Читать по-русски. Право, страх!
Могу ли их себе представить
С «Благонамеренным» в руках!

Увы? должно, однако ж, признаться: мы все *благонамеренные* в этом случае!..

ИЗ ЖУРНАЛА «МОСКОВСКИЙ ТЕЛЕГРАФ»
«Евгений Онегин», роман в стихах. Сочинение Александра Пушкина. Глава вторая
М. , 1826 г., in 12. 42 стр.
«Евгений Онегин», роман в стихах. Сочинение Александра Пушкина Глава третья
СПб., 1827 г., в тип. Департ. народ. просв., in 12. 51 стр.

Мы соединяем в библиографии «Телеграфа» *вторую* главу «Онегина», изданную в прошедшем году и уже всем известную, с *третьею* главою, только на сих днях полученною из С.-П<етер>бурга. Вообще за Пушкиным библиографическое известие едва успевает: его творения *раскупают* прежде, нежели медлительный библиограф запишет их в реестр современных произведений нашей литературы. Мы извещали читателей наших о 2-й главе «Онегина» еще до издания оной в свет; после того нам *обещан* был разбор сего нового произведения поэта нашего[1], тем лучше: ждем исполнения обещания *теперь*, ибо рецензенту можно будет поговорить о трех главах вместе. Библиографу не хочется, однако ж, не поделиться поскорее с читателями «Телеграфа» приятным известием об издании *третьей главы* «Онегина» и особенно известием, приложенным в начале книжки, что «отныне издание продолжения "Онегина" будет следовать в беспрерывном порядке: одна глава тотчас за другою», а всех глав, как говорят литературные лазутчики, двадцать с лишком. Какой обширный разгул поэту и сколько наслаждений ожидает читателя! Что если бы чаще можно было соединять в «Русской библиографии» вдруг по четыре книги таких, о которых теперь мы хотим кратко уведомить наших читателей!

Повторяем, что *вторую* главу «Онегина» знают все, и, верно, половина наизусть; следовательно, об ней можно говорить как о сочинении, совершенно знакомом читателям. Они припомнят, что Онегин, после смерти дяди полный хозяин его поместьев, деревенского дома, заводов и проч. и проч., скучает в наследственной деревне,

> Затем, что он равно скучал
> Средь модных и старинных зал²;

знакомится с молодым соседом своим Ленским, и поэт вводит нас в дом Лариных, куда Ленский ездит почти как жених Ольги, дочери Лариных. Поэт обрисовывает характер и образ жизни Ленского, Лариных, соседей их, деревенских дворян. Здесь поэт прервал свое повествование.

Оно начинается снова в третьей главе; но очерки посторонних характеров здесь все в тени: Ленский, Ларины, соседи, самый Онегин забыты поэтом: душу, сущность третьей главы составляет Татьяна, девушка, одаренная необыкновенною, сильною душою, девушка, у которой «*всю историю составляет любовь*». Татьяна любит Онегина...

> ....в сердце дума заронилась,
> Пора пришла, она влюбилась.
> Так в землю падшее зерно
> Весны огнем оживлено.
> Давно ее воображенье,
> Сгорая негой и тоской,
> Алкало пищи роковой,
> Давно сердечное томленье
> Теснило ей младую грудь;
> Душа ждала... кого-нибудь,
> И дождалась! открылись очи,
> Она сказала: *это он*!

Поэт описывает разговор Татьяны с няней; хочет передать нам письмо Татьяны к Онегину, долго отговаривается от читателей и шутит над их нетерпением...

> ....предвижу затрудненье:
> Родной земли спасая честь,
> Я должен буду, без сомнения,
> Письмо Татьяны перевесть.
> Она по-русски плохо знала,
> Журналов наших не читала
> И выражалася с трудом
> На языке своем родном,
> Итак, писала по-французски...
> Что делать! повторяю вновь:
> Доныне дамская любовь
> Не изъяснялася по-русски,

Доныне гордый наш язык
К почтовой прозе не привык.

Я знаю: дам хотят заставить
Читать по-русски. Право, страх!
Могу ли их себе представить
С «Благонамеренным» в руках!
Я шлюсь на вас, мои поэты;
Не правда ль, милые предметы,
Которым, за свои грехи,
Писали втайне вы стихи,
Которым сердце посвящали,
Не все ли, русским языком
Владея слабо и с трудом,
Его так мило искажали,
И в их устах язык чужой
Не обратился ли в родной?

Не дай мне Бог сойтись на бале,
Иль при разъезде на крыльце,
С семинаристом в желтой шале
Иль с академиком в чепце!
Как уст румяных без улыбки,
Без грамматической ошибки
Я русской речи не люблю.
Быть может, на беду мою,
Красавиц новых поколенье,
Журналов вняв молящий глас,
К грамматике приучит нас;
Стихи введут в употребленье.
Но я... какое дело мне,
Я верен буду старине.

Неправильный, небрежный лепет,
Неточный выговор речей,
По-прежнему сердечный трепет
Произведут в груди моей;
Раскаяться во мне нет силы,
Мне галлицизмы будут милы,
Как прошлой юности грехи,
Как Богдановича стихи...

Мы читаем, однако ж, потом письмо Татьяны, переданное в прелестных стихах. Письмо готово:

Татьяна то вздохнет, то охнет;
Письмо дрожит в ее руке,
Облатка розовая сохнет
На воспаленном языке.
К плечу головушкой склонилась;
Сорочка легкая спустилась
С ее прелестного плеча...

Не скажем читателям, что сделала Татьяна с письмом к Онегину, что делала во весь этот день...

> Смеркалось: на столе блистая,
> Кипел вечерний самовар,
> Китайский чайник нагревая;
> Под ним клубился легкий пар.
> Разлитый Ольгиной рукою,
> По чашкам темною струею
> Уже душистый чай бежал
> И сливки мальчик подавал;
> Татьяна пред окном стояла,
> На стекла хладные дыша,
> Задумавшись, моя душа,
> Прелестным пальчиком писала
> На отуманенном стекле
> Заветный вензель: О да Е.
> И между тем душа в ней ныла
> И слез был полон томный взор.
> Вдруг топот! кровь ее застыла...
> Вот ближе! скачут... и на двор
> Евгений.............................

Оставляем читателям узнавать последствия в самой поэме Пушкина. Мы и без того невольно выписали столько стихов, что наша библиографическая статья стала похожа на критические статьи английских газет. <...>

П. П. СВИНЬИН
Несколько беспристрастных слов
о новых журналах и альманахах на 1827 год

<Отрывок>

<...>«Московский вестник» начинается сценою из трагедии «Борис Годунов». Стихотворение сие, как и все другие пера Пушкина, ознаменовано печатию гения: жаль только, что трагедия сия написана не рифмами, чем – по мнению нашему – она еще бы более выиграла со стороны прелестей поэзии и гармонии. В сем отрывке, исполненном и театрального интереса, изображено порождение преступных замыслов Отрепьева. Как же этот человек, который убежден в правосудии Божием, который говорит (о Годунове):

> И не уйдешь ты от суда мирского,
> Как не уйдешь от Божьего суда[*], –

этот человек сделался лже-Димитрием?<...>

---

[*] Стихами сими оканчивается отрывок из трагедии.

Н. А. ПОЛЕВОЙ
Замечания на статью
«Coup-d'oeil sur l'histoire de la Langue Slave et sur la marche progressive de la civilisation et de la littérature en Russie» («Взгляд на историю славянского языка и постепенный ход просвещения и литературы в России»)

<Отрывок>

<...>Автор исчисляет в каждом роде отличнейших поэтов. Не станем следовать за каждою строчкою его: общие черты дадут понятие о духе и образе его суждений. <...>

Пушкин. «Лирический поэт, еще *очень молодой* человек, но приобрел уже известность (réputation), помрачающую многих других. *Романические поэмы в роде Байрона* (les poémes romanesques dans le genre de ceux de Byron) с некоторого времени в большой моде у русских. Мы упомянем о поэмах только Пушкина, подавшего первый пример своим "Кавказским пленником". После того он издал их много, и во всех находим одинакие погрешности и одинакие красоты. Первые, без сомнения, тем более поражают читателя, что последние многочисленны. Стихосложение легкое, гармоническое, исполненное неги, описания верные и поэтические – вот красоты поэзии Пушкина. Недостаток плана и общности, особенно же *однообразие чувствований* и повторение нескольких любимых выражений, – вот недостатки. Лучшее произведение его – поэма: "Людмила"»[1].

Кто узнает тут нашего поэта-исполина? Хотя спросил бы автор иностранцев, г-на Геро, г-на Шопена[2], французских литераторов, кто таков Пушкин, творец «Бориса Годунова», «Руслана и Людмилы», «Кавказского пленника», «Бахчисарайского фонтана», «Цыган», «Онегина», «Братьев разбойников», «Подражаний Корану», од, элегий, стихотворений, в которых является он истинным Протеем и доводит язык поэзии до такой степени совершенства, о которой в авторову *блестящую эпоху литературы русской* еще и не знали[3]. Пушкин однообразен, повторяется: вот упреки, которых нельзя было ожидать творцу «Годунова»! Но, не сердясь на автора, улыбнемся при известии его, что *романические* поэмы в роде Байрона, sont depuis quelque temps très à la mode en Russie. *Поэмы в роде Байроновых!* Точно как будто песни в роде Лафара[4]. *Байрон в моде!* Вообразите! Мы слыхали, что эта мода распространилась в целом свете, что Байрон есть поэт целого века нашего, увлекший за собою весь свет, – все это мы слыхали, а что поэмы в роде Байроновых называются *romanesques*, признаемся, слышим в первый раз[5]. Парижская новость, передаваемая на Русь нашим соотчичем!<...>

Э.-Ж. ЭРО
Критическое обозрение русской литературы, помещенное в «Revue Enciclopédique»

<Отрывок>

<...>Я уже сказал, что русские, будучи удержаны в стремлении своем обстоятельствами самыми неблагоприятными для успехов просвещения, долженствовали заимствовать знания с той точки, до коей оные достигли у соседственных народов, когда избавились наконец от продолжительного ига татар. Но от сего обязательства или от сей удобности иметь литературу уже совершенно образованную не могло ли также произойти важного неудобства, и не должно ли приписывать сему случаю недостаток, коим можно вообще упрекать русских писателей, то есть отсутствие оригинальности, сего качества, которое единственно может продлить существование литературы за пределы той эпохи, в которую она оказывала свое влияние? Я готовлюсь уже к восстанию против меня народного самолюбия для опровержения сего предположения, которое русские почтут обидным и за которое могут меня обвинить в предубеждении. Итак, я заставлю говорить одного из их соотечественников: они, конечно, не отстранят свидетельства человека, равно сведущего в обеих литературах и долгое время занимавшего в России значительную должность по части общественного воспитания. Следующие строки суть извлечение из одного письма к французу, десять лет жившему в России, который, с того времени, посвящал часть своих досугов на изучение языка и словесности, доставлявших ему часто истинное наслаждение[1]. «Предприятие ваше, совокупить в одну книгу различные русские стихотворения, переведенные уже вами и те, кои вы намереваетесь передать на ваш язык, конечно, есть самый естественный способ пробить себе новую тропу на поприще литературы, и составляющееся теперь совместничество для достижения одной цели должно произвесть соревнование, могущее обратиться в вашу пользу[2]. Вы желаете, чтобы я указал вам на наши оригинальные произведения, дабы избегнуть неудобств, замеченных вами после первых опытов. Не скрою от вас, что подобное обязательство превышало бы мои силы, и я полагаю даже, что тот, кто возьмется за это, наложит на себя многолетний труд, ибо оный требует знания всех языков Европы, равно и различных литератур, на кои мы налагали сбор. Русские не ограничивались переводами, подражаниями и копиями с французских писателей: они заимствовали у всех народов Европы и даже не оставили Востока в пренебрежении[*]. Если бы надлежало показать,

---

[*] Что русские подражали, переводили, списывали французских писателей, это совершенно справедливо; но не думаю, чтобы труд показать собственно нам принадлежащее в нашей литературе требовал знания всех языков и словесностей Европы. К сожалению, мы ограничивались жатвою на поле одной французской поэзии и сборы наши с других литератур мало нас обогатили. С немецкими писателями нас несколько познакомил Жуковский; с англичанами он же, и то весьма немного; о

что принадлежит им собственно, то подобное дело было бы весьма продолжительно, трудно и утомительно. Я опасаюсь даже, чтобы заключение не было предосудительно для нашей славы. По моему мнению, за исключением некоторых стихотворений *Ломоносова*, большего числа стихотворений *Державина*, многих басен *Хемницера* и *Крылова*, русская литература *не представляет ничего достойного чести перевода*; и если мы владеем другими отличными произведениями, то не по достоинству изобретения им принадлежат одобрения знающих судей, но по выражению, по новости оборотов и по искусному употреблению различных форм нашего языка*. Впрочем, не в этом ли состоит главное достоинство Лафонтена, Расина, Буало и Делиля? Наши писатели подверглись упреку за то, что почерпали из одних источников с сими великими гениями, что не старались сблизиться с первобытными образцами, а подражали подражателям древних. Когда обкрадываешь славного писателя, говорит Вольтер, то надобно уже его убить; а мы вовсе не имеем знаменитых

древних мы почти и не думали, не говоря уже об италиянской, испанской и проч. литературах Европы, и если есть у нас переводы образцовых творений сих народов, то они сделаны с французского, писаны слогом устаревшим и никем не читаются. К изучению восточных языков мы обратились весьма недавно, и оно не имело еще ощутительного влияния на нашу словесность: Восток мы еще более Запада оставляли в пренебрежении. Если мы поставлены событиями в такое положение, что должны заимствовать знания и просвещение в той степени, которой оные достигли у соседственных народов, нам надлежит обогатиться всеми сведениями, опытами веков и роскошью просвещения Запада; сродниться с произведениями пламенного воображения восточных народов, имевших столько влияния на судьбу нашего государства; почерпать вдохновение в летописях народа, в подвигах, событиях и нравах многочисленных племен русского царства и, излагая мысли и чувствования языком мощным и свежим, облекать наши творения в формы образованной словесности. Таким образом литература наша может сделаться оригинальною, европейскою и приобретет права жить в веках. *Прим. пер<еводчика>.*
* Можно прибавить еще к сим четырем оригинальным писателям, о коих говорит наш русский корреспондент, *Хераскова*, сочинителя двух эпических поэм: «Россиада, или Покорение Казани», коей весьма хороший разбор, писанный одним французом, г-м *Базеном*, генерал-маиором в русской службе, находится в «Антологии» г-на Дюпре-де-Сен Мора, и «Владимир, или Христианство, введенное в Россию», и исторической поэмы «Сражение при Чесме»; *Боброва*, автора описательной поэмы «Таврида»; трагических поэтов – *Сумарокова, Княжнина, Озерова, Крюковского* и комика *Фон-Визина*, коим обязаны трагедиями «Хорев», «Синав и Трувор», «Лже-Димитрий»; «Росслав», «Владислав», «Смерть Олега», «Димитрий Донской», «Пожарский», «Елизавета (дочь Ярослава)» и комедиями «Бригадир» и «Недоросль», все пиэсы, как видно, содержание национальное[3]; наконец, многих других сочинителей, коих произведения в роде менее возвышенном почерпнуты также из русской истории и нравов и обычаев их народа. Разумеется, что мы говорим здесь только о поэтах, ибо в других отраслях словесности, коими занимались русские, вообще можно найти более оригинальных писателей. *Прим. соч<инителя>.*
Русский корреспондент, наименовав Ломоносова, особенно же Державина, Крылова и Хемницера, показал все источники наших оригинальных произведений и почти исполнил труд, для коего он требовал много лет. Сочинитель, должно признаться, весьма ошибочно увеличил это число. В сочинениях Сумарокова, Княжнина и проч., даже Озерова, кроме русских имен, ничего нет национального; и за исключением

337

преступников, могущих похвастаться подобными смертоубийствами[5]. Я пойду далее и стану даже утверждать, что лучший перевод оригинальных произведений нашего Тиртея[*] может быть опасен для его знаменитости, ибо, обнажив его от собственного колорита, предполагая, что замена вознаградит потерю, чтó найдут в мыслях, ходе, плане, расположении и порядке лучших его произведений? Увидят только блуждающее воображение, много дурного вкуса, и в итоге уродливости[**]. После сего посудите сами, выиграет ли он от перевода. У нас есть молодой поэт *Александр Пушкин*, который сделался известным произведениями, изобличающими отпечаток великого таланта и порывов оригинальности; но стихотворения его рассеяны по разным журналам и лучшие хранятся еще в его портфёйле, хотя копии с оных быстро размножаются и украдкою обращаются в наших обществах. Этот новый Протей, ибо он умеет облекаться во все образы, обещает быть первостепенным поэтом[***][6]».

Читатели останутся нам благодарными, может быть, за сии общие исследования, коими мы почли обязанностию начать разбор творения, посвященного автором литературе, так сказать, вовсе еще новой в Европе или по

комедий Фон-Визина, в сем списке трагедий и поэм более всего оригинальности находится, может быть, в «Херсониде» Боброва[4]. – Упоминая о «Владиславе» Княжнина, автор, вероятно, разумел трагедию его «Владисан»; «Смерть Олега» также не находится в сочинениях Озерова и, как говорят, истреблена им самим; «Елисавета», Крюковского, издана после смерти автора и не что иное, как подражание. *Прим. пер‹еводчика›.*

[*] Здесь говорится о *Жуковском*, сочинителе поэмы, изданной в 1812-м году, под заглавием: «Певец во стане русских воинов», за которую император Александр пожаловал ему ежегодный пенсион в 4 т. руб. – *Прим. соч‹инителя›.*

[**] Этот самый поэт, коего соотечественники именуют *романтическим*, подражал особенно немецким писателям. Он поставил в чести у русских *балладу*, давно уже оставленную французами, но которая считает многочисленных приверженцев в Англии и Германии, где, впрочем, она не имеет тех форм, как у нас. *Прим. соч‹инителя›.*

Бóльшая часть стихотворений Жуковского суть переводы или подражания, и главное, собственное его достоинство состоит в прелести языка и в искусстве, с коим он умел, так сказать, присвоить нам разнообразные творения знаменитых германских и английских поэтов и сроднить их с нашею словесностию; конечно, для сего надобно иметь великий талант, и Жуковский владеет им неоспоримо, но, обнажив его сочинения от собственного их колорита, все прочее не принадлежит уже ему, а следовательно, и упрек за недостатки в составе не может к нему относиться. В небольшом же числе собственных произведений Жуковского, наприм. в «Светлане», в некоторых местах «Певца во стане воинов» и других, находятся красоты оригинальные, и в составе сих пиес, основанных на повернях, предрассудках и обычаях народных, вовсе нет *уродливости*. Способны ли они к переводу на иностранные языки? Это вопрос совсем посторонний. *Прим. пер‹еводчика›.*

[***] Смотр. Rev‹ue› Encyc‹lopédique› Т. XXX, в июньской книжке, стр. 819–821, объявление о последней поэме сего сочинителя «Бахчисарайский фонтан», переведенной французскими стихами г-м Шопеном, и проч. – *Прим. соч‹инителя›.*

А. Пушкин исполнил в полной мере обещание быть первостепенным поэтом. Пять изданных им поэм свидетельствуют о разнообразии и силе его гения, зреющего беспрестанно; но, судя по напечатанному отрывку из его трагедии «Борис Годунов» и по отзывам сведущих людей, читавших сие произведение в манускрипте, можно и теперь еще сказать, что лучшие его творения, долженствующие упрочить его славу и звание оригинального поэта, хранятся еще у него в портфейле. – *Прим. пер‹еводчика›.*

крайней мере известной только весьма немногим. Давно уже обещали мы им «Известие о русской литературе»; краткие подробности, в кои мы входили теперь, и те, кои были помещены нами год уже тому назад в статье о подражаниях русским басням Крылова на французском и италиянском языках[7], послужат им предварительными сведениями, а нам – точкою начала для труда, от коего мы не отказались, но который требует продолжительного изучения, тщательных изысканий и более распространения, нежели мы можем здесь дать оному[*]. Перейдем теперь к разбору творения г-на Дюпре де С.-Мора.

---

[*] Сия статья, коею мы почли нужным начать разбор творения г-на Дюпре де Сен-Мора, была давно уже написана и даже известна в России, когда вышел «Этнографический атлас» г-на *Бальби*, в коем с пользою можно заимствоваться из «Взгляда на русскую литературу», доставленного русским писателем[8]. Мы с удовольствием заметили, что встретились с ним во многих суждениях о творениях его соотечественников. Он мог войти в большие подробности, нежели мы, и наименовать несколько писателей более. Для дополнения нашей картины и дабы отдать долг справедливости, мы прибавим здесь имена *Востокова, Лобанова, Загоскина, Хмельницкого, Грибоедова, Панаева, Каченовского, Глинку, Нарежного, Малиновского, Калайдовича* и *Строева*, кои равно оказали хорошие услуги словесности. – Многие молодые писатели, между которыми замечают *Баратынского*, готовятся идти по их стопам. *Прим. соч<инителя>.*

Признаюсь, что я не имел в руках атласа г-на Бальби, но судя по тому, что сказано о нем в № XI «Московского телеграфа», я никому не советовал бы почерпать сведения о русской литературе из помещенного в сей книге «Взгляда» на оную, хотя сей взгляд и писан каким-то русским дворянином и словесником; особенно же надобно остерегаться прибавления к оному составленного г-м Нейенкирхеном, где между прочим лучшими русскими трагедиями показаны «Марфа Посадница», соч. Иванова, «Персей», соч. г-на Ростовцова и «Сафо», соч. г-на Сушкова, а главнейшим поэтом – г-н Филимонов! Из прибавленного в сем последнем замечании списка новейших русских писателей можно полагать, что оный заимствован из атласа г-на Бальби, ибо сочинитель хотел говорить только об одних поэтах, а тут находятся имена г-д *Нарежного, Каченовского, Калайдовича, Строева* и проч., кои, конечно, оказали важные услуги нашей литературе, но первый писал повести, другие занимались отечественною историею, древностями и проч. и ни один из них не известен как поэт. *Баратынский* же стоит на ряду отличнейших наших современных стихотворцев и давно уже далеко опередил тех, по стопам коих заставляет его идти французский писатель. Элегии Баратынского, носящие отпечаток истинной душевной грусти, могут стать наряду с элегиями А. Пушкина, хотя имеют различный с ними характер. Стихотворения его вообще отличаются глубокими чувствами и точным выражением: его можно назвать анатомиком души человеческой. «Эда», «Пиры», «Череп», «Истина», «Послание к Гнедичу» и другие произведения сего поэта дают ему право на весьма почетное место на нашем Парнасе. О *Грибоедове* я не говорю, ибо из комедии его «Горе от ума» был напечатан один только небольшой отрывок[9], следовательно, иностранный писатель не мог достойно о нем судить. *Прим. пер<еводчика>.*

П. П. СВИНЬИН
Бакчисарайский дворец
(Из путевых записок издателя
«От‹ечественных› зап‹исок›» 1825 года)

‹Отрывки›

Покинув север – наконец,
Пиры надолго забывая,
Я посетил Бакчисарая
В забвенье дремлющий дворец.
Среди безмолвных переходов
Бродил я там, где, бич народов,
Татарин буйный пировал
И после ужасов набега
В роскошной лени утопал.
Еще поныне дышит нега
В пустых покоях и садах;
Играют воды, рдеют розы,
И вьются виноградны лозы,
И злато блещет на стенах.
Я видел ветхие решетки,
За коими, в своей весне,
Янтарны разбирая четки,
Вздыхали жены в тишине.
Я видел ханское кладбище,
Владык последнее жилище;
Сии надгробные столбы,
Венчанны мраморной чалмою,
Казалось мне – завет судьбы
Гласили внятною молвою.

А. Пушкин

Если искусное перо прозаика может переносить сердца и воображение читателей в избранные или созданные им миры, может заставлять полюбить его героев, то одной поэзии, одному вдохновенному поэту принадлежит волшебство – в немногих словах живописать верную картину исторического места, врезывать ее в память читателя глубокими чертами. Это мы видим из приведенных выше стихов, которые всяк читавший «Бакчисарайский фонтан» помнит наизусть; но надобно быть на месте, надобно с сим прелестным произведением Пушкина в руках обойти развалины дворца Гиреев, подобно как с «Енеидою» осматривать остатки Трои, чтоб почувствовать всю силу гения, согласиться, что истинная поэзия заключает в себе совершенное волшебство. Ах! какими сладкими минутами я обязан таланту Пушкина, особен-

---

* См. приложенную при сем картинку[1].

но в сем таинственном саду*, где я провел несколько часов в упоении мечтаний, им мне показанных. Несмотря что было уже за полночь, как я приехал в Бакчисарай, мне хотелось непременно увидеть любопытный фонтан, столь прелестно им описанный. Седой привратник отпер железную дверь; робкими шагами вступил я в сие святилище тайны и тишины; светлая луна не проникала сквозь густоту вьющегося повсюду винограда и розмарина; но плески падающей воды указали мне путь к предмету моего любопытства. Я присел на мраморном подножии фонтана и – глазам моим открылся бассейн, покрытый серебряною пеленой, а с тем вместе, казалось, ниспадала какая-то завеса, скрывавшая от меня новый мир, мир волшебный – очаровательный! То, облекшись в броню-невидимку, я проникал в сокровенности гаремов, бесстрашно встречал страшных евнухов, следовал за грозным Гиреем в Золотую палату его – место таинственных дум и свиданий, и за решетку – подслушивать решения дивана; то невольно содрогался, вспомня, что сад сей был некогда святилищем, в которое взор смертного не смел проникнуть, под страхом неминуемой казни, кроме нескольких получеловеков и самого хана, любовавшегося втайне из небольшого окошка своего киоска, как,

> Раскинув легкие власы,
> Ходили пленницы младые
> Купаться в жаркие часы;
> И льются волны ключевые
> На их волшебные красы...

<...> В Алупке странствующий татарский бард пел мне подвиги Керим-Гирея в Гурию – сей рассадник магометанских гаремов, для исхищения прелестной Зюлейки из рук корыстолюбивого армянина, хранившего благоуханнейший цветок Кавказа – в угодность мощному и щедрому Баязету[2]! Поистине, гений Пушкина мог бы составить превосходную поэму из сей любопытной баллады, дышащей всеми страстями, всеми отличительностями пиитического Востока.

И здесь прелестные стихи его были моим руководителем; и здесь, бродя по развалинам пышного гарема, я предавался магии поэта, изобразившего сокровенности оного в сих неподражаемых стихах:

> Там жены робкие Гирея,
> Ни думать, ни желать не смея,
> Цветут в унылой тишине;
> Под стражей бдительной и хладной,
> На лоне скуки безотрадной,
> Измен не ведают оне.
> В тени хранительной темницы
> Утаены их красоты:
> Так аравийские цветы
> Живут за стеклами теплицы.
> Для них унылой чередой
> Дни, месяцы, лета проходят,
> И неприметно за собой
> И младость и любовь уводят...

Меж ними ходит злой эвнух,
И убегать его напрасно!
Его ревнивый взор и слух
За всеми следует всечасно.
Его душа любви не просит;
Как истукан, он переносит
Насмешки, ненависть, укор,
Обиды шалости нескромной,
Презренье, просьбы, робкий взор,
И тихий вздох, и ропот томный...

О! какую прелесть, какое очарование придают сии мечты прогулке по развалинам Бакчисарайского дворца: от их благодетельного талисмана все предметы животворятся в вашем воображении, все дышит правдоподобием! Сойдите в сад – и иссохшие фонтаны, уединенные деревья – припоминают, как красавицы

... при шуме вод живых,
Над их прозрачными струями,
В прохладе яворов густых
Гуляют легкими роями...

Смотришь на остатки бань – и думаешь, как

Младые жены, как-нибудь
Желая сердце обмануть,
Меняют пышные уборы,
Заводят игры, разговоры...<...>

ИЗ «СЕВЕРНОЙ ПЧЕЛЫ»
«Бахчисарайский фонтан».
Сочинение Александра Пушкина
Новое издание, с 4 гравированными картинками.
СП6., в типогр. Департ. народн. просвещения,
1827. XIX и 52 стр. в 16-ю д. л.[*]

Весьма красивое и уютное издание сие заменяет недостаток, давно уже чувствуемый любителями изящной поэзии, ибо первое издание «Бахчисарайского фонтана» раскуплено было вскоре после появления в свет прекрасной сей поэмы. Новое издание напечатано весьма четким и красивым шрифтом, на лучшей бумаге, с теми приложениями, кои находились и в прежнем[1]. Помещенные в сей книжке картинки суть те самые, которые мы видели в «Невском альманахе на 1827 год»; и хотя не отличные по изобретению, но весьма хорошо выполненные г. Галактионовым[2].

---

[*] Продается в СП6., в книжном магазине А. Ф. Смирдина, у Синего моста, и в Москве, в книжной лавке А. С. Ширяева. Ц. 5 руб.

Примечания

Настоящий сборник является наиболее полным из существующих сводом критических отзывов о творчестве Пушкина. В отличие от предшествующих антологий «Пушкин в русской критике» (М., 1950; 2-е изд. — М., 1953), он ставит своей целью дать максимально полную картину критической борьбы вокруг имени Пушкина и в этом смысле приближается к изданию В. А. Зелинского «Русская критическая литература о произведениях А. С. Пушкина» (Ч. 1–7. М., 1887–1899; 3-е изд. — М., 1904–1910). Сборник В. А. Зелинского, до сего времени остававшийся единственным изданием подобного типа, сейчас уже не может считаться удовлетворительным. Он преследовал чисто учебные цели, был лишен какого бы то ни было научного аппарата и содержал многочисленные неточности в самом воспроизведении текстов.

Настоящее издание является первым комментированным сборником критической литературы о Пушкине, основанным на сквозном просмотре периодики 1820-х гг. и учитывающим материалы, накопленные пушкиноведением к настоящему времени. Целый ряд разысканий был предпринят для этого издания впервые. Том охватывает критическую литературу о Пушкине до 1827 г. Статьи и рецензии 1828–1837 гг. войдут в следующий том.

Материал расположен в хронологическом порядке. Отдельные отступления от хронологии допускаются при тесной взаимной связи нескольких статей, которые в этом случае печатаются как единый комплекс (см., например, полемику В. Н. Олина и Ф. В. Булгарина о «Бахчисарайском фонтане»). Научный аппарат состоит из небольших заметок об авторах критических отзывов, о журналах, содержащих эти отзывы (в специальном приложении в алфавитном порядке), и из историко-литературного и реального комментария к тексту. В соответствии с задачами настоящего издания, источником текстов служит их первая публикация (указание на время выхода дается по «Летописи жизни и творчества А. С. Пушкина. 1799–1826» (2-е изд. Л., 1991) за исключением специально оговоренных случаев). Оговаривается наличие других редакций (например, позднейшие перепечатки — в том числе в собрании сочинений критика); при необходимости указываются рукописные источники текста. Все упоминаемые имена вынесены в аннотированный именной указатель.

Орфография и пунктуация текстов приближены к современным, с сохранением наиболее ярких индивидуальных авторских особенностей, а также произносительных и синтаксических особенностей пушкинского времени.

Ссылки на произведения Пушкина даются в комментарии по изданию: *Пушкин.* Полное собрание сочинений. Т. I–XVI. М.; Л., 1937–1949; Т. XVII (Справочный). М., 1959.

Незначительные ошибки, допускавшиеся критиками при цитировании пушкинских текстов, а также некоторые расхождения первых изданий пушкинских произведений с изданиями позднейшими в комментарии не оговариваются. Очевидные опечатки в текстах исправляются также без оговорок.

Издание подготовлено коллективом авторов в следующем составе:

В. Э. Вацуро (преамбула к статье М. С. Кайсарова «Скромный ответ на нескромное замечание Г. К-ва»);

Е. А. Вильк («Невский зритель»);

Е. А. Губко («Благонамеренный», за исключением статьи Б. М. Федорова «Письма в Тамбов о новостях русской словесности»; при участии Г. Е. Потаповой);

С. В. Денисенко («Дамский журнал» и статья П. А. Вяземского «Вместо предисловия <к "Бахчисарайскому фонтану">»; при участии Е. О. Ларионовой);

О. Н. Золотова («Вестник Европы» 1820 г.; «Сын отечества» 1820—1823 гг., примечания к статье М. С. Кайсарова «Скромный ответ на нескромное замечание Г. К-ва»);

Г. М. Иванова («Соревнователь просвещения и благотворения», (за исключением статьи П. А. Плетнева «Антологические стихотворения: "Муза" и "К уединенной красавице"»; при участии Г. Е. Потаповой);

Т. Е. Киселева («Северная пчела»);

Е. О. Ларионова («Московский телеграф»; «Вестник Европы» 1824—1825 гг., за исключением статьи из раздела «Краткие выписки, известия и замечания» 1824 г.; статья В. Н. Олина «Критический взгляд на "Бахчисарайский фонтан"»; Приложение I);

Е. В. Лудилова («Сын отечества» 1824—1827 гг.);

Т. М. Михайлова («Полярная звезда»; при участии Г. Е. Потаповой);

Г. Е. Потапова («Вестник Европы» 1821—1823 гг., а также заметка 1824 г. из раздела «Краткие выписки, известия и замечания»; «Отечественные записки»; «Литературный музеум»; статья Б. М. Федорова «Письма в Тамбов о новостях русской словесности»; статья П. А. Плетнева «Антологические стихотворения: "Муза" и "К уединенной красавице"»);

А. И. Рогова («Русский инвалид», «Новости литературы»);

С. Б. Федотова («Северные цветы», «Мнемозина»);

А. В. Шаронова («Рецензент», «Литературные листки», за исключением статьи В. Н. Олина «Критический взгляд на "Бахчисарайский фонтан"»).

Вступительная статья написана Г. Е. Потаповой, указатели составлены Т. В. Мисникевич и Г. Е. Потаповой. Общая редактура тома осуществлена В. Э. Вацуро и С. А. Фомичевым, при ближайшем участии Е. О.Ларионовой и Г. Е.Потаповой.

СПИСОК СОКРАЩЕНИЙ

Архив Тургеневых — Архив братьев Тургеневых. Пг., 1821. Вып. 5: Дневники и письма Н. И.Тургенева за 1816—1824 годы. Т.3; Вып. 6: Переписка А. И. Тургенева с кн. П. А. Вяземским. Т. 1(1814—1833). Пг., 1921.

Базанов — *Базанов В. Г.*, Ученая республика. М. ; Л. , 1964

Барсуков — *Барсуков Н. П.*, Жизнь и труды М. П. Погодина. Кн.1—22. СПб., 1888—1910

БдЧ — Библиотека для чтения

Белинский — *Белинский В. Г.*, Полн. собр. соч. Т. 1—13. М., Л., 1953—1959

Благ. — Благонамеренный

ВЕ — Вестник Европы

Врем. ПК — Временник Пушкинской комиссии. Вып.1—25. М.; Л., 1963—1993

ВЛ — Вопросы литературы

ВОЛРС — Вольное общество любителей российской словесности (Санкт-Петербург)

ДЖ — Дамский журнал

ЖМНП — Журнал Министерства народного просвещения

ИВ — Исторический вестник

Изв. ОРЯС — Известия Отделения русского языка и словесности Академии наук

ИРЛИ – Институт русской литературы (Пушкинский Дом) РАН

ЛГ – Литературная газета

Летопись – Летопись жизни и творчества А. С. Пушкина. 1799–1826. 2-е изд. Л., 1991

ЛЛ – Литературные листки

ЛН – Литературное наследство

ЛПРИ – Литературные прибавления к «Русскому инвалиду»

МВ – Московский вестник

МВед – Московские ведомости

МН – Московский наблюдатель

Мнем. – Мнемозина

МОЛРС – Московское общество любителей российской словесности

Мордовченко – *Мордовченко Н. И.* Русская критика первой четверти XIX века. М., Л., 1959

Москв. – Москвитянин

МТ – Московский телеграф

НЗ – Невский зритель

НЛ – Новости литературы

ОА – Остафьевский архив князей Вяземских. Т. 1–5. СПб., 1899–1913

ОЗ – Отечественные записки

П. в восп. совр.(1974) – А. С. Пушкин в воспоминаниях современников. Т. 1–2. М., 1974

П. в восп. совр.(1985) – А. С. Пушкин в воспоминаниях современников. Т. 1–2. М., 1985

П. Врем. – Пушкин: Временник Пушкинской комиссии. Т. 1–6. М. , Л.; 1936–1941

ПЗ – Полярная звезда

П. и совр. – Пушкин и его современники: Материалы и исследования. СПб.; Л., 1903–1930. Вып.1–39

Переписка П. – Переписка А. С. Пушкина. Т. 1–2. М., 1982

ПИМ – Пушкин: Исследования и материалы. Т. I–XIV. М.; 1956–1991

Письма – *Пушкин А. С.* Письма. Т. I–III. М.; Л., 1926–1935 (репринтное издание – М., 1989–1990)

Письма посл. лет – *Пушкин А. С.*. Письма последних лет. Л., 1969

Полевой – Николай Полевой: Материалы по истории русской литературы и журналистики 30-х годов. Л., 1934

РА – Русский архив

РВ – Русский вестник

РГАЛИ – Российский государственный архив литературы и искусства (Москва)

РГИА – Российский государственный исторический архив (Петербург)

РИ – Русский инвалид

РЛ – Русская литература

РМ – Русская мысль

РО – Русское обозрение

РС – Русская старина

СА – Северный архив

Смирнов-Сокольский – *Смирнов-Сокольский Н. П.* Рассказы о прижизненных изданиях Пушкина. М., 1962

СО – Сын отечества

Совр. – Современник

Соревн. – Соревнователь просвещения и благотворения

СПч. – Северная пчела

СПбВед – Санкт-Петербургские ведомости

СЦ – Северные цветы
Тел. – Телескоп
Томашевский. – *Томашевский Б. В.* Пушкин. 2-е изд. Т. 1–2. М., 1990
ЦГИАМ – Центральный государственный исторический архив г. Москвы
Черейский – *Черейский Л. А.* А. С. Пушкин и его окружение. Л., 1988
RvE – Revue Encyclopédique

1820

А. Г. ГЛАГОЛЕВ
Еще критика
(Письмо к редактору)

BE. 1820. Ч. 111. № 11 (выход в свет 28 июня). С. 213–220. Подпись: Житель Бутырской слободы.

Письмо Жителя Бутырской слободы явилось первым критическим откликом на поэму «Руслан и Людмила», отрывки из третьей песни которой были напечатаны без имени автора в апрельских номерах «Сына отечества»: №15 (выход в свет 10 апр.). С. 120–128. («Уж утро хладное сияло ~ А как наеду – не спущу»); №16 (выход в свет 17 апр.). С. 160–165 (со ст. «Тогда от ярости немея» до конца). В журнальной публикации поэма называлась «Людмила и Руслан».

В литературных кругах «Письмо» приписывалось редактору «Вестника Европы» М. Т. Каченовскому. Так, В. Л. Пушкин писал П. А. Вяземскому 21 июня 1820: «Каченовский в последнем нумере своего журнала грянул на моего племянника, но критика московского Фрерона не умаляет дарований молодого поэта» *[Пушкин В.Л.* Стихи. Проза. Письма. М., 1989. С. 267]. Авторство А. Г. Глаголева раскрывается по позднейшему свидетельству М. П. Погодина (см.: ЛН. Т. 58. С. 352).

Андрей Гаврилович Глаголев (1793 (по др. данным 1799)–1844) – критик, фольклорист, теоретик литературы; в начале двадцатых годов – один из самых активных сотрудников редакции Каченовского. В историю русской фольклористики Глаголев вошел как деятельный член Общества любителей российской словесности при Московском университете, автор ряда статей, в том числе одного из первых в отечественной науке описаний народных календарных праздников (О характере русских застольных и хороводных песен // Труды МОЛРС. 1821. Кн. 29); в его историко-археологических трудах систематизирован огромный материал по старорусской архитектуре; ему принадлежат также «Записки русского путешественника с 1823 по 1827 г.» (СПб., 1837), содержащие описание культурной жизни Европы (опубликованная в «Московском вестнике» в 1827 г. глава об итальянских импровизаторах была использована Пушкиным в «Египетских ночах»).

Литературные взгляды Глаголева достаточно подробно изложены им в целом ряде работ: в 1821 г. он получил степень магистра словесности за «Рассуждение о греческой трагедии» (BE. 1820. № 4), два года спустя за труд «О способе изображения, расположения и выражения» (М., 1822) удостоился докторской степени, а в 1831 г., принимая участие в конкурсе на замещение вакансии по кафедре словесности Московского университета, написал «Умозрительные и опытные основания словесности» (СПб., 1834). Труды эти не выходят из ряда нормативных схоластических «пиитик». «Бессмертые красоты классиков» представляют для Глаголева единственную и непреходящую ценность, ибо «ложные прелести» нового литературного направления уводят художника с истинного пути. Романтическое искусство, по его мнению, чуждо России, так как жизнь ее, в отличие от Европы, не успела одряхлеть и не нуждается в поиске экстравагантных форм мысли и чувства; напротив, ей свойственна античная простота. Кроме того, русская классическая поэзия, считает Глаголев, не достигла «надлежащей зрелости» в своем развитии, и замена ее поэзией романтической неправомерна, ибо сооружаемое вновь здание не имеет прочного основания.

Статьи Жителя Бутырской слободы о «Руслане и Людмиле», по справедливому замечанию Б. В. Томашевского, направлены прежде всего «против "новой" школы и главного ее представителя — Жуковского», Пушкин — лишь «случайная жертва наступления» на главу романтиков (см.: Томашевский. Т. 1. С. 302). Критике подвергаются «балладный романтизм» и метафорическая поэтика. Неприятие романтических нововведений характерно и для других статей Глаголева этого времени. См. особенно его «Письмо к Лужницкому старцу» (ВЕ. 1821. № 5), направленное против «балладников», «лунатиков» и «эгоистов». Подобные же обвинения в ближайшие годы повторятся на страницах журнала «Благонамеренный».

В отношении к поэме Пушкина Глаголев выказывает себя решительным противником введения простонародности в сферу «высокой» поэзии: сравнение поэмы Пушкина с бородатым гостем, ворвавшимся в благородное собрание, сделалось хрестоматийным примером борьбы классиков за сохранение чистоты жанра.

В ответ на критику Глаголева в «Сыне отечества» появилась статья неизвестного автора в защиту «новой» романтической школы. Оппонент Глаголева настаивал на правомерности метафорического стиля и ссылался на прецеденты «низкого стиля» в классических образцах «шутливой» сказочной поэмы (в частности, у Богдановича). Эта проблема стала особым предметом полемики в следующей статье Глаголева (см. с. 30 наст. изд.). В 1828 г., переиздавая «Руслана и Людмилу», Пушкин ввел в предисловие без всяких сопутствующих объяснений заключительную часть статьи Жителя Бутырской слободы — столь явным анахронизмом выглядела уже она в то время.

[1] Глаголев имеет в виду балладу П. А. Плетнева «Могильщик», появлению которой в «Сыне отечества» непосредственно предшествовала публикация там отрывка из «Руслана и Людмилы».

[2] Цитата из послания В. С. Филимонова «К Д. А. Остафьеву» (ВЕ. 1812. №16; с переменами: Амфион. 1815. №10–11).

[3] Неточная цитата из стихотворения И. И. Дмитриева «Чужой толк» (1794).

[4] «Позыв к уединению» — стихотворение Я. Г. Ковалева (Благ. 1820. Ч. IX, № 4). Имеются в виду стихи:

> Немногим доволен
> И сердцем не болен
> В свободе я счастье найду.

[5] Цитируется «Уныние» П. А. Вяземского (1819; опубл.: СО. 1820. №12).

[6] В №13 «Сына отечества» была опубликована баллада Плетнева «Пастух».

[7] Имеются в виду строки из стихотворения «К А. Н. А. при начале весны» (Благ. 1820. № 6. С. 408–411):

> И тихо умер на горе
> Луч трепетен и бледен

(ср. в элегии Жуковского «Вечер» (1809):

> Уж вечер... облаков померкнули края,
> Последний луч зари на башнях умирает).

⁸ Гедонистические мотивы в поэзии Батюшкова (а к началу двадцатых годов и «союза поэтов») постоянно вызывали упреки критиков лагеря литературных староверов.

⁹ Глаголев перечисляет ряд мотивов и образов, характерных для поэзии Жуковского; *«о зыбучих берегах...»* и т. д. — имеется в виду стихотворение Жуковского «Тоска по милом» (1807).

¹⁰ Речь идет о сцене в 5-й песне поэмы Л. Камоэнса «Луизиады» (1572), где путешественникам открывается Мыс Бурь в виде чудовища, напоминающего статую Колосса Родосского; чудовище пророчествует о бедах, которые ожидают тех, кто попытается проплыть мимо него.

¹¹ *Бова, Еруслан* Лазаревич — персонажи сказки и лубочной литературы; имена их употреблены как нарицательное обозначение «низкой», «простонародной» словесности.

¹² *Кирша Данилов* — предполагаемый составитель первого сборника русских былин, баллад, исторических и лирических песен и т. д., изданного в 1804 г. под редакцией А. Ф. Якубовича под заглавием «Древние русские стихотворения» (второе, более полное, издание осуществил К. Ф. Калайдович: «Древние российские стихотворения». М., 1818).

.......ЕВ
К издателю «Сына отечества»

СО. 1820. Ч. 63. № 31 (выход в свет 31 июля). С. 228–232.

Статья является откликом на выступление А. Г. Глаголева на страницах «Вестника Европы» (см. с. 25 наст. изд.).

¹ Цитата из второй песни комической поэмы Вольтера «Гражданская война в Женеве, или Любовные похождения Робера Ковеля» («La Guerre civile de Genève, ou les Amours de Robert Covelle», 1768).

² *Жуи*, Виктор Жозеф Этьен, де (1764–1848) — французский писатель, автор пользовавшихся большой популярностью нравоописательных очерков, рассказов, романов, бытовых комедий. Роман «Пустынник с Антенской дороги» написан в 1812–1814 гг.

³ Перечисляются типовые критические маски, в том числе Каченовского, Глаголева, также, вероятно, М. Н. Загоскина и П. А. Корсакова (приложение к их журналу «Северный наблюдатель» называлось «Русский пустынник», 1817), В. В. Измайлова («Московский бродяга»).

⁴ Имеется в виду повесть Н. М. Карамзина «Бедная Лиза» (1792).

⁵ Лужницкий старец — псевдоним М. Т. Каченовского.

⁶ Заключительная строка поэмы Н. Буало «Поэтическое искусство» (1672).

⁷ Неточная цитата из «Громобоя» Жуковского (баллада 1-я из «Двенадцати спящих дев», 1811 — ВЕ. 1811. № 4):

> Старик с щетинистой брадой,
> С блестящими глазами.

Утверждение, что «можно смотреть и не зреть», имеет в виду стих из этой же баллады: «Глаза, не зря, смотрели».

⁸ Источник цитаты не установлен.

⁹ См. примеч. 7 на с. 347 наст. изд.

¹⁰ Автор называет поэмы «Неистовый Роланд» (1516–1532) Л. Ариосто, «На-

лой» (1673) Н. Буало и «Оберон» (1780) К. М. Виланда.

¹¹ Неточная цитата из басни Ж. Лафонтена «Черепаха и две утки» («La tortue et les deux canards»).

¹² *Шемякин суд* — суд заведомо несправедливый; фразеологизм пошел от русской народной сказки с тем же названием, герой которой — судья, решающий дела в пользу виновных.

¹³ Автор имеет в виду шуточную поэму И. Ф. Богдановича «Душенька» (1778–1783), в основе которой лежит сюжет об Амуре и Психее.

¹⁴ Перефразированное выражение Горация «Genus irritabile vatum» <раздражительное племя поэтов (*лат.*)> (Послания, II, 2, 102).

А. Г. ГЛАГОЛЕВ
Ответ на письмо к издателю
«Сына отечества»

ВЕ. 1820. Ч. 112, № 16 (выход в свет 9 сент.). С. 283–296. Подпись: Житель Бутырской слободы.

¹ Выделенные курсивом слова — цитата из эссе Н. М. Карамзина «Афинская жизнь» (1793). *Элевзинские таинства* — древнегреческие ежегодные празднества в честь богини плодородия и земледелия Деметры в Элевзине близ Афин.

² Неточная цитата из III песни «Поэтического искусства» (1672) Н. Буало.

³ Глаголев цитирует «Послание к Пизонам о стихотворстве» («Наука поэзии») Горация в переводе А. Ф. Мерзлякова (Утренняя заря. 1808. № 6; с переменами: Амфион. 1815. № 10–11).

⁴ Источник цитаты не установлен.

⁵ Цитата из I песни «Поэтического искусства» Н. Буало.

⁶ Цитата из «Науки поэзии» Горация.

⁷ Русским Флорианом Глаголев называет И. И. Дмитриева (ср.: *Глаголев А. Г.* Умозрительные и опытные основания словесности. СПб., 1845. Ч.4. С. 79).

⁸ *Аполог* — нравоучительный рассказ; из аполога развился жанр басни.

⁹ Жуковским были переведены «Элегия, написанная на сельском кладбище» («Elegy Written in a Country Church-Yard», 1751) Т. Грея («Сельское кладбище», 1802) и отрывок из описательной поэмы Дж.Томсона «Времена года» («The Seasons», 1730) («Гимн», 1806). Вольными переложениями баллады Г. А. Бюргера «Ленора» (1773) явились «Людмила» (1808) и «Светлана» (1812), ставшие образцами русской литературной баллады.

¹⁰ Цитата из поэмы Ж. Делиля «Воображение» («L'Imagination», 1806).

¹¹ По-видимому, здесь в журнале ошибка. Отсылка не соответствует ни одному из имевшихся к этому времени изданий г-жи Сталь. Вероятно, имеется в виду характеристика одного из направлений в современной немецкой поэзии (Бюргер и его последователи) в гл. XIII 2-й части.

¹² Источник не установлен.

¹³ Цитата из поэмы Ж. Делиля «Воображение».

¹⁴ Цитата из I песни «Поэтического искусства» Н. Буало.

¹⁵ См. примеч. 6 на с. 348 наст. изд.

¹⁶ Источник цитаты не установлен.

¹⁷ «Наука поэзии», ст. 359.

¹⁸ Отсылка к комедии Д. И. Фонвизина «Недоросль» (1781) — д. IV, явл. VIII

(реплика Митрофана).

[19] Цитата из стихотворения Жуковского «Тоска по милом» (1807).

[20] Цитата из «Послания к Пизонам о стихотворстве» («Наука поэзии») Горация в переводе Мерзлякова.

[21] Глаголев ссылается на собственную статью (см. с.27 наст. изд.).

[22] Цитата из послания В. С. Филимонова «К Д. А. Остафьеву» (ВЕ. 1812. № 16; Амфион. 1815. № 10—11).

ИЗ ЖУРНАЛА «СЫН ОТЕЧЕСТВА»
«Руслан и Людмила». Поэма в 6 песнях. Сочинение А. Пушкина

СО. 1820. Ч. 63. № 33 (выход в свет 14 авг.). С. 326. Из раздела «Современная русская библиография». Без подписи.

Настоящая заметка является первым сообщением в печати о выходе отдельного издания поэмы Пушкина «Руслан и Людмила». В первом издании отсутствовало вступление («У Лукоморья дуб зеленый...»), написанное несколько лет спустя, и эпилог. Эпилог Пушкин писал уже на Кавказе. Он был напечатан вместе с двумя отрывками из шестой песни (сцена осады Киева) месяц спустя после выхода отдельного издания в «Сыне отечества» (1820. № 38) как «прибавления к поэме».

[1] Замысел виньетки принадлежал А. Н. Оленину. По составленной им композиции был выполнен рисунок И. Иванова, а затем гравюра М. Иванова. Пушкин признавался в письме к Гнедичу 24 марта 1821, что эта виньетка «детски утешает» его, и благодарил Оленина (XIII, 28).

А. Ф. ВОЕЙКОВ
Разбор поэмы «Руслан и Людмила», сочин. Александра Пушкина

СО. 1820. Ч. 64. № 34 (выход в свет 21 авг.). С. 12—32; № 35 (выход в свет 28 авг.). С. 66—83; № 36 (выход в свет 4 сент.). С. 97—114; № 37 (выход в свет 11 сент.). С. 145—155. Подпись: В.

Автор первого критического разбора «Руслана и Людмилы» — Александр Федорович Воейков (1778 (или 1779) — 1839), поэт, переводчик, критик, издатель и журналист. Друг В. А. Жуковского и А. И. Тургенева еще с конца 1790-х гг. На первых этапах своей литературной деятельности Воейков имел репутацию вольнолюбца, гражданственно мыслящего поэта и критика. Широкой известностью пользовались его сатира «Дом сумашедших» (середина 1810-х гг.; текст дополнялся и изменялся до 1838 г.) и «Парнасский Адрес-календарь» (1818—1820), написанный вскоре после вступления Воейкова в «Арзамас» (в 1816) и отразивший арзамасскую литературную «табель о рангах». (См.: *Лотман Ю. М.* 1) А. С. Кайсаров и литературно-общественная борьба его времени. Тарту, 1958; 2) Сатира Воейкова «Дом сумасшедших». // Учен. зап. Тартус. гос. ун-та. 1973. Вып. 306. (Труды по рус. и славян. филологии. XXI). С. 3—45).

В 1814-1820 гг. Воейков занимал кафедру русской словесности в Дерптском университете. В 1820 г. переехал в Петербург, получив при помощи Жуковского и

Тургенева место инспектора классов в Артиллерийском училище. С середины этого же года, также при поддержке друзей, стал соредактором Греча по «Сыну отечества», где вел раздел критики. Однако надежды арзамасцев на то, что в своих критических выступлениях Воейков будет следовать их литературно-эстетическим принципам, не оправдались. Вызывающе высокомерный тон Воейкова усугублял идейные разногласия. На первых же порах Воейков позволил себе выпад против Д. Н. Блудова, упрекнувшего нового сотрудника в редакторской небрежности. Это повлияло на отношение арзамасцев к Воейкову самым отрицательным образом, а появившийся вскоре разбор «Руслана и Людмилы» окончательно лишил неудачливого критика их поддержки.

В собственных литературных трудах Воейков предстает в большей степени последователем классицизма, чем сторонником арзамасцев. В 1816—1817 гг. он издает переводы описательной поэмы Ж. Делиля «Сады, или Искусство украшать сельские виды», «Эклог» и «Георгик» Вергилия, печатает отрывки своей дидактической поэмы «Искусства и науки». Классицистские ориентации Воейкова сказались и в его отношении к пушкинской поэме.

Следуя канонической форме разбора, Воейков начинает с попытки определить, к какому поэтическому направлению относится поэма. Путь рассуждений Воейкова, определенный Б. В. Томашевским как «схоластическая пиитика» (Томашевский. Т. 1. С. 306), приводит критика к термину «романтизм», воспринимаемому им со снисходительной неприязнью. Пересказывая содержание поэмы и разбирая характеры героев, Воейков в основном придерживается хвалебного тона, изредка, правда, сетуя на «нескромность» автора и упрекая его в недостаточной логической обоснованности деталей. Зато перейдя к заключительной части разбора — анализу поэтического языка «Руслана и Людмилы», критик уже не пытается скрыть своего недоброжелательного отношения к поэме. Его раздражают пушкинские метафоры, «низкие» выражения, придающие поэме «бурлескный» характер, и пр. Назидательная насмешливость тона Воейкова заслоняет собою прежние похвалы. Разбор вызвал нарекания не только несостоятельностью содержавшихся в нем замечаний, но и вызывающим тоном рецензента. От упреков Воейкову не могли воздержаться даже те, на чью поддержку он имел основания рассчитывать. Так, И. И. Дмитриев, отмечая, что «Воейкова замечания почти все справедливы» и повторяя сетования по поводу того, что Пушкин забывает о нравственности и «часто впадает в бюрлеск», вынужден был заметить, что «наши журналисты все еще не научатся критиковать учтиво» и что Воейков в этом не исключение (Письмо к П. А. Вяземскому от 18 октября 1820 // Старина и новизна. СПб., 1898. Кн. 2. С. 141). Отношение И. И. Дмитриева к поэме требует особого разбора, так как оно было одним из ориентиров Воейкова и на авторитет Дмитриева Воейков пытался опереться в дальнейшей полемике.

С живым интересом следивший за развитием пушкинского дарования Дмитриев ожидал появления «Руслана и Людмилы» с нетерпением. 22 июля 1819 г. он писал о Пушкине А. И. Тургеневу: «...Искренно желаю, чтобы, пользуясь свободою в сельском уединении, дописал свою поэму или, по крайней мере, прибавил хоть одну песню» (РС. 1903. Дек. С. 717). В письме Тургеневу от 10 августа того же года он просит прислать «хоть несколько стихов из поэмы» — «Батюшков раздразнил мое любопытство» (**Дмитриев И. И.** Соч. / Под ред. А. А. Флоридова. СПб., 1895. Т. 2. С. 251), однако знакомство его с поэмой происходит лишь при появлении отрывков из нее в печати. За весьма сдержанным отзывом в письме к Тургеневу — «дядя <В. Л. Пушкин. — *Ред.*> восхищается, но я думаю оттого, что племянник этими отрывками еще не раздавил его» (Там же. С. 262) — следует, по-видимому, ряд резко критических устных отзывов. Не случайно, сообщая Дмитриеву о выходе поэмы в свет, А. И. Тургенев адресует ему сдержанный упрек: «Не смею посылать вам ее, ибо вы, как слышу, осудили ее по отрывкам почти на ничтожество» (РА. 1867. Кн. 4. Стб. 656). О нелестных откликах

Дмитриева на поэму свидетельствует и письмо к нему Н. М. Карамзина от 7 июня: «...ты, по моему мнению, не отдаешь справедливости таланту или *поэмке* молодого Пушкина, сравнивая ее с «Энеидою» Осипова: в ней есть живость, легкость, остроумие, вкус; только нет искусного расположения частей, нет или мало интереса; все сметано на живую нитку» (Письма Н. М. Карамзина к И. И. Дмитриеву. СПб. 1866. С. 290). Разбор Воейкова был принят Дмитриевым одобрительно, однако под влиянием Карамзина и арзамасцев он был вынужден несколько уступить свои позиции. 19 сентября Дмитриев писал А. И. Тургеневу: «Кто поссорил меня с Воейковым, будто я сердит на него, что он расхвалил молодого Пушкина? Не только не думал о том, но еще хвалил его, что он умел выставить удачнее самого автора лучшие стихи из его поэмы. Я не критиковал и прежних образчиков, а только давал вам чувствовать, что по предварительной молве ожидал чего-то большего. Напротив того, в разборе Воейкова с удовольствием увидел два-три места истинно пиитические и в большом роде. Пушкин был поэт еще и до поэмы. Я хотя и инвалид, но еще не лишился чутья к изящному. Как же мне хотеть унижать талант его?» (*Дмитриев. И. И.* Соч. Т. 2. С. 269). А. И. Тургенев в письме к Вяземскому от 6 октября отмечает, что Дмитриев хотя и хвалит Воейкова, но «Пушкина уже не хулит» (ОА. Т. 2. С. 82). 7 октября В. Л. Пушкин сообщает Тургеневу, что Дмитриев, наконец получивший свой экземпляр поэмы, «многое в ней очень хвалит и многое критикует» (Летопись. С. 241). То же стремление найти компромисс звучит в уже упоминавшемся письме Дмитриева к Вяземскому от 18 октября: «Что скажете вы о нашем "Руслане", о котором так много кричали? Мне кажется, что это недоносок пригожего отца и прекрасной матери (музы). Я нахожу в нем очень много блестящей поэзии, легкости в рассказе: но жаль, что часто впадает в бюрлеск, и еще больше жаль, что не поставил в эпиграфе известный стих с легкою переменою: "La mere en defendra la lecture a sa fille" <"Мать запретит читать ее своей дочери". Перефразировка стиха из комедии Пирона "Метромания". В оригинале: "Мать предпишет..." (*фр.*). — *Ред.*>. Без этой предосторожности поэма его с четвертой страницы выпадает из рук доброй матери» (Старина и новизна. Кн. 2. С. 141).

Митрополит Евгений Болховитинов, не связанный, в отличие от Дмитриева, необходимостью считаться с мнением арзамасцев и откровенно не принявший «еруслановщины», отозвался тем не менее о разборе Воейкова еще резче. Причина была не только в том, что митрополит, исследователь русской церковной старины, сторонник архаической традиции в литературе, считал «новомодную» поэму недостойной внимания критика. Сами рецензентские способности Воейкова вызывали сомнения митрополита: «Итак, видно *Воейков* надолго поселился в Питере <...>. Но не думаю я, чтобы он обстоятельно оценил все русские журналы. Это труд велик и в пересмотрении их. Только бы не так ценил, как Еруслана, за которого дельно уже ему упрекают. Худо начал он свою профессию рецензентства» (РА. 1889. Т. 2. № 7. С. 373, письмо к В. Г. Анастасевичу от 11 окт. 1820 г.).

Больше всего упреков в адрес разбора раздавалось из лагеря арзамасцев. С возмущением о нем писал А. И. Тургеневу Вяземский: «Кто сушит и анатомит Пушкина? Обрывают розу, чтобы листок за листком доказать ее красивость. Две, три странички свежие — вот чего требовал цветок такой, как его поэма. Смешно хрипеть с кафедры два часа битых о беглом порыве соловьиного голоса» (ОА. Т. 2. С. 68, письмо от 9 сент. 1820 г.). Столь же неодобрительно отозвался о «Разборе» и сам Тургенев: «О критике на Пушкина я уже писал к тебе и откровенно говорил Воейкову, что такими замечаниями не подвинешь нашей литературы» (Там же. С. 72, письмо к Вяземскому от 20 сент. 1820 г.). Еще резче высказался о разборе его брат, декабрист Николай Тургенев: «...гнусность, глупость, какая-то злость, какая-то самонадеянность еще глухость, и еще глупость — вот что я нашел в сем разборе. Видно, у нас в литературе, думал я, как и в политических мнениях, хорошие писатели стоят против тех же варваров, против коих стоят люди благомыслящие в мнениях гражданских и политических: дураки и хамы везде с одной стороны» (Архив Тургеневых. Вып. 5. С. 239). Недовольство Воейковым высказывал и В. Л. Пушкин: «Я знаю новую поэму только по отрывкам, но кажется мне, что в них гораздо больше вкуса, нежели во всех стихотворениях господина Воейкова» (*Пушкин В. Л.* Стихи. Проза. Письма. М., 1989. С. 269, письмо к Вяземскому от 23 сент. 1820 г.).

Пушкин воспринял критику крайне болезненно: «Кто такой этот В., который хвалит мое целомудрие, укоряет меня в бесстыдстве, говорит мне: *красней*, несчастный (что, между прочим, очень неучтиво) <...>? Согласен со мнением неизвестного эпиграмматиста — критика его для меня ужасно как тяжка» (XIII, 21). Пушкин имеет в виду эпиграмму Крылова, появившуюся в «Сыне отечества» вслед за «Разбором»:

> Напрасно говорят, что критика легка.
> Я критику читал «Руслана и Людмилы»,
> Хоть у меня довольно силы,
> Но для меня она ужасно как тяжка.

Там же была помещена эпиграмма Дельвига:

> Хоть над поэмою и долго ты корпишь,
> Красот ей не придашь и не умалишь! –
> Браня, всем кажется, ее ты хвалишь;
> Хваля – ее бранишь.

(СО. 1820. № 38. С. 233).

[1] Воейков противопоставляет поэму в прозе Ж. П. Флориана «Элиезер и Нефтали» (1787) «Неистовому Роланду» (1516) Ариосто и волшебной рыцарской поэме «Оберон» (1780) К. М. Виланда. Рассуждение Воейкова о поэмах в прозе (в дальнейшем считавшееся образцом педантической схоластики) опирается на нормативные поэтики и на литературную практику XVIII в. Рассуждение о возможности «поэмы» в прозе было предпослано М. М. Херасковым «Кадму и Гармонии» и стало предметом обсуждения в рецензии Карамзина. – См.: *Морозова Н. П.* Книга из библиотеки Гоголей: К вопросу об употреблении термина «поэма» в русской литературе // Итоги и проблемы изучения русской литературы XVIII века. Л., 1989 (XVIII век. Сб.16). С. 251–255.

[2] *Армида* – главная героиня поэмы Т. Тассо «Освобожденный Иерусалим» (1575), волшебница, влюбленная в героя поэмы Ринальдо, которого она удерживает своими чарами в волшебном саду.

[3] *Северный Орфей* – В. А. Жуковский. В четвертой песни поэмы Пушкин пародировал сюжет поэмы Жуковского «Двенадцать спящих дев» (1814–1817), что дало повод к многочисленным упрекам. Эта пародия не была ни актом литературной борьбы, ни тем более демонстрацией неуважения к Жуковскому (см. также: Томашевский. Т. 1. С. 294). Пушкин все же впоследствии сожалел о ней: «...непростительно было (особенно в мои лета) пародировать, в угождение черни, девственное, поэтическое создание» («Опровержения на критики», 1830 – XI, 144–145).

[4] Названы эпическая поэма Дж. Мильтона «Потерянный рай» (опубл. 1667), повествующая о возмущении ангелов против Бога и о грехопадении человека, и эпическая поэма Ф. Г. Клопштока «Мессиада» (1748–1773).

[5] *«Генриада»* (1728) – эпическая поэма Вольтера, повествующая о борьбе Генриха Наваррского за престол.

[6] В своей знаменитой «Истории» Тацит (55–120) дал широкий ряд литературных портретов как главных, так и второстепенных фигур современного Рима. Говоря о поэме Вольтера, Воейков имеет в виду «Генриаду».

[7] Ср. в из III песни «Поэтического искусства» (1672) Буало: «Нам дорог вспыль-

чивый, стремительный Ахилл, / Он плачет от обид – нелишняя подробность...» (Пер. Э. Л. Линецкой).

⁸ Настроение полотен А. Корреджио никак не соответствует эпитету «мрачный», употребленному Воейковым. В письме Гнедичу от 4 декабря 1820 г. Пушкин иронически спрашивал: «Кто такой этот В., который <...> говорит, что характеры моей поэмы писаны *мрачными* красками этого нежного, чувствительного Корреджио и *смелою кистию Орловского,* который кисти в руки не берет, а рисует только почтовые тройки да киргизских лошадей?» (XIII, 21).

⁹ Имеется в виду шутливая поэма-сказка Богдановича «Душенька» (1778–1783), написанная на сюжет мифа об Амуре и Психее, в которой поэт сочувственно описывает злоключения героини, подвергшейся гонению Венеры.

¹⁰ Вступление к поэме («У Лукоморья дуб зеленый...») появилось только во втором издании «Руслана и Людмилы» (1828).

¹¹ См.: Lycée, ou Cours de littérature ancienne et moderne. Par J. F. Laharpe. Paris, an VII (1799). T. 8. P. 56.

¹² По свидетельству С. А. Соболевского, под именем Дельфиры Пушкин изобразил графиню Е. М. Ивелич, передававшую матери поэта слухи о его предосудительном поведении (см.: *Бартенев П. И.* Пушкин в Южной России // Бартенев П. И. О Пушкине. М., 1992. С. 132).

¹³ Речь идет о стихе: «Немножко ветрена... так что же?»

¹⁴ Воейков «не замечает» той же «погрешности» в цитируемых им стихах Дмитриева (см. с. 40 наст. изд.). По поводу «водомета» Пушкин позднее иронизировал в письме к брату от 13 июня 1824 г.: «На каком основании начал свои действия дедушка Шишков? Не запретил ли он "Бахчисарайский фонтан" из уважения к святыне академического словаря и неблазно составленному слову *водомет?*» (XIII, 98).

¹⁵ Суть претензий Воейкова вызвала недоумение. Сперва решили, что он возражает против перехода *е* в *ё*. А. Е. Измайлов в «Благонамеренном» привел примеры собственных рифм Воейкова, в которых осуществлялся подобный переход: «оплот – ревёт» (см. с. 74 наст. изд.). В ответе на антикритику А. А. Перовского М. Кайсаров проясняет причину неудовольствия Воейкова: переход *е* в *ё* допустим, по его мнению, в русском, низком, варианте: «копье» – «копьё», ибо такой переход характерен для низкого языка. В высоком, славянском, к которому принадлежит форма «копие», он не приемлем, слово «копиё» представляет собой совмещение не совместимого (см. с. 87 наст. изд., также: Томашевский. Т. 1. С. 308).

¹⁶ Воейков имеет в виду труд И. К. Готшеда «Deutsche Sprachkunst» (1748).

Замечания на поэму «Руслан и Людмила» в шести песнях, соч. А. Пушкина, 1820

НЗ. 1820. Ч. 3. № 7 (выход в свет 21 сент.) С. 67–80. Без подписи.

По всей видимости, статья исходит из редакционного кружка журнала (или от близкого к нему лица). На это указывает уже то, что критиком из всей поэмы выделен сюжет о Финне. Отрывок из первой песни «Руслана и Людмилы», включавший как раз повесть старца Финна о своей жизни (ст. 295–519), был опубликован в мартовском номере «Невского зрителя» (№ 3; вышел в свет 13 апр.). В статье можно отметить и ряд вероятных реминисценций из материалов прошлых номеров журнала. «Замечания» в определенном отношении близки статьям редактора журнала И. М. Сниткина: сходство в общем тоне и в некоторых идеях (требование «значительного предмета», апология героя-вождя, совершенно неожиданно возникающая в связи с образом Финна отсылка к Французкой революции и др.). Сниткин выступал в разделе «Критика» в трех предыдущих номерах журнала. Тем не менее с уверенностью атрибутировать статью Сниткину нет достаточных оснований.

Статья «Невского зрителя» представляет собой один из наиболее жестких отзывов о пушкинской поэме с типично «классических» позиций (основанных, вероятно, на вольтеровском «Опыте об эпической поэзии»). Написана статья рукой эстетика-дилетанта, ориетированного, в частности, в истории европейской живописи. Раздраженный и издевательский тон статьи, резко отличающийся даже от тона Воейкова, выделял статью на фоне современной ей критики поэмы.

[1] Популярная в начале XIX в. опера «Днепровская русалка» — переработка Н. С. Краснопольским оперы К. Ф. Генслера на музыку Ф. Кауера. На русской сцене шла с 1803 г.; считалась любимым зрелищем малообразованной публики. Ср. в очерке «Новый философ» М. Яковлева: «Перед камином собрался кружок ученых по виду молодых людей: они толковали о новой поэме, одни из них ставили ее выше поэм Ариостовых, другие же равняли ее с "Русалкой"» (НЗ. 1820. Ч. III. № 9. С. 231).

[2] Имеется в виду критический разбор А. Ф. Воейкова.

[3] В программной статье «О критике вообще» в первом номере «Невского зрителя» сходным образом определялся общий критерий ценности произведения словесности: «Ум достигал бессмертия такими только произведениями, которые занимали собой весь род человеческий, или, лучше сказать, которых содержанием были благородные и возвышенные идеи, героические или божественные подвиги касательно религии и нравственности» (НЗ. 1820. №1. С. 105; подпись: Б. Б.).

[4] В поэме встречаем имена «старец», «Финн». «Пустынником» же называет героя только публикатор отрывка из «Руслана и Людмилы» в мартовском номере «Невского зрителя», кратко излагая содержание первой песни: «Руслан едет отыскивать свою молодую супругу, похищенную волшебником Черномором, находит старого пустынника, который открывает ему будущее и приглашает остаться ночевать в своей пещере» (НЗ. 1820. № 3. С. 44).

[5] Герой прециозного романа «Астрея» О. д'Юрфе (1619), нарицательное ироническое имя нежного любовника.

[6] Как об анахронизме о перчатках Фарлафа пишет Воейков, см. с. 66 наст. изд.

[7] Неточная цитата из «Науки поэзии» Горация в переводе А. Ф. Мерзлякова: Ср.:

> Когда маляр, в жару потея над картиной,
> Напишет женский вид на шее лошадиной,
> Всю кожу перьями и шерстью распестрит;
> И части всех родов в урода превратит;
> Начав красавицей чудесное творенье,
> Окончит рыбою, себе на прославленье:
> Пизоны! – можете ль, скрепя свои сердца,
> Не осмеять сего безумного творца?

(Послание к Пизонам о стихотворстве // Амфион. 1815. №10–11)

[8] Очевидно, имеется в виду эпизод из девятой книги «Энеиды». Автор допускает неточность: у Вергилия корабли Энея превращаются в морских божеств.

[9] Имеется в виду эпизод из шестой книги «Потерянного рая» Дж. Мильтона (опубл. 1667). Этот же эпизод вспоминал Пушкин в лицейской поэме «Бова»:

> За Мильтоном и Камоэнсом
> Опасался я без крил парить;
> Не дерзал в стихах бессмысленных
> Херувимов жарить пушками,
> С сатаною обитать в раю (I, 63).

¹⁰ Имеется в виду эпизод из 2-й песни эпической поэмы Л. Камоэнса «Лузиады» (1572).

¹¹ Имеются в виду «Слезы святого Петра» («Les larmes de Saint Pierre», 1587). Ф. Малерба.

¹² Имеется в виду «Зимняя сказка» Шекспира (1610—1611) — д. III, сцена III.

¹³ Персонажи на картинах Рембрандта часто облачены в фантастические наряды с элементами восточной экзотики, которые в первой половине XIX в. иногда толковались как «польские костюмы». (Так возникли названия картин «Польский всадник», «Ян Собесский» и др., принятые до сих пор, хотя и ошибочные.) В данном пассаже, очевидно, имеется в виду всадник с офорта «Три креста» (1653—1660). О каких именно картинах говорит автор статьи далее, остается неясным. Художники эпохи Возрождения не стремились в изображении сцен из Священной истории к документальной точности, свободно вводя в них детали современной жизни.

¹⁴ Ср. замечание Воейкова в «Сыне отечества» о персидских и арабских сказках (см. с. 45 наст. изд.).

¹⁵ Во втором издании поэмы (1828) этот фрагмент был Пушкиным исключен.

¹⁶ Во втором издании поэмы фрагмент значительно сокращен и переработан.

А. Е. ИЗМАЙЛОВ
«Руслан и Людмила»
Поэма в шести песнях. Соч. А. Пушкина.

Благ. 1820. Ч. 11. № 18 (выход в свет 5 окт.). С. 405—406. Подпись: И.
Статья является откликом на разбор «Руслана и Людмилы», сделанный Воейковым в «Сыне отечества» (см. с. 36 наст. изд.), и представляет собой набор полемически использованных цитат.

¹ Замечание Воейкова о «мужицких рифмах» было впоследствии пояснено М. Кайсаровым в «Сыне отечества» (1820. № 43. С. 117; см. с. 87 наст. изд.). См. также примеч. 15 на с. 354 наст. изд.

² См. примеч. 14 на с. 354 наст. изд.

А. А. ПЕРОВСКИЙ
Замечания на разбор поэмы «Руслан и Людмила», напечатанный в 34, 35, 36 и 37 книжках «Сына отечества»
(Письмо к издателю)

СО. 1820. Ч. 65, № 42 (выход в свет 16 окт.). С. 72—86. Подпись: П. К—в.
Статьи, написанные в ответ на критику «Руслана и Людмилы», положили начало литературной известности Александра Алексеевича Перовского (1787—1836), хотя первые его опыты относятся еще к началу 1800-х гг. В молодости Перовский — страстный приверженец Карамзина, в 1807 г. переводит на немецкий «Бедную Лизу». В эти же годы завязываются его дружеские отношения с Жуковским и Вяземским. Перовский пробует силы в поэзии — занимается переводами, пишет баллады, идиллии, шуточные стихи (опыты «шутейского стихотворства» найдут отклик в твор-

честве его племянника, А. К. Толстого). Однако публиковать свои немногочисленные творения Перовский не стремится и к 1820 году, вероятно, даже не считает себя литератором. Те произведения, которым Перовский обязан репутацией писателя, стоящего у истоков русской романтической прозы, будут изданы им во второй половине 1820-х гг. под псевдонимом Антоний Погорельский.

Конец 1810-х гг. для Перовского стал порой разочарования в идее государственного служения, которой он успел отдать много сил. Круг его интересов сосредоточивается на литературных проблемах. Занимая необременительную должность в Департаменте духовных дел иностранных исповеданий, Перовский много общается с Карамзиным, Жуковским, А. И. Тургеневым. В это же время (1816—1820) происходит и его знакомство с Пушкиным, перешедшее в многолетние дружеские отношения.

В первой статье Перовского нашла отражение общая оценка пушкинской поэмы литераторами арзамасского круга, их неприятие критических суждений, основанных на архаичной нормативной поэтике. Перовский высмеивает смутные представления Воейкова о романтизме, мелочность его придирок к сюжетным мотивировкам в поэме, к «грубости» и «простонародности» языка, общую неспособность критика следовать за движением литературы. Перовский показал себя и незаурядным полемистом. «Яркая одаренность, острота и меткость суждений, а также способность к литературной мистификации, удачно и тонко использованной в качестве полемического приема, — все это раскрылось в статьях Перовского в полной мере» (*Турьян М. А.* Жизнь и творчество Антония Погорельского // *Погорельский А.* Избранное. М., 1985. С. 9). Ирония Перовского заключалась уже в выбранной им для своей антикритики форме обращения к редактору журнала. «Сын отечества» в это время в отсутствие Греча редактировался Воейковым. Перовский, таким образом, адресует упреки в пристрастии неизвестному якобы критику В. — самому Воейкову. Авторство Воейкова, разумеется, не было для Перовского тайной, вопреки его утверждению в третьей, оставшейся в рукописи статье (см. с. 361 наст. изд.). Даже подпись, по-видимому, содержала намек на редакторскую бестактность Воейкова: именно так («П. К—в. Павловск 1820 г. сентября 5 дня») была подписана статья Воейкова, направленная против Д. Н. Блудова (СО. 1820. Ч. 64. № 37). Кроме того, Перовский вводит в свою антикритику интимный ядовитый намек, хорошо понятый в близком окружении Воейкова. «As-tu lu la ridicule et indécente satire qui se trouve dans le Fils de la Patrie <Читала ли ты смешную и нескромную сатиру в Сыне отечества (*фр.*) — *Ред.*>: ответ антикритика на Руслана? — спрашивала М. А. Мойер (Протасова) А. П. Елагину в письме из Дерпта 2 ноября 1820 г. — Скажи, каково должно быть его <Воейкова — *Ред.*> расположение, когда он читал такие ужасные насмешки над его девственностью» (Уткинский сборник. М. , 1904. I. С. 247).

Статьи Перовского были одобрительно встречены в арзамасской среде. Так, А. И. Тургенев еще до публикации статей положительно отзывался о них в письме к Вяземскому, характеризуя замечания критика как «довольно справедливые» (см.: ОА. Т. 2. С. 72). Сама же полемика, по свидетельству А. И. Тургенева, бывшего директором департамента, где служили и Воейков, и Перовский, вышла далеко за пределы журнальных страниц (см. с. 360 наст. изд.).

[1] «Марфа-посадница, или Покорение Новагорода» (1803) — историческая повесть Карамзина; «Искусства и науки» — дидактическая поэма Воейкова; отрывок из нее незадолго перед тем был напечатан в «Сыне отечества» (1820. Ч. 64. № 37).

[2] *Катон* — Катон Старший (234—149 гг. до н. э.) — римский писатель и государственный деятель, известный строгостью взглядов, борьбой против порчи нравов и злоупотреблений.

Д. П. ЗЫКОВ
Письмо к сочинителю критики на поэму
«Руслан и Людмила»

CO. 1820. Ч. 64. № 38 (выход в свет 18 сент.) С. 228–229. Подпись: NN.

Статья написана Дмитрием Петровичем Зыковым (1797 (или 1798) – 1827), офицером лейб-гвардии Преображенского полка, сослуживцем и литературным единомышленником П. А. Катенина. Сохранившиеся о нем сведения скудны. Известно, что в 1826 г. Зыков был привлечен к следствию по делу декабристов, однако вскоре отпущен, поскольку, несмотря на членство в Северном обществе, продолжавшееся около двух месяцев, никакого участия в его деятельности не принимал. Е. П. Оболенский показал на следствии, что знал Зыкова как человека, чьи занятия «были более литературными»; Александр Бестужев свидетельствовал о том же, вспоминая споры о стихах Катенина. В формулярном списке Зыкова среди наук, ему известных, указаны математика, геометрия и география, а также французский и немецкий языки. Оболенский же вспоминает об увлечении молодого офицера древней поэзией, о его занятиях греческим, латынью, английским и итальянским языками (Восстание декабристов: Документы. М., 1984. Т. 8. С. 215–228). Подтверждение тому находим и в воспоминаниях Катенина: «Этот умный молодой человек, страстный к учению, несмотря на мелкие военного ремесла заботы, успел ознакомиться со всеми древними и новыми европейскими языками, известными по изящным произведениям; но он был не только скромен, но даже стыдлив и, не доверяя еще себе, таил свои занятия ото всех» (*Катенин П. А.* Размышления и разборы. М., 1981. С. 210). Несмотря на последнее утверждение, есть основания предполагать, что статья Зыкова была не только вдохновлена, но и отредактирована Катениным, недаром и сам Пушкин, и его окружение сперва приписывали авторство именно ему (см.: XIII, 30). Впоследствии в своих воспоминаниях о Пушкине Катенин отзывался об этой статье в самых лестных выражениях, из которых явствует, что точку зрения автора он разделял полностью (*Катенин П. А.* Размышления и разборы. С. 209).

Катенин и его единомышленники встретили появление пушкинской поэмы с несомненным одобрением. Тяготение молодого поэта к крупной форме было созвучно с их собственными выступлениями против малых форм, культивировавшихся карамзинистами. Сочувственное внимание катенинского круга к «Руслану и Людмиле» объясняется не только выбором жанра; свобода Пушкина в обращении с просторечной лексикой, далекой от салонной утонченности, сделавшая поэму бурлескной и «простонородной» в глазах Воейкова, вполне соответствовала требованиям, предъявляемым к поэтической речи Катениным. Недаром Зыков считает поэму «одним из лучших произведений литературы» последнего времени.

Характер претензий, содержащихся в статье, полностью определяется правилами классицистической поэтики, требующими строгой сюжетной мотивированности эпизодов, логической согласованности деталей. Неукоснительного соблюдения этих правил требовал и Катенин. В своих воспоминаниях он упрекает Пушкина в том, что поэт, выслушав замечания по поводу эпизода с мечом, так и не найденным Русланом на поле старой битвы, согласился, что допущена логическая неувязка, но исправить что-либо поленился, попросив друга никому не рассказывать о замеченной им оплошности (*Катенин П. А.* Размышления и разборы. С. 207–208). С тех же позиций Катенин позднее будет упрекать Пушкина в необоснованности и маловероятности внезапного превращения Татьяны – уездной барышни в Татьяну – светскую даму. (см.: VI, 197).

Пушкин, приписав статью Катенину, принял замечания довольно спокойно. В письме Н. И. Гнедичу от 4 декабря 1820 г., сравнивая выступление с критикой Воейкова, он отмечал, что «допросчик умнее» (XIII, 21). В предисловии ко второму изданию «Руслана и Людмилы» (1828), говоря о поэме как произведении юношеском и весьма несовершенном, Пушкин вспомнил о статье Зыкова и отметил, что «многие обвинения сего допроса основательны» (IV, 282); два года спустя в «Опровержениях на критики» он вновь упомянул о «весьма дельных вопросах, изобличающих слабость создания поэмы...» (XI, 144).

¹ Имеются в виду следующие стихи второй песни поэмы:

С порога хижины моей
Так видел я, средь летних дней,
Когда за курицей трусливой
Султан курятника спесивый,
Петух мой по двору бежал... *и т. д.*

² См. примеч. 3 на с. 353 наст. изд.
³ Цитата из «Филиппик» Цицерона (XII. 2, 5).

А. А. ПЕРОВСКИЙ
Замечание на письмо к сочинителю критики на поэму «Руслан и Людмила»
(Письмо к издателю)

СО. 1820. Ч. 65. № 41 (выход в свет 9 окт.). С. 39—44. Подпись: К. Григорий Б–в.
Беловой автограф с незначительными расхождениями: РГАЛИ, ф.156 (Н. И. Греча), оп.1, ед. хр. 27, л.1—4.
Статья была написана между 18 сентября (появление журнала с письмом Зыкова) и 22 сентября (письмо А. И. Тургенева Вяземскому, в котором сообщается о статье: ОА. Т. 2. С. 72), т. е. несколькими днями позже антикритики на статью Воейкова. Бывшее в автографе имя Пушкина заменено в журнальном тексте описательными оборотами («сочинитель поэмы» и др.). По предположению М. А. Турьян, Перовский тем самым хотел избежать впечатления, что говорит от имени поэта (см.: *Погорельский А.* Избранное. М., 1985. С. 418).

¹ Намек на ссылку Пушкина. Перовский дает понять, что нападки на опального поэта выглядят недостойно.

М. С. КАЙСАРОВ
Скромный ответ на нескромное замечание г. К–ва

СО. 1820. Ч. 65. № 43 (выход в свет 23 октяб.). С. 112—121. Подпись: М. К–в.
Возражение Перовскому, подписанное М. К–в, появилось в момент резкого обострения борьбы вокруг «Руслана и Людмилы», когда полемика приняла памфлетный характер. В своей первой статье, воспользовавшись тем, что Воейков не подписался полным именем, Перовский представил его литературный облик почти в гротескном освещении. По методу критической характеристики противника он оказался близок к полемистам «Арзамаса», в частности к Вяземскому; кроме того, он ввел в свою

статью ядовитые двусмысленности, которые могли быть поняты как оскорбительный намек личного свойства, – и так и были восприняты в воейковском кругу. М. К–в ставил своей целью восстановить ученую и литературную репутацию Воейкова и ответить на «личность».

Сделано это было чрезвычайно неискусно. Защитник Воейкова, по существу, раскрыл его псевдоним и перечислил его ученые и литературные заслуги, долженствовавшие придать авторитетность его критическим суждениям. Эффект был обратным: весь этот список становился теперь мишенью для сатирических выпадов. Очень неудачной оказалась и апелляция М. К–ва к мнению литераторов старшего поколения – Е. Болховитинова и И. И. Дмитриева, не выступавших печатно и вовсе не желавших ввязываться в публичную полемику; холодный отзыв Дмитриева, впервые обнародованный в статье М. К–ва, вызвал вежливое, но недвусмысленное противодействие в ближайшем окружении Дмитриева (Жуковский, Вяземский, А. Тургенев) и очень задел Пушкина, вплоть до конца 1820-х гг. говорившего о Дмитриеве с плохо скрытым раздражением. Наконец, отвечая на мнимые или умышленные «личности» Перовского, М. К–в, не владевший, как его противник, искусством иронической игры, включил в свою статью плоскую грубость пасквильного свойства.

Принято считать, что под инициалами М. К–в скрывался сам Воейков. Так думал, в частности, Вяземский, писавший А. И. Тургеневу из Варшавы 13 ноября 1820 г.: «Кто этот антикритик? Верно, сам Воейков» (ОА. Т. 2. С. 102). Такое мнение установилось и в исследовательской литературе (*Благой Д.* Творческий путь Пушкина (1813–1826). М. ; Л. , 1950. С. 233; Томашевский. Т. 1. С. 312). Между тем А. И. Тургенев в переписке с Вяземским недвусмысленно указывает на другое лицо; 28 октября он сообщает ему: «Мои чиновники: Воейков и Алексей Перовский батально ругаются за Пушкина. Третий вступился за Воейкова и написал вместо антикритики послужной его список. Dieu, delivre moi de mes amis! <Боже, избавь меня от моих друзей! (*фр.*). – *Ред.*>. Но Воейков об этом не молится» (ОА. Т. 2. С. 95). Имя «третьего» автора антикритики раскрыл в своем дневнике Н. И. Тургенев; указание это прошло мимо внимания исследователей Пушкина. Дневник Тургенева содержит и дополнительные сведения об обстоятельствах и причинах появления «Скромного ответа...». 27 октября 1820 г. Тургенев записывает: «На сих днях были у нас шумные разговоры об ответе на антикритику Перовск<ого>. В сем ответе, как кажется, без намерения, а может быть, и с намерением, сказана непростительная глупость, до личности П<еровского> касающаяся. Мих<аил> Кайсаров написал этот ответ. Это меня взбесило и огорчило. Каждый день узнаешь новые гнусности. Толпа подлых глупцов увеличивается. Беспрестанно видишь, что люди, кот<орых> почитал порядочными, являются в противном виде. Я слишком ясно сказал мое мнение о К<айсарове> Воейкову. Но он думает, что умыслу не было. Я пожалел, что погорячился. Но сегодня узнал, что эти дураки думали, что я и Блуд<ов> были главными сочинителями антикритики, и потому на нас метили словами: «защитник трона». По крайней мере, так изъясняет это В<оейков> Пер<овскому> (посему я уже не сожалею о том, что говорил В<оейкову>), говоря, что К<айсаров> имеет на меня какие-то неудовольствия по службе. Какая мелкая подлость! Он на меня неудовольствие! Я слышал, что ему врал что-то обо мне свинья Свиньин. Но это не резон. Если В<оейков> не лжет, то К<айсаров> должен быть один из тех скаредных людей, без воли, без рассудка» (Архив Тургеневых. Вып. 5. С. 245–246).

Михаил Сергеевич Кайсаров (1780–1826) – давний знакомый Тургеневых и Воейкова, участник их литературного кружка 1801 г. («Дружеского литературного общества»; возможно, этими давними связями объясняется уклончивость А. И. Тургенева, не назвавшего его имени Вяземскому), пользовался в свое время некоторой литературной известностью; он владел французским, немецким, английским и итальянским языками, печатал стихи в журналах «Приятное и полезное препровождение времени» и «Иппокрена», переводил Л. Стерна (см. некрологи его: СПч. 1825.

№ 36; МВед. 1825. № 28; см. также: *Резанов В. И.* Из разысканий о сочинениях В. А. Жуковского. СПб., 1906. Вып.1. С. 241–243; 248–249; *Истрин В. М.* Дружеское литературное общество: (По материалам архива братьев Тургеневых) // ЖМНП. 1913. № 3, отд. 2. С. 6; *Лотман Ю. М.* Андрей Сергеевич Кайсаров и литературно-общественная борьба его времени. Тарту, 1958. С. 18); в 1821 г. был избран почетным членом Вольного общества любителей российской словесности (см.: Базанов. С. 447). С сентября 1820 г. служил по Министерству финансов вместе с Н. И. Тургеневым, с которым вошел в серьезный служебный конфликт, в результате чего Тургенев вынужден был уйти (Декабрист Николай Иванович Тургенев: Письма к брату С. И. Тургеневу. М.; Л., 1936, по указ.). Все это наложило отпечаток на тон и характер его полемического выступления, однако оно имело и принципиальный литературный смысл: отстаивая литературный и общественный авторитет Воейкова, Кайсаров присоединялся к нему и в критике новой, неприемлемой для него, романтической генерации поэтов. Его статья была показателем далеко зашедшей эволюции прежнего кружка литературных единомышленников: группа Жуковского — А. Тургенева собирала вокруг себя сторонников романтического движения; А. Ф. Мерзляков, М. С. Кайсаров, Воейков оставались сторонниками поэтического нормативизма, сохранявшего прочную связь с «классической» традицией.

В фонде Перовских в РГИА (ф.1021, оп.1, №16) сохранился ответ Перовского на эту статью, в печати тогда не появившийся и опубликованный лишь в 1966 г. (*Вацуро В. Э.* Неизвестная статья А. А. Перовского о «Руслане и Людмиле» // Врем. ПК. 1968. М.; Л., 1966. С. 48–55; ср. *Погорельский А.* Избранное. М., 1985. С. 385–390). Ответ написан не ранее 23 октября, когда вышел номер журнала со статьей Кайсарова, и не позднее 28 октября, когда А. И. Тургенев сообщил Вяземскому о только что состоявшемся примирении Воейкова и Перовского, после которого продолжение полемики лишалось смысла. Приводим текст статьи.

Ответ на скромный ответ г-на М. К–ва

Я читал ответ, который вам, милостивый государь, угодно называть *скромным*, но *скромного* в нем ничего не нашел. Покорнейше прошу за то на меня не гневаться, я говорю это не в *осуждение* вам, а только в *предосторожность*. Откровенно признаюсь, что я сначала намерен был оставить без ответа скромную вылазку вашу на мою антикритику, но вы обнаружили свету, кто сочинитель разбора «Руслана и Людмилы», и тем поставили меня в необходимость оправдаться пред читателями «С<ына> о<течества>» в непростительной смелости: быть противных мыслей с членом Российской Академии, с ординарным профессором, с доктором философии, с сочинителем речей, посланий и сатир и пр. и пр. и пр. (смотри продолжение титлов и сочинений № 43-й, стр.113-я и 114-я).

Начну с того, что, не обязан будучи знать, что мистическая буква *В*, поставленная в конце разбора поэмы, заключает в себе такое множество ученых титлов, я не мог догадаться, кто сочинил сей разбор. Даже и теперь, по прочтении вашего скромного ответа, и теперь я бы сомневался в сей неожиданной новости, если б не *вы*, милостивый государь, приняли труд меня наставить на истинный путь. Итак, сочинитель разбора есть тот самый писатель, который перевел «Енеиду» с *латинского*, проповеди с *немецкого* и «Век Людовика XIV» с *французского*. Смотрите пожалуйте, как легко можно обмануться! Кто бы это подумал! Я, по крайней мере, судя по плоским шуткам, по странным и неосновательным привязкам, по неучтивым нападкам, полагал, что разбор ее сочинен каким-нибудь новичком, которому за долг счел пожелать более опытности, учености и учтивости! Приношу повинную голову в сей неумышленной ошибке, но, удовлетворив таким образом искреннему желанию моему снискать великодушное прощение почтеннейшего г-на В., да позволено мне будет побеседовать немного с скромным защитником его.

Какая непонятная причина побудила вас, милостивый государь, обороняться от моей антикритики учеными дипломами г-на В.? Удивляюсь памяти вашей, украшенной столь завидными сведениями о всех ученых званиях вашего клиента, но какую связь имеют они с разбором? Если б г-н В. получил оные за сочинение сего разбора, то *дело ваше*, конечно, было бы *в шляпе*, вы бы тогда имели право сказать: неприлично *многоученому остроумцу-замечателю* критиковать то, что одобрено столь многими учеными сословиями, и я спорить бы с вами не стал. Но будем откровенны друг против друга, милостивый государь! Неужели думаете вы, что какое бы то ни было ученое общество согласилось бы сделать г. В. сочленом своим, если б он не имел иных заслуг, кроме упомянутого разбора? Весь ответ ваш, милостивый государь, основан на правилах столь же ничтожных. Что нам за дело до того, что рецензент при сочинении рецензии руководствовался иностранными журналами и Лагарпом, когда он не умел ни не хотел подражать им в том, что достойно подражания. Чем же похож разбор г-на В в рецензии, которые читали вы в «Mercure de France», «Allgemeine Literatur-Zeitung», «Cours de Littérature» de La Harpe и проч.? Плодовитостью!!! Пространные разборы Лагарпа, милостивый государь, не тем хороши, что они пространны, — рецензии не аршинами меряются и не на весах взвешиваются, а должны иметь другие достоинства.

Спрашиваю вас, в котором из иностранных или отечественных журналов г. В. нашел, что бедные рифмы надлежит называть мужицкими, что роковой пламень *брат* дикому пламеню, что колдуны всегда бывают *старые*, что нельзя *сладко* дремать и проч. и проч. Из какого образца он почерпнул логический довод: что нельзя сказать мрак *немой, потому* что нельзя сказать мрак *болтающий?* Сии-то ошибки вам надлежало бы оправдать, скромный мой соперник, вместо рассуждений о моих пороках и добродетелях, кои ни до литературы, ни до вас не касаются и по сей причине не заслуживают ответа.

Напрасно вы берете на себя труд перелаживать по-своему цель, которую я имел при напечатании моей антикритики. Мне никогда не приходило на мысль досадовать на рецензента за то, что он не признал стихотворение Пушкина *непогрешительным*. Я и сам не признаю его поэму безошибочною. Погрешности найти можно в писателях, которые гораздо известнее Пушкина, но разница состоит в том, что те ошибки, которые думал найти г-н В., по мнению моему и многих других, совсем не существуют. Смею утверждать даже, что увенчанный, первоклассный писатель, на свидетельство которого вы упирались, не мог одобрить разбора г-на В. в отношении к логике, к остроте и к вежливости. И я не менее «Невского зрителя» сожалею о том, что картины Пушкина слишком чувственны, но никто до г-на В. не позволял себе называть их *площадными шутками*. Вот, милостивый государь, в чем состоит моя претензия на г-на В., она весьма ясно изложена в моих замечаниях (стр. 79). Из чего же вы взяли, что я желаю, чтобы кто-нибудь, разбирая поэму Пушкина, назвал ее *училищем нравственности?* Богатая мысль сия принадлежит вам одним, государь мой, она есть ваша собственность, и я никакого не имею на нее права.

Вы, обещавшись шаг за шагом идти за антикритикою, пропустили весьма много статей моих, вероятно, потому, что никакого дельного возражения не могли придумать. Изгибистое защищение новоизобретенного термина *мужицкие рифмы* нимало не оправдывает оного. Если слово *копием* заслуживает, по вашему мнению, эпитет *грубого*, то какое название надлежит дать термину *мужицкие* рифмы, который, кроме грубости, заключает в себе совершенную бессмыслицу?

Я читал и перечитывал параграф VI ответа вашего и нимало не убедился в основательности ваших доводов. Г. В. сделал следующее *логическое* (!!) предложение. Наш молодой поэт поступил очень хорошо, написав сию богатырскую повесть *стихами*, и предпочел идти по следам Ариосто и Виланда, а *не Флориана*. Хорошие судьи, истинные знатоки изящного не одобряют такого рода творений *в прозе, ибо прозаическая поэма есть противоречие в словах, чудовищное произведение в искусстве.*

Воля ваша, милостивый государь, а я опять повторяю то, что сказал в замечаниях. Вероятно, г. В. не знает различия между *прозаическою поэмою и поэмою, писанною в прозе.*

Если хорошие судьи не одобряют поэм, писанных в прозе, то, конечно, не *потому, что прозаическая поэма* есть чудовищное произведение в искусстве — в сем, по мнению вашему, *логическом* предложении нет ни логики, ниже смысла.

В параграфе XV вы утверждаете, что стихи:

> Убью... преграды все разрушу
>
> ....
>
> Теперь-то девица поплачет

оправдывают негодование г-на В. на Рогдая. Пусть так, милостивый государь! но прошу вас прочитать опять сей разбор, вы увидите, что г. В. не из сих стихов заключил, что *кровопролития* для Рогдая забава и *слезы невинных пища*. Почтенный разбиратель изъясняется именно сими словами. «Характер Рогдая изображен смелою кистью Орловского, *мрачными красками Корреджия:*

> Угрюм, молчит — ни слова...
> Стра<шась неведомой судьбы
> И мучась ревностью напрасной,
> Всех больше беспокоен он;
> И часто взор его ужасный
> На князя мрачно устремлен>.

Прочитав сей стих, <мы с ужасом видим перед собою одного из тех хладнокровных воинов-убийц, которые не умеют прощать, для которых кровопролитие есть забава, а слезы несчастных — пища>».

Ссылаюсь на беспристрастных читателей: справедливо ли я заметил, что в стихах сих видна одна ревность? Тут нет еще ни злодейства, ни кровопролития, ни прочих ужасов, которые пылкое воображение г-на В. *видит перед собою*. Стих же

> Убью... преграды все разрушу

является в поэме Пушкина ровно 17 страниц после стихов, которые столь безвинно внушают ужас г-ну разбирателю. При сем случае не могу не упомянуть еще об одном обстоятельстве, которое я пропустил в своих замечаниях. Желательно знать, из каких иностранных журналов г. В. извлек определение, что Корреджио писал *мрачными красками*? Признаюсь, что впервые слышу о сем важном открытии! Как! Желая похвалить Пушкина за удачное описание *воина-убийцы, хладнокровного злодея*, г. В. сравнивает описание сие с картинами Корреджия! Корреджия, которого одушевленная кисть оставила нам памятники, дышащие негою, легкостию и приятством, того Корреджия, прозванного живописцем граций! Вероятно, г. В. слышал о знаменитой картине, известной под названием *Ночь Корреджия*, но он не знает, что картина сия ни с какой стороны не может быть названа мрачною: она, напротив, изображает радостнейшее событие для всего человеческого рода; она отличается именно чудесным расположением света! Художники настоящего и времян будущих, если (от чего да избавит вас Бог) дойдет до вас разбор г-на В., не дерзайте смеяться над неудачным сим сравнением; вам представят длинную опись всех его титлов, сочинений и переводов — и вы будете виноваты.

Остается теперь, скромный защитник вежливого разбирателя, поговорить с вами о неучтивостях, которые столь строго на мне вы взыскиваете, тогда когда в г-не В. они вам кажутся приятны. Дружба, милостивый государь, есть чувство достойное уважения, я уважаю чувство сие и в вас, но не могу не заметить, что оно делает вас слишком пристрастным. Неужели не шутя вы требуете, чтоб я неловкие шутки г-на В. принимал за острые слова! Неужели вы думаете, что дипломы вашего друга дают ему право говорить нелепости, которые тем непростительнее, что они истекают из пера ординарного профессора и доктора философии и пр. и пр. Примите, милостивый государь, в заключение сего последнего *письменного* ответа откровенное изложение мыслей моих о поэме Пушкина и о разборе оной.

Я уважаю талант юного поэта нашего (с которым *я почти не знаком лично*). Я думаю, что никто еще из наших соотечественников в *таких* молодых летах не подавал *такой* надежды на будущее время, как он. Потому-то весьма было бы *полезно для Пушкина* и *занимательно* для читателей его, если б нашелся критик, который, устраняясь от самолюбия, не выдавал бы плоские свои насмешки за остроумные изречения, неосновательные суждения за логические доводы и ученые дипломы за привилегии быть невежливым!

Впрочем, долгом считаю объявить, что личности я не имею никакой ни против г-на В., ни даже против вас!

---

¹ *Знаменитый архипастырь* – митрополит Евгений Блоховитинов (1767–1837), филолог, историк церкви, друг Державина. *В. Г. А–ич* – Василий Григорьевич Анастасевич (1775–1845), библиограф, антикварий, переводчик. Мнение митрополита Евгения о Воейкове и его трудах на самом деле было далеко не столь лестным (см. также с. 352 наст. изд.). Попытку использовать его авторитет митрополит воспринял с возмущением. 5 ноября 1820 г. он писал Анастасевичу: «Больно и мне, что в ссору за Ерусланщину вставлено и мое имя с вымышленными словами, каких я и к вам, помнится, не писал. На рецензента восстают, кажется, не *пушкинцы*, а вся молодежь за хвастливый подряд его у Греча на рецензии. <...> Рецензент же дерзок на язык и в словесных спорах, верно, многих оцарапал. Такой профессорский тон сам по себе вызывает уже парнасских щепетильников, как ласточек на ястреба. Притом и худой выбор первой рецензии на странного Еруслана подал повод насмешникам. Словом сказать, почти можно предвидеть, что рецензента сгонят с Парнаса, осрамят и заставят ехать с досады в орловские свои деревни» (РА. 1889. Т. 2. № 7. С. 377–378).

² Имеется в виду статья Перовского, написанная в ответ на «Письмо» Зыкова (см. с. 82 наст. изд.).

³ Имеется в виду И. И. Дмитриев. Об отношении Дмитриева к поэме см. с. 351–352 наст. изд.

⁴ Речь идет о статье в июльском номере «Невского зрителя», вышедшем только 21 сентября (см. с. 72–73 наст. изд.).

⁵ Имеется в виду статья Жителя Бутырской слободы (А. Г. Глаголева) в «Вестнике Европы» (см. с. 25–27 наст. изд.).

⁶ См. примеч. 15 на с. 354 наст. изд.

⁷ Здесь содержится грубый личный выпад. Реплика о «целомудренных сестрицах и матерях» намекает на незаконнорожденность Перовских – побочных детей графа А. К. Разумовского и М. М. Соболевской. На это место статьи обратили внимание как Н. И. Тургенев (см. с. 360 наст. изд.), так и А. И. Тургенев, писавший Вяземскому 28 октября: *«Если они у вас есть*, то есть целомудренные сестрицы и матери, – не злость, а просто глупость» (ОА. Т. 2. С. 95). Не исключено, что специально выделен-

ное курсивом место в антикритике Перовского («Ответ на скромный ответ...»), где подчеркивалось, что это последнее его *письменное* объяснение (см. с. 364 наст. изд.), содержало скрытую угрозу возможных «устных» объяснений, являвшихся обычно преддверием дуэли.

1821

Н. И. КУТУЗОВ
Аполлон с семейством
<Отрывок>

СО. 1821. Ч. 67. № 5 (выход в свет 29 янв.). С. 193–210; Приводимый отрывок – С. 201–210.

Николай Иванович Кутузов (1796–1849), публицист и литературный критик, поручик лейб-гвардии Измайловского полка, принадлежал к умеренному крылу декабристского движения и являлся членом Союза благоденствия (1818–1821). Его общественно-политические взгляды наиболее полно выражены в трактате «О причинах благоденствия и величия народов», главы из которого публиковались в 1819–1820 гг. в «Журнале древней и новой словесности» и в «Сыне отечества». Кутузов предлагал обширную программу прогрессивного развития России, выдержанную в духе идей Монтескье и А. Смита и исключавшую при этом идею народоправства и любую возможность радикальных преобразований. Большое значение он придавал наукам и просвещению, оговаривая, однако, опасность знания, направленного на ниспровержение «священных истин».

С 1821 г. Кутузов отошел от политической деятельности. Из следственных показаний по делу декабристов видно, что к 1825 г. он был уже очень далек от участия в делах тайных обществ (см.: Декабристы: Биографический справочник. М., 1988. С. 244).

Кутузов являлся одним из самых активных членов Вольного общества любителей российской словесности, на заседаниях которого выступал с чтением отдельных частей своего трактата «О причинах благоденствия и величия народов» («О законодательстве древних», «Об удовольствиях общественных», «О древних законах Ликурга и Солона»). Отстранение от участия в тайной организации не помешало Кутузову выполнять в рамках Общества соревнователей роль идейного воспитателя по отношению к младшему поколению декабристов: его воздействие, также как воздействие Гнедича и Ф. Глинки, оказало немалое влияние на формирование общественно-политических убеждений Рылеева и Бестужевых. В 1823 г. вокруг Рылеева объединяется «домашний комитет» общества, призванный определять политическую ориентацию соревнователей и участвующий в редактировании «Полярной звезды». Кутузов – один из его членов. Поддерживая активные отношения с участниками восстания вплоть до 14 декабря, Кутузов накануне вынесения им приговора составляет на высочайшее имя записку, в которой говорит о бесполезной муштре и жестокостях, процветающих в армии, и представляет возмущение военных как неизбежное следствие существующего порядка вещей. В 1841 он повторит попытку личного обращения к императору, надеясь обратить его внимание на неблагополучие и неустроенность народной жизни. (О Н. И. Кутузове см. также: Базанов. С. 221–233).

Статья Кутузова, написанная, как следует из пометы под текстом, в разгар полемики вокруг «Руслана и Людмилы», совершенно соответствует духу представлений декабристов о высоком воспитательном значении литературы, призванной служить прежде всего гражданским целям. Б. В. Томашевский сопоставляет это выступление с некоторыми положениями из устава Союза благоденствия, как, например: «...сила и прелесть стихотворения не состоят ни в созвучии слов, ни в высокопарности мыслей, ни в непонятности изложения, но в живости писаний, в приличии выражений, а более всего в непритворном изложении чувств высоких и к добру увлекающих» (см.: Томашевский. Т. 1. С. 313–314). Статья представляет собой рассуждение о воспитательной роли Словесности, дочери Разума и супруги Аполлона. Среди их детей, Поэзии, Прозы, Вкуса и Критики, автор особое значение придает последней, ибо именно она стоит на пути заблуждений, свойственных человеческой природе. В присущей ему растянутой эмфатической манере Кутузов рассуждает об опасности критики, отступающей от законов разума и приличия, явно имея в виду скандальный характер полемики вокруг «Руслана и Людмилы», а затем переходит к заблуждениям критики, приветствующей произведения искусства, проповедующие «чувственность» и «безнравственность», способствующие возбуждению пагубных страстей. В завершающей части статьи пафос автора достигает высшего предела: Кутузов обличает «разврат» и «безверие», сожалеет о «во зло употребленном даровании» – и призывает Пушкина «перестроить» свою лиру, противопоставляя «Руслану и Людмиле» «Слово о полку Игореве» как образец высокой гражданской поэзии. Обвинения, предъявленные Пушкину Кутузовым, прозвучали едва ли не более резко, чем официальные; адресация их человеку, уже подвергшемуся преследованиям правительства, усугубила их неуместность. Вяземский в письме к А. И. Тургеневу весьма резко отозвался о «нападках на нравственность Пушкина» (ОА. Т. 2. С. 166). Статья Кутузова стала поводом для первого критического выступления В. Ф. Одоевского, в то время семнадцатилетнего воспитанника благородного пансиона при Московском университете, опубликовавшего в «Вестнике Европы» (1821. № 3. С. 218–221) под псевдонимом «И. К.» критический отзыв на статью Кутузова (атрибутировано М. А. Турьян – см.: *Турьян М. А.* Странная моя судьба... М., 1991. С. 53). Высмеивая морализаторство и эмфатический стиль Кутузова, Одоевский возражает против предъявленных поэту обвинений: «Наш автор кидается в астрономию <...> нападает на развратников (кстати!), вьючит тропы за тропами, фигуры за фигурами, сказывает за новость то, что можно найти в каждой риторике, поднимает из гробов греков, римлян, баянов, и из чего, как бы вы думали, все эти хлопоты? Для того, чтобы сказать несколько острот насчет Пушкина!» (ВЕ. 1821. № 3. С. 220–221).

СЕМЕН ОСЕТРОВ
Письмо к редактору «Вестника Европы»

ВЕ. 1821. Ч. 116. № 4 (выход в свет 9 марта). С. 287–308.

Статья была воспринята современниками как принадлежащая О. М. Сомову (о нем см. подробнее с. 386 наст. изд.), так как псевдоним *Семен Осетров* образован путем перестановки букв в имени *Орест Сомов*. Так, И. Е. Срезневский в статье «Замечания на критику на "Послание к жене и друзьям", сочиненную Семеном Михайловичем Осетровым, жителем Галерной гавани» (СО. 1821. № 16. С. 81–86; № 17. С. 117–132; № 18. С. 169–176) прямо отождествляет автора статьи с Сомовым (уже в названии статьи Срезневского Семену Осетрову приписывается отчество Сомова и обычный сомовский псевдоним – *Житель Галерной гавани*). Того же мнения придерживаются и современные исследователи – см., например, библиографию сочинений Сомова в книге З. В. Кирилюк «О. М. Сомов – критик та белетрист пушкінскої епохи» (Київ, 1965).

Некоторые сомнения в авторстве Сомова внушает, впрочем, следующее обстоятельство. После того как в №1 «Невского зрителя» за 1821 г. появилась статья Сомова (подписанная псевдонимом *Житель Галерной гавани*) о балладе Жуковского «Рыбак», в «Сыне отечества» была напечатана ответная статья Булгарина (СО. 1821. № 9. С. 61–73), где утверждалось, будто до появления в свет разбора баллады «Рыбак» в «Невском зрителе» было помещено три критических разбора, принадлежащих Сомову. Под одним из этих разборов Булгарин, несомненно, имел в виду подписанную псевдонимом *Семен Осетров* статью «Некоторые замечания при чтении отрывка из нового перевода Расиновой "Андромахи", и сравнение оного с стихами подлинника и перевода гр. Хвостова» (НЗ. 1820. № 10. С. 42–53). Статья Булгарина вызвала ответ Сомова, где помимо всего прочего говорилось: «В каких книжках "Невского зрителя", если смею вас спросить, прочитали вы три мои критические разбора прежде появления в свет разбора баллады "Рыбак"? Это также ваши догадки; но догадки бывают часто весьма неосновательны» (НЗ. 1821. № 3. С. 286–287; одновременно эта антикритика Сомова появилась также в № 5 «Вестника Европы»). Однако это достаточно уклончивое возражение не позволяет полностью исключить авторство Сомова, тем более что литературная позиция Семена Осетрова действительно близка тогдашней позиции Сомова. Семен Осетров защищает Пушкина от нападок Воейкова, однако главное для Осетрова — это все-таки не защита Пушкина, а попытка дезавуировать Воейкова как критика (основной прием Осетрова — сравнение тех «погрешностей», которые допускает Воейков в «Послании к жене и друзьям» (СО. 1821. № 4), с теми требованиями, которые предъявляет он к Пушкину в разборе «Руслана и Людмилы»). Автор статьи занимает позицию, весьма критичную по отношению к «новой школе» в целом. Не случайно и его сочувственное обращение к статье Сомова о «Рыбаке» (см. примеч.13 к наст. статье). Не случайно и сам Сомов, отнесшийся к «Руслану и Людмиле» достаточно холодно (в статье о «Рыбаке» он иронически упоминал о появившемся в «Сыне отечества» «разборе нового песнопения» и о «похвальных стихах песнопевцу», т. е. о разборе Воейковым «Руслана и Людмилы» и о стихотворении Ф. Глинки «К Пушкину», — см.: НЗ. 1821. № 1. С. 58), впоследствии выразил свое согласие со статьей Осетрова. Ср. предъявленный Сомовым издателям «Сына отечества» упрек в «искусстве выдавать за превосходное в собственных стихотворениях то, что мы называем ошибками в чужих, с успехом доказанном в IV-й книжке "Сына о‹течества›" 1821 и в XXXVII-й книжке 1820 года» (ВЕ. 1821. № 6. С. 151; то же — НЗ. 1821. № 3. С. 313); здесь имеется в виду номер «Сына отечества» с «Посланием к жене и друзьям» и та часть статьи Воейкова о «Руслане и Людмиле», где перечисляются допущенные Пушкиным погрешности, — т. е. Сомов пользуется здесь тем же приемом, что и Семен Осетров.

Статья Семена Осетрова является частью ожесточенной литературной войны, разразившейся в 1821 г. между «Вестником Европы» и «Сыном отечества». Помимо полемики вокруг «Послания к М. Т. Каченовскому» Вяземского (см. с. 393 наст. изд.) одним из напряженнейших участков борьбы была полемика с Воейковым, сделавшим некоторые колкие замечания о «Вестнике Европы» и об исторических сочинениях Каченовского в своем «Историческом и критическом обозрении российских журналов» (см.: СО. 1821. № 1–2). Ответные выпады см., например: ВЕ. 1821. № 2. С. 160; № 6. С. 148–153; № 7–8. С. 306–313; № 11. С. 177–186; 1823. № 1. С. 76–77; также примеч. 3 к наст. статье.

[1] Цитата из стихотворения Н. Жильбера (Gilbert Nicolas-Joseph-Laurent, 1751–1780) «Восемнадцатый век. Сатира к Фрерону» («Le dix-huitième Siècle. Satire a M. Fréron», 1775).

[2] Вероятно, это имя образовано от искаженного немецкого слова Brummbär (ворчун, брюзга) с добавлением латинского окончания -us.

[3] Видимо, это отзыв на следующие строки из объявления об издании «Сына отечества» на 1821 г.: «В сем журнале участвуют трудами своими отличнейшие русские писатели: *В. А. Жуковский, К. Н. Батюшков, князь П. А. Вяземский, Н. И. Гнедич, Д. В. Давыдов*, обещавшие издателям не помещать своих произведений в других журналах» (СО. 1820. № 46. С. 284; сходное объявление было напечатано в «Сыне отечества» и несколько ранее, когда соиздателем Н. И. Греча стал А. Ф. Воейков, —

СО. 1820. № 33. С. 329). Это объявление вызвало нападки «Вестника Европы» (1821. № 2. С. 160; см. также ответ А. Ф. Воейкова – СО. 1821. № 13. С. 277).

[4] Кроме послания Воейкова, в данных номерах «Сына отечества» появилось также «Послание к Каченовскому» П. А. Вяземского (№ 2. С. 76–81) и «Письмо к князю П. А. Вяземскому» А. Я. Княжнина (№ 5. С. 217–224).

[5] В «Сыне отечества» под текстом послания есть помета: «1816 г. Августа 20 дня. Дерпт».

[6] В защиту форм множ. числа типа «года́» высказался в своем ответе Семену Осетрову И. Е. Срезневский (СО. 1821. №16. С. 85).

[7] В послании Воейкова: «И сумасбродную совсем оставив цель, / Я Эльдорадо перестану / Искать за тридевять земель».

[8] См. примеч. 15 на с. 354 наст. изд. Ср. сходный выпад против Воейкова в другой статье «Вестника Европы»: «Г. *В.* нашел в поэме Пушкина рифмы *мужицкие;* мы, из уважения к г-ну В. , назовем *мещанскими* рифмы его: *утомясь, погас»* (ВЕ. 1821. № 11. С. 183; подпись: Обыватель Земляного города Филон Чистосердечный). Произношение возвратных форм с твердым «с» осознавалось как «мещанское» произношение, чуждое высокой книжной речи (см.: Томашевский. Т. 1. С. 308).

[9] В 1814–1820 гг. Воейков был ординарным профессором российской словесности в Дерптском университете.

[10] В «Вестнике Европы» здесь по ошибке напечатано: *мужеских.* Опечатка была исправлена в следующем номере журнала, но все же вызвала насмешки в ответной статье И. Е. Срезневского (СО. 1821. № 16. С. 86), упрекавшего критика за то, что тот называет *женскую* рифму «свиваю – расснащаю» – *мужеской* (мужской).

[11] В сочинениях, посвященных теории словесности, выделялось три вида рифм: «Рифмы называются *богатыми,* когда имеют созвучие в двух слогах (например, *жертва, мертва, доволен, волен), полубогатыми,* когда созвучие находится в последнем только слоге (например, *вещать, вспять)* и *бедными,* когда созвучие в них не весьма явственно (например, *творенье и перья*)» *[Греч Н. И.* Учебная книга российской словесности. СПб., 1820. Ч. 3. С. 19). Таким образом, рифмы Воейкова «окриленный – бездны» и «духовных – бесплотных» оказываются «совершенно бедными», а рифмы «тебя – зря – бродя», «устремя – меня – тебя» и «тебе – семье – в простоте» – полубогатыми (причем главная погрешность Воейкова состоит в том, что в этих рифмах не совпадают опорные согласные, а для мужских рифм, оканчивающихся на гласный, это считалось необходимым). Рифма «ножем – перстом» является бедной из-за того, что не совпадают графические начертания окончаний – -ем и -ом (см.: *Остолопов Н. Ф.* Словарь древней и новой поэзии. СПб., 1821. Ч. 3. С. 17). Что же касается вышеупомянутой рифмы «свиваю – расснащаю», то она относится к *глагольным* рифмам, которые употреблять не рекомендовалось .

[12] Ср. замечание в статье Срезневского: «Не верю: у Иванчина-Писарева нет сих стихов!» (СО. 1821. № 17. С. 118). Вероятно, в «Вестнике Европы» имелись в виду следующие строки из стихотворения Н. Д. Иванчина-Писарева «Бородинское поле»:

> Российский Марафон! село Бородино!
> Ты славою славян в бессмертьи заблистаешь;
> Твоим святым холмам отныне суждено
> Вещать: о смертный, стой! бессмертных попираешь!

(*Иванчин-Писарев Н. Д.* Сочинения и переводы в стихах. М., 1819. С. 81–82).

[13] Цитата из баллады Жуковского «Рыбак» (1816), перепечатанной в «Сыне отечества» (1820. № 36) и вызвавшей резкие нападки О. М. Сомова в «Невском зрителе». Об этом выражении Сомов писал: *Родное дно! Что за странное родство? Доселе мы говаривали: родина, родимая сторона, а родного дна* на русском языке

еще не бывало. Верно, какой-нибудь немецкий гость, нежданный и незванный» (НЗ. 1821. № 1. С. 61). См. также: НЗ. № 3. С. 275–290; BE. 1821. № 5. С. 17–31.

[14] Опечатка, допущенная в «Сыне отечества». Следует читать: кельями (см.: СО. 1821. № 5. С. 240).

[15] Упрекая Воейкова с друзьями за то, что они «распаляли умы вином и спорами» в монастыре, критик не знает, что этот фрагмент послания искажен опечаткой. За строкой: «Зерцало наших клятв сей древний монастырь» — должна следовать строка: «И вот крапивою заросший сей пустырь» (см.: СО. 1821. № 11. С. 196). В этих строках Воейков вспоминает о своем доме на Девичьем поле (близ Девичьего монастыря), где в 1801 г. проходили собрания Дружеского литературного общества, в которое входил автор.

[16] Цитата из финальной сцены трагедии Теофиля де Вио (1590–1626) «Пирам и Фисба». Скорее всего, цитата заимствована не из самой трагедии, а из предисловия Буало к последнему прижизненному собранию своих сочинений (1701), где говорится следующее: «Желаете ли вы убедиться, сколь холодна и неумна мысль ложная? Я не найду лучшего примера, чем два стиха из трагедии Теофиля «Пирам и Фисба», где несчастная героиня обращает к окровавленному кинжалу, которым только что закололся ее возлюбленный Пирам, такие слова:

> Ах! вот кинжал, с него владельца кровь струится,
> Он красен – своего предательства стыдится.

По моему разумению, все северные льды, вместе взятые, не так холодны, как эти строки. Что за нелепость, мой бог! предполагать, что кинжал, обагренный кровью человека, который только что заколол сам себя, красен оттого, что стыдится совершенного им убийства!» (цит. по кн.: *Песков А. М.* Буало в русской литературе XVIII – первой трети XIX века. М., 1989. С. 157). Это предисловие, как и предисловия Буало к предшествующим изданиям, воспроизводилось впоследствии во всех собраниях его сочинений.

[17] Воейков имеет в виду шишковистов (членов «Беседы любителей русского слова») и их архаизаторское пристрастие к церковнославянизмам; в упоминании о бороде, как объяснял позднее Срезневский, заключена «ирония насчет закоренелых старообрядцев в литературе» (СО. 1821. № 17. С. 123).

[18] В 1810–1811 гг. Д. В. Дашков (писатель карамзинистской ориентации, впоследствии участник литературного общества «Арзамас») написал ряд статей, в которых высмеивались нападки А. С. Шишкова на Карамзина. Возможно, в стихотворении Воейкова имелся в виду конкретный эпизод этой полемики: на приведенный Шишковым печатный «пример»: «Хощеши ли дам ти подзатыльницу?» – Дашков ответил «примером» славянизма: «И абие воздам ти сторицею» (Арзамас: Сб. в 2 кн. М., 1994. Кн. 2. С. 61). *Ослов* – эпиграмматическое прозвище Шишкова, ср. также прозвище «дед седой», укрепившееся за ним со времени появления сатиры Батюшкова «Певец в Беседе любителей русского слова» (1813).

[19] Цитата из «Новой краткой хронологии истории Франции» («Nouvel Abrégé chronologique de l'Histoire de la France»; 1744 и многочисл. переиздания) Ш.-Ж.-Ф. Эно (Ch.-J.-F. Hénault; 1685–1770) высказывание помещено как эпиграф, мысль для которого автор заимствовал из английского поэта А. Попа.

[20] Славянизмы «глава» и «ланиты» осознаются здесь как принадлежность высокого слога, неуместного в посланиях (к тому же слово «ланиты» комически сочетается со словом «дедушка»). Однако Срезневский на вопрос: «Хорошо ли сказать: *ланиты дедушки?*» – ответил положительно: «Хорошо! потому что здесь говорится о славянофилах» (т. е. о шишковистах – СО. 1821. № 17. С. 123).

[21] См. с. 68 наст. изд.

[22] «*Вергилиева Энеида, вывороченная наизнанку*» (1791–1808) – ироикоми-

ческая поэма Н. П. Осипова, дописанная А. Котельницким; «*Елисей*, или Раздраженный Вакх» (1771) — ироикомическая поэма В. И. Майкова.

²³ Основываясь на теории «трех штилей» Ломоносова, нормативная эстетика и в 1820-е гг. выделяла три слога (т. е. стиля) — простой, средний и высокий; «низкие» же слова были за гранью литературного языка, т. е. не должны были употребляться даже в простом слоге; употребление «низких» слов расценивалось как «погрешность в слоге» (см.: *Остолопов Н. Ф.* Словарь древней и новой поэзии. СПб. 1821. Ч. 3. С. 196—200).

²⁴ См. примеч. 3 к наст. статье.

²⁵ Это выражение восходит к ст. 71—72 «Науки поэзии» Горация:

....Коль захочет обычай –
Тот, кто диктует и меру, и вкус, и закон нашей речи

(Пер. М. Л. Гаспарова).

²⁶ Цитаты из второй книги дидактической поэмы Вергилия «Георгики» в переводе Воейкова (Эклоги и Георгики. СПб., 1816—1817. Т. 1–2).

²⁷ В своих переводах из Вергилия Воейков упорно стремился использовать *спондеи*. В античном метрическом стихосложении так назывались стопы из двух долгих слогов; свободно чередуясь с дактилическими стопами, они придавали античному гекзаметру исключительное богатство и гибкость. В начале XIX в. шли бурные споры о том, насколько адекватно можно воспроизвести античный гекзаметр в рамках русского силлабо-тонического стихосложения. Свойственное античному гекзаметру чередование дактилей и спондеев по-русски могло быть передано только чередованием дактилей и хореев, и попытки Воейкова «усыновить» спондей остались безуспешными. «Не принимая в соображение свойств русского языка, которого просодия основана единственно на ударениях, Воейков желал отыскать в ней долгие и короткие звуки, которых нет, и потому печатал иногда свои гекзаметры, ставя на слогах *знак* слога долгого, посредством чего он находил и небывалый у нас *спондей*. Само собою разумеется, что такая неестественная натяжка, противная натуре языка, не могла ему удаться и произвести последователей» (*Дмитриев М. А.* Московские элегии. Стихотворения. Мелочи из запаса моей памяти. М., 1985. С. 274).

²⁸ Данные примеры спондеев приводятся в рассуждении Воейкова «Об екзаметрах» (в кн.: *Остолопов Н. Ф.* Словарь древней и новой поэзии. СПб., 1821. Ч. 1. С. 332). Первые пять строк — цитаты из стихотворений Державина: первая и вторая — из «Успокоенного неверия» (1779), третья и пятая — из оды «На взятие Измаила» (1791), четвертая — из «Осени во время осады Очакова» (1788). Шестая строка — из оды Ломоносова на день тезоименитства великого князя Петра Федоровича 1743 года.

²⁹ Цитата из басни Федра «Две сумы», являющейся переложением одноименной басни Эзопа.

³⁰ Многословие: употребление слов, излишних для смысловой полноты и стилистической выразительности.

³¹ «*Вадим*» (1814—1817) — вторая часть стихотворной повести Жуковского «Двенадцать спящих дев».

А. Г. ГЛАГОЛЕВ
Письмо к Лужницкому Старцу
<Отрывок>

BE. 1821. Ч. 116. № 5 (выход в свет 23 марта – МВед. 1821. № 24). С. 65–70; приводимый отрывок – с. 68–69. Подпись: Юноша Белого города.

Принадлежность Глаголеву статей за подписью «Юноша Белого города» раскрывается в редакторском примечании к одной из его собственных заметок в «Вестнике Европы» (1821. №11. С. 222; подпись: Г....в). Псевдоним образован, как многие другие псевдонимы того времени, от названия одной из частей Москвы; ср. прежний псевдоним Глаголева – «Житель Бутырской слободы» – или псевдоним «Лужницкий Старец», принадлежавший Каченовскому, к которому как раз и обращено данное письмо (Лужники – часть Москвы, где жил Каченовский). Белый город – район Москвы между Китай-городом и сегодняшним Бульварным кольцом, возникшим на месте разрушенного в конце XVIII в. третьего пояса московских крепостных сооружений (от этих стен, воздвигнутых в 1585–1593 гг. и облицованных белым камнем и кирпичом, и пошло название Белый город).

[1] Имеется в виду А. Ф. Мерзляков – профессор Московского университета, наиболее видный представитель классицистической эстетики в России начала XIX в. Сравнение Мерзлякова со знименитым французским критиком Ж. Ф. Лагарпом было обычным в печати того времени. *Письма о «Россиаде»* – статьи в форме «писем к другу», в которых Мерзляков разбирает эпическую поэму М. М. Хераскова «Россиада» (1779) (Амфион. 1815. №№ 1, 8).

В. Н. ОЛИН
Мои мысли о романтической поэме г. Пушкина «Руслан и Людмила»

Рецензент. 1821. № 5, 2 февр. (выход в свет после 31 мая, даты ценз. разр.). С. 17–18. Без подписи.

Валериан Николаевич Олин (ок. 1788–1841) – писатель, журналист, переводчик, издатель «Журнала древней и новой словесности» (1819), газет «Рецензент» (1821) и «Колокольчик» (1831), альманаха «Карманная книжка для любителей русской старины и словесности» (1829, 1830). В историю литературы вошел как писатель весьма скромных дарований, но чрезвычайно усердный и плодовитый, объект иронии и анекдотов в самых разных литературных кругах 1810–1840-х гг. Даже цензурные препоны, от которых Олин не раз серьезно страдал, давали повод к своего рода литературным анекдотам (см.: ОА. Т. 1. С. 52, 56; *Батюшков К. Н.* Сочинения. СПб., 1886. Т. III. С. 346, 390, 422, 457–458; РА. 1873. Кн.1. Стб. 0472 (письмо А. А. Шаховского к С. Т. Аксакову от 8 янв. 1830 о попытке «бедного Олина» «пощипать триумвират журнальных шишимор»); *Головачева-Панаева А. Я.* Русские писатели и артисты. 1824–1870. СПб., 1890. С. 88–89). Олин – один из первых литераторов-разночинцев XIX в.; зарабатывал себе на жизнь разными, порой далекими от литературы способами (см., например, о стихах к портрету Аракчеева и посвящении ему перевода записок Вильямса о России, за что Олин получил от опального временщика 500 рублей: *Отто Н.* Черты из жизни Аракчеева // Древняя и новая Россия. 1875. Т. III. С. 180; или о розыгрыше в лотерею табакерки Олина: РС. 1880. № 5. С. 255–256).

Не обладая положительными литературными убеждениями, Олин последовательно усваивал себе все возникающие на его глазах литературные направления («открывался на новые веяния»), но не понимая сути их, а потому одинаково неудачно, будь то Оссиан или Гораций в 1810-е гг., Шиллер или Байрон в 1820-е, Гофман или Ирвинг в 1830-е. «В продолжение литературной жизни своей <Олин – *Ред.*> испытывал себя почти во всех родах письменности, и это, очевидно, попрепятствовало ему глубже вникнуть в искусство», – писал впоследствии П. А. Плетнев. (*Плетнев П. А.* Соч. и переписка. СПб., 1885. Т. II. С. 243–244). Возможно, Олин («мелкая букашка») был в числе адресатов пушкинской эпиграммы «Собрание насекомых» (1829) (см.: Переписка Я. К. Грота с П. А. Плетневым. СПб., 1896. Т. 2. С. 158, 887; ЛН. Т. 58. С. 96–98). Как пример незадачливого и необязательного издателя Олин упоминается Пушкиным в сатирическом наброске «Альманашник» (1830; XI, 380). Одну из невероятных цензурных историй, происшедших с Олиным, Пушкин, даже не называя его имени, рассказывает в «Путешествии из Москвы в Петербург» (XI, 238; Беседы в обществе любителей российской словесности. М., 1871. Вып. III. С. 42–43).

Репутация литературной посредственности, «горе-богатыря в поэзии» (*Кюхельбекер В. К.* Путешествие. Дневник. Статьи. Л., 1979. С. 265) прочно закрепилась за Олиным. Последние его сочинения появились в 1839 г., но и несколько лет спустя, в 1840-х гг., имя Олина выступает своего рода символом посредственного рецензента, автора «скороспелых произведений недопеченного романтизма» (см., например: Белинский. Т. 4. С. 121, 185; Т. 5. С. 189, 560; Т. 6. С. 517; Т. 7. С. 654; Т. 8. С. 67; П. В. Анненков и его друзья: Литературные воспоминания и переписка 1835–1885. СПб., 1892. Т. 1. С. 167). Об Олине см. также: *Алексеевский Б.* Олин В. Н. // Русский биографический словарь. СПб.; М., 1905. Т. 12. С. 229–230; *Степанов В. П.* Олин В. Н. // Поэты 1820–1830-х гг. Л., 1972. Т. 1. С. 116–118; библиография приводится С. А. Венгеровым в примеч. к Полн. собр. соч. В. Г. Белинского (СПб., 1901. Т. IV. С. 513–519).

Из критических выступлений В. Н. Олина наиболее известны статьи о «Руслане и Людмиле» и «Бахчисарайском фонтане» Пушкина. Поверхностное понимание романтизма как поэзии страстей и характеров, а романтической поэмы как романа в стихах определило характер критики Олиным пушкинских поэм.

Публикацией заметки некоего лица, приславшего якобы «Мои мысли» в редакцию, и примечанием от издателя Олин отводит от себя подозрения в авторстве. Однако три года спустя он торжественно заявил о нем, заканчивая статью о «Бахчисарайском фонтане» (см. с. 202 наст. изд.).

[1] Речь идет о статье Воейкова (см. с. 36–68 наст. изд.); о Воейкове же говорится и ниже как о «почтенном и первоклассном нашем литераторе».

[2] «Неистовый Роланд» (1516–1532) Л. Аристо и «Влюбленный Роланд» (1483) М. М. Боярдо (Баярда) – поэмы, опирающиеся на средневековые рыцарские романы и обильно включающие любовные мотивы; «Оберон» (1780) Виланда – волшебная поэма; «Рихардет» («Риччардетто», 1738) – ироикомическая поэма Н. Фортигверры.

[3] Излагается содержание I песни «Оберона» Виланда. В наказание за убийство сына Карла Великого герой поэмы Гион был послан в Вавилон, чтобы совершить эти подвиги.

[4] Песнь VIII «Оберона».

[5] Олин не вполне точно цитирует письмо Плиния Младшего к Плинию Патерну (кн. IV, письмо 14). Ср.: «Если некоторые стихи <посылаемые Плинием адресату вместе с письмом. – *Ред.*> покажутся тебе немного вольными, то тебе, человеку ученому, ничего не стоит вспомнить, что и великие, достойнейшие мужи, писавшие такие стихи, не только не воздерживались от игривых тем; но и называли вещи своими именами. Я этого избегаю не по строгости нравов (откуда бы взяться?), а по робости. А впрочем, я знаю вернейшее правило для таких мелочей, выраженное Катуллом <...>» (далее следует приведенный Олиным текст стихотворения Катулла) (*Плиний Младший*. Письма. М., 1984. С. 70; пер. М. Е. Сергеенко).

1822

П. А. ПЛЕТНЕВ
Антологические стихотворения: «Муза» и «К уединенной красавице»

Соревн. 1822. Ч. 19. № 7 (выход в свет 3 июля). С. 17–32; приводимые отрывки – с. 17–28, 30–32.

Петр Александрович Плетнев (1791–1865) – поэт и критик, впоследствии профессор российской словесности (с 1832) и ректор Петербургского университета (1840–1861). Родился 1 сентября 1791 г. в семье священника в селе Теблеши Бежецкого уезда Тверской губернии (дата и место рождения Плетнева уточнены во вступительной статье М. В. Строганова к сборнику: *Плетнев П. А.* К моей родине: Собр. стихотворений. Тверь, 1992. С. 3–5). Закончил духовную семинарию в Твери. В 1810–1814 гг. учился в Петербурге в Главном педагогическом институте, затем остался там на должности преподавателя. Позднее преподавал также в Екатерининском институте, Патриотическом институте и Павловском кадетском корпусе, давал уроки русского языка в царской семье.

С 1818 г. в петербургских журналах появляются стихотворения Плетнева, немного позднее он начинает выступать в качестве критика. Особенно активно сотрудничает Плетнев в «Соревнователе просвещения и благотворения» (некоторое время он даже является негласным редактором журнала). Через В. К. Кюхельбекера, своего сослуживца по Главному педагогическому институту, Плетнев в 1817 г. завязывает близкие отношения с кругом А. А. Дельвига. Знакомство Плетнева с Пушкиным (по-видимому, состоявшееся в конце 1816 г.) в те годы еще не было близким. В годы южной ссылки Пушкин иронически относится к Плетневу как к поэту. «Вообще мнение мое, что Плетневу приличнее проза, нежели стихи, – он не имеет никакаго чувства, никакой живости – слог его бледен, как мертвец», – пишет Пушкин брату 4 сентября 1822 г. (XIII, 46). Этот отзыв, по нескромности Л. С. Пушкина, дошел до Плетнева, который написал в ответ на него послание «К А. С. Пушкину» («Я не сержусь на едкий твой упрек...», 1822), побудившее поэта написать Плетневу письмо с извинениями (сохранился только черновик – XIII, 53).

В 1824–1826 гг., при содействии Л. С. Пушкина и Дельвига, происходит заочное сближение Плетнева и Пушкина. Плетнев переписывается с поэтом, хлопочет об издании его сочинений (I главы «Евгения Онегина», 1825; «Стихотворений Александра Пушкина», 1826). С мая 1827 г. (возвращение Пушкина в Петербург) Плетнев постоянно общается с Пушкиным, и общение это перерастает в тесную дружбу. «Я был для него всем – и родственником, и другом, и издателем, и кассиром», – писал Плетнев в 1838 г. (П. и совр. Вып. 13. С. 136). В 1826–1832 гг. Плетнев издает отдельные главы «Евгения Онегина», «Графа Нулина», «Полтаву», «Бориса Годунова», «Повести Белкина», три части «Стихотворений Александра Пушкина». Кроме того, он активно участвует в издании «Северных цветов» и «Литературной газеты», позднее – «Современника». Пушкин посвящает своему другу «Евгения Онегина» (первоначально посвящение появилось в отдельном издании IV и V глав в 1828 г.; в 1837 г. оно было перепечатано в полном тексте романа). Ему же адресованы стихотворения «Ты издал дядю моего...» (1824) и «Ты мне советуешь, Плетнев любезный...» (1835).

После смерти Пушкина Плетнев становится издателем «Современника». В 1838 г. он выступает на страницах журнала с литературным очерком-портретом «Александр

Сергеевич Пушкин». Вместе с Жуковским и Вяземским Плетнев готовит к печати посмертное издание сочинений Пушкина (Т. 1–11. СПб., 1838–1841). Для литературной позиции Плетнева с конца 1830-х гг. характерно несколько догматическое отстаивание «пушкинских начал», что зачастую делает его эстетически невосприимчивым к новым литературным веяниям. В 1846 г. Плетнев оказывается вынужден сдать «Современник», не пользовавшийся у читателей успехом, в аренду И. И. Панаеву и Н. А. Некрасову. О Плетневе см. также: *Вацуро В. Э.* П. А. Плетнев // Поэты 1820–1830-х гг. Л., 1972. Т. 1. С. 318–321; *Горбенко Е. П.* 1) П. А. Плетнев — литературный деятель пушкинской эпохи (20–40-е гг. XIX века): Автореф. канд. дисс. Л., 1983; 2) Из переписки П. А. Плетнева // Памятники культуры. Новые открытия. 1986. Л., 1987. С. 19–48; Переписка П. Т. 2. С. 73–162.

Настоящая статья является одним из немногих прижизненных откликов на стихотворение Пушкина «Муза», написанное в феврале 1821 г. и напечатанное в «Сыне отечества» (1821. № 23. С. 132–133; выход в свет 4 июня). Наряду с «Музой» в статье анализируется стихотворение П. А. Вяземского «К уединенной красавице» (1820); в наст. изд. разбор последнего стихотворения приведен в сокращении. Обращение Плетнева именно к этим стихотворениям Пушкина и Вяземского связано с его собственным тяготением к антологической лирике, проявившимся уже в начале 1820-х гг. (см. стихотворения 1821 г. «К рукописи Б<аратынско>го стихов» и «Удел поэзии» в кн.: Поэты 1820–1830-х гг. Т. 1. С. 328–329). Следует отметить, что Пушкин любил свое стихотворение «Муза» именно за «антологизм», за то, что оно «отзывается стихами Батюшкова» (по воспоминаниям Н. Д. Иванчина-Писарева, Пушкин так отозвался о «Музе» в 1828 г., вписывая это стихотворение ему в альбом; см.: Рукою Пушкина. М.; Л., 1935. С. 649).

Подробнее о настоящей статье см.: *Кибальник С. А.* Русская антологическая поэзия первой трети XIX века. Л., 1990. С. 86–89.

¹ Цитата из изданной С. С. Уваровым и К. Н. Батюшковым брошюры «О греческой антологии» (СПб., 1820. С. 6–7).

² *Антология* (греч. anthologia) — от anthos (цветок) и legõ (собираю). Понятие «антологической поэзии» к 1820-м гг. претерпело существенные изменения по сравнению с прежней, классицистической традицией. Если для «классиков» антологической являлась вся «легкая поэзия» малых жанров, то «новейшее направление в поэзии полагало антологическими лишь стихи в духе Греческой Антологии, т. е. эпиграфические стихотворения и лирические отрывки не „острого“, а „наивного“ и пластического характера» (*Кибальник С. А.* Русская антологическая поэзия первой трети XIX века. С. 42).

³ О греческой антологии. С. 1–3. В цитате допущены неточности, в частности, после слов «нравственное бытие народа» должно следовать: «занимавшего первое место в мире».

⁴ Говоря в 1827 г. об идиллиях Дельвига, Пушкин дает близкое определение антологической поэзии, выделяя в качестве ее характерной черты «эту роскошь, эту негу, эту прелесть более отрицательную, чем положительную, которая не допускает ничего напряженного в чувствах; тонкого, запутанного в мыслях; лишнего, неестественного в описаниях» («Отрывки из писем, мысли и замечания» — XI, 58).

⁵ Именно таким образом определяется понятие «вкус» в эстетиках того времени. Например, Л. Г. Якоб пишет в «Начертании эстетики, или науки вкуса» (1816): «Ни одно живое существо без разума не чувствует благорасположения к изящному <...>. Но разум без воображения не может представить себе никаких предметов, а следовательно, и прекрасного, и поскольку воображение все свои представления получает от чувств, а сии вообще представляют первоначально все разнообразное, то выходит, что вкус есть способность, составленная из чувств, воображения и разу-

ма» (Русские эстетические трактаты первой трети XIX в. М., 1974. Т. 2. С. 85–86; ср. сходные рассуждения А. Ф. Мерзлякова: Там же. Т. 1. С. 95, 101–103).

[6] Цитата из сатиры И. И. Дмитриева «Чужой толк» (1794). «Отвага, рифмы, жар» – реминисценция из той же сатиры.

[7] *Мевий* (Mevius) и *Бавий* (Bavius; ум. в 35 г. до н. э.) – посредственные стихотворцы, упоминаемые в III эклоге Вергилия и в X эподе Горация. Оба имени употреблялись в нарицательном смысле.

[8] Цитата из стихотворения М. Н. Муравьева «К Музе» (1790-е).

[9] К. Н. Батюшков говорит в «Речи о влиянии легкой поэзии на язык» (1816): «Главные достоинства стихотворного слога суть: движение, сила, ясность» (*Батюшков К. Н.* Соч.: В 2 т. М., 1989. Т. 1. С. 33).

[10] Учение о грации как красоте в движении было изложено Ф. Шиллером в статье «О грации и достоинстве» (1793). Ср.: «Грация заключается в *свободе произвольных движений...*» (*Шиллер И. Х. Ф.* Собр. соч.: В 8 т. М.; Л., 1950. Т. 6. С. 198). На статью Шиллера опирались и русские эстетики. Ср., например, определение «грации» в «Опыте начертания общей теории изящных искусств» (1823) И. П. Войцеховича: «Милое, или грация, есть прелесть в движении <...>. Должно отличать грацию от красоты, ибо сия последняя может существовать и без грации. Все прекрасное в действии, все легкое, все нежное и невинное – есть грация» (Русские эстетические трактаты первой трети XIX в. Т. 1. С. 308; ср.: *Мерзляков А. Ф.* Краткое начертание теории изящной словесности. М., 1822. Т. 1. С. 38). О видах прекрасного (или изящного) писал, например, А. П. Гевлич в сочинении «Об изящном», напечатанном в «Соревнователе» в 1818 г.: «Вся сфера изящного или род делится на *высокое*, или *великое*, *изящное* в тесном смысле, или *прекрасное*, и на *прелестное*, или *грацию*» (Русские эстетические трактаты первой трети XIX в. Т. 1. С. 331).

[11] Из послания Пушкина «Чаадаеву» (1821); в оригинале: «Я пеньем оглашал...» По замечанию Б. В. Томашевского, цитатой из послания Чаадаеву Плетнев «вскрывает иносказания идиллического языка <...> и тем подчеркивает автобиографическое значение стихов "Музы"» (Томашевский. Т. 2. С. 141).

В. И. КОЗЛОВ
«Кавказский пленник», повесть. Соч. А. Пушкина

РИ. 1822. № 217 (выход в свет 9 сент.). С. 851–852. Подпись: К.

Василий Иванович Козлов (1793–1825) – поэт, журналист, критик. Сын купца Ивана Козьмича Козлова. Козлов учился в Московском университете, занимаясь историческими и политическими науками, литературой и языками (свободно владел английским, немецким и французским). До 1812 г. Козлов жил в Москве и входил в круг близких к Карамзину писателей (П. И. Шаликов, М. Н. Макаров, Б. К. Бланк), печатал свои стихотворения и переводы в московских журналах. В эти годы он был знаком с С. Л. Пушкиным и его семьей, вспоминал о них много лет спустя, в 1824 г., в письме к П. И. Шаликову: «Вы увидите в Москве добрых, истинных друзей моих: С. Л. Пушкина и все его семейство. Поклонитесь им от меня и скажите, что я живо чувствую потерю приятного общества» (*Каллаш Вл.* Мелкие заметки о Пушкине // Лит. вестник. 1901. № 4. С. 408). В 1813 г. Козлов приезжает служить в Петербург, где с 1814 г. начинает постоянное сотрудничество в газете «Русский инвалид» – пишет для нее литературные и театральные рецензии, обзор английской и французской литературы, ведет отдел

«Разные известия», готовит обзоры русской литературы для немецкого варианта газеты. В статьях о драматургии и литературе Козлов остается поклонником сентиментальной и новой, романтической, традиций, высоко оценивая работы А. В. Шлегеля (РИ. 1815. 10 февр., 10 марта, 31 марта; НЛ. 1822. № 7), произведения Карамзина (РИ. 1815. 1, 8, 18 сент.), Байрона и В. Скотта (РИ. 1816. 14 марта), Батюшкова (РИ. 1817. 7 июля), Жуковского (РИ. 1818. 22 янв.), В. Л. Пушкина (РИ. 1823. 16 февр.), И. И. Дмитриева (РИ. 1824. 14 янв.), В. А. Озерова (РИ. 1824. 2 мая).

Живя в Петербурге, Козлов кроме напряженной работы и посещения различных литературных собраний настойчиво стремился бывать в светском обществе, что вызывало презрительно-ироническую реакцию окружающих: так, Пушкин говорит о Козлове как о человеке, которому «льстят и петербургские знакомства» (XIII, 86). Одиночество, бедность, мысли о невозможности личного счастья становятся основными мотивами лирики Козлова — сентиментальных элегий, близких к романтической традиции сонетов.

После перехода «Русского инвалида» к А. Ф. Воейкову (1822) Козлов стал его ближайшим помощником и основным сотрудником, писал большинство литературных статей, рецензий и обзоров в газете (его считали даже фактическим редактором «Русского инвалида» — см.: ЛЛ. 1824. № 4. С. 137–139) и лучшем приложении к ней — «Новостях литературы», соредактором которых он был в 1822–1825 гг. В январе 1825 г. отношения Козлова с Воейковым окончательно испортились, и он принял предложение Н. И. Греча и Ф. В. Булгарина о сотрудничестве в «Северной пчеле». Но в это время Козлов был уже смертельно болен и в мае 1825 г. умер. О В. И. Козлове см. также: *Вацуро В. Э.* 1) В.И. Козлов. // Поэты 1820–1830-х годов. Л., 1972. Т. 1. С. 89–90; 2) Русский сонет 1820-х гг. и европейская романтическая традиция // Гармония противоположностей: Аспекты теории и истории сонета. Тбилиси, 1985. С. 89–94; 3) Василий Иванович Козлов // Русские писатели: 1800-1917. Биографический словарь. М., 1992. Т. 2. С. 591-592; ЛН. Т. 4–6. С. 536, 971; Т. 59. С. 141, 300; *Борисевич А.* «Русский инвалид» за сто лет. СПб., 1913. Ч. 1; *Левин Ю. Д.* Прижизненная слава Вальтера Скотта в России // Эпоха романтизма. Л., 1975. С. 8–9, 31.

[1] Пушкин был на Кавказе с начала июня по начало августа 1820 г.

[2] Парафраза «Посвящения» к «Кавказскому пленнику»:

> Ты здесь найдешь воспоминания,
> Быть может, милых сердцу дней,
> Противоречия страстей,
> Мечты знакомые, знакомые страданья... (IV, 92).

[3] В «Сыне отечества» был помещен краткий отзыв о «Кавказском пленнике» с выпиской полного текста эпилога (см. с. 380 наст. изд.).

[4] К поэме был приложен известный юношеский портрет Пушкина, выполненный Е. Гейтманом в 1822 г. На с. 49 напечатана следующая заметка: «Издатели присовокупляют портрет автора, в молодости с него рисованный. Они думают, что приятно сохранить юные черты поэта, которого первые произведения ознаменованы даром необыкновенным».

А. Е. ИЗМАЙЛОВ
«Кавказский пленник», повесть. Соч. А. Пушкина

Благ. 1822. Ч. 19. № 36 (выход в свет 18 сент.). С. 398–399. Подпись: И.
7 сентября 1822 г. Измайлов читал новую поэму Пушкина на заседании Общества любителей словесности, наук и художеств. В № 35 «Благонамеренного» (вышел в свет 7 сент.) было помещено объявление о продаже «Кавказского пленника».

[1] Выпад против поэтов «новой школы».
[2] На стр. 361–365 этого номера «Благонамеренного» помещен следующий отрывок из поэмы Пушкина: «Но европейца все вниманье ~ И жены робкие трепещут».
[3] Разбор был написан П. А. Плетневым и прочитан 11 сентября 1822 г. на заседании Вольного общества любителей российской словесности, а затем напечатан в «Соревнователе» (см. с. 116–124 наст. изд.). Измайлов не присутствовал на заседании Вольного общества 11 сентября и, по-видимому, слышал статью Плетнева еще до ее официального обсуждения (см. также: Томашевский. Т. 2. С. 41).

П. А. ПЛЕТНЕВ
«Кавказский пленник». Повесть. Соч. А. Пушкина

Соревн. 1822. Ч. 20. № 10 (выход в свет 5 окт.). С. 24–44.
Разбор был прочитан и одобрен в заседании Вольного общества любителей российской словесности, состоявшемся 11 сентября 1822 г. (Базанов С. 420). Еще до напечатания статьи Плетнева «Соревнователь» оповестил своих читателей о новом произведении Пушкина в разделе «Объявления о новых книгах» (1822. Ч. XIX. № 9. С. 339).

[1] Имеется в виду помещенная в «Соревнователе» (1822. № 8. С. 209–221) рецензия Плетнева на поэму Байрона в переводе Жуковского (Шильонский узник, поэма лорда Байрона / Перевел с английского В. Ж<уковский>. СПб., 1822).
[2] Речь идет о героях поэм Байрона «Корсар» и «Лара» (1814). Первоначально Байрон в самом деле задумал «Лару» как продолжение «Корсара», однако в процессе работы облик героя несколько изменился. В предисловии к первому изданию «Лары» Байрон поместил следующие слова: «Читатель – если "Ларе" суждено иметь его – будет, вероятно, рассматривать эту поэму как продолжение "Корсара"; они схожи по характеру, и хотя характеры поставлены в иные положения, фабулы их в некоторой степени связаны между собою; лицо – почти то же самое, но выражение – различно» (*Байрон Дж. Г.* Соч.: В 3 т. СПб., 1905. Т. 1. С. 350).
[3] Как свидетельствуют пушкинские автооценки, он тоже ценил в «Кавказском пленнике» прежде всего описания. Ср.: «Черкесы, их обычаи и нравы занимают большую и лучшую часть моей повести...» (письмо В. П. Горчакову, окт.–ноябрь 1822 г. – XIII, 52). Ср. также предисловие ко второму изданию «Кавказского пленника» (IV, 367) и «Опровержение на критики» (XI, 145).
[4] Ср. признание Пушкина в письме Н. И. Гнедичу: «... я поставил моего героя в однообразных равнинах, где сам прожил два месяца – где возвышаются в дальнем расстоянии друг от друга четыре горы, отрасль последняя Кавказа» (XIII, 28).
[5] *Моина* и *Фингал* – главные герои трагедии «Фингал» (1805) В. А. Озерова (1769–1816). Плетнев имеет в виду 6-е явление первого действия.
[6] Намек на цензурные пропуски в первом издании поэмы.

П. А. ВЯЗЕМСКИЙ
О «Кавказском пленнике», повести соч. А. Пушкина

СО. 1822. Ч. 82. № 49 (выход в свет 11 дек.). С. 115–126. С незначительной стилистической правкой и авторскими примечаниями вошло в Полн. собр. соч. П. А. Вяземского (СПб., 1878. Т. 1. С. 73–78).

Петр Андреевич Вяземский (1792–1878) — один из наиболее значительных критиков в ближайшем пушкинском окружении. В лицейские годы Пушкина Вяземский, уже авторитетный литератор, наряду с Жуковским, В. Л. Пушкиным, Батюшковым, позднее Карамзиным с энтузиазмом поддерживал новое дарование, возлагая на него особые надежды. Критическая и полемическая деятельность Вяземского, развернувшаяся уже в «Арзамасе», достигает большой интенсивности в начале 1820-х гг., когда он выступает с рядом статей, где ставит проблемы народности и общественной сущности литературы и обосновывает принципы романтической эстетики, опираясь, в частности, на сочинения г-жи де Сталь, Шатобриана, А. и Ф. Шлегелей. Вместе с тем Вяземский сохраняет прочные связи с рационалистической просветительской традицией. Более публицист, чем теоретик, Вяземский был человеком партии, «сектатором», по определению Пушкина; его статьи, парадоксальные и темпераментные, всегда имеют полемический адрес: он ведет борьбу с противниками Карамзина и его реформы (М. Т. Каченовским, «архаистами» разных генераций, в том числе и П. А. Катениным), защищает литературный авторитет И. И. Дмитриева и В. А. Озерова (статьи Вяземского «Известие о жизни и стихотворениях И. И. Дмитриева» (1823) и «О жизни и сочинениях В. А. Озерова» (1817) вызвали принципиальные возражения Пушкина), наконец, утверждает либеральную общественную программу. По своей социальной позиции Вяземский в начале 1820-х гг. в целом близок к умеренно-конституционалистскому крылу декабристского движения и в ряде случаев высказывает радикальные взгляды; не будучи членом тайного общества, он настроен оппозиционно к правительству и уже после разгрома восстания 14 декабря в своих дневниковых записях оправдывает заговорщиков и адресует резкую инвективу их судьям.

Разбор «Кавказского пленника» — первая статья Вяземского, посвященная Пушкину, и одна из значительнейших в его критическом наследии. Вяземский ставит акцент на социальном аспекте характера Пленника, подчеркивая его связь с передовой общественной психологией; этому служат как прямые иносказания-аллюзии (указания на «тюремные» мотивы в современной поэзии, намек на цензурные купюры — «пропуски», мешающие «совершеннейшему изображению» Пленника), так и последовательно проведенные аналогии с «Чайльд-Гарольдом» Байрона (Байрон воспринимается в русском обществе как поэт политической оппозиции). Рассматривая поэму Пушкина как выдающееся достижение новой романтической школы, Вяземский начинает борьбу с «классиками» «Вестника Европы» и «Благонамеренного», получившую затем продолжение в его статьях о «Бахчисарайском фонтане» (см. с. 152 и след. наст. изд..); в понимании Вяземского «романтизм» также в значительной мере явление общественное, связанное с прогрессивными социальными движениями. Наконец, Вяземский подчеркивает национальный характер пушкинской поэмы, выражающей именно русскую общественную психологию 1820-х гг., и ставит вопрос о создании поэмы из русской национальной истории (см.: Мордовченко. С. 174–182, 297–298; Томашевский. Т. 2. С. 45–48; *Гиллельсон М. И.* П. А. Вяземский: Жизнь и творчество. Л., 1969. С. 76–83; *Вяземский П. А.* Эстетика и литературная критика. М., 1984. С. 392–394).

Вяземский следил за работой Пушкина над поэмой. Сразу же по ее окончании Пушкин уведомил об этом Вяземского (ЛН. Т. 58. С. 36). Однако с текстом «Кавказского пленника» критик познакомился несколько позднее своих петербургских друзей. Рукопись поэмы была послана Пушкиным Н. И. Гнедичу для издания и получена в Петербурге в середине мая 1822 г.; Одними из первых читателей ее были А. И. Тургенев и В. А. Жуковский (Летопись. С. 308–310); 9 июня А. И. Тургенев писал Вяземскому: «Попрошу Гнедича, чтобы послал к тебе единственный экземпляр "Пленника" с тем, чтобы ты по первой же почте возратил. Прелесть, хотя и есть повторения, и жаль, что из предисловия должно вычеркнуть все то, где он говорит о клевете и гонениях на него: и неправда, и неблагородно. Оттого и стихи сии нехороши» (ОА. Т. 2. С. 260). 13 июня Карамзин в письме к Вяземскому также дает оценку поэмы: «...слог жив, черты резкие, *сочинение* плохо; как в его душе, так и в стихотворении нет порядка» (Старина и новизна. СПб., 1897. Кн. 1. С. 131). Критический отзыв Карамзина был в известной степени учтен Вяземским. Из-за спешки с изданием Вяземский не мог получить рукопись поэмы; 12 июля Гнедич сообщил ему, что «Кавказский пленник» «вышел из цензуры, как обыкновенно выходят из когтей, не без царапин», печатается и появится в августе (ЛН. Т. 58. С. 37). Книга вышла 14 августа, но стала известна в Москве только в сентябре; 19 сентября В. Л. Пушкин передавал Вяземскому отзыв о ней И. И. Дмитриева. И. И. Дмитриев в письме к Карамзину: «Вчера я прочитал одним духом "Кавказского пленника" и от всего сердца пожелал молодому поэту долгих лет! Какая надежда! при самом начале уже две собственные поэмы, и какая сладость стихов! Все живопись, чувство и остроумие!» (Цит. по: Летопись. С. 323. Рукопись в РГАЛИ, ф.195, оп.1, ед. хр. 2611, л. 136). В ответном письме Карамзин соглашается с этой общей оценкой: «В поэме либерала Пушкина "Кавказский пленник" слог живописен; я недоволен только *любовным похождением*. Талант действительно прекрасный; жаль, что нет устройства и мира в душе, а в голове ни малейшего благоразумия» (Письма Н. М. Карамзина к И. И. Дмитриеву. СПб., 1866. С. 337). К этому времени Вяземский уже получил печатный экземпляр и сразу же начал писать статью. 27 сентября он сообщает А. И. Тургеневу: «Я написал кое-что о "Кавказском пленнике"; скоро пришлю». Далее в том же письме он критикует эпилог поэмы: «Мне жаль, что Пушкин окровавил последние стихи своей повести. Что за герой Котляревский, Ермолов? Что тут хорошего, что он,

> Как черная зараза,
> Губил, ничтожил племена?

От такой славы кровь стынет в жилах, и волосы дыбом становятся. Если мы просвещали бы племена, то было бы что воспеть. Поэзия не союзница палачей; политике они могут быть нужны, и тогда суду истории решить, можно ли ее оправдывать или нет; но гимны поэта не должны быть никогда славословием резни. Мне досадно на Пушкина: такой восторг — настоящий анахронизм. Досадно и то, что, разумеется, мне даже о том и намекнуть нельзя будет в моей статье. Человеколюбивое и нравственное чувство мое покажется движением мятежническим и бесовским внушением в глазах наших христолюбивых цензоров» (ОА. Т. 2. С. 274–275). Того же мнения, что и Вяземский, был и М. Ф. Орлов, писавший ему 9 ноября: «"Кавказский пленник" в некоторых местах прелестен, и хотя последние стихи похожи несколько на сочинение поэта-лауреата (lauréat), можно их простить за красоты общего» (*Орлов М. Ф.* Капитуляция Парижа. Политические сочинения. Письма. М., 1963. С. 236). В ответном письме Вяземскому от 3 октября Тургенев дает более мягкий отзыв: «Замечания твои об анахронизмах Пушкина почти справедливы. Но я соглашусь, однако ж, скорее пустить их в поэму, чем в историю; ибо там исказить, хотя и украшением, еще менее позволено, а нам нужны герои» (ОА. Т. 2. С. 275). 13 октября Вяземский посылает Тургеневу уже готовую статью с просьбой перечитать в

379

«дружеском ареопаге» (т. е. с Жуковским, возможно, Д. В. Дашковым и др.), но не слишком «обтесывать» правкой и затем передать Гречу для «Сына отечества» (Там же. С. 276). 31 октября Греч писал ему: «Признаюсь, мне и для пользы литературы, и для выгод журнала, и для А. Пушкина желалось бы видеть вашу статью в "Сыне отечества"» (ЛН. Т. 58. С. 37). 18 ноября Вяземский просит Тургенева исключить из статьи критические выпады против П. А. Катенина, высланного из Петербурга (ОА. Т. 2. С. 280); Тургенев выполнил эту просьбу, но мнительный Катенин все же принял на свой счет пассаж о трагедии Корнеля и Расина, названных Вяземским «бледными» (см.: Письма П. А. Катенина к Н. И. Бахтину. СПб., 1911. С. 32). Помимо автоцензуры статья подверглась и цензурной правке; А. Я. Булгаков сообщил К. Я. Булгакову 18 декабря, что «Вяземский очень недоволен цензурою, которая многое конфисковала в статье его о "Кавказском пленнике"» (РА. 1901. № 3. С. 468).

Проблем, поставленных в статье Вяземского, Пушкин коснулся в письме ему от 6 февраля 1823 г.: «Благодарю тебя, милый Вяземский! пусть утешит тебя Бог за то, что ты меня утешил. Ты не можешь себе представить, как приятно читать о себе суждение умного человека. До сих пор, читая рецензии Воейкова, Каченовского и проч., мне казалось, что подслушиваю у калитки литературные толки приятельниц Варюшки и Буянова. Все, что ты говоришь о романтической поэзии, прелестно, ты хорошо сделал, что первый возвысил за нее голос — французская болезнь умертвила б нашу отроческую словесность» (XIII, 57). Отметив ряд положений статьи Вяземского и оспорив некоторые из них (см. ниже), Пушкин особо остановился на характере Пленника, противопоставив почти общему суждению о нем мнение Чаадаева, высказанное в несохранившемся письме к нему: «Он вымыл мне голову за пленника, он находит, что он недовольно blasé <пресыщен (фр.). — *Ред.*>; Чедаев по несчастию знаток по этой части <...>. Еще слово об *Кавк.<азском> Пле.<ннике>*. Ты говоришь, душа моя, что он сукин сын за то, что не горюет о Черкешенке, но что говорить ему — *все понял он* выражает все; мысль об ней должна была овладеть его душою и соединиться со всеми его мыслями — это разумеется — иначе быть нельзя; не надобно все высказывать — в этом есть тайна занимательности. Другим досадно, что *Плен.<ник>* не кинулся в реку вытаскивать мою Черкешенку — да сунься-ка; я плавал в кавказских реках, — тут утонешь сам, а ни чорта не сыщешь; мой пленник умный человек, рассудительный, он не влюблен в Черкешенку — он прав, что не утопился» (XIII, 58).

До появления статьи Вяземского в «Сыне отечества» было помещено объявление о выходе в свет «Кавказского пленника» (1822. № 35. С. 80—83; выход в свет 2 сентября), где говорилось: «Певец Руслана и Людмилы дарит нас новым прекрасным произведением легкого, пламенного, красноречивого пера своего. Пребывание поэта в пиитической стране, видевшей страдания Прометея и прибытие аргонавтов греческих, в стране и ныне отличной воинственными, романтическими нравами жителей, побудило его воспеть дикие красоты ее и оживить картину Кавказских гор повестию о происшествиях, какие нередко случаются в тех местах. Любители истинной поэзии найдут в сем небольшом, изящном стихотворении приятную для себя пищу» (С. 81; далее был выписан эпилог поэмы).

[1] Поэма Байрона «Шильонский узник» в переводе Жуковского с посвящением Вяземскому вышла в свет летом 1822 г.

[2] Выпад против критиков романтической поэзии, подвизавшихся в «Вестнике Европы» и «Благонамеренном». См., например, в эпиграмме Н. Ф. Остолопова:

> Скажи мне, Клит, зачем все модные поэты
> Летят в туманну даль, ко брегам светлой Леты,
> И что-то скрытное в раздранных облаках,
> И что-то тайное им слышится в мечтах?

Вопрос мне твой мудрен и, молвить между нами,
Едва ль его решить поэты могут сами (ВЕ. 1821. № 3. С. 192).

[3] *Румянцев* Николай Петрович (1754–1826) — государственный деятель, библиофил, собиратель рукописей, нумизмат. В 1815–1818 гг. на средства Румянцева была снаряжена экспедиция на судне «Рюрик» под предводительством капитана О. Е. Коцебу. Результатом явилось открытие 399 островов в Тихом Океане.

[4] *Геркулесовы столпы.* Древние греки считали, что скалы по берегам Гибралтарского пролива воздвигнуты Гераклом в память о его десятом подвиге — похищение коров Гериона. Считалось, что этими столпами отмечен предел земли.

[5] Взгляды Вяземского на значение творчества Сумарокова, Княжнина и Озерова для развития русской драматургии подробно изложены в его статье 1817 г. «О жизни и сочинениях В. А. Озерова».

[6] Подразумевается В. А. Озеров. В письме от 6 февраля 1823 г. Пушкин оспорил мнение Вяземского о романтизме Озерова: «У нас нет театра, опыты Озерова ознаменованы поэтическим слогом — и то не точным и заржавым; впрочем, где он не следовал жеманным правилам французского театра? Знаю, за что полагаешь его поэтом романтическим: за мечтательный монолог Фингала — *нет! песням никогда надгробным я не внемлю,* но вся трагедия написана по всем правилам парнасского православия; а романтический трагик принимает за правило одно вдохновение — признайся: все это одно упрямство» (XIII, 57). В 1876 г. Вяземский сделал приписку к статье об Озерове, в которой вернулся к этому спору и вновь попытался сформулировать свое понимание романтизма: «Под заголовком романтизма может приютиться каждая художественная литературная *новизна,* новые приемы, новые воззрения, протест против обычаев, узаконений, авторитета, всего того, что входило в уложение так называемого классицизма» (Цит. по: *Вяземский П. А.* Соч.: В 2 т. М., 1982. Т. 2. С. 40).

[7] В основу первых двух песней «Паломничества Чайльд-Гарольда» легли впечатления от путешествия, совершенного Байроном в 1809–1811 гг.

[8] По поводу этого места статьи Пушкин писал Вяземскому 6 февраля 1823 г.: «Благодарю за щелчок цензуре, но она и не этого стоит: стыдно, что благороднейший класс народа, класс мыслящий как бы то ни было, подвержен самовольной расправе трусливого дурака» (XIII, 57). В первом издании поэмы отсутствовали строки посвящения, в которых говорится о постигших поэта гонениях; из первой части был исключен следующий фрагмент:

Свобода! он одной тебя
Еще искал в пустынном мире.
Страстями чувства истребя,
Охолодев к мечтам и к лире,
С волненьем песни он внимал,
Одушевленные тобою,
И с верой, пламенной мольбою
Твой гордый идол обнимал.

Был также сделан ряд более мелких купюр, но в целом Пушкин был вполне удовлетворен умеренностью требований цензуры относительно «Кавказского пленника». 27 июня 1822 г. он писал Гнедичу: «Но какова наша цензура? признаюсь, никак не ожидал от нее таких больших успехов в эстетике. Ее критика приносит честь ее вкусу. Принужден с нею согласиться во всем: *Небесный пламень* слишком обыкновенно, *долгий поцелуй* поставленно слишком *на выдержку* (trop hasardé). *Его томительную негу / вкусила тут она вполне* — дурно, очень дурно — и потому осмеливаюсь заменить этот киргиз-кайсацкий стишок следующими: *какой угодно* поцелуй

Союз любви запечатлел» (XIII, 39).

В общем спокойное отношение к требованиям цензуры звучит и в письме к Гнедичу от 27 сентября 1822 г.: «...признаюсь, что я думал увидеть знаки роковых ее когтей в других местах и беспокоился — например, если б она переменила стих, *простите, вольные станицы,* то мне было бы жаль» (XIII, 48).

[9] Реминисценция из стихотворения Жуковского «Голос с того света» (1815; опубл. 1818): «О друг, я все земное совершила; Я на земле любила и жила».

[10] *Эгерия* — нимфа источника, наделенная даром прорицания. В древнеримской поэзии отождествлялась с музами.

[11] Подразумевается эпическая поэма М. М. Хераскова «Владимир Возрожденный» (1785), повествующая о принятии Русью христианства.

[12] Позднейшее примечание Вяземского: «Жуковский намеревался написать эту поэму». Замысел ее изложен в послании Жуковского «К Воейкову» (1814).

1823

М. П. ПОГОДИН
О «Кавказском пленнике»

ВЕ. 1823. Ч. 127. № 1 (выход в свет 25 янв.). С. 35—57. Подпись: М. П.

Записи в дневнике Погодина позволяют точно определить время написания статьи — 16—29 октября 1822 г. (см.: П. и совр. Вып.19—20. С. 68—69).

Михаил Петрович Погодин (1800—1875) — впоследствии известный историк и видный публицист лагеря «официальной народности», в первой половине 1820-х гг. только еще начинает свою научную и литературную деятельность. Преподавая географию в Московском университетском Благородном пансионе и усердно занимаясь русской историей, он в то же время живо интересуется литературой, пишет повести, довольно много переводит. Для литературной деятельности Погодина тех лет характерно соединение старых классицистических взглядов, усвоенных им у А. Ф. Мерзлякова (одного из любимейших его университетских профессоров), с тягой к новым, романтическим веяниям. Так, в его переводческих опытах основное место принадлежит Шатобриану, Шиллеру, Гете, Вернеру. Увлечению Погодина романтической литературой и философией способствует его тесное общение с «любомудрами» — Д. В. Веневитиновым, С. П. Шевыревым, В. П. Титовым и др.

В своем дневнике Погодин старательно фиксирует толки о Пушкине, о его новых сочинениях. Хотя он принимает в пушкинской поэзии далеко не все (так, о «Бахчисарайском фонтане» он отзовется как о «вздоре»), его искренний интерес к Пушкину несомненен (см.: П. и совр. Вып.19—20. С. 67—72). В 1825 г. Пушкин по просьбе Вяземского пришлет несколько эпиграмм для издававшегося Погодиным альманаха «Урания», сопроводив их, впрочем, такими словами: «Ты приказывал, моя радость, прислать тебе стихов для какого-то альманаха (черт его побери)...» (XIII, 245). Личное знакомство Пушкина с Погодиным состоялось в сентябре 1826 г. в Москве и вскоре перешло в литературное сотрудничество в журнале «Московский вестник».

Статью о «Кавказском пленнике» отличают, с одной стороны, живой интерес автора к Пушкину, с другой — очевидная скованность рамками классической поэтики.

Видимо, статья создавалась под непосредственным влиянием Мерзлякова. 19 октября 1822 г. Погодин записывает в дневнике: «Начал переписывать разбор — что-то не хотелось — Мерзляков разругал» (П. и совр. Вып.19–20. С. 68) — и после этого еще долгое время исправляет статью. На редкость рационалистично и педантически разбирает Погодин нарушения «правдоподобия» и логики в характере Пленника (см. подробнее: *Манн Ю. В.* Поэтика русского романтизма. М. , 1976. С. 33–48). Очень характерен для нормативной эстетики и длинный список стилистических «погрешностей», представленный Погодиным.

Все это обусловило ироническое отношение Пушкина к статье Погодина. 14 октября 1823 г. он писал Вяземскому: «Да вот еще два замечания, в роде антикритики. 1) *Под влажной буркой.* Бурка не промокает и влажна только сверху, следственно можно спать под нею, когда нечем иным накрыться — а сушить нет надобности. 2) *На берегу заветных вод.* Кубань граница. На ней карантин и строго запрещается казакам переезжать *об'он'пол* <по ту сторону. — *Ред.*>. Изъясни это потолковее забавникам "Вестника Европы"» (XIII, 69). О внимательности Пушкина к замечаниям такого рода свидетельствуют воспоминания Погодина, связанные с этой статьей: «Лет через десять, в разговоре, он <Пушкин. — *Ред.*> упомянул об одном замечании, там помещенном: вот, сказал он, меня обвиняли за перестановку эпитетов — это несправедливо, и проч. Тогда я признался ему, что оно принадлежит мне. Приведу здесь заключение моей рецензии, которое не напечатал Каченовский...» (ЛН. Т. 58. С. 352); имеется в виду замечание на строки: «Там холмов тянутся грядой / Однообразные вершины». Заключение статьи до нас не дошло. Однако можно предположить, что в заключении содержались похвалы Пушкину, которые Каченовский не захотел напечатать.

[1] Вероятно, имеется в виду выход в свет первой части «Стихотворений Василия Жуковского» (СПб., 1815). Ср. более позднее суждение Погодина о том, какие явления в русской литературе были действительно важными: «Важными событиями могли назваться первая ода Ломоносова, словарь Академии, стихотворения Жуковского, разборы Мерзлякова, легкие стихи Богдановича и Дмитриева, История Карамзина, сцена Пушкина у Самозванца с Пименом...» (МВ. 1830. № 3. С. 315).

[2] Погодин не вполне точен: поэма «Руслан и Людмила» вышла в свет еще в 1820 г.

[3] Ср. суждение о «Руслане и Людмиле» в дневнике самого Погодина (1 ноября 1820 г.): «Восхищался некоторыми описаниями в Пушкина "Руслане"; в целом же такие несообразности, нелепости, что я не понимаю, каким образом они могли прийти ему в голову» (Барсуков. Кн.1. С. 194–195).

[4] Описка Пушкина, перешедшая в первое издание поэмы; в последующих изданиях: «Живи — и пленник оживает...» (см. письмо к Вяземскому от 14 окт. 1823 г. — XIII, 69).

[5] Героиня поэмы И. Ф. Богдановича «Душенька» (1783).

[6] См. примеч. к статье Вяземского на с. 380.

[7] «Илиада», песнь XIV, 214-221.

[8] Цензурная правка. В последующих изданиях: «Не много радостных ночей / Судьба на долю ей послала...» (ср.: XIII, 69).

[9] Ноты к «Черкесской песне» были напечатаны в №1 «Дамского журнала» за 1823 г. О готовящейся публикации Погодин мог знать от самого И. И. Геништы (Еништы; 1795–1853), известного композитора и дирижера, с которым был знаком через семейство Трубецких; оба они давали дочерям Трубецким частные уроки и постоянно виделись в имении Трубецких селе Знаменском. Геништа положил на музыку также «Черную шаль» и «Погасло дневное светило...».

[10] См. эпилог поэмы.

А. А. БЕСТУЖЕВ.
Взгляд на старую и новую словесность в России
<Отрывок>

ПЗ на 1823 год. СПб., 1823 (выход в свет 22 дек. 1822 г.). С. 1—44; приводимый отрывок — с. 21—25.

Александр Александрович Бестужев (1797—1837) — прозаик, поэт, критик, переводчик; декабрист. Первые выступления Бестужева в печати относятся к 1818 г. В 1819 г. он печатает в «Сыне отечества» (№№ 3, 6) принесшие ему литературную известность полемические статьи о переводе П. А. Катениным «Эсфири» Расина и о комедии А. А. Шаховского «Липецкие воды». К 1820 г. он связан личными и деловыми отношениями со многими петербургскими литераторами — А. А. Дельвигом, Е. А. Баратынским, Н. И. Гречем, Ф. В. Булгариным, Н. И. Гнедичем, О. М. Сомовым, А. Ф. Воейковым и др. Он участвует в деятельности Вольного общества любителей словесности, наук и художеств, печатается в «Благонамеренном»; в ноябре 1820 г. становится членом Вольного общества любителей российской словесности, сотрудничает в «Соревнователе».

Основные усилия Бестужева-прозаика уже в первой половине 1820-х гг. сосредоточены на создании оригинальной русской повести на материале как историческом («Роман и Ольга», «Изменник», «Замок Венден», «Замок Нейгаузен», «Ревельский турнир»), так и современном («Вечер на бивуаке», «Роман в семи письмах», «Второй вечер на бивуаке»). В то же время Бестужев выступает в качестве литературного критика, а также в качестве издателя (совместно с К. Ф. Рылеевым) «Полярной звезды». Особое место в литературной деятельности Бестужева этих лет занимают его обзоры, печатавшиеся в «Полярной звезде». Уже в первом из них, «Взгляде на старую и новую словесность в России», представляющем собой попытку обзора всей русской литературы с древнейших времен до 1823 г. и содержащем краткие характеристики 106 авторов, Бестужев выдвигает требования большей «самобытности», «народности»; он говорит о связи литературы с просвещением и с общественными условиями и ожидает от современных поэтов и писателей обращения к национально-историческим, гражданским темам, а также обращения к неразработанным сокровищам русского языка. Во «Взгляде на русскую словесность в течение 1823 года» (ПЗ на 1824 г.) литературная программа Бестужева выражена еще более отчетливо; он говорит о влиянии на литературу современных общественно-исторических и политических условий и призывает современных поэтов обратиться к тем идеалам гражданственности и патриотизма, которыми была ознаменована эпоха Отечественной войны 1812 г. Стремление к национально-самобытной литературе, разрабатывающей высокие гражданские темы, достигает кульминационной точки в третьем обзоре Бестужева — «Взгляде на русскую литературу в течение 1824 и начале 1825 годов» (ПЗ на 1825 г.); здесь осуждается «безнародность», подражательность русской литературы, а также отсутствие в России настоящей общественной жизни, общественного мнения; говоря о высоком предназначении поэта, Бестужев рисует образ «просветителя народов», увлекающего за собой целые общества.

В 1824 г. Бестужев был принят Рылеевым в Северное общество; после поражения декабрьского восстания сослан в Сибирь, в конце 1829 г. переведен на Кавказ, где продолжил литературную деятельность, печатаясь под псевдонимом «Марлинский». В 1837 г. погиб в стычке с горцами у мыса Адлер.

Документальных данных о знакомстве Бестужева с Пушкиным нет, однако такое знакомство представляется весьма вероятным. В 1822—1825 гг. Бестужев вел интенсивную переписку с Пушкиным — как участником «Полярной звезды». Переписка содержит взаимные оценки и полемику по принципиальным вопросам.

Споры идут о «предмете» поэзии (в связи с недовольством Рылеева и Бестужева I главой «Евгения Онегина» – см. с. 439–440 наст. изд.); о предложенной Бестужевым общей концепции исторического развития русской литературы; о надобности или ненадобности «ободрения» талантов; о поэзии Жуковского и т. д. Пушкин сочувственно оценивал прозу Бестужева и неоднократно побуждал его писать роман. В письмах Бестужев и Пушкин перешли на обращение друг к другу на «ты». После 1825 г. Бестужев продолжает проявлять неослабевающий интерес к творчеству Пушкина, хотя принимает в нем далеко не все. Пушкин, в свою очередь, с интересом следит за литературной деятельностью Бестужева и высоко оценивает его повести кавказского периода. См. также: *Котляревский Н. А.* Декабристы: Кн. А. И. Одоевский и Бестужев-Марлинский. СПб., 1907; *Базанов В. Г.* 1) Очерки декабристской литературы: Публицистика. Проза. Критика. М., 1953. С. 249–524; 2) Ученая республика М.; Л., 1964 (по указ.); Мордовченко. С. 314–375; *Назарьян Р. Г.*, *Фризман Л. Г.* Своеобразие декабристской эстетики // Декабристы: Эстетика и критика. М., 1991. С. 10–34.

[1] Об употреблении термина «полубогатая рифма» в тогдашней теории стихосложения см. примеч.11 на с. 368 наст. изд.

[2] Через некотоpe время Бестужев (как и другие литераторы-декабристы) будет отзываться об этих сторонах поэзии Жуковского гораздо более резко. Панегирическая оценка, данная Жуковскому в статье Плетнева «Письмо к графине С. И. С. о русских поэтах» (см. с.244–245 наст. изд.), вызовет резкое неприятие Бестужева, выраженное, очевидно, в несохранившемся письме его к Пушкину. Пушкин пишет Рылееву 25 января 1825 г.: «Согласен с Бестужевым во мнении о критической статье Плетнева, но не совсем соглашаюсь с строгим приговором о Жуковском. Зачем кусать нам груди кормилицы нашей? потому что зубки прорезались? Что ни говори, Жуковский имел решительное влияние на дух нашей словесности; к тому же переводной слог его останется всегда образцовым» (XIII, 135). Рылеев отвечает Пушкину 12 февраля 1825 г.: «Неоспоримо, что Жук<овский> принес важные пользы языку нашему; он имел решительное влияние на стихотворный слог наш – и мы за это навсегда должны остаться ему благодарными, но отнюдь не *за влияние его на дух нашей словесности,* как пишешь ты. К несчастию, влияние это было слишком пагубно: мистицизм, которым проникнута большая часть его стихотворений, мечтательность, неопределенность и какая-то туманность, которые в нем иногда даже прелестны, растлили многих и много зла наделали» (XIII, 141–142).

[3] Подразумеваются стихотворения Жуковского «Певец во стане русских воинов» (1812), «Подробный отчет о луне. Послание к государыне императрице Марии Федоровне» (1820), баллады «Людмила» (1808) и «Светлана» (1812).

[4] Упоминание Бестужевым «могилы Овидиевой», вероятно, вызвано помещенным в той же книжке «Полярной звезды» посланием Пушкина «К Овидию», написанным после посещения поэтом в декабре 1821 г. Аккермана, куда, по версии некоторых современников Пушкина (в частности, П. П. Свиньина, писавшего об этом в «Отечественных записках»), был в 8 г. н. э. был сослан императором Августом Овидий и где он умер. Однако сам Пушкин, как явствует из примечания, имевшегося в беловой рукописи послания «К Овидию», считал, что «мнение, будто Овидий был сослан в нынешний Аккерман, ни на чем не основано» (II, 728), и придерживался версии (по сей день считающейся наиболее обоснованной), что Овидий был сослан в г. Томы (ныне порт Констанца) в устье Дуная. Об интересе Пушкина к вопросу о могиле Овидия см.: *Формозов А. А.* Пушкин и древности: Наблюдения археолога. М., 1979. С. 41–57.

О. М. СОМОВ
О романтической поэзии. Статья III
<Отрывок>

Соревн. 1823. Ч. 24, № 11 (выход в свет 10 дек.). С. 125–147; приводимый отрывок – с. 141–143.

Орест Михайлович Сомов (1793–1833) – критик, беллетрист, поэт, переводчик. Учился в Харьковском университете; в Харькове начал печататься (с 1816 г.). Вскоре перебрался в Петербург, где в 1818 г. был принят в Общество любителей российской словесности, наук и художеств и в Вольное общество любителей российской словесности; сотрудничал в «Благонамеренном» и в «Соревнователе просвещения и благотворения». В 1819–1820 гг., совершил путешествие за границу. По возвращении, в начале 1821 г., Сомов разбором баллады Жуковского «Рыбак», напечатанным в «Невском зрителе» (1821. №1), начинает борьбу с «новой школой». В 1822–1823 гг. активно выступает против «союза поэтов» (Дельвиг, Кюхельбекер, Баратынский).

Выдвигавшиеся Сомовым требования национальной самобытности и гражданственного звучания поэзии вскоре обусловили его сближение с Рылеевым и Бестужевым и участие в «Полярной звезде». В духе декабристской эстетики выдержан и трактат Сомова «О романтической поэзии», печатавшийся в 1823 г. в «Соревнователе» и в том же году вышедший отдельным изданием (подробнее см.: Русские эстетические трактаты первой трети XIX в. М. , 1974. Т. 2. С. 640–643; о Сомове см. также: *Браиловский С. Н.* К вопросу о пушкинской плеяде: Орест Михайлович Сомов. Варшава, 1909; *Кирилюк З. В.* О. Сомов – критик та белетрист пушкінської епохі. Київ, 1965; *Вацуро В. Э.* С. Д. П. Из истории литературного быта пушкинской поры. М., 1989).

¹ Речь идет о «Кавказском пленнике» и «Руслане и Людмиле».

1824

Н. И. ГРЕЧ
Нечто о нынешней русской словесности
<Отрывок>

СО. 1824. Ч. 91. № 2 (выход в свет 12 янв.). С. 66–80. Приводимый отрывок – с. 76–77. Под текстом статьи помета: Января 5. 1824.

¹ Поэма «Бахчисарайский фонтан» писалась в 1821–1823 гг. Рукопись была выслана А. С. Пушкиным П. А. Вяземскому с письмом от 4 ноября 1823 г., но поэма вышла в свет только 10 марта 1824 г. Однако публике «Бахчисарайский фонтан» стал известен еще до появления в печати. А. С. Пушкин писал брату в январе – начале февраля 1824 г.: «Плетнев пишет мне, что Бахч.<исарайский> Фонт<ан> у всех в руках. Благодарю вас, друзья мои, за ваше милостивое попечение о моей славе! благодарю в особенности Тургенева, моего благодетеля; благодарю Воейкова, моего высокого покровителя и знаменитого друга! Остается узнать, раскупится ли хоть один экземпляр печатный теми, у кого есть полные рукописи...» (XIII, 86).

² Речь идет о статье за подписью «W. D.» «"Kawkaskij plaennik", powaest ("Der Gefangene auf dem Kaukasus", eine Erzählung von A.Puschkin» // Göttingische gelehrte Anzeigen. 1823. № 13, 23 Jan. S.121–123. Автор статьи отмечает благородство

языка поэмы, звучность стиха, верность описаний. Но, по мнению рецензента, «поэт, который показал столь истинный талант, мало обратил внимания на разработку плана. Так, например, характер Русского совсем не выдержан и обнаруживает противоречия в ходе действия<...>. С тем большей любовью и бесконечной нежностью выписан характер черкешенки. Она является одним из самых привлекательных образов, которые когда-нибудь были изображены в поэзии. Полный расцвет этого поэта еще ожидается» (S.122–123. Пер. с нем.).

ИЗ «ЛИТЕРАТУРНЫХ ЛИСТКОВ»
<I>

ЛЛ. 1824. Ч. 1. №1 (выход в свет 3 янв.). С. 25, 27. Из раздела «Разные известия». Без подписи (Ф. В. Булгарин?).

Данная заметка упомянута в письме Пушкина Булгарину от 1 февраля 1824 г.: Пушкин благодарил издателя «Литературных листков» за присланный ему «Северный архив» и «снисходительный ваш отзыв о татарской моей поэме», замечая, что адресат принадлежит «к малому числу тех литераторов, коих порицания или похвалы могут быть и должны быть уважаемы» (XIII, 85). В январе этого же года польский перевод этой статьи был приведен в обзоре «Kilka stow o literaturze rossyjskiej» («Несколько слов о русской литературе») в «Dziennik Wilenski» («Виленском журнале») (1824. №1. Разд. «Literatura rossyjska») за подписью: L. R.

¹ Скорее всего, в это время Булгарин был знаком с теми отрывками, которые 1 ноября 1823 г. К. Ф. Рылеев читал по рукописи на заседании петербургского Вольного общества любителей словесности, наук и художеств (см.: *Кубасов И. А.* А. С. Пушкин – член С.-Петербургского «Вольного общества любителей словесности, наук и художеств» // РС. 1899. № 5. С. 473).

² *«Давным-давно»* – отсылка к стихотворению П. А. Вяземского «Давным-давно» (1819, опубл.: в «ПЗ на 1824 год»).

³ Советы Пушкину воспеть «победы русского воинства», «прославить какой-нибудь отечественный подвиг» и др. повторялись Булгариным и позднее (см., например: СПч. 1829. № 138).

<II>

ЛЛ. 1824. Ч. 1. № 4 (выход в свет 3 марта). С. 147–149. Из раздела «Литературные новости». Без подписи (Ф. В. Булгарин?).

Статья вызвала возмущение Пушкина бесцеремонностью журналиста, опубликовавшего отрывок из частного письма поэта к А. А. Бестужеву: «Что это со мною делают журналисты! Булгарин хуже Воейкова – как можно печатать партикулярные письма – мало ли что мне приходит на ум в дружеской переписке, а им бы все и печатать. Это разбой...» (письмо Л. С. Пушкину от 1 апр. 1824 г. – XIII, 90); «Каков Булгарин и вся братья. Это не соловьи-разбойники, а грачи-разбойники» (письмо П. А. Вяземскому, начало апр. 1824 г. – XIII, 92); «Булгарин другое дело. С этим человеком опасно переписываться. Гораздо веселее его читать. <...> черт дернул меня написать еще кстати о Бахч.<исарайском> фонт.<ане> какие-то чувствительные строчки и припомнить тут же элегическую мою красавицу. Вообрази мое отчаяние, когда увидел их напечатанными — журнал может попасть в ее руки. Что ж она подумает, видя, с какой охотою беседую об ней с одним из *п.<етер>б.<ургских> моих приятелей*. Обязана ли она знать, что она мною не названа, что письмо распечатано и напечатано Булгариным <...> и что никто не виноват. Признаюсь, одною мыслию этой женщины дорожу я более, чем мнениями всех журналов на свете и всей нашей публики. Голова у меня закружилась. Я хотел просто напечатать в "Вестн.<ике> Евр.<опы>" (единственном журнале, на которого не имею права жаловаться), что Булг.<арин> не был в праве пользоваться перепискою двух частных лиц, еще живых, без согласия их собственной. Но перекрестясь предал это все забвению. Отзвонил и с колокольни долой» (письмо А. А. Бестужеву от 29 июня 1824 г. — XIII, 100–101). Процитированое Булгариным письмо Пушкина А. А. Бестужеву от 8 февраля 1824 г. было адресовано Н. И. Гречу с просьбой «доставить господину Бестужеву», которому оно, безусловно, и было передано нераспечатанным. Вероятно, сам А. А. Бестужев ознакомил своих друзей, в кругу которых в это время находился и Булгарин, с письмом поэта как с документом литературного, а не интимного характера.

¹ Цит. письмо к А. А. Бестужеву от 8 февр. 1824 г. (XIII, 88).
² Цитата из стихотворения А. Шенье «La jeune Captive» («Юная пленница», 1794).
³ Цитата оборвана Булгариным: «...потому что деньги были нужны».
⁴ *Просвещенный любитель словесности* — П. А. Муханов, писавший К. Ф. Рылееву из Киева 24 января 1824 г.: «...описание воспитания героя, столицы, портреты людей, коих ты узнаешь с первого разу, все прелестно; стихи так музыкальны, что, прочтя раз, заучишь наизусть. Пушкин гигантски идет к совершенству» (*Муханов П. А.* Сочинения. Письма. Иркутск, 1991. С. 186). Пушкин познакомился с П. А. Мухановым, адъютантом Н. Н. Раевского-старшего, в Одессе, куда Муханов приезжал из Киева, в декабре (?) 1823 г. — январе 1824 г., в это же время Пушкин читает Муханову «Евгения Онегина» (Летопись. С. 382).
⁵ Этот же отрывок был приведен Булгариным в характеристике Истоминой в альманахе «Русская талия на 1825 год» (СПб., 1824. С. VIII).
⁶ *Хариты* (греч., «милость», «доброта») — в греческой мифологии благодетельные богини, воплощающие доброе, радостное и вечно юное начало жизни. *Музы* — богини поэзии, искусств и наук, девять сестер, носящих имя «олимпийские»; им ведомо прошлое, настоящее и будущее, они наставляют и утешают людей, наделяют их убедительным словом, воспевают законы и славят добрые нравы богов.

Н. Д.
Московские записки

ВЕ. 1824. Ч. 133, №1 (выход в свет 24 янв.). С. 69–72.

«Московские записки» — серия статей, посвященных преимущественно театральной жизни и публиковавшихся в «Вестнике Европы» в 1823–1824 гг. за подписью «Н. Д.» В настоящем издании печатается статья, посвященная исполнению кантаты «Черная шаль» на стихи Пушкина и содержащая ряд общих суждений о пушкинском творчестве.

Статьи Н. Д. вызвали острую журнальную полемику, в ходе которой постоянно возникал вопрос об их авторстве. В «Сыне отечества» на них откликнулся некий «Аристотелид» (М. М. Карниолин-Пинский, см: МТ. 1825. Ч. 1. Приб. к № 2. С. 2–4), считавший, что Н. Д. является автором не только «Московских записок», но и анонимно печатавшегося в «Вестнике Европы» (1824. № 1–4) начала критического разбора «Полярной звезды на 1824 год», и прозрачно намекавший на авторство М. Т. Каченовского. Аристотелид пародировал мнения Н. Д. о театре и поэзии; возможно, в ответ на эти пародии под последней статьей разбора «Полярной звезды» (ВЕ. 1824. № 24) появилась подпись «М. Карниоль», носившая иронический и мистифицирующий характер и вызвавшая возмущенную реплику Карниолина-Пинского (МТ. 1825. Ч. 1. Приб. к № 2. С. 2—4). Вся эта серия как случайных, так и преднамеренных мистификаций и qui pro quo венчалась нападками Н. Д. на В. Ф. Одоевского, который, как считал Н. Д., скрывался под псевдонимом «Аристотелид» (см. примеч 4 на с. 400 наст. изд).

Попытки раскрыть анаграмму Н. Д. и установить автора статьи о «Полярной звезде» делались и современниками, и в позднейшей исследовательской литературе. Вяземский в письме к А. А. Бестужеву от 19 марта 1824 г. (РС. 1888. № 11. С. 330) и В. А. Жуковский в письме к А. А. Прокоповичу-Антонскому (РА. 1883. Кн.1. № 2. С. 331) считали, что разбор «Звезды» принадлежит Каченовскому, но опирались при этом лишь на предположения.

Б. В. Томашевский, не отождествляя Н. Д. с автором критики на «Полярную звезду», высказал предположение, что «Московские записки» написаны М. А. Дмитриевым (см.: Томашевский. Т. 2. С. 145). В пользу мнения Томашевского говорит и сравнение с появившимся через год новым критическим выпадом Дмитриева против Пушкина (ВЕ. 1825. № 3. С. 227—228; см. с. 256—257 наст. изд.). Помимо стилистической близости здесь совпадает общая критическая оценка: «Это один из первых отзывов, провозгласивших мнение об отсутствии у Пушкина серьезных мыслей» (Томашевский. Т. 2. С. 145). Кроме того, у «Московских записок» Н. Д. есть точки соприкосновения и со статьями М. А. Дмитриева, посвященными предисловию Вяземского к «Бахчисарайскому фонтану». Отчасти авторство М. А. Дмитриева может быть подтверждено хронологией статей. «Московские записки» с подписью Н. Д. начинают регулярно печататься в «Вестнике Европы» с августа 1823 г. При этом автор сообщает, что лишь в конце июля вернулся в Москву, а впоследствии не раз подчеркивает свое недостаточно детальное знакомство с московской театральной жизнью последнего времени (см.: ВЕ. 1823. № 15. С. 234; № 19. С. 230; № 20. С. 314). В 1822—1823 гг. М. А. Дмитриев жил в своем имении Троицком Симбирской губернии и в позднейших мемуарах вспоминал, что вернулся в Москву осенью (точная дата его возвращения неизвестна), что в принципе не противоречит указанию в «Московских записках» (см.: Новое литературное обозрение. 1992. № 1. С. 226).

¹ В статье «Московские записки» в № 21 «Вестника Европы» за 1823 г. в письме от имени директора Венгерского театра Н. Д. критиковал бенефисные представления, точнее, «пиесы *новые*, представляемые для бенефисов и потом немедленно исчезающие, как искры пущенной ракеты» (с. 66—68). Выпады Н. Д. против бенефисов, вероятно, можно связывать с работой Вяземского и Грибоедова над оперой-водевилем «Кто брат, кто сестра, или Обман за обманом» для бенефиса актрисы М. Д. Львовой-Синецкой. О готовящемся водевиле к этому времени (№ 21 вышел ок. 28 октября — см.: МВед. 1823. № 94, 24 ноября. С. 3006), несомненно, уже знали в московских литературно-театральных кругах. После представления водевиля 24 января 1824 г. Н. Д. выступил в своих «Московских записках» с его резкой критикой (см.: ВЕ. 1824. № 2. С. 148—150). Далее перечисляются спектакли, шедшие на московской сцене: «Чванство Транжирина, или Следствие полубарских затей» — комедия в 3-х действиях А. А. Шаховского. В роли Транжирина — знаменитый актер М. С. Щепкин (1788—1863). Впервые на московской сцене 7 декабря 1823 г. в его бенефис. «Христофор Колумб, или Открытие нового света» — историческая мелодрама в 3-х действиях. Р.-Ш. Жильбера де Пиксерекура; пер. с франц. Р. М. Зотова. Впервые на московской сцене

20 декабря 1823 г. в бенефис актрисы Лисицыной. В пьесе были сложные постановочные решения некоторых сцен. «Алепский горбун, или Размен ума и красоты» — волшебный водевиль в 2-х действиях. Переделка А. А. Шаховским комедии-феерии Ш.-О. Севрена и Н. Бразье, музыка Д. А. Шелихова. Впервые на московской сцене 3 января 1824 г. «Павел и Виргиния, или Два креола» — большой пантомимный балет в 3-х действиях франц. балетмейстера Омера на музыку А.-Б.-Ф. Дарондо. Впервые на московской сцене 17 января 1824 г., когда исполнялся вместе с «Алепским горбуном» в бенефис танцовщицы Лопухиной-старшей (см.: МВед. 1823. № 97, 5 дек. С. 3126; № 100, 15 дек. С. 3228; 1824. № 1, 2 янв. С. 20; № 4, 12 янв. С. 113).

² Стихотворение «Черная шаль» написано Пушкиным в 1820 г.; опубл.: СО. 1821. № 15 и Благ. 1821. № 10, также в 1824 г. с музыкой А. Н. Верстовского двумя изданиями (*Синявский Н. А., Цявловский М. А.* Пушкин в печати: 1814—1837. 2-е изд. М., 1938. №№ 52, 56; 110, 111). Как кантата с музыкой Верстовского впервые на московской сцене исполнялась певцом и актером П. А. Булаховым 10 января 1824 г. (см.: МВед. 1824. № 3, 9 янв. С. 83). Булахов пел «Черную шаль» не во фраке и с нотами, как было принято для кантаты, а в молдаванском костюме и в соответствующих декорациях. Такое нововведение приветствовал В. Ф. Одоевский в статье «Несколько слов о кантатах г. Верстовского» (ВЕ. 1824. № 1. С. 64—69). Первое исполение Булаховым «Черную шали» подробно описывает А. Я. Булгаков в письме к брату К. Я. Булгакову в Петербург 12 января 1824 г.: «Ты верно читал роман<с> или песню молдавскую «Черная шаль» молодого Пушкина; некто молодой аматер Верстовский сочинил на слова сии музыку, не одну и ту же на все куплеты, но разную, в виде арии. Занавес поднимается, представляется комната, убранная по-молдавански; Булахов, одетый по молдавански, сидит на диване и смотрит на лежащую перед ним черную шаль, ритурнель печальную играют, он поет: "Гляжу, как безумный, на черную шаль" и пр. Музыка прелестна, тем же словом оканчивается; он опять садится и смотрит на шаль и поет: "Смотрю, как безумный, на черную шаль, и нежную душу терзает печаль!" Занавес опускается, весь театр закричал фора, и пел другой раз еще лучше. Вызывали автора музыки, и Верстовский, молодой человек лет 18, пришел в ложу к Кокошкину, кланяется и благодарит публику. C'est une charmante idée! Je ne sais qui l'a eu; on dit que c'est Wiazemsky. <Это прекрасная мысль! Не знаю, кому она пришла в голову, говорят — Вяземскому (*фр.*). — *Ред.*> Скажи это Манычару, любителю театров и музыки. Le petit Pouchkine ne se doute pas de la Bessarabie, où il doit être, qu'on le fete ici a Moscou et d'une manière si nouvelle. <Маленький Пушкин не подозревает в Бессарабии, где он должен быть, как его чествуют здесь в Москве и таким новым способом (*фр.*). — *Ред.*>» (РА. 1901. Кн. 2. № 5. С. 30—31). Из этого письма можем также заключить, что мысль о новой форме исполнения кантаты принадлежала П. А. Вяземскому и, таким образом, статья Н. Д. косвенно направлена и против него.

³ *Кантата* — распространенный в XVIII в. поэтический жанр, обычно — лирическое или лиро-эпическое стихотворение, написанное по случаю какого-либо торжественного события. Ср. определение в «Словаре древней и новой поэзии» Н. Ф. Остолопова: «Кантата должна быть сочинение, написанное для пения; однако ж обыкновенно она состоит из двух частей: из *повествований* и из *арий*, т. е. песен, которые всегда следуют за повествованием. В последнем пиит изображает самый предмет, а в ариях изъявляет чувствия или рассуждение, произведенные предметом. Повествования пишутся обыкновенно шестистопными стихами, иногда и вольными; в ариях употребляются стихи кратчайшие, которые могут быть всякого размера, только бы удобны были к положению на голос. <...> Содержанием кантаты должно быть происшествие историческое или баснослов-

ное, из которого бы можно было извлечь нравственное рассуждение. – Поэма сия требует такого же изящества мыслей, таких же избранных выражений, как ода, но отвергает ее отступления и беспорядок. – Слог повествования должен иметь более силы и возвышенности, нежели слог арий: сии последние отличаются чувствованием и нежностию» (СПб., 1821. Ч. 2. С. 38–39). *Драйден*, Джон (1631–1700) – поэт, драматург и критик, один из основоположников английского классицизма. Здесь назван прежде всего как автор кантаты ко дню св. Цецилии «Alexander's Feast; or, the Power of Music» (1697), положенной на музыку Генделем. Эта кантата переводилась в России А. Ф. Мерзляковым и В. А. Жуковским. Классиком жанра кантаты в европейской литературе считается также французский поэт Ж.-Б. Руссо (1671–1741).

[4] *Северская мануфактура* около Парижа, основанная в .1745 г., – знаменитый центр производства фарфора, в том числе фарфоровой пластики.

[5] Цитата из IV сатиры 1-й кн. Горация.

[6] Имеются в виду строки из «Послания к М. Т. Каченовскому» Вяземского (1820; опубл.: СО. 1821. № 2).

От Кяхты до Афин, от Лужников до Рима
Вражда к достоинству была непримирима.

ИЗ ЖУРНАЛА «ВЕСТНИК ЕВРОПЫ»

ВЕ. 1824. Ч.135. № 10 (выход в свет около (не позднее) 14 июня – МВед. 1824. № 48, 14 июня). С. 156–158. Из раздела «Краткие выписки, известия и замечания». Без подписи.

Выпад против «новой школы», содержащийся в конце настоящей заметки (где фигурируют, в частности, названия пушкинских стихотворений «Домовой» и «В альбом малютке» – см. примеч. 8 к наст. статье), вызвал позднейший отклик Пушкина. В тетради В. Ф. Щербакова (1810–1878) – библиофила, одного из знакомых М. П. - Погодина (к утраченным записям которого, возможно, восходит часть записей Щербакова) – сохранилось следующее свидетельство: «Каченовский, извещая в своем журнале об итальянском импровизаторе Скриччи, сказал, что он ничего б не мог сочинить на темы, как: "К ней", "Демон" и пр.

– Это правда, – сказал Пушкин, – все равно, если б мне дали тему "Михайло Трофимович", – что из этого я мог бы сделать? Но дайте сию же мысль Крылову – он тут же бы написал басню – "Свинья"» (П. в восп. совр. (1985). Т. 2. С. 46; названия пушкинских стихотворений перепутаны). Запись Щербакова не датирована; тетрадь относится ко времени до 1831 г. Скорее всего, записанный разговор состоялся во время пребывания Пушкина в Москве в сентябре 1826 – мае 1827 г.

[1] *Скриччи* (Згриччи), Томмазо (1788–1836) – итальянский поэт-импровизатор. К теме поэтической импровизации Пушкин испытал большой интерес, отразившийся позднее в «Египетских ночах». О Скриччи он, по предположению Л. А. Степанова, мог впервые узнать из того же «Вестника Европы», где в 1817 г. уже было помещено сообщение о «публичном испытании» Скриччи (ВЕ. 1817. № 7. С. 235–237; текст приведен также в статье Л. А. Степанова «Об источниках образа импровизатора в "Египетских ночах"» – ПИМ. Т. Х. С. 170–171). Позже возможными источниками сведений о Скриччи были для Пушкина примечания Байрона – Дж. Хобхауза к IV песни «Паломничества Чайльд-Гарольда», устное сообщение Д. Ф. Фикельмон, примечания Н. И. Надеждина к очерку «Итальянские импровизаторы» (Телескоп. 1834. Ч. 24. № 50. С. 411) – см. подробно в указанной статье Л. А. Степа-

нова (ПИМ. Т. Х. С. 170–172). Кроме того, внимание Пушкина привлекает посвященная импровизаторам статья А. Г. Глаголева «Итальянцы. (Отрывок из Путешествия по Италии)» (МВ. 1827. № 12. С. 326–327), текстуальные совпадения с которой обнаруживаются в «Египетских ночах» (см.: *Вацуро В. Э.* Пушкин и общественно-литературное движение в период последекабрьской реакции: Ситуация 1825–1837 гг. // Пушкин: Итоги и проблемы изучения. М.; Л., 1966. С. 216).

[2] *Александр Медичис* (Алессандро Медичи; Medici, 1511–1537) — правитель Флоренции с 1530 г. (с 1532 г. — герцог); был убит заговорщиками.

[3] *Кассандра* — дочь Приама, после разрушения греками Трои досталась в добычу Агамемнону и погибла вместе с ним в Аргосе от руки его жены Клитемнестры, увидевшей в Кассандре свою соперницу. Упоминаемый ниже Эгист — возлюбленный Клитемнестры. История Кассандры была использована Эсхилом в трагедии «Агамемнон» (458 г. до н. э.). Трагедия французского поэта Луи Жана Лемерсье (Lemercier, 1771–1840) «Агамемнон» была впервые поставлена в 1797 г. и впоследствии продолжала пользоваться успехом.

[4] Марк Юний *Брут* (85–42 гг. до н. э.) — римский политический деятель; вместе с Кассием возглавил заговор против Юлия Цезаря. После убийства Цезаря встал во главе республиканцев в борьбе с триумвиратом Октавиана, Антония и Лепида; после поражения при Филиппах осенью 42 г. до н. э. покончил с собой. Вероятно, имеется в виду эпизод войны республиканцев с триумвиратом, когда Брут приказал казнить взятого в плен Гая Антония, брата триумвира Марка Антония.

[5] Фиванский полководец Эпаминонд (418–362 г. до н. э.) погиб в битве со спартанцами при Мантинее (362 г. до н. э.).

[6] История *Саула*, первого царя израильско-иудейского государства, излагается в Библии (1-я и 2-я Книги царств).

[7] *Мазанелло* (Мазаньелло; Masaniello, сокращенное от Томмазо Аньелло, Tommaso Aniello, 1620–1647) — итальянский национальный герой. В 1647 г. рыбак Мазаньелло поднял народное восстание против испанского господства; вскоре пал жертвой организованного убийства.

[8] Большая часть представленных в списке «тем» заимствована из «Полярной звезды на 1824 год». В альманахе были, в частности, напечатаны стихотворения «Домовой» Пушкина, «К ней» В. И. Туманского, «К милой» А. Г. Родзянки, «В альбом малютке» Пушкина (позднее печаталось под названием «Аделе»), «Давнымдавно» П. А. Вяземского, «К плачущей Юлии» В. Н. Олина и «13 августа» В. И. Туманского (темы двух последних стихотворений объединяются в «Вестнике Европы» под названием «На день рождения плачущей Нины»). Возможно, тема «По Сеньке шапка» пародирует названия напечатанных в том же альманахе стихотворений Вяземского «В шляпе дело» и «Воли не давай рукам» (ср. его же «Всякий на свой покрой» в «Полярной звезде на 1823 год»). Темы «Мое ах!», «К листочку фиалки», «Тоскующий мотылек» — очевидно, пародии на слезливо-сентиментальную поэзию. Тема «К пенатам», вероятно, подразумевает одну из традиционных форм послания, ведущую на русской почве происхождение от «Моих пенатов» К. Н. Батюшкова (1811). Тема «Послание к кандидату знаменитости» связана с обычными для «Вестника Европы» нападками на взаимные восхваления, будто бы практикующиеся в среде поэтов «новой школы»; ср. замечание в «Отрывке из Кодекса знаменитости» М. А. Дмитриева: «Титло знаменитого налагается таким порядком: один из друзей претендента должен написать к нему послание; кандидат знаменитости на оное отвечает; потом отдают обе пиесы в приятельский журнал, где ставится под ответом примечание в пользу сочинителя» (ВЕ. 1824. № 9. С. 59). Тема «Былое на чужбине» пародирует мотивы элегической поэзии Жуковского.

П. А. ВЯЗЕМСКИЙ

Разговор между Издателем и Классиком с Выборгской стороны или с Васильевского острова

Вместо предисловия <к «Бахчисарайскому фонтану»>

В кн.: «Бахчисарайский фонтан» А. Пушкина. М., 1824 (ценз. разр. 10 дек. 1823; выход в свет 10 марта). С. I—XX. Без подписи. С незначительными стилистическими изменениями вошло в Полн. собр. соч. П. А. Вяземского (СПб., 1878. Т. 1. С. 167—173).

Статья была написана Вяземским по просьбе Пушкина; посылая ему для издания «Бахчисарайский фонтан» из Одессы при письме от 4 ноября 1823 г., Пушкин писал: «...Еще просьба: припиши к Бахчисараю предисловие или послесловие, если не ради меня, то ради твоей похотливой Минервы, Софьи Кисилевой; прилагаю при сем полицейское послание, яко материал; почерпни из него сведения (разумеется, умолчав об их источнике). Посмотри также в Путешествии Апостола-Муравьева статью Бахчи-Сарай, выпиши из нее что поснеснее — да заворожи все это своею прозою, богатою наследницею твоей прелестной поэзии, по которой ношу траур» (XIII, 73). «Полицейское послание», присланное с поэмой, неизвестно; о других упомянутых Пушкиным источниках см. ниже. Несколько ранее, предлагая переиздать «Руслана и Людмилу» и «Кавказского пленника», Пушкин также просил Вяземского «освятить» издание «своею прозою, единственною в нашем прозаическом отечестве»: «Не хвали меня, но побрани Русь и русскую публику — стань за немцев и англичан — уничтожь этих маркизов классической поэзии» (XIII, 66). В предисловии к «Бахчисарайскому фонтану» Вяземский частично выполнил эти рекомендации. Основным объектом его нападений стал «Вестник Европы» и его издатель М. Т. Каченовский, с которым он вел полемику с 1818 г. как с противником Карамзина (см. его «Послание к М. Т. Каченовскому» (СО. 1821. № 2) и ответные полемические выступления «Вестника Европы» (1821. № 2, 5, 9; см. также *Вяземский П. А.* Стихотворения. Л., 1986. С. 475—476; коммент. К. А. Кумпан). Одновременно Вяземский задевает и критиков «Благонамеренного»; 10 сентября 1823 г. он писал А. И. Тургеневу: «Какой-то тут Цертелев или Сомов лается на меня в "Благонамеренном" под именем жителя Васильевского острова или Выборгской стороны» (ОА. Т. 2. С. 346; речь шла о статьях Н. А. Цертелева).

Готовить материал для предисловия Вяземский начал уже в ноябре 1823 г.; 18 ноября он сообщал Тургеневу о просьбе Пушкина и просил прислать «Путешествие в Тавриду» Муравьева-Апостола и расспросить у С. Потоцкого или Булгарина, «не упоминается ли где-нибудь о предании похищения Потоцкой татарским ханом» (ОА. Т. 2. С. 367). 29 ноября Тургенев выслал Вяземскому книгу Муравьева-Апостола; о «романе графини Пот<оцкой>» ему не удалось получить сведений («да и происшествие, о котором пишешь, не графини Потоцкой, а другой, которой имя не пришло мне на память» — ОА. Т. 2. С. 368). К ноябрю—декабрю 1823 г. (относится переписка Вяземского с Пушкиным, касающаяся предисловия, известная нам по ответному письму Пушкина от 20 декабря, где Пушкин отговаривает Вяземского от «заочного описания Бахчисарая». «Впрочем, в моем эпилоге описание дворца в нынешнем его положении подробно и верно» (XIII, 83). Все эти исторические и этнографические темы были осторожно затронуты в окончательном тексте предисловия Вяземского.

17 января 1824 г. Вяземский сообщал А. И. Тургеневу, что поэма «уже печатается» и что он готовит предисловие (ОА. Т. 3. С. 4). О том же он пишет Воейкову 25 февраля, замечая, что не уверен, «удастся ли» (*Вяземский П. П.* А. С. Пушкин (1816—1825): По документам Остафьевского архива. СПб., 1880. С. 55—56). Тем не менее в тот же день он отдает уже готовую рукопись в Московский цензурный коми-

тет. Сохранилось письмо к Вяземскому цензора А. Ф. Мерзлякова от 26 февраля, написанное в ответ на обращение Вяземского (до нас не дошедшее), с просьбой о смягчении нескольких мест, которые могли быть истолкованы в духе политической оппозиции или слишком явно обозначали полемический адрес статьи — упоминания «Вестника Европы», «Благонамеренного» и т. д. (*Гиллельсон М. И.* П. А. Вяземский: Жизнь и творчество. Л., 1969. С. 102–103); смягчив первые, Вяземский оставил без изменения вторые. Умеренностью Мерзлякова как цензора он был удовлетворен (см. его письмо Тургеневу от 28 февр. — ОА. Т. 3. С. 13); однако в последующей полемике намекнул, что цензура задержала выпуск пушкинской поэмы и предисловия и что к затруднениям издания был причастен Каченовский (см. с. 163–164 наст. изд.,); о том же он писал А. А. Бестужеву 9 марта, накануне выхода книжки: «Я долго барахтался с цензурою, но одержал почти все победы. Найдите у Тургенева письмо мое к Мерзлякову, который был моим цензором. Мерзляков — добрейшая душа, но на ней сидит Каченовский и какой-то пар университетского навоза» (РС. 1888. № 11. С. 330–331).

По выходе книжки Вяземский получил лестный отзыв о своем предисловии от Жуковского («За твое предисловие к "Бахчисарайскому фонтану" обнимаю тебя; оно мне очень, очень понравилось» — ЛН. Т. 58. С. 40), но стремился узнать мнение и других арзамасцев; 24 марта он пишет Тургеневу: «Как довольны вы моим "Разговором"? Я дал волю своему перу, да к тому же и не боялся вас, идеологов» (ОА. Т. 3. С. 23). Отклик Пушкина содержался в письме из Одессы от начала апреля 1824 г.: «...Разговор прелесть, как мысли, так и блистательный образ их выражения. Суждения неоспоримы. Слог твой чудесно шагнул вперед. <...> Читая твои критические сочинения и письма, я и сам собрался с мыслями и думаю на днях написать кое-что о нашей бедной словесности, о влиянии Ломоносова, Карамзина, Дмитриева и Жуковского. <...> Знаешь ли что? Твой Разговор более писан для Европы, чем для Руси. Ты прав в отношении романтической поэзии. Но старая <----->классическая, на которую ты нападаешь, полно существует ли у нас? это еще вопрос. — Повторяю тебе перед эвангелием и святым причастием — что Дмитриев, несмотря на все старое свое влияние, не имеет, не должен иметь более весу, чем Херасков или дядя В.<аси-лий> Львович.<...> Мнения *Вест.<ника> Евр.<опы>* не можно почитать за мнения, на *Благ.<онамеренного>* сердиться не возможно. Где же враги романтической поэзии? Где столпы классические? Обо всем этом поговорим на досуге» (XIII, 91–92). Письмо Пушкина, в высшей степени комплиментарное, содержало в себе и зерно принципиального спора о классической поэзии (некоторые тезисы подобного спора были намечены в черновом тексте письма от 4 ноября 1823 г. — XIII, 380–382), однако Пушкин не развернул своей концепции. Упрек Вяземскому в излишней полемической запальчивости и переоценке русских «классиков» содержался и в письме Пушкина издателям «Сына отечества» (см. с. 161 наст. изд.) Предисловие Вяземского было повторено при переиздании «Бахчисарайского фонтана»; издавая поэму в третий раз, Пушкин предполагал снабдить ее посвящением Вяземскому: «Посвящаю тебе стихотв<орение>, некогда явивш<ее>ся под твоим покровительством и которое тебе обязано было большею частью успех<а>. Да будет оно залогом нашей неизменной дружбы и скромным памятником мое<го> уважения [к] благородно<му> тв<оему> характеру <и> любви к твоему прекрасному талант<у>. А. П. » (Справочный том. С. 40; датируется окт. 1829–февр. 1830 г.). В позднейшей критике предисловие Вяземского оценивалось как сыгравшее значительную роль в «освобождении русской литературы от предрассудков французского псевдоклассицизма» (Белинский. Т. 7. С. 264).

Предисловие Вяземского стало началом бурной полемики. Сомнительным представлялось парадоксальное заявление об античных авторах как предшественниках романтизма, а также о «германском» воздействии на русскую литературу начиная с

Ломоносова; выдвинутое в полемике с критиками Жуковского, оно опиралось на теоретические разработки Шлегеля и в особенности мадам де Сталь; «германский» элемент противопоставлялся французскому как национальный и «романтический». В ряде положений статья Вяземского соприкасалась с одновременно появившимися теоретическими работами европейских романтиков (Берши, Стендаль). См. об этом: *Гиллельсон М. И.* П. А. Вяземский. С. 104–109; здесь же возражения Н. И. Мордовченко, связывавшего концепцию Вяземского с карамзинизмом и оценивавшего его постановку вопроса о германском влиянии как снятие проблемы самобытности русской литературы и ее национального своеобразия (*Мордовченко Н. И.* Русская критика первой четверти XIX века. М.; Л., 1959. С. 305 – 306).

[1] Основные черты, характеризующие творчество И. Х. Гюнтера (Гинтера) — эпикурейство и веселость, неясность поэтического словаря, введение грубых сцен и мотивов, недопустимых в героической оде (см. подробнее: *Пумпянский Л.* Тредиаковский и немецкая школа разума // Западный сборник. М.; Л., 1937. Кн.1). Ломоносов увлекался поэзией Гюнтера.

[2] «*Россияда*» (1779) — эпическая поэма М. М. Хераскова. Начало русским *Петриадам* (эпическим поэмам о Петре) положил М. В. Ломоносов незавершенной героической поэмой «Петр Великий» (1756–1761). В начале XIX в. вышли в свет «Петр Великий, героическая поэма в шести песнях, стихами сочиненная» Р. Сладковского (1803); «Петр Великий, лирическое песнопение в осьми песнях» С. А. Ширинского-Шихматова (1810); «Петриада. Поэма эпическая» А. Н. Грузинцева (1812; 2-е изд. — 1817).

[3] Т. е. в трактате Аристотеля «Поэтика» (336–322 гг. до н. э.) и в «Послании к Пизонам» (19–14 гг. до н. э.) Горация, которое еще в античные времена получило название «Ars poëtica» («Об искусстве поэзии»).

[4] Вяземский ссылается на гл. 6 пятой книги («Источники Римской истории») труда немецкого историка Иоганнеса Мюллера «Двадцать четыре книги Всеобщей истории, в особенности европейской» («Vierundzwanzig Bücher allgemeiner Geschichten, besonders der europäischen Menschheit». Tübingen, 1810.). Мюллер указывает на стихотворения Катулла как свидетельство упадка нравов в конце республиканской эпохи.

[5] Имеются в виду стихи Горация:

O imitatores, servom pecus, ut mihi saepe
billem, saepe iocum vestri movere tumultus.

(Послания. Кн. I, 19, ст. 19–20)

О подражатели, скот раболепный, как суетность ваша
Часто тревожила желчь мне и часто мой смех возбуждала!

(Пер. М. Дмитриева).

[6] Ода Горация «Ad fontem Blandusiae».

[7] «Путешествие по Тавриде» И. М. Муравьева-Апостола вышло в свет в мае 1823 г. Отрывок из него опубликован в конце первого издания «Бахчисарайского фонтана», где содержится и мнение Муравьева-Апостола о легенде: «Странно очень, что все здешние жители непременно хотят, чтобы эта красавица была <...> полячка, именно какая-то Потоцкая, будто бы похищенная Керим-Гиреем. Сколько я ни спорил с ними, сколько ни уверял их, что предание сие не имеет никакого исторического основания и что во второй половине XVIII века не так легко было татарам похищать полячек; все доводы мои остались бесполезными, они стоят в одном: красавица была Потоцкая» (*Пушкин.* «Бахчисарайский фонтан» М., 1824. С. 47–48). Эту легенду Пушкин слышал, по-видимому, еще в Петербурге, задолго до ссылки на юг, но она

подверглась в поэме коренной переработке (см.: Томашевский. Т. 2. С. 116–121; *Гроссман Л. П.* У истоков «Бахчисарайского фонтана» // ПИМ. Т. III. С. 73–76).

[8] Вяземский имеет в виду отзывы о «Бахчисарайском фонтане», полученные им после чтения в Петербурге рукописи поэмы. 27 декабря 1823 г. Е. А. Карамзина сообщала ему: «Тургенев недавно читал нам "Бахчисарайский фонтан", который нас совершенно очаровал: это очень, очень красиво» (ЛН. Т. 58. С. 40; подлинник по-французски). Жуковский в конце декабря 1823–январе 1824 г. писал: «"Бахчисарайский фонтан" – прелесть. Напечатай получше» (Там же; уточнение датировки: Летопись. С. 671). 9 января 1824 г. Н. В. Путята писал из Петербурга С. Д. Полторацкому: «Вы знакомы с князем Вяземским, итак, верно, в бытность Вашу в Москве читали у него новую поэму А. Пушкина "Бахчисарайский фонтан", которую он теперь и печатает; я имел случай прочесть ее в рукописи и, оставляя холодным рецензентам замечать недостатки в плане и др., восхищался прелестными описаниями гарема и заключенных красавиц; вообще поэзия тут дышит какою-то восточной роскошью и негою. Это неоцененный подарок любителям отечественного слова» (ЛН. Т. 58. С. 41). Без сомнения, Вяземский был известен и отзыв Д. В. Дашкова в письме к И. И. Дмитриеву от 4 января 1824 г. с высокой оценкой поэмы: «С живым удовольствием читали мы "Бахчисарайский фонтан", отрывок, показывающий какую-то зрелость таланта, по крайней мере в описаниях. Теперь Пушкину надобно учиться в пору останавливаться. Говорят, что Вяземский печатает в Москве это стихотворение. В таком случае, сделайте милость, заметьте ему одно место, требующее исправления. Зарема умирает от рук *немых кизляров*, а *кызляр* по-турецки значит просто девушки. Название *Кызляр-Агасси*, вероятно обманувшее Пушкина, значит начальника над девушками харема. Не говорю уже о всеобщем европейском предрассудке (не менее того ложном) о немых, употребляемых на тайные казни в харемах, но я бы и это выкинул из поэмы Пушкина, где так хорошо сохранены все местные краски» (РА. 1868. № 4–5. С. 600). Ошибка, указанная Дашковым и восходящая к «Абидосской невесте» Байрона, была исправлена в печатном издании (см.: Томашевский. Т. 2. С. 128).

М. А. ДМИТРИЕВ
Второй разговор между Классиком и Издателем «Бахчисарайского фонтана»

ВЕ. 1824. Ч. 134. № 5. (выход в свет 27 марта). С. 47–62 Подпись: N.

Михаил Александрович Дмитриев (1796–1866) – литературный критик, поэт, мемуарист, племянник И. И. Дмитриева. В своих критических статьях выступал как «классик», противник новых, романтических, веяний в литературе. Его отношение к поэзии Пушкина всегда оставалось сдержанным и критическим. Литературная позиция М. А. Дмитриева отражала взгляды, господствовавшие в Московском университете и университетском Благородном пансионе, где он учился. Был близок к кругу М. Т. Каченовского и постоянно сотрудничал в «Вестнике Европы». Полемика вокруг предисловия Вяземского к «Бахчисарайскому фонтану» продолжала начавшуюся ранее журнальную войну, где против Вяземского и Грибоедова выступали М. А. Дмитриев и его приятель А. И. Писарев (1803–1828) – поэт, переводчик, автор, популярных комедий и водевилей, полемист. О роли М. А. Дмитриева в литературно-театральных полемиках 1820-х гг. см. в его «Главах из воспоминаний моей жизни» (Новое литературное обозрение. 1992. № 1. С. 191–231; публ. О. А. Проскурина). О возможной принадлежности ему статей за подписью Н. Д. в «Вестнике Европы» см. с. 388–389 наст. изд.

[1] Цитата из «Послания к М. Т. Каченовскому».

[2] ***Фонтенель,*** Бернар де Бовье де (1657–1757) – французский писатель, ученый и философ. Приведенное выражение – французская идиома, встречаемая у разных авторов (Вольтер, Ж.-Б. Руссо). См.: *Robert P.* Dictionnaire alphabétique et analogique de la langue française. Paris, 1960. Т. 3. Р. 575. Было общеупотребительным (ср. у Пушкина: XIII, 44; или ОА. Т. 3. С. 160).

[3] Эта подробность из жизни Ж. де Лафонтена (1621–1695) нередко приводилась в сопроводительных статьях к изданиям его сочинений. См., например: Fables de Lafontaine. Paris, an VII (1799). Т. 1. Р. XI. ***Малерб,*** Франсуа (1555–1628) – французский лирический поэт, сыгравший важную роль в становлении принципов классической поэтики и поэтического языка во Франции.

[4] *Силлогизм* – демонстративный (доказательный) вывод, устанавливающий связь между двумя понятиями на основании закрепленного в посылках их отношения к третьему понятию.

[5] *Ансильон,* Фредерик (1766–1837) – прусский государственный деятель, историк и философ, автор ряда работ по эстетике. Имеется в виду его «Analyse de l idée de littérature nationale» (Essais philosophiques, ou Nouveau mélanges de littérature et de philosophie. Par F. Ancillon. Paris, 1817. Т. 1. Р. 39–81).

[6] Имеется в виду стихотворение Вяземского «К В. А. Жуковскому. (Подражание сатире II Депрео)» (1819; опубл.: СО. 1821. № 10) В современных изданиях на основании позднейшей поправки Вяземского печатается: «Державин рвется в стих, а втащится Херасков». М. М. Херасков (1733–1807) – известный русский поэт, в 1765–1770 гг. директор, а в 1778–1802 гг. куратор Московского университета. Заслуги Хераскова как покровителя наук, признанные уже его современниками, неоднократно подчеркивались и впоследствии (см., например, в «Речи о влиянии легкой поэзии на язык» К. Н. Батюшкова). Французская цитата – из II сатиры Буало. *Кино* Филипп (1635–1688) – французский поэт и драматург, чье творчество неоднократно подвергалось нападкам со стороны Буало. В стихотворении Вяземского, вольном переложении сатиры Буало, есть прямые соответствия стихам французского оригинала, но отраженные у Буало французские литературные отношения заменены русскими. Заимствования из Вольтера, о которых говорит Дмитриев, есть, в частности, в «Послании к М. Т. Каченовскому» Вяземского; на реминисценции у Вяземского из стихотворения Вольтера «О зависти» («De l'Envie») указывал критик «Вестника Европы» Ф. Яковлев (подпись: Ф. Як....в) – см.: 1821. № 5. С. 31–44. Слова Дмитриева «некто из знаменитых журнальных стихотворцев» отсылают к известной формуле «знаменитые друзья», широко обыгрывавшейся в полемике, – см. подробнее с. 407 наст. изд.

[7] Высокая оценка творчества М. В. Ломоносова была характерна для К. Н. Батюшкова. См., например, в его статьях «О характере Ломоносова» и «Нечто и поэте и поэзии» (1815).

[8] См.: Мольер. Мизантроп / Пер. Ф. Ф. Кокошкина. М., 1816. С. 17 (Д. 1, явл. 2):

Граф	...Сколько мог Старался я иметь простой приятный слог; Не знаю, как-то вам в стихах сих покажуся.
Крутон	Увидим, граф!
Граф	Притом я вам, сударь, божуся, Что, право, написал их в несколько минут.
Крутон	До времени, сударь, нет надобности тут.

⁹ Цитата из IX сатиры Буало.

¹⁰ В том же номере «Вестника Европы» в разделе «Особая переписка» (с. 76–78) напечатано письмо в редакцию за подписью: «Бывший журнальный клеврет», содержащее резкие выпады против Вяземского, главным образом за его отзыв о стихотворцах «Вестника Европы», и насмешки над собственными его стихотворениями (в их число попали также куплеты из водевиля «Кто брат, кто сестра...», принадлежащие Грибоедову). Автор, вероятно, тот же М. А. Дмитриев, который считал себя лично задетым как поэт, печатавшийся в «Вестнике Европы» (ср. его позднейшее мемуарное свидетельство: Новое литературное обозрение. 1992. № 1. С. 219). Вяземский на новые выпады ответил эпиграммой «Клеврет, журнальный аноним...» (см. с. 399 наст. изд.). Выступления против Вяземского продолжались в следующих номерах «Вестника Европы» за 1824 г.: *Писарев А. И.* Еще разговор между двумя читателями Вестника Европы. – № 8. С. 307–313 (в частности, указывал в этой статье, что не он был автором «Особой переписки» в № 5); *Дмитриев М. А.* Отрывок из Кодекса знаменитости. – № 9. С. 58–62; *Карниолин-Пинский М. М.* Мое первое и последнее слово. – № 10. С. 115–120 (подпись: Юст Ферулин); *Дмитриев М. А.* Краткий ответ издателю Дамского журнала. – № 10. С. 144–146; *Писарев А. И.* Нечто о словах. – № 12. С. 283–290 (подпись: А. А. А.; псевдоним здесь и в статье М. М. Карниолина-Пинского раскрыт в «Главах из воспоминаний из моей жизни» М. А. Дмитриева (Новое литературное обозрение. 1992. № 1. С. 221)). Кроме того, в течение всего этого времени (1824–1825 гг.) шла эпиграмматическая война. См.: Русская эпиграмма (XVIII–начало XX века). Л., 1988. С. 201, 220, 291–292, 299–303.

А. С. ПУШКИН
Письмо к издателю «Сына отечества»

СО. 1824. Ч. 93. № 18 (выход в свет 3 мая). С. 181–182. Подлинник не сохранился; печатается по тексту журнала (см.: XI, 20).

В этом письме к издателю «Сына отечества» Н. И. Гречу Пушкин подтверждал свою солидарность с суждениями Вяземского, выраженную ранее в частном письме к нему от начала апреля 1824 г. (см. с. 394 наст. изд.).

П. А. ВЯЗЕМСКИЙ
О литературных мистификациях, по случаю напечатанного в 5-й книжке «Вестника Европы» второго подложного разговора между Классиком и Издателем «Бахчисарайского фонтана»

ДЖ. 1824. Ч. 6. № 7 (выход в свет 9 апр. – МВед. 1824. № 29, от 9 апр.). С. 33–39.

Ответ на статью М. Дмитриева. Анонимность статьи дала повод Вяземскому первоначально подозревать в ее авторстве самого Каченовского (ср. аналогичное мнение братьев Мухановых – в письме В. А. Муханова к Н. А. Муханову от 27 марта 1824 г.: Щукинский сборник. М., 1907. Вып. 5. С. 271). Статья Вяземского была написана в день появления статьи Дмитриева, 27 марта (Летопись. С. 403), и изобилует нападками на Каченовского. 29 марта цензор И. М. Снегирев вместе с Мерзляковым и др. читает статью, переданную в «Дамский журнал», и записывает в дневник: «Решили, что мне можно подписать ее» (РА. 1902. Кн. II. № 7. С. 396). 31 марта Вяземский послал ее, уже пропущенную цензурой, А. И. Тургеневу для публикования в «Сыне отечества» или «Новостях литературы», предупредив, что вынужден был отдать ее Шаликову. «И Шаликов, и цензор Снегирев — души не робкие и враги отъявленные Каченовскому. Я должен был воспользоваться этим стечением обстоятельств в страхе, что у вас цензура еще и заупрямится. Сделай одолжение, только напечатайте скорее и скажите, что московская цензура уже пропустила. Лучше, если у Греча» (ОА. Т. 3. С. 27—28). 3 апреля он сообщает Тургеневу, что «пощечина Каченовскому» появится в «Дамском журнале» «в середу на Светлой неделе» (Там же. С. 29). 10 апреля он повторяет свою просьбу о публикации трех его «раскаленных пьес, но уже сообщает имя настоящего автора статьи в «Вестнике Европы»: «За Каченовского ополчился на меня Дмитриев-племянник. По крайней мере, таков общий голос... Вот раскаленная эпиграмма. Прошу не дать ей остывать и отправить сей час же Гречу» (Там же. С. 31). Далее следует текст эпиграммы:

> Клеврет журнальный, аноним,
> Помощник прèзренный ничтожного бессилья,
> Хвалю тебя за то, что под враньем твоим
>   Утаена твоя фамилья!
> С бессыдством страх стыда желая согласить,
> Ты доказал, вдвойне кривнув душою,
>   Что если рад себя бесчестить под рукою,
> То именем своим умеешь дорожить.

В ответном письме от 15 апреля Тургенев сообщал, что цензура не пропустила ни эпиграммы, ни статьи, и замечал, что одной публикации ее достаточно (Там же. С. 32) Статья вышла в «Дамском журнале» со следующим примечанием Шаликова: «Издатель получил сию статью при записке, в которой между прочим сказано: Знаю, что прилагаемая у сего статья по содержанию своему не принадлежит Дамскому журналу; но знаете и вы, м<илостивый> г<осударь>, как ограничены наши способы к *возражениям*. В надежде на вашу беспристрастную независимость прошу покорнейше уделить, хотя и не у места, но, по крайней мере, в пору, несколько страниц в первой книжке журнала вашего на следующую мою апелляцию».

12 апреля Каченовский в письме к Булгарину откликается на статью, замечая, что Вяземский ошибочно принял его за автора «Второго разговора» и «извергнул в "Дамском журнале" кипящую лаву ругательств, сарказмов и даже угроз» (РС. 1903. № 12. С. 608—609). Вяземский не терял надежды на републикацию статьи у Воейкова, ссылаясь на то, что «Вестник Европы» читается шире, чем «Дамский журнал» («Меня бранят всенародно, а я отбраниваюсь приватно»), и 21 апреля посылал Тургеневу оттиски статьи «для раздачи» (ОА. Т. 3. С. 34). О своем желании перепечатать статью против М. Дмитриева в «Новостях литературы» Вяземский писал и Воейкову (РС. 1904. № 1. С. 117—120).

Полемика не встретила сочувственного отклика в близких Вяземскому кругах. Так, 24 апреля А. Я. Булгаков писал из Москвы в Петербург брату К. Я. Булгакову, что на статью Вяземского появился «довольно колкий» ответ. «Судя беспристрастно, Вяземский не совсем прав, особливо тем, что, проповедуя учтивость, он бранит Каченовского без пощады, называя его по имени; а выходит, что статья, которую Вяземский критиковал, совсем не его, а некоего М. А. Дмитриева, который себя позже назвал в ответе, теперь напечатанном в "Вестнике Европы". Стало быть, и бранить Каченовского не за что было» (РА. 1901. Кн. 2. № 5. С. 53). Пушкин, довольно холодно относившийся к полемике в целом, интересовался, однако, ходом событий: «Пришли мне тот № В.<естника> Евр.<опы>, где напечатан второй разговор лже-Дмитриева, это мне нужно для предисловия к *Бахч. <исарайскому> фонт. <ану>*, не худо бы мне переслать и весь процесс (и Вестн.<ик> и Дамс.<кий> Жур.-<нал>)» (письмо к Л. С. Пушкину от первой половины мая 1825 г. – XIII, 174).

В письме к А. И. Тургеневу от 21 апреля Вяземский признавал: «Я все еще в грязи кулачного боя. Но что же делать? Раз пустившись в эту полемику, нельзя отставать, пока бой не решен. Самому досадно и скучно, и гадко связываться с народом, который так поодаль от меня, когда сам не спускаюсь в их омут. Буду осторожнее вперед; но пока, на прощанье, изобью их в кровь» (ОА. Т. 3. С. 34). Он пишет второй ответ М. А. Дмитриеву (см. с. 169 наст. изд.).

[1] *Созий* – персонаж комедии Мольера «Амфитрион» (1668). Нарицательное имя двойника.

[2] Французская Академия (основанная в 1655 г.) состояла из 40 пожизненно избираемых членов. В XIX в. уже утратила свой авторитет, стала предметом разного рода шуток и эпиграмм.

[3] Тонкая, изящная острота, остроумная насмешка. Здесь – в ироническом смысле.

[4] О ходе полемики см. с. 388–389 наст. изд. Аристотелид (Карниолин-Пинский), пародируя мнения Н. Д. о театре и о поэзии, называл себя его Созием. Вяземский же говорит здесь, что Н. Д. – «Созий» Жульена Луи *Жоффруа*, известного французского театрального критика, не отличавшегося нравственностью своей позиции и нередко обвиняемого современниками в продажности (ср. упоминание о Каченовском как о «московском Жофроа» в письме В. Л. Пушкина к Вяземскому в январе 1812 г.: *Пушкин В. Л.* Стихи. Проза. Письма. М., 1989. С. 213). Н. Д. счел, что под псевдонимом Аристотелид скрылся В. Ф. Одоевский, автор хвалебного отзыва о кантате на стихи Пушкина «Черная шаль», которую Н. Д. резко раскритиковал в «Московских записках». Свой ответ Аристотелиду Н. Д. наполнил поэтому полемическими выпадами против Одоевского и издаваемого им альманаха «Мнемозина» (см.: СО. 1824. № 6. С. 267–278; ВЕ. 1824. № 3. С. 241–242; СО. 1824. № 10. С. 123–132; ВЕ. 1824. № 5. С. 78–81; СО. 1824. № 16. С. 72–85).

[5] Ср. в разборе «Полярной звезды» замечание, что имена «прославленных поэтов наших» не редко можно видеть под стихами, «которые могли быть сочинены порядочным студентом или даже учеником гимназии (разумеется, взрослым)» (ВЕ. 1824. № 2. С. 119); также один из выпадов Н. Д. против Одоевского в его ответе Аристотелиду: «...одно весьма ученое дитя, незадолго перед сим вышедшее из под *ферулы*» (ВЕ. 1824. № 5. С. 241). *Ферула (лат.)* – линейка, которой били по ладоням нерадивых учеников.

[6] Намек на Каченовского.

[7] Насмешка над особенностями орфографии «Вестника Европы». Каченовский сохранял буквы «ѵ» (ижица) и «i» в нетрадиционных позициях в словах греческого происхождения.

[8] Намек на то, что Каченовский, как член Московского цензурного комитета, был причастен к задержке «Бахчисарайского фонтана» в цензуре.

М. А. ДМИТРИЕВ
Ответ на статью «О литературных мистификациях»

ВЕ. 1824. Ч. 134. № 7. (выход в свет 24 апр.). С. 196–211.

[1] Цитата из VII сатиры Буало.

[2] В этом примечании Каченовский ссылается на сатирический диалог Ф. В. Булгарина «Свидание Зерова с самоучкою». Имеется в виду то его место, где речь идет об одной из эпиграмм на Булгарина: «*Ванюша*. – ...Вот у вас лежит "Дамский журнал"; позвольте посмотреть. Точно, это тот № 20 1823 года. Прочтите эпиграмму на 69 странице. *Я*. – Жаль, что я прежде не знал об этом, не читая "Дамского журнала"...» (ЛЛ. 1824. Ч. 1. № 2. С. 55).

[3] В предисловиях к ряду романов В. Скотта («Шотландские пуритане», «Эдинбургская темница» и др.) разработана целая система приемов, связанных с образом фиктивного автора (Джедедии Клейшботама). Выстраивается цепочка вымышленных лиц: рассказчик – собиратель рассказов (автор) – издатель; вводятся мнимые письма, ситуации.

[4] Цитаты из стихотворений Вяземского «К перу моему» (Труды МОЛРС 1816. Ч. 5; перепечатано: СО. 1821. № 18) и «К графу Чернышеву в деревню» (Мнемозина. 1824. Ч. 1).

П. А. ВЯЗЕМСКИЙ
Разбор «Второго разговора», напечатанного в № 5 «Вестника Европы»

ДЖ. 1824. Ч. 6. № 8 (выход в свет 24 апр.). С. 63–82.
Второй ответ Дмитриеву Вяземский послал Тургеневу 24 апреля 1824 г. с просьбой отдать в «Сын отечества» для повторной публикации. В том же письме Вяземский характеризовал антикритику Дмитриева в № 7 «Вестника Европы» как «новую брань», на которую «должно было бы отвечать палками», но он «предпочел отвечать хладнокровным официальным письмом к Каченовскому через Антонского» (ОА. Т. 3. С. 37); далее он намеревался прекратить полемику. 29 апреля Тургенев ответил: «Пиесу получил. Но здесь нельзя и думать о печатании ваших перепалок. Пора перестать» (Там же. С. 37). В письме от 2 мая он добавлял: «Второй ответ твой всем читан, но печатать нельзя. Боюсь, если бы здесь пропустили, чтоб и вашим цензорам за сии личности не досталось» (Там же. С. 40).

[1] Источник цитаты не установлен.

[2] Имеется в виду эпизод VII песни «Илиады».

[3] «Le petit Almanach de nos Grands Hommes, pour l'année 1788» (1-е изд.: Paris, 1790; включен в т. 5. «Oeuvres complètes de Rivarol». Paris, 1808) — составленный А. Риваролем совместно с французским публицистом кавалером де Шансенец (Champcenetz; 1759–1794) словарь мелких французских литераторов, известность которых не выходила за пределы альманашных и журнальных публикаций. В ироническом предисловии Ривароль говорит о редакторе, вооружившемся для составления своего словаря микроскопом (см.: Oeuvres complètes de Rivarol. Paris, 1808. Т. 5. Р. 19–20).

[4] *Мирмидоне* – ахейское племя, произошедшее, по преданию, от муравьев (ср.: «меньшие братья»). Франц. (разг.) myrmidon–ничтожный человек, пигмей.

[5] Вяземский не совсем точно цитирует остроту Ривароля: «Ils se cotisent pour entendre un bon mot» (см.: Oeuvres complètes de Rivarol. Paris, 1808. Т. 5. Р. 356–357).

⁶ Т. е. с Каченовским, которому Вяземский ошибочно приписывал авторство «Второго разговора» и которому и была адресована статья «О литературных мистификациях». Ср. в позднейшей эпиграмме Пушкина на Надеждина «Надеясь на мое презренье...» (1829):

> Лакей сиди себе в передней,
> А будет с барином расчет» (III, 172).

⁷ *Диафуарус* – персонаж комедии Мольера «Мнимый больной» (1673).

⁸ *«Ермак»* – стихотворение И. И. Дмитриева (1794); *«Свежо и прохладно...»* – строка из стихотворения М. Дмитриева «Лес» (ПЗ на 1824 г.).

⁹ Намек на Каченовского.

¹⁰ См. трактат А. Ф. Мерзлякова «Краткое начертание теории изящной словесности» (М., 1822. Ч.1. С. 112–113).

¹¹ Стиль Дарленкура неоднократно подвергался критике, в том числе и в русской печати. См., например, суждение о романе Дарленкура «Пустынник» (рус. пер.: М., 1823) в «Сыне отечества»: «...содержание и слог романов д'Арленкура представляют довольно образцов *чудовищного*. <...>. Нынешние французские *романисты-романтики* без оглядки перешагнули за границу *эстетически возможного*» (СО. 1824. №. 8. С. 31–34).

¹² «Французы <...> нам о том, что до стоп надлежит, примером быть не могут: понеже, надеясь на свою фантазию, а не на правила, толь криво и косо в своих стихах слова склеивают, что ни словом, ни стихами назвать нельзя» (*Ломоносов М. В.* Избр. произведения. Л., 1986. С. 468).

¹³ См.: De l'Allemagne. Par m-me la Baronne de Staël Holstein. Paris; Londres, 1813. Т.1. Р.189.

¹⁴ Эту оду Клопштока приводит Ж. де Сталь в книге «О Германии» (Ч. II, гл. V) во французском прозаическом переводе (см.: De l'Allemagne. Paris; Londres, 1813. Т. 1. Р. 195–198).

¹⁵ Намек на перевод Каченовским с польского перевода «Песни последнего менестреля» В. Скотта («Поема последнего барда» // ВЕ. 1822. №№ 9–14, 20; отд. изд.: М., 1823).

¹⁶ Неточная цитата из басни И. И. Хемницера «Орлы» (1779):

> И вышло, наконец, что в обществе орлов
> Уж стали принимать и филинов и сов.

¹⁷ Вяземский имеет в виду суждения М. Дмитриева о Карамзине (см. с. 158 наст. изд.), творчество которого неоднократно подвергалось нападкам на страницах «Вестника Европы»

П. А. ВЯЗЕМСКИЙ
Мое последнее слово

ДЖ. 1824. Ч. 6. № 9 (выход в свет 5 мая). С. 115–118.

Заключительная статья Вяземского в полемике с М. Дмитриевым. Послана Вяземским А. Тургеневу при письме 1 мая, где еще раз повторяется просьба о републикации: «Вот мое *последнее слово*. Напечатай его у Греча или Воейкова, где сподручнее. Но непременно нужно статье быть в петербургском журнале» (ОА. Т. 3. С. 38). Тургенев ответил 6 мая: «Письмо твое и *последнее слово* посылаю к В<оейкову> и Ж<уковскому>. Не знаю, напечатают ли? Теперь цензорам не до личностей, но до собственного лица; да и, без сомнения, им может быть новая беда от подобных перебранков; ибо тут и слово *честь* замешано, то есть письменная пощечина. Впрочем, я не помешаю, но и содействовать не буду; ибо теперь не до того по *этой части*. Пожалуйста, перестань вздорить. C'est indigne de vous et je ne vous reconnais pas dans tout ce fatras polémique. <Это недостойно тебя, и я не узнаю тебя во всем этом полемическом хламе (*фр.*). – *Ред.*>. Искры твоего ума нет во всем споре» (ОА. Т. 3. С. 42). Тургенев намекал в письме на скандал в петербургской цензуре, ставший одним из поводов к отставке в середине мая министра просвещения кн. А. Н. Голицына и к отстранению самого Тургенева от должности директора Департамента духовных дел иностранных исповеданий. Републикация статей Вяземского в этой ситуации была почти невозможна. В письме от 12 мая Вяземский отвечал на упреки Тургенева и пытался подвести итоги полемике: «Воля твоя, ты слишком строго засудил мою полемику. Разумеется, глупо было втянуться в эту глупость, но глупость была ведена довольно умно. Открытие и закрытие кампании состоит из одних хладнокровных грубостей и не требовали затей остроумия; в промежутках была партизанская выходка в разборе второго "Разговора" и в этой выходке, что ни говори, много забавного. Вступление совсем неглупо; впоследствии некоторые удары нанесены удачно. Вся Москва исполнена нашей брани. Весь Английский клуб научили читать по моей милости. Есть здесь один князь Гундоров, охотник до лошадей и сам мерин преисправный, к тому же какой-то поклонник Каченовского. Читая в газетной мою первую статью, останавливается он на выражении *бедные читатели* и каким-то глухим басом, ему свойственным, спрашивает, обращаясь к присутствующим: "Это что значит? Почему же князь Вяземский почитает нас всех бедными: может быть, в числе читателей его найдутся и богатые. Что за дерзость!" Иван Иванович был свидетелем этой выходки и представлял мне ее в лицах. Он племянника своего уже не принимает к себе и говорит: "Пусть будет он племянником моего села, а не моим". Мне хочется предложить ему, чтобы, напротив: оставил он его своим племянником, а меня признал бы за племянника наследства своего. Одна вышла польза из нашей перебранки: у бедного Шаликова прибыло с того времени 15 подписчиков» (ОА. Т. 3. С. 43–44).

[1] Эту фразу Вяземского издевательски обыграл А. И. Писарев в статье «Нечто о словах» (ВЕ. 1824. №12. С. 283–290). М. А. Дмитриев в «Главах из воспоминаний моей жизни» рассказывает: «Но всех более рассердила дядю небольшая статья Писарева: "Нечто о словах". Надобно сказать, что кн. Вяземский сказал в одной из своих статей, что он "крепок собственным убеждением и мнением людей, на которых с гордою уверенностью может указать пред лицом отечества!". Это он ссылался на одобрение моего дяди, взявшего его сторону. Но, к его несчастию, в это время написал в его защиту какую-то довольно карикатурную статейку кн. Шаликов. Писарев воспользовался этим и говорит простодушно в своей статье, что "читатели долго не знали, на кого князь Вяземский *указывает пальцем пред лицом отечества*, но, по защите его князем Шаликовым, догадались на кого". – Этот подмен, пред лицом отечества, И. И. Дмитриева – князем Шаликовым был действительно обидною насмешкою и над Вяземским, и над обоими его сторонниками! – Для первого это был щелчок; а для дяди такое понижение его авторитета и важности, какого он, конечно, никогда не испытывал!» (Новое литературное обозрение. 1992. №1. С. 221). Статья Шаликова, о которой здесь говорится: «Слово о слове *в пустом* и проч. Вестника Европы № 8» (ДЖ. 1824. № 10. С. 161–165 (выход в свет 29 мая); подпись: Издатель). Содержала

резкие выпады против М. Дмитриева и его союзников. В заключение статьи приводилась выписка из письма Пушкина к Вяземскому от апреля 1824 г. из Одессы с оценкой предисловия Вяземского (см. с. 394 наст. изд.). Предлагалось сравнить мнение Пушкина и мнение М. Дмитриева.

² Это примечание издателя «Дамского журнала» Шаликова — полемический ответ на примечание Каченовского к «Ответу на статью "О литературных мистификациях"» М. Дмитриева (см. с. 164 и примеч. 2 на с. 401 наст. изд.). «...*Озарявшие меня <...> лучше уличных фонарей*» — намек на раздел «Разные известия» в журнале Булгарина «Литературные листки», который с № 2 за 1824 г. назывался «Волшебный фонарь».

³ 10 мая И. М. Снегирев записал в дневнике: «Кач<ен><овский> грозился палкою на князя Вяземского и восставал против меня, для чего я пропустил последнюю критику, где сказано, что он член Ценз<урного> ком<итета>» (РА. 1902. Кн. 2. № 7. С. 402).

М. А. ДМИТРИЕВ
Возражения на разбор «Второго разговора»

ВЕ. 1824. Ч. 134. № 8 (выход в свет 8 мая). С. 271–301.

¹ Цитата из сатиры А. И. Писарева «К молодому любителю словесности» (ВЕ. 1821. № 7–8).

² «*Генриада*» (окончат. текст.: 1728) — поэма Вольтера. Ср. в статье К. Н. Батюшкова «Нечто о поэте и поэзии»: «...Их <французов. — *Ред.*> словесность, столь богатая во всех родах, не имеет ни эпопеи, ни истории» (*Батюшков К. Н.* Соч.: В 2 т. М., 1989. Т. 1. С. 42).

³ Имеются в виду «Лицей, или Курс древней и новой литературы» (1799–1805) Ж.-Ф. Лагарпа и «О Германии» (1813) Ж. де Сталь.

⁴ В статье «Нечто о поэте и поэзии» (1815).

⁵ Имеются в виду суждения Лагарпа о творчестве Корнеля в т. 4 «Лицея» («Lycée, ou Cours de littérature ancienne et moderne»).

⁶ Эпизод д.V, явл. 6 трагедии Расина «Федра» (1677).

⁷ Цитата из сатиры И. И. Дмитриева «Чужой толк» (1794).

⁸ Имеются в виду следующие стихи Вяземского:

> А глупость тем глупей, что нагло корчит ум!

«Послание к И. И. Дмитриеву, приславшему мне свои сочинения» (1819) // ПЗ на 1823 год;

> Пусть сей оценщик слов и в азбуке знаток
> Теребит труд ума с профессорских досок,
> Как поседевшая в углах архивы пыльной
> Мышь хартии грызет со злостью щепетильной.

(«Послание к М. Т. Каченовскому» // СО. 1821. № 2);

> Перо! тебя давно бродящая рука
> По преданной тебе бумаге не водила

(«К перу моему» (1816) // СО. 1821. №18);

Еще когда бы мог я, глядя на других,
Впопад и невпопад сажать слова в мой стих;
Довольный счетом стоп и рифмою богатой,
Пестрил бы я его услужливой заплатой.

(«К В. А. Жуковскому (Подражание сатире [II]. Депрео» (1819) // СО. 1821. № 10).

[9] Олимпийские состязания проводились в Олимпии в Эвлиде при храме Зевса; Пифийские состязания — в Дельфах при храме Аполлона, важнейшем религиозном центре Греции. Из четырех дошедших до нас книг Пиндара две составляют оды в честь победителей на Олимпийских и Пифийских играх.

[10] Имеется в виду первая олимпийская ода Пиндара «Гиерону Сиракузскому и коню его Ференику на победу в скачке. Год — 476».

[11] *Рамлер* Карл-Вильгельм (1725—1798) — немецкий поэт и литературный критик. Упомянут здесь как автор сборника од: «Oden» (1767).

[12] В одах Пиндара за двумя одинаковыми строфами (*строфа и антистрофа*) часто следует третья, отличная от них по структуре (*эпод*), и этот комплекс из трех строф повторяется несколько раз в той же последовательности.

[13] Цитируется начальная строфа оды Ж.-Б. Руссо «К принцу Евгению Савойскому» (кн. III, ода 2; речь идет о молве).

[14] Цитируется начальная строфа оды М. В. Ломоносова «На день восшествия на престол императрицы Елизаветы Петровны 1748 года» (1748).

[15] «Ода на взятие Намюра» («Ode sur la prise de Namur») — поэтический эксперимент Буало. Была приложена им к «Рассуждению об оде» («Discours sur l'ode», 1693) и должна была иллюстрировать изложенную там концепцию пиндарической оды. Ломоносов видел в этой оде Буало употребление стоп, не свойственных французскому силлабическому стиху. (См.: *Ломоносов М. В.* Избр. произведения. Л., 1986. С. 468).

[16] Вероятно, М. Дмитриев имеет в виду стихотворение Вяземского «Устав столовой» (1817; опубл.: Благ. 1820. № 2), написанное им для «Арзамаса» в подражание песне Ш.-Ф. Панара «Les lois de la table».

[17] Перечислены следующие сочинения: «История поэзии и красноречия начиная с конца тринадцатого столетия» («Geschichte der Poesie und Beredsemkeit seit dem Ende Des XIII Jahrhunderts», 1801—1819) Ф. Бутервека; журнал Лессинга «Гамбургская драматургия» («Hamburgische Dramaturgie», 1767—1769); «О драматическом искусстве и литературе» («Uber dramatische Kunst und Literatur», 1809—1811) А. Шлегеля и «История древней и новой литературы» («Geschichte der alten und neuen Literatur», 1815) Ф. Шлегеля.

[18] *«Пантеон иностранной словесности»* — альманах, изданный в трех книгах в 1798 г. в Москве Н. М. Карамзиным. В нем печатались произведения античных, восточных и новейших западных авторов в переводах Карамзина.

[19] См. примеч.14 на с. 402 наст. изд.

[20] Поэма Клопштока на библейский сюжет «Мессиада» (1748—1773, последняя переработка — 1800) — попытка создания национального христианского эпоса. Образцом Клопштоку служила поэма Мильтона «Потерянный рай» (1667).

[21] См. примеч. 5 на с. 397 наст. изд.

[22] Имеется в виду французский поэт Понс-Дени-Екушар Лебрен (Lebrun; 1729—1807), известный своими одами и прозванный современниками Лебрен-Пиндар.

[23] Цитата из сочинения Ж. Ш. Л. Симонда де Сисмонди «О литературе Южной Европы» (1813) — одной из самых популярных в свое время работ по истории литературы. См.: De la littérature du midi de l'Europe. Par J. C. L. Simonde de Sismondi. 2-e éd. Paris, 1819. T.1. P.406.

[24] Там же.

^{25} См.: Geschichte der Poesie und Beredsamkeit seit dem Ende des dreizehnten Jahrhunderts. Von Friedrich Bouterwek. Göttingen, 1804. B. 3. S. 602—603; De la littérature du midi de l'Europe. Par J. C. L. Simonde de Sismondi. T.4. P.441.

^{26} Цитата из «Всеобщей теории изящных искусств» (1771—1774) И.-Г. Зульцера. см.: Allgemeine Theorie der schönen Künste... von J. G. Sulzer. 2 Aufl. Leipzig, 1793. Teil 3. S. 564.

^{27} См. с. 160—161 наст. изд.

^{28} Намек на водевиль «Кто брат, кто сестра, или Обман за обманом», написанный Вяземским совместно с Грибоедовым (на музыку А. Н. Верстовского). См. примеч.1 на с. 389 наст. изд.

^{29} Снова намек на Вяземского. Приводим соответствующую цитату из статьи Воейкова «Историческое и критическое обозрение российских журналов, выходивших в свет в прошлом 1820 году» полностью: «Вообще слог князя Вяземского имеет свою отличительную физиогномию, новую, разительную. Он силен, хотя не всегда правилен; резок, свеж и краток, хотя часто грешит против грамматики и синтаксиса; но чего не простим ему за его остроту, смелый образ мыслей и благородные чувствования?» (СО. 1821. № 2. С. 58—59).

^{30} В рецензии на 2-ю часть альманаха «Мнемозина», изданного В. Ф. Одоевским и В. К. Кюхельбекером, говоря о напечатанном там послании Вяземского «К графу Чернышеву в деревню», Булгарин писал: «Досталось и нашей братье, журналистам, но, к несчастию, нельзя сердиться, потому что самые удары нанесены так ловко, умно и с таким искусством, что, вместо того чтобы критиковать, наоборот, мы просим почтенного автора почаще бросать в нас этими драгоценными камешками» (ЛЛ. 1824. № 5. С. 189).

Маленький разговор о новостях литературы

ЛЛ. 1824. Ч. 2, № 8 (выход в свет 12 мая). С. 322—323. Без подписи (Ф. В. Булгарин?).

Заметка была воспринята современниками как переход Булгарина в споре о «Бахчисарайском фонтане» от «вооруженного нейтралитета» (выражение В. К. Кюхельбекера, см.: *Кюхельбекер В. К.* Путешествие. Дневник. Статьи. Л., 1979. С. 499) на сторону «Вестника Европы» (см.: ОА. Т. 3. С. 37, 45—46, 49, 51). Еще в № 7 «Литературных листков» за 1824 г. (с. 277—278) редактор журнала советовал своим читателям прочесть ответ М. Дмитриева Вяземскому, «ибо каждому беспристрастному судье для произнесения решительного приговора непременно нужно выслушать обе стороны».

Критические выступления Вяземского 1823—1824 гг. отчасти задевали Булгарина и вызывали ответную реакцию последнего: непременно отмечая «необычайную остроту ума, глубокие познания и множество полезных истин, изложенных с живостью и красноречием» «столь почтенного писателя», редактор «Литературных листков» переходит к острой, хотя первое время и замаскированной конфронтации. См., например, спор о европейской образованности русской публики (ЛЛ. 1823. № 1. С. 9—13); о баснях Крылова и Дмитриева (ЛЛ. 1824. № 2. С. 59—64; № 7. С. 277; Мордовченко. С. 298—304, 307); о «Бахчисарайском фонтане» не в литературном отношении (ЛЛ. 1824. № 7. С. 280—282 и с. 191 и след. наст. изд.); на страницах булгаринского журнала встречаются намеки на критиков, «которым кажется все дурно, что не их прихода» (формула из басни Крылова «Прихожанин», содержащая намек на Вяземского, см.: *Кеневич В.* Библиографические и исторические примечания к басням Крылова. 2-е изд. СПб., 1878. С. 207–298).

В «Маленьком разговоре о новостях литературы» Булгарин изменяет своей обычной тактике нападения, скрытого за внешней комплиментарностью, о которой Вяземский писал: «Булгарин и в литературе то, что в народах: заяц, который бежит меж двух неприятельских станов» (ОА. Т. III. С. 41). Выпады «литературного Фигаро» Булгарина задели Вяземского (см.: ОА. Т. III. С. 4, 10, 12, 37, 41, 45–46, 49). На «Маленький разговор...» Вяземский отвечал двумя эпиграммами. 20 мая 1824 г. он послал А. И. Тургеневу первую:

> Михаил Дмитриев! Теперь ты вовсе чист:
> Клеврет твой – Писарев и Каченовский – барин.
> А похвалой своей тебе позорный лист
> Скрепил Фаддей Булгарин (ОА. Т. III. С. 45–46).

26 мая 1824 г. Вяземский писал Тургеневу: «Булгарин в своей книжке сравнивает нас как-то с телеграфами, следующими данному движению первого. Вот ответ:

> Ты прав! Равны у нас движенья:
> При виде низкого и злого дурака
> У каждого с сердцов подъемлется рука
> И опускается с презренья (ОА. Т. III. С. 49).

Последняя эпиграмма, по всей вероятности, была прочитана Булгарину Тургеневым (см.: ОА. Т. III. С. 51).

Булгарин перечисляет «Второй разговор между Классиком и Издателем «Бахчисарайского фонтана» (ВЕ. 1824. № 5) М. А. Дмитриева, «О литературных мистификациях» Вяземского (ДЖ. 1824. № 7), «Ответ на статью "О литературных мистификациях" Дмитриева» (ВЕ. 1824. № 7) и «Разбор "Второго разговора"...» Вяземского (ДЖ. 1824. № 8).

[1] *«Знаменитые мои друзья»* – формула, употребленная А. Ф. Воейковым (тогда соредактором Н. И. Греча по «Сыну отечества») в полемике с «Вестником Европы» (СО. 1821. № 13. С. 277). Стремясь использовать авторитет, в первую очередь, Жуковского и арзамасцев для упрочения материального положения «Сына отечества», Воейков писал: «...наши знаменитые друзья украшают наш журнал своими бесподобными сочинениями». Фраза стала в литературном кругу крылатой и использовалась иронически. См.: *Полевой К. А.* Записки о жизни и сочинениях Николая Александровича Полевого // Полевой. С. 153–154.

Из «Литературных листков»

ЛЛ. 1824. Ч. 1. № 6 (выход в свет 10 апр.). С. 240. Из раздела «Литературные новости». Без подписи. (Ф. В. Булгарин?).

Обсуждение в печати коммерческого успеха «Бахчисарайского фонтана» началось еще до выхода поэмы в свет. 8 марта 1824 г. в газете Воейкова «Русский инвалид» (№ 59. С. 235) появилось первое краткое сообщение: «Московские книгопродавцы купили новую поэму: "Бахчисарайский фонтан", сочинение А. С. Пушкина, за 3000 руб. Итак, за каждый стих заплачено по пяти рублей!» Отклик Булгарина в «Литературных листках» непосредственно предшествовал полемике о «Бахчисарайском фонтане» «не в литературном отношении» (см. с. 189 и след. наст. изд.).

¹ Имеется в виду греческий миф о дочери аргосского царя Акрисия Данае, запертой отцом в подземный медный терем, куда Зевс проник в виде золотого дождя.

П. А. ВЯЗЕМСКИЙ
О «Бакчисарайском фонтане» не в литературном отношении
(Сообщено из Москвы)

НЛ. 1824. Ч. 8. № 13. С. 10—12 (выход в свет 16 апр.). Без подписи.

Статья была послана Вяземским 20 марта в Петербург А. И. Тургеневу с просьбой поправить, если Тургенев сочтет нужным, и напечатать у Воейкова без имени автора (ОА. Т. III. С. 22). Авторство статьи также засвидетельствовано в письме Вяземского к А. Ф. Воейкову от 1 мая 1824 г. (РС. 1904. № 1. С. 118).

Гонорар, полученный Пушкиным за «Бакчисарайский фонтан», 3000 рублей, много превышал плату, которую обычно получали писатели. С этого времени литературный заработок становится основным доходом Пушкина. Небывалый в литературном деле того времени прецедент побудил Вяземского сообщить об этом в печати. Еще 9 марта 1824 г. в письме к А. А. Бестужеву Вяземский писал: «Это по-европейски и стоит быть известным» (РС. 1888. № 11. С. 331). Так же внимательно относился к этому и Пушкин. Обеспокоенный слухами, что еще не проданный в книжных лавках «Бакчисарайский фонтан» ходит по рукам, он писал брату 1 апреля 1824 г.: «...жаль, если книгопродавцы, в первый раз поступившие по-европейски, обдернутся и останутся в накладе — да вперед невозможно и мне будет продавать себя с барышом» (XIII, 90).

Статья Вяземского открыла в журналах обсуждение проблем литературы и книжного рынка, а коммерческий успех «Бакчисарайского фонтана» стал одним из симптомов и факторов профессионализации литературного труда. Эти проблемы, возникавшие уже в связи с изданием «Полярной звезды», отразились через несколько месяцев в «Разговоре книгопродавца с поэтом» Пушкина; продажа не «вдохновения», но плода его — «рукописи» обеспечивает поэту свободу в наступающий «железный век»; гонорар, получаемый от книгопродавцев, оказывается и актом социального признания его труда. С другой стороны, полемика вокруг «Бакчисарайского фонтана» «не в литературном отношении» выдвинула проблему цивилизованной книжной торговли, при которой писатель оказывается защищен также и от произвола безграмотных книгопродавцев. Эта последняя проблема, остро занимавшая издателей «Полярной звезды», была в особенности подчеркнута Булгариным в «Литературных листках» (см. с. 191 и 194 наст. изд.). Теснее, чем Вяземский, связанный с книжным рынком Булгарин назвал реальных покупщиков «Бакчисарайского фонтана» — А. С. Ширяева и А. Ф. Смирдина, по отношению к которым упомянутый Вяземским книгопродавец Пономарев был только комиссионером. В письме к А. Ф. Воейкову 1 мая 1824 г. Вяземский объяснял, что он, как и хозяин типографии, где печаталась поэма, А. И. Семен, «имел дело с одним Пономаревым» (РС. 1904. № 1. С. 118). По-видимому, в полемике приняли косвенное участие конкурировавшие книгопродавцы. Вся полемика имела важное значение для становления профессиональной литературы в России. См. об этом: *Гессен С. Я.* Книгоиздатель Александр Пушкин. Л., 1930. С. 49—56; *Meynieux A.* Pouchkine homme de lettres et la littérature professionnelle en Russie. Paris, 1966. P. 292—305.

¹ Ср. с тем, что писал Э. Эро в статье, посвященной авторскому праву в России, в «Энциклопедическом обозрении»: «"Бахчисарайский фонтан", поэма молодого Пушкина, о которой мы неоднократно говорили читателям, принесла автору 3000 рублей, иначе говоря, по 5 рублей за стих: Казимир Делавинь и Ламартин не извлекали большей выгоды из своей литературной продукции» (Revue Encyclopédique. 1827. T. 34, Cahier 101 (mai). P. 535).

² Понамарев не покупал «манускрипта» поэмы в буквальном смысле слова. Вяземский печатал поэму за свой счет и уже готовый тираж продал «на корню» в одни руки с соответствующей скидкой в пользу книгопродавца. Подробнее см.: Смирнов-Сокольский. С. 79–80.

³ Имеется в виду автор анонимного критического разбора альманаха «Полярная звезда за 1824 год» в №1–4 «Вестника Европы» за 1824 год (см. с. 388–389 наст. изд.) В примечании к этим словам Вяземский отсылает к басне И. И. Хемницера «Метафизик» («Метафизический ученик») — широко популярному сатирическому изображению отрешенного от реальной жизни «философа». Автор разбора «Полярной звезды», рассуждающий в начале своей рецензии «об астрономии и светилах небесных», по-видимому, ассоциируется здесь со строками из «Метафизика»: «Когда за облака он возносился, / Дорогой шедши, оступился / И в ров упал».

⁴ Имеется в виду литературная полемика о «новом слоге», возникшая еще в самом начале XIX в. между последователями и противниками языковой реформы Н. М. Карамзина. Непосредственным поводом для рассуждений Вяземского на эту тему могли послужить, например, слова из только что появившейся статьи А. А. Бестужева «Взгляд на русскую словесность в течение 1823 года»: «...затаившаяся страсть к галлицизмам захватила вдруг все состояния сильней, чем когда-либо. Следствием этого было совершенное охлаждение лучшей части общества к родному языку и к поэтам, начинающим возникать в это время <После войн 1812–1815 гг. — Ред.>...» (ПЗ на 1824 год. С. 30). Пушкин в это же время, отталкиваясь от замечаний Бестужева, писал: «Причинами, замедлившими ход нашей словесности, обыкновенно почитаются: 1) общее употребление французского языка и пренебрежение русского — все наши писатели на то жаловались, — но кто же виноват, как не они сами» (XI, 21).

Из «Литературных листков»

ЛЛ. 1824. Ч. 2. № 7 (выход в свет 24 апр.). С. 280–282. Из раздела «Литературные новости». Без подписи. (Ф. В. Булгарин?)
Характерный для Булгарина этого периода замаскированный выпад против Вяземского, см. с. 406 наст. изд.

¹ Ставшая крылатым речением фраза Вольтера, первоначально — в письме маркизе Дю Деффан (от 24 сент. 1766 г.), затем — в комедии «Шарло, или Графиня Живри» (1767).

² В статье Ф. Булгарина «Краткое обозрение русской литературы 1822 г.» (СА. 1823. № 5. С. 377–422) в подтверждение тезиса о равнодушии русской публики к русской литературе были перечислены «отличные русские сочинения, не распроданные первым изданием». П. А. Вяземский в статье «Замечания на краткое обозрение русской литературы 1822 г., напечатанное в № 5 "Северного архива" 1823 г.» (НЛ. 1823. № XIX. С. 81–94) возражал Булгарину, что вызвало «Ответ» послед-

него в «Литературных листках» (1823. № 1. С. 9–13).
³ Цитируется «Песня» П. А. Вяземского (СО. 1821. №13.).

И. П–Ъ
Еще несколько слов о «Бахчисарайском фонтане» не в литературном отношении

ДЖ. 1824. Ч. 6. № 9. (выход в свет 5 мая). С. 119–123

Автор неизвестен. В связи с готовившейся публикацией Вяземский писал А. Ф. Воейкову 1 мая 1824 г.: «Сейчас Шаликов сказывал мне, что у него печатается какая-то апелляция Ширяева» (РС. 1904. Янв. С. 120). Статья была перепечатана в «Благонамеренном» (1824. Ч. 26. № 9. С. 175–178; выход в свет 5 июня).

¹ Цитируется примечание издателя «Новостей литературы» к статье Вяземского.
² «Сольдо (сальдо) кредита» – здесь: увеличение остатка долга.

Ф. И....В
Ответ молодого книгопродавца старому книгопродавцу, на статью сего последнего под заглавием: «Еще несколько слов о "Бахчисарайском фонтане" не в литературном отношении», напечатанную в 9 нумере журнала «Благонамеренный» и в № 9 «Дамского журнала».

ЛЛ. 1824. Ч. 2. № 11 и 12 (выход в свет 26 июня). С. 417–426.

Статья продолжает полемику с П. А. Вяземским по коммерческим вопросам в современной русской литературе в связи с поэмой Пушкина. Вероятнее всего, автором статьи был сам редактор «Литературных листков», надевший на этот случай маску книгопродавца.

¹ См. с. 191 наст. изд.

В. Н. ОЛИН
Критический взгляд на «Бахчисарайский фонтан», соч. А. Пушкина

ЛЛ. 1824. Ч. 2. № 7 (выход в свет 24 апреля). С. 265–277.

Статья Олина (см. о нем на с. 371–372 наст. изд.) – одна из наиболее ярких иллюстраций тех споров и недоумений, которые породила в русской критике и читающей публике 1820-х гг. новая, «байроническая», поэма. В подходе Олина к поэме Пушкина сказалась общая классицистическая ориентация критика, хотя и скрываемая за внешним сочувствием современным романтическим веяниям. Сам не чуждый влиянию нового литературного направления, но понимавший его совершенно поверхностно, Олин сводил романтизм лишь к изменению тематики, мелодраматизации сюжета, эмоциональной приподнятости повествования и вниманию к характерам. В «Бахчисарайском фонтане» Олин хвалит по сути только «слог» и «версификацию». Основная его претензия к поэме Пушкина — недостатки плана, в представлении о котором Олин исходит из логической последовательности, связности и «закономерности» поэмы и эпопеи старого стиля.

«Бахчисарайский фонтан», как отмечал В. М. Жирмунский, в сравнении с другими пушкинскими поэмами, наиболее соответствует принципам байроновской композиции: фрагментарность, так называемая «вершинность», композиции, внезапный зачин, вводящий прямо в середину действия, неясность и недоговоренность в фактических подробностях и т. д. (см.: *Жирмунский В. М.* Байрон и Пушкин. Л., 1978. С. 54—69). Все эти особенности вменяются Олиным в вину Пушкину и расцениваются как художественные погрешности. Вопрос о единстве байронической поэмы (и, следовательно, о плане), «отвечающий в нашей литературной критике 20-х гг. известным пререканиям между классиками и романтиками о единстве времени и места во французской трагедии» (*Жирмунский В. М.* Байрон и Пушкин. С. 70), был намечен еще в откликах на «Кавказский пленник»; в общетеоретическом плане он решался в «Разговоре...» Вяземского и в его полемике с М. А. Дмитриевым. Именно Дмитриеву принадлежала парадоксальная формула «смесь быстроты рассказа с неподвижностью действия» (см. с. 157 наст. изд.), выражавшая, по его мнению, отличительную черту «новой школы». Интересно, что отсутствие подобной «быстроты рассказа» вскоре поставил самому Олину в упрек О. М. Сомов, приводя ему в пример тот же «Бахчисарайский фонтан». В рецензии на оссианическую поэму Олина «Кальфон» (1824) Сомов замечает: «Казалось бы, что с таким простым содержанием поэма должна лететь... Отчего же она так медленно подвигается к концу? отчего последние страницы против воли читателя вызывают старинное восклицание: *берег, берег!* Отчего, например, поэма Пушкина "Бахчисарайский фонтан" при столь же простом содержании, незаметно пробегается до конца и снова перечитывается, оставляя всякий раз что-нибудь в нашей памяти? Это тайна поэта, неразгаданная в поэме "Кальфон"» (СО. 1825. № 6. С. 173). Пушкин вспомнил рассуждения Олина о плане поэмы несколько лет спустя в незавершенной рецензии на трагедию Олина «Корсер» (1826), где сюжет байроновского «Корсара» был переложен прозою по образцу французских книжных драм: «Байрон мало заботился о планах своих произведений, или даже вовсе не думал о них: несколько сцен, слабо между собой связанных, были ему достаточны <для> сей бездны мыслей, чувств и картин. <...> Что же мы подумаем о писателе, который из поэмы "Корсар" выберет один токмо план, достойный нелепой испанской <?> повест<и>, — и по сему детскому плану составит драм.<атическую> трилогию, заменив очаровательную глубокую поэзию Байрона прозой надутой и уродливой, достойной наших несчастных подражателей покойного Коцебу? — вот что сделал г-н Олин, написав свою роман.<тическую> трагедию «Корс<ер>», — подражание <Байрону>. Спрашивается: что же в байроновой поэме его поразило — неужели план? о miratores!.. <о поклонники! (*лат.*). — *Ред.*>» (XI, 64—65).

---

¹ Имеется в виду выражение Буало «...un beau desordre est un effet de l'art», сказанное по поводу оды (II песнь «Поэтического искусства», 1672).

² См. с. 106 наст. изд.

Ф. В. БУЛГАРИН
‹Примечание к статье В. Н. Олина «Критический взгляд на «Бахчисарайский фонтан»›

ЛЛ. 1824. Ч. 2. № 7 (выход в свет 24 апр.). С. 265–269. Подпись: Ф. Б. Напечатано как подстрочное примечание к предшествующей статье.

[1] Афоризм Вольтера из предисловия к его комедии в стихах «Блудный сын» (1738). Пушкин по поводу многократного цитирования этой фразы писал: «Tous les genres sont bons, exepté l'ennuyeux. Хорошо было сказать это в первый раз, но как можно важно повторять столь великую истину? Эта шутка Вольтера служит основанием поверхностной критике литературных скептиков; но скептецизм во всяком случае есть только первый шаг умствования. Впрочем, некто заметил, что и Вольтер не сказал également bons ‹одинаково хороши (*фр.*). – *Ред.*›» (XI, 54).

В. Н. ОЛИН
Ответ г-ну Булгарину на сделанные им замечания к статье «Критический взгляд на "Бахчисарайский фонтан"», помещенной в 7-м нумере «Литературных листков» минувшего 1824 года

РИ. 1825. № 52, 2 марта. С. 208–210.

[1] На сочинения «знаменитого Вальтера Скотта, столь же неистощимого, как и разнообразного», Олин обращал внимание издателей еще в 1821 г. (Рецензент. 1821. № 24, 22 июня. С. 96). В дальнейшем он перевел балладу «Замок Литтль-Кот» из поэмы «Рокби» (1813) (Невский альманах на 1826 г. СПб., 1825. С. 246–258) – см.: *Левин Ю. Д.* Прижизненная слава Вальтера Скотта в России // Эпоха романтизма. Л., 1975. С. 16, 109). Свидетельством интереса к Байрону была упоминавшаяся выше трагедия «Корсер», переделанная из «Корсара» Байрона (1827). «Романс Медоры» из первой песни «Корсара» в переводе Олина был помещен в «Литературных листках» (1824. №1. С. 23). С Байроном, несомненно, была связана и поэма «Манфред», над которой работал Олин в 1824 г. (см.: Поэты 1820–1830-х гг. Л., 1972. Т. 1. С. 130–132, 707–708).
[2] Парафразы строк из «Бахчисарайского фонтана»: «Но где Зарема, / Звезда любви, краса гарема» и «И ночи хладные часы / Проводит мрачный, одинокий».
[3] *Кадрили, тампеты, вальсы* и *экоссесы* – бальные танцы.
[4] Латинские медицинские термины: *окципут* – затылок, *синципут* – передняя и верхняя часть черепа, темя.
[5] Здесь: слишком вольно.
[6] Этот термин существовал в XVIII в. во французском языке, но под ним понималось все фантастическое, необычное, живописное, встречающееся лишь в книгах, а не в действительности. Значение, приближающееся к обозначению нового литературного направления, слова «романтический», «романтизм» (romantisme) преобретают на рубеже XVIII–XIX вв. (см. об этом: *Крестова Л. В.* Древнерусская повесть как один из источников повестей Н. М. Карамзина «Райская птичка», «Остров Борнгольм», «Марфа Посадница»: Из истории раннего романтизма // Ислед. и мат. по древнерусской литературе. М., 1961. С. 193–195; см. там же перечень французских и русских исследований на эту тему).

[7] Французская Академия была основана в 1635 г. с целью изучения языка и литературы, формирования языковой и литературной нормы, создания словаря французского языка.

[8] В «Энциклопедии, или Толковом словаре наук, искусств и ремесел» под редакцией Д. Дидро и Ж. Л. Д'Аламбера в качестве второго значения слова «romanesque» указан «вид танца» (sorte de danse). — См.: Encyclopédie, ou Dictionnaire Raisonné des Sciences, des Arts et des Mètiers. Lausanne—Berne, 1780. T. 29. P. 348.

[9] *Бойер* (Boyer), Абель (1664—1729) — лексикограф, создатель франко-английского и англо-французского словарей (1702); см.: Dictionnaire Anglois-François. 18-e éd. Paris, 1802. T. 2. P. 503.

[10] «Пустынник дикой горы» (1820), «Ипсибоэ» (1823) и «Ренегат» (1825) — романы В. Ш. Д'Арленкура.

[11] «Осада Коринфа» (1816), «Паризина» (1816), «Абидосская невеста» (1813) — поэмы Байрона; «Дева озера» (1810), «Рокби» (1813), «Гарольд Неустрашимый» (1813), «Трирменская свадьба» (1813), «Мармион» (1808) — поэмы В. Скотта.

Из журнала «Сын отечества»

«Бахчисарайский фонтан». Сочинение Александра Пушкина.

СО. 1824. Ч. 92. № 12 (выход в свет 22 марта). Из раздела «Современная русская библиография». С. 233—235. Без подписи.

Из «Дамского журнала»

«Бахчисарайский фонтан». Поэма А. С. Пушкина.

ДЖ. 1824. Ч. 5. № 6 (выход в свет 27 марта). С. 249—250. Без подписи (П. И. Шаликов?)

Данная заметка — один из первых откликов на поэму Пушкина. Автором, вероятно, является издатель «Дамского журнала» князь П. И. Шаликов, которому принадлежит большинство заметок и статей обычно за полной подписью или под инициалами «К. Ш.». В пользу такой атрибуции говорят характерная для Шаликова перифрастичность, некоторая жеманность языка, апелляция к читательницам журнала и т. п.

[1] Отсылка к пушкинскому эпиграфу из Саади.

[2] Отклик на предисловие Вяземского к «Бахчисарайскому фонтану» (см. с. 153 наст. изд.).

[3] Доктор Пургон в комедии Мольера «Мнимый больной» (акт III, явл. 3).

М. М. КАРНИОЛИН-ПИНСКИЙ
«Бахчисарайский фонтан»

СО. 1824. Ч. 92. № 13 (выход в свет 31 марта). С. 270–281. Подпись: ей-ъ-ий. Псевдоним раскрывается в «Словаре псевдонимов» И. Ф. Масанова (М. 1956. Т. 1. С. 365) со ссылкой на указание в неопубл. письме В. И. Саитова.

Матвей Михайлович Карниолин-Пинский (1796–1866) учился в Смоленской гимназии, затем в Главном педагогическом институте, после окончания которого в 1816 г. был направлен учителем в Симбирскую гимназию: преподавал сначала историю естественную, затем всеобщую и, наконец, логику и риторику. В 1823 г. переехал в Москву, был учителем в Лефортовском кадетском корпусе, преподавал декламацию и словесность в театральной школе. В 1825 г. поступил на службу в канцелярию московского военного губернатора, в 1831 г. перешел в департамент Министерства юстиции, в 1846 г. назначен директором департамента Министерства юстиции, с 1850 г. – сенатор. О Карниолине-Пинском см. также в «Главах из воспоминаний моей жизни» М. А. Дмитриева (Новое литературное обозрение. 1992. № 1. С. 213–215).

В 1820-х гг., живя в Москве, Карниолин-Пинский опубликовал в различных журналах несколько стихотворений («Охотник», «М. П. Б-у», (МТ. 1825. № 3, подпись: й); «К спокойствию. Элегия» (Соч. в прозе и стихах. (Тр. МОЛРС) 1824. № 4)) и ряд критических статей по вопросам литературы и искусства. Принял активное участие в споре между классиками и романтиками. В 1824 г. под псевдонимом Аристотелид вступил в полемику с Н. Д. (см. с. 388–389 наст. изд.) в защиту кантаты А. Н. Верстовского на стихи А. С. Пушкина «Черная шаль», пародируя аргументацию своего противника – сторонника строгих классических форм. Наиболее подробно Карниолин-Пинский изложил свою позицию в статье «Замечания на разбор пролога "Торжество муз", помещенный во 2-ой книжке "Московского телеграфа"» (СО. 1825. №6. С. 183–203). Карниолин-Пинский признает за автором право выбора любой: и классической и не классической формы. Выступая против оценки пролога М. А. Дмитриева «Торжество муз» рецензентом «Московского телеграфа», он пишет: «Отвращение рецензента от классических форм поэзии так велико, что он предчувствует и предрекает посредственность всякому, осмеливающемуся пиитствовать под эгидою оных. Оставив обманчивые предчувствия старушкам, потребуем от стихотворца положительных совершенств пиитических и позволим его фонтазии вести нас куда угодно: в Грецию или Рим, на остров Исландии или на берега Инда» (Там же. С. 190).

¹ *Аристипп* – греческий философ (род. около 430 г. до н. э.). Определял счастье как постоянное удовольствие, слагающиеся из отдельных мгновений удовольствий.

² Трудно с точностью указать, кого именно имеет в виду критик. Подобные мотивы были распространены в русской поэзии начала XIX в., в частности они звучат у Жуковского и Батюшкова.

³ Цитата из баллады Жуковского «Эолова арфа» (1814).

⁴ Имена Корреджио и Микеланджело используются Карниолиным-Пинским как условные (и общепринятые в литературном языке той эпохи) знаки различных художественных манер – ориентированной на прелестное, грациозное у Корреджио (см. прим. 8 на с. 354 наст. изд.) и на возвышенное, грандиозное у Микеланджело.

⁵ Вероятно, Карниолин-Пинский имеет в виду легенду, приведенную др.-греческим писателем Павсанием: «...когда Икарий <спартанский царь. – *Ред.*> выдал замуж за Одиссея Пенелопу, он стал убеждать Одиссея, чтобы он и сам остался жить в Лакедемоне; получив от него отказ, он стал тогда умолять дочь, чтобы она осталась с ним; когда она уже отправилась на Итаку, он, следуя за ней на колеснице, продолжал ее упрашивать. Одиссей, до тех пор все время <молча> выносивший это, наконец предложил Пенелопе или добровольно следовать за ним, или, сделав выбор между ним и отцом, вернуться в Лакедемон. Говорят, она ничего не ответила, но так

как на этот вопрос она спустила покрывало себе на лицо, то Икарий понял, что она хочет уйти с Одиссеем; он перестал ее просить и поставил здесь статую "стыдливости"...» [*Павсаний*. Описание Эллады. М., 1938. Т. 1. С. 266).

[6] Имеется в виду трагедия Еврипида «Гекуба» (424 г. до н. э.). Одно из центральных ее событий — смерть дочери Гекубы Поликсены, принесенной в жертву на могиле Ахилла. О смерти Поликсены рассказывает Гекубе глашатый Талфибий (эпизод второй, ст. 518–584). Впоследствии этот сюжет разрабатывали Сенека («Троянки»), Шатобриан («Троянки»), Озеров («Поликсена»).

[7] «*Les chansons madécasses*» («Мадагаскарские песни») — поэтический цикл Э. Парни; вышли в свет в 1787 г., выданы автором за образцы малагасийского народного творчества.

[8] «*Гяур*» (1813) — поэма Дж. Г. Байрона.

[9] Это замечание показывает, что Карниолин-Пинский был по спискам знаком с допечатным текстом поэмы. Ст. 152 («Твоих язвительных лобзаний») был исправлен Пушкиным по предложению Вяземского уже накануне публикации. В письме из Одессы 1–8 декабря 1823 г. Пушкин писал: «Язвительные лобзания напоминают тебе твои <————>? Поставь *пронзительных*. Это будет ново» (XIII, 80). При переиздании поэмы Пушкин, однако, вернулся к первоначальному варианту.

А. Ф. ВОЕЙКОВ
О поэмах А. С. Пушкина и в особенности о «Бакчисарайском фонтане»

НЛ. 1824. Ч. 7. № 11 (выход в свет 31 марта). С. 161–171; № 12 (выход в свет 3 апр.). С. 177–189. Подпись: В.

Это вторая большая статья А. Ф. Воейкова, посвященная творчеству Пушкина. В начале ее критик кратко излагает свой разбор поэмы «Руслан и Людмила» 1820 года (см. с. 36–68 наст. изд; взятый из него эпиграф также подчеркивал связь двух статей). Однако теперь тон его становится заметно осторожнее: уже нет бесконечных советов автору исправить «погрешности против языка» или ввести не столь «быстрые и резкие переходы», он не хочет ссориться ни с Пушкиным, ни с критикой. В то же время, несмотря на обилие восторженных эпитетов в оценке поэм, Воейков сохраняет свои прежние замечания и вводит новые — о некоторых недостаточно нравственных с его точки зрения стихах или эпизодах в «Руслане и Людмиле», о невыдержанности характера Пленника, о необходимости для художника проникнуться «духом религии» и т. п., но делает это в завуалированной форме, отсылая читателя к другим авторам (П. А. Плетневу, М. П. Погодину, словам Шатобриана о Вольтере).

Эта статья, пожалуй, больше, чем предыдущие разборы Воейкова, наполнена цитатами из поэм Пушкина, что обнаруживает становление его издательской «политики»: напечатать как можно больше лучших художественных текстов, в том числе и в виде цитат («цитацией» была и скандальная публикация в «Новостях литературы» отрывка из «Братьев-разбойников», отданного Пушкиным в «Полярную звезду», которая, однако, не ввела в заблуждение редакторов альманаха А. А. Бестужева и К. Ф. Рылеева. Но это был экстраординарный случай — публикация нового текста (подробнее об этом см. с. 488 наст. изд.), что же касается уже опубликованных произведений, то их Воейков цитировал постоянно).

Основная идея статьи и главный совет Пушкину — написать эпическую поэму на тему русской истории — уже не раз высказывалась Воейковым (в том числе и в разборе поэмы «Руслан и Людмила»), ранее он то же советовал Жуковскому в своем знаменитом послании (1813):

Состязайся ж с исполинами,
С увенчанными поэтами;
Соверши двенадцать подвигов:
Напиши четыре части дня,
Напиши четыре времени,
Напиши поэму славную,
В русском вкусе повесть древнюю, –
Будь наш Виланд, Ариост, Баян!

(Поэты 1790–1810-х гг. Л., 1971. С. 278).
Это пожелание Воейкова Жуковскому Пушкин хорошо знал и цитировал в письме к
А. А. Дельвигу от 23 марта 1821 г.: «Напиши поэму славную, только не четыре части
дня и не четыре времени <года>, напиши своего Монаха. Поэзия мрачная, богатырская, сильная, байроническая – твой истинный удел – умертви в себе ветхого человека – не убивай вдохновенного поэта» (XIII, 25–26). А о себе в стихотворном послании Дельвигу в том же письме сказал: «Бывало, что ни напишу, / Все *для иных не
Русью пахнет*» (XIII, 25).

¹ См. в «Посвящении» к «Руслану и Людмиле»: «Что дева с трепетом любви /
Посмотрит, может быть, украдкой / На песни грешные мои» (IV, 3).
² Воейков соединяет в своем переводе два фрагмента из главы пятой второй
части «Гения христианства» (1802) Ф.-Р. де Шатобриана (глава посвящена поэме
Вольтера «Генриада»). *Сочинитель «Гофолии»* (1691) – Ж. Расин.
³ Строки из послания Жуковского «К Батюшкову» (1812).

Б. М. ФЕДОРОВ
Письма в Тамбов о новостях русской словесности
Письмо I

Благ. 1824. Ч. 26. № 7 (выход в свет 1 мая). С. 53–67; № 8 (выход в свет
22 мая). С. 95–106. Без подписи. После текста помета: «Окончание в след. книжке».
Это окончание не появилось.
О принадлежности данной статьи Б. М. Федорову свидетельствуют слова
А. И. Тургенева в письме Вяземскому от 25 марта 1824 г.: «Мой секретарь
<Б. М. Федоров> пишет на твое предисловие замечания и напечатает у Измайлова»
(ОА. Т. 3. С. 27). См.: Томашевский. Т. 2. С. 133.
Борис Михайлович Федоров (1798–1875) – литератор, принадлежавший к группе
«измайловцев», автор басен, сатир, пародий, стихов «на случай», од, элегий, романсов, баллад, детских стихов, исторических сочинений, критических статей и проч. В
1820 г. во время раскола в Вольном обществе любителей российской словесности
поддержал реакционную программу В. Н. Каразина. В 1822–1824 гг. активно выступал на страницах «Благонамеренного» против так называемого «союза поэтов», а
также против «Полярной звезды». В литературных кругах Федоров пользовался не-
завидной репутацией, причиной чего были и невысокое качество его поэтической
продукции, и его общественная позиция. Об иронически-презрительном отношении
к Федорову свидетельствует уже его распространенное прозвище – «Борька». Такое отношение было характерно и для Пушкина (см.: XIII, 225, 249; XIV, 21, 34).
Позиция Федорова-критика, обусловленная его доромантическим литературным вос-
питанием, чрезвычайной ортодоксальностью и благонамеренностью, отчетливо проявля-

ется в настоящем «Письме в Тамбов», адресатом которого был другой активный «измайло-вец», кн. Н. А. Цертелев. Характерно, что, в целом комплиментарно отзываясь о «Бахчиса-райском фонтане», Федоров, подобно А. Е. Измайлову, всячески стремится отделить Пуш-кина от «союза поэтов» и от Вяземского как автора «романтического» предисловия.

О Федорове см.: ***Дельвиг А. А.*** Полн. собр. стихотворений. Л., 1959. С. 316 (коммент. Б. В. Томашевского); Письма посл. лет. С. 479–480; ***Вацуро В. Э.*** Б. М. Фе-доров// Поэты 1820–1830-х гг. Л., 1972. Т. 1. С. 199–201; Черейский. С. 463–464.

[1] Формула «новая школа» была выдвинута в статье А. А. Бестужева «Взгляд на старую и новую словесность в России» (ПЗ на 1823 г.), где основателями этой школы были названы Жуковский и Батюшков. В полемических целях данное сочетание уже использовал Н. А. Цертелев в статье «Новая школа словесности» (Благ. 1823. № 6. С. 430–442). Федоров использует термин «новая школа» в более узком смысле, под-разумевая прежде всего «союз поэтов». Ср. также другие нападки на «кругохваль-ство», якобы свойственное «союзу поэтов» и всей «новой школе» в целом, помещавши-еся в «Благонамеренном» (1822. № 39. С. 512; 1823. № 3. С. 238; № 8. С. 112; 1824. № 15. С. 213), «Вестнике Европы» (1824. № 8. С. 309; № 9. С. 58–62; № 12. С. 290), «Литературных листках» (1824. № 16. С. 93–108; № 18. С. 190–191).

[2] Вероятно, имеется в виду сонет Дельвига «Н. М. Языкову», читавшийся в ВОЛРС 11 декабря 1822 г. (Базанов. С. 425; опубл.: Соревн. 1823. № 1).

[3] См., например, послания участников «союза поэтов» конца 1810-х – нач. 1820-х гг.: Дельвига «Пушкину» («Кто, как лебедь цветущей Авзонии...»), «А. С. Пуш-кину. (Из Малороссии)»; Кюхельбекера «К Пушкину и Дельвигу», «К Пушкину», «Эле-гия. К Дельвигу»; Баратынского «Дельвигу» («Так, любезный мой Гораций.»), «Посла-ние к б<арону> Дельвигу», «К Делию. Ода (с латинского)» («Напрасно мы, Дельвиг, мечтаем найти...»), «К Кюхельбекеру».

[4] Речь идет о стихотворении Дельвига «Видение», напечатанном с посвящением Кюхельбекеру (Соревн. 1820. № 3. С. 314) и вызвавшем издевательский разбор Н. А. Цертелева (Благ. 1820. № 13. С. 15–32).

[5] Горацием назвал Дельвига Баратынский в одном из посланий к нему («Так, любезный мой Гораций...», 1819). Что конкретно имеет в виду Федоров, говоря о «титлах Анакреонов», неясно; ср., однако, аналогичный выпад в его стихотворении «Сознание» (1823): «Друзей моих с Анакреоном / Во фрунт к бессмертью не равнял» (Поэты 1820–1830-х гг. Т. 1. С. 204).

[6] Любовь соловья к розе – распространенный мотив восточной поэзии.

[7] Как в искусстве античности, так и в европейском искусстве нового времени лицо Агамемнона в сцене жертвоприношения Ифигении всегда изображалось закрытым. В настоящей статье имеется в виду наиболее популярная в античности картина художника Тиманфа, разноречивые суждения о которой сохранились в сочинениях Цицерона, Плиния Старшего, Валерия Максима, Квинтилиана; в но-вое время о спорах вокруг этой картины упоминали Монтень, Лессинг и др. Упо-минает об этом сюжете и Пушкин в заметках на полях второй части «Опытов в стихах и прозе» Батюшкова. Подробнее см.: ***Бабанов И. Е.*** «Покровенная глава Агамемнона» // РЛ. 1979. № 4. С. 169–172.

[8] Имеется в виду второе издание «Стихотворений Василия Жуковского» в трех частях (1818).

[9] Комплиментарный отзыв о Вяземском носит полемический и одновременно дипломатический характер. В своем дневнике 1827 г. Федоров записывает: «У Вя-земского пухлость и напыщенность, которые несравненно приторнее простоты Хе-раскова, называемой Вяземским водяною» (Отчет Имп. Публичной библиотеки за 1907 г. СПб., 1914. Приложения. С. 42). Связанный тесными личными отношениями с А. И. Тургеневым и Н. М. Карамзиным, Федоров вынужден был соблюдать в отно-

шении Вяземского дипломатический этикет.

¹⁰ Слегка искаженная цитата из стихотворения В. И. Туманского «К N.N. (В день ее рождения)» (НЛ. 1823. Ч. 6. № 52. С. 204–206).

¹¹ Примеры галлицизмов. «Зажать рот» от фр. fermer la bouche. «По-нашему не знаю как назвать» — Федоров иронизирует над «незнанием» романтиками отечественного языка. «Своенравная, она» — здесь Федоров видит галлицизм в самом порядке слов.

¹² Начальные строки «Науки поэзии» Горация. См. тот же пример в статье из «Невского зрителя» о «Руслане и Людмиле» (с. 70 наст. изд.).

¹³ См. XII песнь поэмы М. М. Хераскова «Россияда» (1779) и I песнь поэмы М. В. Ломоносова «Петр Великий» (1756–1761), где описывается, впрочем, не северное сияние, а другая специфически северная картина — солнце, не заходящее за горизонт в летние ночи.

¹⁴ Стихотворная сказка И. И. Дмитриева «Причудница» (1794) является переработкой сказки Вольтера «Le bégueule» (1772).

¹⁵ «Недоросль» (1781) и «Бригадир» (1769) — комедии Д. И. Фонвизина; «Своя семья, или Замужняя невеста» (1817) — комедия А. А. Шаховского.

¹⁶ См. примеч. 4 на с. 395 наст. изд.

¹⁷ Утверждение Федорова, что Вяземский заимствовал слова «местность» и «народность» у Бестужева, не соответствует действительности, хотя Бестужев в самом деле использовал их во «Взгляде на старую и новую словесность в России», помещенном в «Полярной звезде на 1823 год». Об «отпечатке народности, местности и времени» Вяземский говорил уже в «Известии о жизни и стихотворениях И. И. Дмитриева» (написано в 1821 г., напечатано в 1823 г. в качестве сопроводительной статьи к «Стихотворениям И. И. Дмитриева»). Сам же термин «народность» был «изобретен» Вяземским еще в 1819 г. (см. его письмо А. И. Тургеневу от 22 ноября 1819 г. — ОА. Т. 1. С. 357–358).

В. К. КЮХЕЛЬБЕКЕР
О направлении нашей поэзии, особенно лирической, в последнее десятилетие
<Отрывки>

Мнем. 1824. Ч. 2. (выход в свет 23 июня). С. 29–44; приводимые отрывки — с. 36–40, 43.

Вильгельм Карлович Кюхельбекер (1797–1846) — поэт, литературный критик, декабрист, один из наиболее близких лицейских товарищей Пушкина (см.: *Гастфрейнд Н. А.* Товарищи Пушкина по имп. Царскосельскому лицею. СПб., 1912. Т. II. С. 283–381; Тынянов Ю. Н. Пушкин и Кюхельбекер // *Тынянов Ю. Н.* Пушкин и его современники. М., 1969. С. 233–294). К 1817–1822 гг. относится ряд стихотворных посланий Кюхельбекера к Пушкину.

Летом 1817 г., после окончания Лицея, Кюхельбекер, так же как и Пушкин, поступает на службу в Коллегию иностранных дел. Вместе с Пушкиным, Дельвигом, позднее Плетневым и Баратынским Кюхельбекер составлял так называемый «союз поэтов» — молодую генерацию романтических поэтов, противопоставляющую себя «классикам». С 1819 г. Кюхельбекер — член-сотрудник, а затем и действительный член Вольного общества любителей российской словесности, один из активных членов Союза благоденствия. 22 марта 1820 г. на заседании Вольного общества Кюхельбекер прочел в защиту высылаемого из Петербурга Пушкина стихотворение

«Поэты» (см.: Базанов. С. 141–147). Начиная с 1820 г. личное общение Кюхельбекера с Пушкиным прекращается. Однако их литературные и дружеские взаимоотношения сохраняются, хотя на протяжении начала 1820-х гг. Кюхельбекер меняет свою литературную позицию. В 1822–1824 гг., сблизившись с Грибоедовым, он резко выступает против элегической поэзии. К этому времени относится ряд критических и полемических отзывов Пушкина о произведениях и критических статьях Кюхельбекера (см.: XIII, 45, 81–82).

Кюхельбекер участвовал в восстании 14 декабря 1825 г. и был арестован после неудавшегося побега. В 1827 г. Пушкин и Кюхельбекер случайно встретились на станции Залазы при переводе Кюхельбекера из Шлиссельбурга в Динабургскую крепость (XII, 307; см. также: *Коржов С. Н.* Новое о встрече Пушкина и В. К. Кюхельбекера на почтовой станции Залазы // Врем. ПК. Вып. 22. С. 72–82). В дальнейшем Пушкин оказывал содействие в напечатании произведений ссыльного Кюхельбекера, которые выходили без подписи или под псевдонимом. В ссылке Кюхельбекер внимательно следит за творчеством Пушкина, о чем свидетельствуют его письма и записи в дневнике. Находясь в заточении, Кюхельбекер посвятил Пушкину ряд стихотворений («Тени Пушкина», 1837; «Три тени», 1840) и поэму «Сирота» (1833).

Статья Кюхельбекера «О направлении нашей поэзии, особенно лирической, в последнее десятилетие» является программной по своему характеру и занимает центральное место в «Мнемозине». Автор поднимает ряд важнейших вопросов: о сущности поэтического творчества, об иерархии лирических жанров, об истинном романтизме, о подражательности и народности русской поэзии. Статья отличалась резкостью и независимостью суждений. В литературных кругах она была встречена неоднозначно. Довольно благожелательной рецензией отозвался Ф. Булгарин. «Статья сия, – писал он, – по великим истинам, в ней заключающимся, по откровенности душевной, с какою автор высказал все, что у него лежало на сердце, и, наконец, по благородной любви к отечеству, ко всему возвышенному заслуживает особенное внимание не только литераторов, но и всех патриотов» (ЛЛ. 1824. № 15. С. 77). Однако после опубликования в третьей части «Мнемозины» «Разговора с Ф. В. Булгариным» Кюхельбекера и «Прибавления к разговору» Одоевского Булгарин отказывается от своих прежних суждений и обрушивается на издателей «Мнемозины» с многочисленными упреками (см.: ЛЛ. 1824. № 21 и 22. С. 110–122). Тогда же на страницах «Литературных листков» против основных положений статьи Кюхельбекера выступил В. А. Ушаков (см.: ЛЛ. 1824. № 21 и 22. С. 90–100). Решительными противниками Кюхельбекера оказались П. А. Вяземский и А. И. Тургенев. «Читал ли ты Кюхельбекериаду во второй "Мнемозине", – писал Вяземский Тургеневу. – Я говорю, что это упоение пивное, тяжелое» (ОА. Т. 3. С. 69). Совершенно иной точки зрения придерживался Е. А. Баратынский, считая мнения Кюхельбекера «неоспоримо справедливыми» (РС. 1875. № 7. С. 377).

Более сложно отнесся к статье Кюхельбекера Пушкин. «Сколько я ни читал о романтизме, все не то; даже Кюхельбекер врет», – писал он 30 ноября 1825 г. А. А. Бестужеву (XIII, 249). Пушкин собирался посвятить разбору статей Кюхельбекера специальную работу. Не соглашаясь со многими суждениями критика, он подчеркивал, что «статьи сии написаны человеком ученым и умным. [Правый или неправый], он везде предлагает даже причины своего образа мысли и доказательства своих суждений, дело довольно редкое в нашей литературе. Никто не стал опровергать его, потому ли, что все с ним согласились, потому ли, что не хотели связываться с атлетом, по-видимому, сильным и опытным» (XI, 41; см. также: «Евгений Онегин», глава IV, строфа XXXII–XXXIII.). О статье Кюхельбекера см.: Мордовченко. С. 214–222, 400–404.

¹ В тексте статьи ошибочно: «любимую». Исправлено в «Замеченных опечатках» в конце второй части «Мнемозины».

² Выступая против элегической школы в лице Жуковского, Пушкина и Баратынского, Кюхельбекер счел необходимым подчеркнуть, что его критика носит общеэстетический, а не персональный характер. Видимо, этим можно объяснить его примечания к статье «Письмо в Москву к В. К. Кюхельбекеру» В. Ф. Одоевского (см.: Мнем. 1824. Ч. 2. С. 183—184): «Здесь кстати считаю заметить, что статья моя: "О направлении нашей поэзии, в особенности лирической, в последнее десятилетие", где откровенно и, может быть, слишком откровенно говорю свое мнение о сочинениях Жуковского, Пушкина и Баратынского (они все трое друзья мои), — есть знак моего непритворного к ним уважения; ибо в моих глазах строгого разбора стоят сочинения одних людей с талантом; касательно их только заблуждений критика должна просвещать читателей, потому что ошибки Прадонов и Тредиаковских всякому в глаза кидаются. Кюхельбекер».

³ В 1818 г. вышло 6 поэтических сборников Жуковского «Для немногих» (Für Wenige. М., 1818. №№ 1—6).

⁴ Имеются в виду фольклорные мотивы в балладе «Светлана» (1808) и в послании «К Воейкову» (1814) Жуковского, в балладах Катенина «Убийца» (1815), «Леший» (1815), «Ольга» (1816) и в поэме «Руслан и Людмила» (1820) Пушкина.

⁵ *Алкид* — Геракл.

⁶ В «Разговоре с Ф. В. Булгариным» Кюхельбекер пояснил свое отношение к Байрону: «Байрон однообразен, и доказать сие однообразие нетрудно. Он живописец нравственных ужасов, опустошенных душ и сердец раздавленных: живописец душевного ада <...>. Не смею уравнить его Шекспиру, знавшему все: и ад и рай, и небо и землю, <...> который, подобно Гомеру, есть вселенная картин, чувств, мыслей и знаний, неисчерпаемо глубок и до бесконечности разнообразен, мощен и нежен, силен и сладостен, грозен и пленителен!» (Мнем. 1824. Ч. 3. С. 172—173).

⁷ Речь идет о поэмах «Руслан и Людмила» (отд. изд. 1820 г.), «Кавказский пленник» (отд. изд. 1822 г.) и «Бахчисарайский фонтан» (отд. изд. 1824 г.).

⁸ Издатель «Северного архива» — Ф. В. Булгарин.

В. К. КЮХЕЛЬБЕКЕР
Разговор с Ф. В. Булгариным
<Отрывок>

Мнем. 1824. Ч. 3 (выход в свет 30 окт.). С. 157—177. Приводимый отрывок — с. 173—175.

«Разговор с Ф. В. Булгариным» вызван рецензией Булгарина на вторую часть «Мнемозины» (ЛЛ. 1824. № 15. С. 73—83) и написан в форме диалога. В «Разговоре» Кюхельбекер развил и уточнил основные положения статьи «О направлении нашей поэзии, особенно лирической, в последнее десятилетие».

После выхода третьей части «Мнемозины», в которой также была напечатана статья В. Ф. Одоевского «Прибавление к разговору с Ф. В. Булгариным» (с.178—188 наст. изд.), Булгарин меняет свое отношение к издателям альманаха и становится их ярым противником.

¹ Неточно цитируется рецензия Булгарина, где по поводу неодобрительных суждений Кюхельбекера о лирической поэзии говорится: «Все сказанное им <Кю-

хельбекером. – *Ред.*> должно отнести к несносным подражателям Жуковского, Пушкина и Батюшкова, а не к сим великим поэтам, делающим честь нашему веку. Поверят ли читатели автору в означении степени дарований наших поэтов, когда он поставляет барона Дельвига выше Жуковского, Пушкина, Батюшкова!» (ЛЛ. 1824. № 15. С. 77).

[2] Отсылка к статье Кюхельбекера «О направлении нешей поэзии, особенно лирической, в последнее десятилетие», где говорилось: «Барон Дельвиг написал несколько стихотворений, из которых, *сколько помню*, можно получить довольно верное понятие о духе древней элегии» (Мнем. 1824. Ч. II. С. 33).

1825

Ж. К.
Письма на Кавказ. 1
<Отрывок>

СО. 1825. Ч. 99. № 1 (выход в свет между 1 и 4 янв.). С. 44–59; приводимый отрывок – с. 51–55.

«Письма на Кавказ» за подписью «Ж. К.» впервые появляются в №1 «Сына отечества» за 1823 г. (с. 3–18). Программа, заявленная Ж. К., – «известия о ходе нашей словесности, о новых книгах, о литературных спорах, о господствующих ныне мнениях, о театре». «Письмам», по сути являющимся традиционными литературными статьями-обозрениями, придана форма обращения к реальному лицу, другу автора, находящемуся в данный момент «за Тифлисом». Вопрос о существовании реального адресата «Писем» в настоящее время остается открытым. В 1825 г. рядом с подписью «Ж. К.» начинает соседствовать вторая – «Д. Р. К.» Об авторстве «Писем на Кавказ» см. примеч. ко второму письму (с. 423 наст. изд.).

[1] Речь идет о статье В. Н. Олина «Критический взгляд на «Бахчисарайский фонтан», соч. А. С. Пушкина (см. с. 198–202 наст. изд.).

[2] «Гофолия» (1690) – трагедия Ж. Расина.

Н. А. ПОЛЕВОЙ
Обозрение русской литературы в 1824 году
<Отрывок>

МТ. 1825. Ч. 1. № 1 (выход в свет 8 янв. 1825; в конце месяца №1 «Московского телеграфа» переиздан «вторым тиснением»). С. 76–88; с продолжением в следующих номерах; приводимый отрывок – с. 85–86. Без подписи; авторство раскрывается в «Особом прибавлении» к №13 «Московского телеграфа», 1825 (С. 5, 8, 9).

[1] О Жуковском на с. 84–85 говорилось: «Жуковский, конечно, первый из нынешних русских поэтов; заслуги его в отечественной словесности столь велики, что исчислять и доказывать права его на первенство значило бы не уважать наших читателей».

² Немецкий перевод «Кавказского пленника» вышел отдельным изданием в конце августа 1823 г.: «Der Berggefangene (Кавказский пленник) von Alexander Puschkin. Aus dem Russichen übersetzt». St-Petersburg. Издан анонимно. Переводчиком был А. Е. Вульферт (1790–1855). Хвалебные отзывы о переводе помещены в «Сыне отечества» (1823. № 36. С. 133–134) и в «Русском инвалиде» (1823. № 218). О Вульферте см.: Письма. Т. 1. С. 290–291 и с. 447 наст. изд. В 1824 г. переиздан без ведома Пушкина Е. И. Ольдекопом (1786–1845) с параллельным русским текстом поэмы. Изд. 1824 г. вызвало возмущение Пушкина и попытки его друзей защитить его авторские права. См.: Смирнов-Сокольский. С. 85–89.

³ В этой же статье Полевой отмечает «неслыханные подражания Пушкину» в «Восточной лютне» (М. , 1824) А. А. Шишкова.

⁴ Ср. в статье К. А. Полевого: «Музыка Верстовского на *Черную шаль* пробралась и в великолепные, и в укромные залы, и в города, и в деревни — ее поет и знать, и простой народ». (ЛЛ. 1824. № 23–24. С. 163). См. также в статье «Московские записки» с. 149–150 и примеч. на с. 390 наст. изд.

П. А. ПЛЕТНЕВ
Письмо к графине С. И. С. о русских поэтах
‹Отрывок›

СЦ на 1825 г. СПб., [1824] (выход в свет — последние числа декабря 1824 г.). С. 3–80; приводимый отрывок — с. 32–45.

Статья П. А. Плетнева, открывавшая первую книжку альманаха «Северные цветы», представляла собой обзор современной русской поэзии и была написана в форме письма к графине Софье Александровне Соллогуб (С. А. Соллогуб, урожд. Архарова (1791–1854), дочь генерала-от-инфантерии И. П. Архарова и Е. А. Римской-Корсаковой, жена церемониймейстера графа А. И. Соллогуба, мать писателя В. А. Соллогуба; отличалась умом и остроумием; Пушкин встречался с ней в Петербурге в 1830-е гг.).

Сюжетом «Письма» было развернутое возражение гр. Соллогуб, выразившей однажды предпочтение Ламартину перед современной русской поэзией. Прямой просветительской задачей Плетнева было дать своего рода антологию, снабдив каждый из приведенных им поэтических образцов общей характеристикой автора. Эти характеристики, чаще всего расплывчато-комплиментарные [это качество статьи Плетнева резко осудил Пушкин, писавший ему: «Брат Плетнев! не пиши *добрых* критик! Будь зубаст и бойся приторности» — XIII, 154; письмо от 15 марта 1825 г.), в иных случаях точно схватывали поэтические особенности анализируемого текста. В целом же Плетнев выступал как пропагандист «новой школы поэзии» Батюшкова-Жуковского, которую явно предпочитал остальным поэтическим течениям и рассматривал как признак наступления «золотого века» русской поэзии. Наряду с Батюшковым, Жуковским и Пушкиным он выдвигал в первые ряды представителей «элегической школы» (А. А. Крылов, В. И. Туманский), не всегда проводя грань между оригинальными творцами и эпигонами.

Чрезвычайно лояльная по тону, статья Плетнева вызвала почти всеобщую неудовлетворенность: сторонники «гражданской поэзии» (как А. А. Бестужев) решительно отрицали намеченную Плетневым иерархию литературных ценностей (преувеличение, как им казалось, ценности поэзии Жуковского и Баратынского, в ущерб, например, Рылееву). Пушкин и Баратынский были недовольны позитивными оценками «элегической школы», с которой они уже начали борьбу.

Вероятно, уступая настояниям Плетнева (см.: XIII, 133–134), Пушкин отправил ему письмо с подробным разбором статьи. К сожалению, оно не сохранилось. Однако о замечаниях Пушкина можно судить по ответу Плетнева от 7 февраля 1825 г. (XIII, 139–141).

[1] Элегия Пушкина «Увы! зачем она блистает» впервые была напечатана в «Полярной звезде» (1823. С. 335–336), а позже перепечатана в «Новостях литературы» А. Воейковым и В. Козловым (1823. Ч. 3. № 1. С. 13–14).

Ж. К.
Письма на Кавказ. 2
<Отрывок>

СО. 1825. Ч. 99. № 2 (выход в свет 7 янв.). С. 192–214; приводимый отрывок – С. 199–206; № 3 (выход в свет 1 февр.). С. 302–321; приводимый отрывок – с. 305–313.

О «Письмах на Кавказ» см. с. 421 наст. изд. Почти все второе «Письмо», печатавшееся с продолжением во 2, 3 и 4-м номерах «Сына отечества» за 1825 г., занято подробной рецензией на альманах А. А. Дельвига «Северные цветы на 1825 год» за подписью «Д. Р. К.»

По поводу авторства «Писем на Кавказ» в исследовательской литературе нет единого мнения. Высказанные точки зрения, в большинстве случаев, впрочем, никак не аргументированные, можно свести к следующему: 1) «Ж. К.» и «Д. Р. К.» – одно лицо, Н. И. Греч (см., например, в комментарии Н. К. Пиксанова во 2 т. Полн. собр. соч. А. С. Грибоедова (Пг., 1913. С. 304–305) или в «Словаре псевдонимов» И. Ф. Масанова (М., 1956. Т. 1. С. 318, 373)); 2) «Ж. К.» и «Д. Р. К.» – одно лицо – Д. М. Княжевич (см.: *Базанов В. Г.* Вольное общество любителей российской словесности. Петрозаводск, 1949. С. 312; более осторожно отождествление уже одного «Д. Р. К.» с Д. М. Княжевичем проводится во втором издании книги, см.: Базанов. С. 350); 3) «Ж. К.» – Н. И. Греч, «Д. Р. К.» – Ф. В. Булгарин (см.: Мордовченко. По указ.). Подробный разбор версий см.: *Флейшман Л. С.* Из истории элегии в пушкинскую эпоху // Пушкинский сборник. Рига. 1968. С. 47–48. Версия об авторстве Княжевича отводится Флейшманом как совершенно неосновательная. Сам исследователь в целом склонен поддерживать мнение Н. И. Мордовченко.

Вряд ли представляется возможным с уверенностью решить вопрос об авторстве «Писем», тем более, что и Греч, и Булгарин неоднократно свое авторство отрицали (см., например: СО. 1824. № 1. С. 74; СО. 1827. № 6. С. 174). Уже при публикации первого из «Писем на Кавказ» (1823. № 1) Греч в собственном примечании «от издателя» аккуратно дистанцировался от автора письма. В то же время принадлежность криптонима «Ж. К.» Гречу, казалось бы, прямо следует из письма к нему Булгарина от 16 июля 1823 г.: «...Ты не поверишь, как твои Кавказские письма заинтересовали всех» (Литературные портфели. Пг., 1823. С. 52). Автором «Писем на Кавказ» 1823 г. называл Греча и А. А. Бестужев в своем ежегодном обозрении в «Полярной звезде» («Взгляд на русскую словесность в течение 1823 года»). К тому же среди журнальных подписей Греча были латинские «G» и «К».

Характер статей за подписью «Ж. К.» и «Д. Р. К.» позволяет предположить, что мы здесь имеем дело с двумя различными, хотя и стоящими на близких литературных позициях авторами. Мнения «Д. Р. К.» отличаются большей определенностью, резкостью, а порой и полемической заостренностью, тогда как «Ж. К.» избегает открытых журнальных столкновений. Если мы признаем автором «Писем» за подписью «Ж. К.» Н. И. Греча, то, в соответствии с мнением Мордовченко, в «Д. Р. К.» мы должны видеть его журнального соратника — Ф. В. Булгарина. На принадлежность подписи «Д. Р. К.» Булгарину в свою очередь указывают и свидетельства современников. Вяземский свою статью «Жуковский. — Пушкин. — О новой пиитике басен» (полемический отклик на разбор альманаха «Северные цветы», сделанный Д. Р. К.) адресует именно Булгарину. На Булгарина же безусловно указывает В. А. Муханов в письме брату Николаю (см. с. 425 наст. изд.). Последнее свидетельство тем авторитетнее, что Мухановы поддерживали дружеские отношения с Булгариным. Следует также отметить, что Петру Александровичу Муханову адресуется статья «Петербургские записки. Письмо в Москву к Петр. Александр. Мух — ву» за подписью «Д. Р. К.» в «Северной пчеле» (1825. № 14, 15, 31 янв. и 3 февр.).

Д. Р. К. начинает свою рецензию с возражения Гречу, поместившему в «Северной пчеле» (1825. № 3, 6 янв.) известие о выходе «Северных цветов». Выдержанное в благожелательном тоне известие Греча тем не менее уже предсказывало будущую полемику. О статье Плетнева Греч писал: «Письмо о *русских поэтах* оставим без дальних замечаний, и скажем только, что оно может назваться антиподом лаконических суждений г. Бестужева о литературе нашей (в "Полярной звезде"). Нам предвидятся сильные споры об этом предмете». (Даже частичное «несогласие» автора разбора с Гречем не позволяет тем не менее полностью отвести от Греча псевдоним «Д. Р. К.»; не исключено, что перед нами обычная игра журнальных масок. Мысль, что «двуавторство» «Ж. К.» и «Д. Р. К.» не более как литературный прием, высказывалась еще Н. А. Полевым, см.: МТ. 1825. № 13. Особое прибавление. С. 45).

Основной объект нападения Д. Р. К. — статья Плетнева. Отзыв задел Плетнева и он, отвечая на критические замечания Пушкина, высказал и свою обиду на критиков «Сына отечества»: «...я с досады все видел у нас в лучшем виде, нежели оно в самом деле. Впрочем, кажется мне, для успехов литературы полезнее по-моему пристрастно хвалить, нежели так невежественно отзываться о Крылове (за то, что у него теперь нет *русских* куриц и *русских* медведей), о Жуковском (за то, что нельзя нарисовать прелести и очарования первой любви), о тебе (что будто Олег-Вещий холоден, без чувства и воображения), как имеют честь, или бесчестие, отзываться издатели "Сына Отечества" № 3» (XIII, 140—141).

---

[1] Автор, несомненно, имеет в виду Бестужева и Рылеева. Эта приверженность Бестужевскому кружку и ориентация на его мнения, не раз проявившиеся в статье Д. Р. К. (в первую очередь в критике поэзии Жуковского), очень характерны для литературной позиции Булгарина этого периода и также говорят в пользу его авторства.

[2] Сдержанный отзыв о «Песни и вещем Олеге» также отражает оценку пушкинского стихотворения Бестужевым и Рылеевым, см. примеч. 4 на с. 440 наст. изд.

[3] Б. В. Томашевский высказал предположение, что именно этот отзыв вызвал заметку Пушкина о стихотворении «Демон», которую поэт думал напечатать от третьего лица: «Думаю, что критик ошибся. Многие того же мнения, иные даже указывали на лицо, которое Пушкин будто бы хотел изобразить в своем странном стихотворении...» и т. д. (XI, 30; Томашевский. Т. 2. С. 163).

[4] Вероятно, имеется в виду начало «Науки поэзии» Горация.

П. А. ВЯЗЕМСКИЙ
Жуковский. – Пушкин. – О новой пиитике басен
<Отрывок>

МТ. 1825. Ч. 1. № 4 (выход в свет 7 марта). С. 346–353; приводимый отрывок – с. 348–351. С назначительными изменениями и позднейшей авторской «припиской» включена в Полн. собр. соч. П. А. Вяземского (СПб., 1878. Т. 1. С. 178–185).

Статья написана в ответ на критический отзыв об альманахе «Северные цветы», включенный за подписью «Д. Р. К.» в состав публиковавшихся в «Сыне отечества» «Писем на Кавказе» (см. с. 248–252 наст. изд.; вопрос об авторстве см. с. 423–424 наст. изд.). Статья полемически заострена против Ф. В. Булгарина, которого Вяземский считал автором отзыва. Вяземский возмущен в первую очередь содержащейся в отзыве критикой поэзии В. А. Жуковского. Резкая критика Жуковского звучала в это время в петербургском кружке Бестужева и Рылеева, на мнение которых в значительной мере ориентировались Булгарин и Греч. Для Вяземского Жуковский–один из непререкаемых литературных авторитетов, достоинство произведений которых и место в литературе не подлежат обсуждению. Поэтому для литературной позиции Вяземского также неприемлема оценка творчества Жуковского в сопоставлении с творчеством Пушкина. Ни Вяземский, ни Пушкин никогда не выступали публично с критикой Жуковского. (См. подробнее: *Вацуро В. Э.* «Северные цветы»: История альманаха Дельвига – Пушкина. М., 1978. С. 22–27).

Пушкин высоко оценил статью Вяземского (см.: XIII, 183, 205; см. также примеч. 3 к наст. статье), сочувственно она была встречена и петербургскими друзьями Вяземского – Н. М. Карамзиным и А. И. Тургеневым (ОА. Т. 3. С. 103, 105). В «Сыне отечества» появилась антикритика на статью Вяземского за подписью «Д. Р. К.» (1825. Ч. 100, № 7. С. 280–299) О начавшейся полемике В. А. Муханов писал брату Николаю 22 апреля 1825 г.: «От души сожалею, что Вяземский на свою беду заваривает кашу с Булгариным. Тебе надобно сказать, что в след статьи его, напечатанной в "Телеграфе", он получил письмо от Жуковского, который благоразумно упрекал его, зачем он за него вступается, говоря, что литераторы, сделавшие себе имя, должны презирать кривые толки литературной черни и отвечать на оные убийственным молчанием, но уже было поздно. Критика Булгарина, нимало не отвергая статью Вяземского, наполнена личностями и ругательствами, но Вяземский не будет отвечать на сию брань» (Щукинский сборник. М., 1906. Вып. 5. С. 271; здесь ошибочно датировано 1824 г.). Вяземский действительно не стал продолжать спор и оставил антикритику «Д. Р. К.» в № 7 «Сына отечества» без ответа.

В наст. изд. публикуется отрывок, непосредственно относящийся к Пушкину. Выпущены вступительная часть статьи и заключительная, посвященная И. А. Крылову и продолжающая давнюю полемику Вяземского с Булгариным. См. также: Мордовченко. С. 301–302, 307–309.

[1] Имеется в виду комедия Ж.-Б. Мольера «Лекарь поневоле» (1666; д. I, явл. I).

[2] «Щечиться» («щечить») – «поживляться, добывать понемногу таская, воровски, и выманивая хитростью, лестью» (*Даль В.* Толковый словарь живого великорусского языка. М., 1955. Т. 4. С. 656). «Стряпчий-Щечила» – название переделки комедии Д.-О. Брюэйса и Ж. Палапра «L'avocat Patelin», осуществленной И. И. Вальберхом и шедшей на петербургской и московской сцене в 1808–1825 гг. (отд. изд. – СПб., 1808). Главное действующее лицо комедии, плут и льстец адвокат, полностью соответствует дальнейшей характеристике у Вяземского.

[3] Прочтя статью, Пушкин писал Вяземскому 25 мая 1825 г.: «Ты спрашиваешь, доволен ли я тем, что сказал ты обо мне в "Телеграфе". Что за вопрос?

Европейские статьи так редки в наших журналах! а твоим пером водят и вкус и пристрастие дружбы. Но ты слишком бережешь меня в отношении к Жуковскому. Я не следствие, а точно ученик его, и только тем и беру, что не смею сунуться на дорогу его, а бреду проселочной» (XIII, 183). Здесь же Пушкин дает очень высокую оценку поэзии Жуковского. Слова Пушкина распространились в литературных кругах. Уже в конце июня А. И. Тургенев цитировал их в одном из своих писем (к Карамзину?), прибавляя: «Ни один стих Пушкина так не полюбился мне, как эта проза, и я готов многое простить и перу его, и даже его сердцу за эту прекрасную исповедь. Это признание Гения. Не все имеют право так поступать и уступать» (Письма Т. 1. С. 437).

[4] Перефразировано выражение Пушкина из письма к Рылееву от 25 января 1825 г.: «Зачем кусать нам груди кормилицы нашей? потому что зубки прорезались? Что ни говори, Жуковский имел решительное влияние на дух нашей словесности; к тому же переводный слог его останется всегда образцовым. Ох! уж эта мне республика словесности. За что казнит, за что венчает?» (XIII, 135; см. также примеч. 2 на с. 385 наст. изд.).

П. А. ПЛЕТНЕВ
«Северные цветы»
<Отрывок>

Соревн. 1825. Ч. 29. № 1 (выход в свет 15 янв.). С. 85–111; приводимый отрывок — с. 105–107.

[1] Оценка Плетневым «Песни о Вещем Олеге» противостоит прохладной оценке этого стихотворения в декабристской критике (см. примеч. к статье А. А. Бестужева «Взгляд на русскую словесность в течение 1824 и начала 1825 годов», с. 440 наст. изд.). См. также: *Вацуро В. Э.* «Северные цветы»: История альманаха Дельвига — Пушкина. М., 1978. С. 12–13, 40, 43.

Н. А. ПОЛЕВОЙ
Северные цветы на 1825 год,
собранные бароном Дельвигом
<Отрывок>

МТ. 1825. Ч. 1. № 4 (выход в свет 7 марта). С. 329–337; приводимый отрывок — С. 334–337. Подпись: А–й; авторство раскрывается в «Особом прибавлении» к №13 «Московского телеграфа», 1825 (С. 41).

Рецензия начинается с высокой оценки альманаха в целом. Далее, разбирая прозаический отдел «Северных цветов», Н. А. Полевой дает резкий отзыв о статье П. А. Плетнева «Письмо к графине С. И. С. о русских поэтах». «Какая могла бы быть ее цель? — пишет Полевой. — Не понимаем! Доказывать, что Державин, Дмитриев, Жуковский, Пушкин написали много хороших стихов, так же бесполезно, как бесполезны предисловия Сюара, который на подряд доказывал в заглавиях Дидотовых стереотипов, что Вольтер и Лабрюер были умны — кто не знает этого?» и т. д. (с. 332). (Дидотовы стереотипы — издания французских классиков, выполненные известными французскими издателями и книгопродавцами Дидо.)

¹ Перевод принадлежит М. П. Загорскому.
² Д. В. Дашкова.
³ Речь идет об опубликованных в «Северных цветах» стихотворениях П. А. Плетнева «Альбом», «Измена», «К И. И. Козлову», «Разлука», «А. Н. С<емено>вой»; Ф. А. Туманского «К ....» (помещенные в альманахе произведения В. И. Туманского подписаны «Т»); П. Г. Ободовского «Весенний гимн Вседержителю», В. Н. Григорьева «К неверной», переводе «Перчатки» Шиллера, выполненном М. П. Загорским.
⁴ В статье «Письмо к графине С. И. С. о русских поэтах».
⁵ «Миних» (СО. 1821. № 26 и Соревн. 1821. Ч. 14. Кн. 1) и «Тасс» (Журнал изящных искусств. 1823. № 4) — исторические элегии П. А. Плетнева.

М. А. ДМИТРИЕВ
«Мысли и замечания»

ВЕ. 1825. Ч. 139. № 3 (выход в свет 19 февр.). С. 225—228; приводимый отрывок — с. 227—228. Подпись: Юст Веридиков.

«Мысли и замечания» — в начале 1820-х гг. распространенная форма журнальной статьи; представляет собой разрозненные наблюдения, сентенции, афоризмы и т. п., как правило, даже не связанные единой темой (ср., например, «Отрывки из писем, мысли и замечания» у Пушкина). Статьи М. А. Дмитриева под этим заглавием печатались и в других номерах «Вестника Европы» в 1825 г. (№ 4. С. 305—307; № 14. С. 146—148). Многие общие рассуждения этих статей, написанных в ходе журнальной войны «Вестника Европы» с Вяземским, Грибоедовым и Пушкиным, имеют конкретных адресатов. В публикуемых фрагментах содержится критическая оценка «Кавказского пленника» и «Черной шали» Пушкина, положенной на музыку Верстовским («шальной кантаты») — см. с. 390 наст. изд. Другой выпад против Пушкина («Евгения Онегина» и той же «Черной шали») содержался в «Мыслях и замечаниях» М. Дмитриева в № 14: «Живописцы и ваятели будущих столетий должны быть благодарны тому, кто оставил для них память, что в России не было и *пары хороших ног*: таким образом Рафаели и Корреджи, положив XXVI века, будут изображать русских красавиц с прекрасною наружностью, но с уродливыми ногами... Это напомнит им павлинов. И почему знать? может быть, насмешники веков грядущих вздумают сравнивать с сим животным (для них *древнюю*) поэзию XIX столетия и скажут: она красива наружностью, но слабые ноги не далеко унесли ее на пути к потомству.

Творцы учебных книг о поэзии утверждали, что *кантата* должна отличаться изяществом и важностию содержания: они ошиблись! — Опыт показал, что отличительная черта кантаты не состоит в занимательности содержания, которое может быть, *какое вам угодно*».

Публикуемая статья вызвала эпиграмму Пушкина «Жив, жив Курилка!» — см.: *Билинкис О.* Об эпиграмме Пушкина «Жив, жив Курилка!» // ЛН. Т. 58. С. 338—339.

ИЗ «СЕВЕРНОЙ ПЧЕЛЫ»
«Евгений Онегин», роман в стихах.
Сочинение Александра Пушкина.

СПч. 1825. № 23, 21 февр. Без подписи.

Эта заметка представляет собой первый печатный отзыв о I главе «Евгения Онегина», которая вышла в свет отдельным изданием 16 февраля 1825 г. О скором появлении поэмы говорилось в «Северной пчеле» несколькими номерами ранее, в статье «Петербургские записки. Письмо в Москву к Петр. Александр. Мух<ано>ву» (1825. № 15. Подпись: Д. Р. К.): «Его <Пушкина. — *Ред.*> поэма "Евгений Онегин" уже печатается и скоро выйдет в свет».

[1] Эти слова вызвали ироническое замечание Н. А. Полевого в его статье о I главе «Евгения Онегина» (см. с. 263 наст. изд.).

ИЗ ЖУРНАЛА «СОРЕВНОВАТЕЛЬ ПРОСВЕЩЕНИЯ И БЛАГОТВОРЕНИЯ»

Соревн. 1825. Ч. 29, № 2 (выход в свет 23 февр.). С. 223. Из раздела «Объявления». Без подписи (П. А. Плетнев?).

Настоящая заметка является одним из первых откликов на выход в свет I главы «Евгения Онегина». О «Евгении Онегине» упоминается также в № 4 «Соревнователя», в разделе «Литературные новости», где говорится, что роман Пушкина — «одно из примечательнейших явлений в словесности нашей как по новости содержания, так и по счастливой оригинальности изложения. — Едва ли до издания "Евгения Онегина" соединялось в каком-нибудь у нас стихотворении столько разнообразных красот поэзии. Читатель попеременно увлекается то игривостию, то мечтательностию, то сатирою поэта, то наконец глубиною его чувствований...» (с. 107—108).

[1] Сходным образом отзывается о «Разговоре книгопродавца с поэтом» П. А. Плетнев в письме к Пушкину от 22 января 1825 г.: «...Разговор с книгопродавцем верх ума, вкуса и вдохновения. Я уж не говорю о стихах: меня убивает твоя логика. Ни один немецкий профессор не удержит в пудовой диссертации столько порядка, не поместит столько мыслей и не докажет так ясно своего предложения» (XIII, 133).

А. Е. ИЗМАЙЛОВ
<«Евгений Онегин». Глава I>

Благ. 1825. Ч. 29 № 9 (выход в свет 5 марта). С. 323—328. Из раздела «Книжные известия». Подпись: И.

[1] I глава «Евгения Онегина» вышла в свет 16 февраля 1825 г. Измайлов писал П. Л. Яковлеву 19 февраля: «На сих днях вышла новая поэма Пушкина, или роман, или только первая глава романа "Евгений Онегин". Плана вовсе нет, но рассказ — прелесть» (ЛН. Т. 58. С. 47—48).

² Гл. I, строфа XXVI.

³ Раздел «Известия о новых книгах», в котором напечатана данная статья, носит критико-библиографический характер.

⁴ Ср. также стихотворение «Ангелике» за подписью *Лардем*, опубликованное в «Благонамеренном» со следующим примечанием: «К сочинению сих стихов дало повод автору прекрасное обращение к ножкам в "Евгении Онегине"» (1825. Ч. 29. № 12. С. 479).

.

П. И. ШАЛИКОВ
«Евгений Онегин». Роман в стихах. Сочинение А. С. Пушкина

ДЖ. 1825. Ч. 9. № 6 (выход в свет 9 марта). С. 242–246. Без подписи.

Статья принадлежит, несомненно, самому П. И. Шаликову, на что сделано прямое указание в тексте («...мы, как издатели "Дамского журнала"...»). Основное ее назначение — галантное возражение «Разговору книгопродавца с поэтом» (написанному как предисловие к I главе «Евгения Онегина»), точнее, той части монолога Поэта, где дается пренебрежительная характеристика женщин как адресата и предмета поэтических вдохновений; в этих стихах в первоначальной редакции было упомянуто имя князя Шаликова: «Пускай их Шаликов поет, / Любезный баловень природы». В связи с этим Пушкин писал П. А. Вяземскому: «"Онегин" напечатан, думаю, уже выступил в свет. Ты увидишь в Разг.<оворе> Поэта и Книг.<опродавца> мадригал кн.<язю> Шаликову. Он милый поэт, человек достойный уважения, и надеюсь, что искренняя и полная похвала с моей стороны не будет ему неприятна. Он именно поэт прекрасного пола. Il a bien mérité du sexe, et je suis bien aise de m'en être expliqué publiquement» <У него большие заслуги перед прекрасным полом, и я очень рад, что публично об этом заявил. — *Ред.*> (XIII, 144). Шаликов ответил настоящей статьей и посланием «К А. С. Пушкину (на его отречение петь женщин)», посвященным той же теме: «...и тем не менее виновен / Бесценный грациям поэт, / Что против их подруг нескромен, /. Несправедлив его обет!...» (ДЖ. 1825. № 8. С. 69. Подпись: К. Ш.).

Об этих произведениях Вяземский упоминал в несохранившемся письме Пушкину, на что Пушкин отвечал 25 мая 1825 г.: «Статьи и стихов Шаликова не читал. Неужто он обижается моими стихами? вот уж тут-то я невинен как барашек! спросите у братца Леона: он скажет вам, что увидев у меня имя кн. Ш.<аликова>, он присоветовал мне заменить его Батюшковым — я было и послушался, да стало жаль, et je remis bravement Chalikof! <и я храбро восстановил Шаликова! — *Ред.*> Это могу доказать черновою бумагою» (XIII, 184, 537). Рукопись действительно отражает колебания Пушкина между названными именами; в последующих изданиях имя заменялось звездочками.

¹ Цитируется «Разговор книгопродавца с поэтом», откуда взята формула «стон лиры верной» и последующие цитаты: «Когда ж на память мне невольно ~ Боготворить не устыдился», «Ах! мысль о ней души завялой ~ Лампадой чистою любви», «В младые лета розы нам Дороже лавров Геликона», а также измененный Шаликовым текст"Блажен, кто про себя таил..." и. т. д. Остальные цитаты — из текста I главы (строфы X, XXIV, XXV).

Н. А. ПОЛЕВОЙ
«Евгений Онегин», роман в стихах.
Сочинение Александра Пушкина

МТ. 1825. Ч. 2. № 5 (выход в свет 16 марта). С. 43–51. Без подписи; авторство раскрывается в ходе дальнейшей полемики.

Статья вызвала продолжительную полемику, в которой против Н. А. Полевого выступали Д. В. Веневитинов и Н. М. Рожалин (см. коммент. к след. статьям; также: *Стратен В.* Пушкин и Веневитинов. I. Веневитинов – критик Пушкина // П. и совр. Вып. 38–39. С. 228–240).

Ранее в «Прибавлении» к №3 «Московского телеграфа» в разделе «Книжные известия» (с. 52) было помещено сообщение о скором выходе в свет I главы «Евгения Онегина» и продаже ее в книжном магазине И. В. Сленина в Петербурге.

¹ Статья заострена против критики, опирающейся на каноны классической поэтики. Хотя здесь полемические выпады Полевого не имеют конкретного адресата, их можно отнести ко многим критикам Пушкина, в суждениях которых сказывался нормативный подход к его поэзии (см., например, статьи А. Ф. Воейкова или В. Н. Олина в наст. изд.). В № 3 «Вестника Европы» за 1825 г. Юст Веридиков (М. А. Дмитриев) утверждал, что в «Кавказском пленнике» Пушкина нет ничего, что могло бы составить содержание поэмы (см. с. 257 наст. изд.).

² Намек на библиографическую заметку в «Северной пчеле» (1825. № 23, 21 февр. – см. с. 257 наст. изд.). Сообщив, что вышедшая книга – «только первая глава предполагаемого автором романа», рецензент «Пчелы» отказался судить по ней о «целом».

³ Стих Горация («Наука поэзии», ст. 128), который Байрон поместил на титульном листе издания песней I–II (1819) и III–IV (1821) своей поэмы «Дон-Жуан».

⁴ «Беппо» (1818) – поэма Байрона.

⁵ Перечисляются требования к жанру поэмы в нормативных поэтиках. См., например: «Словарь древней и новой поэзии, составленный Николаем Остолоповым» (СПб., 1821. Ч. I. С. 235–244 и со с. 454) или «Краткое начертание теории изящной словесности» А. Ф. Мерзлякова (М., 1822. Ч. I. С. 201–203).

⁶ См.: Гл. I, строфы LIX–LX «Евгения Онегина»

....
Погасший пепел уж не вспыхнет,
Я все грущу: но слез уж нет,
И скоро, скоро бури след
В душе моей совсем утихнет:
Тогда-то я начну писать
Поэму песен в двадцать пять.
     LX
Я думал уж о форме плана,
И как героя назову;
....

⁷ Имеются в виду эпизоды из «Энеиды» Вергилия (кн. 9, ст. 77–122 и кн. 10, ст. 219–235) и «Илиады» Гомера (песнь 22, ст. 136 и далее). Аполлоний Родосский (ок. 295–215 до н. э.) – александрийский грамматик и поэт, автор эпической поэмы «Аргонавтика». В словах Полевого заключена ирония, относящаяся к традиционным разборам эпических поэм в нормативных поэтиках. Например, упомянутый эпизод из «Энеиды» критикует Баттё как преувеличение, не отвечающее критерию истинности,

верности действительности (*Batteux Ch.* Les beaux arts réduits á un même principe. Paris, 1747. P. 203–204).

[8] Начало цитаты из Горация:

Vos, exemplaria Graeca
Nocturna versate manu, versate diurna.
<Образцы нам – творения греков.
Ночью и днем листайте вы их неустанной рукою.>

(Наука поэзии, ст. 268–269; пер. М. Л. Гаспарова).

[9] Каприччио (*ит.*) – музыкальная пьеса, в написании которой автор руководствуется прежде всего своей фантазией. Не имеет определенной формы, содержит неожиданные ритмические и гармонические обороты.

[10] См. примеч. 2 к наст. статье.

[11] Упомянутая статья подписана «L. N.» и принадлежит Н. И. Бахтину. В статье дан краткий очерк русской литературы от Кантемира до современности. Говоря о Пушкине, Бахтин отдает должное красоте и изяществу стихов «Руслана и Людмилы» и считает, что эта поэма превосходит все, написанное до того в России в шутливом роде, кроме «Душеньки» Богдановича. Бахтин советует Пушкину в дальнейшем отдаться его «врожденной веселости», так как «мрачные картины, которые он пытается писать, редко ему удаются». Суждения Бахтина отражали литературные взгляды П. А. Катенина, другом, издателем и пропагандистом творчества которого был Бахтин. См. подробнее: Письма П. А. Катенина Н. И. Бахтину: (Материалы для истории русской литературы 20-х и 30-х годов XIX века) / Вступ. ст. и примеч. А. А. Чебышева. СПб., 1911. С. 15–16, 72–73. Перевод статьи Бахтина помещен в «Вестнике Европы» (1824. Ч. 138. № 22. С. 102–113). Часть статьи, посвященная современной литературе, опущена со следующим примечанием редактора: «В окончании, как читатель мог уже заметить, говорится о самой щекотливой и раздражительной половине словесности нашей, еще в живых находящейся. Предлагать о ней свои мнения небезопасно...» Поводом к написанию статьи послужило издание во Франции Э. Дюпре де Сен-Мором (1772–1854) «Русской антологии» (Anthologie russe, suivie de poésies originales ... par P. J. Emile Dupré de Saint-Maure. Paris, 1823). Там даны краткая биографическая справка о Пушкине, характеристика «Руслана и Людмилы» с переводом отрывка из поэмы, хвалебный отзыв о «Кавказском пленнике».

«*Елисей, или Раздраженный Вакх*» (1771) – ирои-комическая поэма В. И. Майкова; «*Вергилиева Энейда, вывороченная наизнанку*» – бурлескная поэма Н. П. Осипова (ч. 1–4, 1791–1796; продолжена А. Котельницким, ч. 5–6, 1802–1808). В части тиража «Московского телеграфа» примечание напечатано не полностью, до слов: «Помнится, что эта статья...».

[12] «*Налой*» (1674) – ирои-комическая поэма Буало; «*Похищенный локон*» («Похищение локона» («Rape of the Lock»), 1712–1714) – ирои-комическая поэма английского поэта Александра Попа (1688–1744).

[13] Близкие по смыслу высказывания имеются в философско-эстетических эссе Ф. Ансильона: «Essai sur le naïf et le simple» (Mélanges de littérature et de philosophie. Par F. Ancillon. Paris, 1809. T. 1. P. 117, 120; рус. пер.: «Рассуждения о беспритворстве и простоте» // Эстетические рассуждения г. Ансильона. СПб., 1813. С. 100, 104) и «Analyse de l'idée de littérature nationale» (Essais philosophiques, ou Nouveaux mélanges de littérature et de philosophie. Par. F. Ancillon. Paris, Genève, 1817. T. 1. P. 62–63).

Это место статьи Полевого впоследствии стало одним из поводов к нападкам на издателя «Телеграфа». В одном из своих полемических «Разговоров с приятелем», посвященных полемике с Полевым, М. М. Карниолин-Пинский писал: «Разбирая "Онегина", захотел он похвалить Пушкина с помощью авторитета и для того выразился так: "главный признак изящного есть простота, — сказал один германский философ, и что же простее, добродушнее этой насмешки над толками модных последователей Смита." — Этот германский философ есть Ансильон. Он главным признаком изящества почитает простоту, то есть несложность (simplisité) идеи в целом творении, и весьма отличает ее от простосердечия, добродушия, или простодушия (naiveté), состоящего в том, что лицо, связанное приличиями, иногда высказывает словами, телодвижениями или действиями более, нежели сколько желает. Простота есть основной признак изящества, простосердечие — случайный. Г. Полевой смешал сии разнородные понятия и, приняв одно вместо другого, хотел заставить бедного Ансильона говорить, чего он здоровый и подумать не захочет. Как можно шутку рассматривать за что-то целое, чтобы определить красоту ее по стихийному признаку изящного? Какая сложность может быть в шутке? Какое добродушие нашел и<здатель> "М<осковского> т<елеграфа>" в насмешке над модными последователями Смита? Насмешка эта забавна, остроумна, обдуманна, приготовлена предыдущими стихами, и потому непростодушна. Человек, ссылающийся на автора, которого не вразумел, не имеющий основательного понятия о прекрасном и не отличающий целого от частей, пусть гневается на меня сколько хочет, а уподобление свое оставляю при его творениях» (СО. 1825. Ч. 104 № 21. Прибавление № 2. С. 123—124; подпись: М. Крнлн Пнский).

[14] О подражании в «Руслане и Людмиле» «Неистовому Роланду» Ариосто см., например, в статьях Воейкова, Олина, в разборе из «Невского зрителя» в наст. изд. С «Паломничеством Чайльд Гарольда» (1812—1818) и «Гяуром» (1813) Байрона поэмы Пушкина сопоставлялись неоднократно, например в статьях Плетнева и Вяземского о «Кавказском пленнике», Карниолина-Пинского о «Бахчисарайском фонтане» и др., но о подражании Байрону говорит определенно, пожалуй, лишь Карниолин-Пинский. *Дж. Парини* в поэме *«День»* (выходила частями с 1763 г.) иронично описал времяпровождение миланского дворянина, образ жизни определенных слоев итальянской знати.

[15] Вероятно, неточно цитируется стих из трагедии Вольтера «Танкред» (1760), д. III, явл. 4. У Вольтера: «Il s'en présentera: gardez-vous d'en douter» <Предстанет, страшитесь в этом усомниться. — *Ред.*>

[16] Цитата из басни И. И. Дмитриева «Лебедь и гагары» (1805).

Д. В. ВЕНЕВИТИНОВ
Разбор статьи о «Евгении Онегине», помещенной в 5-м № «Московского телеграфа»

СО. 1825. Ч. 100. № 8 (выход в свет 22 апр.). С. 371—383. Подпись: —въ.
Написана в конце марта — начале апреля 1825 г. Авторизованный список, имеющий ряд стилистических расхождений с журнальным текстом, в РГБ, ф. 48 (Веневитиновых), к. 55, ед. хр. 40. По нему статья опубликована в изд.: Литературная критика 1800—1820-х гг. М., 1980. С. 256—262. По тексту посмертного издания сочинений Веневитинова (*Веневитинов Д.* Соч. Ч. 2. Проза. М., 1831), воспроизводящему (с очень незначительными разночтениями) текст журнальной публикации, статья напечатана в изд.: *Веневитинов Д. В.* Стихотворения. Проза. М., 1980.
Дмитрий Владимирович Веневитинов (1805—1827), поэт, один из основоположников философской эстетики и критики в России. По матери, Анне Николаевне, урожд. княжне Оболенской, приходился четвероюродным братом Пушкину. Веневитинов получил блестящее домашнее образование, владел классическими и но-

выми европейскими языками, занимался живописью и музыкой. В 1822 г. поступил вольнослушателем в Московский университет. Особенное влияние оказал на Веневитинова профессор М. Г. Павлов, знакомивший слушателей на лекциях с основами философии Ф. Шеллинга. Окончив университет в 1823 г., Веневитинов поступил на службу в Московский архив Министерства иностранных дел; здесь в кружке молодых литераторов в том же году возникло Общество любомудрия, секретарем которого стал Веневитинов. На занятиях общества, по воспоминанию А. И. Кошелева, «...господствовала немецкая философия, т. е. Кант, Фихте, Шеллинг, Окен, Гёррес и др.» (Русское общество 40—50-х гг. XIX в. Часть I: Записки А. И. Кошелева. М.: Изд-во МГУ, 1991. С. 51). Увлечение немецкой философией сказалось в собственных философских статьях Веневитинова «Письмо к графине NN», «Анаксагор. Беседа Платона», «Второе письмо о философии» и в его поэтическом творчестве (об особенностях поэтической системы Веневитинова см.: *Гинзбург Л. Я.* Опыт философской лирики // Гинзбург Л. Я. О старом и новом: Статьи и очерки. Л., 1982. С. 194—228).

Критические работы Веневитинова также отражают систему его философских взглядов, через призму которых осмысляется развитие литературы. Таковы «Разбор рассуждения г. Мерзлякова о начале и духе древней трагедии и проч., напечатанного в издании его подражаний и переводов из греческих и латинских стихотворцев», «Несколько мыслей в план журнала» (первоначальное название — «О состоянии просвещения в России»). Ряд его критических статей посвящен творчеству Пушкина: «Разбор статьи о "Евгении Онегине..."», «Ответ г. Полевому», «Два слова о второй песне "Онегина" и разбор сцены из трагедии «Борис Годунов» («Analyse d'une scène détachée de la tragédie de Mr. Pouchkin insérée dans un Journal de Moscou») предназначенный для французской газеты «Journal de Moscou», но опубликованный только в издании прозы Веневитинова 1831 г.

В 1826 г. освобожденный из ссылки Пушкин приезжает в Москву и сближается с любомудрами, прежде всего с Веневитиновым; при его ближайшем участии основан журнал «Московский вестник», одним из идейных вдохновителей которого стал Веневитинов.

В ноябре 1826 г. Веневитинов переезжает в Петербург. В столице поэт сближается с кружком Дельвига, пишет роман «Владимир Паренский», работа над которым была прервана его неожиданной смертью от случайной простуды (15 марта 1827 г.). Первое собрание сочинений Веневитинова (Ч. 1: Стихотворения. М., 1829; Ч. 2: Проза. М., 1831) подготовлено братом поэта и его друзьями — В. Ф. Одоевским, М. П. Погодиным, Н. М. Рожалиным, В. П. Титовым, в течение многих лет поддерживавшими культ его памяти. См. также: *Пятковский А. П.* Князь В. Ф. Одоевский и Веневитинов. 3-е изд. СПб., 1901; *Стратен В. В.* Пушкин и Веневитинов // П. и совр. Вып. 38—39; *Манн Ю. В.* Русская философская эстетика. М., 1969. С. 6—42; *Маймин Е. А.* Русская философская поэзия. М., 1976. Гл. 2; *Тартаковская Л.* Д. Веневитинов: Личность. Мировоззрение. Творчество. Ташкент, 1974; *Каменский З. А.* Московский кружок любомудров. М., 1980. С. 64—139.

«Разбор...» явился ответом на статью Н. А. Полевого о «Евгении Онегине». Веневитинов выступает здесь с позиций формирующейся философской эстетики; для него существенно определить эстетические законы, «постоянные правила» поэзии. Убежденность в существовании таких правил для поэзии и искусства характерна и для других любомудров (см., например: *Шевырев С. П.* Разговор о возможности найти единый закон для изящного // Русские эстетические трактаты первой трети XIX в. М., 1974. Т. 2. С. 506—517; *Одоевский В. Ф.* Опыт теории изящных искусств с особенным применением оной к музыке // Там же. С. 156—164).

Веневитинов стремится понять каждое явление в его целостности, подчеркивая, что и в отдельной статье, и в художественном произведении «должна заключаться полная мысль». С другой стороны, правила, по которым надлежит судить о словесности какой-либо эпохи, определены «степенью философии времени». По Веневитинову, «человеческое познание» проходит три этапа: «эпоху эпическую, лирическую и драматическую. <...> Первая живет воспоминаниями: тут первенствует не мысль человека, а видимый мир, получаемые впечатления. В этой первой эпохе жили древние <...>. Напротив того, мы живем в эпохе совершенно лирической; поэмы Клопштока, Байрона суть поэмы эпико-лирические. Это эпоха *настоящего*. Здесь мысль независимо от времени выливается из души поэта и распложается во всех явлениях. <...> Третья эпоха составится из этих двух <...>. В этой эпохе мысль будет в совершенном примирении с миром» (Письмо А. И. Кошелеву, конец июля 1825 г. // *Веневитинов Д. В.* Стихотворения. Проза. С. 353–354).

Пушкин высоко оценил статью Веневитинова. Пятковский приводит слова, сказанные поэтом, по свидетельству С. А. Соболевского, в Москве в 1826 г.: «Это единственная статья <...>, которую я прочел с любовью и вниманием. Все остальное — или брань, или переслащенная дичь» (*Пятковский А. П.* Князь В. Ф. Одоевский и Д. В. Веневитинов. СПб., 1901. С. 125–126).

[1] См. примеч. 2 на с. 430 наст. изд.

Н. А. ПОЛЕВОЙ
Толки о «Евгении Онегине», соч. А. С. Пушкина

МТ. 1825. Ч. 4, № 15 (выход в свет 24 авг.). Особенное прибавление. С. 1–11 (3-я пагинация). Без подписи.

Ответ на статью Д. В. Веневитинова «Разбор статьи о "Евгении Онегине"...»

[1] Имеются в виду Н. И. Греч и Ф. В. Булгарин, откликнувшиеся на выход «Онегина» лишь краткой заметкой в «Северной пчеле» (см. с. 257 наст. изд.). Сухой тон объявления «Пчелы» отмечал Пушкин (XIII, 148). Позднее Булгарин оправдывался перед Пушкиным по поводу молчания «Северной пчелы» об «Онегине» (XIII, 168). В то же время на страницах «Сына отечества» появлялись многочисленные похвалы Булгарину — см., например: СО. 1825. Ч. 100. № 5. С. 57–67 (отзыв о булгаринском альманахе «Русская Талия»); Ч. 101. № 11. С. 303–305 и др. На них неоднократно указывалось в антикритиках «Московского телеграфа» в течение 1825 г.

[2] См. например, примеч. 4 на с. 432 наст. изд.

[3] Полемика вокруг «Московского телеграфа» охватила почти всю русскую журналистику. На первом этапе существования журнала наиболее острой была его борьба с изданиями Булгарина и Греча. Подробно см.: Полевой. С. 398–401; «Обозрение критических и антикритических статей и замечаний на "Московский телеграф"...» («Особенное прибавление» к ч. 4 «Московского телеграфа» (к № 13, 15 и 16); «Прибавление» к ч. 103 «Сына Отечества» (к №19), целиком посвещается полемике с «Телеграфом». *Журнал для милых* издавался в 1804 г. в Москве писателем-карамзинистом М. Н. Макаровым (1789–1847) как журнал занимательного чтения для женщин (всего вышло 12 номеров). Содержание ограничивалось стихами и чувствительными повестями. Прекращен за малочисленностью подписчиков. Для Полевого — образец пустого, ненужного журнала. См.: МТ. Ч. I. № 1. С. 8–9, 17.

[4] В первую очередь имеются в виду критики «Вестника Европы». См., например: статьи «Московские записки» (с. 149–150 наст. изд.) или «Мысли и замечания» М. А. Дмитриева (с. 256–257 наст. изд.; подпись: Юст Веридиков).

[5] Источник цитаты не установлен.

[6] Пренебрежительное отношение к литературной деятельности Тредиаковского, сформировавшееся еще при его жизни, было характерно для критики первой половины XIX в. Ср., например, во «Взгляде на старую и новую словесность в России» А. А. Бестужева: «В то время как юный Ломоносов парил лебедем, бездарный Тредиаковский пресмыкался, как муравей, разгадывал механизм, приличный русскому стопосложению, и оставил в себе пример трудолюбия и безвкусия. Смехотворными стихами своими, в отрицательном смысле, он преподал важный урок последующим писателям». (ПЗ на 1823 год. С. 8—9) Об изменении взглядов Пушкина на творчество Тредиаковского см.: *Петрунина Н. Н., Фридлендер Г. М.* Над страницами Пушкина. Л., 1974. С. 138—140.

[7] См.: Nouveaux essais de politique et de philosophie. Par F. Ancillon. Paris; Berlin, 1824. T. 2. P. 56.

[8] Роман Л. Стерна «Жизнь и мнения Тристрама Шенди, джентльмена» (1759—1767).

[9] Названы еще не опубликованные к тому времени произведения Пушкина: «К морю» и поэма «Цыганы». «Цыганы» опубликованы полностью в 1827 г., отрывок был напечатан в «Полярной звезде» на 1825 год. «К морю» напечатано в октябре 1825 г. в четвертой части альманаха «Мнемозина». В № 1« Московского Телеграфа» за 1825 г. (с. 39) в «Прибавлении» Вяземского к переводной статье «Характер лорда Бейрона» напечатан отрывок («Реви, волнуйся непогодой ~ Мир опустел...»). В редакцию «Телеграфа» и издателям «Мнемозины» стихотворение доставил Вяземский (*Цявловская Т. Г.* Автограф стихотворения «К морю» // ПИМ. T. 1. C. 187—207).

[10] Оба эти утверждения содержатся в «Письме на Кавказ» за подписью Д. Р. К., с. 249—252 наст. изд.

[11] Неточная цитата из стихотворения П. А. Вяземского «Послание к М. Т. Каченовскому» (1820). У Вяземского: «На нем чужой успех, как ноша, тяготеет...»

[12] Может быть, имеется в виду баллада В. А. Жуковского «Граф Гапсбургский» (1818). Ср.:

Не мне управлять песнопевца душой
(Певцу отвечает властитель);
Он высшую силу признал над собой;
Минута ему повелитель;
По воздуху вихорь свободно шумит;
Кто знает, откуда, куда он летит?
Из бездны поток выбегает:
Так песнь зарождает души глубина,
И темное чувство, из дивного сна
При звуках воспрянув, пылает.

[13] *«Модная жена»* печаталась в собрании стихотворений И. И. Дмитриева в разделе «Сказки». *«Игрок ломбера»* (1763) — ирои-комическая поэма В. И. Майкова; *«Расхищенные шубы»* (1811—1815) — ирои-комическая поэма А. А. Шаховского.

[14] См.: Ж.-Б. Мольер. «Мизантроп» (1666). Д. I, явл. 2.

Д. В. ВЕНЕВИТИНОВ
Ответ г. Полевому

СО. 1825. Ч. 103. № 19 (выход в свет 6 окт.). Прибавление № 1. С. 25–39. Подпись: –в.

Ответ Веневитинова на антикритику Н. А. Полевого может быть датирован концом августа – началом сентября. 15-й номер «Московского телеграфа» начал раздаваться подписчикам 26 августа (см.: МВед. 1825. № 68). В письме А. И. Кошелеву и А. С. Норову (конец августа – начало сентября 1825 г.) Веневитинов писал: «Взгляните на "Телеграф" и имейте терпение прочесть длинную, мне посвященную статью, смотрите с какою подлостию автор во мне предполагает зависть к известности Пушкина, и судите сами, мог ли я оставить без ответа такое обвинение тогда, как все клянется Пушкиным и когда многие знают, что я писал статью на "Онегина". Вы можете себе представить, что я, прочтя эту антикритику, пошагал в комнате, потер себе лоб, поломал пальцы и взялся за перо. В один день вылилась статья – увы! – предлинная и, кажется, убийственная для Полевого» (*Веневитинов Д. В.* Стихотворения. Проза. М., 1980. С. 356).

[1] Веневитинов имеет в виду антикритику Полевого на полемические статьи, направленные против «Московского телеграфа», в Особенных прибавлениях к ч. IV «Телеграфа» (№ 13 и 15).

[2] Сопоставление стихотворения А. С. Хомякова «Желание покоя» (ПЗ на 1825 год) с «Дифирамбом» Ж. Делиля (1794; рус. пер. А. Лабзина и А. Палицина, 1804) сделано Полевым в одной из статей Особенного прибавления к №13 «Московского телеграфа» (с. 55).

[3] Веневитинов перечисляет поэму Гете «Герман и Доротея» (1797), написанную гекзаметром и по жанру близкую к идиллии, его же сатирическую поэму «Рейнеке-Лис» (1793) и идиллию И.-Г. Фосса «Луиза» (1783–1784).

[4] Имеется в виду следующее утверждение Полевого из рецензии на «Полярную звезду на 1825 год»: «...древние, т. е. греки и римляне, нейдут с нами в ровную параллель, ибо у них был свой ход словесности...» (МТ. 1825. Ч. 2. № 8. С. 322).

[5] Полевой употребил термин А-мольная музыка в № 2 (с. 166) и № 13 (с. 19) «Телеграфа». А-моль – другое наименование тональности ля-минор.

Н. М. РОЖАЛИН
Нечто о споре по поводу «Онегина»
(Письмо редактору «Вестника Европы»)

ВЕ. 1825. Ч. 143. № 17 (выход в свет 24 сент.). С. 23–34. Подпись: И. Р...ин.
Николай Матвеевич Рожалин (1805–1834) – литератор, знаток философии, классической и немецкой литературы, переводчик Гете. Входил в московский кружок любомудров. Его статья появилась как одна из деклараций кружка после опубликования второй статьи Полевого против Д. В. Веневитинова, в которой сам Веневитинов и его друзья усмотрели личные обвинения (в «зависти к известности Пушкина»). В письме А. И. Кошелеву и А. С. Норову от конца августа – начала сентября 1825 г. Веневитинов писал: «Рожалин послал в "В<естник> Е<вропы>" славное письмо к р<е>д<а>кт<о>р<у>, в котором он защищает мои мнения и обличает самозванца-литератора, письмо дельное, которого никак не стоит Полевой и в котором сочинитель умел скрыть всякое личное участие. Киреевский в жару также написал не совсем

удачный сбор колкостей на Полевого, но потом разорвал написанное» (*Веневити-*
нов Д. В. Стихотворения. Проза. М., 1980. С. 356–357). Статья Рожалина появилась почти одновременно с ответом самого Веневитинова и имела целью не столько
интерпретацию Пушкина, сколько опровержение общих теоретических и критических посылок Полевого, которого Рожалин упрекал в поверхностности и некомпетен-
тности суждений. К моменту выхода статьи Рожалин с Пушкиным знаком еще не был;
их личное знакомство состоялось осенью 1826 г. Позднее Рожалин участвовал в
организации «Московского вестника» и был одним из ведущих сотрудников журнала.
С 1828 г. жил за границей.

¹ Здесь скрыт намек на «Письмо издателя к N.N.» (МТ. 1825. № 1. С. 3–17), где
Полевой изложил свои взгляды на цели и задачи современного журнала и на обязанности журналиста. Рожалин и дальше обращается к «Письму издателя», намекая
каждый раз на несоответствие реальной деятельности Полевого-журналиста идеальной программе, им некогда заявленной.

² См. примеч. Веневитинова на с. 270 наст. изд.

³ В «Письме издателя к N.N.» (МТ. 1825. № 1. С. 6).

⁴ На С. 311–324 Прибавления к № 15 «Московского телеграфа» помещена
статья «Матюша-Журналоучка» (подпись: Я. Сидоренко), где в форме разговора между
Матюшей и «автором» высмеиваются «нелепости», встречаемые в «Литературных
листках», «Сыне отечества», «Северном архиве», «Северной пчеле» — изданиях Булгарина и Греча. Противники Полевого в свою очередь нашли в «Матюше...» неточности, несправедливые обвинения, насмешки. Другие материалы номера также дали
повод к нападкам на «Телеграф». Подробно см.: Прибавление к ч. 103 «Сына отечества» за 1825 г. (антикритики IV–VI); СПч. 1825. № 80, 82 и др.; Полевой. С. 399.

⁵ См. с. 263 наст. изд. Рожалин имеет также в виду примечание Полевого к
опубликованному в № 15 «Телеграфа» переводу отрывка из «Истории герцогов
Бургундских» А.-Г. де Баранта: «Французы говорят, что г. Барант создал новый род
истории, доныне неизвестный, и надобно признаться, что он показал новую сторону
в искусстве писать историю. Он, собственно, рассказывает события, а не пишет
истории; оживляет пред глазами читателей прошедшие поколения и заставляет их
говорить».

⁶ Утверждение: «Граф Сегюр, бывший некогда посланником при нашем дворе,
был после того курфирстом» (МТ. 1825. Прибавление к № 15. С. 321) приведено
Полевым как образец «нелепости», заимствованной из журналов Булгарина и Греча (без
точной ссылки). В «Сыне отечества» было заявлено, что фраза изобретена самим Полевым в полемических целях (СО. 1825. Прибавление 1 к ч. 103. С. 57). Л.-Ф. де Сегюр
(1753–1830) — французский посланник в России в 1785–1789 гг., писатель и историк.
Курфюрст (*нем.* Kurfürst; буквально — избирающий князь) — в старой Германской империи так назывались князья, обладавшие правом избрания императора.

N. N.

Замечания на статью «Нечто о споре по поводу Онегина», помещенную в №17 «Вестника Европы»

МТ. 1825. Ч. 6. № 23 (выход в свет 21 дек.). Особенное прибавление. С. 1–11.
Подпись: N. N.

Судя по характеру полемики, статья вышла из редакционного кружка «Московского телеграфа».

¹ Французская идиома. Так говорится о человеке, который, обладая негибким, неповоротливым умом, пытается извернуться, схитрить.

² «Méditations poétiques» («Поэтические размышления»; 1820) и «Nouvelles méditations poétiques» («Новые поэтические размышления»; 1823) — стихотворные сборники французского поэта А. Ламартина (1790-1869), имевшие огромный успех у читателей.

³ С. 283 наст. изд.

С. Д. ПОЛТОРАЦКИЙ
О новых полемических статьях против «Московского телеграфа»
<Отрывок>

МТ. 1825. Ч. 6. № 23 (выход в свет 21 дек.). Особенное прибавление. С. 11—28 (начало в «Особенном прибавлении» к № 22); приводимый отрывок — с. 14—17. Подпись: Киовский.

Публикуемая часть антикритики Полторацкого является ответом на статью Д. В. Веневитинова «Ответ г. Полевому» (см. с. 276-282 наст. изд.).

Сергей Дмитриевич Полторацкий (1803—1884) — известный библиограф и библиофил, член редакции «Московского телеграфа», друг Н. А. и К. А. Полевых. Был тесно связан с французскими литературными кругами, являлся постоянным сотрудником «Revue Encyclopédique», систематически печатал во французских журналах статьи о русской литературе, пропагандировал творчество Пушкина. Личное знакомство Полторацкого с Пушкиным состоялось в 1826 г. в Москве после возвращения поэта из ссылки. В 1827—1829 гг. между ними устанавливаются тесные дружеские отношения. Пушкин подарил Полторацкому экземпляры своих поэм «Цыганы» (1827) и «Полтава» (2 апр. 1829) с авторскими подписями. С весны 1830 по май 1832 г. Полторацкий жил во Франции; позднее их общение с Пушкиным продолжалось. Впоследствии Полторацкий был активным собирателем поэтического наследия Пушкина и биографических материалов о нем. Подробнее см.: *Прийма Ф.* С. Д. Полторацкий как пропагандист творчества Пушкина во Франции // ЛН. Т. 58. С. 298—307; Письма Н. А. Полевого к С. Д. Полторацкому / Вступ. ст. и коммент. В. А. Салинки // Науч. тр. высших учебных заведений Литовской ССР. Литература. Т. IX. Вильнюс, 1966. С. 301—325; *Крамер В. В.* С. Д. Полторацкий в борьбе за наследие Пушкина // Врем. ПК. 1967—1968. С. 58—75; *Кунин В. В.* Библиофилы пушкинской поры. М., 1979.

БЕСТУЖЕВ А. А.
Взгляд на Русскую словесность в течение 1824 и начале 1825 годов
<Отрывки>

ПЗ на 1825 г. СПб., 1825 (выход в свет 20 марта). С. 1—23; приводимые отрывки — с. 13—15, 20.

¹ Бестужев не случайно цитирует именно те строки «Разговора книгопродавца с поэтом», которые в наибольшей мере противоречат прозаическому финалу сти-

хотворения. К тому же, указывая на связь «Разговора» с «Прологом в театре» из трагедии Гете «Фауст», критик сознательно ориентировал читателя на сравнение пушкинского стихотворения с «Отрывком из Гете» Грибоедова, опубликованным в этом же выпуске альманаха и представляющим собой перевод части «Пролога в театре». Бестужев, высоко оценивший комедию Грибоедова как острую сатиру на современное общество, подходил с теми же мерками и к пушкинскому «Евгению Онегину». О том, подобает ли поэту обращаться к изображению светской жизни и каким образом следует ее изображать, Бестужев и Рылеев спорят с Пушкиным в переписке 1825 г. О характере упреков Бестужева можно судить по письму Пушкина Рылееву 25 января 1825 г., где поэт возражает на несохранившееся письмо Бестужева: «Бест.<ужев> пишет мне много об "Онегине". — скажи ему, что он неправ: ужели хочет он изгнать все легкое и веселое из области поэзии? куда же денутся сатиры и комедии? следовательно, должно будет уничтожить и "Orlando furioso", и "Гудибраса", и "Pucelle", и "Вер-Вера", и "Реникс-фукс", и лучшую часть "Душеньки", и сказки Лафонтена, и басни Крылова etc. etc. etc. etc. etc... Это немного строго. Картины светской жизни также входят в область поэзии...» (XIII, 134). Декабристы были готовы принять последнее утверждение Пушкина (см. письмо Рылеева от 12 февр.: «Разделяю твое мнение, что картины светской жизни входят в область поэзии» — XIII, 141), но считали, что поэт должен подойти к изображению света сатирически и противопоставить ему героя, полного возвышенных чувств и мыслей, поэтому характер Онегина их не удовлетворял: «Что свет можно описывать в поэтических формах — это несомненно, но дал ли ты Онегину поэтические формы, кроме стихов? поставил ли ты его в контраст со светом, чтобы в резком злословии показать его резкие черты? — Я вижу франта, который душой и телом предан моде, — вижу человека, которых тысячи встречаю наяву...» (Бестужев Пушкину 9 марта 1825 г. — XIII, 149). В качестве образца Бестужев указывает Пушкину на политическую сатиру Байрона в «Дон-Жуане» (XIII, 149; ср. также письмо Рылеева Пушкину 12 мая 1825 г. — XIII, 173). Пушкин отвечал Бустужеву. «Ты говоришь о сатире англичанина Байрона и сравниваешь ее с моею, и требуешь от меня таковой же! Нет, моя душа, многого хочешь. Где у меня *сатира*? о ней и помину нет в "Евг.<ении> Он.<егине>". У меня бы затрещала набережная, если б коснулся я сатире» (письмо 24 марта 1825 г. — XIII, 155). Описание «картин светской жизни», лишенное сатирического задания, казалось декабристам недостойным таланта Пушкина; в этом смысле они выражали недовольство «предметом», избранным автором «Евгения Онегина»: «Ты очень искусно отбиваешь возражения насчет предмета — но я не убежден в том, будто велика заслуга оплодотворить тощее поле предмета, хотя и соглашаюсь, что тут надобно много искусства и труда. <...> Я невольно отдаю преимущество тому, что колеблет душу, что ее возвышает, что трогает русское сердце; а мало ли таких предметов — и они ждут тебя!» (Бестужев Пушкину 9 марта 1825 г. — XIII, 148—149; ср. также письмо Рылеева 10 марта 1825 г. — XIII, 150). Таким образом, на страницах «Полярной звезды» Бестужев как бы продолжил свою эпистолярную полемику с Пушкиным. Подробнее см.: *Фесенко Ю. П.* Пушкин и Грибоедов // Врем. ПК. 1980. С. 101—106; о полемике вокруг образа Онегина см. также: *Базанов В. Г.* Очерки декабристской литературы: Публицистика. Проза. Критика. М., 1953. С. 406—418; *Мейлах Б. С.* Реалистическая система Пушкина в восприятии его современников // ПИМ. Т. VI. С. 12—14. Уклончивая оценка «Евгения Онегина» в «Полярной звезде» вызвала следующие замечания Пушкина в письме Бестужеву конца мая — начала июня 1825 г.: «Об "Онег.<ине>" ты не высказал всего, что имел на сердце; чувствую почему и благодарю — но зачем же ясно не обнаружить своего мнения? — покамесь мы будем руководствоваться личными нашими отношениями, критики у нас не будет — а ты достоин ее создать» (XIII, 180).

² Поэма «Цыганы», как и многие другие произведения Пушкина, была известна в литературных кругах еще до того как вышла в свет. Пушкин выражал свое неудовольствие по поводу распространения «Цыган» в письмах к Л. С. Пушкину конца января — 1-й пол. февраля 1825 г., к Бестужеву конца января 1825 г., к Вяземскому 19 февраля 1825 г. В «Полярной звезде на 1825 год» был напечатан отрывок из «Цыган» («Цыгане шумною толпой ~ Как песнь рабов, однообразной»).

³ Высокую оценку «Цыганам» Бестужев дает также в письме В. И. Туманскому 15 января 1825 г.: «Это выше всего, что он писал доселе. Тут Пушкин — Пушкин, а не обезьяна» (*Шугуров Н. В.* Туманский и Мицкевич // Киевская старина. 1899. Март. С. 300). Столь же высоко оценивает «Цыган» Рылеев в письмах Пушкину: «Рылеев обнимает Пушкина и поздравляет с "Цыганами". Они совершенно оправдали наше мнение о твоем таланте. Ты идешь шагами великана и радуешь истинно русские сердца» (5—7 янв. 1825 г. — XIII, 133); «"Цыган" слышал я четвертый раз и всегда с новым, с живейшим наслаждением. Я подыскивался, чтоб привязаться к чему-нибудь, и нашел, что характер Алеко несколько унижен. Зачем водит он медведя и сбирает вольную дань? Не лучше ли б было сделать его кузнецом? <...> Насчет слога, кроме небрежного начала мне не нравится слово: *рек*. Кажется, оно не свойствен<но> поэме; оно принадлежит исключительно лирическому слогу» (конец апр. 1825 г. — XIII, 168—169). Слова Рылеева о кузнеце, продиктованные характерным для декабристов желанием, чтобы поэты выбирали более позитивные, «высокие» темы и героев, Пушкин вспоминает в «Опровержении на критики» (1830), см. примеч. на с. 459 наст. изд.

⁴ К «Песни о вещем Олеге» Бестужев отнесся сдержанно. Пушкин писал ему в конце января 1825 г.: «Тебе, кажется, "Олег" не нравится; напрасно. Товарищеская любовь старого князя к своему коню и заботливость о его судьбе есть черта трогательного простодушия, да и происшествие само по себе в своей простоте имеет много поэтического» (XIII, 139). О непонимании, с которым встретили декабристы и критики близкой им ориентации выразившееся в «Песни о вещем Олеге» стремление Пушкина к объективному, исторически беспристрастному воссозданию национального прошлого, свидетельствует также отзыв Д. Р. К. в «Сыне отечества» (см. с. 250 наст. изд.). Пушкин, в свою очередь, не мог принять внеисторического откровенно дидактического подхода к изображению национальной старины, который был характерен для декабристов с их требованием непременного героико-патриотического пафоса. Пушкин настойчиво указывает на исторический промах Рылеева в думе «Олег Вещий», где князь прибивает на врата Царьграда щит «с гербом России»: «Ты напрасно не поправил в "Олеге" *герба России.* Древний герб, с.<вятой> Георгий, не мог находится на щите язычника Олега; новейший, двуглавый орел, есть герб византийский и принят у нас во время Иоанна III» (письмо Рылееву, 2-я пол. мая 1825 г. — XIII, 175—176; ср. аналогичное замечание в письме Л. С. Пушкину 1—10 янв. 1823 г. — XIII, 54; а также примечание в рукописи «Песни о вещем Олеге» — II, 741).

Н. А. ПОЛЕВОЙ

«Полярная звезда», карманная книжка на 1825 год, для любительниц и любителей русской словесности, изд. А. Бестужевым и К. Рылеевым

<Отрывок>

МТ. 1825. Ч. 2. № 8 (выход в свет 4 мая). С. 320–336; приводимый отрывок — с. 328–332. Подпись: А; авторство раскрывается в «Особом прибавл.» к № 13 «Московского телеграфа», 1825 (с. 48, 49).

В «Полярной звезде на 1825 год» из поэм Пушкина опубликованы отрывок из «Цыган» («Цыгане шумною толпой ~ Как песнь рабов однообразной»; с. 24–27) и весь сохранившийся текст «Братьев разбойников» (с. 359–367). Отзыв Полевого о «Братьях разбойниках» явился, по существу, первым критическим откликом на поэму. Поэма написана в 1821–1822 гг.; полный текст Пушкин уничтожил. Стала известна задолго до напечатания: в переписке А. И. Тургенева с П. А. Вяземским упоминается уже в мае 1823 г. (ОА. Т. 2. С. 322, 324, 327); см. также письмо Пушкина Вяземскому от 14 октября 1823 г. (XIII, 70). 11 ноября 1823 г. Пушкин послал Вяземскому беловой текст поэмы для печати (XIII, 74). Намерение Вяземского напечатать «Братьев разбойников» вместе с «Бахчисарайским фонтаном» «ради составления книжечки» (ОА. Т. 3. С. 4) не осуществилось. Не появилась поэма и в «Мнемозине» (см. письмо Вяземскому от 15 июля 1824 г. — XIII, 104). Одновременно Пушкин откликнулся на просьбу Бестужева о помещении поэмы в «Полярной звезде на 1825 год» (см. письма Бестужева от 13 июня 1823 г. и 29 июня 1824 г. — XIII, 64, 101). Прежде чем поэма появилась в «Полярной звезде», первые 35 стихов опубликовал в своем журнале А. Ф. Воейков (НЛ. 1824. Кн. 9, июль. С. 12–13), что вызвало возмущение Бестужева и Рылеева (см.: Литературный архив. М.; Л., 1938. Т. I. С. 422). Сколько-нибудь значительные критические отклики на поэму появились только после выхода ее отдельного издания в 1827 г. См. также: *Томашевский*. Т. 2. С. 72–82.

[1] Речь идет об «Эде» Е. А. Баратынского, все произведения которого в «Полярной звезде на 1825 год» напечатаны за подписью: Б. Друзья Баратынского избегали упоминания в печати его имени, опасаясь, что это повредит хлопотам о его отставке (Баратынский за юношеский проступок отбывал службу в качестве унтер-офицера).

[2] См.: Благ. 1825. Ч. 29. № 7. С. 248 (в статье «Дело от безделья, или Краткие замечания на современные журналы»; без подписи <А. Е. Измайлов?>).

[3] Ср. с более поздним высказыванием Н. А. Полевого об «Эде» Е. А. Баратынского: «Если должно согласиться, что *романтическая поэма* введена в нашу поэзию Пушкиным, то надобно прибавить, что поэма Баратынского есть творение, написанное не в подражание Пушкину. Два сии поэта совершенно различны между собою» (МТ. 1826. Ч. 8. № 5. Отд. 1. С. 63).

Д. Р. К.
Четвертое письмо на Кавказ

СО. 1825. Ч. 101. № 9–10 (выход в свет 16 мая). С. 195–216; приводимый отрывок – С. 196–197.

Об авторстве см. с. 423–424 наст. изд.

[1] В журнале опечатка: о готовящемся издании поэм Пушкина сообщалось в № 55 «Северной пчелы» от 7 мая 1825 г.

[2] В статье «Петербургские записки. Письмо в Москву, к Петр. Александр. Мух-<ано>ву», помещенной в № 15 «Северной пчелы» от 3 февраля 1825 г. за подписью «Д. Р. К.» говорилось: «Некоторые друзья А. С. Пушкина имеют у себя отрывки из сочиненной им поэмы "Цыгане". Я не читал их, но один просвещенный любитель словесности уверял меня, что эта поэма будет выше всего того, что доныне написал Пушкин, следовательно – возможное совершенство».

[3] Речь идет о стихотворении «Алексееву» («Мой милый, как несправедливы...»), опубликованном в «Полярной звезде» на 1825 г. (С. 109–110). В издании «Стихотворения А. Пушкина» (Ч. 1. СПб., 1829) помещено в отделе стихотворений 1821 г.

[4] Имеется в виду не третья, а вторая часть «Мнемозины», где напечатана статья В. К. Кюхельбекера «О направлении нашей поэзии, особенно лирической, в последнее десятилетие», в которой он писал: «Все мы взапуски тоскуем о своей погибшей молодости» (Мнем. 1824. Ч. 2. С. 36–37).

П. А. ВЯЗЕМСКИЙ
Письмо в Париж
<Отрывок>

МТ. 1825. Ч. 6. № 22 (выход в свет 10 дек.). С. 175–184; приводимый отрывок – с. 181–182. Подпись: А. М. С незначительными стилистическими изменениями вошло в Полн. собр. соч. П. А. Вяземского. (СПб., 1878. Т. 1. С. 203).

[1] «Стихотворения Александра Пушкина» (СПб., 1826) вышли 30 декабря 1825 г. «Московский телеграф» сообщил о выходе книги и обещал подробный разбор «этого драгоценного собрания поэтических произведений» (МТ. 1826. Ч. 7. № 1. С. 102–103), но такой разбор на страницах журнала не появился. Отдельное издание поэмы «Цыганы» вышло лишь в 1827 г. в Москве. Ранее в «Прибавлении» к № 11 «Московского телеграфа» на 1825 г. (с.182–183) была напечатана заметка: «"Цыгане", новая поэма А. С. Пушкина, печатается в Петербурге. Кроме того, будут изданы вновь прежние его поэмы и, как сказывают, собрание небольших его стихотворений, с присовокуплением многих новых – *и отличных по достоинству*, можем прибавить, ибо мы слышали их несколько, здесь в Москве, от приезжих из Петербурга, которые на память прочитывали нам множество новых стихов Пушкина». Источник слухов о печатании «Цыган» и переиздании прежних поэм – неосуществленные издательские планы поэта, обсуждавшиеся им в переписке (см., например: XIII, 160, 189, 202, 217).

[2] Пушкин окончил трагедию «Борис Годунов» 7 ноября 1825 г., о чем тогда же сообщил Вяземскому (XIII, 239). Ранее он писал Вяземскому и Жуковскому о ходе своей работы над трагедией (XIII, 188, 211, 226–227). Свои взгляды на развитие русского драматического искусства Вяземский подробно изложил в статье 1817 г. «О жизни и

сочинениях В. А. Озерова». В ней он называл Озерова поэтом романтическим и пре-
образователем русской трагедии. Столь же высокая оценка, данная Озерову в статье
Вяземского о «Кавказском пленнике», вызвала возражения Пушкина (в письме от
6 февр. 1823 г. – XIII, 57). Пушкин решительно отказывался признать Озерова романтическим поэтом. Об этих разногласиях с Пушкиным Вяземский пишет в позднейшей
«Приписке» 1876 г. к статье «О жизни и сочинениях Озерова» (см.: *Вяземский П. А.*
Соч.: В 2 т. М. , 1982. Т. 2. С. 39–41 и комментарий М. И. Гиллельсона на с. 312–313).
В начале 1820-х гг. развернулась полемика по поводу определения Озерова как ро-
мантического трагика (см. там же, с. 309–310). Отношение Вяземского к творчеству
Озерова менялось со временем, и в публикуемом отрывке обращает на себя внима-
ние уже более сдержанная оценка его роли в развитии русского театра.

³ К этому времени были уже закончены II и III главы «Онегина», изданные соответственно в 1826 и 1827 гг. Пушкин работал над   четвертой. II главу Пушкин послал
Вяземскому с Дельвигом в апреле 1825 г. (XIII, 165, 180). С отрывками III главы Вяземский был знаком еще в 1824 г. (XIII, 117, 125). Система Азаиса (французского религи-
озного философа; 1766–1845) основана на так называемой философии компенсации
(La philosophie des compensations), согласно которой добро и зло в мире и в человеческой судьбе находятся в постоянном равновесии и взаимокомпенсации. Развита в «Des
Compensations dans les destinées humaines» (1809) и других философских трудах Азаиса.

Из журнала «Соревнователь просвещения и благотворения»

Соревн. 1825. Ч. 32. № 10 (выход в свет 17 дек.). С. 91. Из раздела «Литературные новости». Без подписи.

¹ Определение «Бориса Годунова» как «романтической трагедии» заставляет вспомнить слова самого Пушкина, точно таким же образом охарактеризовавшего свое
новое произведение в письмах Вяземскому 13 июля и 7 ноября 1825 г. (XIII, 188, 239).

1826

П. И. ШАЛИКОВ (?)
Стихотворения Александра Пушкина

ДЖ. 1826. Ч. 13. №2 (выход в свет 21 янв.). С. 92–94. Без подписи.
Вероятно, принадлежит самому П. И. Шаликову, о чем говорят как стилисти-
ческие особенности рецензии, так и прямая связь ее со стихотворным откликом на
II главу «Евгения Онегина», принадлежащим Шаликову (см. с. 301 наст. изд.).

¹ Цитата из I песни поэмы А.-М. Лемьера «Праздники и обычаи года» («Les
Fastes et les Usages de l'année», 1799).
² Цитируется предисловие издателей (очевидно, П. А. Плетнева) к «Стихотворениям Александра Пушкина». См. письмо Пушкина к брату Льву от 27 марта 1825 г.

с поручением Плетневу написать предисловие и с указанием некоторых моментов, которые должны быть там акцентированы (XIII, 157—158).

Ф. В. БУЛГАРИН
«Евгений Онегин», роман в стихах. Сочинение Александра Пушкина. Глава вторая.

СПч. 1826. № 132, 4 ноября. Подпись: Ф. Б.
Это первый печатный отклик на появление II главы «Евгения Онегина» (она вышла в свет в Петербурге 20 октября 1826 г.).

[1] В первом издании в VI строфе стих 6 читался: «Душой филистер геттингенский». Пушкин по ошибке употребил слово «филистер» по отношению к студенту Ленскому. *Филистер* (*нем.* Philister) — обыватель, мещанин; неправильное употребление этого слова встречается также в письме Пушкина А. Н. Вульфу 7 мая 1826 г.: «Вы мне обещали писать из Дерпта и не пишете. Добро. Однако я жду вас, любезный филистер, и надеюсь обнять в начале следующего месяца» (XIII, 275). В связи с данной статьей Н. М. Языков писал своему брату: «Заметил ли ты в <1>32 № "Север.<ной> пчелы" замечание Булгарина об ошибке Пушкина в смысле слова филистер? Булгарин, видно, не знает происхождения этого названия всех не-студентов, хотя прав в своем замечании: филистер по-русски — не филистер, а филистимлянин!» (Письма. Т. II. С. 154). Ср. также письмо А. И. Тургенева Вяземскому из Дрездена 25 декабря 1826 г.: «Для чего Пушкин не поправил стиха в "Онегине" и не выкинул *филистера*? Я через многих давно уже велел сказать ему, что филистер совсем не то значит, что он думает. Это антипод студента и значит гражданин города университетского, не принадлежащий к университету и всегда в ссоре с студентами, коих называют: молодых — фуксами, или лисичками, а старых, уже курс учения выслушавших, — буршами. Филистер же — презрительное название для неуниверситетских граждан. Жаль, что он этого не выправил» (ИРЛИ, Ф. 309. № 307. Л. 64). *Швермер* (*нем.* Schwärmer) — энтузиаст, мечтатель.
[2] Нормативные пиитики, разбирая драматические произведения, называют «характерными» те из них, где автор особое внимание обращает на изображение главного героя (см., например: *Греч Н.* Учебная книга российской словесности. СПб. 1821. Ч. 4. С. 55—56; *Мерзляков А.* Краткое начертание теории изящной словесности. М. 1822. С. 251). Данная оценка перекликается с отзывом А. А. Бестужева о характере Онегина, данным им в письме к Пушкину 9 марта 1825 г. Бестужев тоже отмечает, что это узнаваемый портрет современного молодого человека, «которых тысячи встречаю наяву» (XIII, 149). Подробнее о позиции Бестужева см. с. 439 наст. изд.
[3] Это предложение вызвало полемический отклик Д. В. Веневитинова в его заметке о II главе «Евгения Онегина» (МВ. 1828. № 4).
[4] Слова из «Дополнения к предисловию», написанного Байроном для четвертого издания двух первых песен «Чайльд-Гарольда» (1814). *Тимон Афинский* жил в V в. до н. э., в годы Пелопоннесской войны в Древней Греции. Междоусобные распри, многочисленные войны и бедствия превратили его в человеконенавистника, и он отгородился от людей, поселившись в доме-башне. Шекспир сделал его героем одноименной трагедии. *Зелуко* — герой нравоописательного романа Джона Мура

(1729–1802): «Зелуко: различные виды человеческой природы, заимствованные из отечественной и иностранной жизни и нравов». Ожесточенный мизантроп.

П. И. ШАЛИКОВ
«Евгений Онегин». Глава вторая

ДЖ. 1826. Ч. 16, № 21 (выход в свет около (не позднее) 6 ноября— МВед. 1826. № 89. 6 ноября). С. 109–110. Подпись: К. Ш.

Начало рецензии перекликается с извинениями за «*прозаический* суд о пиитических произведениях» в рецензии на «Стихотворения Александра Пушкина», помещенной в «Дамском журнале» без подписи (см. с. 299 наст. изд.), что подтверждает атрибуцию этой последней П. И. Шаликову.

Э.-Ж. ЭРО
Французский перевод «Бахчисарайского фонтана»

МТ. 1826. Ч. 9. № 17 (выход в свет ок. 30 окт. – МВед. 1826. № 87, 30 окт.; книжки «Телеграфа» выходили в 1826 г. с большим опозданием – см., например, сообщение в № 18. Отд. 1. С. 159). Отд. 1. С. 74–78.

Перевод рецензии Э.-Ж. Эро на издание французского перевода «Бахчисарайского фонтана» из «Revue Encyclopédique» (1826. Т. 30. Cahier 90 (juin). P. 819–821). Перевод этой же рецензии поместила «Северная пчела» (1826. № 152).

Эдм-Жоашен Эро (Геро) (Héreau, 1791–1836) – французский литератор, известный больше как критик и журналист. В 1809–1819 гг. жил в России: сначала в Петербурге на частной службе и занимаясь преподаванием французского языка, в 1812 г. выслан в окрестности Тобольска по обвинению в авторстве стихов против Александра I. В 1819 г. вернулся в Париж, с тех пор занимался исключительно литературной деятельностью. С 1820 г. – активный сотрудник «Revue Encyclopédique», в 1824–1825 гг. – главный секретарь редакции. Один из постоянных авторов библиографических обзоров русской литературы в журнале. В 1827 г. П. А. Вяземский планировал при посредстве А. И. Тургенева привлечь Эро к сотрудничеству в «Московском телеграфе» (ОА. Т. 3. С. 163, 166, 167).

«Revue Encyclopédique» («Энциклопедическое обозрение») (1819–1833) – французский журнал либерального направления. Издавался в Париже известным публицистом и критиком М.-А. Жюльеном (M.-A. Jullien de Paris, 1775–1848). «Revue Encyclopédique» для Н. А. Полевого – непосредственный образец при издании его журнала, а впоследствии постоянный источник переводных статей «Телеграфа». В статьях Эро на страницах «Revue Encyclopédique» появлялись лестные отзывы о «Московском телеграфе», подчеркивалось сходство русского и французского журналов – см.: RvE. 1826. Т. 32. Cahier 94 (octobre). P.118–123 (перевод: МТ. 1827. Ч. 13. № 4. Отд. 2. С. 150–158); RvE. 1827. Т. 34. Cahier 101 (mai). P. 419–422. В «Revue Encyclopédique» сотрудничали известные французские литераторы. Из русских в разделе библиографии участвовали Я. Н. Толстой, С. Д. Полторацкий. Жюльен стремился установить прямые контакты с П. А. Вяземским (см.: *Дурылин С.* П. А. Вяземский и «Revue Enciplédique» // ЛН. Т. 31–32. С. 89–108; *Нечаева В.* П. А. Вяземский как пропагандист творчества Пушкина во Франции // ЛН. Т. 58. С. 308–326). В критической позиции журнала нередко сказывалась определенная зависимость от классической поэтики. Это отразилось и в отзыве Эро (упреки Пушкину в отсутствии перехода, «вольности в слоге», в «неопределенности и темноте»).

Рецензируемый перевод «Бахчисарайского фонтана» вышел в мае 1826 г. Переводчиком был французский литератор Жан-Мари Шопен (род. ок. 1795). Шопен долгое время жил в России, служил библиотекарем и секретарем кн. А. Б. Куракина (1758–1818) и, вероятно, после его смерти вернулся во Францию. В 1821 г. в Париже издал анонимно книгу «Coup d'oeil sur Petérsbourg» («Взгляд на Петербург»), в следующем году переизданную под заглавием «De l'état actuel de la Russie, ou Observations sur ses moeurs, son influence politique et sa littérature; suivies de poésies traduit du russe» («О современном состоянии России, или О ее нравах, политическом влиянии и литературе, с приложением переводов русской поэзии»). Шопен сотрудничал в «Revue Encyclopédique»; помещал в разделе библиографии статьи о русской литературе. Его перевод «Бахчисарайского фонтана» (до стиха «Фонтаном слез именовали») — первый опыт перевода поэмы Пушкина на французский язык стихами. (см.: *Шульц В.* Пушкин в переводах французских писателей. СПб., 1880. С. 39–42). Впоследствии Шопен переводил также «Цыган», «Кавказского пленника» и «Онегина», но эти переводы не увидели свет (см.: *Крамер В. В.* Из истории ранних французских переводов Пушкина // Врем. ПК. 1972. С. 115–117).

[1] Имеется в виду рецензия Эро (RvE. 1815. Т. 26. Cahier 78 (juin). P. 717–735) на сборник французских и итальянских переводов басен И. А. Крылова, изданный гр. Г. В. Орловым в 1825 г. в Париже: «Fables russes, tirées de Recueil de M-r Kriloff et imitées en vers français et italiens par divers auteurs; précedées d'une introduction française de M-r Lémontey, et d'une préface italienne de M-r Salfi. Publiées par M-r le comte Orloff». Deux vol. Paris, F. Didot, 1825. Перевод статьи Эро был напечатан в «Телеграфе» (1825. Ч. 5. № 18. С. 137–154). Изданию Орлова была также посвящена опубликованная в «Московском телеграфе» критическая статья Пушкина «О предисловии г-на Лемонте к переводу басен Крылова» (1825. Ч. 5. № 17. С. 40–46; XI, 31–34).

[2] В «Revue Encyclopédique» (1824. Т. 23. Cahier 69 (septembre). P. 643) в разделе «Библиографический бюллетень» напечатана рецензия на «Бахчисарайский фонтан» (без подписи) следующего содержания: «"Le Jet d'eau de Baktchi-Saraï", poëme par A. Pouchkin. Этот юный поэт уже занимает одно из первых мест на русском Парнасе. Прежде им были написаны две поэмы — одна, в шести песнях, под заглавием "Руслан и Людмила", другая — "Кавказский пленник". Последняя его поэма, о появлении которой мы здесь сообщаем, хотя и уступает первым по краткости своего действия, искрится, однако, первостепенными красотами. Начало являет нам верную картину двора татарского деспота. Автор изображает его посреди своего дворца, волнуемого гневом, который он пытается скрыть в глубине души; царедворцы в покорнейших позах окружают его трон до момента, пока хан делает знак нетерпения. Тогда все удаляются, склонившись в глубочайшем молчании. Описание евнуха, стража красавиц гарема, выполнено с большим искусством. Бесчувственность этой фигуры, искалеченной варварской предусмотрительностью ради прелестей красавиц-одалисок, вверенных его попечению, та угрюмость, с какой он следит малейшее их движение, его равнодушие в момент их купания составляют один из лучших фрагментов поэмы, которая, впрочем, написана с большим изяществом и гармонией» (пер. Е. Ларионовой).

[3] Соответствует русскому тексту от стиха «Для них унылой чередой» до «Заводят игры, разговоры».

446

1827

К. А. ПОЛЕВОЙ

Der Trauerquell (Бахчисарайский фонтан) verfaßt von Alexander Puschkin. Aus dem Russischen übersetzt von Alexander Wulffert.

МТ. 1827. Ч. 13. № 3 (выход в свет ок. 26 февр. — МВед. 1827. № 17, 26 февр.). Отд. 1. С. 226–230. Подпись: Кс.

Рецензируемый перевод принадлежит Александру Евстафьевичу Вульферту и выполнен, видимо, в конце 1824–1825 гг. (цензурное разрешение на выход книги дано 5 ноября 1825 г.). А. Е. Вульферт (von Wulffert, 1790–1855), литератор и переводчик, происходил из прибалтийской немецкой семьи. Изучал филологию в Дерпте (1808–1809) и право в университете в Або (1816–1820), служил учителем, чиновником при ген.-губернаторе Финляндии, был служащим Департамента юстиции в Петербурге, в 1826 г. назначен редактором «С.-Петербургских ведомостей» и «St.Petersburgische Zeitung», немецкой газеты в Петербурге, с 1831 г. занимал пост финляндского почтдиректора и жил в Гельсингфорсе. Ранее Вульферт перевел «Кавказского пленника» Пушкина (отд. изд. 1823), в 1822–1824 гг. в журнале «St.Petersburgische Zeitschrift» поместил ряд своих переводов, в том числе произведений Жуковского, Крылова, А. О. Корниловича, песни девушек из «Руслана и Людмилы» Пушкина. Вероятно, Вульферту принадлежит анонимно изданная брошюра с переводом стихотворения Пушкина «Клеветникам России» : «Der Polen-Aufstand und Warschau's Fall. 1831. In drei Gedichten von A. Puschkin, W. Shukowski und A. Chomjakow» (SPb., 1831). Перевод «Бахчисарайского фонтана» получил положительную оценку в прибалтийской немецкой печати. См.: *Исаков С. Г.* Русская культура и литература на страницах некоторых прибалтийских периодических изданий 1810–1830-х гг. // Тр. по русской и славянской филологии. XXI. Тарту, 1973. (Учен. зап. Тартуского гос. ун-та. Вып. 306.С. 395–396, 405, 413–414). Краткая одобрительная рецензия на перевод Вульферта была помещена также в «Северной пчеле» (1827. № 27, 3 марта). О А. Е. Вульферте см.: Письма. Т. 1. С. 290–291; *Goedeke K.* Grundriss zur Geschichte der deutschen Dichtung aus den Quellen. Berlin, 1964. Bd. XV. Lieferung 1. S. 422–424.

Автор рецензии — Ксенофонт Алексеевич Полевой (1801–1867), брат издателя «Московского телеграфа» Н. А. Полевого и неизменный участник всех его литературных начинаний. По свидетельству самого К. А. Полевого, в первые годы издания «Телеграфа» он выполнял в основном черновую журнальную работу (Полевой. С. 175–176). Однако год от года его влияние в редакции возрастает. По мере охлаждения Н. А. Полевого к повседневной журнальной деятельности работа по составлению и редактированию журнала почти полностью переходит к К. А. Полевому. В 1830-е гг. он фактически возглавляет редакцию. К. А. Полевой вошел в историю литературы как критик, переводчик, издатель, мемуарист, автор известных «Записок о жизни и сочинениях Николая Алексеевича Полевого». Подробнее о нем см.: Полевой. С. 360–367 (биогр. заметка В. Н. Орлова); *Березина В. Г.* Ксенофонт Полевой в «Московском телеграфе» // Полевой Н. А., Полевой Кс. А. Литературная критика: Статьи и рецензии 1825–1842. Л., 1990. С. 362–369.

¹ *Похищение сабинянок* — распространенный сюжет в изобразительном искусстве античности и нового времени. Основан на легенде о том, как римляне, чтобы увеличить население города, пригласили на праздник соседей-сабинян и во время пира похитили сабинских девушек.

² *Фон дер Борг* Карл Фридрих (1794—1848) — немецкий переводчик, издавший в 1821—1823 гг. свои переводы из русских поэтов: Poetische Erzeugnisse der Russen. Ein Versuch von Karl Friedrich von der Borg. Dorpat, 1820. Bd. 1; Riga und Dorpat, 1823. Bd. 2. Во вторую часть его собрания включены перевод отрывка из «Руслана и Людмилы» и, без имени автора, «История стихотворца» Пушкина.

Бауринг Джон (1792—1872) — английский политэконом, писатель и переводчик. Составитель нескольких разноязычных поэтических антологий, из которых наибольшую известность имела антология переводов из русской поэзии: «Российская антология. Specimens of the Russian Poets, with preliminary remarks and biographical notices. Translated by J. Bowring (London, 1821; Part the second. London, 1823). Переводов из Пушкина у Бауринга нет. В России собрания Борга и Бауринга были встречены сочувственно (см., например: ПЗ на 1824 год. С. 13; МТ. 1827. Ч. 15. № 9. Отд. 1. С. 56). Подробнее см.: *Алексеев М. П.* Русско-английские литературные связи (XVIII век — первая половина XIX века). М., 1982. (ЛН. Т. 91) По указ.; *Николюкин А. Н.* Литературные связи России и США. М., 1981. По указ.; *Салупере М. Г.* Забытые друзья Жуковского // Жуковский и русская культура. Л. , 1987. С. 447—449.

³ Здесь, вероятно, имеется в виду перевод Вульфертом стихотворения Д. И. Хвостова «Русские мореходцы, или Корабли "Открытие" и "Благонамеренный" на Ледовитом океане» (СПб., 1823; 2-е изд.: СПб., 1825) — «Die russischen Seefahrer oder die Schiffe "Die Entdeckung" und "Der Wohlmeinende" auf dem Eismeere». Gedicht von dem Grafen Chwostow. Aus dem Russischen in Versen übersetzt von dem Collegien-assessor A. von Wulffert. St.-Petersburg, 1825.

⁴ Вяземский писал о «Вестнике Европы» — см. с. 155 наст. изд.

⁵ В «Невском альманахе на 1827 год», изданном Е. В. Аладьиным, помещены 4 гравюры известного иллюстратора и литографа С. Ф. Галактионова. Они же были после приложены ко второму изданию «Бахчисарайского фонтана» (СПб., 1827).

⁶ Л.-В. *Маурер* (1789—1876) — скрипач и композитор, родом из Пруссии, с 1806 г. живший в России и концертировавший в Москве и Петербурге, ранее написал уже музыку к «Черкесской песне» из «Кавказского пленника» (ноты приложены к немецкому переводу Вульферта 1823 г.). Ноты «Татарской песни», положенной на музыку В. Ф. Одоевским, были напечатаны в приложении к третьей части издаваемого В. Ф. Одоевским и В. К. Кюхельбекером альманаха «Мнемозина» (вышла в свет во второй половине октября 1824 г.) и отдельно в апреле 1825 г. в Петербурге (объявление о их продаже в музыкальном магазине Ленгольда помещено в «Прибавлении» к № 8 «Московского телеграфа» за 1825 год). *«Je t'aime tant, je t'aime tant»* — строка из модного в начале XIX в. романса Ж.-П. Гара «Le delire de l'amoure» на стихи Фабра д'Эглантина.

<O польском переводе «Бахчисарайского фонтана»>

I

«Fontanna w Backzyseraju», poema Alexandra Puszkina. Przekład z rossyjskiego.

(«Бахчисарайский фонтан», поэма А. Пушкина. Перевод с русского).

МТ. 1827. Ч. 14. № 8 (выход в свет ок. 21 мая – МВед. 1827. № 41, 21 мая.). Отд. 1. С. 310–312. Без подписи.

Рецензируемый перевод, один из первых переводов Пушкина на польский язык, принадлежит Адаму Рогальскому (1800–1843) – польскому литератору, известному впоследствии религиозному писателю, издателю проповедей и житий святых и автору польско-русского словаря (см.: *Jakóbiec, Marian.* Puszkin w Polsce // Puszkin. 1837–1937. Kraków, 1939. Т. 2. S. 115–116) Перевод Рогальского вышел в свет между 14 марта и 10 апреля 1826 г. (ценз. разр. от 13 марта). Хвалебный отзыв о нем был помещен в «Северной пчеле» (1826. № 49, 24 апр.) и перепечатан в «Московских ведомостях» (1826. № 36, 5 мая). Тексту перевода поэмы предпослано обширное предисловие Рогальского и стихотворное посвящение неизвестному, помеченное: «Июнь 1824. С.-Петербург». «Разговор между Издателем и Классиком с Выборгской стороны или с Васильевского острова» П. А. Вяземского, служивший предисловием к «Бахчисарайскому фонтану», переводчиком опущен, выписка из «Путешествия по Тавриде» И. М. Муравьева-Апостола также, кроме заключительного фрагмента, цитируемого в предисловии переводчика.

«Русская литература, – пишет Рогальский в предисловии (с. VIII–XVIII), – богатая переводами старых и современных сочинений и справедливо гордящаяся многими своими писателями, казалось, терпеливо ждала гения, которым могла бы похвалиться и причислить его к отряду тех редких дарований, коими влекут к себе немцы и изумляет Англия. Сей недостаток сверх всяких надежд восполнил *Александр Пушкин.* Одаренный редкими способностями, мощью духа и воображения, он предстал пред соотечественниками в летучих листках стихотворений, исполненных вкуса и благородного пыла, удивил их превосходнейшими плодами своей и нежной, и мрачной музы.

Кипящие творения Байрона казались недостижимы по новизне и энергии, прелестию которых отмечены они на языке англичан. Но чудесные секреты поэзии, скрытые непроницаемой завесой от присяжных стихотворцев, открыли свои прелести и богатства на глас чарующей лютни *Пушкина* и сбросили покровы свои пред его гением.

Александр Пушкин[*], сын *Сергея Пушкина* и матери-африканки, родился в С.-Петербурге 26 мая 1799 г. Он был определен в Царскосельский лицей, учился в нем до 1817 г. и по окончании курса поступил на службу в Коллегию иностранных дел. В 1820 г. он перешел в канцелярию генерал-лейтенанта *Инзова*, полномочного наместника в Бессарабии. Его удаление из столицы памятно изданием в свет прелестной романтической поэмы "Руслан и Людмила". В ней проявились необыкновенный поэтический дух, воображение и вкус, обещающие неоценимые богатства литературные.

---

[*] См.: «Опыт краткой истории русской литературы» <Н. И. Греча. – *Ред.*>. §60 (*Примеч. А. Рогальского*).

Содержание поэмы следующее: русский князь Владимир выдает свою дочь Людмилу за молодого князя Руслана. В числе многих ревнивых поклонников Людмилой втайне восхищается колдун Черномор. Уверенный в своей силе, он в первую свадебную ночь, не позволив Руслану стать счастливым супругом, похищает у него возлюбленную. Доблестный Руслан с помощью благодетельного чернокнижника Финна преодолевает неисчислимые, ужасные препятствия, побеждает противников, вопреки стараниям Черномора и колдуньи Наины, вырывает верную возлюбленную из сетей чародея и возвращается с нею и лишенным силы Черномором в Киев, где Владимир в окончание прошедших злоключений дает веселый пир. Автор, как показывает это произведение, хотел пробовать силы в каждом роде и уверил нас, что умеет быть высоким, грозным, нежным и шутливым. Ужасные, великолепные окрестности Кавказа, уходящие в небеса, покрытые вечными снегами горы, вспененные реки, спадающие с зубчатых обрывов в мрачные пропасти; дремучие леса, недоступные самим солнечным лучам; чеченцы, дикие и неумолимые; черкешенки, спокойные и очаровательные; и, наконец, память о родной стране, где без забот он начал младость, где первую познал он радость, где много милого любил, внушили поэту мысль о трогательной повести "Кавказский пленник", которая вышла в 1822 году с приложением портрета автора. Русский, плененный черкесом, — герой этой прекрасной повести. Он в оковах, уже потерял надежду воротиться в отчизну, воспоминания полнят его душу. В это время его полюбила молодая черкешенка. Ее смущение, частые вздохи, орошенные слезами черные очи, стремящиеся разделить его беду, открыли пленнику ее страсть. Но пленник, не надеясь даже на взаимность, носит в сердце любимый образ из родной страны. Умея ценить невинное чувство, он не хочет обманывать прелестную черкешенку и открывает ей свою прежнюю любовь. Безутешная дева, презирая месть, несвойственную своему полу, находит удобный момент освободить пленника из оков, указывает беглецу дорогу, провожает до пограничной реки и, уже уверившись в его безопасности, бросается в волны.

Чувство чистой, невинной любви, живущей лишь благом любимого человека, казалось, диктовало поэту вторую часть его повести; каждый стих ее рисует душу и обращен к душе. Повесть издана в переводе на немецкий язык с русским текстом в С.-Петербурге в 1824 году. Перевод, по мнению знатоков, обладает некоторыми достоинствами оригинала.

Еще читатели не нарадовались довольно этому прекрасному творению поэзии, еще сердце их охотно посвящало слезы памяти прелестной черкешенки, когда *Пушкин* издал новую поэму, "Бахчисарайский фонтан"**. В основу ее положено предание, известное в Крыму. Местное население считает, что хан Керим-Гирей в один из набегов на Польшу похитил некую Потоцкую и содержал ее в бахчисарайском гареме. Но безутешная вдали от родины красавица жила недолго, смерть похитила ее из лона роскошной неволи, а возлюбленный увековечил свою любовь к Потоцкой великолепным фонтаном, служащим ее надгробием**. Богатый всегда новыми красотами, Пушкин украсил это предание своей гармонией и цветами поэзии. Ему справедливо ставят в упрек недостаток в плане, повторение в некоторых образах, незавершенность других, чем немало ослабляется связь. Признает сей порок и сам поэт в письме к одному из своих приятелей в Петербурге: "Недостает плана; не моя вина, я суеверно перекладывал в стихи рассказ молодой женщины

---

* Издано в Москве в 1824 г. (*Примеч. А. Рогальского*).
** В примеч. к этим словам Рогальский приводит выдержку из «Путешествия» И. М. Муравьева-Апостола. – *Ред.*

Aux douces lois des vers, je pliais les accents
De sa bouche aimable et naïve.

Впрочем, я писал "Бахчисарайский фонтан" единственно для себя, а печатаю потому, что..."[1] Недостатки, однако, выкупаются красотами поэзии, выбором и новизной выражений, притягательными образами, чистотой, сладостью и гармонией языка, подлинно музыкального. Уже только поэтому, не говоря о многом другом, невозможно было переводу передать красоты, принадлежащие одному оригиналу. Та же участь постигла чудесные творения Байрона в переводе во французскую прозу; однако же они не стали менее пользоваться спросом и влекут к себе читателя даже лишенные обаяния стиха.

Пушкин написал также роман под заглавием "Евгений Онегин". Начало этого произведения, а точнее, песнь первая вышла в С.-Петербурге в 1825 г. Она представляет собою описание жизни богатого молодого человека в столице. Прекрасные образы, а наиболее — гармония стиха, над которой, как кажется, автор вовсе не трудился, привлекают читателя. Многие строфы достойны сравнения с творчеством сумрачного певца Англии. Энтузиазм, встретивший сочинения молодого поэта[**], позволяет надеяться на продолжение истории Онегина. В "Полярной звезде", петербургском альманахе на 1825 год, помещены отрывки из двух новых поэм Пушкина: "Цыганы" и "Разбойники". Они сулят новые богатства российской словесности, и любители поэзии ждут с нетерпением их выхода» (Пер. Е. Ларионовой).

[1] См. с. 302 и 307 наст. изд.
[2] Предисловие переводчика начинается с общих рассуждений о романтической поэзии. Рогальский присоединяется к мнению Ф. В. Булгарина о романтической поэзии, высказанному в его примечаниях к напечатанной в булгаринских «Литературных листках» статье В. Н. Олина «Критический взгляд на "Бахчисарайский фонтан"» (ЛЛ. 1824. № 7) — см. с. 203 наст. изд.
[3] Первая книга Адама Мицкевича, вышедшая в Москве (Sonety Adama Mickiewicza. Moskwa, 1826), вызвала полемику о романтической поэзии в польской и русской печати. Здесь, по-видимому, имеется в виду статья К. Бродзинского «Литературные известия» (*Brodziński K.* Wiadomości Literackie // Gazeta Korespondenta Warszawskiego i Zagranicznego. 1827. № 71—72). «Московский телеграф» выступал как защитник и пропагандист творчества Мицкевича. В «Телеграфе», в частности, была напечатана рецензия Вяземского на «Сонеты» Мицкевича (1827. Ч. 14. № 7. Отд. 1. С. 191—222). Сам Мицкевич в 1826—1827 гг. жил в Москве, был близко знаком с Н. А. Полевым и принимал участие в «Московском телеграфе». См. подробнее: Полевой. С. 205—210, 417—418; *Березина В. Г.* Мицкевич и «Московский телеграф» // Адам Мицкевич в русской печати (1825—1955). М.; Л., 1957. С. 471—479.
[4] Источник цитаты не установлен.

[*] Рогальский цитирует слова Пушкина из письма к А. А. Бестужеву от 8 февраля 1824 г. по статье Булгарина (Литературные листки. 1824. Ч. 1. № 4. С. 147; см. также с. 148 наст. изд.). - *Ред.*
[**] Изданные в свет произведения Пушкина положены в основу многих театральных произведений, а именно – балетов. Содержание же «Бахчисарайского фонтана» дало повод князю Шаховскому к написанию трагедии (*Примеч. А. Рогальского*).

II

А. МИЦКЕВИЧ
«Apologi cztero-wierszowe» z tdził I.I.Dmitriewa, z rossyjskiego na polskij język przetłómaczone przez Boguslawa Reutta

(«Апологи в четверостишиях», соч. И. И. Дмитриева, переведенные на польский язык Богуславом Реутом).

МТ 1827. Ч. 14. № 8 (выход в свет ок. 21 мая). Отд. 1. С. 317—321. Без подписи. Авторство Мицкевича раскрыто и польский оригинал текста статьи опубликован С. Фишманом: *Fiszman, Samuel*. Pokłosie Mickiewiczowskie z archiwow moskiewskich // Tworczość. 1947. № 3. S. 5—24; см. также: *Toporowski* M. Puszkin w Polsce: Zarys bibliograficznoliteracki. Warzawa, 1950. S. 36—37, 148—149. Журнальная редакция статьи несколько отличается от текста автографа. Перевод с автографа см.: *Мицкевич А.* Собр. соч.: В 5 т. М., 1954. Т. 4. С. 47—50.

[1] «Апологи. В четверостишиях» И. И. Дмитриева были изданы в Москве в 1826 г.
[2] Соответствует: «Живее строгое чело / Волненье сердца выражает».
[3] Соответствует: «Твои пленительные очи / Яснее дня, чернее ночи». Второй стих переведен произвольно.
[4] Соответствует отрывку: «В дремоте чуткой и пугливой ~ Как дух она проходит мимо».
[5] В журнальном тексте статьи, вероятно, после поправок, внесенных редактором совместно с автором, дана более резкая оценка перевода, чем в тексте автографа. В рукописи окончание статьи иное: «Все же, несмотря на столько недостатков, нельзя отказать переводчику в таланте. Некоторые стихи и даже строфы переложены прекрасно*. <...> Мы видим, что при более тщательном труде и большем опыте переводчик может обогатить польскую литературу хорошими переводами» (*Мицкевич А.* Собр. соч.: В 5 т. Т. 4. С. 50).

В. В. ИЗМАЙЛОВ
Краткое обозрение 1826 года
<Отрывки>

Литературный музеум на 1827 год. М., 1827 (выход в свет в последних числах марта (до 30) — МВед. 1827. № 26, 30 марта). С. 3—46; приводимые фрагменты — с. 21—23, 24—27, 30—31.
Владимир Васильевич Измайлов (1773—1830) — писатель, переводчик, журналист. Получив хорошее домашнее образование, Измайлов служил в 1794—1795 гг. в л.-гв. Семеновском полку, затем вышел в отставку в чине премьер-майора и отдался литературным занятиям. С самого начала своей литературной деятельности Измайлов выступает как ревностный поклонник и подражатель Карамзина, с которым сближается в московских литературных кругах в середине 1790-х гг. Из-

---

* В качестве примера приведен отрывок «Еще поныне дышит нега ~ Вздыхали жены в тишине». — *Ред.*

майлов печатается в изданиях сентименталистов — в журнале В. С. Подшивалова «Приятное и полезное препровождение времени» (1794—1795), в альманахе Карамзина «Аониды» (1796—1799); совершив поездку по Южной России, издает «Путешествие в полуденную Россию» (М.; 1802. Ч.1—4; 2-е изд.; М., 1805), продолжающее на отечественном материале традицию «Писем русского путешественника» Карамзина. В 1804 г. Измайлов издает «Патриот, журнал воспитания», посвященный «нравственному образованию молодых людей» (Патриот. 1804. № 1. С. 21) и включающий, наряду с педагогическими сочинениями, обширный литературный отдел. В 1805 г. на собственные средства открывает пансион для мальчиков; в своей педагогической деятельности он старается воплотить в жизнь идеи Ж.-Ж. Руссо и Н. И. Новикова.

В 1814 г. Измайлов на время болезни М. Т. Каченовского становится редактором журнала «Вестник Европы», в котором он сотрудничал с 1803 г. Именно во время редакторства Измайлова в «Вестнике Европы» дебютируют Пушкин и другие лицеисты. С возвращением Каченовского к обязанностям редактора «Вестника Европы» Измайлов создает свой собственный журнал «Российский музеум» (1815), куда вслед за ним уходят поэты-лицеисты, в том числе Пушкин, напечатавший в журнале Измайлова 18 стихотворений, среди прочего — «Воспоминания в Царском Селе» (с примечанием Измайлова: «За доставление сего подарка благодарим искренно родственников молодого поэта, которого талант так много обещает» — Российский музеум. 1815. № 4. С. 3). Литературные контакты Пушкина и Измайлова возобновляются в 1826 г., когда Измайлов собирает материалы для «Литературного музеума» и обращается к Пушкину с просьбой стать участником этого начинания (XIII, 277—278, 297—298). Пушкин в письме 9 октября 1826 г. отвечает, что «рад чем-нибудь угодить первому покровителю» своей музы (XIII, 299), и через В. Л. Пушкина передает в «Литературный музеум» стихотворения «Соловей» («Соловей и роза») и «Испанская песня» («Ночной зефир»).

В 1827 г. Измайлов становится цензором Московского цензурного комитета и в этой должности завоевывает у современников репутацию человека в высшей степени порядочного и добросовестного. В конце 1828 г. Измайлов выступает в защиту цензора С. Н. Глинки и Н. А. Полевого от Каченовского, подавшего жалобу на пропущенные цензурой «оскорбления» в «Московском телеграфе». Высказанное Измайловым мнение, что «честь личная не одно с достоинством литературным, и нанесенное кому-либо неудовольствие как автору или издателю не имеет ничего общего с оскорблением человека как гражданина» (*Барсуков Н.* Жизнь и труды М. П. Погодина. СПб., 1889. Кн. 2. С. 273), приветствовалось Пушкиным как «мнение столь же умеренное, как и справедливое», в «Отрывке из литературных летописей» (1829; XI, 80) и в эпиграмме «Журналами обиженный жестоко» (1829).

С 1830 г. Измайлов намерен был издавать журнал «Современник», сотрудничать в котором были готовы Вяземский, Баратынский, Пушкин. Вероятно, вдохновителем этого замысла был Вяземский, который еще в конце 1827 г. писал о своем желании издавать журнал под таким названием, но не мог выступать в качестве издателя и хотел привлечь к этому делу Измайлова как человека политически нейтрального и как опытного литератора (см.: *Краснобородько Т. И., Лобанова Л. П.* На пути к «Современнику» // РЛ. 1986. № 3. С. 136—137). Журнал не был разрешен из-за несовместимости обязанностей Измайлова как цензора с издательской деятельностью, однако этот журнальный замысел стал важным этапом предыстории пушкинского «Современника». См. также: *Максимов А. Г.* 1) «Патриот» 1804 г., журнал воспитания, издаваемый В. Измайловым // Лит. вестник. 1904. Т. 8. С. 8—19; 2) «Российский музеум, или Журнал европейских новостей» 1815 г., издаваемый В. Измайловым // Sertum bibliologicum в честь президента русского библиологического общества проф. А. И. Малеина. Пг., 1922. С. 71—87; *Оксман Ю. Г.* «Современник». (Неизданный журнал В. В. Измайлова) // Современник. 1925. № 1. С. 298–303; *Данилов В. В.* С. Т. Аксаков, С. Н. Глинка и В. В. Измайлов в Московском цензурном комитете // Известия по русскому языку и словесности. 1928. Т. 1. Кн. 2. С. 507–524; *Гиппиус В. В.* «Вестник Европы» // Очерки по истории русской журналистики и критики. Л., 1950. Т. 1. С. 185–187; *Мордовченко Н. И.* Русская критика первой четверти XIX века. М.; Л., 1959. По указ.; *Лобанова Л. П.* Измайлов // Русские писатели: 1800–1917. Биографический словарь. М., 1992. Т. 2. С. 408–409.

«Краткое обозрение 1826 года» открывало альманах и начиналось обзором политических событий 1825–1826 гг., где среди прочего содержались апологетические характеристики Александра I («монарх, которого доблести изумили век, истощивший, казалось, все роды удивления» – с.4) и Николая I, который, смирив «заговор» при вступлении на трон, «показал себя достойным наследовать царство и славу предков» (с. 9). Очевидно, именно это вызвало слова Н. А. Полевого о «глупой и подлой» статье Измайлова в письме С. Д. Полторацкому 28 марта 1827 г. (Письма Н. А. Полевого к С. Д. Полторацкому / Вступ. ст. и коммент. В. А. Салинки // Науч. тр. высших учебных заведений Литовской ССР. Литература. Т. IX. Вильнюс, 1966. С. 311).

Переходя от политики к литературе, Измайлов дает сначала общую характеристику состояния русской словесности, а затем перечисляет основные литературные новинки минувшего года.

[1] «Апологи в четверостишиях» (М., 1826) принадлежали И. И. Дмитриеву, бывшему литературным кумиром Измайлова наравне с Карамзиным.

[2] Здесь и далее перечисляются отделы сборника «Стихотворения Александра Пушкина» (СПб., 1826): «Элегии», «Разные стихотворения», «Эпиграммы и надписи», «Послания».

[3] В «Стихотворениях Александра Пушкина» было напечатано два послания к Чаадаеву – «К чему холодные сомненья...» (1824) и «В стране, где я забыл трезоги прежних лет...» (1821); (оба под названием «Ч***ву») и послание «Дельвигу» («Любовью, дружеством и ленью...», поздняя редакция лицейского послания «К Дельвигу» («Блажен, кто с юных лет увидел пред собою...»), 1817).

[4] «Опыты священной поэзии» (СПб., 1826) Ф. Н. Глинки представляли собой переложения псалмов и библейских пророчеств.

[5] «Невеста абидосская. Турецкая повесть лорда Байрона. Перевел с английского Иван Козлов» (СПб., 1826) – перевод поэмы Байрона «The Bride of Abydos: A Turkish Tale» (1813).

[6] «Чернец» (1823–1824; изд. 1825) – поэма И. И. Козлова.

О. М. СОМОВ
«Северные цветы», изданные бароном Дельвигом
<Отрывок>

СПч. 1827. № 39, 31 марта. Без подписи.

Рецензия на «Северные цветы» продолжает обзор альманахов 1827 г., печатавшийся в первых номерах «Северной пчелы» 1827 г.; некоторые разделы обзора подписаны О. М. Сомовым. В письме к В. В. Измайлову от 13 апреля 1827 г. Сомов, в частности, ссылается на статью о «Северных цветах» как на свою (см.: *Кирилюк З.* Об авторстве некоторых статей о произведениях Пушкина // РЛ. 1963. № 4. С. 116).

О. М. Сомов в 1826—1829 гг. сотрудничал в «Северной пчеле». В то же время уже в 1827 г. он сближается с Дельвигом и вскоре начинает активно участвовать в редактировании «Северных цветов», а позднее и «Литературной газеты». Переход Сомова в лагерь литературных антагонистов Булгарина в дальнейшем привел к полному разрыву его с «Северной пчелой».

В «Северных цветах» на 1827 г. опубликованы «Отрывок из III главы "Евгения Онегина". (Ночной разговор Татьяны с ее няней)», «Письмо Татьяны. (Из 3-ей песни "Евгения Онегина")» и стихотворения «19 октября» и «К***» («Я помню чудное мгновенье...»). Подробнее о «Северных цветах на 1827 год» см.: *Вацуро В. Э.* «Северные цветы»: История альманаха Дельвига — Пушкина. М. , 1978. С. 74—107.

Здесь печатается отрывок из статьи Сомова о «Северных цветах», посвященный произведениям Пушкина, опубликованным в альманахе.

П. А. ВЯЗЕМСКИЙ
Об альманахах 1827 года

МТ. 1827. Ч. XVI, № 13 (выход в свет ок. 13 авг. — МВед. 1827. № 65. 13 авг.). Отд. 1. С. 81—91 (начало рецензии Вяземского на альманахи 1827 г. в №№ 3 и 12); приводимый отрывок — с. 81, 86—87. Подпись: Ас. С незначительными стилистическими изменениями статья вошла в Полн. собр. соч. П. А. Вяземского (СПб., 1879. Т. 2. С. 19, 22—23). Заглавие статьи, отсутствующее в журнальной публикации, в наст. изд. дается по Полн. собр. соч.

Здесь публикуется отрывок из рецензии Вяземского, где речь идет о произведениях Пушкина, опубликованных в альманахе «Северные цветы на 1827 год» (см. примеч. к предыдущей статье).

[1] П. И. *Кеппен* (1793—1864) — писатель, ученый, библиограф. В 1825—1826 гг. в Петербурге издавал «Библиографические листы» (всего вышло 46 номеров), где публиковались статьи по библиографии и полный список выходящих книг.

[2] «Полный французский и российский лексикон, с последнего издания лексикона Французской академии на российский язык переведенный» И. И. Татищева (1-е изд.: СПб., 1786) несколько раз переиздавался на протяжении конца XVIII — начала XIX в. Грамматики русского языка, составленные М. Ф. Меморским также в первой половине XIX в., вышли в нескольких изданиях. Ближайшее — изд. 1825 г.: «Краткая российская грамматика по новейшему методу в вопросах и ответах».

Из «Северной пчелы»
«Цыганы». (Писано в 1824 году).

СПб. 1827. № 65, 31 мая. Без подписи.

Традиционно статья приписывается Ф. В. Булгарину (см.: Очерки по истории русской журналистики и критики. Л., 1950. Т. 1. С. 318, 319; *Гукасова А. Г.* Из истории литературно-журнальной борьбы // Учен. зап. Моск. гор. педагог. ин-та. 1957. Т. CXV. Вып. 7. С. 20). Не исключено, однако, что автором ее был О. М. Сомов. Некоторые текстуальные совпадения между данной статьей и статьями Сомова были отмечены З. В. Кирилюк; ей же принадлежит указание на близость взглядов автора статьи литературной позиции Сомова этого периода (см.: *Кирилюк З.* Об авторстве некоторых статей о произведениях Пушкина // РЛ. 1963. № 4. С. 117–118). Статья «Пчелы» вызвала ироническое замечание С. П. Шевырева в его «Обозрении русских журналов» (МВ. 1828. Ч. 8. № 8. С. 411–412).

П. А. ВЯЗЕМСКИЙ
«Цыганы». Поэма Пушкина

МТ. 1827. Ч. 15. №10 (выход в свет ок. 25 июня – МВед. 1827. № 51, 25 июня.). Отд. 1. С. 111–122. Без подписи. С незначительными стилистическими изменениями и позднейшей «припиской» вошла в Полн. собр. соч. П. А. Вяземского (СПб., 1878. Т. 1. С. 313–325). Заглавие статьи, отсутствующее в журнальной публикации, в наст. изд. дается по Полн. собр. соч.

Ранее в разделе библиографии «Московского телеграфа» (Ч. 14. № 7. Отд. 1. С. 235) сообщалось о выходе поэмы в свет: «*Цыганы* (писано в 1824 году). М., 1827 г., в тип. Авг. Семена, in 12, 46 стр. Новая поэма Пушкина, столь давно и нетерпеливо ожиданная, наконец издана. Не хотим пользоваться правом журналиста, не выписываем ничего потому, что не хотим разрушить наслаждения читателей знать поэму Пушкина вполне. Для библиографов и охотников до типографических редкостей заметим, что *один* экземпляр ее напечатан на пергаменте (он находится в библиотеке С. А. Соболевского); все остальные на веленевой бумаге». (Об экземпляре Соболевского см. также: Смирнов-Сокольский. С. 143).

Вяземский слышал «Цыган» в чтении брата поэта Л. С. Пушкина еще в 1825 г. и восторженно отозвался о поэме в письме к Пушкину от 4 августа 1825 г. из Ревеля: «Ты ничего жарче этого еще не сделал <...>. Шутки в сторону, это, кажется, полнейшее, совершеннейшее, оригинальнейшее твое творение» (XIII, 200). Столь же высокая оценка поэмы была дана им в письме к В. Ф. Вяземской от 22 июня 1825 г.: «Слышал поэму Пушкина "Цыгане". Прелесть и, кажется, выше всего, что он доселе написал» (ОА. Т. 5. Вып. 1. С. 47).

Сохранился принадлежавший Вяземскому экземпляр поэмы с его замечаниями и вписанными рукой Пушкина стихами эпилога («За их ленивыми толпами ~ Я имя нежное твердил»), которые были выпущены в тексте первого издания. Большая часть замечаний, сделанных Вяземским, отразилась в его статье. Приводим их здесь полностью (выделен курсивом текст, подчеркнутый Вяземским):

Текст Пушкина	**Замечания Вяземского**
(с. 6)	
Он будет мой: *Кто ж от меня его отгонит?* Но поздно... месяц молодой Зашел, поля покрыты мглой И сон меня невольно клонит...	
(с. 14)	
Что бросил я? Измен волненье, Предрассуждений приговор,	Слишком отвлеченно

456

Толпы безумное гоненье
Или блистательный позор.

<...>

Что шум веселий городских?
Где нет любви, там нет веселий;
А девы... Как ты лучше их
И без нарядов дорогих,
Без жемчугов, без ожерелий!

Голубок Крылова

(с. 15)

Но не всегда мила свобода
Тому, кто к неге приучен.
Меж нами есть одно преданье:
Царем когда-то сослан был
Полудня житель нам в изгнанье.

можно ли назвать
свободою ссылку?

(с. 19)

Прошло *два лета*. Так же бродят
Цыганы мирною толпой

В начале поэмы: *сегодня;*
где ж *два лета*

(с. 20)

Старик лениво *в бубны* бьет,
Алеко *с пеньем зверя* водит,*
Земфира поселян обходит
И дань их вольную берет

*Алеко может быть
цыганам по любви к
Земфире и ненависти к
обществу, но все не может
и не должен он исправлять
цыганское ремесло, водить
медведя, заставлять его
делать палкою на караул,
искать в голове, ходить за
горохом.

(с. 23)

А л е к о
Молчи, Земфира, я доволен...
З е м ф и р а
Так понял песню ты мою?
А л е к о
Земфира!
З е м ф и р а
Ты сердиться волен,
Я песню про тебя пою.

Алеко должен бы тут
убить Земфиру

(с. 27)

З е м ф и р а
Не верь лукавым сновиденьям

ранним их спором с Пушкиным. (Подробнее см.: *Вяземский П. А.* Соч.: В 2 т. Т. 2. С. 119 и 332 (коммент. М. И. Гиллельсона); *Лернер Н. О.* Рассказы о Пушкине. Л., 1929. С. 108—116).

[9] Сцена была написана позднее основного текста поэмы и не вошла в окончательную редакцию (см.: IV, 444—446: «Бледна, слаба, Земфира дремлет...»).

ИЗ ЖУРНАЛА «СЫН ОТЕЧЕСТВА»
«Цыганы» (Писано в 1824 году)

СО. 1827. Ч. 113, № 12 (выход в свет 9 июля). Из раздела «Современная русская библиография». С. 401—402. Без подписи.

[1] Первые 93 стиха из поэмы «Цыганы» были опубликованы в альманахе «Полярная звезда на 1825 год» (С. 24—27).

ИЗ «СЕВЕРНОЙ ПЧЕЛЫ»
«Братья разбойники», соч. А. Пушкина (писано в 1822 году)

СПч. 1827. № 101, 24 авг. Без подписи.

Этой публикации предшествовали следующие события: в 1827 г. Пушкин поручил издание «Братьев разбойников» С. А. Соболевскому; самого автора в эти дни в Москве не было. Установленная цена книги — 105 коп. — не устраивала книгопродавца А. С. Ширяева, так как причитавшиеся ему проценты были невелики. Он повысил цену до двух рублей за экземпляр, о чем известил в объявлении в «Московских ведомостях» (1827. № 45, 4 июня). Соболевский, возмущенный этим произвольным повышением цены, решил напечатать поэму вторым изданием, о чем поместил следующее объявление: «"Братья-разбойники", повесть в стихах А. Пушкина, печатается вторым изданием и поступит в продажу через несколько дней по 42 копейки за экземпляр» (МВед. 1827. № 50, 22 июня). Но Ширяев — очевидно, узнавший о планах Соболевского — предупредил это второе издание следующим образом: «"Братья-разбойники", А. Пушкина. М., 1827, в типографии Семена, 2 р, по отпечатании ж 2-го издания продаваться будет по 21 копейке» (МВед. 1827. № 48, 15 июня). Второе издание поэмы так и не поступило в продажу и сохранилось в виде корректурных листов; тем не менее Ширяев был вынужден снизить цену на первое издание до 80 коп. См.: Смирнов-Сокольский. С. 148—156; *Синявский Н., Цявловский М.* Пушкин в печати. 1814—1837. 2-е изд. М., 1938. С. 44; *Чернышев В. И.* О двух изданиях «Братьев-разбойников» // П. и совр. Вып. 6. С. 133—156.

[1] «Братья-разбойники» были опубликованы в «Полярной звезде на 1825 год», подробнее см.: с. 441 наст. изд.

ИЗ ЖУРНАЛА «СЫН ОТЕЧЕСТВА»
«Братья разбойники», соч. А. Пушкина
(писано в 1822 году)

СО. 1827. Ч. 114. № 16 (выход в свет 13 сент.). Из раздела «Современная русская библиография». С. 399–402. Без подписи.

ИЗ «СЕВЕРНОЙ ПЧЕЛЫ»
«Евгений Онегин». Роман в стихах.
Сочинение Александра Пушкина. Глава третия.

СПч. 1827. № 124, 15 окт. Без подписи.

Это первый печатный отзыв о III главе «Евгения Онегина», вышедшей в свет ок. 10 октября 1827 г. (о скором выходе ее в свет было объявлено в №121 «Северной пчелы» за 8 октября).

[1] Здесь воспроизводится короткая заметка, предшествующая тексту в отдельном издании III главы романа.

[2] Первые две строки — из строфы V (в последующем издании Пушкин исправил первую из этих строк: «Точь-в-точь в Вандиковой Мадоне...»); третья строка — из строфы XXVIII.

[3] Строфа IV. В примечаниях Пушкина к «Евгению Онегину» (приложенных к отдельному изданию романа 1833 года) по этому поводу говорится: «В прежнем издании вместо "домой летят" было ошибочно напечатано "зимой летят" (что не имело никакого смысла). Критики, того не разобрав, находили анахронизм в следующих строфах. Смеем уверить, что в нашем романе время расчислено по календарю» (VI, 193). В примечаниях, помещенных Пушкиным в отдельном издании VI главы романа (1828), был дан полный перечень всех допущенных опечаток.

ИЗ ЖУРНАЛА «СЫН ОТЕЧЕСТВА»
«Евгений Онегин», роман в стихах.
Сочин. Александра Пушкина. Глава третия.

СО. 1827. Ч. 115. № 19 (выход в свет 27 окт.). Из раздела «Современная русская библиография». 308–310. Без подписи.

П. И. ШАЛИКОВ
«Евгений Онегин». Глава III.

ДЖ. 1827. Ч. 19. № 21 (выход в свет ок. 2 ноября). С. 115–122. Подпись: К. Ш.

Статья является одним из первых откликов на вышедшую в свет в октябре 1827 г. III главу «Евгения Онегина».

¹ Строки из послания Д. И. Хвостова «Н. М. Языкову» (Славянин. 1827. Ч. 4. № 40. С. 31).

² Возможно, имеется в виду статья о III главе «Евгения Онегина» в «Северной пчеле» (см. с. 326 наст. изд.).

³ См. с. 326 и примеч. 2 на с. 461 наст. изд.

ИЗ ЖУРНАЛА «МОСКОВСКИЙ ТЕЛЕГРАФ»
«Евгений Онегин», роман в стихах. Сочинение Александра Пушкина.
Глава вторая.

«Евгений Онегин», роман в стихах. Сочинение Александра Пушкина.
Глава третья.

МТ. 1827. Ч. 17. № 19 (выход в свет ок. 19 ноября — МВед. 1827. № 93, 19 ноября.). Отд. 1. С. 219—224. Подпись: w̄

Автор не установлен, статьи в разделе библиографии за такой подписью печатались в последних частях «Московского телеграфа» за 1827 г. (ч. XVI — XVIII).

Кроме известия о второй и третьей главах «Онегина», рецензент сообщал о выходе 3-го издания поэмы И. И. Козлова «Чернец» (СПб., 1827) и сборника «Стихотворения Евгения Баратынского» (М., 1827). Заключительная часть статьи, посвященная этим книгам, в наст. изд. опущена.

¹ В № 16 «Московского телеграфа» за 1826 г. в разделе «Литературные известия» (Отд. 2. С. 159) сообщалось: «А. С. Пушкин, находящийся ныне в Москве, вскоре издаст Вторую главу "Евгения Онегина" и стихотворение "Граф Нулин". Мы не будем предупреждать суждение читателей касательно сих новых и прелестных произведений. Пожелаем, чтобы также вскоре изданы были другие важнейшие творения Пушкина: поэма "Цыганы" и трагедия "Борис Годунов"».

² Цитата неточная, у Пушкина:
«Затем, что он равно зевал» (Гл. II, строфа II).

П. П. СВИНЬИН
Несколько беспристрастных слов о новых журналах и альманахах на 1827 год
<Отрывок>

ОЗ. 1827. Ч. 29. № 81 (выход в свет после 6 дек. 1826 г. — даты ценз. разрешения). С. 176—194; приводимый отрывок — с. 177—178. Без подписи.

Г. О. Винокуром было высказано предположение о принадлежности статьи П. П. Свиньину (см. комментарий Г. О. Винокура к «Борису Годунову» в кн.: *Пушкин*. Полн. собр. соч. [Л. , 1935]. Т. VII. С. 417). Эта атрибуция могла быть проведена по общему характеру статьи: преимущественное внимание к историческим сочинениям, содержавшимся в разбираемых изданиях, подчеркивание патриотических и морально-дидактических задач словесности, а также скудость собственно литературных суждений (дается достаточно сухой обзор содержания журналов и альманахов, какие-либо общие суждения отсутствуют). Мы можем подтвердить предположительную атрибуцию несомненным документальным свидетельством, выпавшим из поля зрения Г. О. Винокура. В «Списке авторов, участвовавших в десятилетнем издании "Отечественных записок"» (ОЗ. 1830. Ч. 42. № 121. С. 280) данная статья названа в числе опубликованных в журнале произведений Свиньина.

Кроме «Московского вестника», обзором первой книжки которого открывается статья, рецензируются также первые номера «Новой детской библиотеки» Б. М. Федорова и «Славянина» А. Ф. Воейкова, а также альманахи «Памятник отечественных муз», «Календарь муз», «Невский альманах», «Северная лира», «Сириус», «Детский цветник», «Подарок детям», «Незабудочка».

В приводимом отрывке речь идет о сцене «Ночь. Келья в Чудовом монастыре», увидевшей свет в № 1 «Московского вестника» за 1827 г. Данный отзыв вызвал резкие возражения С. П. Шевырева в «Обозрении русской словесности за 1827-й год» (МВ. 1828. № 1. С. 69); в особенности возмутило Шевырева то, что несколько ниже (с. 186) рецензент «Отечественных записок» характеризует как «блистательную» сцену из трагедии Б. М. Федорова «Годунов», написанную традиционным шестистопным ямбом и помещенную в альманахе «Памятник отечественных муз на 1827 год». Любопытно, что через четыре года Федоров переложил свой отрывок пятистопными ямбами без рифмы, мотивировав это следующим образом: «...*пятистопные стихи без рифм* ныне предпочитаются для трагедий, представляя более удобства к выражению мыслей» (см. комментарий Г. О. Винокура в кн.: *Пушкин*. Полн. собр. соч. Т. VII. С. 418).

Н. А. ПОЛЕВОЙ
Замечания на статью «Coup-d'oeil sur l'histoire de la Langue Slave et sur la marche progressive de la civilisation et de la littérature en Russie» («Взгляд на историю славянского языка и постепенный ход просвещения и литературы в России»)
<Отрывок>

МТ. 1827. Ч. 17. № 18 (выход в свет ок. 2 ноября — МВед. 1827. № 88, 2 ноября). Отд. 1. С. 102–129. (начало в № 17. Отд. I. С. 23–38); публикуемый отрывок — с. 117, 118–119. Подпись: Н. П.

Статья «Coup-d'oeil sur l'histoire de la Langue Slave...» представляет собой VIII главу изданного отдельной книгой «Введения» к «Этнографическому атласу» итальянского географа и статистика Адриана Бальби (1782–1848): «Introduction à l'Atlas éthnographique du Globe, ou Classification des peuples anciens et modernes d'après leurs langues» (Paris, 1826. P. 321–362). Атлас был посвящен памяти императора Александра I. Статья «Взгляд на историю славянских языков...» также свидетельствует об особом внимании составителя к России. Статья без подписи. Автором ее был Николай Иванович Бахтин (1796–1869) — литературный критик, друг и ученик П. А. Катенина, впоследствии издатель его сочинений. С весны 1823-го по осень 1825 г. Бахтин пробыл за границей, сопровождая в качестве секретаря А. Л. Нарышкина. В 1824 г. во французском журнале «Mercure du XIX siécle» Бахтин опубликовал свои замечания на антологию Дюпре де Сен-Мора (см. с. 431 наст. изд.). Статья в «Атласе» Бальби представляет дальнейшее развитие литературных мнений Бахтина. Позиция Н. И. Бахтина сформировалась под сильнейшим влиянием П. А. Катенина. Примыкая к литературной группировке так называемых «младоархаистов» (П. А. Катенин, А. С. Грибоедов, А. А. Жандр), Бахтин заявляет себя противником карамзинистов, Жуковского, Батюшкова, «новой школы» поэтов-романтиков, выступая за национальные сюжеты, установку на просторечие в литературном языке.

Намерение Бахтина писать статью для «Атласа» было поддержано Катениным, который советовал Бахтину в письме от 26 апреля 1825 г.: «Теперь несколько слов о г-не Бальби. Ему отказывать не надо, по следующим причинам: 1-е — что для его книги напишется, будет служить в одно время дополнением к 77-ой книжке "Меркурия" и основанием к чему-нибудь большему на русском языке; 2-е — оно послужит к распространению в чужих землях здравых понятий о нашей словесности и может приманить какого-нибудь хорошего человека к дельному изучению нашего языка...» (Письма П. А. Катенина к Н. И. Бахтину / Вступ. ст. и примеч. А. А. Чебышева. СПб., 1911. С. 86). Далее, имея в виду, что книга Бальби должна будет пройти через руки министра народного просвещения А. С. Шишкова, Катенин рекомендует «напереть на пользу, принесенную "Рассужд<ением> о ст<аром> и нов<ом> слоге", после которого приметно отстали от сентиментальности и галлицизмов все, а некоторые начали писать прямо по-русски...» (Там же. С. 87) Последним советом Бахтин прямо воспользовался. Он выделил «Рассуждение» Шишкова как сочинение, положившие предел господству в русской литературе «ложной чувствительности». Статья Бахтина была перепечатана с лестным комментарием во французском журнале «Bibliothéque Universelle» (Т. 34. 1-re partie) и в русском переводе Д. Я. Кафтырева в «Сыне отечества» (1828. Ч. 119. № 9. С. 64–80; № 10. С. 175–190; № 11. С. 263–278; № 12. С. 360–375).

Сходство суждений в статьях «Mercure» и «Атласа» Бальби позволило Н. А. Полевому утверждать в своей рецензии, что их писал один критик, но он предположил авторство самого П. А. Катенина (см.: МТ. № 17. Отд. 1. С. 30; № 18. Отд. 1. С. 127–129). Полевой последовательно опровергает мнения Бахтина. Окончательный вывод, сделанный им в рецензии: «Статья о русской литературе в "Атласе" г-на Бальби исполнена погрешностей и дает совершенно превратное понятие о литературе русской» (№18. Отд.1. С. 124). Бахтин отвечал Полевому в русской печати, опубликовав за подписью М. И. два «Письма...» к Булгарину в «Сыне отечества» (1828. Ч. 117. № 2. С. 189–193; Ч. 118. № 6. С. 163–176) и «Письма к издателю» (М. Г. Павлову) в «Атенее» (1828. Ч. 3. № 12. С. 404–419; Ч. 5. № 17. С. 62–76). П. А. Катенин побуждал Бахтина к продолжению полемики и в письме к нему от 9 января 1828 года сам дал подробное опровержение рецензии Полевого (см.: Письма П. А. Катенина к Н. И. Бахтину. С. 102–107).

В настоящем издании публикуется только отрывок рецензии, непосредственно относящийся к Пушкину.

[1] Отрывок из статьи Бахтина, посвященный Пушкину («Introduction...» Р. 351, 352–353) переведен здесь почти полностью. Полевой опустил только замечание Бахтина, что делать упреки Пушкину вынуждают подражатели поэта, и заключительное суждение о «Руслане и Людмиле»: «Жаль, что Пушкин не занялся более сочинениями сего рода, истинно народными, и не польстился приобретением имени российского Ариоста» (цит. по переводу Кафтырева: СО. 1828. №12. С. 367). В

статье в «Mercure» из всех произведений Пушкина Бахтин также отдавал предпочтение «Руслану и Людмиле». В отрицании романтических поэм Пушкина Бахтин следует Катенину. Ср., например, отзыв Катенина о «Бахчисарайском фонтане»: «"Полярную звезду" и "Бахчисарайском фонтане" я читал; "Звезда" дрянная компиляция, а "Фонтан" что такое, и сказать не умею; смыслу вовсе нет. В начале Гирей курит и сердится, потом встал и пошел куда-то, вероятно, на двор, ибо — после об этим ни слова, а начинается описание внутренности гарема, где, по мнению Пушкина, запертые невольницы, пылкие грузинки и пр. сидят, *беспечно* ожидая хана!!! что за Мария? что за Зарема? Как они умирают? Никто ничего не знает, одним словом, это romantique. Стихи, или, лучше сказать, стишки сладенькие, водяные, раз читаются, а два никак» (Письма П. А. Катенина к Н. И. Бахтину. С. 65). Мнение Бахтина, также вслед за Катениным резко критиковавшего «Бахчисарайский фонтан», видно из писем к нему П. П. Татаринова (см.: *Вацуро В. Э.* Из неизданных отзывов о Пушкине // Врем. ПК. 1975. Л., 1979. С. 98–109). Катенин не возражал Бахтину по поводу высокой оценки «Руслана и Людмилы», но впоследствии в своих воспоминаниях о Пушкине, написанных в 1852 г., критически отозвался и об этой поэме: «"Руслан и Людмила": юношеский опыт, без плана, без характеров, без интереса; русская старина обещана, но не представлена, а из чужих образцов в роде волшебно-богатырском выбран не лучший: Ариост, а едва ли не худший: M-r de Voltaire. Эпизод Финна и Наины искуснейший отрывок; он выдуман хорошо, выполнен не совсем; Наина-колдунья нарисована с подробностью слишком отвратной, почти как в виде старухи la Fée Urgele в сказке того же Вольтера <«Ce qui plaît aux dames» («Что нравится дамам»), 1763. – *Ред.*>, которого наш автор в молодости слишком жаловал» (П. в восп. совр. (1974). Т. 1. С. 191).

[2] См. с. 445–446 наст. изд.

[3] «Блестящей эпохой литературы русской» Бахтин называет период с 1762-го по 1790-е гг. За ней последовал «несчастный» период господства сентиментализма (по 1810-е гг.). Полевой в своей рецензии противопоставлял высокую оценку Бахтиным эпохи 1762–1790-х гг. его холодным отзывам о Карамзине, Жуковском, Пушкине. (МТ. 1827. Ч. 17. № 18. С. 111). По поводу перечисленных Полевым произведений Пушкина Бахтин писал в ответной статье: «Большая часть сих стихотворений в 1825 году не могла быть известна в Париже сочинителю статьи; ибо они изданы за счет после того времени, некоторые из них и доныне еще не напечатаны» (Атеней. 1828. Ч. 5. № 17. С. 66).

[4] Французский поэт Ш.-О. Лафар (La Fare; 1644 – 1712) – один из представителей «легкой поэзии».

[5] Во французском словоупотреблении «romanesque» и «romantique» в значении «романтический» выступают как синонимы. В России проблема отождествления или четкого разделения «romanesque» и «romantique» ставилась в связи с общими спорами о романтизме. В случае разделения понятий за «romanesque» закреплялось одно из его значений – «романический». В позднейшей авторской статье «О жизни и сочинениях В. А. Озерова» Вяземский так пояснял свое утверждение, что чтение романов дало поэзии Озерова цвет «романтизма»: «...признал я слова *романизм* и *романтизм* за слова совершенно однозначащие, а они только в свойстве между собою (*Вяземский П. А.* Соч.: В 2 т. Т. 2. С. 41). См. также статью Олина «Ответ г-ну Булгарину...» (с. 206 наст. изд. и Приложение 1 (с. 469 наст. изд.)). В «Сыне отечества» Д. Я. Кафтырев передал выражение Бахтина как «романтические поэмы вроде Байроновых» (СО. 1828. Ч.119. №12. С. 367).

Э.-Ж. ЭРО
Критическое обозрение русской литературы, помещенное в «Revue Encyclopédigue»
<Отрывок>

МТ. 1827. Ч. 17. № 19 (выход в свет ок. 19 ноября — МВед. 1827. № 93, 9 ноября). Отд. 1. С. 182—197; приводимый отрывок — с. 190—197.

Перевод статьи Э. Эро из «Revue Encyclopédique» (1826. Т. 32. Cahier 95 (novembre). P. 377—386; Cahier 96 (decembre). P. 637—648; переведенный отрывок — Ch. 95. P. 382—386) о «Русской антологии» Эмиля Дюпре де Сен-Мора («Anthologie russe suivie de poesies originales, par P.-J.-Emile Dupré de Saint-Maure». Paris, 1823). Об антологии Дюпре де Сен-Мора см. с. 431 наст. изд. и *Десницкий В. А.* Западноевропейские антологии и обозрения русской литературы в первые десятилетия XIX века // Десницкий В. А. Избр. статьи по русской литературе. М.; Л., 1958. С. 206—209. В кратком вступлении от переводчика говорилось: «...Так как этот разговор содержит в начале своем беглый взгляд на русскую литературу и общие исследования об оной, имеющие значительное достоинство для иностранцев, и кои также могут быть любопытны и полезны для нас, то я побудился сими причинами перевести эту часть разбора с некоторыми небольшими замечаниями...» Вступление подписано: «Н. П—а». Вполне возможно, переводчиком был Николай Васильевич Путята (1802—1877), литератор, друг Е. А. Баратынского, также сотрудничавшего в 1827 г. в «Московском телеграфе». В связи с предполагаемым авторством Путяты характерна, например, высокая оценка поэзии Баратынского, даваемая в одном из примечаний переводчика.

[1] Француз, о котором здесь идет речь, несомненно, сам Э. Эро, живший в 1809—1819 гг. в России и изучавший русский язык (подробнее см. с. 445 наст. изд. и примеч. 2 к наст. статье). Русский корреспондент Эро неизвестен. Его литературные суждения, в частности о подражательности русской литературы, поверхностны и неоригинальны, а осведомленность явно недостаточна, чтобы предполагать в нем литератора.

[2] Эро сам готовил антологию русской литературы, но был опережен Дюпре де Сен-Мором (см.: *Corbet Ch.* A l'ére des nationalismes. L'opinion française à l'inconnue russe (1799—1894). Paris: Didier, 1967. P. 123; *Корбе Ш.* Из истории русско-французских литературных связей в первой трети XIX в. // Международные связи русской литературы: Сб. статей под ред. акад. М. П. Алексеева. М.; Л., 1963. С. 222). О «совместничестве» и «соревновании» именно с Сен-Мором идет здесь речь. Следы этого «соревнования» ощутимы и в пристрастной оценке Эро труда Сен-Мора. Критик, например, упрекает Сен-Мора, не знавшего, в отличие от Эро, русского языка и переводившего по подстрочнику, в том, что тот не сохранил ни метрических особенностей, ни своеобразия оригинала.

[3] *«Хорев»* (1747) и *«Синав и Трувор»* (1751) — трагедии А. П. Сумарокова; *«Лже-Димитрий»* — речь идет о трагедии Сумарокова «Димитрий Самозванец» (1771); *«Росслав»* (1784) — трагедия Я. Б. Княжнина; *«Владислав»* — вероятно, имеется в виду трагедия Княжнина «Владисан» (1786); *«Дмитрий Донской»* (1807) — трагедия В. А. Озерова; *«Пожарский»* — трагедия М. В. Крюковского «Пожарский, или Освобожденная Москва» (1807); «Елизавета, дочь Ярослава» (1808—1810) — вторая трагедия Крюковского (опубл. посм.: СПб., 1820); *«Бригадир»* (1766) и *«Недоросль»* (1782) — комедии Д. И. Фонвизина.

[4] *«Херсонида»* — название поэмы С. С. Боброва «Таврида, или Мой летний день в Таврическом Херсонисе» (1798) в редакции собрания сочинений Боброва 1804 г.

[5] В переводе опущено следующее примеч. Э. Эро: «Здесь русский корреспондент входит в некоторые подробности относительно "Антологии" г-на Дюпре де Сен-

Мора, которую судит, на наш взгляд, излишне сурово». На основании этих замечаний можно предположительно отнести письмо русского корреспондента ко времени не ранее конца 1821 — начала 1822 г. Сен-Мор собирал материал для своей антологии во время пребывания в России в 1819—1822 гг. Первое упоминание о его антологии в русской печати, опубликованный Сен-Мором проспект издания, появилось в начале 1822 г. в газете «Le Conservateur Impartial» (№16. Р.93 (прил.)). Автор письма мог, конечно, быть осведомлен о предприятии Сен-Мора и из устных источников.

[6] Отзыв русского корреспондента о Пушкине не учитывает поэм «Руслан и Людмила» и «Кавказский пленник», которые уже должны были появиться в свет (во всяком случае, первая). В то же время в словах о стихах Пушкина, «украдкою» «обращающихся в наших обществах», можно видеть намек на запретную политическую лирику поэта.

[7] См. примеч.1 на с. 446 наст. изд.

[8] Н. И. Бахтиным. О статье Бахтина в «Этнографическом атласе Бальби и отношении к ней «Московского телеграфа» см. в предшествующей статье и примечаниях к ней.

[9] Отрывки из комедии Грибоедова «Горе от ума» (7—10 явл. I действ. и действ. III) были напечатаны в альманахе Ф. В. Булгарина на 1825 г. «Русская Талия» (СПб., [1824]).

П. П. СВИНЬИН
Бакчисарайский дворец. (Из путевых записок издателя «От‹ечественных› зап‹исок›» 1825 года)
‹Отрывки›

ОЗ. 1827. Ч. 29. № 81 (выход в свет после 6 дек. 1826 г. — даты ценз. разр.). С. 3—7, 17—19. Подпись: П. С.

[1] К этому номеру журнала прилагалась гравюра с рисунка Свиньина «Вид ханского сада в Бахчисарае».

[2] Татарскую балладу Свиньин, очевидно, слышал через переводчика. Подобный сюжет обнаружить не удалось. Очевидно, речь шла о некоем походе крымского хана в Гурию (область в Западной Грузии; с XIV в. на ее территории существовало Гурийское княжество), предпринятом им по повелению своего сюзерена, турецкого султана Баязета (видимо, Баязида II Дервиша, 1481—1512).

ИЗ «СЕВЕРНОЙ ПЧЕЛЫ»
«Бахчисарайский фонтан». Сочинение Александра Пушкина

СПч. 1827. № 152, 20 дек. Без подписи.

[1] Второе издание «Бахчисарайского фонтана», как и издание 1824 г., включало в себя статью П. А. Вяземского «Вместо предисловия. Разговор между издателем и классиком с Выборгской стороны или с Васильевского острова» (см. с. 152 наст. изд.) и выдержку из «Путешествия по Тавриде» И. М. Муравьева-Апостола.

[2] Иллюстрации: 1. Гирей на троне. 2. У фонтана. 3. Зарема с кинжалом. 4. Зарема у Марии. Все четыре гравюры без подписи, на отдельных листах.

Приложение I

Первая поэма Пушкина «Руслан и Людмила» прямо отразилась и в русской учебной литературе. На ее примере были написаны разделы о «романической поэме» в «Учебной книге российской словесности» Н. И. Греча и в «Словаре древней и новой поэзии» Н. Ф. Остолопова, выдержки из которых приводятся ниже.

«Учебная книга российской словесности, или Избранные места из русских сочинений и переводов в стихах и прозе» (Ч. I—IV. СПб., 1819—1822) была одной из первых научно-педагогических работ Н. И. Греча, на протяжении многих лет занимавшегося преподаванием русского языка и словесности в различных учебных заведениях. Книга пользовалась популярностью и долгое время оставалась одним из основных школьных пособий. Этому немало способствовало и то, что в качестве иллюстративного материала Греч широко цитировал произведения новейшей русской литературы. Вошедший в IV часть «Учебной книги» «Опыт краткой истории русской литературы», исторически первая обзорная характеристика различных периодов русского литературного развития, параллельно был выпущен отдельным изданием (издания делались с одного набора, имеют одну дату ценз. разр. и различаются только нумерацией страниц). В перечне писателей, которые «в собственной изящной литературе нынешнего века приобрели отличную славу», под 19-м номером Греч дает краткую биографическую справку о Пушкине, которая имела большое значение для иностранной печати, став на длительное время основным источником сведений о поэте.

Николай Федорович Остолопов (1783—1833), поэт, прозаик, переводчик (перевел, в частности, «Опыт об эпической поэзии» Вольтера), приступил к составлению своего «Словаря» еще в 1806 г. по поручению Вольного общества любителей словесности, наук и художеств.

«Словарь» был призван объяснить различные поэтические и риторические термины и понятия, а также происхождение и историю значительнейших отраслей поэзии с означением наиболее прославившихся в каждой из них писателей. В предисловии Остолопов писал: «Все средства употреблены мною к тому, чтобы учащих и учащихся поэзии избавить от чтения множества писанных по сему предмету книг, которые не всегда отыскать можно...» В 1820—1821 гг. отдельные статьи «Словаря» (как и фрагменты из «Учебной книги» Греча) печатались в «Сыне отечества»; полностью труд Остолопова был издан в 1821 г. (ч. I—II. СПб.). Остолопов, действительно, опирался на широкий круг источников, в числе которых занимали видное место французская «Энциклопедия», книга Л. Домерона «Главные принципы изящной словесности» (*Domairon L.* Principes généraux des belles lettres. Paris, 1785), а также сочинения немецких эстетиков (Бутервека, Зульцера, Эшенбурга). Компилятивность «Словаря» сказалась и в некоторой нечеткости, «переходности» его эстетической программы: преромантические влияния сочетались в нем с жесткими классицистскими схемами.

Определенную зависимость и Греча, и Остолопова от классической поэтики можно видеть в их стремлении, исходя из целой системы признаков и правил, определить «род» пушкинской поэмы (с подобных рассуждений начинали свои статьи Воейков и рецензент «Невского зрителя»). Близость формулировок позволяет предположить, что Остолопов прямо опирается в своих суждениях на Греча. В целом же всю условность отнесения «Руслана и Людмилы» в разряд «романических» поэм, как отмечает Б. В. Томашевский, демонстрируют затруднения автора с какими-либо иными примерами (единственная параллель – «Душенька» Богдановича, но и относительно нее у Греча и Остолопова нет единодушия). «Таким образом, при своем рождении поэма Пушкина обогатила схоластическую пиитику новым разделом "романической поэмы"» (Томашевский. Т. 1. С. 306).

Н. Ф. ОСТОЛОПОВ
Из «Словаря древней и новой поэзии»[*]

РОМАНИЧЕСКИЙ, или РОМАНТИЧЕСКИЙ. – Поэма *романическая* есть стихотворческое повествование о каком-либо происшествии *рыцарском*, составляющем смесь любви, храбрости, благочестия и основанном на действиях чудесных. От героической поэмы различествует как по содержанию своему, так и по самой форме; ибо содержание в ней бывает всегда *забавное*, а форма, требуемая героическою поэмою, как то в рассуждении приступа, разделения, и даже самого рода стихов, изменяется по воле автора, между тем как в героической требуется непременное последование принятым правилам. От *герои-комической* же поэмы отличается тем, что оная описывает происшествие, хотя также забавное, но не *рыцарское*, и по большей части принадлежащее к настоящему времени, то есть к тому, в которое пишет автор.

Лица, производящие в романической поэме *чудесное*, суть: духи, волшебники, волшебницы, гномы, исполины и т. п. Аллегорические лица, как-то: Раздор, Брань, Истина и пр. – почти никогда не вводятся; а верховное божество не должно быть представляемо ни в каком случае: сие также составляет отличительный характер сей поэмы от других.

Что касается до *единства* места, происшествия и времени, столь строго соблюдаемого в поэмах героических, то можно сказать, что *романический* автор совершенно пользуется такою же свободою, как автор оперы между другими драматическими писателями: он может иногда нарушать сии правила; от него требуется только точное исполнение главнейшей его обязанности, состоящей в увеселении читателей. Разумеется, что он должен сохранять законы благопристойности, которым подвержено всякое сочинение, какого бы рода оно ни было.

В *романической* поэме всякий размер употреблен быть может; но, кажется, приличнейшими следует почесть стихи ямбические четырехстопные и даже вольные.

На русском языке в *романическом* вкусе мы имеем написанную г. Пушкиным поэму «Людмила и Руслан». «Душенька», Богдановичем написанная, по содержанию своему принадлежит к поэмам героическим: забавный *рассказ* ее не составляет описываемого здесь рода поэмы.

Отрывки из поэмы «Людмила и Руслан». – Г. Пушкин начинает свое сочинение следующими двумя стихами:

Дела давно минувших дней,
Преданья старины глубокой!

---

[*] СПб., 1821. Ч. 3. С. 28–40. Вышла в свет 16 сент. 1821 г.

В сих строках заключается и *предложение*, и *обращение*, употребляемые в других поэмах. После сего следует *изложение* или *повествование*:

> В толпе могучих сыновей,
> С друзьями, в гриднице высокой
> Владимир-солнце пировал;
> Меньшую дочь он выдавал
> За князя храброго Руслана,
> И мед из тяжкого стакана
> За их здоровье выпивал.
> Не скоро ели предки наши,
> Не скоро двигались кругом
> Ковши, серебряные чаши
> С кипящим пивом и вином.
> Они веселье в сердце лили,
> Шипела пена по краям,
> Их важно чашники носили
> И низко кланялись гостям.
> ....

Начало *завязки*:

> В уныньи, с пасмурным челом
> За шумным свадебным столом
> Сидят три витязя младые;
> Безмолвны за ковшом пустым,
> Забыли кубки круговые
> И брашны неприятны им.
> Не слышат вещего Баяна,
> Потупили смущенный взгляд;
> То три соперника Руслана –
> В душе несчастные таят
> Любви и ненависти яд.
> Один – Рогдай, воитель смелый,
> Мечом расширивший пределы
> Богатых киевских полей;
> Другой – Фарлаф, крикун надменный,
> В пирах никем не побежденный,
> Но воин скромный средь мечей;
> Последний, полный страстной думы,
> Младой хазарский хан, Ратмир;
> Все трое бледны и угрюмы,
> И пир веселый им не в пир.

Окончание *завязки* и начало *чудесного*:
Гости разъехались, великий князь благословил Людмилу; она уже в комнате своего супруга.....

> .... Вдруг
> Гром грянул, свет блеснул в тумане,
> Лампада гаснет, дым бежит,
> Кругом все смерклось, все дрожит,
> И замерла душа в Руслане...

Все смолкло! в грозной тишине
Раздался дважды голос странный,
И кто-то в дымной глубине
Взвился чернее мглы туманной...
И снова терем пуст и тих;
Встает испуганный жених,
С лица катится пот остылый;
Трепещет... хладною рукой
Он вопрошает мрак немой...
О горе! нет подруги милой!
Хватает воздух он пустой;
Людмилы нет во тьме густой,
Похищена безвестной силой!

Великий князь, узнав о сем происшествии, ужасно рассердился — даже на самого Руслана, который, по словам его,

Не мог сберечь жены своей!

— и вызывает желающих отыскать Людмилу; скажите, говорит он рыцарям,

Скажите, кто из вас согласен
Скакать за дочерью моей?
Чей подвиг будет не напрасен,
Тому (терзайся, плачь, злодей)
....
Тому я дам ее в супруги
С полцарством прадедов моих.

Рыцари и Руслан отправились и разъехались в разные стороны. Руслан находит пещеру и в ней старца, который объявляет ему, что похитил Людмилу волшебник *Черномор*. — Между тем рассказывает приключения свои с Наиною, служащие *эпизодом* поэме. — Руслан отправляется далее в путь. Но теперь покажем, что увидела Людмила, проснувшись в чертогах ее похитителя:

Пред изумленною княжной
Три девы, красоты чудесной,
В одежде легкой и прелестной
Явились, молча подошли
И поклонились до земли.
Тогда — неслышными шагами
Одна поближе подошла;
Княжне воздушными перстами
Златую косу заплела
С искусством, в наши дни не новым,
И обвила венцом перловым
Окружность бледного чела.
За нею, скромно взор склоняя,
Потом приближилась другая;
Лазурный пышный сарафан
Одел Людмилы стройный стан,
Покрылись кудри золотые,
И грудь, и плечи молодые
Фатой, прозрачной, как туман.
Покров завистливый лобзает

Красы, достойные небес,
И обувь легкая сжимает
Две ножки, чудо из чудес.
Княжне последняя девица
Жемчужный пояс подает.
Меж тем, незримая певица
Веселы песни ей поет....

Следующее за сим прекрасное описание сада, в который вышла Людмила для разгнания своей скуки, помещено в статье *Топография*[.]

Вот сражение Руслана с Рогдаем:

При свете трепетном луны
Сразились витязи жестоко;
Сердца их гневом стеснены,
Уж копья брошены далеко,
Уже мечи раздроблены,
Кольчуги кровию покрыты,
Щиты трещат, в куски разбиты...
Они схватились на конях;
Взрывая к небу черный прах,
Под ними борзы кони бьются;
Борцы, недвижно сплетены,
Друг друга стиснув, остаются
Как бы к седлу пригвождены;
Их члены злобой сведены;
Объяты молча, костенеют,
По жилам быстрый огнь бежит,
На вражьей груди грудь дрожит –
И вот колеблются, слабеют –
Кому-то пасть!.... вдруг витязь мой,
Вскипев, железною рукой,
С седла наездника срывает,
Подъемлет, держит над собой
И в волны с берега бросает.
Погибни! грозно восклицает:
Умри, завистник злобный мой!

Выпишем еще рассказ о сражении Руслана с Черномором, у которого (должно заметить) вся сила волшебства заключалась в длинной бороде:

.... Кто чародея
На сечу грозну вызывал?
Кто колдуна перепугал?
Руслан! – Он, местью пламенея,
Достиг обители злодея.
Уж витязь под горой стоит,

---

* Остолопов определяет «топографию» как один из шести родов «описания» – «описание места со всеми подробностями»; в качестве примеров приведены описания садов Черномора из второй песни «Руслана и Людмилы» (от стиха «Роскошно зыблются, шумят» до «Волшебством дивный сад блестит») и поля битвы из третьей песни (от «Трепещет витязь поневоле» до «И мирный плющ их обвивает») (Ч. II. С. 299–301; II часть вышла в свет 28 мая 1821).

Призывный рог, как буря, воет,
Нетерпеливый конь кипит
И снег копытом мочным роет.
Князь карлу ждет. Внезапно он
По шлему крепкому стальному
Рукой незримой поражен;
Удар упал подобно грому;
Руслан подъемлет смутный взор
И видит – прямо над главою –
С подъятой, страшной булавою
Летает карло Черномор.
Щитом покрывшись, он нагнулся,
Мечом потряс и замахнулся;
Но тот взвился под облака;
На миг исчез – и с высока
Шумя летит на князя снова.
Проворный витязь отлетел,
И в снег с размаху рокового
Колдун упал – да там и сел;
Руслан, не говоря ни слова,
С коня долой, к нему спешит,
Поймал, за бороду хватает,
Волшебник силится, кряхтит
И вдруг с Русланом улетает....
Ретивый конь вослед глядит;
Уже колдун под облаками;
На бороде герой висит;
Летят над мрачными лесами,
Летят над дикими горами,
Летят над бездною морской;
От напряженья костенея,
Руслан за бороду злодея
Упорной держится рукой.
Меж тем на воздухе слабея
И силе русской изумясь,
Волшебник гордому Руслану
Коварно молвит: слушай, князь!
Тебе вредить я перестану;
Младое мужество любя,
Забуду все, прощу тебя,
Спущусь – но только с уговором...
– Молчи, коварный чародей! –
Прервал наш витязь, – с Черномором,
С мучителем жены своей,
Руслан не знает договора!
Сей грозный меч накажет вора.
Лети хоть до ночной звезды,
А быть тебе без бороды! –
Боязнь объемлет Черномора;
В досаде, в горести немой
Напрасно длинной бородой
Усталый карло потрясает:

Руслан ее не выпускает
И щиплет волосы порой.
Два дни колдун героя носит,
На третий он пощады просит,
«О рыцарь! сжалься надо мной;
Едва дышу; нет мочи боле;
Оставь мне жизнь, в твоей я воле,
Скажи – спущусь куда велишь...»
– Теперь ты наш! ага! дрожишь!
Смирись, покорствуй русской силе!
Неси меня к моей Людмиле – *и пр.*

Поэма г. Пушкина состоит из шести песней.

Происхождение слова *романический* относят к тому времени, как распространившиеся по Галлии войска Цезаря начали вводить в оной римский язык: из смешения двух языков произошло наречие, названное *romanus, романическим*. Первые книги в Галлии писаны сим наречием и от того получили имя *романов*; а как в них ничего не могло быть, кроме описания происшествий военных, любовных или волшебных, то и по сие время таковые сочинения в стихах называются поэмами *романическими*, а в прозе просто *романами*; небольшим же стихотворениям, описывающим часть какого-либо происшествия, дано имя *романсов*.

Н. И. ГРЕЧ
Из «Учебной книги российской словесности» *

РОМАНИЧЕСКАЯ ПОЭМА

§115. *Романическая* или *рыцарская* поэма есть пиитическое повествование о чудесных происшествиях времен рыцарства. Поэма сия занимает средину между героическою и комическою.

Примечание. Романическими стихотворениями называются вообще такие, в которых изображаются происшествия и характеры рыцарских времен, то есть смешение благородной любви, храбрости и благочестия. В стихотворениях сего рода важное часто смешивается с забавным и комическим.

§116. В романических поэмах господствует *чудесное*, то есть содействие духов, волшебников, фей, исполинов, гномов и т. п., которых в старину почитали виновниками всего чудесного и необыкновенного в природе и в мире. Посредством сих лиц поэт действует на воображение своих читателей, которые, зная предания средних веков, позволяют ему пользоваться сими вымыслами, если они только не преступают пределов пиитической истины и приличия.

§117. В рассуждении единства действия и места сочинитель романической поэмы не так стеснен, как автор героической: в поэме его может заключаться большее пространство времени; план поэмы может быть запутаннее, эпизоды обширнее, слог простее и забавнее.

В рассуждении наружной формы, т. е. разделения на песни или книги, романическая поэма подобна эпической.

---

* Учебная книга российской словесности, или Избранные места из русских сочинений и переводов в стихах и прозе, с присовокуплением кратких правил риторики и пиитики и истории российской словесности, изданные Николаем Гречем. СПб., 1820. Ч. III. С. 304–305. Ценз. разр. 1 мая 1820.

§118. *Размер* романической поэмы должен состоять из лирических осьмистрочных ямбических строф, но в некоторых употребляются и вольные стихи.

§119. В русском языке может называться по *тону* своему романическою поэмою «Душенька» Богдановича; по *содержанию* же и действующим лицам должна она быть причислена к героическим.[*]

Н. И. ГРЕЧ
Из «Опыта краткой истории русской литературы»[**]

Александр Сергеевич Пушкин, коллежский секретарь, родился в Санкт-Петербурге 26 мая 1799 года, воспитывался в Царскосельском лицее, из коего выпущен в 1817 году и определен в Коллегию иностранных дел. — В 1820 году перешел он в Канцелярию генерал-лейтенанта Инзова, полномочного наместника в Бессарабии. Пушкин писал разные лирические стихотворения, послания и пр.; но важнейшее его сочинение есть романическая поэма «Руслан и Людмила», напечатанная в С.П.б. 1820 года: в ней видны необыкновенный дух пиитический, воображение и вкус, которые, если обстоятельства им будут благоприятствовать, обещают принести драгоценные плоды.

---

[*] Далее Греч приводит в качестве примеров отрывок из «Душеньки» Богдановича (С. 305–308) и «Из поэмы "Людмила и Руслан"» (С. 308–318; отрывок третьей песни со ст. 30, «Уж утро хладное сияло», до конца; текст поэмы цитируется по журнальной публикации).

[**]*Греч Н. И.* Опыт краткой истории русской литературы. СПб., 1822. С. 328. Ценз. разр. 12 июня 1821; вышел в свет 2 марта 1822. (То же: Учебная книга российской словесности... СПб., 1822. Ч. IV. С. 600).

Приложение II

«Благонамеренный» — журнал, издававшийся в Петербурге в 1818—1826 гг. Выходил ежемесячно, в 1822 и 1825 гг. — еженедельно, а в 1826 г. — два раза в месяц. Со времени своего возникновения фактически являлся органом Вольного общества любителей словесности, наук и художеств, образованного в 1801 г.; деятельность его, прерванная войной, была возобновлена 7 декабря 1816 г. На титульном листе — посвящение: «Друзьям-сотрудникам. Любителям и любительницам отечественной словесности». Издатель журнала Александр Ефимович Измайлов (1779—1831) — поэт, баснописец и журналист, с 1807 г. — секретарь, а с декабря 1816 г. — председатель Общества, представлял умеренное в общественно-политическом отношении его крыло. Первые годы деятельности Общества (до конфликта 15 марта 1820 г., расколовшего Вольное общество любителей российской словесности (см. с. 499—500 наст. изд.) и послужившего поводом для размежевания правых и левых сил) были периодом его своеобразного расцвета, что определило и характер журнала. Так, в 1816 г. в члены Общества был избран Ф. Н. Глинка; в 1817 г. — В. К. Кюхельбекер; в 1818 г. — А. А. Дельвиг, В. И. Туманский, О. М. Сомов; на следующий год — Е. А. Баратынский, П. А. Плетнев; почетными членами Общества стали И. А. Крылов, В. А. Жуковский, К. Н. Батюшков, П. А. Вяземский, Н. И. Гнедич.

26 июля 1818 г. Измайлов письмом известил Пушкина об избрании его в члены Общества (XIII, 9). Известно, что Пушкин присутствовал на заседаниях 8 августа и 19 сентября 1818 г. (Летопись. С. 164—165). Произведения Пушкина неоднократно читались на заседаниях Общества. В «Благонамеренном» были напечатаны следующие произведения Пушкина: «Надпись к портрету В. А. Жуковского» («Его стихов пленительная сладость...») (1818. № 7. С. 24), «Молдавская песня» («Черная шаль»)(1821. № 10. С. 142—143), «Воинские упражнения и игры черкесов» (из «Кавказского пленника») (1822. № 36. С. 361—365). Впервые здесь напечатано только стихотворение «Надпись к портрету В. А. Жуковского», остальные перепечатаны из других изданий. «Молдавская песня» сначала была опубликована в «Сыне отечества», но Пушкин, рассердившись на самовольные поправки редактора, отослал стихотворение в первоначальном виде Измайлову.

С начала 1820-х гг. «измайловское» общество теряет свое значение. Наиболее прогрессивная часть литературной молодежи перестает печататься в «Благонамеренном» и активно сотрудничает в Вольном обществе любителей российской словесности, где постепенно сосредоточиваются основные силы русских романтиков (см.: Базанов. С. 11). «Благонамеренный», печатающий на своих страницах В. Н. Каразина — лидера правого крыла Вольного общества любителей российской словесности, а также сторонников Каразина (Б. М. Федорова, В. И. Панаева, кн. Н. А. Цертелева), занимает откровенно антиромантические позиции. В нач. 1820-х гг. Измайлов ведет в «Благонамеренном» резкую полемику с поэтами пушкинского круга. В №№ 5—6 «Благонамеренного» за 1820 г. Цертелев под псевдонимом «Житель Васильевского острова» выступил со статьей «Спор», в которой резко критиковал Жуковского. Он же в «Письме к г. Марлинскому» (Благ. 1820. № 13. С. 15—32) подверг издевательскому разбору стихотворение Дельвига «Видение». «Благонамеренный» наводняют сатирические заметки, эпиграммы, направленные против так называемого «Союза поэтов» (Дельвиг, Баратынский, Кюхельбекер, Плетнев), а также против А. А. Бестужева как автора обзоров русской словесности, помещавшихся в «Полярной звезде». Активную роль в этой полемике играли также Б. М. Федоров и О. М. Сомов. Со своей стороны, «Союз поэтов» создает целую серию сатир и эпиграмм против «литераторов задней шеренги», «певцов 15-го класса»; предметом осмеяния становятся Измайлов, Панаев, Федоров, Сомов, Цертелев и другие основные сотрудники «Благонамеренного». Конфликтные отношения переносятся и на домашнее литературное общество в доме С. Д. Пономаревой, постоянными посетителями которого были как Измайлов, Панаев, Сомов, так и Баратынский и Дельвиг (свод материалов см.: *Вацуро В. Э.* С. Д. П. : Из истории литературного быта пушкинской поры. М., 1989). Эта полемика, достигшая особенной остроты в 1822—1823 гг. (см., например, сатиру Баратынского «Г<неди>чу» (1823) и куплеты Дельвига и Баратынского «Певцы 15 класса» (1823)), предопределила положение и репутацию «Благонамеренного» к середине 1820-х гг. как журнала дилетантского, «домашнего» «забавного для своего круга» (характеристика Бестужева в «Полярной звезде на 1824 год», см.: Полярная звезда, изданная А. Бестужевым и К. Рылеевым / Изд. подгот. В. А. Архипов, В. Г. Базанов и Я. Л. Левкович. М.; Л., 1960. С. 269), рассчитанного на невзыскательную мещанско-чиновничью аудиторию.

Несмотря на свою антиромантическую позицию, издатель «Благонамеренного» выделял Пушкина из числа молодых поэтов, делая это иной раз демонстративно (как, например, в басне «Роза и репейник» (1823) – о Пушкине и Дельвиге). Отзывы «Благонамеренного» о Пушкине весьма благожелательны; Измайлов склонен даже полемизировать с его критиками, в частности с Воейковым; высокая оценка Пушкина содержится и в переписке Измайлова (см.: ЛН. Т. 58. С. 35., 47—48, 50, 52; ПИМ. Т. VIII. С. 156, 170, 188—189). Тем не менее уже в начале 1820-х гг. устанавливается прочное иронически-пренебрежительное отношение Пушкина к «Благонамеренному» и литературной деятельности его редактора. «Что же ты называешь критикою? "Вестник Европы" и "Благонамеренный"?» – спрашивает он в письме к А. Бестужеву (конец мая – начало июня 1825 г.; XIII, 178; ср. также: XIII, 75). В 1825 г. Пушкин высмеял «журнального шута» Измайлова в эпиграмме «Ex ungue leonem», которая была вызвана насмешливым отзывом Измайлова о стихотворении «Журнальным приятелям», напечатанном в «Московском телеграфе» за подписью «А. П.» (Благ. 1825. № 19. С. 173).

Лит.: *Кубасов И. А.* А. Е. Измайлов. Спб., 1901; *Томашевский*. Т. 2. С. 11—18, 130—133, 135; Поэты-сатирики конца XVIII – начала XIX вв. М., 1959. С. 323—326; Русская басня XVIII–XIX вв. Л., 1977. С. 585—586; *Левкович Я. Л.* Литературная и общественная жизнь пушкинской поры в письмах А. Е. Измайлова к П. Л. Яковлеву // ПИМ. Т. VIII. С. 151—194.

Е. А. Губко, Г. Е. Потапова

«Вестник Европы» (1802–1830) – один из самых долговечных русских журналов 1-й пол. XIX в. Издавался в Москве с периодичностью 2 раза в месяц. В 1802—1803 гг. редактировался Н. М. Карамзиным, в 1804 г. П. П. Сумароковым, в 1805 – 1807 гг. – М. Т. Каченовским, в 1808—1810 гг. – В. А. Жуковским (с конца 1809 г. – совместно с Каченовским); в 1811—1830 гг. Каченовский редактировал «Вестник Европы» единолично (за исключением 1814 г., когда из-за его болезни редактором был В. В. Измайлов).

Расцвет журнала приходится на периоды редакторства Карамзина и Жуковского. В то время здесь печатались Г. Р. Державин, Н. М. Карамзин, И. И. Дмитриев, М. М. Херасков, В. А. Жуковский, К. Н. Батюшков, Н. И. Гнедич, П. А. Вяземский,

Д. В. Давыдов, А. Ф. Воейков и др. На протяжении 1810-х гг. литературный отдел «Вестника Европы» оскудевает, журнал делается все более «ученым». Содержание его во многом определяется научными интересами редактора — профессора Московского университета Михаила Трофимовича Каченовского (1775—1842). В журнале сотрудничают А. Х. Востоков, К. Х. Калайдович, З. Доленга-Ходаковский, И. М.- Снегирев; публикуются статьи по русской истории, статистике, этнографии и фольклору.

Каченовский, основатель «скептической школы» в русской историографии (см.: **Иконников В.** Скептическая школа в русской историографии и ее противники. Киев, 1871. С. 1—57), талантливый педагог (о его лекциях с благодарностью вспоминали Н. В. Станкевич, К. С. Аксаков, С. М. Строев, О. М. Бодянский, С. М. Соловьев), в своей литературно-критической деятельности тяготел к «классицистскому» нормативизму. В споре между сторонниками А. С. Шишкова и Карамзина он занял промежуточную позицию, не примкнув ни к одной из сторон; с течением времени его разрыв с «карамзинистами» углублялся, достигнув апогея в его критических выступлениях против «Истории государства Российского» в 1818—1819 гг. «Вестник Европы» этих лет выступает также против «германического» романтизма, «туманности» и «мистицизма» Жуковского, хотя в литературном отделе журнала, наряду с переводами сентименталистской прозы (Авг. Лафонтен, г-жа Монтолье, Бульи), появляются имена Байрона, В. Скотта, позднее — Э.-Т.-А. Гофмана и В. Ирвинга.

История литературных отношений Пушкина с «Вестником Европы» начинается в лицейские годы. Именно в этом журнале, в период редакторства В. В. Измайлова, он дебютирует в 1814 г. вместе с другими лицеистами — Дельвигом, Илличевским, Пущиным, напечатав здесь пять стихотворений («К другу стихотворцу», «Кольна», «Вот зеркало мое — прими его, Киприда», «Опытность» и «Блаженство»). После ухода Измайлова из «Вестника» лицеисты начинают печататься в его журнале «Российский музеум»; с Каченовским же у Пушкина вскоре произошел конфликт: весной 1816 г. Пушкин послал в «Вестник Европы» три стихотворения, которые не появились в печати и, по-видимому, были отвергнуты редактором; намек на это усматривается обычно в пушкинском послании «К Дельвигу» («Блажен, кто с юных лет увидел пред собою...»; 1817). По окончании Лицея Пушкин становится участником полемики с «Вестником Европы»; с 1818 по 1829 г. он пишет несколько эпиграмм на Каченовского, высмеивая его нападки на Карамзина, архаичность его критических суждений, журнальную политику и т. п.; иронические отзывы о Каченовском постоянны в письмах и критических статьях Пушкина 1820-х гг. (см., например, «Отрывки из писем, мысли и замечания» (1827), «Отрывок из литературных летописей» (1829)).

Творчество Пушкина попадает в поле зрения критиков журнала уже в 1820 г. Упоминания о Пушкине нередки в полемике, которую в 1820—1821 гг. «Вестник Европы» ведет с «Сыном отечества». В июне 1820 г. появляется статья А. Г. Глаголева, содержащая первый в русской журнальной критике отзыв о творчестве Пушкина — крайне неблагосклонный. В первой половине 1820-х гг. отзывы «Вестника Европы» о Пушкине довольно разнохарактерны. Пушкинское творчество привлекает внимание так называемых «любомудров», печатавших в ту пору в «Вестнике Европы» свои первые опыты. Так, на страницах «Вестника» сочувственно отзывается о Пушкине В. Ф. Одоевский (1821. № 3. С. 218—221. Подпись: И. К.; 1823. № 2. С. 145. Подпись: — и — е.; 1824. № 1. С. 64—69. Подпись: Одвск.). С разбором «Кавказского пленника» выступает М. П. Погодин, живо симпатизирующий поэзии Пушкина, но все же разбирающий поэму в строгом соответствии с классицистическими нормами. У Каченовского дебютирует и другой «любомудр», Н. М. Рожалин, выступивший на стороне Д. В. Веневитинова в его полемике с Н. А. Полевым о I главе «Евгения Онегина».

В гораздо большей степени позиция журнала характеризуется той литературной войной, которую вели на его страницах М. А. Дмитриев и А. И. Писарев против

Вяземского, Грибоедова и Пушкина. Так, в 1824 г. М. Дмитриев с антиромантических позиций ведет продолжительную полемику с Вяземским по поводу его предисловия к «Бахчисарайскому фонтану». Если статьи М. Дмитриева о «Бахчисарайском фонтане» не были направлены непосредственно против Пушкина, то его же статьи «Мысли и замечания» и «Московские записки» за подписью «Н. Д.» в № 1 «Вестника» за 1824 г., написанные, по-видимому, также Дмитриевым, были откровенно антипушкинскими. «Черная шаль», «Кавказский пленник» расценивались здесь как «стихотворные безделки», внешняя красота которых не искупает пустоты содержания. Эти упреки уже предвещали антипушкинские выступления Н. И. Надеждина в «Вестнике Европы» 1828—1830 гг.

Лит.: Гиппиус В. В. «Вестник Европы» // Очерки по истории русской журналистики и критики. Л., 1950. Т. 1. С. 177—193; *Цявловский М. А.* Пушкин и Каченовский (в 1816 г.) // Цявловский М. А. Статьи о Пушкине. М., 1962. С. 359—364; *Березина В. Г.* Рус. журналистика перв. четв. XIX в. Л., 1965. С. 9—19; Русская эпиграмма. Л., 1988 (по указ. эпиграммы на Каченовского).

Г. Е. Потапова

«Дамский журнал» (1823—1833) — московский журнал сентименталистского направления. Издатель — князь Петр Иванович Шаликов (1767 (или 1768) — 1852) последователь и подражатель Карамзина, близкий знакомый И. И. Дмитриева, В. Л. Пушкина, В. В. Измайлова и младшего поколения карамзинистов (М. Н. Макаров, Н. Д. Иванчин-Писарев, В. И. Козлов и др.), поэт, прозаик, издатель журналов «Московский зритель» (1806), «Аглая» (1808—1812) и газеты «Московские ведомости» (1813—1836). Шаликов довел до предела карамзинский культ чувствительности, что вызывало иронию самого Карамзина и И. И. Дмитриева, не говоря уже о новом литературном поколении; см. эпиграмматические и пародийные характеристики Шаликова, принадлежащие Вяземскому («Отъезд Вздыхалова» (1811); «Эпизодический отрывок из путешествия в стихах. Первый отдых Вздыхалова» (1811) (?) и Пушкину («Тень Фон-Визина» (1815); эпиграмма «Князь Шаликов, газетчик наш печальный» (1827; совм. с Е. А. Баратынским)). Предприняв издание «Дамского журнала» как из коммерческих (Шаликов был беден), так и из литературных соображений, издатель ставил целью «угодить нежному полу хотя минутным, но приятным чтением», а также «заменить дорогостоящую подписку подобных материалов из-за границы <подписка на «Дамский журнал» за год стоила 35—40 руб. ассигнациями. — *Ред.*> и чрез то большему числу соотечественниц доставить удовольствие знать новейшие моды» (ДЖ. 1823. Ч. 3. № 18. С. 223). В год выходило 24 номера (4 части). Журнал был ориентирован на женскую читательскую аудиторию, чем и определялись его содержание и стиль. В соответствии со взглядами Карамзина Шаликов связывал успех просвещения с прогрессом литературного вкуса в светском обществе. В журнале печатались переводные и оригинальные повести в основном сентиментального направления, светские новости и моды, статьи о знаменитых женщинах, в том числе из истории женского литературного творчества в России, «путешествия», «письма» и проч. В поэтическом отделе большое внимание уделялось шарадам, акростихам, басням. Такие жанры, как романс, баллада, элегия, мадригал, также пользовались популярностью. В круг постоянных авторов «Дамского журнала» входили В. Л. Пушкин, Д. П. Шелехов, М. М. Кобозев, С. Д. Нечаев. Особое внимание «Дамский журнал» уделял женщинам-писательницам, в том числе начинающим.

Эстетическая программа журнала была архаичной уже для 1820-х гг.; защищая ее, Шаликов нередко вступал в полемику, с одной стороны — с давним оппонентом Карамзина и карамзинистов М. Т. Каченовским и его «Вестником Европы», с другой — с проромантическим «Московским телеграфом» Н. А. Полевого, критические нападки на который приобретали у Шаликова иной раз довольно грубые формы (для полемических выступлений в «Дамском журнале» был заведен особый раздел «Анти-журналистика»). В 1824 г. журнал Шаликова был едва ли не единственным изданием, предоставлявшим Вяземскому страницы для полемики с Каченовским, М. Дмитриевым и Булгариным; хотя услугами «Дамского журнала» Вяземский пользовался вынужденно, сознавая неавторитетность журнала. Отношение «Дамского журнала» и его издателя к поэзии Пушкина было безусловно положительным, иной раз даже апологетическим (см., например, ряд посланий Шаликова к Пушкину и поэтических отзывов о нем: Русские поэты о Пушкине / Сост. В. Каллаш. М., 1899. С. 11, 15–16, 38–40). В 1823 г. Шаликов публикует «Черкесскую песню» из «Кавказского пленника» с нотами (№ 1); имя Пушкина упоминается также в связи с библиографической характеристикой «Русской антологии на французском языке, изданной кавалером Дюпре-Сен-Мором», в которой среди прочего находился отрывок из поэмы «Руслан и Людмила» Пушкина, переведенный, по замечанию редактора, «прекрасно» (ДЖ. 1823. Ч. 3. № 18. С. 217–221).

С семейством Пушкиных у Шаликова были давние дружеские связи; отсюда и особый характер их личных отношений – приязненный и уважительный. Сам Пушкин часто общался с Шаликовым в 1827–1830 гг. в Москве.

С. В. Денисенко

«Литературные листки» (1823–1824) – петербургский журнал, бесплатное приложение к «Северному архиву» С 1824 г. выходил под заглавием «Литературные листки, журнал нравов и словесности, издаваемый Ф. Булгариным». С 1825 г. после журнальной консолидации Булгарина и Н. И. Греча «Литературные листки» вошли в состав «Северного архива». Опыт «Литературных листков» отчасти отразился в «Северной пчеле». В 1823 г. вышло 5 номеров (ценз. разр. 1 и 29 июля, 29 авг., 29 сент. и 15 ноября), в 1824 г. – 24 номера, с эпиграфом из А. Тома «Le véritable honneur est d'être utile aux hommes» <«Истинное достоинство – быть полезным людям». – *Ред.*>. Постепенно формируются основные рубрики журнала: 1. Проза. 2. Стихотворения. 3. Волшебный фонарь, или Разные известия. Последний раздел обязан своим названием Н. И. Гречу (см.: СО. 1824. Ч. 91. № 1. С. 37; ЛЛ. 1824. № 2. С. 59), включал в себя самый разнообразный материал: литературную критику, некрологию, сообщения о новых увеселениях столицы, городские известия, моды, театральные новости и пр. и, по всей вероятности, за исключением подписанных статей, целиком писался самим Ф. В. Булгариным. Мы не располагаем материалами, говорящими о наличии у Булгарина сотрудников по «Литературным листкам». Учитывая издательскую практику небольших журналов 1820-х гг., можно предполагать, что их не было. Монологичность интонации, идейная и текстовая целостность, характер отзывов о произведениях Булгарина и его литературных противников вполне позволяют приписывать авторство неподписанных статей «Волшебного фонаря» самому издателю журнала (М. А. Цявловский в «Летописи жизни и творчества А. С. Пушкина» даже не упоминает об их анонимности, указывая: «издатель» или «Булгарин»). Все полемические выпады, эпистолярные и печатные (А. С. Пушкина, П. А. Вяземского, В. К. Кюхельбекера, А. И. Тургенева и др.), вызванные публикациями этого раздела «Литературных листков», адресовались Булгарину именно как автору, а не как редактору журнала.

Ф. В. Булгарин (1789–1859), критик, прозаик, журналист, человек авантюрной биографии (поляк по происхождению, служивший в русских, а затем польских войсках, в составе которых принимал участие в походе Наполеона на Россию, участник польского литературного общества «шубравцев»), обосновался в Петербурге в 1819 г. и уже в 1820 г. выступил в столичной печати с «Кратким обозрением польской словесности» и «Избранными одами Горация»; публикуется в «Сыне отечества» и «Соревнователе». Решительность, настойчивость в достижении целей, умение располагать к себе людей совершенно различных взглядов и жизненных позиций в сочетании с неразборчивостью в средствах, а также несомненный талант рассказчика помогли ему довольно быстро занять заметное место в литературных кругах Петербурга: К. Ф. Рылеев, А. Бестужев, А. С. Грибоедов *называют его своим другом* (см.: РС. 1901. № 2. С. 404–405; Сочинения и переписка К. Ф. Рылеева. СПб., 1872. С. 242–252; *Мещеряков В. П.* А. С. Грибоедов. Литературное окружение и восприятие. Л., 1983. С. 152–185), и в то же время он ездит на поклон к Аракчееву (см.: *Греч Н. И.* Ф. В. Булгарин // РС. 1871. № 11. С. 483–523; *Н. Д. [Дубровин Н. Д.]* К истории русской литературы. Булгарин и Греч как издатели журналов // РС. 1900. № 9. С. 559–591). С 1822 г. он издает «Северный архив, журнал истории, статистики и путешествий», доставивший ему некоторую известность. «Литературные листки» стали следующим этапом его утверждения в русской литературе. Именно здесь формируется журналистская позиция Булгарина: ориентация на массового читателя, точное ощущение конъюнктуры, коммерческий подход к литературе. Новизна и занимательность материалов, дидактическое нравоописание, активная полемическая направленность с претензией на объективность и беспристрастие, – все эти качества отличали «Литературные листки», задуманные как журнал «легкой прозы и поэзии» (СА. 1823. Ч. 8. № 19. С. 81).

Общественная и литературно-критическая позиция Булгарина в начале 1820-х гг. умеренно-либеральна (при полной лояльности к господствующему социальному строю); он во многом зависит от мнений и суждений критиков декабристской ориентации (А. А. Бестужева, К. Ф. Рылеева); для него характерен и просветительский дидактизм, образцы которого он усматривает у Фонвизина и Грибоедова. С другой стороны, его критические суждения будут учитывать и достижения романтической эстетики. Как журналист, Булгарин был склонен к саморекламе и литературному интриганству и, провозглашая свое неучастие в борьбе литературных партий, находился в постоянном состоянии войны. «Не зная никаких партий, ни личностей в литературе, я без робости иду по избранному мною пути, принимая охотно и с благодарностью советы и замечания и смеясь от чистого сердца эпиграммам, хотя бы они были написаны лично для меня» (ЛЛ. 1824. № 2. С. 64). Эта декларация, позднее неоднократно повторенная Булгариным в «Северной пчеле», очень мало соответствовала его реальной журнальной политике.

В той или иной форме нападкам булгаринского журнала подвергались самые разные литературные деятели и периодические издания (Вяземский и Кюхельбекер, Воейков и Федоров, Дельвиг и Баратынский, «Мнемозина» и «Северные цветы» и др.). Постепенно завоевывая себе место в литературе, Булгарин-журналист становится все более уверенно и как критик. Так, вначале литературная критика журнала по преимуществу состоит в высмеивании фактических (географических, исторических, статистических и пр.), языковых и логических ошибок в «Отечественных записках» и «Дамском журнале» (Кюхельбекер иронично называл такую критику «войной за герцогство Косельское или Кассельское и за опечатки гг. Булгарина и Федорова» – см.: *Кюхельбекер В. К.* Путешествие. Дневник. Статьи. Л., 1979. С. 500), библиографических известиях, торгово-рекламных объявлениях. Однако с каждым номером Булгарин все активнее входит в полемику и по серьезным, иногда даже принципиально важным литературным вопросам, таким, например, как вопрос о коммерческой стороне литературного труда, со всей определенностью поставленный в полемике вокруг «Бахчисарайского фонтана» (материалы к характеристике позиции Булгарина в вопросе коммерциализации литературы см.: СА. 1823. Ч. 5. № 5. С. 377–422; № 17. С. 332–333; ЛЛ. 1823. № 1. С. 9–13; 1824. № 23 и 24. С. 179–189).

Отношение Пушкина к журналу и его издателю на протяжении 1824 года менялось. Он сдержанно доброжелательно встретил появление «Литературных листков». В № 2 за 1823 г. было опубликовано стихотворение «На выпуск птички» (подписано: А. П.) со сделанным для цензуры примечанием издателя: «Сие относится к тем благодетелям человечества, которые употребляют свои достатки на выкуп из тюрьмы невинных должников и проч.». В феврале 1824 г. Пушкин обращается к Булгарину с просьбой поместить в его журнале «Элегию» и «Нереиду», с ошибками напечатанные в «Полярной звезде», благодарностью за «снисходительный отзыв» о «Бахчисарайском фонтане» и комплиментарной оценкой его деятельности (XIII, 85). Булгарин, поддерживавший «Полярную звезду», при публикации стихотворений дипломатично отметил, что «автор сих стихов прислал оные для помещения в «Литературных листках» по той причине, что они были напечатаны в другом издании с некоторыми ошибками» (ЛЛ. 1824. № 4. С. 134—135). Впоследствии, возмущенный бесцеремонностью Булгарина, опубликовавшего отрывок из частного письма Пушкина А. Бестужеву (см. с. 148, 387 наст. изд.), Пушкин отзывался о нем снисходительно-насмешливо, признавая тем не менее некоторые достоинства его как журналиста («читать его весело»). Одна из статей Булгарина («Письмо к приятелю о наводнении, бывшем в С. Петербурге 7 ноября 1824 г.» – ЛЛ. 1824. № 21 и 22. С. 65—81) была использована в 1830-е гг. при работе над «Медным всадником» (см.: *Измайлов Н. В.* «Медный всадник» А. С. Пушкина. История замысла и создания, публикации и изучения // Пушкин А. С. Медный всадник. Л., 1978. С. 151—152, 181). На протяжении 1824 г. отрицательное отношение к Булгарину формируется в пушкинском кругу – у А. А. Дельвига, В. А. Жуковского, П. А. Вяземского, Е. А. Баратынского, В. К. Кюхельбекера. В значительной мере это связано с неприятием ими Булгарина как активного участника коммерциализации литературы.

Для Булгарина 1823—1824 гг., следующего мнению большинства, Пушкин – «великий поэт, делающий честь нашему веку» (ЛЛ. 1824. № 15. С. 75), крупнейший поэтический авторитет эпохи. Комплименты ему рассыпаны по страницам журнала. Основное достоинство Пушкина, как считает Булгарин, в обворожительности и легкости его поэзии. «Знатоки удивляются смелости и величию замыслов Микель-Анжеля и Корреджия, но убеждаются, что прелесть водила кистью Тициана и Альбана. <...> У римлян Гораций и Тибулл, у французов Грессет и Парни, у немцев Виланд, Геснер, Клейст, у поляков Кохановский, Красицкий и Карпинский, у нас Богданович и Нелединский, Батюшков и Пушкин обворожат этим *чем-то не знаю* (je ne sais quoi), которое доказывает, что сии поэты были сынами прелести» (ЛЛ. 1824. № 7. С. 249—250). Критик, «который в произведениях Батюшкова, А. Пушкина, Жуковского не находит поэзии и прелести (grace)», для Булгарина – «безграмотный критик» (ЛЛ. 1824. № 6. С. 238) и т. д. «Литературные листки» приняли участие в полемике 1824 г. вокруг «Бахчисарайского фонтана». В наибольшей степени Булгарин был заинтересован той ролью, которую поэма Пушкина сыграла в становлении профессионального книгоиздательского и книготоргового дела (см. также статью о «Северной пчеле». в наст. изд.).

А. В. Шаронова

«Литературный музеум на 1827 год» – альманах, изданный В. В. Измайловым в Москве в 1827 г. Вернуться после большого перерыва к издательской деятельности (в 1815 г. Измайлов издавал журнал «Российский музеум», о котором напоминало читателям название альманаха 1827 г.) Измайлова заставили материальные затруднения (ср. его самохарактеристику как «ветерана словесности, озабоченного другими трудами» – Литературный музеум на 1827 г. М., 1827. С. 1).

К участию в альманахе были привлечены старые товарищи издателя, московские карамзинисты Н. Д. Иванчин-Писарев и В. Л. Пушкин (принадлежащие последнему афоризмы под названием «Замечания о людях и обществе» (с. 264—269) были пародированы Пушкиным в черновике «Отрывков из писем, мыслей и замечаний» (1827; XI, 59)), близко знакомые с Измайловым В. А. Жуковский, П. А. Вяземский, М. А. Дмитриев, а также Ф. Н. Глинка, Н. И. Гнедич, Е. А. Баратынский, С. Е. Раич,

О. М. Сомов, В. С. Филимонов, А. Н. Глебов, А. И. Готовцева. С просьбой принять участие в альманахе Измайлов обращается также к Пушкину (XIII, 277—278, 297—298); Пушкин отвечает согласием (XIII, 299) и отдает в «Литературный музеум» стихотворения «Соловей и роза» (напечатано под названием «Соловей», с. 311) и «Ночной зефир» (напечатано под названием «Испанская песня», с. 320, с приложением нот А. Н. Верстовского). Измайлов поместил в альманахе ряд собственных сочинений, в том числе статьи «Краткое обозрение 1826 года» и «Русский наблюдатель в XIX веке». Значительная часть материалов альманаха была посвящена памяти скончавшегося в 1826 г. Н. М. Карамзина: здесь были напечатаны выписка из его письма (С. 312—315), его отрывок «О дружбе» (С. 244—245), «Речь в память историографу Российской империи» Н. Д. Иванчина-Писарева (С. 61—140).

См. также комментарий к статье Измайлова «Краткое обозрение 1826 года» и указанную там литературу.

Г. Е. Потапова

«Мнемозина, собрание сочинений в стихах и прозе» — альманах, издававшийся в Москве В. К. Кюхельбекером (1797—1846) и В. Ф. Одоевским (1804—1869). Издатели предполагали выпускать в год по четыре части альманаха. Первоначальное число подписчиков было 157. Однако уже после выхода первой части «Мнемозины», которая имела большой успех, Кюхельбекер сообщал в одном из писем, что расходы по первой части полностью покрыты, и собирался «отпечатать еще до 600 экземпляров первой части, а остальных частей сразу 1200» (см.: *Тынянов Ю. Н.* В. К. Кюхельбекер//Кюхельбекер В. К. [Соч.] Л., 1939. Т. 1. С. 190). Всего вышло в свет четыре книжки «Мнемозины»: три из них в 1824 г. (I часть: ценз. разр. — 17 янв. 1824 г., вышла 25 февр. 1824 г.; II часть: ценз. разр. — 14 апр. 1824 г., вышла 23 июня 1824 г.; III часть: ценз. разр. — 16 окт. 1824 г., вышла 30 окт. 1824 г.), IV, последняя, часть — в 1825 г. (ценз. разр. — 13 окт. 1824 г., вышла 2 июля 1825 г.).[*]

В декабрьской книжке «Вестника Европы» за 1823 г. издатели поместили объявление, в котором говорилось о программе нового альманаха: «Сие издание, в роде немецких альманахов, будет иметь главнейшею целью — удовлетворение разнообразным вкусам всех читателей. Посему в состав "Мнемозины" будут входить: повести, анекдоты, характеры, отрывки из комедий и трагедий, стихотворения всех родов и краткие критические замечания» (с. 316). Позже в статье «Несколько слов о "Мнемозине" самих издателей» Одоевский уже открыто формулирует главную цель издания, видя ее в стремлении «распространить несколько новых мыслей, блеснувших в Германии; обратить внимание русских читателей на предметы в России мало известные, по крайней мере, заставить говорить о них; положить пределы нашему пристрастию к французским теоретикам, наконец, показать, что еще не все предметы исчерпаны, что мы, отыскивая в чужих странах безделки для своих занятий, забываем о сокровищах вблизи нас находящихся» (Мнем. Ч. 4. С. 223).

Внешним оформлением и характером материалов «Мнемозина» более напоминала журнал. В состав ее входили следующие отделы: «Философия», «Военная история», «Изящная проза», «Стихотворения», «Путешествия», «Критика и антикритика», «Смесь». Вяземский писал Жуковскому 27 августа 1823 г., что Кюхельбекер «собирается издавать журнал, но и тут беда: имя его, вероятно, под запрещением у цензуры» (РА. 1900. Кн. 1. № 2. С. 190). Таким образом, альманашная форма и непериодичность издания, по всей видимости, были вынужденными. Направление альманаха определяли его создатели: В. К. Кюхельбекер — в области поэзии и критики, В. Ф. Одоевский — в области философии, беллетристики и публицистики. Адми-

---

[*] Сведения о выходе частей «Мнемозины» сообщены Р. Г. Назарьяном по материалам ЦГИАМ (ф. 31, оп. 5, № 3).

нистративная и редакционная деятельность находились главным образом в руках Одоевского. Своим появлением «Мнемозина» внесла заметное оживление в литературную жизнь. В полемику с новым альманахом вступили «Сын отечества», «Литературные листки», «Северный архив», «Благонамеренный», «Новости литературы», «Дамский журнал». Наиболее непримиримую позицию по отношению к издателям «Мнемозины» занял Ф. В. Булгарин (см.: *Сакулин П. Н.* Из истории русского идеализма: Князь В. Ф. Одоевский. Мыслитель. Писатель. М., 1913. Т. 1. Ч. 1. С. 249–295).

Эстетические позиции издателей «Мнемозины» не совпадали. Кюхельбекер резко выступил на страницах альманаха против бессодержательности элегической школы, противопоставив поэзии подражательной народность и самобытность русской поэзии. Одоевский лишь отчасти разделял литературные взгляды Кюхельбекера, главной своей задачей считая распространение идей любомудрия. В альманахе помимо В. Кюхельбекера и В. Одоевского печатались П. А. Вяземский, Е. А. Баратынский, А. С. Пушкин, Д. В. Давыдов. Особая роль в создании «Мнемозины» принадлежала А. С. Грибоедову, который помог издателям материально. Наряду с известными литераторами встречались имена второстепенных авторов, которые в большинстве своем были близки к московскому кружку будущих «любомудров»: С. Нечаев, С. Раич, Н. Павлов, А. Шаховской, А. Писарев и др.

Пушкин отдал в «Мнемозину» стихотворения «Вечер», «Мой Демон», «К морю». Там же с приложением нот были напечатаны «Татарская песня» (муз. В. Одоевского) и «Слеза» («Вчера за чашей пуншевою...») (муз. М. Яковлева). Под впечатлением пушкинского «Демона» (см.: Мнем. 1824. Ч. 3. С. 11) Одоевский напечатал в «Мнемозине» аполог «Новый Демон» (Ч. 4. С. 35–41), во вступлении к которому писал: «С каким сумрачным наслаждением читал я произведение, где поэт России так живо олицетворил те непонятные чувствования, которые холодят нашу душу посреди восторгов самых пламенных. Глубоко проникнул он в сокровищницу сердца человеческого, из нее похитил ткани, неприкосновенные для простолюдина, – которыми облек он своего таинственного Демона. Но не только *внутри* существует сей злобный Гений, он находится и *вне* нас; последний не так опасен, как первый, – но не менее мучителен» (с. 35).

Одоевский и Кюхельбекер намеревались продолжить выпуск альманаха. Так, в дневнике И. М. Снегирева существует запись от 7 декабря 1824 г.: «Приезжал Кюхельбекер без меня просить, чтобы я взял на себя цензурование его альманаха на 1825 г.» (РА. 1902. № 8. С. 541–542). В бумагах Одоевского также сохранился план издания «Мнемозины на 1825 год» с прибавлением под названием «Комета» (подробнее см.: *Сакулин П. Н.* Из истории русского идеализма: Князь В. Ф. Одоевский. Т. I. Ч. 1. С. 111–112; *Глассе А.* Критический журнал «Комета» В. К. Кюхельбекера и В. Ф. Одоевского // Литературное наследие декабристов. Л., 1975. С. 280–285).

«Не оставлять издания», «продолжать говорить правду» и сделать «Мнемозину» «по крайней мере ежемесячной» советовал Кюхельбекеру и Баратынский (РС. 1875. Т. 13. № 7. С. 377). Однако планам издателей не суждено было осуществиться. После участия в восстании 1825 г. Кюхельбекер был заточен в крепость и умер в ссылке, а Одоевский и «любомудры» лишь в 1827 году объединились вокруг «Московского вестника».

Лит.: Сакулин П. Н. Из истории русского идеализма: Князь В. Ф. Одоевский. Мыслитель. Писатель. М., 1913. Т. 1. Ч. 1. С. 103–295; *Тынянов Ю. Н.* Архаисты и новаторы. Л., 1929. С. 190–227; *Мордовченко Н. И.* Русская критика первой четверти XIX века. М.; Л., 1959. С. 213–228; *Королева Н. В., Рак В. Д.* Личность и литературная позиция Кюхельбекера // В. К. Кюхельбекер. Путешествие. Дневник. Статьи. Л., 1979. С. 599–615; *Краснобородько Т. И.* О русском аналоге пушкинского «Современника» // ПИМ. Т. XII. Л., 1986. С. 357–366.

С. Б. Федотова

«Московский телеграф» издавался Н. А. Полевым в Москве в 1825–1834 гг. В год — 24 номера (четыре номера, объединенных в часть). В 1825 г. с подзаголовком «Журнал литературы, критики, наук и художеств»; в 1826–1827 гг. каждый номер делился на 2 отдела: I (1. Науки и искусства. 2. Критика. 3. Библиография. 4. Современные летописи), II (1. Изящная словесность. 2. Смесь). Журнал нового, энциклопедического, типа, отличался широтой диапазона (словесность, философия, история, статистика, политическая экономия и т. д.). Обязательными были разделы библиографии и критики. Николай Алексеевич Полевой (1796–1846) — беллетрист, историк, критик и журналист. Полевой, купец по происхождению, последовательно отстаивал идею неразрывной связи дальнейшего буржуазного развития России и культурного подъема в стране. Особенное значение он придавал распространению просвещения среди третьего сословия, и его журнал стал в первую очередь выразителем интересов «средних классов» русского общества. «Московский телеграф» ориентировался на возможно более широкую аудиторию и на протяжении всех лет издания оставался самым читаемым русским журналом.

В первые годы существования «Московского телеграфа» (1825–1827) его социально-политическая и эстетическая программы находились еще в стадии формирования. Литературная позиция самого Полевого как критика также еще не определилась. Его критические взгляды сложились в целостную систему лишь во второй половине 1820-х гг. До конца 1820-х гг. в журнале сотрудничали писатели пушкинского круга — Вяземский, Жуковский, Баратынский, А. И. Тургенев, Дашков и др. Вяземский в 1825–1827 гг. был тесно связан с редакцией; он выступил посредником между «Московским телеграфом» и Пушкиным. Вяземский просил Пушкина участвовать в готовящемся издании (XIII, 118). Посланное Пушкиным при ответном письме (XIII, 126) стихотворение «Телега жизни» напечатано в № 1 «Московского телеграфа» (с. 49; с измен. 2-й строфы). Здесь же (с. 39) Вяземский цитирует неопубликованное стихотворение «К морю». Пушкин получал журнал в Михайловском. Первое время он отзывался о нем одобрительно и соглашался его «поддержать» (XIII, 158, 160). Но на протяжении 1825 г. растет неудовлетворенность Пушкина журналом. Он неоднократно указывает Вяземскому на поверхностные суждения, дилетантизм, «невежество» и «педантизм» Полевого и отказывается числиться постоянным сотрудником «Телеграфа» (XIII, 184, 185, 227, 304–305). В 1825 г. в «Московском телеграфе» было опубликовано 7 произведений Пушкина, в том числе его первые появившиеся в печати критические статьи — «О г-же Сталь и г. А. М—ве» (Ч. 3. № 12. С. 255–259) и «О предисловии г-на Лемонте к переводу басен И. А. Крылова» (Ч. 5. № 17. С. 40–46). Также: «Приятелям» (под загл. «Журнальным приятелям»: Ч. 1. № 3. С. 215), «Ex ungue leonem» (Ч. 4, № 13. С. 43), «Стихи в альбом» («Если жизнь тебя обманет...».) (Ч. 5. № 17. С. 37), «Цыганская песня» («Старый муж, грозный муж!..») (из поэмы «Цыганы»: Ч. 6. № 21. С. 69). В 1826 г. в «Московском телеграфе» появилось только стихотворение «Элегия» («Люблю ваш сумрак неизвестный...») (Ч. 7. № 1. Отд. 2. С. 5–6). На этом непосредственное участие Пушкина в журнале кончилось. Личное знакомство Пушкина с Н. А. Полевым осенью 1826 г. в Москве подтвердило их расхождения. В последующие годы в «Телеграфе» были напечатаны лишь три эпиграммы Пушкина на М. Т. Каченовского: «Журналами обиженный жестоко...», «Там, где древний Кочерговский» и «Как сатирой безымянной...» (1829. Ч. 26. № 7. С. 257; № 8. С. 408; Ч. 29. № 18. С. 194). О сотрудничестве Пушкина в «Московском телеграфе» см. также в «Записках» Кс. А. Полевого (Полевой. С. 172–174, 223–236; то же в кн.: Пушкин в восп. совр. (1974). Т. 2. С. 48–60).

«Московский телеграф» последовательно защищал и пропагандировал романтическое направление в литературе. В первые годы издания творчество Пушкина неизменно вызывало восторженные отклики на страницах «Телеграфа». Эстетические взгляды Н. А. и Кс. А. Полевых и впоследствии определяли их отношение к

Пушкину как к писателю-романтику, самому яркому представителю романтического периода русской литературы.

К концу 1820-х гг. «Московский телеграф» становится на позиции резкого противостояния дворянской литературе. В 1829 г., после публикации статьи Н. А. Полевого о Н. М. Карамзине (Ч. 27. № 12) и последовавшего за ней разрыва с журналом писателей пушкинского круга, «Московский телеграф» начинает полемику о так называемой «литературной аристократии». Пушкин выступал в этой полемике против «Московского телеграфа» на страницах «Литературной газеты». С конца 1820-х гг. в журнале все чаще начинают появляться отрицательные отзывы о произведениях Пушкина. В то же время «Телеграф» продолжает следить за выходом его новых произведений, переводом их на иностранные языки, отзывами о поэте в зарубежной печати, выступать против подражателей Пушкина.

Общее оппозиционное направление журнала не раз вызывало недовольство правительства. Резкая рецензия Н. А. Полевого на официозную драму Н. В. Кукольника «Рука Всевышнего отечество спасла» (1834. Ч. 4. № 3) послужила поводом к запрещению журнала в 1834 г. после № 5.

Лит.: Николай Полевой: Материалы по истории русской литературы и журналистики тридцатых годов / Под ред. и с прим. В. Орлова. Л., 1934; *Козмин Н. К.* Очерки по истории русского романтизма: Н. А. Полевой как выразитель литературных направлений современной ему эпохи. СПб., 1903; *Орлов В. Н.* Н. А. Полевой и «Московский телеграф» // Очерки по истории русской журналистики и критики. Л., 1950. Т. 1. С. 256–299; *Гиллельсон М. И.* П. А. Вяземский. Жизнь и творчество. Л., 1969. С. 128–169; *Салинка В. А.* Н. А. Полевой – журналист и критик пушкинской эпохи. Автореф. канд. дис. Л., 1972; Н. А. Полевой, Кс. А. Полевой. Литературная критика: Статьи и рецензии 1825–1842 / Сост., вступ. ст. и коммент. В. Березиной и И. Сухих. Л., 1990; *Попкова Н. А.* Московский телеграф, издаваемый Николаем Полевым: Указатель содержания. 2-е изд. Саратов, 1990. Вып. 1–3 (в указателе учтены имеющиеся в исследовательской литературе атрибуции анонимных статей Н. А. Полевого; сводную библиографию статей Н. А. Полевого, опубликованных в «Московском телеграфе», см. также: *Шикло А. Е.* Исторические взгляды Н. А. Полевого. М., 1981. С. 179–203).

Е. О. Ларионова

«Невский зритель» – журнал, издававшийся в Петербурге ежемесячно с января 1820 г. по июнь 1821 г. Всего вышло 18 книжек журнала, составивших 6 частей. Официальным издателем журнала был выпускник Московского университета Иван Матвеевич Сниткин (род. ок. 1792 г.). Ближайшие сотрудники его – Михаил Алексеевич Яковлев (1798–1853), Гавриил Петрович Кругликов (1796 – не ранее 1880), Николай Александрович Рашков (даты рождения и смерти незвестны). С января по апрель 1820 г. соиздателем «Невского зрителя» был В. К. Кюхельбекер (см.: *Глассе А.* В. К. Кюхельбекер – издатель журнала «Невский зритель» (январь–апрель 1820 г.) // Филологические науки. 1967. № 3. С. 111–113); намеревался войти в число издателей и К. Ф. Рылеев (1797–1826), активный сотрудник журнала с октября 1820-го по февраль 1821 г. «Невский зритель» отличался обостренным интересом к социально-политическим и экономическим вопросам, к проблемам нравственного воздействия на общество. Открывали его разделы: I. «История и политика» и II. «Воспитание», заполнявшиеся в первое время статьями И. М. Сниткина и Н. А. Рашкова. Следом за ними шли разделы: III. «Нравы», IV. «Литература», V. «Критика», VI. «Изящные искусства», VII. «Смесь» и VIII. «Политические новости».

В научной литературе не сложилось единого взгляда на идеологическое и литературно-критическое направление журнала. Ряд авторов указывают на близость его к «Соревнователю» и помещают «Невский зритель» в круг изданий декабристской ориентации (см.: *Степанов Н. Л.* Критика и журналистика декабристского движения // Очерки по истории русской журналистики и критики. Л., 1950. Т. 1. С. 217–219; Сборник материалов к изучению истории русской журналистики / Под ред. Б. П. Козьмина. М., 1952. Вып. 1. С. 11.; *Дацюк Б. Д.* Журналистика времен декабристов (1813–1825). М., 1948. С. 9.; Базанов. С. 152–155); напротив, Б. В. Томашевский считал направление журнала, по крайней мере после ухода В. К. Кюхельбекера, отчетливо реакционным (Томашевский. Т. 1. С. 308–309). Разногласия в оценках объясняются действительной противоречивостью статей, помещенных на страницах журнала за время его существования. Исследования затрудняются и крайней скудостью сведений об основной группе издателей «Невского зрителя» — мелких литераторах, частью известных единственно по публикациям в «Невском зрителе» (Н. А. Рашков, И. М. Сниткин).

Между тем «Невский зритель» оказался заметным явлением в журналистике 20-х гг, в нем печатались произведения Пушкина (стихотворения «Дориде» (№ 1. С. 96), «Дорида» (№ 2. С. 92), «Кюхельбекеру» («В последний раз, в сени уединенья»), «Прелестнице», «Мадригал М...ой» (все три: № 4. С. 66–68), отрывок из первой песни «Руслана и Людмилы»), стихотворения Кюхельбекера, Жуковского, Баратынского, Дельвига, Рылеева, поместившего в октябрьской книжке 1820 г. острейшую сатиру на Аракчеева «К временщику». Современные исследователи «Невского зрителя» выделяют два периода в эволюции журнала (см., например: История русской журналистики XVIII– XIX веков / Под. ред. А. В. Западова. М., 1973. С. 131–135). Первый — январь–апрель 1820 г. Ведущий сотрудник в разделах «Литература» и «Критика» — Кюхельбекер, активно печатаются Пушкин, Баратынский, Дельвиг. Замечательна критическая статья «Взгляд на текущую словесность» Кюхельбекера, отстаивавшего принцип романтической народности. Второй период — май–сентябрь 1820 г. Полностью прекращается сотрудничество с журналом всей группы молодых литераторов. Журнал наводняется эпигонскими произведениями Д. Хвостова, Ф. Синельникова, Г. П. Кругликова и М. А. Яковлева. В разделе «Критика» звучат громкие дифирамбы Хвостову. В этот же период появляется здесь и статья о «Руслане и Людмиле» с резкими нападками на поэму.

Не исключено, что изменения в составе сотрудников были обусловлены высылкой Пушкина в мае 1820 г. и обострением борьбы левого и правого крыла в Вольном обществе любителей российской словесности. Послание Пушкина «Кюхельбекеру» в «Невском зрителе» упоминалось в доносе Каразина от 4 июня 1820 г. как пример «неуважения к правительству» «безумной молодежи» (Базанов. С. 146). Далее эволюция журнала может быть представлена следующим образом: период с октября 1820 г., когда в журнал приходят К. Ф. Рылеев и О. М. Сомов и начинают определять содержание разделов «Литература» и «Критика». В апреле–июне 1821 г. Рылеев и Сомов уходят из журнала, снова усиливается роль писателей-эпигонов.

Основную роль в идеологической ориентации журнала, по крайней мере в 1820 г., несомненно играл И. М. Сниткин, главный издатель и автор социально-политических и экономических статей (см.: *Боборыкин А. Д.* Социально-экономические вопросы в журнале «Невский зритель» // Учен. зап. Ленингр. гос. пед. ин-та. 1957. Т. XXVI. С. 123–182). В первых своих статьях Сниткин достаточно смело выступал за коренные изменения экономики, создание свободного капиталистического хозяйства, с одобрением писал о европейских конституциях, доброжелательно следил за развитием революции в Испании. Вместе с тем Сниткин показывает себя строгим моралистом. Постоянно возвращаясь в своих статьях, нервно-напряженных, пропитанных стихией ораторской речи, к примеру Французской революции, он тревожно всматривался в общественную жизнь, отмечая признаки общественной безнравственности и опасаясь развития событий в сторону революционного бунта. С октября по декабрь 1820 г., как раз после возмущения Семеновского полка в Петербурге, статьи Сниткина перестают появляться, а с января 1821 г. раздел «История и политика» перемещается на четвертое место. Сниткин недвусмысленно отрекается от прежних конституционных взглядов и встает на открыто охранительные позиции. Развитие его как политического мыслителя оказалось удивительно близко и синхронно процессам размежевания сил, которые проходили в это время в «Союзе благоденствия».[*]

Е. А. Вильк

«Новости литературы», или **«Прибавления к "Русскому инвалиду"»** — издавались в Петербурге с 1822-го по 1826 г. В 1822—1824 гг. выходили еженедельно, с 1824 г. — ежемесячно. Номера соединялись в книжечки (по 12 номеров), которых вышло 14. Редакторами были А. Ф. Воейков и В. И. Козлов, а с 1825 г. (ч. 11), после смерти Козлова, — один Воейков.

«Новости литературы» состояли из двух отделов — прозы и поэзии, напоминая более литературный периодический сборник, чем журнал. В отделе прозы основное место занимали публикации переводных произведений на историко-литературные темы. С 1824 г. печатались в нем и критические статьи. Отдел стихотворений составляли произведения Пушкина, П. А. Вяземского, Е. А. Баратынского, К. Н. Батюшкова, А. А. Дельвига, К. Ф. Рылеева, Н. М. Языкова и др. С «Новостями литературы» связано большинство скандальных контрафакций Воейкова, вызывавших негативное отношение к нему в среде литераторов (так, например, стихотворения Вяземского и Рылеева в ч. 3 за 1823 г. были перепечатаны из «Полярной звезды» на 1823 г.). Особое возмущение издателей «Полярной звезды» вызвала публикация в июльском номере журнала за 1824 г. начала поэмы «Братья разбойники», которую Пушкин отдал в «Полярную звезду». Редакторы альманаха А. А. Бестужев и К. Ф. Рылеев порвали знакомство с Воейковым, написав ему в письме 15 сентября 1824 г.: «Вы <...> имели низость употребить во зло нашу доверенность, упредив нас напечатанием лучшей из оной <поэмы. — *Ред.*> части, без малейшего на то права» (Литературный архив. 1938. Т. 1. С. 422).

Несмотря на репутацию Воейкова-издателя, ему удалось, благодаря личным связям, поддержке Жуковского и обширным литературным знакомствам, привлечь в

---

[*] Сниткину должна быть атрибутирована важная философско-эстетическая статья «Разбор рассуждения о прекрасном г. Андрэ», помещенная в журнале анонимно. Первая часть ее (в апрельской книжке), начинается словами: «Редактор имел честь получить сие «Рассуждение» при следующем письме: "Милостивый государь мой И. М. Я прошу вас благосклонно принять перевод Рассуждения"». «Рассуждение о прекрасном в творениях разума» — эстетический трактат французского классициста Андрэ, переведенный Д. И. Хвостовым, которому и принадлежит письмо к редактору «Невского зрителя» с просьбой о публикации перевода и о помещении рецензии на него. «Разбор рассуждения о прекрасном» явился ответом на просьбу переводчика. В архиве Д. И. Хвостова сохранилось это письмо, подтверждающее, что адресатом его был Иван Матвеевич Сниткин (ИРЛИ, ф. 322, № 23, л. 40–42). В том, что именно ему принадлежит и сам «Разбор», не оставляет сомнений майский номер журнала, где в примечаниях на «Антикритику», подписанных «Редак<тор>», от лица автора «Разбора» велся спор с его анонимным критиком. В статье Сниткина проступают, однако, идеи гражданского романтизма: образ героя-вождя и проповедника; экзальтированные мечтания о свободе, преодолевающей земные преграды. «Разбор» вызвал недовольство Хвостова, следы которого сохранились в его переписке (ПД, ф. 322, № 68, л. 142–143). Скорее всего, ему принадлежала и анонимная «Антикритика» в майском номере журнала. В июньском номере напечатано продолжение «Разбора». Но до конца доведен он так и не был.

«Новости литературы» лучшие поэтические силы, в том числе молодые. По богатству поэтического отдела «Новости литературы» были одним из лучших периодических изданий 1820-х гг; его прекращение в 1826 г. в целях повышения коммерческой выгоды от «Русского инвалида», к которому добавлялось 20 номеров, вызвало недоумение и огорчение читателей (см.: *Борисевич А. Т.* «Русский инвалид» за 100 лет. СПб., 1913. С. 198—200).

Из произведений Пушкина в журнале было напечатано 9 стихотворений, из них впервые — «Элегия» («Я пережил свои желанья...») (1823. № 48. С. 144), «К.» («Мой друг, забыты мной следы минувших лет...») (1825. Март. С. 149) и «Антологический отрывок» («Подруга милая! Я знаю отчего...») (1825. Апрель. С. 50); остальное перепечатано из других изданий.

А. И. Рогова

«Отечественные записки» (1818—1830) — петербургский журнал. Два первых тома «Отечественных записок» были выпущены в свет в 1818—1819 гг. Павлом Петровичем Свиньиным (1787—1839) — историком-любителем, путешественником и литератором. В 1820 г. Свиньин преобразует сборник в ежемесячный журнал, где печатает разного рода исторические материалы, описания памятников старины и т. п. В 1823—1824 гг. Свиньина замещает на издательском посту Б. М. Федоров затем Свиньин вновь возвращается к исполнению издательских обязанностей.

Помимо Свиньина со статьями на исторические темы в «Отечественных записках» выступали М. П. Погодин, П. М. Строев, Е. А. Болховитинов, И. А. Стемпковский и др. Печатались в журнале также А. О. Корнилович, К. Ф. Рылеев, Ф. Н. Глинка, Д. В. Давыдов, Н. А. Полевой и другие литераторы. В 1830 г. Н. В. Гоголь отдал Свиньину свою повесть из цикла «Вечера на хуторе близ Диканьки» — «Бисаврюк, или Вечер накануне Ивана Купала».

Вообще в литературных кругах к «Отечественным запискам» относились иронически, что было вызвано характерной для Свиньина склонностью к сенсационным рассказам о русских талантах-самородках, а также недостоверностью некоторых сообщавшихся им сведений (см., например, басню А. Е. Измайлова «Лгун»).

Пушкин, по-видимому, разделял общее отношение к Свиньину. По воспоминаниям И. П. Липранди, в 1821 г. он смеялся над статьей Свиньина, где доказывалось, будто Овидий был сослан в Аккерман. Не называя имени автора, Пушкин полемизировал с этим утверждением Свиньина в примечании, сопровождавшем в беловой рукописи стихотворение «К Овидию» (II, 728). Позднее это примечание было перенесено в I гл. «Евгения Онегина» (VI, 653) и напечатано в ее отдельном издании в 1825 г. Однако в «Цыганах» Пушкин использовал рассказ об Овидии, изложенный в той же статье Свиньина со ссылкой на молдавские хроники (см.: *Формозов А. А.* Пушкин и древности. М., 1979. С. 43, 54). В письме Вяземскому 10 августа 1825 г. Пушкин восхищался его эпиграммой «Что пользы, — говорит расчетливый Свиньин...» (1818), где высмеивалось заискивание Свиньина перед Аракчеевым (XIII, 204).

Ироническое отношение к Свиньину сохраняется у Пушкина и после их личного знакомства, состоявшегося по возвращении поэта из ссылки в Петербург (в письмах Свиньина этого времени есть упоминание о том, что Пушкин бывал у него на обедах и литературных вечерах). В 1828 г. Пушкин упоминает Свиньина в эпиграмме «Собрание насекомых». В 1830 г. он изображает его в одной из сказочек «Детской книжки» («Маленький лжец»). По воспоминаниям К. А. Полевого, в 1828 г. Пушкин, желая подшутить, назойливо расспрашивал Свиньина о его авантюрных приключениях в Бессарабии, вокруг которых ходило много нелестных слухов. Основываясь на этих слухах, Пушкин позднее набросал план произведения, главный герой которого был первоначально обозначен как «Свиньин», а затем как «Криспин» (VIII, 431). Этот анекдот, пересказанный Пушкиным Гоголю, стал одним из источников сюжета «Ревизора» (РС. 1889. № 10. С. 134).

Свиньин на страницах «Отечественных записок» отзывался о Пушкине неизменно комплиментарно, но крайне поверхностно. См. отзывы о «прелестных стихах» Пушкина (1825. № 64. С. 152), о «благоухающей розе Пушкина, под названием "Онегин"» (1825. № 60. С. 177). Не более чем своеобразным поэтическим путеводителем по примечательным местам Крыма оказывается в его представлении «Бахчисарайский фонтан», что явствует из отрывка, помещенного в наст. издании. В той же функции будет Свиньин позднее использовать пушкинские строки в своем описании Полтавы (1830. № 120. С. 10, 14). В этом отношении любопытна и напечатанная в «Отечественных записках» повесть П. Кудряшева «Киргизский пленник. Быль Оренбургской линии» (1826. № 79. С. 273—290; позднее превратилась в романтическую поэму под пером Н. Муравьева — «Киргизский пленник». М., 1828), в которой редуцированные элементы «Кавказского пленника» оказываются включенными в произведение, по сути своей далекое от всякого романтизма и преследующее прежде всего «этнографические» задачи. Приверженность издателя «Отечественных записок» к классицистическим нормам отчетливо проявляется в помещенном в настоящем издании суждении о «Борисе Годунове». В 1828 г. Свиньин приветствует разбор Б. М. - Федоровым IV и V глав «Евгения Онегина», где критиковались «слабости» и «небрежности» Пушкина (см.: 1828. № 96. С. 166). Склонность Свиньина к просветительскому дидактизму приведет к тому, что он будет восхищаться романами Булгарина ничуть не меньше, чем поэмами Пушкина (см.: 1829. № 108. С. 137).

В 1830-х гг. Пушкин относится к Свиньину по-прежнему иронически, о чем свидетельствуют записи в его дневнике (XII, 322, 325), но пользуется рукописями из собранного Свиньиным «Русского музеума». 19 февраля 1833 г. Свиньин посылает Пушкину копию дневника А. В. Храповицкого, секретаря Екатерины II (см.: XV, 48, 113). В библиотеке Пушкина имеется практически полный комплект «Отечественных записок» за 1820—1822, 1824—1830 гг. В «Песнях западных славян» Пушкин использует сведения из статьи Свиньина о Георгии Черном (1818). В «Истории Пугачева» он ссылается на опубликованную в «Отечественных записках» за 1824 г. «весьма замечательную статью» об обороне крепости Яика (IX, 112).

Лит.: Пушкин А. С. Дневник. 1833—1835 / Ред. Б. Л. Модзалевский. М.; Пг., 1923. С. 107—108, 147—150; *Пушкин А. С.* Дневник (1833—1835 гг.) / Ред. В. Ф. Саводник и М. Н. Сперанский. М.; Пг., 1923. С. 314—318, 394—396; *Греч Н. И.* Записки о моей жизни. М.; Л., 1930. С. 597; ЛН. Т. 16—18. С. 600—602; Т. 58. С. 66—68; *Двойченко-Маркова Е. М.* Пушкин в Молдавии и Валахии. М., 1979. С. 54—55, 80—87; *Формозов А. А.* Пушкин и древности. М., 1979. С. 43, 54—55, 80—87; П. в восп. совр. (1985). Т. 1. С. 321; Т. 2. С. 74—75, 214; Черейский. С. 389—390.

Г. Е. Потапова

«Полярная звезда». Альманах «Полярная звезда. Карманная книжка для любительниц и любителей русской словесности» издавался А. А. Бестужевым и К. Ф. Рылеевым в Петербурге. Вышло в свет три книжки — на 1823, 1824 и 1825 гг. На титульном листе — гравированная виньетка; кроме того, в «Полярной звезде» со второго выпуска помещались иллюстрации к некоторым произведениям, входящим в альманах.

Целью «Полярной звезды», по словам Бестужева, было «ознакомить публику с русскою стариною, с родною словесностью, с своими писателями (Ответ на критику «Полярной звезды», помещенную в 4, 5, 6 и 7 номерах «Русского инвалида» // СО. 1823. № 4. С. 174—175); отсюда, между прочим, апелляция к «любительницам словесности» — к образованным женщинам столичного общества, которым издатели стремились представить образцы новой, романтической литературы (см. также с. 422 наст.

изд.). В замысел издателей входило и стремление освободить литературу от зависимости от меценатов и от диктата книгопродавцев; впервые в России они ввели авторский гонорар и способствовали профессионализации писательского труда. Декабрист Е. П. Оболенский в своих воспоминаниях отмечает, что Бестужев и Рылеев намеревались «дать вознаграждение труду литературному, более существенное, нежели то, которое получали до того времени люди, посвятившие себя занятиям умственным. Часто их единственная награда состояла в том, что они видели свое имя, напечатанное в издаваемом журнале; сами же они, приобретая славу и известность, терпели голод и холод и существовали или от получаемого жалованья, или от собственных доходов с имений и капиталов. Предприятие удалось. Все литераторы того времени согласились получить вознаграждение за статьи, отданные в альманах: в том числе находился и Александр Сергеевич Пушкин. "Полярная звезда" имела огромный успех и вознаградила издателей не только за первоначальные издержки, но и доставила им чистой прибыли от 1500 до 2000 рублей» (Писатели-декабристы в воспоминаниях современников. М., 1980. Т. 2. С. 102).

В «Полярной звезде» печатались самые видные в то время литераторы (Пушкин, Жуковский, Д. Давыдов, Крылов, Баратынский, Вяземский, Грибоедов, Дельвиг, Гнедич, Глинка, Бутарин, Плетнев, Греч, Сомов, Воейков, Корнилович, Сенковский, Батюшков, Кюхельбекер и др., в том числе и оба издателя), большая часть из которых входили в Вольное общество любителей российской словесности. Общество «соревнователей» и оказалось, таким образом, литературной средой, из которой вышла «Полярная звезда»; авторы ее были одновременно и вкладчиками «Соревнователя». Вместе с тем, альманах был детищем создавшейся в обществе более узкой литературной группы, объединявшей будущих участников Северного общества декабристов. Отдельные произведения, вошедшие в «Полярную звезду» на 1823 г., рассматривались на официальных заседаниях, что зарегистрировано в протоколах «ученых упражнений» Вольного общества (подробнее о зависимости первого выпуска альманаха от Вольного общества см.: Полярная звезда, изданная А. Бестужевым и К. Рылеевым / Изд. подгот. В. А. Архипов, В. Г. Базанов и Я. Л. Левкович. М.; Л., 1960. С. 816—818).

Собирать материал для аьманаха издатели начали в 1822 г. (см. наиболее раннее упоминание в письме Д. В. Давыдова Бестужеву от 24 апреля 1822 г.: РС. 1888. № 10—12. С. 166). Альманах включал произведения различных жанров: стихотворения, отрывки из поэм, эпиграммы, повести, очерки, письма и пр. Материал не был четко разграничен по рубрикам.

Особое место в каждой книжке занимали критические обзоры Бестужева. В них выражалась литературная программа «Полярной звезды», и сопоставление трех этих обзоров обнаруживает определенные изменения в литературно-эстетической позиции альманаха в целом: от обзора к обзору все отчетливее становится требование «самобытности», «народности», а также требование гражданственности в поэзии, обращения к высоким, общественно значимым темам; все резче критикуется «подражательность»; все явственнее осознается зависимость состояния литературы от современных общественных и политических обстоятельств.

Альманах имел большой успех. Как сообщал Булгарин в «Литературных листках», «...в три недели раскуплено оной <"Полярной звезды". — *Ред.*> 1500 экземпляров: единственный пример в русской литературе, ибо, исключая "Историю государства Российского" г. Карамзина, ни одна книга и ни один журнал не имели подобного успеха» (ЛЛ. 1824. Ч. I. № 2. С. 64—65).

В ноябре 1825 г. Рылеев писал Пушкину: «Мы опять собираемся с Полярною. Она будет последняя, так по крайней мере мы решились» (XIII, 241). К этому времени, оба издателя были полностью поглощены непосредственной политической деятельностью. По воспоминаниям М. А. Бестужева, «...около декабря 1825 года дела тайного общества усложнились сношением с Южным обществом, когда остающееся от служебных обязанностей время было посвящено более священной деятельности, – брат Александр и Рылеев решились издать уже собранный материал в небольшом альманахе под названием "Звездочка"...» (Воспоминания Бестужевых. М.; Л., 1931. С. 124). «Звездочка» готовилась к новому году. До 14 декабря в типографии Главного штаба было отпечатано 80 страниц альманаха. По приказу Следственного комитета сразу же после восстания отпечатанные листы были конфискованы и 36 лет пролежали в кладовых бывшей военной типографии. В 1861 г. они были сожжены. Но все же два экземпляра «Звездочки» дошли до нашего времени. Один оказался в руках А. Н. Креницына, друга Бестужева, другой – у известного библиофила и издателя П. А. Ефремова (см.: Альманах «Звездочка» / Изд. подгот. Я. Л. Левкович. М., 1981. С. 30–66).

Существуют свидетельства о намерении издателей «Полярной звезды» превратить альманах в журнал. 18 ноября 1825 г. Вяземский писал Бестужеву: «Мне сказали, что вы свой альманах обращаете в журнал, и я порадовался. Кто о чем, а я все время брежу о хорошем журнале» (РС. 1889. № 2. С. 321). Журнальная форма издания открывала гораздо большие возможности для пропаганды литературных, эстетических и общественных программ, непосредственной реакции на явления современной литературной и социальной жизни, для полемики и т. д. «Полярная звезда» уже имела сложившуюся читательскую репутацию, программу и едва ли не лучший в России контингент участников и могла бы перерасти в периодическое издание, однако ситуация осени 1825 г. вряд ли оставляла Бестужеву и Рылееву достаточно возможностей для осуществления такого плана, даже если они и вынашивали эти намерения. «Полярная звезда» положила начало «альманашному периоду русской словесности». Вслед за ней стали появляться новые альманахи: «Мнемозина» (1824–1825 гг.), «Северные цветы» (с 1825 г.), «Невский альманах» (с 1825 г.) и др.

В «Полярной звезде» напечатаны следующие произведения Пушкина:

В 1823 г. – «К Овидию», «Гречанке», «Увы, зачем она блистает...», «Война» (под названием «Мечта воина»).

В 1824 г. – «Друзьям» («К чему, веселые друзья...»), «Нереида», «Адели» (под названием «В альбом малютке»), «К Морфею», «Редеет облаков летучая гряда...», «Отрывок из послания В. Л. Пушкину» («Что восхитительней, живей...»), «Простишь ли мне ревнивые мечты...», «Домовому», «К портрету Вяземского» (под названием «Надпись к портрету»).

В 1825 г. – отрывок из поэмы «Цыганы», «Послание к А<лексееву>» («Мой милый, как несправедливы...»), отрывок из поэмы «Братья разбойники».

В «Звездочку» Пушкин отдал отрывок из III главы «Евгения Онегина» («Ночной разговор Татьяны с ее няней»).

Т. М. Михайлова, Г. Е. Потапова

«Рецензент» – «критическая и литературная газета», издававшаяся В. Н. Олиным в С.-Петербурге в 1821 г. Вышло только 20 номеров: 1–10, 17–26 (см. комментарий С. А. Венгерова в Полн. собр. соч. В. Г. Белинского. – СПб., 1901. Т. IV. С. 516). Газета должна была выходить еженедельно, однако номера за январь–март, судя по датам цензурных разрешений, вышли одновременно с номерами за май–июль. Вероятно, Олин рассчитывал полностью восстановить пропущенные с начала года номера: майские выпуски начинаются с 65 страницы и с 17 номера, но в начале июля издание прекратило свое существование: 8 июля были даны цензурные разрешения на два последних номера «Рецензента» за 9 марта и 6 июля (№№ 10 и 26). Основными разделами газеты были: «Словесность», «Стихотворения» (где публиковались произведения Жуковского, Д. Давыдова, Ф. Глинки, Баратынского, Воейкова и др.), «Критика», «Науки», «Смесь», «Известия», но полностью отсутствовала какая-либо системность в их появлении и расположении в номере. Никакой роли в литературной борьбе газета «Рецензент» не сыграла, хотя здесь был помещен разбор стихотворений Батюшкова и «Горацианских од» Капниста. В истории литературы она упоминается в основном в связи с отзывом на поэму Пушкина «Руслан и Людмила», воспринимаемым почти всеми исследователями как положительный, хотя уже в этой статье Олин формулирует свои претензии к романтической поэме Пушкина, которые впоследствии будут им развиты в статье о «Бахчисарайском фонтане» (см. с. 198 наст. изд.). О В. Н. Олине см. подробно с. 371–372 наст. изд.

Единственный сохранившийся на территории России комплект газеты «Рецензент» хранится в Российской государственной библиотеке в Москве.

А. В. Шаронова

«Русский инвалид, или Военные ведомости», издававшаяся в Петербурге с 1813-го по 1917 г. русская военная газета. Создана П. П. Пезаровиусом (1776–1847) с целью оказания помощи участникам Отечественной войны 1812 г.: весь доход, за вычетом издержек по изданию, должен был направляться «инвалидам, солдатским вдовам и сиротам» (РИ. 1813. № 1. С. 1). Газета сразу же стала пользоваться успехом, так как ей дали возможность первой помещать военные новости. К 1816 г. «Русский инвалид» из еженедельного издания становится ежедневным. Тогда же газета переходит в ведение Александровского комитета о раненых, куда и перечисляются вырученные средства (Пезаровиус в течение 1813–1821 гг. передал 1 032 424 р.). В конце 1821 г. в связи с разногласиями с Комитетом (запрещение им публикации статей на политические темы, прекращение издания «Русского инвалида» на польском и немецком языках) Пезаровиус отказался от редакторства, и газета оказалась на грани закрытия. Однако В. А. Жуковский, покровительствующий А. Ф. Воейкову, мужу своей племянницы, оказал ему содействие в том, чтобы взять «Русский инвалид» в аренду, и с 1822-го по 1838 г. редактором газеты был Воейков (см.: *Борисевич А. Т.* «Русский инвалид» за 100 лет: Юбилейный очерк. Ч. 1. СПб., 1913).

Бо́льшую часть каждого номера «Русского инвалида» (всегда состоявшего из 4 страниц) – а иногда и весь номер – составляли высочайшие приказы. Доля литературного материала в 1820-е гг. была невелика, и сосредоточивался он в это время в литературных приложениях к газете, также редактировавшихся Воейковым: журналах «Новости литературы» (1822–1826) – до 1825 г. вместе с В. И. Козловым, «Славянин» (1827–1830) и газете «Литературные прибавления к «Русскому инвалиду» (1831–1837). На страницах «Русского инвалида» тем не менее появляются стихи Баратынского, Тютчева, републикации из «Рецензента» Олина (стихи самого Олина, Д. Давыдова и др.), рецензии, чаще всего краткие, принадлежащие обычно В. И. Козлову, а также переводы на исторические и литературные темы.

Издательская деятельность Воейкова была известна своей бесцеремонностью: он нередко печатал произведения без разрешения их авторов, перепечатывал без каких-либо согласований публикации из других журналов. Появился даже особый термин – «воейковщина», «воейковствовать», который охотно использовал Пушкин (см., например: XIII, 351).

Отношение Пушкина и его круга к Воейкову-журналисту, который, за исключением разбора «Руслана и Людмилы» (Сын отечества. 1820. Ч. 64. № 34–37; с. 36–68 наст. изд.), отзывался о Пушкине только восторженно, было несколько ироничным: в письмах к брату 1824–1825 гг. поэт передает поклоны своему «другу» Воейкову и отмечает его «хорошее поведение» (XIII, 146, 158). В то же время Пушкин внимательно следил за критическими выступлениями Воейкова в адрес их общих литературных противников – Булгарина и Греча (отношения с которыми были испорчены и перешли в плоскость журнальной конкуренции после ухода Воейкова из «Сына отечества»), считая, что «издатель <"Русского инвалида" и приложений к нему. — *Ред*.> оставил на полемическом поприще следы неизгладимые...» (XII, 97).

При жизни Пушкина в «Русском инвалиде» было опубликовано лишь одно его произведение — отрывок из поэмы «Полтава» (РИ. 1829. № 87).

А. И. Рогова

«Северная пчела» — полуофициальная политическая и литературная газета, издававшаяся в Петербурге в 1825—1864 гг. (до 1831 г. — три раза в неделю, затем ежедневно). Издатели-редакторы — Ф. В. Булгарин и Н. И. Греч, с 1860 г. — П. С. Усов. Издавать газету совместно с Булгариным Греч решил в 1824 г., видя, что издание «Сына отечества» не приносит прежних результатов. Таким образом, с 1825 г. параллельно издавались «Северная пчела», «Северный архив» и «Сын отечества» (подробнее об истории возникновения газеты см.: *Греч Н. И.* Записки о моей жизни. М.; Л., 1930. С. 364, 385, 575—591). Газета была задумана и издавалась с широкой программой. В ней имелся отдел внутренних известий, заграничных новостей — им отводились первая и вторая полосы газеты; третья и четвертая заполнялись критикой, там же печатались фельетоны, рассказы, стихи, новости моды и т. п. Почти во всех отделах — «Новые книги», «Словесность», «Всякая всячина», «Нравы», «О театре» — писал сам Булгарин. Греч выступал главным образом по вопросам грамматики и с новостями из-за рубежа. Критические статьи и рецензии публиковали также О. М. Сомов, М. А. Бестужев-Рюмин и др.

«Северная пчела» отличалась от других газет тем, что сообщала более свежие новости, нежели, например, «Санкт-петербургские ведомости» или «Московские ведомости», обладая монополией на известия политического характера о жизни России и Европы. Ср. известное высказывание Пушкина: «Неужто, кроме "Северной пчелы", ни один журнал не смеет у нас объявить, что в Мексике было землетрясение и что Камера депутатов закрыта до сентября?» (из письма к Вяземскому от 2 мая 1830 г.; XIV, 87). Пользуясь покровительством III Отделения, газета сумела стать одной из самых распространенных в России, ее тираж в разные годы достигал 4, 5—10 тыс. экземпляров. Привилегии имели, однако, и оборотную сторону — строжайший цензурный контроль, которому подвергалась газета, получая иногда выговоры за «вольномыслие». Но в целом направление газеты всегда считалось в правящих кругах «похвальным». «С 1825 года Булгарин издает "Северную пчелу", литературную и политическую газету, коей главнейшая цель состоит в утверждении верноподданнических чувствований и в направлении к истинной цели, то есть преданности к престолу и чистоте нравов», — писал Бенкендорф в своей записке о Булгарине (см.: *Пятковский А. П.* Из истории нашего литературного и общественного развития. СПб., 1888. Т. 2. С. 245).

Некоторое время тем не менее газета стояла на либеральных позициях. Там печатались Ф. И. Глинка, К. Ф. Рылеев, А. С. Пушкин, Н. М. Языков. Критическое направление «Северной пчелы» представляется во многом следствием увлеченности Ф. В. Булгарина романтической эстетикой, которую он активно пропагандировал, хотя это направление и не было органичным для него самого: он оставался дидактическим и нравственно-сатирическим писателем, считавшим своим учителем Фонвизина, а любимым современным автором — Грибоедова. В своей деятельности Булгарин сознательно ориентировался на «средний класс» — в противовес дворянской элите. Такая программа (по существу буржуазная) и обеспечила огромный, массовый успех «Северной пчелы».

Уже в первые годы своего существования газета вела энергичную полемику, ревниво следя за чужими успехами. Самой острой и подчас грубой была словесная борьба с А. Ф. Воейковым, издателем «Русского инвалида» и «Новостей литературы» и с «Московским телеграфом» Н. А. Полевого (см. об этом: *Каллаш В.* Пушкин,

Н. Полевой и Булгарин: Из журнальной полемики конца 20-х годов XIX века // П. и совр. Вып. 2. СПб., 1904. С. 33, 38; Полевой. С. 168).

С 1824 г. Пушкин состоит в переписке с Булгариным. До конца 1820-х гг. их отношения сохраняют лояльный характер (еще в письме от 22 ноября 1827 г. Вяземский стыдил поэта за участие в обеде у Булгарина; (XIII, 348; см. также: *Нечаева В.* Пушкин в дневнике К. С. Сербиновича // ЛН. Т. 58. С. 256). «Северная пчела» в эти годы внимательно следит за творчеством Пушкина, оценивая его неизменно положительно. Резкий разрыв литературных отношений наступает в самом конце 1820-х – начале 1830-х гг., с началом полемик вокруг романов Булгарина и выходом «Литературной газеты» (1830–1831); в это время Булгарин – едва ли не основной литературно-общественный противник Пушкина, что непосредственно сказывается и на отзывах «Северной пчелы» о пушкинских произведениях.

Лит.: Лемке М. Очерки по истории русской цензуры и журналистики XIX столетия. СПб., 1904. С. 400–401; *Столпянский П.* Пушкин и «Северная пчела» // П. и совр. Вып. 19–20. С. 130–141; *Гиппиус В.* Пушкин и журнальная полемика его времени // Памяти Пушкина. СПб., 1900. С. 231–232; *Степанов Н. Л.* «Северная пчела». Ф. В. Булгарин // Очерки по истории русской журналистики и критики. Л., 1950. Т. 1. С. 310–323; Черейский. С. 52–53, 118.

Т. Е. Киселева

«Северные цветы» – один из лучших русских альманахов, объединивших литераторов пушкинского круга, издававшийся с 1825-го по 1831 г. одним из ближайших друзей Пушкина бароном А. А. Дельвигом (1798–1831). Было издано 7 миниатюрных книжек в восьмую долю листа с гравированными картинками и виньетками ценою 10 рублей каждая (СЦ на 1825 г. СПб., [1824], ценз. разр. 9 авг. 1824 г., выход в свет – последние числа дек. 1824 г.*; СЦ на 1826 г. СПб., 1826, ценз. разр. 25 февр. 1826 г., выход в свет – 7 апр. 1826 г.; СЦ на 1827 г. СПб., 1827, ценз. разр. 18 янв. 1827 г., выход в свет – 25–28 марта 1827 г.; СЦ на 1828 г. СПб., 1827, ценз. разр. 3 дек. 1827 г., выход в свет – 22 дек. 1827 г.; СЦ на 1829 г. СПб., 1828, ценз. разр. – 27 дек. 1828 г., выход в свет – последние числа дек. 1828 г.; СЦ на 1830 г. СПб., 1829, ценз. разр. – 20 дек. 1829 г., выход в свет – 20-е числа дек. 1829 г.; СЦ на 1831 г. СПб., 1830, ценз. разр. – 18 дек. 1830 г., выход в свет – 24 дек. 1830 г.) Восьмая, последняя, книжка выпущена в память о Дельвиге Пушкиным и Сомовым (СЦ на 1832 г. СПб., 1831, ценз. разр. – 9 окт. 1831 г., выход в свет – около 24 дек. 1831 г.). В период издания «Северных цветов» Дельвиг выпускал также альманах «Подснежник» (1829) и «Литературную газету» (1830).

Идея создания «Северных цветов» возникла у петербургского книгопродавца И. В. Слёнина, когда в 1824 г. Рылеев и Бестужев отказались от его услуг по изданию «Полярной звезды». По словам современника, Слёнин, «не желая терять выгод, которыми он уже два года пользовался, уговорил барона Дельвига собрать статьи для альманаха на 1825 год и предоставить его издание ему <...> за 4000 рублей ассигнациями» (РА. 1873. Кн. 1. Стб. XCVIII). Однако появлению нового альманаха сопутствовали и другие обстоятельства: размежевание сил в Вольном обществе любителей российской словесности, а также усиливающаяся конкуренция среди русских изданий.

О «соперничестве» и «соревновании» между издателями говорилось и в объявлении, которое появилось в «Литературных листках» Ф. Булгарина: «На русском Парнасе носятся слухи, – писал он, – что несколько литераторов и один книгопродавец

---

* О выходе в свет альманаха «Северные цветы» см.: Пушкин в печати. 1814 – 1837. 2-е изд., испр. / Сост. Н. Синявский и М. Цявловский. М. , 1938. С. 26, 38, 42, 48, 57, 70, 85, 95.

вознамерились к будущему 1825 году издать альманах в роде "Полярной звезды" под заглавием: "Северные цветы". Хотя наш Север не весьма славится цветами, однако ж при старании можно кое-что вылелеять. Желаем и надеемся успеха, тем более что семена весьма рано посеяны. Это соперничество нисколько не повредит "Полярной звезде", напротив того, возродит в издателях соревнование, что также послужит к пользе читателей» (ЛЛ. 1824. Ч. I. № 4. С. 149—150).

«Соревнование литераторов» входило в просветительскую программу Бестужева и Рылеева, однако реально возникшая издательская конкуренция наложила известный отпечаток на взаимоотношения издателей «Северных цветов» и «Полярной звезды»; нотки отчуждения и критицизма начинают звучать в переписке Бестужева с Вяземским и др. Довольно ясно, хотя и осторожно, противопоставление двух изданий с явным предпочтением «Полярной звезды» проходит по критическим статьям Н. И. Греча и в особенности Ф. В. Булгарина, связанного в это время с кружком Рылеева и Бестужева и во многом зависевшего от их критических суждений (см. в наст. изд. статьи Ж. К. и Д. Р. К.). Значительно большей лояльностью отличаются печатные отзывы о «Северных цветах» самого Бестужева.

При всех этих разногласиях отношения альманахов не могли быть враждебными: оба они были ориентированы на новую, романтическую, словесность и имели один круг авторов (Е. А. Баратынский, К. Н. Батюшков. П. А. Вяземский, Ф. Н. Глинка, Н. И. Гнедич, Д. В. Дашков, И. И. Дмитриев, В. А. Жуковский, И. И. Козлов, И. А. Крылов, В. К. Кюхельбекер, К. П. Масальский, П. А. Плетнев, А. С. Пушкин, В. Л. Пушкин, С. Е. Раич, О. И. Сенковский, О. М. Сомов, В. И. Туманский, А. С. Хомяков, А. А. Шаховской и др.). После 1825 г. «Северные цветы» сосредоточили в себе все значительные силы обеих столиц. На страницах альманаха часто появляются произведения начинающих талантливых поэтов — И. Балле, М. Д. Деларю, А. И. Подолинского, Трилунного (Д. Ю. Струйского), В. Шемиота, В. Н. Щастного и др.

С 1827 г. Дельвиг издает «Северные цветы» вместе с О. Сомовым, который ведет большую и кропотливую работу: переписывается с авторами, улаживает цензурные дела, вычитывает корректуру. В «Северных цветах на 1828 год» — впервые после критической статьи Плетнева в первой книжке — появляется «Обзор российской словесности» О. Сомова, который теперь регулярно будет открывать альманах вплоть до 1831 г. «Северные цветы» на 1828 г. знаменательны еще и тем, что они вышли под эгидой пушкинского имени. На фронтисписе помещен портрет Пушкина — гравюра Уткина с оригинала Кипренского. Пушкин проявлял большой интерес к судьбе альманаха Дельвига. Он постоянно упоминает о нем в письмах, неоднократно обращается к друзьям с просьбой поддержать Дельвига. Именно в «Северных цветах» напечатаны его лучшие произведения того периода — отрывки из «Евгения Онегина», «Бориса Годунова» и «Моцарта и Сальери», «Граф Нулин», «Подражание Корану», «Воспоминание», «Бесы», «Анчар», «19 октября» и др.

В 1829 г. альманах Дельвига включается в литературную полемику, прежде всего с «Северной пчелой»; в критических обзорах Сомова делаются попытки утверждения пушкинской литературной программы. Ограниченные возможности издания, выходящего один раз в год, и далеко не идентичные позиции Пушкина и Сомова как автора ежегодных обозрений заставляют Пушкина и Дельвига думать о создании нового литературно-критического органа. Так возникает «Литературная газета». Со смертью Дельвига и распадом его кружка оба издания прекращают свое существование.

Последняя книжка альманаха «Северные цветы на 1832 год» была издана Пушкиным с помощью Сомова в память о Дельвиге.

Лит.: Вацуро В. Э. «Северные цветы»: История альманаха Дельвига—Пушкина. М. 1978; *Фризман Л. Г.* А. С. Пушкин и «Северные цветы» // Северные цветы на 1832 год. М., 1980. С. 295—337 (Сер. Лит. памятники).

С. Б. Федотова

«Соревнователь просвещения и благотворения» (начиная с № 4 за 1818 г. носивший название «Труды Вольного общества любителей российской словесности») издавался в Петербурге с 1818-го по 1825 г. ежемесячно и был органом образованного 17 января 1816 г. Вольного общества любителей российской словесности. Учредителями Общества были А. Д. Боровков, А. А. Никитин, И. Д. Боровков Е. П. Люценко; по воспоминаниям П. А. Плетнева, «в начале не было почти и литераторов, а собирались люди, видавшиеся в одной масонской ложе <"Избранного Михаила". – *Ред.*> и желавшие как-нибудь помогать беднякам уч<еного> сословия» (см: Переписка Я. К. Грота с П. А. Плетневым. СПб., 1896. Т. II. С. 254). В конце 1817 г. по проекту секретаря общества А. А. Никитина было решено издавать журнал. В 1818 г. журнал отражал дилетантский характер собраний, хотя уже тогда в нем начинает определяться гражданская литературная проблематика (стихи А. А. Никитина; его ода «Отсутствие северной богини» (1818. № 5) имеет точки соприкосновения со стихотворениями Пушкина «Ответ на вызов написать стихи...» (1819. № 10. С. 70–71; см.: Базанов. С. 95–96); по мере вхождения в общество литературных сил – Ф. Н. Глинка (1816), А. Е. Измайлов, Н. И. Греч (1818), А. А. Дельвиг, П. А. Плетнев, В. Н. Каразин, В. К. Кюхельбекер (1819), Н. А. Цертелев, О. М. Сомов, А. А. Бестужев (1820), Н. И. Кутузов, Е. А. Баратынский, Ф. В. Булгарин. Н. А. Бестужев, К. Ф. Рылеев (1821), В. И. Туманский (1822), В. Н. Григорьев, Н. М. Языков, М. А. Дмитриев, И. И. Козлов, А. С. Грибоедов, Н. А. Полевой (1824); указаны даты вступления в действительные члены; почетные члены: И. А. Крылов, В. А. Жуковский, К.Н. Батюшков (1818) – оно приобретало более устойчивые организационные формы; принимается разработанный А. А. Никитиным устав; президентом (16 июля 1819 г.) становится Ф. Н. Глинка. Общество испытывает ощутимое воздействие идей Союза благоденствия. В марте 1820 г. В. Н. Каразин, вице-президент общества, поставил вопрос о реорганизации «Соревнователя», изгнании из него легкой и эротической поэзии и придания ему ученой и национально-исторической ориентации; с другой стороны, Каразин нападал на либеральные и просветительские идеи («права человека», «свобода совести» и пр.). Позиция Каразина была достаточно сложна; соприкасаясь, с одной стороны с программой Союза благоденствия, с другой – она носила охранительный характер и была направлена как против эстетических ориентаций, так и против «либерализма» Пушкина и его окружения; одновременно Каразин выступает как информатор попечителя общества и министра внутренних дел графа В. П. Кочубея, отправив ему не санкционированный обществом печатный текст своего рассуждения и в частных беседах назвав в качестве «подозрительных» Кюхельбекера, Рылеева, Глинку и в особенности Пушкина. В своем письме Кочубею он особо останавливается на «духе развратной вольности», распространившемся, в частности, в Царскосельском лицее, откуда выходят «недоброжелатели» правительства, связанные «каким-то подозрительным союзом, похожим на масонство» (Базанов. С. 132 и след., особ. С. 138–139; некоторые уточнения: *Лосиевский И. Я.* Первая ссылка Пушкина и В. Н. Каразин // РЛ. 1992. № 1. С. 95–113). Все это вызвало резкую реакцию в Обществе; 15 марта 1820 г. состоялось заседание; поступок Каразина был осужден, а сам он отрешен от вице-президентства; на стороне Каразина оказались Н. А. Цертелев, Б. М. Федоров и др.; против выступили Ф. Н. Глинка, Греч, Кюхельбекер, Дельвиг, Никитин, Плетнев и др., составившие «левое крыло» и наиболее продуктивную в литературном отношении группу. Почти одновременно «ученая республика» организовала выступление в поддержку Пушкина, уже высылаемого из Петербурга. 22 марта Кюхельбекер читал свое стихотворение «Поэты» с обращением к Пушкину: «И ты, наш юный корифей, / Певец любви, певец Руслана, / Что для тебя шипенье змей, / Что крик и филина, и врана?», опубликованное затем в «Соревнователе» (1820. № 4); одновременно цензор поэзии А. А. Крылов разрешает для журнала стихотворение Дельвига «Поэт», предупреждая, что оно вряд ли будет пропущено гражданской цензурой (не было опубликовано). К Пушкину, уже уехавшему в ссылку, было обращено и стихотворение Ф. Глинки, напечатанное в «Сыне отечества» (1820. № 38) и высоко оцененное Пушкиным как гражданский акт. Пушкин, однако, не стал членом ВОЛРС; существует свидетельство П. А. Плетнева, что в ответ на его предложение принять Пушкина Ф. Глинка ответил: «Овцы стадятся, а лев ходит один» (П. в восп. совр. (1974). Т. 1. С. 483).

Победа левых сил в Обществе ускорила размежевание его с Вольным обществом любителей словесности, наук и художеств. С начала 1820-х гг. последнее начинает быстро терять свое значение; молодые сторонники романтической литературы постепенно перестают посещать его собрания и печататься в «Благонамеренном», открывшем критическую кампанию против «вакхических поэтов», и переносят свою деятельность в Вольное общество любителей русской словесности и «Соревнователь». В «Соревнователе» печатаются произведения декабристской ориентации («Европейские письма» В. К. Кюхельбекера, «Записки о Голландии в 1815 году» Н. Бестужева), сочинения по русской истории и народной поэзии. Особое внимание журнал уделял освободительному движению в Греции, публикуя оригинальные и переводные материалы по ее политической и гражданской истории. В поэтическом отделе облик журнала определяют наиболее значительные представители гражданской романтической поэзии (Рылеев, Ф. Глинка. О. Сомов, В. Н. Григорьев). Теоретическим обоснованием гражданского романтизма был печатавшийся в «Соревнователе» трактат О. М. Сомова «О романтической поэзии» (1823) (отрывок см.: с. 143 наст. изд.). Критические статьи в журнале появлялись нерегулярно, что сужало возможность его непосредственного воздействия на литературную жизнь; однако здесь было напечатано несколько статей П. А. Плетнева — одного из наиболее заметных критиков «Соревнователя», — в частности, его разборы «Кавказского пленника» и антологических стихотворений Пушкина и Вяземского (см. с. 109 наст. изд.). Роль Плетнева в журнале вообще представляется более значительной, чем это принято считать; есть основание думать, что уже с начала 1821 г. он фактически осуществляет редактирование «Соревнователя», а 27 сентября предлагает план журнала на 1822 г. с разделами: «Науки»; «Критика»; «Литература»; «Смесь»; критический отдел предназначался «для разбора по теории вкуса лучших сочинений, как отечественных, так и иностранных». Временное устранение Плетнева от руководства изданием, бывшее результатом брожения в Обществе, неблагоприятно сказалось и на самом «Соревнователе»; в отчете А. А. Никитина за 1823 г. констатировалось, что лучшие среди членов ВОЛРС печатались в других изданиях, в то время как журнал общества наполнялся случайным материалом (см.: Базанов. С. 313–315). Чтобы спасти журнал, оказавшийся на грани закрытия, был образован «домашний комитет» (Ф. Н. Глинка, Рылеев, Н. И. Кутузов, Сомов, И. К. Аничков, А. О. Корнилович, А. А. и Н. А. Бестужевы), составивший последние четыре книжки на 1823 г. и первую на 1824 г.; Плетневу вновь было предложено занять пост секретаря цензуры и комитета Общества (см.: *Горбенко Е. А.* Из переписки П. А. Плетнева // Памятники культуры. Новые открытия. Ежегодник. 1986. Л., 1987. С. 42–44). В 1844 г. Плетнев писал Я. К. Гроту: «Знаешь ли ты, что редактором "Соревнователя П<росвещения> и Б<лаготворения>" большею частию был я? Это все стряпня Никитина, заведовавшего материальной частию общества, и моя с Ф. Глинкою, заведовавшими нравственно-литературною его частию» (Переписка Я. К. Грота с П. А. Плетневым. СПб., 1885. Т. 2. С. 376). Несомненно, однако, что в последние годы «Соревнователя» основную роль в журнале играли литераторы декабристского, а не умеренно-либерального направления, типа Плетнева.

Из недр ВОЛРС вышли также два альманаха – «Полярная звезда» и «Северные цветы», участниками которых были ведущие авторы «Соревнователя». Журнал, как и Общество, прекратил свое существование в 1825 г., после разгрома восстания декабристов, к числу которых принадлежали и руководители ВОЛРС.

Г. М. Иванова, Г. Е. Потапова

«Сын отечества» – журнал, издававшийся в Петербурге с 1812-го по 1852 г. Явлением, заметным в литературной и общественной жизни России, он был, однако, в течение значительно более узкого периода, ограниченного 1812–1825 гг. Издание основал в разгар войны 1812 г., заручась поддержкой А. Н. Оленина, С. С. Уварова и И. О. Тимковского, Николай Иванович Греч (1787–1867) – журналист, издатель, публицист, прозаик, переводчик и педагог. Главной целью журнала полагалось освещение военных событий. Н. И. Греч возглавлял журнал до 1839 г.; в 1820 – 1821 гг. его соредактором был А. Ф. Воейков, с 1826-го по 1839 г. – Ф. В. Булгарин. До 1825 г. и в 1829–1835, 1841, 1844 гг. журнал выходил еженедельно; в 1825–1828, 1836–1837 гг. – 2 раза в месяц; 1838–1840, 1842, 1847–1852 гг. – ежемесячно.

Первые два года «Сын отечества» печатал почти исключительно военно-патриотические материалы: статьи-воззвания, письма офицеров, солдатские песни, анекдоты о военных событиях, патриотические стихи, в том числе басни Крылова «Волк на псарне», «Обоз», «Ворона и курица». В историческом разделе излагались эпизоды борьбы разных народов с иноземными завоевателями. В 1814 г. журнал был расширен. Новая программа предполагала освещение современной европейской истории и политики, русской истории, был добавлен литературный отдел, где должны были помещаться не только произведения изящной словесности, но и известия о всех выходящих в Росси книгах.

Либеральное направление журнала на начальном этапе его существования определялось позицией редактора. «Я был в то время отъявленным либералом, – писал много лет спустя Н. И. Греч, – напитавшимся этого духа в краткое время пребывания моего во Франции (в 1817 г.). Да и кто из тогдашних молодых людей был на стороне реакции? Все тянули песню конституционную, в которой запевалой был император Александр Павлович. Революции греческая, а потом испанская и итальянская встречали в России, как и везде, ревностных друзей и поборников» (*Греч Н. И.* Записки о моей жизни. М.; Л., 1930. С. 687). С 1817 г. журнал был связан с Вольным обществом любителей российской словесности и привлекал лучшие литературные силы: в нем сотрудничали Жуковский, Крылов, Грибоедов, Пушкин, А. Бестужев, Рылеев, Гнедич, Батюшков. В статьях А. П. Куницына, Н. И. Кутузова, И. М. Муравьева-Апостола защищалось конституционное правление, пропагандировалась национальная культура. Эстетические программы декабристов были представлены в литературно-критических и публицистических выступлениях В. К. Кюхельбекера, К. Ф. Рылеева, П. А. Катенина, А. А. Бестужева, хотя по своей сути программы эти зачастую были противоположны. На страницах «Сына отечества» развертывались споры о проблемах «русской баллады» (статьи Грибоедова и Гнедича о балладах Жуковского и Катенина), «русской октавы» (статьи Катенина и Сомова), истории русской словесности, литературного языка и т. д. Одной из наиболее значительных литературных полемик был спор о «Руслане и Людмиле» Пушкина.

Начиная с 1821 г. в библиографических обзорах, помещаемых в журнале, начинают звучать хвалебные отзывы о поэзии Пушкина. Южные поэмы дают повод к публикации ряда статей, авторы которых, несмотря на некоторые критические замечания, определяют Пушкина как ведущего поэта современности. Среди этих выступлений сам Пушкин с благодарностью отмечал статью Вяземского о «Кавказском пленнике» – первое серьезное обоснование нового романтического литературного направления. Проблемы романтической теории литературы еще раз возникли в 1825 г. в полемике вокруг первой главы «Евгения Онегина».

Сотрудничество Пушкина в журнале началось еще в лицейские годы публикацией стихотворения «Наполеон на Эльбе» (1815. Ч. 22. № 25–26. С. 242–244). В начале 1820-х гг., особенно в 1820–1821 гг., произведения Пушкина часто появлялись на страницах журнала. В апреле 1820 г. здесь публикуются отрывки третьей песни «Руслана и Людмилы» (Ч. 61. № 15. С. 120–128; № 16. С. 160–165), а в сентябре — исправления к шестой песни и эпилог (Ч. 64. № 38. С. 229–231). Также были напечатаны «Мечтателю» (« Ты в страсти горестной находишь наслажденье ...»; 1818. Ч. 50. № 51. С. 273); «Элегия» («Погасло дневное светило...»; 1820. Ч. 65. № 46. С. 271–272); «Послание к В. Л. Пушкину» («Тебе, о Нестор Арзамаса...»; 1821. Ч. 68. № 11. С. 179–180); «Черная шаль» (1821. Ч. 69. № 15. С. 34–35); «Муза» («В младенчестве моем она меня любила...»; 1821. Ч. 70. № 23. С. 132–133); «Чаадаеву» (« В стране, где я забыл тревоги прежних лет...»; 1821. Ч. 72. № 35. С. 82–84); «Жуковскому» («Когда, к мечтательному миру...»; 1821. Ч. 74. № 52. С. 276–277). В 1824 г. напечатано «Письмо к издателям» — отклик в защиту Вяземского в его полемике с М. А. Дмитриевым о «Бахчисарайском фонтане», ставшее последней прижизненной публикацией Пушкина в «Сыне отечества». Исключение составляет эпиграмма на Булгарина («Не то беда, что ты поляк»; 1830. Ч. 133. № 17. С. 303), распространявшаяся в списках и опубликованная самим адресатам из тактических соображений в качестве очередного выпада в адрес так называемой «литературной аристократии».

После событий 14 декабря 1825 г. журнал резко меняет политическую ориентацию и быстро утрачивает значение одного из лучших периодических изданий. Страницы его начинают заполняться переводной беллетристикой, уровень критик снижается. Официозное направление, принятое Гречем и разделявшим с ним с 1825 г. редакторские обязанности Булгариным, способствовало тому, что потускневший «Сын отечества», слившийся с 1829 г. с «Северным архивом», превратился в подсобное литературное предприятие при «Северной пчеле». Хвалебный тон, принятый редакцией в отношении Пушкина, до 1830 г. не меняется, хотя число серьезных статей, посвященных его творчеству, весьма невелико. В 1830 г. борьба между «литературной аристократией» и «торговым направлением» принимает все более острые формы, на страницах «Сына отечества» учащаются выпады против «Литературной газеты», появляются колкости в адрес Пушкина и Дельвига. В дальнейшем критика все более явно приобретает оттенок недоброжелательства. На смерть поэта «Сын отечества» никак не откликнулся.

Лит.: Степанов Н. Л. «Сын отечества» // Очерки по истории русской журналистики и критики. Л. , 1950. Т. 1. С. 199–210; *Михайловская Н. М.* 1) Журнал «Сын отечества» периода Отечественной войны и становления декабризма (1812–1818) // Учен. зап. Удмуртского педагог. ин-та. 1956. Вып. 9. С. 57–83; 2) Журнал «Сын отечества» периода восстания декабристов в 1825 году // Там же. 1956. Вып. 10. С. 51–65; *Дементьев А. Г.* Очерки по истории русской журналистики 1840–1850-х гг. М.; Л., 1951. С. 74–81.

О. Н. Золотова

---

* В указатель вошли как имена, встречающиеся в основном тексте, так и имена, встречающиеся в примечаниях. Аннотации не даются к именам критиков, подробные сведения о которых содержатся в примечаниях (в таких случаях фамилия критика, а также те страницы, на которых содержится справка о нем, выделены в указателе жирным шрифтом). Имена исследователей не аннотируются.

сын П. А. Осиповой, воспитанник Дерптского университета, знакомый Пушкина, мемуарист — 444

Вульферт Александр Евстафьевич (1790—1855), литератор, переводчик, редактор «St. Petersburgische Zeitung» — 243, 307—309, 422, 447, 448

Вяземский П. А. — 7, 19, 21, 26 («Уныние»), 112 («К уединенной красавице»), 124, 150 («остроумный наш пиит»), 152, 156, 159 («некто из знаменитых наших стихотворцев»), 161, 162, 164, 165, 166, 167, 168, 169, 170, 174 («один стихотворец»), 176, 178, 179, 180—188, 189, 191, 192, 233, 252, 255, 296, 315, 317, 344, 346, 347, 351, 352, 353, 356, 357, 359, 360, 361, 364, 366, 367, 368, 373, 374, **378**, 379—383, 386, 387, 389—411, 413, 415—418, 419, 424, 425, 427, 429, 432, 435, 440, 441—445, 448, 449, 451, 453, 455, 456, 458, 459, 460, 465, 467, 476, 477, 479, 480—486, 488, 489, 491, 492, 495, 496, 499, 500

Галактионов Степан Филиппович (1779—1854), гравер, профессор Петербургской академии художеств — 342, 448

Галич Александр Иванович (1783—1848), философ, эстетик — 12

Ганнибал (Аннибал Барка; 247 или 246—183 до н. э.), карфагенский полководец и государственный деятель — 310

Гара Пьер Жан (1764—1823), французский певец, автор романсов — 448

Гаспаров М. Л. — 234, 370, 431

Гастфрейнд Н. А. — 418

Гевлич Авксентий Павлович (1790—1861), член Вольного общества любителей российской словесности, литератор, эстетик; впоследствии государственный деятель — 375

Гейтман Егор (Георг Иоганн) (1800—1829), гравер — 115 (портрет Пушкина), 376

Гендель Георг Фридрих (1685—1759), немецкий композитор — 391

Гениста (Ениста) Иосиф Иосифович (1795—1853), композитор и дирижер — 142, 383

Генрих Наваррский (Генрих IV; 1553—1610), король Франции с 1589 г. — 353

Генслер Карл—Фридрих (1761—1825), драматург и актер, директор Венского театра — 355

Георгий Черный Петрович (Карагеоргий; 1768—1817), предводитель Первого сербского восстания против турецкого владычества (1804—1813) — 490

Гердер Иоганн Готфрид (1744—1803), немецкий писатель, историк и филолог — 184

Геррес Иоганн Иозеф (1776—1848), немецкий философ, ученый и публицист эпохи романтизма — 433

Геснер Соломон (1730—1788), швейцарский поэт-идиллик и живописец — 482

Гессен С. Я. — 408

Гете Иоганн Вольфганг (1749—1832), немецкий поэт — 33, 153, 157, 173, 176, 183, 184, 235, 249, 250, 252, 256, 263, 272, 273, 278, 279, 283, 284, 288, 289, 291, 292, 382, 436, 439

Гиллельсон М. И. — 378, 394, 395, 443, 486

Гинзбург Л. Я. — 433

Гинтер — см. Гюнтер И. К.

Гиппиус В. В. — 454, 479, 495

Гиреи — династия крымских ханов XV—XVIII вв. — 208, 340

Глаголев А. Г. — 6, 7 («Житель Бутырской слободы»), 25, 28—29 («Бутырский старец»), 30, 31 («Житель Бутырской слободы»), 33 («Житель Бутырской слободы»), 35 («Житель Бутырской слободы»), 103, **346—347**, 348—350, 364, 371, 392, 478

Глассе А. — 484, 486

Глебов Александр Николаевич (1803—после 1852), поэт, прозаик, критик — 483

Глинка Сергей Николаевич (1775—1847), литератор, журналист, цензор — 453, 454

Глинка Федор Николаевич (1786—1880), поэт, публицист; декабрист — 255, 314, 339, 365, 367, 454, 476, 482, 489, 491, 493, 494, 496, 497, 498

Гнедич Николай Иванович (1784—1833), поэт, переводчик — 236, 255, 350, 354, 358, 365, 367, 377, 379, 381, 382, 384, 476, 477, 482, 491, 496, 499

Гоголь Николай Васильевич (1809—1852), писатель — 11, 489

Головачева (Панаева) Авдотья Яковлевна (1819—1893), писательница, мемуаристка; жена И. И. Панаева, а затем Н. А. Некрасова — 371

Гомер (между XII и VIII в. до н. э.), легендарный древнегреческий поэт — 29, 34, 35, 45, 49, 50, 63, 74, 81, 100, 136, 153, 170, 226, 235, 237, 242, 249, 256, 284, 383, 401, 420, 430

Гораций (Квинт Гораций Флакк; 65—8 до н. э.), римский поэт — 30, 31, 34, 70, 99 («Наука поэзии»), 150, 153, 154, 156, 159, 172, 179, 186, 227, 234, 242, 250, 349, 350, 355, 370, 372, 375, 391, 395, 417, 418, 424, 430, 431, 459, 480, 482

Горбенко Е. А. — 374, 498

Горчаков Владимир Петрович (1800—1867),

Иоанн III (1440 — 1505), великий князь московский с 1462 г. — 440

Иоанн IV Грозный (1530—1584), русский царь с 1547 — 226

Ирвинг Вашингтон (1783—1859), американский писатель — 11, 372, 478

Исаков С. Г. — 447

Истомина Евдокия Ильинична (1799—1848), петербургская балерина, ученица Дидло — 148, 388

Истрин В. М. — 361

К. Б. — см. Перовский А. А.

К—в — см. Перовский А. А.

К. Григорий Б—в — см. Перовский А. А.

Кайсаров Андрей Сергеевич (1782—1813), публицист, поэт, филолог — 350, 361

Кайсаров М. С. — 85, 86 (К—в), 344, 354, 356, 359, **360—361**

Калайдович Константин Федорович (1792—1832), историк, археограф — 339, 348, 478

Каллаш В. А. — 375, 480

Каменский З. А. — 433

Камоэнс Луиш Важ ди (1524 или 1525 — 1580), португальский поэт — 26, 35, 71, 186, 348, 355, 356

Кант Иммануил (1724—1804), немецкий философ — 417

Кантемир Дмитрий Константинович (1673—1723), молдавский господарь с 1710; автор ряда исторических и философских работ — 431

Капнист Василий Васильевич (1757—1823), поэт, драматург — 234, 248, 493

Каразин Василий Назарович (1773—1842), публицист, общественный деятель — 416, 476, 487, 497

Карамзин Николай Михайлович (1766—1826), писатель, историк — 11, 18, 28 («Бедная Лиза»), 30 («Афинская жизнь»), 32, 75 («Марфа-посадница»), 124, 143, 153, 156, 157, 158, 160, 168, 171, 173, 179, 183, 184, 195, 234, 235, 348, 349, 352, 353, 356, 357, 369, 375, 376, 378, 379, 383, 393, 394, 402, 405, 409, 412, 417, 425, 426, 452, 453, 454, 465, 477, 478, 479, 483, 486, 491

Карамзина Екатерина Андреевна (1780—1851), жена Н. М. Карамзина, сводная сестра П. А. Вяземского — 396

Карл Великий (742—814), король франков с 768 г.; император с 800 г. — 372

Карниолин-Пинский М. М. — 8, 162 (Аристотелид), 209, 388, 389, 398, 400, **414**, 415, 431, 432

Касти Джан Батиста (1727—1803), итальянский поэт-сатирик — 173, 183

Катенин Павел Александрович (1792—1853), поэт, критик — 237, 358, 378, 380, 384, 420, 431, 463, 464, 465, 499

Катон Марк Порций Старший (234—149 до н. э.), римский государственный деятель — 77, 357

Катулл Гай Валерий (ок. 84—после 54 до н. э.), римский поэт — 105, 110, 153, 236, 372, 395

Кауэр Фердинанд (1751—1831), немецкий композитор и пианист — 69 («Русалка»), 355

Кафтырев Д. Я., литератор-переводчик — 464, 465

Каченовский Михаил Трофимович (1775—1842), историк, переводчик, издатель журнала «Вестник Европы» — 28 («Лужницкий старец»), 86, 103 («Лужницкий старец»), 163, 168, 170 («собиратель мозаики»), 171 («почетный Зоил»), 339, 346, 347 («Лужницкий старец»), 348, 367, 368, 371, 378, 380, 383, 389, 391, 393, 394, 396, 397, 398, 399, 400, 401, 402, 403, 404, 407, 435, 453, 477, 478, 479, 480, 485

Квинтилиан Марк Фабий (ок. 35 — ок. 95), древнеримский теоретик ораторского искусства — 417

Кеневич В. Ф.— 406

Кеппен Петр Иванович (1793—1864), историк, археолог, библиограф — 315, 455

Кибальник С. А. — 374

Кино Филипп (1635—1688), французский поэт и драматург — 159, 174, 397

Киовский — см. Полторацкий С. Д.

Киреевский Иван Васильевич (1806—1856), участник кружка «любомудров», литературный критик — 20, 436

Кирилюк З. В. — 366, 386, 454, 455, 456

Кирша Данилов (Кирилл Данилович; XVIII в.) предполагаемый составитель сборника «Древние российские стихотворения» — 27, 29, 35, 348

Киселева Софья Станиславовна (1801—1875), петербургская знакомая Пушкина — 393

Клейст Генрих фон (1777—1811), немецкий писатель, драматург — 482

Клопшток Фридрих Готлиб (1724—1803), немецкий поэт — 45, 173, 181, 185, 186, 353, 402, 405, 434

Княжевич Дмитрий Максимович (1788—1844), литератор, журналист, этнограф, археолог — 423

Княжнин Александр Яковлевич (1771—1829), генерал-лейтенант, литератор-любитель — 125, 337, 338, 368, 381, 466

1816), драматург — 121, 125, 296, 156, 171, 174, 179, 195, 234, 337, 338, 376, 377, 378, 381, 415, 443, 465, 466

Окен Лоренц (настоящая фамилия — Оккенфус; 1779—1851), немецкий натурфилософ — 433

Оксман Ю. Г. — 453

Оленин Алексей Николаевич (1764—1843), археолог, историк; президент Академии художеств, директор Публичной библиотеки — 350, 499

Олин В. Н. — 6, 9, 104, 241, 198, 203, 204, 343, 344, **371—372,** 392, 410, 411, 412, 421, 430, 432, 451, 465, 492, 493

Ольдекоп Евстафий (Август) Иванович (1786—1845), писатель, переводчик, издатель «Санктпетербургских ведомостей» и «St. Petersburgische Zeitung» — 422

Омер Жан-Пьер (1776—1833), французский танцовщик и балетмейстер — 110, 149 («Павел и Виргиния»), 390

Орлов В. Н. — 447, 486

Орлов Григорий Владимирович, граф (1777—1826), писатель, мемуарист — 446

Орлов Михаил Федорович (1788—1842), генерал-майор, командир 16-й пехотной дивизии в Кишиневе — 379

Орловский Александр Осипович (1777—1832), художник-жанрист, баталист, график — 54, 59, 77, 80, 320, 354, 363

Осипов Николай Петрович (1751—1799), поэт, переводчик — 98 («Энеида наизнанку»), 352, 370, 431

Оссиан — легендарный кельтский бард и воин, живший, по преданию, в III в. — 372

Остафьев Дмитрий Алексеевич (1778—1846), знакомый Пушкина и его сосед по Болдино — 347, 350

Остолопов Николай Федорович (1783—1833), теоретик литературы, поэт — 6, 8, 368, 370, 380, 390, 430, 468, 468, 469, 472

Отрепьев Григорий (Лжедмитрий; ум. 1606), русский царь (1605—1606) — 334

Отто Н. — 371

П. К—в — см. Перовский А. А.

Павлов Михаил Григорьевич (1792—1840), профессор физики, минералогии и сельского хозяйства в Московском университете, один из первых приверженцев философии Шеллинга в России — 433, 464

Павлов Николай Филиппович (1804—1864), писатель, поэт — 484

Павсаний (II в.), древнегреческий писатель — 414, 415

Палапра Жан (1650—1721), французский драматург, писал комедии совместно с Брюэйсом — 425

Палицын Александр Александрович (нач. 1750-х—1816), поэт, переводчик — 436

Панаев Владимир Иванович (1792—1859), поэт-идиллик — 339, 476, 477

Панаев Иван Иванович (1812—1862), писатель, журналист, мемуарист — 374

Панар Шарль Франсуа (1694—1765), французский поэт, автор многочисленных эпиграмм, «песен», комедий, водевилей — 405

Панов С. И. — 361

Парини Джузеппе (1729—1799), итальянский поэт — 7, 266, 432

Парни Эварист Дезире Дефорж (1753—1824), французский поэт — 55, 143, 245, 415, 482

Пезаровиус Павел Павлович (1776—1847), филантроп; издатель газеты «Русский инвалид» — 493

Перовский А. А. — 75, 82, 86 (К. Б.), 88 (К.), 354, **356—357,** 359, 360, 361, 364, 365

Песков А. М. — 97, 369

Пеструччи — итальянский импровизатор — 151

Петр I Великий (1672—1725), русский царь (с 1682) — 310

Петров Василий Петрович (1736—1799), поэт — 25, 32, 179, 186, 187

Петрова, московская актриса — 149, 181

Петровский Ф. А. — 105

Петрунина Н. Н. — 435

Пиксанов Н. К. — 423

Пиксерекур Рене Шарль Жильбер де (1773—1844), французский драматург — 149 («Христофор Колумб»), 389

Пиндар (ок. 518—438 до н. э.), древнегреческий поэт — 172, 181, 249, 405

Пирон Алексис (1689—1773), французский поэт — 162, 352

Писарев Александр Иванович (1803—1828), драматург-водевилист, поэт и переводчик — 178, 396, 398, 403, 404, 407, 478, 484

Пишо Амеде (1795—1877), французский историк, писатель, поэт, переводчик — 207

Плавильщиков Василий Алексеевич (ум. 1823), книгопродавец, издатель и библиограф; держал библиотеку, открытую для публики, некоторое время она была единственным подобного рода заведением в Петербурге — 36, 74, 194, 207

Плаксин Василий Тимофеевич (1795—1869), писатель, педагог, автор учебников по истории словесности — 12

Платон (428 или 427—347 до н. э.), древнегреческий философ — 165, 433

---

* В указатель вошли издания пушкинской эпохи, а также предшествующего периода. Не аннотируются названия изданий, подробные справки о которых помещены в «Приложении 2».

нах, изд. А. Ф. Смирдин, ред. О. И. Сенковский — 13

«Новости литературы» — 191, 192, 197, 233, 344, 376, 399, 408, 409, 410, 415, 418, 423, 441, 484, 488, 489, 493, 494

«Отечественные записки» — 340, 344, 385, 462, 463, 467, 481, 489, 490

«Памятник отечественных муз» (СПб., 1827—1828), альманах, изд. Б. М. Федоров — 463

«Патриот» (М., 1804), журнал, изд. В. В. Измайлов — 453

«Подарок детям на 1827 год» (СПб., 1826), сборник для детей — 463

«Подснежник» (СПб., 1829), альманах, изд. А. А. Дельвиг и О. М. Сомов — 495

«Полярная звезда» — 19, 190, 191, 193, 195, 197, 278, 281, 293, 295, 323 («один альманах»), 344, 365, 384, 385, 386, 387, 389, 392, 400, 402, 408, 409, 415—418, 422—424, 435, 436, 438—442, 448, 451, 460, 465, 477, 482, 488, 490, 491, 492, 495, 496, 498

«Приятное и полезное препровождение времени» (М., 1794—1798), приложение к «Московским ведомостям», ред. В. С. Подшивалов и П. А. Сохацкий — 360, 453

«Рецензент» — 104, 344, 371, 412, 492, 493

«Российский музеум, или Журнал европейских новостей» (М., 1815), журнал, изд. В. В. Измайлов — 453, 482, 490

«Русская Талия» (СПб., 1825) — альманах, изд. Ф. В. Булгарин — 388, 434, 467

«Русский инвалид» — 113, 191, 344, 375, 376, 407, 412, 422, 489, 490, 493, 494

«Русский пустынник, или Наблюдатель отечественных нравов» (СПб., 1817), журнал, изд. П. А. Корсаков — 348

«Санкт-Петербургские ведомости» (СПб., 1718—1917), газета — 447, 494

«Северная лира» (М., 1827), альманах, изд. С. Е. Раич и Д. П. Ознобишин — 413

«Северная пчела» — 11, 16, 248, 257, 295, 316, 323, 325, 344, 361, 376, 387, 424, 428, 430, 434, 437, 442, 444, 445, 447, 449, 454, 455, 456, 460, 461, 462, 480, 482, 494, 495, 496, 500

«Северные цветы» — 247, 248, 254, 255, 256, 292, 315, 344, 373, 422—427, 454, 455, 481, 492, 495, 496, 498

«Северный архив» (СПб., 1822—1828), журнал «истории, статистики и путешествий», изд. Ф. В. Булгарин; в 1829 слился с «Сыном отечества» — 191, 238, 242, 387, 409,

420, 437, 480, 481, 484, 494, 500

«Северный вестник» (СПб., 1804—1805), журнал, изд. И. И. Мартынов — 86

«Северный наблюдатель» (СПб., 1817), журнал, изд. М. Н. Загоскин и П. А. Корсаков — 348

«Сириус, собрание сочинений в стихах и прозе» (СПб., 1826), альманах, изд. М. А. Бестужев-Рюмин — 463

«Славянин» (СПб., 1827—1830), журнал, изд. А. Ф. Воейков — 462, 463, 493

«Современник» (СПб., 1836—1866), журнал, основан Пушкиным, в 1838—1847 ред.-изд. П. А. Плетнев — 373, 374, 453, 484

«Соревнователь просвещения и благотворения» — 6, 10, 116, 214, 258, 296, 344, 373, 375, 377, 384, 386, 417, 426, 428, 443, 480, 486, 491, 497, 498

«Сын отечества» — 16, 25—30, 33, 36, 69, 74, 75, 87, 104, 109, 114, 161, 181, 188, 207, 213, 216, 241, 247, 252, 271, 274, 276, 283, 285, 291, 323, 324, 326, 344, 346—351, 353, 356—361, 365—369, 374, 376, 378, 380, 384, 386, 388, 390, 391, 393, 394, 397—407, 410, 413, 414, 421—425, 427, 432, 434, 435, 436, 437, 440, 442, 460, 461, 464, 465, 468, 476, 478, 480, 484, 490, 493, 494, 498—500

«Телескоп» (М., 1831—1836) — журнал, изд. Н. И. Надеждин — 391

«Урания. Карманная книжка на 1826 год для любительниц и любителей русской словесности» (М., 1825), альманах, изд. М. П. Погодин — 382

«Утренняя заря» (М., 1800—1808), сборник, изд. Благородным пансионом при Московском университете — 349

«Allgemeine Literatur-Zeitung», газета, изд. К.-Г. Шютц и Г. Гуфеланд (Иена, 1785—1803), позднее К.-Г. Шютц (Галле, 1804—1849) — 86, 362

«Bibliothéque universelle» (Женева, 1816—1835), научный и литературный журнал — 464

«Le Conservateur impartial» (СПб., 1815—1825) — политический и литературный журнал — 467

«Dziennik Wileński» (Вильно, 1805—1806, 1815—1830), журнал, изд. К. Контрым, Й. Снядецки, И. Юндзилл — 387

«Gazeta korespondenta Warszawskiego i zagranicznego» («Gazeta Warszawska») (1774—1935), газета — 310 («Варшавская газета»), 451

«Göttingische gelehrte Anzeigen» (Геттин-

Содержание

1823

1824

Книга представляет собой полный свод литературно-критических отзывов о Пушкине 1820–1827 годов.

Пушкин в прижизненной критике
1820–1827

ЛР № 020924 от 14.10.1994

Сдано в набор 15.11.95. Подписано в печать 22.10.96. Формат 60x90/16. Печ. л. 33,0.
Тираж 2000 экз. Заказ 1160.

Компьютерный набор и верстка Игорь Кацар, Дмитрий Китов

Отпечатано на Картографической фабрике ВСЕГЕИ
Санкт-Петербург, Средний пр., 72

Coates Lorilleux

При изготовлении книги использованы печатные краски
"Торжокского завода полиграфических красок"